国家社会科学基金资助项目成果

中国特色社会调查学研究

主编　水延凯　　　副主编　江立华

WUHAN UNIVERSITY PRESS
武汉大学出版社

图书在版编目(CIP)数据

中国特色社会调查学研究/水延凯主编．—武汉：武汉大学出版社，2023.7

ISBN 978-7-307-23564-9

Ⅰ.中…　Ⅱ.水…　Ⅲ.社会调查—研究—中国　Ⅳ.D668

中国国家版本馆 CIP 数据核字(2023)015654 号

责任编辑:韩秋婷　　责任校对:汪欣怡　　版式设计:马　佳

出版发行：**武汉大学出版社**　（430072　武昌　珞珈山）

（电子邮箱：cbs22@whu.edu.cn　网址：www.wdp.com.cn）

印刷:湖北恒泰印务有限公司

开本:787×1092　1/16　印张:36.5　字数:863 千字　插页:2

版次:2023 年 7 月第 1 版　2023 年 7 月第 1 次印刷

ISBN 978-7-307-23564-9　定价:98.00 元

《中国特色社会调查学研究》编著委员会

主　任　杨介文

副主任　水延凯　江立华　鲁以雄

委　员（按姓氏笔画排序）

水延凯　方显峰　江立华　杨介文

赵荷花　柳祥珍　高晓胜　曹　勤

鲁以雄　熊主武

《中国特色社会调查学研究》编著组成员

主　编　水延凯

副主编　江立华

撰稿人（按章节执笔顺序排列）

水延凯（中共孝感市委党校教授）

柳祥珍（孝感市经济和信息化局高级经济师）

水迎波（美国圣路易斯华盛顿大学高级科学家、副教授）

赵雪滢（湖北职业技术学院讲师）

江立华（华中师范大学社会学院教授、博导）

王兴文（中共定西市委党校副教授）

童贤东（韩山师范学院马克思主义学院副教授）

汤素素（华中师范大学社会学院博士生）

王　娟（武汉大学社会学院博士生）

刘海娟（华中师范大学社会学院博士生）

徐晓军（华中师范大学社会学院教授、副院长）

宋春潮（孝感市商务局调研员）

郭　松（孝感市公安局交警支队副支队长）

郝志磊（孝感市公安局交警支队民警）

陈　雯（华中农业大学马克思主义学院副教授）

杨　坤（国家统计局汉川调查队队长）

范长煜（华中师范大学社会学院讲师）

杨圣伟（国家统计局孝感调查队科长）

工作人员　谈玉婷　吴　浩　段云峰

文献资料与插图提供单位　中共中央党校图书馆

武汉市图书馆

孝感市图书馆

孝感市委党校图书馆

前　言

正确处理“马中西”“史论法”“实史虚”关系 创建中国特色社会调查学

中国是世界上开展社会调查最早的国家之一。中国共产党是世界上社会调查经验教训最丰富的政党。西方现代社会研究方法的引进，推动中国社会调查实现了从近代向现代的历史性跨越，同时也存在着许多问题。至今，中国尚未完全形成充分体现自己特色的社会调查学，这不能不说是中国社会调查学界的一大缺憾！

2016年5月17日，习近平同志《在哲学社会科学工作座谈会上的讲话》中指出：“一切有理想、有抱负的哲学社会科学工作者都应该立时代之潮头、通古今之变化、发思想之先声，积极为党和人民述学立论、建言献策，担负起历史赋予的光荣使命。”①对中国社会调查学界来说，习近平同志的这一指示，就是对创建中国特色社会调查学的号召或呼唤！

一、中国是世界上开展社会调查最早的国家

中国是世界文明古国，也是世界上开展社会调查最早的国家之一。中国古代社会调查的成就，主要表现在以下几个方面：

社会调查历史悠久。早在4000多年前，华夏先祖就开展过大规模的山水、土地、丁口调查。《山海经》中关于100多个邦国、550多座山、300多条水道，以及各邦国的地理、风土、物产、民俗等方面的记述，实是华夏先祖长期调查研究的结晶。《尚书·禹贡》对于山脉、河流走向的记载，对于各州山川、湖泽、土壤、植被、特产、田赋和运输路线的描述，都是当时山水、土地调查的成果，也是大禹治水成功的基础。殷商甲骨文中关于丁口、生产、战争、田猎、祭祀等方面的记载，是极其宝贵的社会调查史料。西周“登万民之数”，规定“生齿以上，皆书于版”，很可能是世界上最古老的人口调查标准。

社会调查制度初步建立。西周地官司徒规定，大司徒的职责是，掌管各邦国地图与户籍；小司徒的职责是，考查王都、四郊及周围地区的男女人数，并分辨他们的贵贱、老幼、废疾；六乡大夫的职责是，登记本乡的人数，六畜、车辇数目和各家财物等，并规定每年呈报数字，每三年举行大校比(参见《周礼》)。这些规定说明，早在公元前1000多年

---

① 习近平. 在哲学社会科学工作座谈会上的讲话[M]. 北京：人民出版社，2016：8.

的西周时期，中国就已形成了较为完善的人口、土地、财产等调查制度。隋唐以后直至清末，均由户部承担全国土地、户籍、赋税、货币、财政收支等职责及相应的调查任务。此外，吏部、礼部、兵部、刑部、工部等也都承担着与其职责相关的调查任务。

社会调查领域逐步拓展。管仲的《八观》，是从饥饱、贫富、侈俭、虚实、治乱、强弱、兴灭、存亡八个方面判断一个国家基本国情的调查提纲。《孙子兵法》关于“知己知彼，百战不殆”和“五事”“七情”的论述，是对战争调查重要性及其调查纲目的最好说明。商鞅的“强国知十三数”，刘晏的商情调查，贾思勰的《齐民要术》，郦道元的《水经注》，宋慈的《洗冤集录》，《清明上河图》的隐忧与曲谏，李时珍的《本草纲目》，徐弘祖的《徐霞客游记》等，都是不同领域社会调查的宝贵结晶。这些史实说明，中国古代政界、军界、经济界、科技界、司法界、文艺界、医药界等，都有注重社会调查的优良传统。

社会调查思想深邃厚实。3000 多年前就提出了“民惟邦本，本固邦宁”(《尚书·夏书·五子之歌》)的思想。周武王更把“貌、言、视、听、思”(对社会调查所作的最古老、最完整、最简明的概括)看作是治国理政的第二条大法。① 儒家把“格物”列为“八目”(即格物、致知、诚意、正心、修身、齐家、治国、平天下)之首(参见《大学》)；墨子的“凡入国，必择务而从事焉”(《墨子·鲁问》)；荀子的“不闻不若闻之，闻之不若见之，见之不若知之，知之不若行之”(《荀子·儒效》)；王夫之的“格物之功，心官与耳目均用，学问为主，而思辨辅之”，“致知之功则唯在心官，思辨为主，而学问辅之”②等，为古代社会调查奠定了睿智、厚实的理论基础。

社会调查方法丰富多彩。西周“采诗官”的采诗活动，李悝的“家计分析”，扁鹊的“望、闻、问、切”，秦代的“初令男子书年”和“使黔首自实田”，汉代的“编户齐民”“度田”和“案比”，两晋的土断和黄籍白籍制度，北魏的“巡行州郡，观察风俗”和“计口授田”，隋代的“大索貌阅”和“输籍法”，唐代的“团貌法”“手实法”和“计帐法”，宋代的“丁产薄”“结甲册”和“方田法”，元代的“四海测验”，明代的清丈土地和“鱼鳞图册”，清代的微服私访等，都是调查研究的不同方法。至于古文献研究中的校勘、考订、分类、训诂、评判等方法，更为中国所独有。

社会调查史料浩如烟海。据不完全统计，仅《中国古籍总目》记载的中国古代文献就达 20 万种，其中有许多社会调查史料。例如，西汉平帝元始二年(公元 2 年)，“凡郡国一百三……地东西九千三百二里。南北万三千三百六十八里。提封田一万万四千五百一十三万六千四百五顷，其一万万二百五十二万八千八百八十九顷，邑居道路，山川林泽，群不可垦，其三千二百二十九万九百四十七顷，可垦不可垦，定垦田八百二十七万五百三十六顷。民户千二百二十三万三千六十二，口五千九百五十九万四千九百七十八。汉极盛矣。”(《汉书·地理志第八下》)这很可能是世界上最古老、最广泛、最精确的人口、土地调查数据。

然而，古代社会调查有很大的局限性：调查目的主要是为统治阶级服务；指导思想没

① 水延凯. “貌、言、视、听、思”[J]. 学习月刊，2018(1).

② (明)王夫之. 船山全书·单行本之六·读四书大全说[M]. 长沙：岳麓书社，2011：404.

有超出神学、玄学等历史唯心主义范畴；调查内容比较简单、表面；调查方法原始、感性、直观；没有专门的调查机构和人员，大多由基层官吏或学者兼任。这说明，古代社会调查只是社会调查发展的初期阶段。但是，所有这些缺陷都无法否定中国古代社会调查的辉煌成果和历史性贡献。

二、中国共产党是具有极为丰富的社会调查经验教训的政党

“十月革命”给中国送来了马克思列宁主义。同时，还送来了以马克思主义为指导的科学社会调查方法。中国共产党从建党开始，就非常重视社会调查。在中国共产党百年历史中，有三个时期社会调查非常成功，取得了丰硕成果。

一是20世纪20至30年代，以毛泽东为代表的中国共产党人，围绕中国社会各阶级状况、中国革命道路、农村革命根据地建设等问题，开展了广泛的社会调查和实践，形成了《中国社会各阶级的分析》《湖南农民运动考察报告》《中国的红色政权为什么能够存在?》《井冈山的斗争》《星星之火，可以燎原》《长冈乡调查》和《才溪乡调查》等调查研究成果，为制定中国新民主主义革命总路线，开辟工农武装割据，建设革命根据地，走农村包围城市、武装夺取政权的中国革命独特道路，夺取中国民主革命的彻底胜利，奠定了坚实基础。

二是20世纪70年代末至21世纪初，以邓小平、江泽民、胡锦涛为代表的中国共产党人，围绕中国基本国情、中国国际地位、中国社会主义道路等问题开展社会调查和实践，形成了《解放思想，实事求是，团结一致向前看》《关于建国以来党的若干历史问题的决议》《论“三个代表”》和《科学发展观重要论述摘编》等成果，第一次明确作出了中国仍“处于并将长期处于社会主义初级阶段”、中国仍是“世界最大发展中国家”的判断；第一次系统回答了在中国这样比较落后的国家如何建设社会主义，如何巩固和发展社会主义等问题，从而开创了中国特色社会主义的伟大事业。

三是21世纪初至今，特别是党的十八大以后，以习近平为代表的中国共产党人，围绕新时代发展，社会主要矛盾变化，共产党执政规律、社会主义建设规律、人类社会发展规律等问题，通过社会调查和实践，形成了《习近平谈治国理政》第一、二、三、四卷等调研成果，明确回答了举什么旗、走什么路、担负什么样的历史使命等重大问题，创立了以“八个明确”和“十四条基本方略”为主要内容的习近平新时代中国特色社会主义思想，制定了从全面建成小康社会到基本实现现代化，再到全面建成社会主义现代化强国的蓝图，为把中国建设成为富强民主文明和谐美丽的社会主义现代化强国指明了前进方向。

毋庸讳言，中国共产党历史上也曾有两个时期由于未重视社会调查或未做正确的社会调查，而犯了严重错误，留下了惨痛教训。

一是20世纪20年代后期至30年代前期，中国共产党的某些领导人，完全忽视中国社会的实际情况和阶级力量的悬殊对比，“开口闭口‘拿本本来’”，对上级领导机关的指示，不根据实际情况进行讨论和审察，一味盲目执行；他们往往“离开实际调查去估量政

治形势，去指导斗争工作”，其结果“不是机会主义，便是盲动主义”,① 使革命付出了沉重代价，不仅葬送了成千上万的革命同志的宝贵生命，而且几乎断送了中国革命。20世纪30年代中后期，中国共产党人痛定思痛，经过血的洗礼和艰辛的调查实践，逐步而坚定地纠正了机会主义、盲动主义的错误，从而使中国革命重新走上了正轨。

二是20世纪50年代中期至70年代中后期，中国共产党在探索社会主义道路的过程中，进行过许多大规模社会调查，既取得了丰硕成果，又留下了惨痛教训。特别是有关“反右派”“总路线”“大跃进”“人民公社”以及“文化大革命”的所谓“调查”，由于主观主义、官僚主义、长官意志作怪，先画框框、定调调，后找实例、做典型，大多沦为替错误作辩护的工具，不仅在经济领域里延缓了社会主义现代化建设，而且在政治、思想、文化领域造成了无穷的祸害。20世纪70年代后期，中国共产党人通过艰辛调查和实践，果断而坚决地纠正了主观主义、官僚主义、长官意志的错误，从而使中国社会主义事业再次走上了康庄大道。

历史证明，善于调查研究，勇于实事求是，既是中国共产党人克敌制胜、不断前进的最重要武器，又是中国共产党人从错误中学习、在失败中成长的最有效法宝。中国共产党人不愧为马克思主义社会调查最忠诚的继承者。

然而，必须清醒看到，作为执政党的中国共产党，目前在社会调查领域存在两个方面的问题。一是历史经验有待全面、系统总结。中国共产党对自己社会调查的经验教训已进行过多次总结，成果主要有《反对本本主义》《〈农村调查〉的序言和跋》《中共中央关于调查研究的决定》《关于农村调查》《关于认真进行调查工作问题给各中央局，各省、市、自治区党委的一封信》《实践是检验真理的唯一标准》等。但是，如何进行全面、系统、理论化、学科化的总结，还是一个有待完成的任务。二是现实问题有待整治。目前，党政群团等机构社会调查存在的主要问题是：①官僚主义严重，许多“调研”活动重犯以往错误，经常受主观主义、长官意志左右；②形式主义泛滥，下基层调研往往是“为了出镜头，坐在车上转，隔着玻璃看”；③假“调研”盛行，“只看‘门面’和‘窗口’，不看‘后院’和‘角落’”。② 如何克服社会调查的不正之风，已是一个急需解决的现实问题。

三、引进西方现代社会研究方法的历史性贡献和问题

改革开放以来，中国引进了西方现代社会研究方法。其中，影响较大的是，美国D. K. 贝利的《社会研究的方法》、美国艾尔·巴比的《社会研究方法》、美国劳伦斯·纽曼的《社会研究方法——定性和定量的取向》等。这些著作，介绍了大量现代社会研究知识、方法和技术，具有广泛用途。其中，对中国传统调查方法具有重要借鉴意义的主要有以下几个方面：

(1)课题设计。调查前，对调查的目的、要求、对象、范围、时间、地点、内容、方法、工具、经费等都事先做出详尽设计。中国传统社会调查，一般只有大概的调查目的和

① 毛泽东选集(第1卷)[M]. 北京：人民出版社，1991：111-112.

② 习近平. 习近平谈治国理政[M]. 北京：外文出版社，2014：369.

粗略的调查大纲，而没有详细、周密的调查设计。

(2)社会指标。对社会调查的指标及其体系，都有明确定义和操作化设计，力求达到信度和效度的统一。中国传统社会调查，一般只有若干调查项目，多无明确定义，更无操作化设计，调查结果往往因人而异。

(3)社会测量。通过社会测量方法了解被调查者的态度、情感、意愿等精神状态，以及社会结构、社会关系等非实体性社会现象。中国传统社会调查，对上述精神状态和非实体性社会现象，只能做定性描述，无法做定量测量。

(4)抽样调查。它是对普查、典型调查和个案调查的逻辑发展和补充。特别是随机抽样调查，可从有限的样本准确推断总体。中国传统社会调查，多为典型调查和普查；少量的立意抽样调查，无法从数量上准确推断总体。

(5)调查方法精细化和规范化。实地观察、访问调查、问卷调查、实验调查、网络调查等方法，都有精细分类和规范要求。中国传统社会调查，对调查方法只有一些概略、笼统的表述，而无精细分类和规范说明，很难把握。

(6)统计分析和定量研究。运用统计学原理和方法处理数据资料，简化和描述数据，揭示变量间的统计关系，进而推断总体。中国传统社会调查，只有一些简单的数量分析，很难做复杂、深入的定量分析和研究。

(7)电子计算机。运用计算机和有关软件处理调查数据，可做各种复杂的数学运算和统计分析。中国传统社会调查，主要用笔算和珠算，只能对少量数据做比较简单的数学运算和统计分析，速度慢，易出错，无法处理大数据。

(8)互联网的应用。运用互联网可超越空间和时间限制，广泛调查、搜集、处理各种数据，做出宏观定量调查结论。中国传统社会调查，受时空严格限制，很难对地域广阔、年代久远的社会现象做定量调查和研究。

从世界范围看，社会调查理论基础、基本方式或方法，在历史上发生过两次重大变革、经历过三个时代。第一次重大变革发生在 17—19 世纪的西欧，通过这次变革实现了社会调查理论、方法的系统化和学科化，从而促使感性、直观的古代社会调查演变为系统化、规范化的近代社会调查。第二次重大变革发生在 20 世纪中叶的美国，通过这次变革实现了电子计算机和互联网的广泛应用，从而推动系统化、规范化的近代社会调查演进为电子化、数据化的现代社会调查。① 西方现代社会研究方法的引进，对于中国社会调查实现从近代社会调查向现代社会调查的历史性跨越，起了决定性的推动作用。

但是，上述西方现代社会研究方法著作也存在一些明显缺陷。一是不讲历史，或只讲一点 17 世纪以来西方社会调查历史，而不讲西方古代社会调查历史，更不讲(或根本不了解)中国古代社会调查历史，完全忽视中国共产党的社会调查历史。二是少讲理论，大多只讲一点西方社会学理论，而不讲马克思主义理论，更不讲(或根本不了解)中华传统文化中有关社会调查的思想精华，完全忽视中国共产党的社会调查理论。三是大讲方法，主要是讲搜集社会信息的方法，片面强调抽样调查和问卷调查，集中讲述抽样设计、抽样

① 水延凯. 中国社会调查简史[M]. 北京：中国人民大学出版社，2017：14-18.

方法，以及问卷设计、问卷填写、问卷数据处理等方法，往往引入许多推演模型和计算技术，做各种复杂的数据分析，把社会调查几乎变成了技术化、数字化的游戏，而很少研究社会信息方法，基本不讲思维加工方法。四是存在着某些概念不科学、不规范，某些结构不科学、不合理等问题。这说明，如何学习吸取西方社会研究方法中科学、合理的成分，并使其中国化、本土化，同时克服其不科学、不合理的东西，是一个亟待解决的课题。

四、中国至今尚未形成充分体现自己特色的社会调查学

目前，国内有关社会调查的著作(除调查报告外)大体可分为三类：

第一类，论述社会调查方法的著作。据不完全统计，20世纪20—40年代有20余本，80年代至今达100本左右。这些著作，除少量译著外，大多是中国学者基于西方社会研究方法的概念、体系和论述结合自身调查经验撰写的，它们介绍了许多现代社会调查知识、方法和技术，具有广泛用途，但同西方社会研究方法著作一样，也存在着不讲历史、少讲理论、大讲方法，以及某些概念不科学、不规范，某些结构不科学、不合理等问题。例如，《现代社会调查方法》就是典型一例。① 如何取其精华、弃其糟粕，使其中国化，还需做极大努力。

第二类，论述中国共产党社会调查的著作。主要有《毛泽东农村调查文集》《毛泽东周恩来刘少奇朱德邓小平陈云论调查研究》《毛泽东调查研究活动简史》《中国共产党农村调查史》等。这些著作翔实地记录了中国共产党社会调查历史，但往往不够系统、深入，特别是如何从理论上全面、系统总结中国共产党社会调查的丰富经验和沉痛教训，是一个有待深入研究的课题。

第三类，论述中国社会调查通史的著作。目前有三本：《中国社会调查史》《中国调查史》《中国社会调查简史》。这三本著作，对浩如烟海的中国社会调查史料进行了初步发掘、整理和研究，功不可没，但它们仅仅是开始。如何进一步发掘、整理中国社会调查史料这一极其宝贵的富矿，深入研究中国传统社会调查的深邃思想和多样方法，是一项需要长期奋斗的艰巨任务。

目前，中国高等院校、社科院所、大众传媒等单位的社会调查，较普遍地存在三种不良倾向：一是功利化倾向，往往追求调查成果的近期功利，而不关注基础性课题和社会调查历史及其规律的研究；二是技术化倾向，往往在社会调查方法、技术上兜圈子、下功夫，而忽视社会调查理论基础、指导思想和思维加工的研究；三是西方化倾向，课堂里讲授的大多是西方社会研究方法，公开出版的大多是移植于西方社会研究方法的教材，往往简单照搬照抄西方社会研究方法的概念、定义和结构，而不关注它们是否科学、合理，是否中国化、本土化，致使社会调查教学、研究领域几乎形成了西方社会研究方法一统天下的局面。

上述事实说明，充分体现中国特色、中国风格、中国气派的，较为成熟的中国社会调

---

① 水延凯，鲁长安. 必须创建中国特色社会调查学——兼与风笑天教授商榷[J]. 云梦学刊，2017(4)：87-92.

查学目前尚未形成。

五、创建中国特色社会调查学的设想

习近平同志《在哲学社会科学工作座谈会上的讲话》中指出："对现代社会科学积累的有益知识体系，运用的模型推演、数量分析等有效手段，我们也可以用，而且应该好好用。需要注意的是，在采用这些知识和方法时不要忘了老祖宗"。① 现在，"在有的领域中马克思主义被边缘化、空泛化、标签化，在一些学科中'失语'、教材中'失踪'、论坛上'失声'。这种状况必须引起我们高度重视"。② 习近平同志的这些论断，对社会调查领域具有很强的针对性和指导性。

20 世纪 20—30 年代，中国曾出版过许多著名的社会调查著作。这些著作，大多较详细地记录了当时中国某些地区、某些方面、某种程度的真实情况，提出了许多社会改良的建议，具有重要的研究价值和保存价值。但是，阅读这些社会调查"名著"的结论时，却往往有隔靴搔痒、舍本求末之感。现略举几例：

被誉为"近代中国第一个社会调查"③的《北京人力车夫之生活情形》(1925 年)，其结论是："改良人力车夫之生活情形者有三端：教以节俭储蓄，为之设备娱乐，并授以有用之技能"。④ 在当时的中国，这些建议有一定积极意义。但是，它们完全没有触及这一社会问题的根源和本质，显得过于单薄、肤浅，难以实施，根本不可能解决人力车夫问题。

《河北盐山县一百五十农家之经济及社会调查》(1929 年)，其"结论"是解决人口过剩问题，增大农场规模，政府预防荒灾。⑤ 这次调查是金陵大学美籍教授卜凯派的一个学生在 1923 年夏进行的，当时的河北农村正处于军阀混战、兵荒马乱之中，这些建议只是"水中月、镜中花"，毫无实际意义。

《定县社会概况调查》(1933 年)，其序言指出："根据中国社会的事实，'愚''穷''弱''私'为人民生活上之基本缺点"；"要以有系统的科学方法，实地调查定县一切社会情况，特别注意愚，穷，弱，私，四种现象。……发见愚，穷，弱，私现象之原因"；其结论是开展"四大教育，即以文艺教育救愚，以生计教育救穷，以卫生教育救弱，以公民教育救私"。⑥ 调查之前已有了"愚，穷，弱，私"的判断和"教育救国"的结论，其调查的科学性就可想而知了。

---

① 习近平. 习近平谈治国理政(第 2 卷)[M]. 北京：外文出版社，2017：341.

② 习近平. 习近平谈治国理政(第 2 卷)[M]. 北京：外文出版社，2017：338.

③ 阎明. 中国社会学史：一门科学与一个时代[M]. 北京：清华大学出版社，2010：20；杨雅彬. 近代中国社会学(增订本上)[M]. 北京：中国社会科学出版社，2001：68；中国大百科全书编委会. 中国大百科全书·社会学卷[M]. 北京：中国大百科全书出版社，1991：280.

④ 陶孟和. 孟和文存[M]. 上海：上海书店出版社，2011：126.

⑤ 参见：李文海. 民国时期社会调查丛书【二编】乡村经济卷(上)[M]. 福州：福建教育出版社，2009.

⑥ 李景汉. 定县社会概况调查[M]. 北京：中国人民大学出版社，1986：1.

为什么这些“名著”的结论和建议，总是使人产生隔靴搔痒、舍本逐末之感呢？我们认为，其根本原因是这些“名著”的调查研究者缺乏哲学视野，特别是缺乏马克思主义哲学——辩证唯物主义、历史唯物主义这一锐利思想武器的指导。由此看来，创建中国特色社会调查学，必须以马克思主义，特别是马克思主义哲学——辩证唯物主义和历史唯物主义作为指导思想。

习近平同志指出：“要按照立足中国、借鉴国外，挖掘历史、把握当代，关怀人类、面向未来的思路，着力构建中国特色哲学社会科学，在指导思想、学科体系、学术体系、话语体系等方面充分体现中国特色、中国风格、中国气派”。① 习近平同志的这一指示，对于创建中国特色社会调查学具有重要指导意义。

我们创建中国特色社会调查学的初步设想是：

(1)总体思路：在马克思主义，特别是马克思主义哲学指导下，在中国社会主义现代化建设实践基础上，立足中国，把中国传统社会调查和中国共产党社会调查中科学、合理的东西系统化、学科化；借鉴国外，把西方现代社会研究方法中科学、实用的成分中国化、本土化，并把它们有机结合起来，创建充分体现具有中国特色、中国风格、中国气派的社会调查学。

(2)核心观点：①社会调查“学”。社会调查不只是一种“方法”，而且是哲学社会科学体系里一门相对独立的学科。简言之，社会调查学是人们自觉认识社会的历史、理论和方法的科学。②“中国特色”的社会调查学。中国特色社会调查学，应该着重论述中国悠久的社会调查历史、传统的社会调查制度、深邃的社会调查思想、多彩的社会调查方法、优良的社会调查作风、丰富的社会调查经验和沉痛的社会调查教训。在此基础上，学习和吸取西方社会研究方法中科学、合理的成分，并使其中国化、本土化。这里有两个关键词：“学”和“中国特色”。“学”是共性，“中国特色”是个性。只有把“学”与“中国特色”，即共性与个性统一起来，才能创建中国特色社会调查学。

(3)特色与创新：中国特色社会调查学与西方社会研究方法著作(以下简称“西方著作”)和中国学者基于西方社会研究方法而撰写的著作(以下简称“类似著作”)相比较，其特色和创新之处，主要表现在以下三个方面：

第一，在总体上，正确处理“马、中、西”关系。西方著作和类似著作，只讲实证主义，而不讲马克思主义；只讲西方社会研究方法，而不讲中国传统社会调查和中国共产党社会调查。中国特色社会调查学则明确指出，马克思主义哲学是社会调查的理论基础和指导思想，中国社会主义现代化建设实践、中国传统社会调查和中国共产党社会调查经验教训是客观依据。在此基础上，认真学习和吸取西方社会研究方法中科学、实用成分，并使其中国化、本土化。

第二，在内容上，正确处理“史、论、法”关系。西方著作和类似著作，大多认为社会调查只是一种搜集社会信息、研究社会信息的“方法”，并围绕“方法”来建构它们的知识体系。中国特色社会调查学应明确指出，作为哲学社会科学领域里一门相对独立的社会

① 习近平. 习近平谈治国理政(第2卷)[M]. 北京：外文出版社，2017：338.

调查学，必须围绕人们自觉认识社会调查的历史、理论和方法来构建自己的知识体系。其中，社会调查历史是基础，社会调查理论是灵魂，社会调查方法是手段。

第三，在方法上，正确处理"实、史、虚"关系。西方著作和类似著作，主要讲搜集社会信息方法，片面强调抽样调查和问卷调查，很少研究社会信息方法，基本不讲思维加工方法。中国特色社会调查学应明确指出，能获取真情实感的现实调查方法(即实地观察法、访问调查法、问卷调查法、实验调查法)是调查方法的主体，历史调查方法(即文献调查法和遗存调查法)和虚拟调查方法(即网络调查法和大数据调查法)是调查方法的两翼，它们共同构成社会调查方法的体系。在调查基础上的整理资料、统计分析和思维加工，是调查研究的深化；调查成果的评估和应用，是社会调查全过程不可或缺的重要组成部分。

(4)总体框架图：

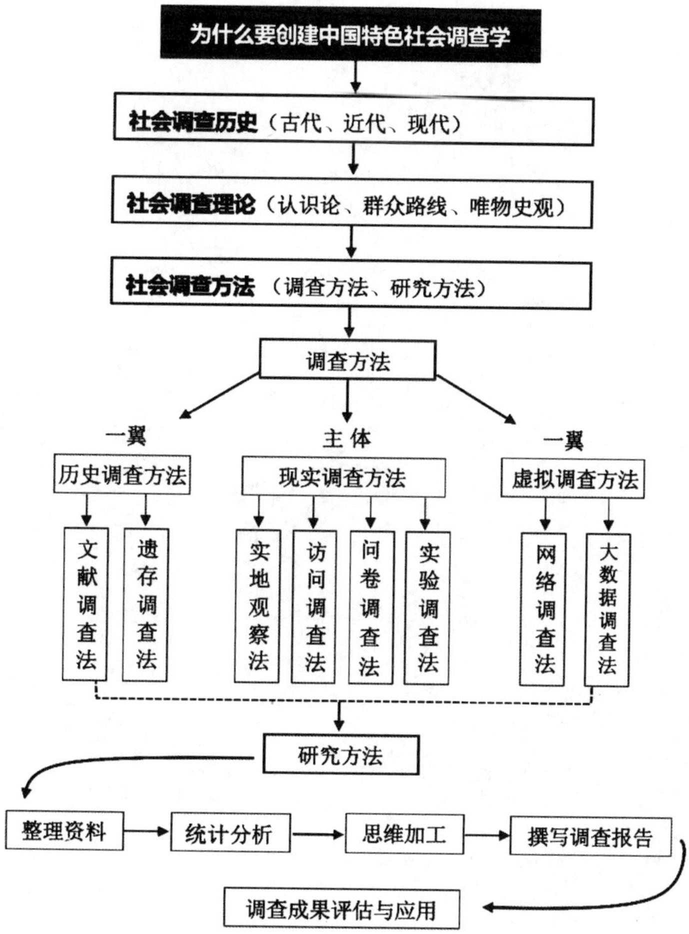

总之，我们应该积极响应习近平同志的号召，以马克思主义为指导，创建中国特色社会调查学，为突破西方把社会调查仅仅看作"方法"的局限，全面研究社会调查的历史、

理论和方法，使社会调查学成为一门相对独立的学科；为丰富和完善中国哲学社会科学体系，为改变社会调查教研领域西方社会研究方法一统天下的局面，为继承、发扬马克思主义社会调查、中国和中国共产党社会调查的优良传统，为推动社会调查学的中国化、时代化和大众化，为更好地服务于中国特色社会主义现代化建设作出自己的贡献。

目　　录

第二篇　社会调查理论

第三篇　社会调查方法(一)

第四篇　社会调查方法(二)

第五篇　社会调查方法(三)

绪论　社会调查与社会调查学

研究社会调查学，必须先弄清楚什么是社会、什么是社会调查、什么是社会调查学、为什么要研究社会调查学、如何研究社会调查学等问题。

一、什么是社会

（一）社会的构成要素及其定义

在中国古籍中，“社”是指土地神。此外，还有祭祀社神节日、祭祀社神之所、基层行政单位等意思，如秋社、里社等。“会”是指聚会、组织、团体等，如开会、辩论会、农会、学生会。“社会”两字连用，往往泛指人们在一定地方聚集起来从事某种活动，或表示志同道合者结成的组织或团体。

在现实中，社会是“人与自然”相统一的“生命共同体”。① 社会由多种要素构成：一定数量的人口、一定的地域和生态环境、一定的生产方式和经济结构、一定的政治制度和社会组织、一定的社会文化和社会意识、一定的生活方式和社会活动等，它们是构成社会不可缺少的要素。其中，人是最基本的要素。因为人是与自然的互动者、社会存在的体现者、社会意识的主体、社会关系的承担者、社会生活的开拓者、社会发展的推动者；没有人，就没有人与自然的统一，就没有人类社会。在社会中，人总是生活在一定的人群共同体之中。一般来说，人群共同体可分为两类，一类是非政治性的人群共同体，如家庭、部落、民族、邻里、街坊、一般社会团体（如同乡会、校友会、行业协会）等；另一类是政治性的人群共同体，如政党、国家、军队等。任何人都生活在一定的人群共同体之中，并彼此发生交互作用。马克思说：社会不管其形式如何，都是“人们交互活动的产物”。②

构成社会的各种要素不是杂乱无章堆砌在一起的，而是按照一定结构组合而成的有机整体。社会结构具有多类型、多层次的特点。有经济结构、政治结构、文化结构、社会结构、生态结构；有宏观结构、中观结构、微观结构等。就经济结构而言，既有生产力结构（如技术结构、企业结构、产业结构、地区结构等），又有生产关系结构（如所有制结构、交换结构、分配结构、消费结构等）。在上述各种结构中，由一定生产力与一定生产关系

---

① 习近平．推动我国生态文明建设迈上新台阶[J]．求是，2019(3)．

② 马克思恩格斯选集(第4卷)[M]．北京：人民出版社，1995：532．

结合而成的生产方式，既是人与自然互动的基础，又是整个社会的基础，即社会的政治制度、法律制度、社会意识、社会文化、社会生活的现实基础。

社会是一个十分庞大而复杂的系统，各种社会要素、社会结构只是这个系统的不同部分、不同方面。任何社会系统在运行过程中都会逐渐形成一套自我调节机制，以促进各种社会要素和结构的联系、协调和控制。社会只有通过多种多样的联系、协调和控制，才能把各种社会要素、各种结构组合为一个具有一定活力的有机整体。社会系统的性质、状况和活力，不仅取决于组成社会系统的各种要素和各种结构，而且取决于社会系统的自我调节机制和能力。在构成社会系统的各种要素、各种结构基本相同的情况下，社会系统的自我调节机制和能力，往往对社会系统的整体性质和整体功能具有决定性意义。

综上所述，我们可以给社会下一个简要的定义：所谓社会，就是人与自然相统一的人类生活共同体，是以人和人群共同体为活动主体，以生产方式为基础的各种要素、各种结构按照一定自我调节机制组合而成的有机整体。

（二）社会现象的特点和认识社会的困难

社会是不断运动、变化、发展的。社会运动是一种高级物质运动形态。社会运动及其现象具有一些共同特点：

（1）实践性。实践是人们有意识的活动，是“主观见之于客观的东西”。① 马克思说：“全部社会生活在本质上是**实践的**”。② 实践是人们交互作用的结果，是构成社会关系的基础，是划分社会领域的依据，是推动社会发展的动力。一切社会活动和社会现象，如经济活动和经济现象、政治活动和政治现象、文化活动和文化现象等，都是人们在有关领域从事自觉活动的反映或结果。

（2）目的性。恩格斯说，在自然界中，“没有任何事情是作为预期的自觉的目的发生的。相反，在社会历史领域内进行活动的，是具有意识的、经过思虑或凭激情行动的、追求某种目的的人；任何事情的发生都不是没有自觉的意图，没有预期的目的的”。③ 这就是说，与自然活动、自然现象不同，社会生活的一切现象无不打上人类主观意志的烙印。

（3）复杂性。社会生活极其复杂，任何一种社会现象的产生，都是由多种原因引起的；任何一种社会现象的出现，又必然会引起多种结果和一系列连锁反应。由于社会现象之间的联系纵横交错，历史发展的制约因素纷繁复杂，因而人们对同一社会现象的看法，对同一历史事件或历史人物的评价，就往往因人而异、因时而异，甚至截然相反。

（4）变动性。社会现象的变化极其迅速，社会发展速度往往是自然界变化速度不可比拟的。现代社会，由于科学技术的迅猛发展，社会生产力的巨大进步，特别是现代交通、通讯、网络、人工智能等技术的出现和应用，社会生活各个领域的节奏已大大加快，因而

① 毛泽东选集(第2卷)[M]. 北京：人民出版社，1991：477.
② 马克思恩格斯选集(第1卷)[M]. 北京：人民出版社，1995：56.
③ 马克思恩格斯选集(第4卷)[M]. 北京：人民出版社，1995：247.

要全面、准确把握社会真实情况及其发展趋势，已成为一件愈来愈紧迫、愈来愈困难的任务。

(5)偶然性。恩格斯说，社会生活中“无数的单个愿望和单个行动的冲突，在历史领域内造成了一种同没有意识的自然界中占统治地位的状况完全相似的状况。行动的目的是预期的，但是行动实际产生的结果并不是预期的……这样，历史事件似乎总的说来同样是由偶然性支配着的”。① 因此，人们往往把社会历史看作是偶然事件、偶然现象的堆积，好像其中没有任何必然性可言。

(6)模糊性。恩格斯指出，在自然界里，“**严格的界限**是和进化论不相容的”，“一切差异都在中间阶段融合，一切对立都经过中间环节而互相转移”。② 在社会生活中，更难清晰划分“**严格的界限**”，许多社会现象呈现出高度的模糊性。例如，真与假、善与恶、美与丑、优与劣、好与坏等因素往往混杂在一起，人们往往很难明确地将它们区别开来。

实践证明，正确认识社会，是一件十分困难的事情。这有两方面的原因：一是社会现象具有实践性、目的性、复杂性、变动性、偶然性、模糊性等特点；二是社会上存在着种种人为的假象、伪装和欺骗。因此，人们虽然天天生活在社会之中，却不一定能够正确认识社会。特别是现代社会，这两方面的困难已变得更加显著、更加复杂了，因而如何全面、准确、及时地认识社会生活的真实情况，就成为一件更加困难、更加紧迫的任务了。

二、什么是社会调查

(一)社会调查及其定义

社会调查是社会“调查”和社会“研究”的统称和简称。

在古代汉语中，“调”，有计算、算度的意思；“查”，是指查核、考查；“研”，是指细磨、研讨；“究”，是指推求、追查、寻根究底。调查研究是一种有目的、有意识的认识活动。其中，“调查”主要是通过对社会现象的考查、计算来了解社会事实的一种感性认识活动；“研究”则主要是通过对考查、了解的社会现象进行研讨、推求和思维加工的一种理性认识活动。任何调查研究，都有一定的目的，而不是为调研而调研。

弄清社会和社会现象的特点，以及调查和研究的含义后，就可以给社会调查下一个定义了。所谓社会调查，就是人们为达到一定目的，有计划地使用一定的方法，通过对社会的考察、了解和分析、研究，来了解社会真实情况的一种自觉的认识活动。它有四层意思：

(1)社会调查是一种有目的的、自觉的认识活动。任何社会调查都有两重目的：一是一般目的，即了解社会的真实情况；二是特定目的，即实现调查者在经济、政治、文化、

① 马克思恩格斯选集(第4卷)[M]. 北京：人民出版社，1995：247.

② 马克思恩格斯选集(第4卷)[M]. 北京：人民出版社，1995：318.

社会、生态等某个方面的特定任务。

(2)社会调查是一种有计划的、自觉的认识活动。任何社会调查都是围绕一定目的而开展的有计划的、自觉的认识活动。它与人们日常生活中对社会现象自发的、无计划的一般观察或了解，有原则性的区别。

(3)社会调查的对象是社会。社会调查的对象，可以是以人或以人群共同体为主的各种社会要素，也可以是以生产方式为基础的各种社会结构，以及各种社会要素和结构相互联系、协调和控制的各种情况或问题。

(4)社会调查都需要使用一定的方法。社会调查的方法大体可分为两类：一类是对社会现象进行考察、了解的各种感性认识方法；另一类是对搜集到的感性材料进行统计分析、思维加工的各种理性认识方法。

上述社会调查定义，适用于一切社会调查，包括科学的社会调查。

(二)科学社会调查的任务

科学的社会调查，是指以服务人类为目的，以科学理论为指导，以社会为对象，以科学调研方法为手段的一种自觉认识活动。科学社会调查的任务有：

(1)认识社会现象的真实情况。由于历史时代、社会地位、认识能力等主客观条件限制，任何人都不可能绝对准确地认识社会现象。但是，任何事物都有质的规定性和相对稳定性，人的认识能力和条件总是不断提高的。因而，在相对确实、相对明晰、相对稳定范围内正确认识社会现象是完全可能的。毛泽东指出，“战争没有绝对的确实性，但不是没有某种程度的相对确实性”。① 这说明，在相对范围内，任何社会现象都是可以认识的。

(2)研究社会现象的因果联系。社会现象的发生都是有一定主观动机或期望的。但是，“为什么人们所期望的正是这个而不是别的呢？在寻求这个问题的答案时，我们就发现……国家的意志总的说来是由市民社会的不断变化的需要，是由某个阶级的优势地位，归根到底，是由生产力和交换关系的发展决定的”。② 这就是说，任何动机和愿望——不管是国家的、集团的还是个人的，都是由特定的经济、政治、社会等客观状况决定的。因此，只要不停留在动机面前，而是透过思想动机，探索出隐藏在这些动机背后的经济、政治等动因，那么，就有可能揭示出产生某种社会现象的客观的、复杂的因果联系。

(3)探索社会现象的本质及其发展规律。社会现象总是个别的、多样的、变动不居的、不可再现的，总带有某种程度的偶然性。社会规律则是同类事物中具有普遍性、可重复性和相对稳定性的东西，是事物内在的本质的必然的联系。人们只有从大量个别的、复杂多变的同类社会现象中，去寻找那些共同的、不断重复的、相对稳定的东西，从各种偶然事件和现象中去寻找那些内在的、必然的东西，才有可能揭示出社会现象的内在本质及其发展规律。

---

① 毛泽东选集(第2卷)[M]. 北京：人民出版社，1991：495.

② 马克思恩格斯选集(第4卷)[M]. 北京：人民出版社，1995：251.

(4)寻求改造旧社会、建设新社会的道路或方法。科学的社会调查，不是为调查而调查、为认识而认识。科学社会调查的直接目的，是认识社会现象的真实情况，研究社会现象的因果联系，探索社会现象的本质及其发展规律；最终目的则是为了改造旧社会，建设新社会，为了服务于国家、社会，乃至整个人类。因此，科学的社会调查以服务人类为宗旨，以客观规律为基础，寻求改造旧社会、建设新社会的道路或方法，应该是一切科学社会调查的出发点和归宿点。

总之，科学社会调查的任务是：透过带有实践性、目的性、复杂性、变动性、偶然性和模糊性的社会现象，去认识社会生活的真实情况和因果联系，揭示社会现象的本质及其发展规律，寻求改造旧社会、建设新社会的道路或方法。

三、什么是社会调查学

社会调查是一种方法，既是一种认识方法，又是一种工作方法；研究社会调查的学问——社会调查学，则是社会科学领域里一门相对独立的学科。

与任何社会学科一样，社会调查学作为一门相对独立的学科，也有它独特的研究对象、自己的知识体系和鲜明的学科特点。

(一)社会调查学的研究对象

社会调查学的研究对象，是社会调查的全过程。

就每一项调查任务而言，其发展过程可分为两个阶段：第一是调研阶段，即在调查实践基础上，搜集社会信息、研究社会信息、形成调查结论的阶段，即从感性认识上升到理性认识的阶段；第二是实践阶段，即在实际运用调查结论的基础上，评估调查结论、检验调查结论、完善调查结论、发展调查结论的阶段，即从理性认识回到社会实践的阶段。

就社会调查整体而言，社会调查发展过程与人类认识发展过程是一致的。人类认识发展过程，总是循着实践、认识、再实践、再认识这种形式不断反复和无限发展的；科学社会调查发展过程，则是循着调查、实践、再调查、再实践这种形式不断反复和无限发展的。

社会调查学的研究对象，既包括每一项调查任务的发展过程，又包括社会调查整体的发展过程。

(二)社会调查学的知识体系

任何一门社会科学，都有自己的知识体系。社会调查学的知识体系，包括三个方面：社会调查历史、社会调查理论和社会调查方法。

(1)社会调查历史。包括社会调查的起源，产生社会调查的社会历史条件，社会调查的发展过程，社会调查历史时代的划分及其标准，不同时代社会调查的特点，西方近代社会调查方法何时以何种方式传入中国，西方现代社会研究方法引进的情况和问题，中国社会调查的历史经验和教训，以及中国社会调查的现状和问题等，是社会调查学研究的客观基础。

(2)社会调查理论。任何社会调查，不管调查者承认不承认、自觉不自觉，在客观上总是以一定理论为基础、以一定思想为指导、以一定原则为依据、以一定作风为表象的。因此，深刻论述社会调查的理论基础，详尽阐释社会调查的指导思想，准确说明社会调查的基本原则，根据中国和中国共产党社会调查史实总结描述社会调查的优良作风，是社会调查学研究的核心任务。

(3)社会调查方法。社会调查是一个过程，搜集社会信息和研究社会信息，都要使用一定的方法。因此，社会调查的一般程序和主要阶段、社会调查的基本类型、搜集社会信息的方法、调查资料的整理、调查数据的统计分析、思维加工的方法、调查报告的撰写、调查成果的评估和应用，以及使用各种调研工具的方法和技术，是社会调查学研究的主要内容。

此外，社会调查的对象和任务、社会调查的社会功能、社会调查队伍的组织和培训、社会调查的困难及其解决办法等，也是社会调查学必须研究的内容。然而，从总体上看，社会调查的历史、理论、方法是社会调查学研究的主要内容。因此，可以把社会调查学简要地定义为：关于人们自觉认识社会的历史、理论和方法的科学。其中，历史是基础，理论是核心，方法是主体。

具体地说，社会调查学的知识体系应该包括：社会和社会调查概述，社会调查的起源和历史发展，社会调查的理论基础、指导思想、基本原则和工作作风，社会调查的一般程序和主要阶段，社会调查方案的设计和实施，社会调查的基本类型，社会调查指标的设计，社会调查的方法和技术，社会调查成果的评估和应用等。其中，社会调查方法是这门学科的主要内容。社会调查方法，大体可分为两类：一类是搜集社会信息的方法，主要是感性认识方法，包括实地观察、访问调查、问卷调查、实验调查、文献调查、遗存调查、网络调查和大数据调查等方法；另一类是研究社会信息的方法，主要是理性认识方法，包括整理资料、统计分析、思维加工、撰写调查报告、调查成果的评估和应用等。

(三)社会调查学的学科特点

任何一门社会科学，都有自己的学科特点。社会调查学的学科特点是：

(1)方法性学科。与理论性社会学科不同，社会调查学是一门为理论研究、政策研究、工作研究提供手段和工具的方法性学科。社会调查学方法，可分为三个层次：最高层次的方法——科学方法论，包括哲学方法和各人文社会学科的方法；中间层次的方法——社会调查的基本方法，包括社会调查的程序、社会信息的调查方法和研究方法；最低层次的方法——使用调研工具的方法，包括设计、使用各种调查工具和研究工具的方法和技术等。

社会调查学的方法体系，如图 0-1 所示。

(2)综合性学科。这有两个方面的含义：一是知识的综合性，即社会调查学所涉及的不只是某一学科或某一领域的知识，而是涉及哲学、社会学、心理学、人口学、统计学、逻辑学、新闻采访学、计算机科学和中国语言文学等多领域、多学科的知识，它是这些知识的综合应用；二是服务的综合性，即社会调查学与为某一特定社会领域服务的具体社会

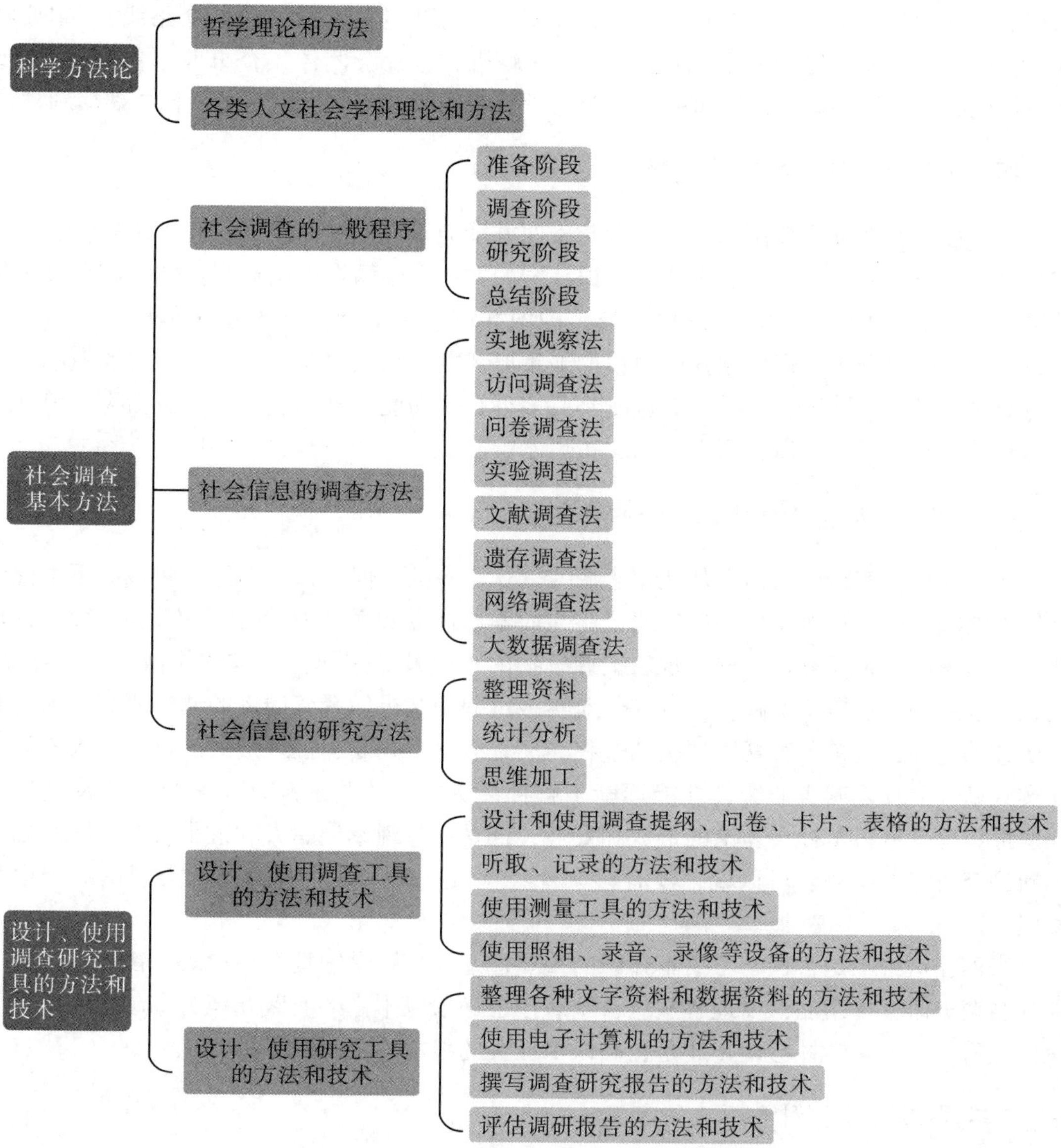

图 0-1　社会调查学的方法体系

学科不同，它是为各人文社会学科的理论研究，为各级党政机关、各类社会团体、各种企事业单位实际工作服务的学科。

(3)实践性学科。这也有两个方面的含义：一是内容的实践性，即与抽象思维的理论性学科不同，社会调查学的主要内容是一系列实践性、操作性很强的方法和技术，例如，各种调查方法和研究方法，抽样技术、设计问卷和表格的技术、观察和访问的技术、记录的技术、整理资料的技术、使用电子计算机的技术等；二是服务的实践性。与面向过去的历史性学科不同，社会调查学是一门面向现实并直接为现实服务的实践性学科。

社会调查学的研究对象、知识体系和学科特点说明，它确是哲学社会科学领域里的一门相对独立的学科。从社会调查学的理论基础(马克思主义认识论和群众路线)、主要特性(方法性)和服务对象(各人文社会学科、党政机关、社会团体、企事业单位)看，它似乎应该成为哲学社会科学领域里的一门单独学科，或哲学学科领域里的一门二级学科。

四、为什么要研究社会调查学

西方社会研究方法著作和中国学者基于西方社会研究方法而撰写的著作认为，社会调查只是一种方法——做学问的方法，认识社会的方法。中国古代精英则把社会调查看作是治国理政的根本大法(详见本书第二章)。中国共产党更把社会调查看作是指导革命、搞好改革、促进社会主义现代化强国建设的最重要武器，是从错误中学习、在失败中成长的最有效法宝。实践证明，科学社会调查具有多种社会功能，其功能可简要概括为：识世之途，善政之基，成才之道，悟人之术，正风之策。

(一)识世之途：正确认识社会的根本途径

人们常说：实践出真知。从认识来源看，这是对的。但是，一个埋头实践而不重视调查研究的人，最多只能积累一些实践经验，而不可能获得关于社会本质及其规律的认识。然而，认识的真正任务在于透过现象把握事物的本质及其规律。怎样才能做到这一点呢?这就要求人们不仅勇于实践，而且善于对实践过程和结果做系统周密的调查研究。因为调查研究的过程，既是了解真实情况的过程，又是概念、判断、推理形成的过程。人们只有在实践基础上反复调查研究，才能逐渐了解社会真实，才能逐渐认识事物本质及其规律性。世界上各种科学社会理论的形成和发展，都是这些理论创始人和继承者在实践基础上不断调查研究的结果。可以说，没有科学社会调查，就不可能有科学社会理论的产生和发展。

当然，这绝不是否认学习书本知识的重要性。一切科学的社会历史著作都是前人或他人社会调查研究的结晶，要理解这些科学著作也必须以丰富的实践知识为基础。因此，从总体上看，只有科学社会调查才是正确认识社会的根本途径。

(二)善政之基：科学施政的客观基础

社会调查的根本目的，是有效地改造社会和建设社会。为此，就必须科学决策，善于实施，既要科学制定政策，又要正确执行政策，进行科学管理。

科学制定政策离不开社会调查。要科学制定政策，就必须以现实的东西为基础，而不是以可能的东西为基础。要了解现实的东西，就必须调查研究。中国革命、建设和改革的全部历史证明，正确方针、政策的制定过程和完善过程，就是不断调查研究的过程。例如，以农村包围城市的革命道路，独立自主、自力更生的建国方针，改革开放、建设有中国特色的社会主义道路等，都是在革命、建设和改革实践中反复调查研究的结晶。

正确执行政策也离不开社会调查。要正确执行政策，就必须一切依时间、地点、条件为转移，具体情况具体对待。为此，就必须调查研究。如果不调查研究，不从实际出发，开口闭口拿“本本”来，只满足于当“留声机”“收发室”，搞“一律化”“一刀切”，就不可能正确执行政策。毛泽东说："盲目地表面上完全无异议地执行上级的指示，这不是真正在执行上级的指示，这是反对上级指示或者对上级指示怠工的最妙方法"。①

科学管理同样离不开社会调查。管理过程就是计划、组织、指挥、协调和控制的过程，这些都离不开决策。从一定意义上说，管理就是决策，科学决策是科学管理的核心。科学管理的决策程序，包括目标、信息、设计、评估、选择、执行和反馈等阶段。在这些阶段中，都离不开信息的搜集和处理，都离不开调查研究。因此，决策过程和管理过程，实质上就是反复调查研究的过程，离开科学社会调查就没有科学决策和科学管理。

(三)成才之道：培养开拓型人才的基本道路

社会调查不仅能促进对客观世界的改造，而且有利于对主观世界的改造，有利于为革命和建设事业培养开拓型人才。

毛泽东说："无产阶级和革命人民改造世界的斗争，包括实现下述任务：改造客观世界，也改造自己的主观世界——改造自己的认识能力，改造主观世界同客观世界的关系"。② 所谓"改造自己的认识能力"，就是提高了解情况的能力，分析和解决问题的能力；所谓"改造主观世界同客观世界的关系"，就是努力使主观符合客观。怎样才能提高认识能力，使主观符合客观呢？毛泽东说："你对于那个问题不能解决吗？那末，你就去调查那个问题的现状和它的历史吧！你完完全全调查明白了，你对那个问题就有解决的办法了"。③ 社会调查既是提高认识能力的根本方法，又是促使主观世界符合客观世界的重要纽带/桥梁。

社会调查还是培养人才特别是培养开拓型人才的基本道路。开拓型人才的本质特征是：思想解放、实事求是，与时俱进，勇于创新，敢于说前人没有说过的话，敢于做前人没有做过的事，敢于走前人没有走过的道路。开拓型人才的这些本质特征，是与他们重视社会调查和善于社会调查分不开的。以毛泽东为代表的中国共产党人，通过调查、实践开辟了中国革命的独特道路。以邓小平、江泽民、胡锦涛为代表的中国共产党人，通过调查、实践开创了中国特色社会主义的伟大事业。以习近平为代表的中国共产党人，通过调查、实践形成了习近平新时代中国特色社会主义思想，指明了前进方向。事实证明，科学社会调查既是开拓型人才手中最强大的思想武器，又是开拓型人才成长和发展的基本道路。

(四)悟人之术：进行思想教育的有效方法

在革命、建设和改革过程中，错误是难免的，思想落后于实际的情况更是可能经常发生的。实践证明，社会调查是纠正错误倾向、进行思想教育的有效办法。

人为什么犯错误？归根结底，是由于脱离了当时当地的实际情况，主观地决定工作方

① 毛泽东选集(第1卷)[M]. 北京：人民出版社，1991：111.
② 毛泽东选集(第1卷)[M]. 北京：人民出版社，1991：296.
③ 毛泽东选集(第1卷)[M]. 北京：人民出版社，1991：110.

针和政策。认识和实践相脱离，主观和客观相分离，是唯心论和机械唯物论、教条主义和经验主义以及一切错误思想的共同根源。科学社会调查，有利于主观和客观相结合、认识与实践相统一，因而它就成为克服各种错误思想的有效办法。张闻天通过社会调查纠正错误思想就是一个最好例证。他在《出发归来记》中说："这次出发使我深切地感觉到，我知道中国的事情实在太少了。""过去，我从未怀疑过我是一个唯物论者（我主要是指历史唯物论）。因为我觉得，既然我已经承认了马列主义关于唯物论的一切原则，我当然是唯物论者无疑了。然而一年来的经过，使我对于我过去是否是一个真正的唯物论者这一点，发生怀疑了。因为粗枝大叶、夸夸其谈、自以为是的作风，决不能认为是一个真正唯物论者的作风。相反的，这正是主观主义唯心论者的特点。所以我的自我改造，还得从做一个真正唯物论者开始。"①这篇文章是张闻天于 1943 年写的，但直到今天仍然具有重要现实意义。

通过社会调查进行思想教育的效果，是有目共睹的。改革开放以来，许多人曾对家庭承包责任制、发展个体私营经济、对外开放、加入 WTO 等决策产生过种种疑虑，但一经实地调查，很快就统一了认识，做出了肯定的结论。实践证明，通过社会调查进行思想教育有几个显著特点：①它不是被动地接受外来的灌输，而是调查者通过主动观察、访问而自觉形成的看法；②它不是依靠个别人的说服和教育，而是通过群众行动和情绪的感染而产生的认识；③它不是一种抽象的理性启示，而是一种活生生的事实教育。实践证明，社会调查这种悟人之术，往往能起到其他教育方法所不能起的巨大教育作用。

（五）正风之策：端正党风政风学风的重要对策

党风、政风、学风问题，是关系到执政党和国家生死存亡的重大问题。实践同样证明，科学社会调查是端正党风、政风、学风的重要对策。

对于执政党和国家机关来说，克服以权谋私、享乐主义、奢靡之风等贪污腐败现象和形式主义、官僚主义现象，是党风、政风建设的两大根本课题。产生贪污腐败和官僚主义的根本原因，是政治体制上存在严重弊端，是世界观上存在严重问题，同时与脱离实际、脱离群众的作风存在密切联系。要克服贪污腐败和官僚主义现象，先要搞好政治体制改革，要树立科学的人生观、价值观和世界观，同时还应大力提倡社会调查。因为，社会调查是密切联系实际和群众的重要桥梁。大兴调查研究之风，必然有利于揭露以权谋私、享乐主义、奢靡之风等贪污腐败行为，有利于克服形形色色的形式主义和官僚主义。

学风问题，实质上是思想方法问题。在现代化建设时期，学风中存在的问题，最主要的仍然是主观主义，其表现形式仍然是教条主义和经验主义。在改革开放条件下，教条主义有两种类型，一类是把马克思主义神圣化、绝对化，另一类是盲目照搬照抄西方的某些理论或模式；经验主义也有两种类型，一类是把过去"左"的经验神圣化、绝对化，另一类是盲目乱搬乱套西方经验，到处搞一律化、一刀切。这些主观主义学风的共同特征是：脱离当时当地的实际情况，主观主义地看待问题。社会调查有利于接地气、察社情、体民

① 张闻天. 张闻天选集[M]. 北京：人民出版社，1985：317、318.

意，有利于把理论和实际结合起来，因而是克服主观主义学风的重要对策。

总之，科学社会调查绝不仅仅是一种认识方法和工作方法，它对于正确认识社会、有效改造社会、科学管理社会和顺利建设社会，对于加强和改善执政党领导，对于促进执政党、国家机关、企事业单位的组织建设、思想建设和作风建设，都具有十分重要的意义。

五、如何研究社会调查学

党政机关工作人员、社会工作者、社会科学工作者、企事业单位的经营者和管理者，都可以做社会调查，也都在做社会调查，为什么还要研究社会调查学呢？这是因为，做社会调查有自觉与不自觉之分，有科学与不科学之别。

（一）研究社会调查学的目的

（1）提高社会调查的自觉性。社会调查是人们有目的、有意识的一种自觉认识活动。自觉性的高低，对于社会调查质量的好坏、效率的高低和作用的大小往往具有决定意义。一个被动地为了完成任务而从事社会调查的人，最多只能了解到一些实际情况，却很难揭示事物的本质及其发展规律，更不可能通过调查来增长才干。这正是许多人做过不少社会调查，但对于怎样才能科学社会调查仍然不甚了解的根本原因。研究社会调查学，有利于提高人们社会调查的自觉性，促使人们主动地去学习、钻研调查研究工作，这对于提高社会调查的质量和效率，扩大社会调查的成果，必将起到很大的推动作用。

（2）提高社会调查的科学性。社会调查是一种科学认识方法和工作方法，但这绝不是说任何人只要一做社会调查，就必然能够得出科学结论。事实上，有许多社会调查或者是没有真实反映实际情况，或者是没有做出科学结论，有的甚至直接间接地为错误理论、路线、方针、政策作辩护。这里的原因多种多样，有主观原因，也有客观原因。就调查者主观方面来说，有理论问题，也有设计问题，还有各种各样的方法和技术问题等。研究社会调查学，有利于端正社会调查思想，丰富社会调查知识，提高社会调查技能，防止和克服社会调查过程中可能出现的种种错误，这就必然有利于提高社会调查的客观性和科学性。

（二）研究社会调查学的方法

研究社会调查学，需要广博的知识。既要有一定的哲学修养，又要有一定的社会学、社会心理学、新闻采访学、统计学、逻辑学，以及语法和写作等方面的知识。对于各专门学科的工作人员来说，还必须具备有关学科的各种专门知识。此外，还应研究使用照相机、录音机、摄影机、电子计算机、网络等方法和技术。总之，要研究好社会调查学，必须学好各有关学科的知识，学会使用各种调研工具的技能，而且这些知识、技能、实践经验愈多愈好。

研究社会调查学，必须密切联系实际。社会调查学是一门方法性、实践性学科，研究时应着重在“用”字上下功夫。对于曾经做过社会调查的人来说，研究社会调查学时，要密切联系过去调查工作的实际，从总结经验教训中增知识、长才干。对于没有做过社会调查的人来说，要尽可能采用蹲点、实验、案例剖析等方法来研究。当然，更重要的是在调查实践中边干边研究、边研究边干。这样不仅能逐步掌握社会调查学的内容，而且还有可能在调查实践中发现新问题、积累新经验，为社会调查学的学科化、科学化、中国化作出新的贡献。

第一篇

社会调查历史

第一章　社会调查历史导论

社会调查是一定社会历史条件的产物，有一定的历史发展过程。正确认识社会调查的起源及其产生的社会历史条件，研究社会调查历史时代的划分及其标准，阐明不同时代社会调查的特点，是社会调查学研究的客观基础。

第一节　文献回顾和问题提出

对于社会调查起源及其历史发展问题，现有的社会调查或社会研究方法著作，大多是忽视或回避，少数是蜻蜓点水、浅尝辄止，而且各说各话，莫衷一是。只要回顾一下有关文献，就知道问题的所在了。

一、文献的回顾

据不完全统计，中国出版的社会调查或社会研究方法著作，20 世纪 20—40 年代有 20 余本，20 世纪 80 年代至今达到 100 本左右。其中，有关社会调查起源及其历史发展的有代表性论述，简介如下。

(一)20 世纪 20—40 年代社会调查著作中有代表性的论述

据社会学家孙本文教授(1892—1979 年)介绍："……最初以社会调查方法有系统地介绍国人者，为蔡毓骢樊弘二氏。"1924—1947 年，中国学者翻译和撰写出版的社会调查研究方法著作，主要的有 21 本。① 其中，关于社会调查起源及其历史发展的有代表性的论述如下：

蔡毓骢在《社会调查之原理与方法》第七章中写道："末了，谈些社会调查的发展史，作个结束吧。最初有系统的社会调查者，要推英人部斯 Charles Booth 氏的了。氏潜心研究伦敦居民的生活，前后达十八年"。②

言心哲认为，"社会调查，算是近代产物，他的历史，不过二十多年的光景"。"社会调查的始祖，要推英国博思(Booth，Charles)。他的著作《伦敦人民生活与劳工》……订成

① 孙本文. 当代中国社会学[M]. 上海：商务印书馆，1948：159-162、307-309.

② 蔡毓骢. 社会调查之原理与方法[M]. 上海：北新书局，1927：77.

十六大册，为后来实地调查事业的先驱”。①

张锡昌指出，“有计划的社会调查的历史很短，农村社会调查的历史更短，尤其在中国，但是调查的萌芽，远在西历纪元前三千多年，就已发生。……纪元前三〇五〇年，埃及为建筑金字塔，当时曾调查人民的数目和财富的数目，以为分担金字塔工程的根据”。“有计划的社会调查，产生于近代资本主义国家中，最热心调查的要推英国和美国”。②

李景汉的看法是，“社会描写一类的工作是社会调查的萌芽。此类工作……首推大英舆地全书(Domesday Book)。这部书的内容大半是关于十一世纪英国户口调查的报告，系英王胜者威廉……于1086年以前命人举行的工作……以便课税征兵。”“中国近年来有了社会调查，自然是受了欧美社会调查潮流的影响。……这种研究开始于在华的西国传教士及在政府机关服务的外国官吏。……首推美国传教士明思溥博士(A. H. Smith)。……他的著作……最主要者有两部，一为中国农民生活……一为支那人之性质……在三十年前即已出版”。③

张世文则认为，“社会调查虽然是一个比较新的运动，新的技术，新的学问；但是……它的起源却是很早。远在二千多年以前，古罗马，埃及均曾经为了课税征兵而举行过户口与人民财产的调查。具有近代形式的社会调查，则首推法国的Le Pley(黎伯莱——引者)，他曾于一八三五年间便开始欧洲工人生活的研究。他用了二十年的光阴调查欧洲各大城市数千工人的家庭账簿……结果出版了六大本关于欧洲工人生活的报告”。“吾国社会生活情况最早的研究，均系在华的西国传教士与在我国政府机关服务的外国官吏开始作的。”“民国十二年清华大学陈达教授曾指导学生在京西海甸成府村调查九十一家的生活费用，又在安徽休宁县调查了五十六家的生活费用，并调查清华大学一百四十一个工人的生活费用。陈氏根据这些调查材料，编有《社会调查的尝试》一文，在清华学报第一卷第二期发表，为国人对于生活费用的研究的第一个调查”。④

(二)20世纪80年代以来社会调查著作中有代表性的论述

袁方等在《社会研究方法教程》中指出，“社会调查的历史可追溯到公元前数千年的古埃及和古中国的行政统计调查。传说中国古代大禹治水划九州时就进行过人口调查，查明当时的人口数为13553923人。中国历代王朝都专门设置有关机构(如户部)，负责掌握户口人丁数、田亩数等”。“历史上的社会调查按其目的可分为三大类：①行政性调查；②实用性调查；③学术性调查。”

“一、近代社会调查研究(约18世纪—20世纪初)　这一时期的调查内容较为繁杂，多为实用性调查，如家庭调查、生活调查、工业调查、犯罪调查以及后来的舆论调查与市场调查。”“19世纪末20世纪初以前的大多数社会调查尚缺乏理论的指导，研究的目的主

---

① 言心哲. 社会调查大纲[M]. 上海：中华书局，1934：4-5.

② 张锡昌. 农村社会调查[M]. 上海：黎明书局，1934：16、18.

③ 李景汉. 实地社会调查方法[M]. 北平：星云堂书店，1933：21、25.

④ 张世文. 农村社会调查方法[M]. 上海：商务印书馆，1944：6、10、12.

要在于解决社会当时的尖锐问题，如贫穷、犯罪、居民生活状况等。这些调查虽然起到了相当大的治世之功，但……却难以上升到一定的理论高度。”

“二、现代社会调查研究(20世纪初—)　社会调查与社会学理论的结合，即学术性调查研究是以迪尔凯姆的《自杀论》(1897)为开端的。”

“三、中国社会调查发展简史　在中国，科学意义上的社会调查直到20世纪初才开始发展。”“学术界早期的社会调查有许多是在外籍学者的指导下进行的，如1917年美籍教授狄特莫(C. G. Dittmer)指导清华学生对北京西郊居民生活的调查，以及美籍传教士甘博(S. D. Gamble)、燕京大学教授步济时(J. B. Burgess)等人仿照美国‘春田调查’所作的《北京——一个社会的调查》(1921)等。中国人主持的社会调查最早的是陈达对北平成府村居民和清华校工所做的生活费调查(1923)”。①

风笑天在《现代社会调查方法》中写道：“如果对社会调查从传统与现代的角度进行区分，那么，通常的做法是依据顺序：某个时期以前的属于‘传统的’，而某个时期以后的则属于‘现代的’。”“纵观30多年来……国内学者都受到两个不同来源的影响：一个来源是以毛泽东农村社会调查和国内老一辈社会学家所作社会调查为代表的‘传统的’社会调查方法，另一个来源则是以现代西方社会学的调查研究方法为代表的‘现代的’社会调查方法。”

“之所以对上述两个来源作如此的区分(即传统的和现代的区分)，除了时间上、空间上的原因外，更重要的是二者所具有的内在差别所致。这些差别比较突出地体现在以下几个方面。①从调查对象的选取方式看，前者往往选取少数几个个案或典型作为调查对象……而后者则往往采取……随机抽样的方法，抽取相当数量的个案……作为调查对象……②从调查资料的收集方法看，前者往往采取无结构的自由访问、座谈会等方式；而后者则主要采取以……自填式问卷或者结构式访问的方式。③从调查资料的分析方法看，前者主要依靠定性分析的方法……而后者则主要依靠定量的分析方法……”

“从社会历史的角度看……前者所适应的是以封闭性较强、同质性较高、流动性较小、流动速度较慢为特征的‘传统’社会；而后者所适应的则是以开放性较强、异质性较高、流动性较大、流动速度较快为特征的‘现代’社会。从方法论的角度看，这两个有着不同来源的调查方法类型，则反映着社会学中人文主义与实证主义两种不同的传统、不同的背景、不同的基础之间的区别”。②

范伟达认为，“在人类历史中，调查研究的发展大体经历了三个阶段，即古代的社会调查研究、近代的社会调查研究和现代的调查研究”。“古代调查研究，包括奴隶社会和封建社会两个历史阶段”；“近代的调查研究是指欧洲进入资本主义社会到20世纪初的调查研究过程”；“20世纪初至今，现代的调查研究及其方法逐渐形成与发展”。③

郝大海指出，“按时间顺序，调查研究的发展大体可以划分为近代和现代两个阶段。

① 袁方. 社会研究方法教程[M]. 北京：北京大学出版社，1997：35-41.

② 风笑天. 现代社会调查方法(第五版)[M]. 武汉：华中科技大学出版社，2017：13-15.

③ 范伟达，范冰. 社会调查研究方法[M]. 上海：复旦大学出版社，2010：29-34.

近代调查研究主要包括行政统计和社会问题调查，而现代调查研究则主要包括民意测验、市场调查和研究性调查”。“虽然在公元前的古代埃及和中国，就有过以征税和征兵为目的进行人口调查的记录，但是，作为一种社会研究方法，调查研究肇始于近代的行政统计调查”。“现代调查研究进入20世纪后，社会调查与社会理论的结合，导致研究性调查的出现”。“调查本质上是一个测量过程……因此，当代调查方法比较贴切的名称，应该是统计调查”。①

黄兴涛等认为，“社会调查应有广义、狭义之分。最广义的社会调查，在传统中国也曾存在，它指的是人们为了某种目的，有意识地按照一定程序，通过一定手段(如借助询问、实地观察，或征集问卷等)，对特定社会事项进行资料、信息的搜集和整理工作，以求得实情实态的一种经验活动，或在此基础上作进一步理性分析的认知活动。而较为狭义的理解，则通常把社会调查认作为一种现代性的事物。……且其本身也被逐渐当成一种独立的学问方式来对待”。“在中国，现代社会调查大体兴起于戊戌维新时期及20世纪初年”。②

二、问题的提出

上述社会调查起源及其历史发展的论述，提出了几个需要探讨的问题。

(一)关于社会调查的起源

有的说，起源于公元前两三千年古罗马、埃及、中国历代王朝的户口人丁数、田亩数调查(张锡昌、张世文、袁方)。有的说，萌芽于11世纪英国的户口调查(李景汉)。有的说，社会调查，算是近代产物，他的历史，不过20多年的光景。社会调查的始祖，要推英国博思(言心哲)。

关于近代有计划、有系统的社会调查，有的说，最初者要推英人部斯(蔡毓骢)；有的说，首推法国的黎伯莱(张世文)；有的说，最热心调查的要推英国和美国(张锡昌)；有的说，作为一种社会研究方法，调查研究肇始于近代的行政统计调查(郝大海)。

(二)关于社会调查的历史发展

有的持“二分法”，或者是古代社会调查与近代的、有计划的、有系统的社会调查(张锡昌、张世文)，或者是传统的社会调查与现代的社会调查(风笑天、黄兴涛)，或者是近代的社会调查与现代的社会调查(袁方、郝大海)，或者是广义的社会调查与狭义的社会调查(黄兴涛)。

有的持“三分法”，即古代的社会调查、近代的社会调查、现代的社会调查(袁方、范伟达)。

---

① 郝大海. 社会调查研究方法(第三版)[M]. 北京：中国人民大学出版社，2015：4-8.

② 黄兴涛，夏明方. 清末民国社会调查与现代社会科学兴起[M]. 福州：福建教育出版社，2008：1-3.

(三)关于不同时代社会调查的名称及其划分标准

(1)古代社会调查、近代社会调查、现代社会调查及其划分标准。

有的以时间顺序为划分标准，近代社会调查，约18世纪—20世纪初；现代社会调查，20世纪初至今(袁方、郝大海、黄兴涛)。

有的以社会形态和时间顺序为划分标准，古代调查研究，包括奴隶社会和封建社会两个阶段；近代的调查研究是指欧洲进入资本主义社会到20世纪初的调查研究；20世纪初至今，现代的调查研究及其方法的形成与发展(范伟达)。

(2)传统社会调查、现代社会调查及其划分标准。

以来源为划分标准：传统社会调查，是指来源于毛泽东农村社会调查和国内老一辈社会学家所作的社会调查；现代社会调查，是指来源于现代西方社会学的调查研究方法(风笑天)。

(四)关于不同时代社会调查的名称及其主要特点

(1)古代社会调查、近代社会调查、现代社会调查的特点。

古代社会调查的特点：为课税征兵等进行人口、财产调查；行政统计调查(张锡昌、李景汉、张世文、袁方)。

近代社会调查的特点：多为实用性调查，如家庭调查、生活调查、工业调查、犯罪调查以及后来的舆论调查与市场调查。大多数社会调查缺乏理论的指导，研究目的主要是解决当时的尖锐问题(张世文、袁方)。

现代社会调查的特点：社会调查与社会学理论相结合的学术性调查研究，以迪尔凯姆的《自杀论》(1897年)为开端(袁方)。现代调查研究是研究性调查，本质上是一个测量过程，比较贴切的名称是统计调查(郝大海)。

(2)传统社会调查、现代社会调查的特点。

传统社会调查的特点：往往选取少数几个个案或典型作为调查对象；往往采取无结构的自由访问、座谈会等方式收集资料；主要依靠定性方法分析资料；所适应的是以封闭性较强、同质性较高、流动性较小、流动速度较慢为特征的传统社会；反映着社会学中人文主义的传统、背景和基础(风笑天)。

现代社会调查的特点：往往采取随机抽样方法抽取相当数量的个案作为调查对象；主要采取自填式问卷或结构式访问收集资料；主要依靠定量方法分析资料；所适应的是以开放性较强、异质性较高、流动性较大、流动速度较快为特征的现代社会；方法论上，反映着社会学中实证主义的传统、背景和基础(风笑天)。

总之，在社会调查的起源，社会调查的历史时代及其划分标准，不同时代社会调查的特点等方面，都存在着不同的观点和看法。而且，这些不同的观点和看法，大多各说各话，只有简短的论断或简略的论述，而缺乏实事求是的科学论证。这说明，如何论证社会调查的起源及其产生的社会历史条件？如何确定社会调查历史时代及其划分标准？如何概括不同时代社会调查的特点？这是开展社会调查史研究、创建中国特色社会调查学必须回答的基础性问题。

第二节　社会调查的起源及其产生条件

一、社会调查产生于奴隶社会初期

中国古代社会调查萌芽于原始社会末期，即传说中三皇五帝时代的后期。因为这个时期的原始部落，为了本部落的生存和发展，既要组织劳动力从自然界获取各种生存资料，又要训练一定数量的壮丁与其他部落展开各种竞争。在这种情况下，部落首领就产生了掌握本部落丁口、食物、武器等实际情况，以及记载某些重大事件的客观需要。《周易·系辞下》曰："上古结绳而治，后世圣人易之以书契。百官以治，万民以察。"这是说，上古之人结绳记事，最初是用绳结记载事物的数量，后来则用来表示事物的性质与关系等。部落酋长等也用结绳的方法来记载部落的大事，故曰"结绳而治"。西汉《九家易》的解释是："古者无文字，其有约誓之事，事大，大其绳，事小，小其绳，结之多少，随物众寡……"即根据事件的性质、规模或所涉数量的不同，系出不同的绳结。后来，发明了文字，"结绳"就改成了"书契"。《尚氏学》曰："盖古用简，须以刀刻字，故曰'书契'"(《周易·系辞下》)。这里所说的"结绳"和"书契"，都是对当时重大社会事件的记载，是百官治理政事、万民考察事理的方法。从一定意义上说，就是古代社会调查的雏形。

然而，作为一种自觉的认识活动，社会调查却起源于奴隶社会初期。因为，人类进入奴隶社会后，出现了阶级、国家、战争等一系列新社会现象。奴隶主阶级为了维护自己统治，镇压奴隶反抗，统治国家，管理社会，抵御外族入侵或对外扩张，需要收纳贡赋、征集兵员、派使徭役，这就产生了对于丁口、土地、财产等社会资源进行调查的客观需要。例如，古埃及早在公元前3000年第一、二王朝时期，法老每两年就派人对全国人口、土地、牲畜和财富进行一次清查，以确定每年租税数额。① 古罗马帝国明文规定，各户人口、土地、牲畜和家奴，每5年调查一次，并根据拥有财富多少将居民划分为贫富6个等级，作为征税依据。古巴比伦和古印度也都做过许多关于人口、土地、财产等情况的调查。

中国是世界上开展社会调查最早的国家之一。据史料记载，中国古代社会调查起源于夏王朝初期。先秦古籍《山海经》和《尚书》，是最重要的证明。

《山海经》自问世以来，围绕其作者、成书时代、著作性质等问题，一直众说纷纭。对其作者和成书年代，古代有人认为，原作者是禹、伯益、夷坚，经西汉刘向、刘歆(刘秀)编校，才形成传世书籍。对其著作性质，《汉书·艺文志》将其列为形法家之首，《隋书·经籍志》以下则多将它归入地理著作，清代《四库全书总目提要》谓其为"小说之最古者尔"，鲁迅则将它视为"古之巫书"。现代多数学者认为，它是一部关于中国古代地理、物产、历史、宗教、医药、民俗、民族、神话等内容的著作，其成书年代可能是战国初至汉初，具体年代及其作者已无法确证。可肯定的是，该书非一时之作，亦非一人之作。

《山海经》全书18卷，其中"山经"5卷，"海经"8卷，"大荒经"4卷，"海内经"1卷，

① 周一良，吴于廑. 世界通史(上古部分)[M]. 北京：人民出版社，1962：39.

约 31000 字。它涉猎广、内容杂，其著作很难准确定性。然而，其中关于 100 多个邦国、550 多座山、300 多条水道，以及各邦国的地理、风土、物产、宗教、古史、医药、民俗、民族等方面的记述，确有相当部分是真实、可靠的。例如，《山海经》中记述的许多山的位置和走向，山的数量和山间距离，大多符合实际；记述的河流，大多可以找到相对应的水体；记述的物产和用途，药物和疾病，大多符合当时的认知水平，等等。这说明，如果剔除书中奇诡怪异、荒诞无经的部分，《山海经》中那些真实、可靠的记述，只可能是华夏先祖在生产、生活实践基础上，长期调查、研究、探索、总结的成果。

《尚书 · 禹贡》的作者和成书年代，有学者认为，是西周太史所录；有学者认为，是孔子所作；有学者认为，是战国时代的作品。① 尽管人们看法各异，却有两点相同：一是它的成书年代，即使不是夏朝，也不会离夏朝太远；二是它所反映的，主要是大禹治水时代的情况和看法。也许，这就是它被列入《尚书 · 夏书》的原因。至于《尚书 · 禹贡》的著作性质，有学者从篇名看，认为是贡赋之法；有学者从主要内容看，认为是中国最古老、最系统的地理文献，是“世界上最早的区域人文地理学著作”；有学者甚至认为，它“是中国第一个奴隶制国家的国土综合整治开发建设总体规划”。② 我们认为，上述看法都正确，但都不全面。全面的看法应该是：从篇名看，是“贡赋之法”；从主要内容看，是“地理文献”；从形成方法看，是以山川为主的调查报告。在上古极端落后的社会历史条件下，做如此宏观、深入的实地调查，在世界社会调查史上很可能是绝无仅有的。图 1-1 为九州山川实证总图。

《尚书 · 禹贡》全文 1193 字，可分为“前言”“九州”“导山”“导水”“攸同”“五服”和“结语”7 个部分。

“前言”：说明全文主要内容，禹为了区分疆界，在考察经过的山上插木桩作标记，为高山大川命名。

“九州”：主要依据河流、山脉等自然分界，把所描述地区分为冀、兖、青、徐、扬、荆、豫、梁、雍九州，并对各州的疆界、山川、湖泽、水利、土壤、税赋、植被、特产和进贡路线等作了描述，反映了各区域特色。

“导山”：“导”指开凿、治理。它的叙述基本反映了中国山脉大多由西向东延伸，西部集中、东部分散，西部多高山、东部多平原等特点。

“导水”：按照先北后南、先上游后下游、先主流后支流的顺序，描述了运送贡赋九条河流的水源、流向、流经地、支流、入海(河)口及流沙。

“攸同”：对前面部分的小结。

“五服”：根据距帝都的远近，把所辖区域分为“甸服”(王畿)、“侯服”(诸侯领地)、“绥服”(已平定地区)、“要服”(结盟地区)、“荒服”(未开化地区)。“五服”的划分，既反映了区别对待的治理方略，又反映了大一统思想。有学者认为，这一部分“纯系后人假托的五服制度”。③

① 王世舜，王翠叶，译注. 尚书[M]. 北京：中华书局，2012：53.

② 刘盛佳.《禹贡》——世界上最早的区域人文地理学著作[J]. 地理学报，1990，45(4).

③ 王世舜，王翠叶，译注. 尚书[M]. 北京：中华书局，2012：54.

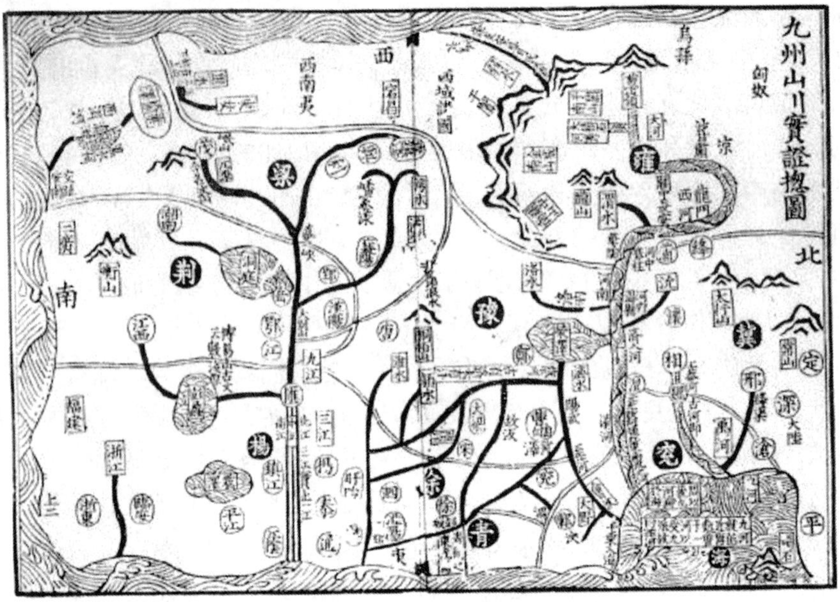

图 1-1　九州山川实证总图

“结语”：歌颂禹的功劳作为总结。

由于夏朝和大禹治水的史实，没有当时的文字记载，因而曾有人怀疑它的历史真实性。然而，中外考古学者证实，黄河距今约 4000 年前发生过一场地球万年不遇的特大洪灾，其规模超过一般黄河洪水的 500 倍。专家认为，这一发现为流传几千年的“大禹治水”传说与夏朝的存在，提供了有力证据(新加坡《联合早报》，2016 年 8 月 6 日)。如图 1-2 所示，专家们通过放射性碳定年法，测定在喇家遗址里挖出的三具孩童骨骸，推测他们死于公元前 1920 年，由此推测大禹治水的年代。

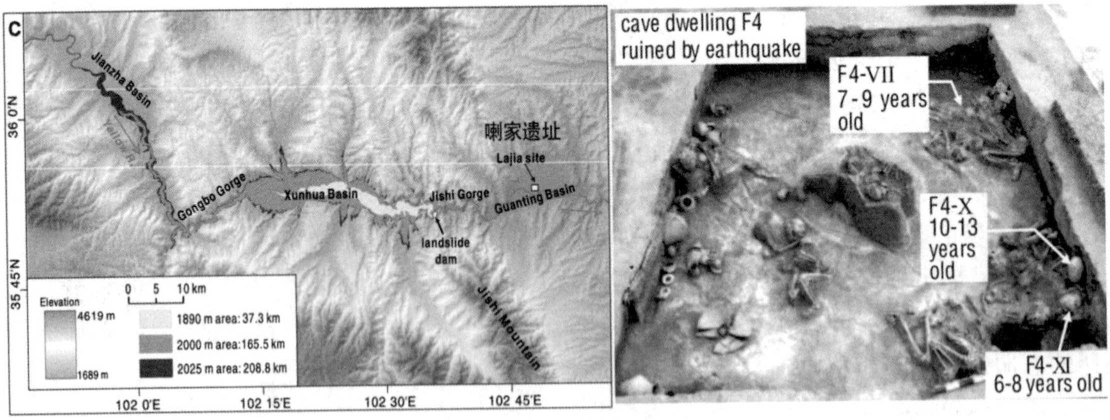

图 1-2　学者们测定喇家遗址骨骸以推测大禹治水的年代

来源：Qinglong Wu，Zhijun Zhao，et. al. Outburst flood at 1920 BCE supports historicity of China's Great Flood and the Xia dynasty[J]. Science，2017，353 (6299).

至于大禹治水过程中开展山水调查的情况，《史记·夏本纪第二》中有一段生动、具体的记述，用现代汉语来说就是：禹接受治水任务后，决心率领百姓根治水患。他痛心于父亲鲧治水失败而受到惩罚，在外劳身苦思 13 年，过家门而不入。禹自己吃穿很简朴，却对祖先神明的祭祀很丰厚；自己住房很简陋，却不惜巨资修建各种水利工程。他陆行驾车，水行乘船，泥行坐橇，山行穿钉鞋。他实地踏勘时，左手拿准绳，右手拿规矩，还带着测量四时的仪器，足迹遍及华夏各地，终于开辟了九州，疏通了九条河道，治理了九个大湖，凿通了九座大山。这一段记述说明，“左准绳，右规矩”的实地踏勘，是大禹治水取得成功的基础和保证。

据《后汉书》记载，大禹治水时代，全国人口为13553923 人，土地2430 万多顷，其中定垦者 930 万多顷。① 这些数字虽不一定准确，但它说明早在公元前 2000 多年的夏朝，就曾进行过较大规模的人口和土地调查。

总之，《山海经》以山、海为主要线索，记述各地的历史、地理、风土、物产等情况；《尚书·禹贡》以河流、山脉为主要线索，描述各州的疆界、山川、土壤、特产等内容，它们都是华夏先祖艰苦卓绝地开展山、水、人口等调查的宝贵记录。这说明，中国古代社会调查起源于夏王朝初期的判断，具有坚实的史料支撑。

二、产生社会调查的历史条件

中国古代的社会调查，为什么产生于夏王朝初期？这不是偶然的，而是由当时的社会历史条件所决定的。

(一)生产力和社会分工的发展，金属工具和剩余农产品的出现

夏王朝初期，由于修筑沟渠，引水灌溉，农业生产有了较大发展，粟、黍、豆、水稻等粮食作物生产，不仅能满足生存需要，而且有了越来越多的剩余。畜牧业已从农业中分化出来，马的饲养达到了一定规模。生产工具虽然仍以石器为主，但金属工具已开始出现。制造生产工具、铸铜、酿酒等手工业已有一定水平和规模。商业贸易有了初步发展，中国古代最古老的货币——贝币的流行，就是最好的证明。夏王朝时期出现的三次社会大分工——农业与畜牧业分工、手工业与农业分工、商业与农牧业分工，促进了社会生产力的较大发展，促进了金属工具、剩余农产品和私人财产的出现，从而为社会调查的产生奠定了物质基础。

(二)阶级的分化，国家的出现，社会管理的需要

夏王朝是中国历史上第一个奴隶制国家，它是私有制和阶级分化的必然结果。恩格斯指出：国家是阶级矛盾不可调和的产物。在奴隶社会，“为了使……这些经济利益互相冲突的阶级，不致在无谓的斗争中把自己和社会消灭，就需要有一种表面上凌驾于社会之上的力量，这种力量应当缓和冲突，把冲突保持在‘秩序’的范围以内；这种从社会中产生

① （南朝宋）范晔. 后汉书(第 12 册)[M]. 北京：中华书局，1965：3387.

但又自居于社会之上并且日益同社会相异化的力量，就是国家”。“它照例是最强大的、经济上占统治地位的阶级的国家”。① 统治阶级要统治国家，就不得不镇压反叛者的反抗，抵御外族入侵或对外扩张，以及对社会进行管理，与自然灾害作斗争。为此，统治阶级国家就需要征集兵员、派使徭役、收纳贡赋，从而产生了对于丁口、土地、财产等社会资源进行调查的客观需求。人类社会发展的历史进程表明，阶级的分化，国家的出现，社会管理的需求，是推动社会调查产生的直接动力。

(三)古代文化的发展，文字的发明和应用

夏遗址出土的文物和夏王朝时期形成的历法(即夏历)，说明当时的文化与科学已有一定程度的发展，特别是文字(包括数字)的发明和应用具有重大意义。

从世界范围看，人类最先使用的是记录数目的符号。例如，在苏美尔、阿卡德(即后来的巴比伦)发现的泥板上的符号，经考古学家鉴定，是公元前3000多年前祭司记录下来的某庙宇的收支账目。它比现存最古老的文字还要古老。公元前3200—前2850年古埃及第一王朝时期，由于测量尼罗河水位和土地面积的需要，计算数目越来越大，因而出现了表示一万、十万和百万的符号和名词。它说明，在文字发明过程中，最先出现的是数字。②

中国数字的创始，历史传说不一，有“隶首作数”说、“伏羲创始”说、“仓颉造字”说(包括造数字)，还有“河图洛书”说等不同说法。到了近代，有学者认为，数字与中国文字一样，也是由象形、象事、象意产生的。有人认为，“数生于手，故一二三四字写作一二三亖，此手指之象形”。也有人说，“观一二三古字作弌弍弎，当因田猎之时，以获禽兽而记数也。故古文一二三字，皆附弋字于其旁，以表田猎所得之数”。看来，这种说法近乎事实。因为一、二、三这种字，本来就是“物生而有象”的象形字，同时也反映了事物的数目。③

有学者认为，四川三星堆玉版上的古蜀文字，可能是中国的“史前文字”。④ 如图1-3所示。

然而，学术界公认的中国最古老的文字，是商朝(公元前1600—前1046年)的甲骨文和周朝(公元前1046—前256年)的金文。甲骨文是刻在龟甲和兽骨上的文字，内容多为占卜之辞，因而又称“甲骨卜辞”。据近代学者研究，已出土的甲骨文总计有4600多个单字，其中可以辨识的有1300字左右。金文是铸刻在钟、鼎等青铜器上的铭文，因而又称钟鼎文，其内容多为颂扬祖先及王侯的功绩，也记录了一些重大历史事件。据中国考古学家容庚编著的《金文编》记载，金文的字数共有3722个字，其中可以识别的字有2420个。这些字，有象形文字特色，但尚未成熟。它们已相当简化，大部分结构由横竖线条组成，

① 马克思恩格斯选集(第4卷)[M]. 北京：人民出版社，1995：170、172.

② 梁方仲. 中国历代户口、田地、田赋统计[M]. 北京：中华书局，2008：1-2.

③ 刘叔鹤. 中国统计史略[M]. 武汉：湖北人民出版社，1990：5-9.

④ 张如柏. 三星堆玉器上的古蜀文字[N]. 人民日报，2011-06-17.

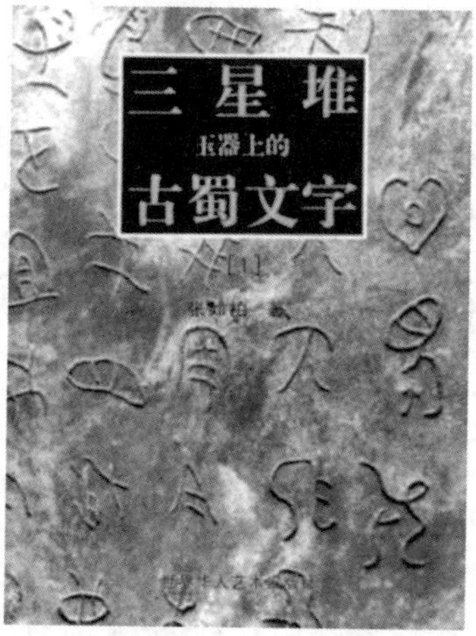

图 1-3　三星堆玉版上的古蜀文字

来源：张如柏. 三星堆玉版上的古蜀文字［M］. 深圳：世界华人艺术出版社，2009.

是“写”出来而不是“画”出来的。东汉文字学家许慎经研究，概括出了“六书”之说，即这些文字是遵循指事、象形、形声、会意、转注、假借六原则而创造出来的。

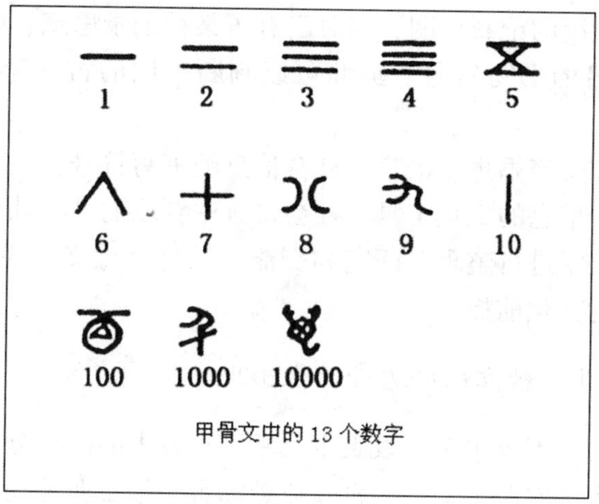

图 1-4　甲骨文中的 13 个数字

来源：高一之. 甲骨文数字与记数法［Z］. 新华网，“科普中国”，2018-07-10.

春秋战国时期，诸侯割据、小国林立，许多地方在金文、甲骨文基础上各自创造出了许多文字，交流非常不便。图 1-4 所示为甲骨文中的 13 个数字。秦始皇统一中国后，颁布了统一文字的命令，废除了各诸侯国自创的文字，统一采用原秦国官方使用的文字，并由丞相李斯写成范本供模仿。这种字体后来被称为李斯小篆，成为中国统一使用的汉字原型。这种全国统一的书写文字，为在全国开展社会调查提供了不可或缺的文化工具。

秦统一前后各国“马”字、“安”字的写法如图 1-5 所示。

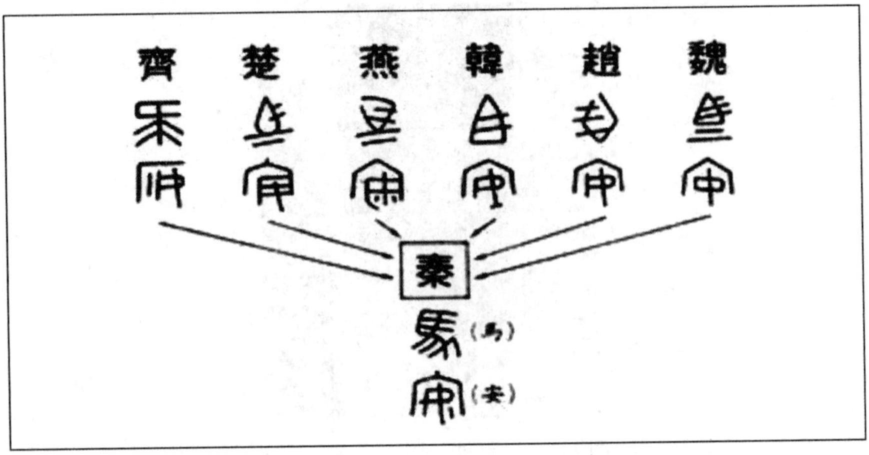

图 1-5　秦统一前后各国“马”字、“安”字的写法

甲骨文和金文的发明和成熟，有一个相当长的历史发展过程。因此，尽管甲骨文和金文的载体(龟甲、兽骨和青铜器)大多是殷商和西周的出土文物，但它们的发明、形成很可能在夏朝及其以前时期。夏朝没有文字流传下来，但是，古籍上关于夏王朝时期人口数量、土地面积、社会情况的记载说明，当时已有了某种记录思想、语言、社会信息的书写符号，特别是记录数目的书写符号。据此可以判断中国的古文字起源于夏朝及其以前时期。

文字是人类记录和交流思想、语言、社会信息的书写符号，是在时间和空间上保存和传播思想、语言、社会信息的文化工具。社会调查中获取的各种社会信息，大多需要用文字记录下来，并运用文字进行整理、研究和交流。从这个意义上说，文字的发明和应用，是社会调查不可或缺的文化前提。

(四)社会职业分化，独立的脑力劳动者出现

夏王朝时期的社会，不仅出现了奴隶主、平民与奴隶的阶级分化，以及不同地位贵族的等级分化，而且出现了农业劳动者、畜牧业劳动者、手工业劳动者和商业劳动者的职业分化，以及独立脑力劳动者的出现。

到了春秋初期，不仅社会职业日益分化，脑力劳动者形成了独立的阶层，而且不同职业、不同阶层呈现出世代相传、日益固化的趋势。《管子 · 小匡第二十》曰：“士农工商四民者，国之石民也，不可使杂处。杂处则其言哤，其事乱。是故圣王之处士必于闲燕，处农必就田壄,① 处工必就官府，处商必就市井。今夫士群萃而州处，闲燕则父与父言义，子与子言孝，其事君者言敬，长者言爱，幼者言弟。旦昔从事于此，以教其子弟。少而习

① 哤，音 máng，语言杂乱；闲燕，清静的地方；壄，音 yě，同野。

焉，其心安焉，不见异物而迁焉”。这是说，士农工商四类居民，是国家的柱石，不可让他们杂处在一起。如果杂处在一块，他们的语言就混杂了，职事就混乱了。所以，圣明的王者总是安置士的居处靠近学校，安置农民的居处靠近田野，安置工匠的居处靠近官府，安置商人的居处靠近市场。从而使士成群集中居住在一个区域，在学校内外，为父的与为父的谈论义，为子的与为子的谈论孝，侍奉君主的谈论恭敬，年长的谈论亲爱兄弟，年幼的谈论尊敬兄长。朝夕从事于此，以教其子弟，从小时就习惯了，思想安定了，就不会见异思迁。这样就可做到“士之子常为士”，“农之子常为农”，“工之子常为工”，“商之子常为商”。管子的这些论述说明，春秋初期“士”的社会地位已相当稳固，已成为四大“国之石民”之首。管仲在这里所说的“士”，是广义的“士”，既包括卿、大夫(古代官名，世袭，有封地)，又包括一般的读书人(所谓“以才智用者谓之士”)。这些卿、大夫和一般的读书人，就是专门从事脑力劳动的独立劳动者。他们在春秋初期，已成为四大“石民”之首，这说明其出现的时间很可能在早得多的夏朝初期，而独立脑力劳动者的出现，是社会调查得以广泛开展的不可缺少的社会力量。

总之，中国古代社会调查产生于夏王朝时期不是偶然的，它是当时经济社会发展的必然产物。其中，生产力和社会分工的发展，剩余农产品的出现，是古代社会调查产生的物质基础；阶级的分化，国家的出现，社会管理的需要，是古代社会调查产生的直接动力；古代文化的发展，文字的发明和应用，是古代社会调查产生的文化前提；社会的职业分化，特别是独立脑力劳动者的出现，则是古代社会调查产生和广泛开展的社会力量。

第三节　社会调查的两次重大变革和三个历史时代

研究社会调查的历史发展，必须回答两个问题：一是如何划分社会调查的历史时代？二是到目前为止，社会调查经历了哪些历史时代？

一、划分社会调查历史时代的客观依据

关于社会调查历史时代的划分问题，有的学者以时间顺序为标准(袁方、郝大海、黄兴涛)，有的学者以社会形态和时间顺序为标准(范伟达)，有的学者以社会调查来源为标准，即把从西方引进的社会调查称为近代的或现代的社会调查，把中国本土的社会调查称为古代的或传统的社会调查(风笑天等)。所有这些看法，都只有简略的论述，而没有具体的、科学的论证，特别是没有明确说明划分社会调查历史时代的客观依据或标准。

那么，划分社会调查的历史时代，应该以什么为标准呢？

在历史学中，“时代”是指以经济、政治、文化、社会等状况为依据而划分的历史时期。一般以某些重大的经济、政治、文化、社会事件作为划分时代的客观依据或标准。例如，人类社会的发展历程，依据生产工具，可分为石器时代、铁器时代、机器时代等；依据动力来源，可分为手工时代、蒸汽时代、电器时代、原子时代等；依据文明性质，可分

为采集与狩猎文明时代、农业与游牧文明时代、工业文明时代、信息文明时代等；依据社会形态，可分为史前时代、奴隶制时代、封建制时代、资本主义时代、社会主义时代等。

按照历史学划分时代的逻辑，社会调查作为一种自觉认识社会的理论、方法和学问，就不应该以“时间顺序”“社会形态”“是否从西方引进”为标志来划分时代，而应该以社会调查的基础理论、基本方式、方法或技术的重大变革作为划分历史时代的客观依据或标准。

社会调查的史实证明，自古代社会调查产生以来，社会调查的基础理论、基本方式、方法或技术，曾经发生过两次重大变革，并据此划分为三个时代，即古代社会调查、近代社会调查和现代社会调查。

二、社会调查历史上的第一次重大变革

社会调查历史上的第一次重大变革，发生在17—19世纪的西欧。当时的西欧各国政府，为了统治国家、管理社会而开展的行政调查已相当普遍。例如，英国、法国的人口普查，比利时的犯罪调查，德国的家计调查，等等。英国的“政治算术”(17世纪)，德国的国势学派(17—18世纪)，比利时的数理统计(19世纪)，等等，就是这些行政调查的学术结晶。

这段时期，学术调查也蓬勃发展起来，其中最具代表性的有：

法国经济学家弗雷德里克·黎伯莱(Frederic Le Pley，1806—1882年)，从1835年起花20年时间先后调查了英、法等国数千个工人家庭的账簿，于1855年发表了6卷本的《欧洲工人》，从而开创了家计调查的先河。

英国社会学家部斯(Charles Booth，1840—1916年)，从1886年起花18年时间调查伦敦各阶级生活状况，先后出版了17卷本的《伦敦人民的生活和劳动》(1889—1903年)，成为社区研究的先驱之一。

法国社会学家埃米尔·杜尔凯姆(Émile Durkheim，1858—1917年)，运用大量经验资料和社会统计方法开展研究，于1897年出版了《自杀论》一书，创立了用社会事实的因果关系分析自杀的理论。

德国哲学家、社会革命家卡尔·海因里希·马克思(Karl Heinrich Marx，1818—1883)经过40年调查研究而撰写的鸿篇巨著《资本论》(1867—1894年)；弗里德里希·恩格斯(Friedrich Engels，1820—1895年)根据亲身观察和可靠材料撰写的《英国工人阶级状况》(1845年)、《家庭、私有制和国家的起源》(1884年)等著作，为创立马克思主义奠定了坚实基础。

这些社会调查，既有自觉的、系统化的理论作指导，又有规范化的调研方式、方法作手段，在社会调查的理论基础、调研方式和方法等方面进行了重大变革，超越了古代社会调查“直书”“实录”和见景生情、就事论事等局限性，实现了调研理论和方式、方法的系统化和规范化，从而促使感性、直观的古代社会调查演进为系统化、规范化的近代社会调查。这些史实说明，仅仅把“以迪尔凯姆的《自杀论》(1897)为开端的”的“学术性调查研究”或“研究性调查”“统计调查”(袁方、郝大海)视为现代社会调查起点的观点，是不符

合实际的。

近代社会调查产生于17—19世纪的西欧，不是偶然的。当时，西欧各主要国家，资产阶级在政治、经济上已经取得了统治地位，无产阶级开始登上了政治历史舞台，并争取到了一定的民主权利，各国逐渐建立了统一的国内市场，开辟了广阔的国际市场，从而大大开阔了人们的眼界，使人们有可能在世界范围内对某些社会现象进行广泛调查和对比研究。同时，这个时期对自然的研究，在观察和实验的基础上，已从“搜集材料的科学”发展为“整理材料的科学”；① 对社会的研究，在实地调查基础上，已从神学、玄学阶段进入实证阶段，哲学社会科学的许多领域取得了巨大进步。特别是英国哲学家培根的经验论，法国启蒙思想家孟德斯鸠等的社会政治观点，社会学家孔德的实证论，德国哲学家、社会革命家马克思、恩格斯的辩证唯物主义历史唯物主义，更为各阶级、各派别的社会调查提供了系统化、理性化的理论基础和指导思想。这些事实说明，近代社会调查产生于西欧，既有深刻的社会历史根源和阶级根源，又有必要的思想文化前提，它是早期资本主义时代社会历史条件的必然产物。

三、社会调查历史上的第二次重大变革

社会调查历史上的第二次重大变革，发生在20世纪中叶的美国。由于电子计算机和互联网的发明和应用，引起了社会调查基本方式、方法、手段和过程的重大变革，从而推动系统化、学科化的近代社会调查演变为电子化、数据化的现代社会调查。

20世纪40年代，“由于电子计算机的发明和应用，使得数理社会学迅速发展，抽样调查与数据分析成为当代社会学各领域不可缺少的方法”。② “60年代以后，由于……电子计算机的应用……曾经被认为是十分复杂和昂贵的统计程序(如因素分析)变得简便易行了……社会学出现了资料数量化趋势。例如，在《美国社会学评论》和《美国社会学杂志》刊载的文章中，进行定量分析的论文在1940—1941年只占53%，到1965—1966年就占到85%。……计算机不仅能够分析复杂的数据，还可以建立一些有关社会关系的抽象的模型，提出一些社会指数为制定社会规划服务”。③ 20世纪60年代末，由于互联网的发明和应用，计算机与计算机、网络与网络通过一组协议互相联系起来，形成巨大的全国性或国际性网络，人们可以通过计算机信息技术手段，与远在千里、万里之外的终端相互发送邮件、共同完成一项工作，从而极大地扩展了社会调查的时空。总之，电子计算机和互联网的发明和使用，引起了社会调查程序和方式、方法的一系列变化，实现了社会调查历史上的第二次重大变革。从此，社会调查的设计和步骤日益程序化、规范化，社会调查的范围和对象日益广泛化、多样化，社会调查的方法和手段日益电子化、数据化，社会调查的效率和质量日益高速化、精确化。可以说，应用电子计算机和互联网，已成为现代社会调查的主要标志。

---

① 马克思恩格斯选集(第4卷)[M]. 北京：人民出版社，1995：245.

② 刘绪贻. 战后美国史[M]. 北京：人民出版社，1989：547.

③ 王康. 社会学史[M]. 北京：人民出版社，1992：187-188.

现代社会调查产生于20世纪中叶的美国，不是偶然的。从经济政治基础看，第二次世界大战后，美国迅速登上了资本主义世界霸主地位。当时的英国外交大臣欧·贝文说，美国“今天正处在拿破仑战争结束时英国的地位。拿破仑战争结束后，英国掌握全世界财富的约1/3，而今天，美国则掌握大约50%”。① 从理论方法指导看，这个时期的美国社会学有了许多新的发展，特别是T. 帕森斯的结构功能理论、R. K. 默顿的中程理论、P. F. 拉扎斯菲尔德的定量研究方法、K. J. 阿罗的社会科学中的数理模型等，对社会调查的学科化、数量化产生过重大影响。从科学技术前提看，电子计算机、互联网的发明和应用，为社会调查提供了现代化的物质技术装备。世界上第一台真正意义上的电子计算机，1946年诞生于美国宾夕法尼亚大学。它是一种按程序运行、能处理海量数据的现代化智能电子设备，既有数值计算、逻辑计算功能，又有存储、记忆等功能。计算机的广泛应用，对人类生产、生活产生了巨大影响，引发了深刻的社会变革。互联网，起源于1969年美国国防部资助建立的阿帕网。它是一种按一定通信协议组成的、使用公用语言互相通信的国际计算机网络。从技术上说，它是一种全球性计算机网络，是人们互相通信和传输信息的工具；从经济上说，它是一种全球性信息资源的集合，其信息是海量的，每时每刻都在不停地更新和增长；从社会上说，它是一种高度平等、自由、开放的庞大人类社区，它把各国不同肤色、语言、阶级、信仰、职业、教育水平的人们联结起来，使整个人类社会联系更密切、运转更高效。目前，计算机和互联网已遍及世界各地、各行各业、亿万家庭，成为人们交往不可缺少的工具，人类进入信息时代的重要标志。从社会调查实践看，从19世纪末开始，学术性社会调查和民意调查、市场调查等应用性社会调查在美国迅速发展，使美国成为世界社会调查中心。总之，现代社会调查是20世纪中叶美国经济、政治、理论方法、科学技术和调查实践的必然产物。

我们认为，上述社会调查历史上的两次重大变革，是划分社会调查历史时代的客观依据和主要标准。由于社会调查基础理论、基本方式、方法或技术的这两次重大变革，社会调查史应该划分为三个历史时代，即古代社会调查、近代社会调查和现代社会调查。

从世界社会调查史看，17—19世纪以前，各国进行的人口、土地、财产等调查，基本上属于古代社会调查范畴；17—19世纪以后，西欧等国家进行的系统化、学科化的社会调查，已进入近代社会调查范畴；20世纪中叶以后，美国等国家进行的电子化、数量化的社会调查，则属于现代社会调查范畴。

从中国社会调查史实看，19世纪60年代以后，中国海关等领域按照从西方引进的方法进行的系统化、学科化的社会调查，属于近代社会调查范畴；20世纪70年代以后，中国统计部门等按照从西方引进的方法进行的电子化、数据化的社会调查，则属于现代社会调查范畴。

为了与人们的习惯相一致，本书第二、三、四章仍按中国常用的历史分期来划分古代、近代和现代，即以1840年鸦片战争前为“古代”，1840—1949年中华人民共和国成立为“近代”，1949年后为“现代”。为了与上述“古代社会调查”“近代社会调查”和“现代社

① 刘绪贻. 战后美国史[M]. 北京：人民出版社，1989：10.

会调查”相区别，本书第二、三、四章的标题中都加了一个“的”字，即“古代的社会调查”“近代的社会调查”和“现代的社会调查”。

第四节　不同时代社会调查的主要特点

古代社会调查、近代社会调查和现代社会调查，由于社会调查的基础理论、基本方式、方法或技术等方面的重大差异，各自具有不同的特点。

一、古代社会调查的特点

古代社会调查，从奴隶社会初期到封建社会末期，虽然经历了几千年发展，但是，从总体上看，都属于社会调查史的初期阶段。

以中国为例，古代社会调查的主要成就是，社会调查历史绵久悠长，社会调查制度比较完善，社会调查领域相当宽广，社会调查思想深睿厚实，社会调查方法丰富多彩，社会调查史料浩如烟海。它的局限性主要是，为奴隶主或封建主阶级服务；缺乏自觉的、系统的理论作指导；调查内容比较简单，调查地域比较狭窄；调查方法原始、简单、感性、直观；没有独立的调查机构和调查人员；调查者与被调查的劳动人民之间往往存在着对抗性矛盾。

二、近代社会调查的特点

与古代社会调查相比较，近代社会调查具有许多不同特点：

(1)调查目的出现了多元化趋势。大体可分为四种类型：一是行政性社会调查，主要目的是管理社会、服务社会；二是政治性社会调查，主要目的或是巩固、完善现有制度，或是推翻、变革现有制度；三是学术性社会调查，主要目的是为学术研究服务；四是应用性社会调查，主要目的是为各自业务服务。

(2)调查活动都以一定思想或理论为指导。无论是行政性社会调查，还是政治性、学术性、应用性社会调查，不管自觉不自觉、承认不承认，事实上都有一定的理论作为理论基础或指导思想。其中，经验论、实证主义、辩证唯物主义、历史唯物主义具有较大影响。

(3)调查内容比较丰富，调查地域比较广阔，调查对象比较庞大。从调查内容看，既涉及经济、政治、文化、社会等客观情况，又涉及思想、感情、态度、愿望等主观领域；从调查地域看，既涉及基层、区域，又涉及全国、跨国范围；从调查对象看，少则几十、几百个，多则几千、几万、几十万个。

(4)调查手段形成了一套比较系统、规范的方法。例如，观察法、访问法、问卷法、实验法、民意测验、数理统计等方法。美国社会学家查平的《社会研究和实地调查》(1920年)，是“最早介绍社会调查方法的著作”。① 20世纪20—40年代，中国学者也撰写、出

① [日]福武直，松原治郎．社会调查方法[M]．王康乐，编译．长沙：湖南大学出版社，1986：1.

版了许多论述社会调查方法的专著。这说明，近代社会调查已成为社会科学领域里的一门相对独立的学科。

(5)调查人员和机构出现了专业化趋势。无论是政府的社会调查，还是民间的社会调查，都形成了一些专业调研机构和一批专业调研人员。例如，政府的统计局，议会的调查委员会，企业、事业单位和各种大众传媒的调查部，高等院校的调查研究中心，以及商业性调查研究机构等。

(6)根据调查主体、目的、态度的不同，调查者与调查对象之间的关系更加复杂多样，但很少有对抗性的关系。

三、现代社会调查的特点

由于电子计算机、互联网等技术的应用，现代社会调查无论在课题选择、调查设计、程序安排、调研方法、调查成果的形式和应用等方面，还是在调查范围的确定、调查对象的选择、调查内容的取舍、调查广度和深度的要求、调研手段和工具的运用等方面，都与近代社会调查存在着很大区别。从国内外社会调查实践看，现代社会调查的主要趋势是：

(1)广泛化趋势。一是调查主体日益广泛，已扩大到党政群团、工农商学等各行业、各单位、各方面的实际工作者和理论工作者。二是调查内容日益多样，政治、经济、文化、社会、生态等社会各个领域，生老病死、衣食住行、婚丧嫁娶等生活各个方面，以及思想、观念、态度、感受等，都已成为调查内容。三是调查范围日益扩大，有时甚至在全国、国际范围内进行。

(2)科学化趋势。主要表现是调查方法日益程序化、规范化、数量化和精确化。在这方面，社会学家、统计学家，特别是电子计算机硬件和软件技术方面的专家作出了突出贡献。此外，社会调查学还从其他学科吸收、移植了一些科学方法或技术，例如，从心理学吸收了社会心理测量法，从数学、计算机、网络科学吸收了数据处理和远程传输的方法和技术，等等。

(3)现代化趋势。由于手机、电子计算机、互联网、无人机、卫星等现代化设备和技术已成为调查研究的重要手段，因而社会调查的工作程序、组织方式、标准化和规范化程度，以及抽样方法、问卷设计、调查方式、数据分析、思维加工等，都随之发生了深刻变化；社会调查的广泛性、科学性、精确性，以及调研成果的推广应用等，都达到了前所未有的新高度。

(4)专业化趋势。社会调查专业化是社会调查广泛化、科学化和现代化的客观要求和必然结果。它主要表现在两个方面：一是各调查主体单位的调查机构和人员日益专业化；二是独立的公益性、营业性调研机构不断涌现，有的已成为在许多国家设有分支机构的跨国公司。

正确认识不同时代社会调查的特点，对于科学评价各个时代的社会调查及其成果，对于社会调查史研究，对于社会调查学的创立，具有重要意义。

第二章　古代的社会调查

中国古代的社会调查，是指夏、商、周、秦、汉、隋、唐、宋、元、明，直至清朝前期的社会调查；其年代，从公元前2070年夏王朝建立起，到1840年鸦片战争止，前后历时3910年。

按照历史顺序论述各个朝代的社会调查，是中国社会调查史的任务。本章仅从古代的社会调查思想、古代的社会调查制度、古代的社会调查领域、古代的社会调查方法四个方面展开论述，最后作一简略评价。

第一节　古代的社会调查思想

古代社会调查思想形成于西周，它既是上古先祖开展艰苦卓绝的山、水、丁口等调查的产物，又是华夏先贤总结夏、商、周等朝代统治经验教训的结晶。

一、夏、商的山、水、丁口等调查

夏朝(约公元前2070—前1600年)及其以前的社会调查，虽然没有文字记载，但在古代文献中仍可寻觅到一些踪迹。例如，《山海经》和《尚书·禹贡》，就是华夏先祖山、水等调查的宝贵记录。如果说《山海经》是包含许多原始幻想的、中国地理最早的开山之作，那么《尚书·禹贡》则是以实地考察为基础的、先秦最富于科学性的地理志之祖，对后世地理学发展影响深远。清代学者李振裕说："自禹治水，至今四千余年，地理之书无数百家，莫有越《禹贡》之范围者"。①

商朝(约公元前1600—前1046年)社会调查的史料，在甲骨文、金文中有许多记载。商人迷信鬼神，大凡生死、婚丧、耕种、收获、风雨、灾祸、征战、祭祀、狩猎等重要事件，都要向鬼神占卜，都要在龟甲、兽骨上刻上"卜辞"。因此，在殷商甲骨文中，记载了许多关于丁口、生产、战争、田猎、祭祀等方面的史实，它们都是极其可贵的社会调查史料。例如：

关于"登人"的记载。殷商出土的甲骨文中，就有"登人"记载，如："戊庚卜，宾贞，

① 古史舆地图说——禹贡九州篇[EB/OL]．[2018-04-12]．https://baijiahao.baidu.com/s?id=1597431602531055802&wfr=spider&for=pc.

勿登人三千，乎吉方，弗受有祐”；“登人三千，呼伐”。① 对于“登人”，历史上有两种解释：一是指已登记在商代版籍上的人；二是指成年人，即到了一定年龄，在酋长面前行过成年礼而命名登记在册的人。这两种解释都说明，当时的统治者曾对某些人口做过调查和登记。

关于战争的记载。商代经常发生部族战争，每次战争都要呼登人出战。例如，“‘令斿族寇周’，‘令多(众)子族从犬侯寇周’，‘命五族伐羌’等”，② 这些文字，只有战争记录，而没有具体人数；上述“勿登人三千”“登人三千，呼伐”等文字，则是参战人数的记载。卜辞中所记载的商人战争，一般用兵四五千人，俘虏不过数十人，但也有少量规模较大的战争。

关于田猎的记载。卜辞中有商王田猎的记录，如“丙戌卜丁亥王阱鹿，毕。允毕三百又四十八”，“毕八虎，允毕获鹿八十八，马一，豖卅又二”。③ 这是说，商王的猎品，一次是鹿 348 头，另一次是虎 8 头，鹿 88 头，马 1 匹，野猪 32 头。这些记载说明，殷商都城附近田猎场的优良与宽阔，野生动物种类的繁多与密集，帝王田猎活动规模的宏大和技术的高超。

关于祭祀的记载。商人尚鬼神，祭祀活动很多，往往用牲畜和奴隶做祭品。卜辞中有这样的记载：“五十犬，五十羊，五十豚；三十犬，三十羊，三十豚；二十犬，二十羊，二十豚；十五犬，十五羊，十五豚”。④ 此外，还有用人作祭品的记载，其中记有人数的 1992 条，共祭用 13052 人；未记人数的 1145 条，以各祭一人计算，合计起来，甲骨文中记载的杀祭人数至少达 14197 人。⑤

《尚书·多士》曰：“惟殷先人有册有典”。“殷先人”，指殷商时代的人；“典”是会意字，由上“册”、下“大”组成，意指重要文献、典籍。这些册典，既是商朝重大历史事件的记录，又是殷商时代调查资料的载体。它们记述的史实，尽管内容极其有限，但却具有重要意义。因为它们都是当时的记载，其真实性、准确性和可信度，都大大超过后世的有关记载或说明。

二、夏、商、周统治经验教训的总结

《尚书》素有“政书之祖、史书之源”的美誉。如图 2-1 所示。它是中国最古老的皇室文集，上古历史文献和古代史实著作的汇编，记述了从尧舜到夏商周两千余年的历史，保存了商周特别是西周初期的许多重要史料。《尚书》的思想内容，突出了三个要点。一是明“民”之定位。即“民为邦本，本固邦宁”，“民可近，不可下”，必须“敬德保民”。“民”是国家根本，这是基本指导思想。二是明仁君治民之道。希望人主得尧、舜、禹、汤、

---

① 刘叔鹤. 中国统计史略[M]. 武汉：湖北人民出版社，1990：21.

② 张荫麟. 中国史纲(上古篇)[M]. 北京：生活·读书·新知三联书店，1955：6.

③ 李惠村，莫日达. 中国统计史[M]. 北京：中国统计出版社，1993：10.

④ 刘叔鹤. 中国统计史略[M]. 武汉：湖北人民出版社，1990：22.

⑤ 参见：河南安阳市文化局. 殷墟——奴隶社会的一个缩影[M]. 北京：文物出版社，1976.

文、武之道，使天下享尧、舜、禹、汤、文、武之治。三是明贤臣事君之道。希望人臣记古代贤臣事君之道，取古代贤臣事君之法，以安天下。它实质上是夏、商、周统治经验和教训的总结。

例如，《尚书·皋陶谟》曰："天聪明，自我民聪明。天明畏，自我民明威。达于上下，敬哉有土。"这是说，上天耳聪目明，是从臣民中听取意见、观察情况而得来的。上天表彰好人、惩罚恶人，是根据臣民意愿而决定的，上天意志与臣民心愿是相通的，只有恭恭敬敬地处理政务，才能保持帝王的地位。

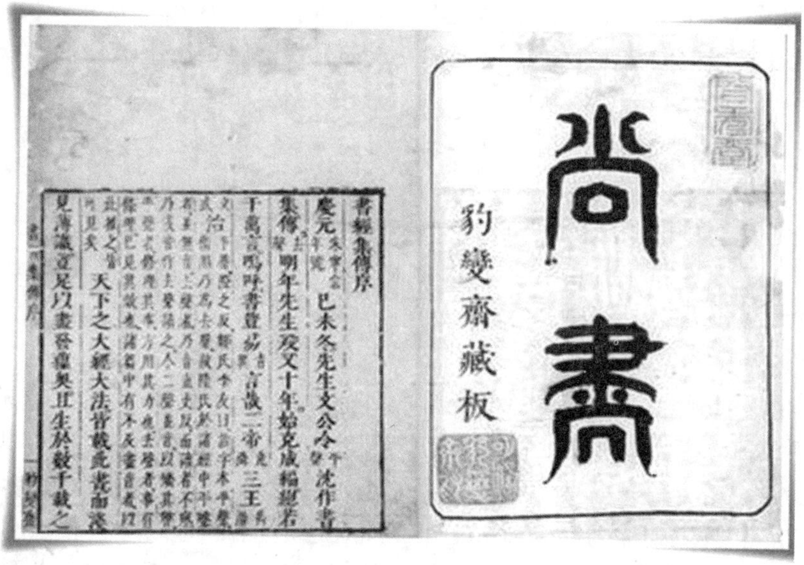

图 2-1　《尚书》

夏帝太康(禹之孙、启之子，公元前 1963—前 1955 年)的五个弟弟在《尚书·五子之歌》中说，"皇祖有训，民可近，不可下。民惟邦本，本固邦宁。……予临兆民，懔乎若朽索之驭六马，为人上者，奈何不敬?"这是说，先祖大禹帝曾训示我们：民众可以亲近，不可以疏远。民众是国家的根本，根本稳固了国家才能安宁。……我治理亿万臣民，应心怀畏惧，像用腐朽的绳索驾驭六匹马那样小心，做百姓的君主，怎么可以不恭敬百姓呢?

周公(公元前?—前 1105 年，姬姓，名旦，文王姬昌之四子，武王姬发之弟，曾辅佐武王伐纣，制作礼乐。因其采邑在周，爵为上公，故称周公)曾告诫康叔(姓姬，名封，文王之八子，武王弟，封畿内康国，故称康叔)，"王若曰：'孟侯，朕其弟，小子封！惟乃丕显考文王，克明德慎罚，不敢侮鳏寡，庸庸，祗祗，威威，显民'"(《尚书·康诰》)。这是说，王这样说：诸侯之长，我的弟弟，年轻的封啊！希望你像逝去的伟大父亲文王那样，能够崇尚德教，慎用刑罚，不敢欺侮那些无依无靠的人，任用那些应当受到任用的人，尊敬那些应当受到尊敬的人，镇压那些应当受到镇压的人，并让庶民了解他的治国之道。

《尚书·酒诰》曰："封！……古人有言曰：'人，无于水监，当于民监。'今惟殷坠厥命，我其可不大监，抚于时？"这是说，封啊！……古人有句名言说："人，不要以水为镜子，而要以民为镜子"。现在，殷商已经灭亡，我们岂能不借鉴殷商灭亡的事实认真总结经验教训？

《尚书·无逸》记述，"周公曰：'呜呼！君子所其无逸。先知稼穑之艰难，乃逸则知小人之依'"。这是说，周公说：哎呀！君子从政当官，不应该贪图安逸，而应该先了解种田的艰难，这样即使处在安逸的环境中，也会知道种田人的疾苦了。

《尚书·泰誓上》曰："'天佑下民，作之君，作之师，惟其克相上帝，宠绥四方。……天矜于民，民之所欲，天必从之'。"这是说，上天保佑民众，为民众设立君主，设立师长，就是希望他们辅佐上帝，爱护和安定四方民众。……上天怜悯民众，凡是民众所希望办的事情，上天必定会依从的。

上述引文的思想，大体可概括为以下三个方面：

(1)重民思想的开启。华夏先祖已有"天"的意识，商代更推崇"天命"，这是一种有神论思想。上述引文中的"天聪明，自我民聪明"，"天明畏，自我民明威"，"民之所欲，天必从之"等，把"天"与"民"联系起来，用"民"聪明、"民"明威解释"天"聪明、"天"明畏，用"民"欲解释"天"从，说明当时的政治、思想精英已认识到"民"的伟大，从而开启了重民思想的先河。

(2)民本主义的诞生。"民可近，不可下"，"民为邦本，本固邦宁"，"敬天保民"，"明德慎罚"，"不敢侮鳏寡，庸庸，祗祗，威威，显民"等论述说明，在"重民"思想基础上，已形成了"民本"观念，并升华为"民本主义"。它是夏、商、周三个朝代统治者约1300年(从公元前2070年夏王朝建立起至前771年西周灭亡止)治国理政经验教训的总结。

(3)以民为镜观念的形成。周公说，古人有句名言："人，不要以水为镜子，要以民为镜子"。现在，殷商已经灭亡，岂能不借鉴殷商灭亡的事实认真总结经验教训？又说，从政当官，不应该贪图安逸，而应该先了解种田的艰难，这样即使处在安逸的环境中，也会知道种田人的疾苦了。这说明，当时的统治者已形成治国理政必须以民为镜、体察民情、了解民意、听取民怨的观念。

孔子的"大道之行也，天下为公"(《礼记·礼运》)，孟子的"民为贵，社稷次之，君为轻"(《孟子·尽心下》)，黄宗羲的"天下为主，君为客"(《明夷待访录·原君》)等，都是上述"民本思想"的继承和发展。

总之，重民思想、民本主义、以民为镜的观念，是夏、商、周统治者从"天命"观念中解放出来，转而注重"民情""民欲"的集中体现。这个从"天命"到"民本"的转变，正是古代社会调查思想形成的基础和前提。

三、古代社会调查思想的形成

上述史实说明，夏、商已有了社会调查思想的萌芽，否则就不可能出现那么多社会调查活动，取得那么多社会调查成果。然而，比较自觉的社会调查思想却形成于西周(公元前1046—前771年)初期。它集中反映在《尚书·洪范》中。

《尚书·洪范》的背景是：周武王灭商建周后，面临百废待兴、治理国家的繁重任务，他求贤若渴，于周文王十三年，亲赴陵川向箕子(纣王叔父、殷商太师，因政见不和，被纣王囚禁，商亡周兴之际，趁乱逃往山西陵川箕山隐居)求教。武王问：上天繁衍众多臣民，怎样才能使他们和谐相处、各安所居呢？箕子见武王坦诚，便回答说：据我所知，从前鲧用堵的方法治理洪水，违背了五行特性，上天震怒，没有把洪范九畴赐给鲧，因而治水失败。后来，鲧的儿子禹受命继续治水。上天见禹勤劳俭朴，品德高尚，就把洪范九畴赐给了禹。禹总结了鲧以“堵”为主治水失败的教训，按照水向下流的特性，采用疏堵结合、以“疏”为主的方法治理洪水，取得了治水的胜利。后来，禹按照洪范九畴的原则处理臣民关系和与其他部落的关系，又取得了治国理政的成功。

那么，什么是“洪范九畴”呢？“洪”，本意为大水，这里指大；“范”，原指榜样，这里指法；“畴”，有耕地、类别之意，这里指类。所谓“洪范九畴”，就是指九类大法：“初一曰五行，次二曰敬用五事，次三曰农用八政，次四曰协用五纪，次五曰建用皇极，次六曰乂用三德，次七曰明用稽疑，次八曰念用庶征，次九曰向用五福，威用六极。”这是说，第一，五行；第二，做好五方面事情；第三，办好八方面政务；第四，正确使用五种计时方法；第五，建立君王规则；第六，治理、驾驭三种品德的人；第七，以占卜解决疑难问题；第八，考察各种征兆；第九，用五种幸福劝人为善，六种惩罚戒人作恶。图 2-2 为洪范九畴图。

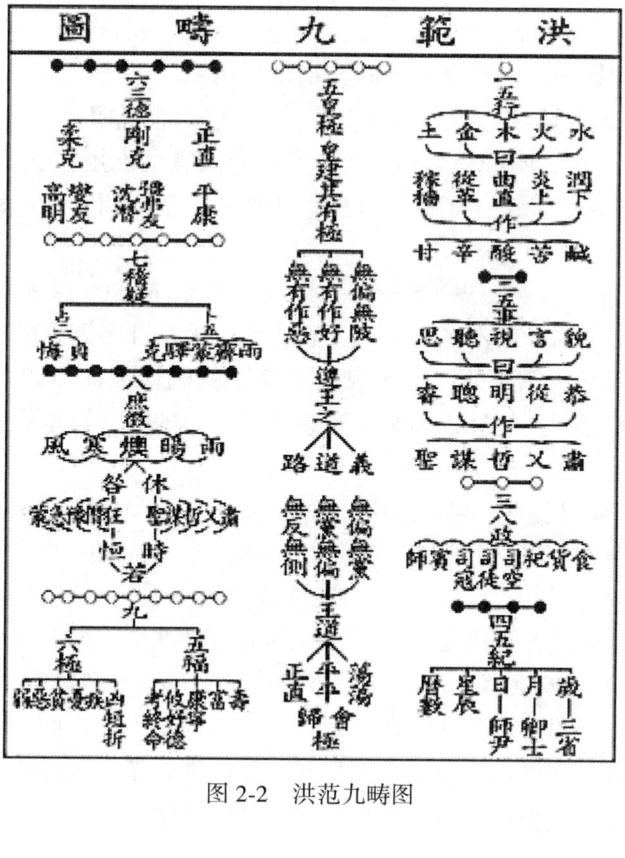

图 2-2　洪范九畴图

概而言之，九类大法的第一条，说明宇宙万物由水、火、木、金、土五类物质构成，它们各有特性，必须按照它们的特性办事；第二条，指出貌、言、视、听、思，是了解客观情况的方法；第三条，列举管理国家必须处理好农业、商贸、祭祀、民政、教育、司法、外交、军务八种政务；第四、五条，强调要顺应天时，建立君主专制制度和臣民行为准则；第六至第九条，阐述治理众民、解决疑难、预测未来、恩威并用的统治方法。

这里特别值得指出的是，“洪范九畴”的第二条“敬用五事”，即恭敬地做好五件事：“一曰貌，二曰言，三曰视，四曰听，五曰思。貌曰恭，言曰从，视曰明，听曰聪，思曰睿。恭作肃，从作乂，明作哲，聪作谋，睿作圣”。这一段文字，用现代汉语来翻译，其大意是：

一曰“貌”，指容貌、态度；“貌曰恭”，原意为容貌要恭敬，着眼于社会调查领域，指要恭敬地对待调查者和被调查者；“恭作肃”，指态度要恭敬、严肃，只有态度恭敬、严肃，调查才会认真，被调查者才会严肃回答问题。

二曰“言”，指语言；“言曰从”，指语言要顺从，要顺从民情、民意、民俗；“从作乂”，指只有语言顺从、合乎道理，才能得到真实的回答。

三曰“视”，指观察；“视曰明”，指观察要清楚明白、深入细致；“明作哲”，指只有观察清楚明白、深入细致，才能获得知识和智慧，才不会受蒙蔽。

四曰“听”，指听闻；“听曰聪”，指听闻要聪敏，要明辨真假和是非；“聪作谋”，指只有听闻聪敏，能明辨真假和是非，才能善于谋划、出主意。

五曰“思”，指思考；“思曰睿”，指思考问题要通达、明智和深邃；“睿作圣”，指只有思考通达、明智和深邃，才能事无不通、精益求精。

概括地说，“洪范九畴”第二条“敬用五事”的上述内容说明：

第一，“貌、言、视、听、思”，既论述了社会调查的态度，又论述了社会调查的方法；既论述了调查方法，又论述了研究方法，还论述了社会调查的过程和要求，它是中国古代关于社会调查最全面的论述。

第二，“貌、言、视、听、思”的概括，形成于公元前1000多年的商、周之际，它是迄今所发现的关于社会调查最古老的论述，它比西方关于社会调查的论述早了约3000年。

第三，“貌、言、视、听、思”，仅仅五个字，就概括了社会调查应有的态度、社会调查的主要方法、社会调查的过程和应该注意的问题等内容，它是迄今所发现的关于社会调查最简明的论述。

总之，“貌、言、视、听、思”这五个字，是对“社会调查”所做的最全面、最古老、最简明的概括。特别值得注意的是，“貌、言、视、听、思”在“洪范九畴”中的地位十分突出。它被列为“九畴”的第二条，即在论述构成宇宙万物五类物质及其特性的第一条的后面，在论述管理国家政务、建立专制制度、确立行为准则、探寻统治方法的第三至九条的前面。这说明，早在3000多年前，夏、商精英已把社会调查看作是治国理政的第二大法宝：一方面，它是按照五行客观特性办事的后续条件；另一方面，它是治理国家、统治臣民的必要前提。这一安排，既说明了华夏先祖的高度智慧，又说明了社会调查的极端重要。它实是夏、商两朝统治阶级治国理政经验教训的总结。

基于上述理由，我们认为，“洪范九畴”的“敬用五事”——“貌、言、视、听、思”这五个字，实是中国古代社会调查思想形成的重要标志。

第二节　古代的社会调查制度

古代的社会调查制度，大多始建于西周。古代的社会调查制度在春秋战国及其以后的各个朝代，随着华夏分合、时势起伏，得到了一定程度的发展和完善。

一、西周社会调查制度的建立

西周是中国古代封建制度趋于成熟的朝代。相传周公旦所著《周礼》，是一部记载周代职官制度的文献，它涉及政治、经济、文化、社会、风俗、礼法等各类官职和各种制度。其中，有关社会调查的制度主要有：

(一)调查、统计组织

西周实行“六卿”制度，在周天子之下，设立了“天、地、春、夏、秋、冬”六卿，分掌国家各种事务。《周礼》中的天官、地官、春官、夏官、秋官、冬官，相当于后世的吏部、户部、礼部、兵部、刑部、工部。这就是说，六官就是六个行政部门，它们都在自己的职责范围内辅佐天子、治理国家。其中，天官的职责是“帅其属而掌邦治”，它的官称为“治官”；地官的职责是“帅其属而掌邦教”，它的官称为“教官”；春官的职责是“帅其属而掌邦礼”，它的官称为“礼官”；夏官的职责是“帅其属而掌邦政”，它的官称为“政官”；秋官的职责是“帅其属而掌邦禁”，它的官称为“刑官”。至于冬官，《周礼》中的记载已散失，其职责相当于以后“六部”中的工部。“六卿”在自己的职责范围内，既负责辅佐天子、治理国家，又负责相关领域里的调查、统计。从这个视角看，天官、地官、春官、夏官、秋官、冬官，既是六个行政部门，又是六个方面调查、统计的组织。

(二)定期考核官员政绩

《周礼·天官冢宰》曰：“以八法治官府”，其中“八曰官计，以弊邦治”。“岁终，则令百官府各正其治，受其会，听其致事，而诏王废置。三岁则大计群吏之治而诛赏之。”这是说，天官冢宰治理官府有“八法”，其中第八法是“官计”，即通过考核百官，判断政绩。夏历年终，令百官府做年终总结，听取评判，提请帝王决定罢退或提升。每三年对内外百官政绩做一次全面考核，并据此决定对官员的惩罚或奖赏。这说明，在西周就已建立了通过定期调查政绩，对官员进行考核、奖惩的制度。

(三)定期进行土地、户口、财产调查

《周礼·地官司徒》曰：“大司徒之职，掌建邦之土地之图与其人民之数，以佐王安扰邦国。”“以天下土地之图，周知九州之地域广轮之数，辨其山、林、川、泽、丘、陵、坟、衍、原、隰之名物，而辨其邦国都鄙之数，制其畿疆而沟封之，设其社稷之壝而树之

田主，各以其野之所宜木，遂以名其社与其野。”这是说，大司徒的职责，是掌管天下各国土地的地图与登记的人民数，以辅佐国王安定各个邦国。根据天下土地的地图，遍知九州地域的面积，辨别各地山、林、川、泽、丘、陵、坟、衍、原、隰的名称与物产，辨明各诸侯国及王畿内的封地数，制定各国疆域面积并挖沟起土为界，设立各国社稷祭坛四周的矮墙并以各国宜于生长的树作为田主，然后用这种树作为社和田野的名称。

又曰：“小司徒之职，掌建邦之教法，以稽国中及四郊都鄙之夫家九比之数，以辨其贵贱、老幼、废疾，凡征役之施舍，与其祭祀、饮食、丧纪之禁令。”“乃颁比法于六乡之大夫，使各登其乡之众寡、六畜、车辇，辨其物，以岁时入其数，以施政教，行征令。及三年则大比。大比则受邦国之比要。”这是说，小司徒的职责是掌管建立王国的有关法规，用来考察王城及四郊、畿内采邑载于户籍的男女人民数目，据以辨别其贵贱、老幼和残疾者，凡是赋税徭役予以免除，并掌管他们在祭祀、饮食、丧事活动方面的禁令，使他们遵循礼法。向六乡大夫颁布核定人口、财产数目的方法，使他们各自登记本乡人数的多少，六畜和车辇的数目，弄清各家财物，每年按时呈报数字，以便施行政教，执行征收赋役法令。每三年举行大校比，大比年要接受各诸侯国呈报上来的登记大比结果的调查统计簿册。这些规定说明，当时的土地、户口、财产调查，已经形成了比较规范的制度。

（四）掌登万民之数，自生齿以上皆书于版

《周礼·秋官司寇》更进一步明确规定，“司民掌登万民之数，自生齿以上，皆书于版，辨其国中，与其都鄙，及其郊野，异其男女，岁登下其死生。及三年，大比，以万民之数诏司寇。司寇及孟冬祀司民之日，献其数于王，王拜受之，登于天府。内史、司会、冢宰贰之，以赞王治”。这是说，司民负责登记民数，自生齿婴儿以上的人都要载入户籍，辨明他们居住在都城、采邑或郊野，区分男女性别，每年登记死亡、出生人数。每三年做一次比较，把民数报告给司寇。司寇到农历十月祭祀司民之日，将民数献给国王，国王行拜礼后接受，收藏于天府。内史、司会、冢宰保存副本，以协助国王施政。上述记载说明了两大史实：一是，西周已设立了掌管民数的官员——司民；二是，西周已有了人口调查的标准：“自生齿以上，皆书于版”。这很可能是中国乃至世界人口调查史上最古老的标准。

（五）开展全国性的国势调查

《周礼·夏官》曰：“职方氏掌天下之图，以掌天下之地，辨其邦国、都鄙、四夷、八蛮、七闽、九貉、五戎、六狄之人民，与其财用、九谷、六畜之数要，周知其利害”。这是说，职方氏（官名）掌管天下的地图，以掌握天下的土地，辨别各诸侯国、京城和边邑、四夷、八蛮、七闽、九貉、五戎、六狄的人民数，以及他们的钱财、货物、九谷、六畜的数目，遍知他们有利与不利条件之所在。《周礼·夏官司马·职方氏》中，列有九州（即扬州、荆州、豫州、青州、兖州、雍州、幽州、冀州、并州）详细的国势调查资料。公元120年，南宋史学家唐仲久撰《帝王经世图谱》，根据《周礼》中的资料编制了《职方九州谱》，其内容如下：

表 2-1　职方九州谱

州名	州境	山镇	泽薮	川	浸	利	民	畜	谷
扬州	东南	会稽	具区	三江	五湖	金锡竹箭	五男二女	鸟兽	稻
荆州	正南	衡山	云梦	江汉	颖湛	丹银齿革	一男二女	鸟兽	稻
豫州	河南	华山	圃田	荥雒	波溠	林漆丝枲	二男三女	六扰	五种
青州	正东	沂山	望诸	淮泗	沂沭	蒲鱼	二男二女	鸡狗	稻麦
兖州	河东	岱山	大野	河泲	卢维	蒲鱼	二男三女	六扰	四种
雍州	正西	岳山	弦蒲	泾汭	渭洛	玉石	三男二女	牛马	黍稷
幽州	东北	医无闾	貕养	河泲	菑时	鱼盐	一男三女	四扰	三种
冀州	河内	霍山	昭馀祁	漳	汾潞	松柏	五男三女	牛羊	黍稷
并州	正北	恒山	昭馀	虖池呕夷	涞易	布帛	二男三女	五扰	五种

引者注："州境"，指州的境界或方位。"山镇"，指当地最有名的山。"泽薮"，指当地较大的湖泊。"川"，指当地主要河流。"浸"，指当地可灌溉区域。"利"，指当地的物产，其中：箭，指篠；齿，指象牙；枲，指麻。"民"，指男女人口比。"畜"，指动物，其中：四扰，指马、牛、羊、豕；五扰，指马、牛、羊、豕、犬；六扰，指马、牛、羊、豕、犬、鸡。"谷"，指农作物，其中：三种，指黍、稷、稻；四种，指黍、稷、稻、麦；五种，指黍、稷、稻、麦、菽。

来源：刘叔鹤. 中国统计史略[M]. 武汉：湖北人民出版社，1990：31.

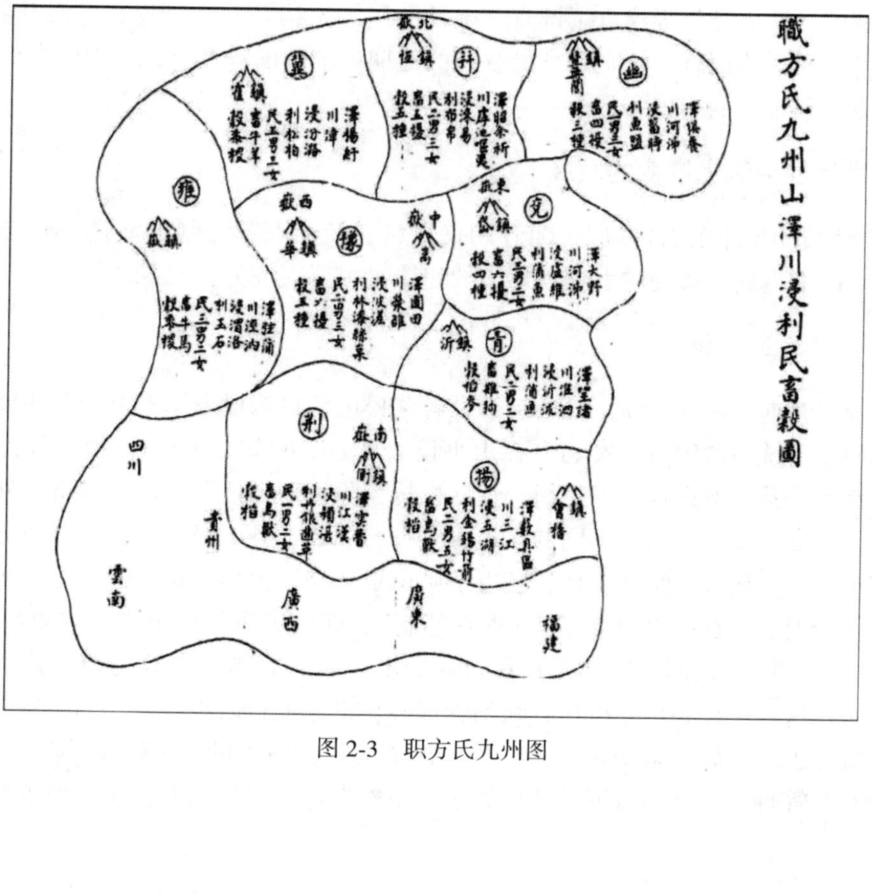

图 2-3　职方氏九州图

表2-1中的内容，虽不一定全面、准确，但是，它至少能说明曾进行过全国规模的国势调查。在当时原始、落后的条件下，这是非常了不起的。其中，关于男女人口性别比例的计算，很可能是世界上前所未有的。

(六)采诗官和采诗制度

西周统治者认为，诗歌能真实反映各地社会政治情况和生活风尚。为了体察社情民意，西周设置了“采诗官”，朝廷派他们在农闲时到全国各地采集民间歌谣，以体察民俗风情、政治得失。《汉书·艺文志》曰：“诗言志，歌咏言”。“哀乐之心感，而歌咏之声发。诵其言谓之诗，咏其声谓之歌。故古有采诗之官，王者所以观风俗，知得失，自考政也”。唐朝白居易的《采诗官》云：“采诗听歌导人言。言者无罪闻者诫，下流上通上下泰。……君之堂兮千里远，君之门兮九重闭。君耳唯闻堂上言，君眼不见门前事。贪吏害民无所忌，奸臣蔽君无所畏。君不见厉王胡亥之末年，群臣有利君无利。君兮君兮愿听此，欲开壅蔽达人情，先向歌诗求讽刺。”采诗官通常由那些文化水平较高的人担任，其任务就是走遍天下采集诗歌。他们走到民间仿佛是蜜蜂在花丛中采蜜，民间生活状态和种种疾苦，往往通过这些民歌形式为统治者所了解。可见，所谓的采诗官，实际上就是朝廷的社情民意调查员。中国历史上第一部诗歌总集《诗经》，收录从西周初年至春秋中叶500多年的诗歌305篇，其中大多由采诗官搜集和整理，它既是周朝采诗制度的重要成果，又是中国最早社情民意调查的结晶。

综上所述，西周已初步建立了调查、统计的组织架构和基本制度，广泛开展了人口、土地、财产、民意等调查，特别是官员政绩的定期考核和国势调查，为中国古代社会调查积累了一批极其宝贵的历史资料。

二、古代社会调查制度的发展

进入春秋战国(即东周)以后，随着朝代更替，社会变革，制度演进，时势起伏，古代社会调查制度得到了缓慢的发展和逐步的完善，主要表现为：

(一)调查、统计组织

春秋战国时期，征伐不断，社会动荡，各诸侯国的机构设置基本上沿袭西周，其职责亦大体相同。秦统一六国后，秦始皇在中央设立“三公九卿”，分别管理朝政；在地方则实行郡县制度，县以下设乡、里组织。这些机构，除管理朝廷分配的各自事务外，都兼有调查、统计职责。汉承秦制，不同的是地方实行州、郡、县三级管理，各级地方机构均设有上计官吏，负责调查、统计工作，县以下则由乡、亭、里提供调查、统计资料。

隋统一全国后，在中央确立了“三省六部制”，即尚书省、门下省、内史(中书省)和吏部、度支(户部)、礼部、兵部、都官(刑部)和工部；在地方，改为州、县两级，县以下设闾、里。这些中央和地方机构，除是管理各自事务的行政组织外，同时也是有关方面的调查、统计组织。唐、宋、元、明、清等各个朝代，中央的“三省六部制”、地方的两级或三级行政管理，以及县以下的基层组织，虽然名称、层级屡有变化，但组织结构基本相同，行政职能大体相仿，一般兼有相关方面的调查、统计的职责。

(二)调查、统计法规

春秋战国时期的法规，首见于战国时期魏相李悝(公元前455—前395年)的《法经》——中国古代第一部比较完整的法典，其中许多条款涉及调查、统计范畴。例如，《盗法》规定，“诸盗制书者徒二年，官文书杖一百，重害文书加一等，纸卷又加一等”。这里所说的“书者”“文书”，相当部分就是调查、统计文件。

秦商鞅变法，根据李悝《法经》“改法为律”。1975年云梦睡虎地发现的秦律，如《田律》《仓律》《效律》《金布律》等，就有许多关于田亩、产量、人口、赋税、账账衔接、账实相符、度量衡标准等的调查、统计规定，以及违反规定的惩处律令。例如，《田律》规定，每顷土地向朝廷缴纳租税的数额；如果隐瞒土地、少交或不交租税，将要受到惩处。《效律》对度量衡器的标准和使用都有严格规定，“斗不正，半升以上，赀(小罚改为钱财赎罪，即罚款——引者注)一甲；不盈半升到少半升，赀一盾”。①

西汉在《法经》和秦律基础上，新增了户律、兴律和厩律，形成了《九章律》，还制定了《上计律》。《户律》把编户制度上升为法律，对户籍调查、管理和弄虚作假、管理不善作出了处罚规定。隋的《开皇律》，将汉的《户律》改为《户婚律》，成为关于户籍、土地、赋税、家庭和婚姻的法律，其中多有涉及调查、统计的内容。唐代的《唐律疏议》是中国现存最早最完整的法典，标志着中国古代立法的最高水平。它对于人口调查的内容、方法、度量衡标准，以及盗窃、丢失、虚报调查、统计资料的惩处等，都有非常具体、明确的规定。元代的《元典章》、明代的《大明律》、清代的《大清律例》，特别是《脱漏户口律》，都有许多关于人口调查、统计的内容。

(三)人口、户籍调查制度的发展

据史料记载，大禹曾“平水土，分九州，数万民”。殷商则有关于“登人”的调查和记载。这说明，当时主要以十六岁及其以上的“丁口”为调查对象。

到西周，“丁口”调查演变为“人口”调查，出现了人口调查官吏——“司民”和人口调查标准，——“自生齿以上，皆书于版”。《通典卷第七·食货七》记载：周公相成王(公元前？—前1021年)时“人口千三百七十一万四千九百二十三，此周之极盛也。”这说明，西周已进行过较大规模的人口调查。

从春秋到秦统一中国的550年间(公元前770—前221年)，“五霸七雄”连年征战，士卒和劳役的数量往往是战争胜负的关键因素，因而这个时期的人口、户籍调查制度，主要着眼点是为征集士卒和劳役提供人口、户籍资料。春秋初期，鲁、卫、吴、越等国采用书社制度，以二十五家为里，每里设书社，书其社之人名于户籍(《史记·孔子世家》索隐)。这些书社，既是基层行政组织，又是基层户籍登记与管理机构。齐国实行寓军于民体制，以五家为轨，五人为伍；十轨为里，五十人为小戎；四里为连，二百人为卒；十连为乡，

---

① 睡虎地秦墓竹简整理小组. 睡虎地秦墓竹简[M]. 北京：文物出版社，1978：24、114.

二千人为旅；五乡一帅，万人为军；国有三军，共三万将士(《管子·小匡》)。在管仲的辅佐下，齐很快成为“五霸”之首。秦献公十年(公元前375)“为户籍相伍”，“伍”是户籍编制的基本单位，所谓“相伍”，就是以五家为“伍”编排户口。秦孝公重用商鞅，改革户籍制度，实行什伍连坐法，奖励耕战，按照商鞅变法主张：“四境之内，丈夫女子，皆有名于上者著，死者削”(《商君书·境内》)。商鞅很可能是中国历史上规定在全国进行经常性人口调查、登记的第一人。上述事实说明，寓军于民，服务争霸，是春秋战国时期人口、户籍调查的主要特点。

汉、隋、唐的人口、户籍调查制度，大多与赋役制度相结合。

西汉实行编户制度，汉制定《户律》，即把编户制度提升到法律高度，其主要目的在于保证赋役的征集。编户制度规定，以户为单位进行人口调查，调查项目有户主、姓名、籍贯、与户主的关系、年龄、性别、身高、肤色、职业、身份、财产等，其项目之多，在古代人口调查史上是前所未有的。同时，依据身份、资产多少承担不同的赋税和徭役、兵役。据《汉书·地理志第八》记载：“自高祖……讫于孝平，凡郡国一百三……民户千二百二十三万三千六十二，口五千九百五十九万四千九百七十八。汉极盛矣。”这很可能是中国乃至世界人口调查史上规模最大、数据最准确的一次民、口调查。

隋代实行“大索貌阅”和“输籍法”。所谓“大索”，就是清点户口，登记姓名、出生年月和相貌；所谓“貌阅”，就是“阅其貌以验老小之实”。所谓“输籍法”，就是每年元月五日，县令出查，令百姓三百至五百家为一团，依定样标准划分上下等级，规定每年差役和纳税数额，写成定簿(《隋书·食货志》)。隋曾多次调整人口年龄分组。据《隋书志第十九·食货志》记载，开皇元年(581年)规定：“男女三岁已下为黄，十岁已下为小，十七已下为中，十八已上为丁。丁从课役。六十为老，乃免”；开皇三年(583年)，“初令军人以二十一成丁”；大业元年(605年)，隋炀帝又改“男子以二十二成丁”。

唐代实行团貌法，并对户籍实行等级调查。团貌时，以旧年户籍为基础，对当年实际人户、田土进行核对，如发生变化就调整，查核有误就纠正(《唐会要·卷八十五·团貌》)。武德七年(624年)高祖令：“男女始生者为黄，四岁为小，十六为中，二十一为丁，六十为老。……广德元年(763年)改为：“天下男子，宜二十三成丁，五十八为老。”至于民户，分为主户与客户、课户与不课户。“凡天下人户，量其资产，定为九等”(《旧唐书·志第二十八·食货志上》)。唐的《户律》非常严格，如果里正无意漏报户口，“一口笞四十，三口加一等，过杖一百。十口加一等，罪止徒三年”；如果有意欺瞒，“出入课役一口，徒二年；二口加一等。十五口流放三百里”(《唐律疏议》卷十二)。

宋、明、清的人口、户籍调查制度，进一步与社会管理制度相联系。

宋代实行保甲制度，并编制“丁产簿”和“结甲册”。据《宋史·兵志·乡兵三》记载，宋的保甲制度规定“畿内之民十家为一保，选主户有干力者一人为保长。五十家为一大保，选一人为大保长。十大保为一都保，选为众所服者为都保正”，“每一大保夜轮五人警盗。凡告捕所获，以赏格从事”。宋的人口、户籍调查制度，要求按主户、客户分类编造人口及财产簿册，称为“丁产簿”；把丁产簿按保甲编制分甲立册，称为“结甲册”，并以此作为征收赋役的根据。这样就把户籍管理制度与赋役管理制度、社会管理制度紧密结合了起来。

明代实行户帖、黄册制度。户帖“各书户之乡贯、丁口、名岁，以字号编为勘合，用半印钤记。籍藏于部，帖给予民”(《续文献通考·户口考》)。“赋役黄册，以一百一十户为一里，推丁粮多者十户为长，余百户为十甲，甲凡十人。……里编为册……册凡四：一上户部，其三则布政司、府、县各存一焉。上户部者，册面黄纸，故谓之黄册。”黄册既是户籍登记制度，又是赋役登记制度。明代还对户籍实行分类调查和管理。“凡户三等：曰民，曰军，曰匠。民有儒，有医，有阴阳。军有校尉，有力士、弓、铺兵。匠有厨役、裁缝、马船之类。濒海有盐灶。寺有僧，观有道士。毕以其业著籍”(《明史·食货志》)。

清代也实行保甲制度。“世祖入关，有编置户口牌甲之令。……州县城乡十户立一牌长，十牌立一甲长，十甲立一保长。户给印牌，书其姓名丁口。出则注所往，入则稽所来。其寺观亦一律颁给，以稽僧道之出入。……凡甲内有盗窃、邪教、赌博、赌具、窝逃、奸拐、私铸、私销、私盐、跴曲、贩卖硝磺，并私立名色敛财聚会等事，及面生可疑之徒，责令专司查报。户口迁移登耗，随时报明，门牌内改换填给”(《清史稿·志九十五·食货一》)。为了防范和惩罚所辖之民隐匿户口的行为，清廷还专门制定了“脱漏户口律”，其目的就是把人口户籍调查和管理与赋役管理、社会管理结合起来，加强对百姓的统治。

上述变化说明，中国古代人口、户籍调查制度发展的特点有三。一是历史悠久，起源于夏、商，形成于西周，是世界上开展人口、户籍调查最早的国家之一。二是历代重视，历朝历代始终把人口、户籍调查放在各类社会调查的首位。三是功能扩展，从夏至秦，大多着眼于征集兵役；从汉至唐，已与赋役制度相结合；从宋至清，除与赋役制度相结合外，进一步与社会治理相联系。

（四）田亩、财产调查制度的变化

夏、商、周时代，土地属皇帝所有，即所谓“溥天之下，莫非王土”。当时实行井田制，必须以正确划分田地经纬界线为前提。这种划分田地经纬界线的活动，只是划分井田的官方行为，还不是以土地私有为前提的“田亩调查”。

春秋时期，随着人口增加，牛耕和铁农具普及，生产力水平提高，“井田”外的荒地得到开垦；奴隶主贵族通过巧取豪夺、相互劫掠等途径把大量土地转为私有，致使“私田”数量急剧扩张。为了适应土地私有的历史潮流，同时开辟新财源，鲁宣公十五年(公元前594年)实行“初税亩”(《左传·宣公十五年》)，即无论私田公田一律按田地亩数征税。这样就以法律形式承认了土地私有，朝廷不再凭借土地所有者身份收取地租，而是凭借国家权力强制性地按田亩数量征税。鲁国实行“初税亩”，财政收入大幅增加，取得了预期效果，各诸侯国纷纷仿效，致使凭借国家权力按田亩数量征税的制度逐渐普及。这说明，“初税亩”的出现，标志着土地私有的合法化和古代“履亩而税”制度的形成。而土地私有合法化和“履亩而税”制度的形成，正是古代田亩调查的真正起源。

秦代商鞅“废井田、开阡陌”，土地已私有，平民可以买卖土地。秦始皇三十一年(公元前216年)“使黔首自实田”，即命令百姓自己申报土地，并载于户籍(《史记·秦始皇本纪》)。这说明，土地私有在当时已成为常态，为计算赋税、买卖土地而实施的田亩调查已日益频繁。

汉代的田租、赋税，一般根据田亩多少、产量高低计算，税率为十五分之一或三十分之一。因此，调查时不仅要度量田亩，而且要计算若干年的平均产量。东汉时期，度田不实情况屡见不鲜。光武帝建武十五年(公元 39 年)曾诏令各州郡考查核实垦田，而刺史、太守态度多不一样，有的厚待豪门大族，欺凌贫弱，百姓哀怨，拦路呼号。于是光武帝派谒者考察核实，掌握了欺骗作假的情况。第二年，刘隆坐罪下狱，其同僚十多人被处死(《后汉书 · 刘隆列传》)。这说明度田阻力极大，光武帝处死十余位官吏，足以证明其"实田"的决心。

唐代实行均田制，曾在全国丈量土地。"武德七年，始定律令。以度田之制：五尺为步，步二百四十为亩，亩百为顷。丁男、中男给一顷，笃疾、废疾给四十亩，寡妻妾三十亩。若为户者加二十亩。"(《旧唐书 · 食货志上》)。唐玄宗天宝十四年(755 年)丈量土地的结果是，全国开垦田地一千四百三十万三千八百六十二顷(《通典 · 食货制 · 田制》)。

宋代的田亩调查有两大发明：方田法和鱼鳞册。方田法规定，"以东西南北各千步，当四十一顷六十六亩一百六十步，为一方"。每年九月，由县府委派官吏调查、检验田亩的数量、地势、土质，然后根据地势、土质、肥瘠等情况把田亩分为五等，并据此制定税则，公示于众，如无诉讼，就书写成户帖，连同庄账发给百姓，作为土地所有权凭证(《宋史 · 食货志上》)。在实施方田法过程中，农业经济较发达的两浙、福建等地，为防止漏报、瞒报，将各户田亩的坐落、亩数、四至、土质等级、形状等绘制成图，仿佛鱼鳞一般，被称为"鱼鳞图"，"鱼鳞图"集结成册，就成了"鱼鳞图册"。这是田亩调查制度的一项重要发展。

明初，由于元末战乱频仍，版籍多失，征收田赋缺乏依据。朱元璋发现各地田亩隐匿严重，给税收造成重大损失。洪武二十年(1387 年)，命各州县丈量土地，绘制"鱼鳞图"，作为征收田赋的依据，如图 2-4 所示。

宋代发明但尚未普及的鱼鳞图，在明代得到了广泛应用，从而为中国古代土地调查保留了大量较为完整的记录。据史料记载，明代曾多次丈量土地。"万历六年(1578)，帝用大学士张居正议，天下田亩通行丈量"，"总计田数七百一万三千九百七十六顷，视弘治时赢三百万顷"(《明史 · 食货志》)。这就是说，田亩数增加了 42%以上。

清代仍实行土地丈量法，并绘制"鱼鳞图册"。由于清初的血腥统治，全国耕地面积由明末的 7439319 顷下降到 1655 年的 3877720 顷，下降了 47.9%。顺治、康熙时期，实行轻徭薄赋、鼓励垦荒、兴修水利等政策，促进了耕地增长，到 1724 年增至 8906475 顷，增长了约 1.3 倍。乾隆中期以后，由于人口膨胀，"摊丁入亩"政策的推广，隐瞒对象由丁口转向耕地，因而又出现了耕地面积下降的局面。到乾隆十八年(1753 年)，耕地下降到 7081142 顷，下降了约 20.5%。①

① 梁方仲. 中国历代户口、田地、田赋统计[M]. 北京：中华书局，2008：14.

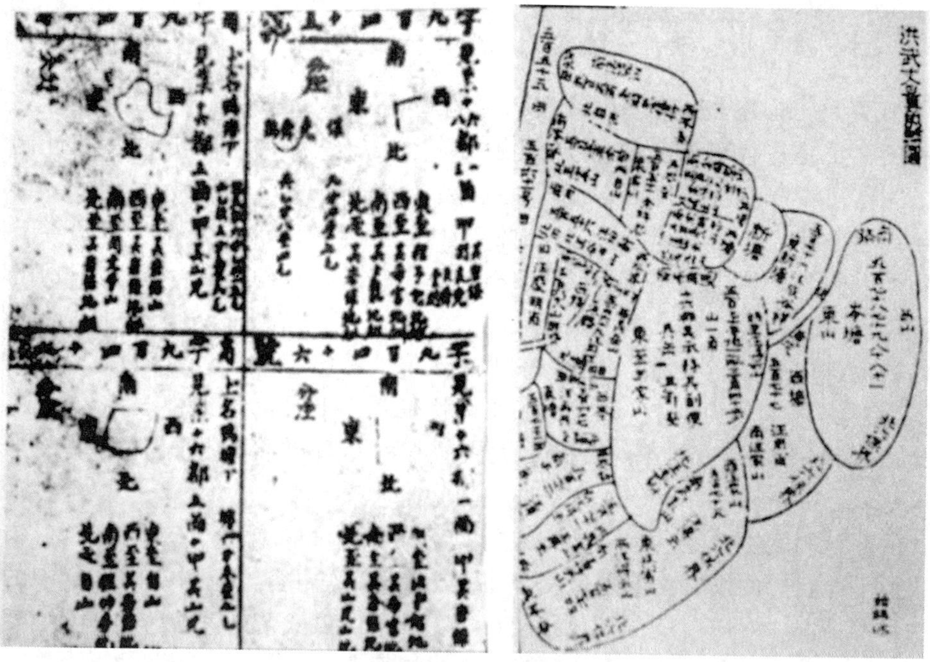

图 2-4　洪武丈量鱼鳞图

至于财产调查，西周已初步建立了财产调查制度。秦的财产调查较为具体。据《睡虎地秦墓竹简》记载，某县县丞查封一被审讯人的财产调查记录是：堂屋一间、卧室二间，都有门，房屋都用瓦盖，木列架结构，门前有桑树十株，公狗一只，等等。① 由此可见一斑。

汉代的财产调查往往要评估其经济价值。例如，四川郫县犀浦出土东汉残碑上的记载：上君迁王岑鞫田……舍六区，直四万三千。田三十亩，质六万。奴口、口口、口生、婢小、奴生，并五人，直廿万。② 这些记载说明，当时的财产调查记录有地理位置，财产所有者姓名，财产名称、数量及其价值，落脚点是作为征收赋税依据的财产总值。

唐代在财产调查的基础上，把天下人户分为九等。据《旧唐书·志第二十八·食货上》记载，武德七年(624 年)，朝廷规定：凡天下人户，量其资产，定为九等。每三年，县司注定，州司覆之。每岁一造计帐，三年一造户籍。宋的财产调查一般与户籍调查同时进行。当时，把户籍分为主户和客户两大类，其中"主户"按拥有田亩多少分为五等户；"客户"按是否有耕牛分为"牛客"和"小客"两等。这说明，唐宋时期的财产调查，已定量化、规范化和制度化。明代的户帖、黄册制度和清代的赋役簿册，则是这一制度的进一步细化和发展。

① 睡虎地秦墓竹简整理小组. 睡虎地秦墓竹简[M]. 北京：文物出版社，1978：249.

② 谢雁翔. 四川郫县犀浦出土的东汉残碑[J]. 文物，1974(4)：67-71.

(五)上计制度与国计簿、会计录、赋役全书

上计制度，是地方官吏将境内治理状况编造成计簿，逐级上报直至朝廷，接受审计的一种制度，也是古代皇帝考核地方官吏政绩、决定奖惩的一种方法。上计制度起源于春秋，完善于秦汉。战国时期，韩、赵、魏、秦等国均已推行上计制度。郡、县官吏每年年终将本年情况和下年预算写在木券上送呈国君，木券分左、右两券，右券由国君保留，左券发还郡县，等到下年年终，国君根据右券考核郡、县上报情况，决定赏罚升降。

秦代的上计内容比较全面，包括人口、户籍、垦田、赋役、钱谷收入和支出、盗贼、狱讼等。秦以十月为岁首，上计时间一般在九、十月，边远郡县多在九月启程上报，到十月各地上计文书会齐，由御史大夫查核、审理并将结果报告给皇帝，然后据此决定奖惩。

汉代的上计制度更规范，汉律中有专门处置上计事务的律条《上计律》，可惜该律已失传，仅留下律目。两汉时，郡国呈交计书(或计簿)的内容，为本郡国一岁中的租赋、刑狱、选举等情况，一般由皇帝或丞相亲自接受计书，汉武帝刘彻就曾在甘泉宫受计。受计后，朝廷根据计簿进行考核，有功者赏，有过者罚。

唐代对上计、报告制度的执行都有严格规定，违反者要受到惩处。《唐律疏议》卷十曰："诸公事应行而稽留，及事有期会而违者，一日笞三十，三日加一等，过杖一百。十日加一等，罪止徒一年半。"如果报告内容不实，更要依法惩处。元和年间(806—820 年)，宰相李吉甫(758—814 年)与史官合作编纂了《元和国计簿》，共 10 卷，分三部分：第一部分，是按行政区划统计的户籍、计帐资料，反映国家收入状况，说明国家赋税来源；第二部分，是按财政收入项目，逐项反映各类收入数额，说明财政收入结构，以便与第一部分联系起来对比分析；第三部分，通过历史资料的对比分析，说明国家财政收支中存在的问题，指出元和时期收入减少、开支增加、财政入不敷出的主要原因是军费过高、冗兵太多，而水旱灾害只是次要原因。《元和国计簿》是中国最早由官方编制的统计资料汇编，它标志着中国古代财经调查、统计的新水平，在中国调查史、统计史和会计史上占有重要地位，对后代有深远影响。

北宋初期仍很重视上计制度。据《宋史·食货志·会计》记载，"淳化元年(990)诏曰：'周设司会之职，以一岁为准；汉制上计之法，以三年为期。所以详知国用之盈虚，大行群吏之诛赏，斯乃旧典，其可废乎？'"这说明，北宋仍坚持上计制度，其目的仍是详知国情国力，为奖惩官吏提供依据。宋代从景德四年到端平末年(1007—1236 年)的 229 年间，曾 12 次编制《会计录》，内容分为两大部分：一是调查、统计资料，包括户籍、计账、财政收支，其中收入包括农业税，商税，盐、茶、酒、矾专卖收入，契税、牙税及杂税，徭役等；支出包括军费、政费、皇室费用、其他支出等。二是统计分析，一般采用本期收支对比、与前期对比、比例分析等统计方法。据《宋会要辑稿·食货第五十六》记载，南宋庆元二年(1196 年)殿中侍御使姚愈奏请编《庆元会计录》时说："熙宁间月支三十六万，宣和末用二百二十万。渡江之初，虽连年用兵，月支犹不过八十万，比年以来，月支不下

百二十万，大略官俸居十之一，吏禄居十之二，兵廪居十之七。版曹财计，名额至繁，散给诸军百司，每月照数以支破，循习旧例，未尝有所考核，岁月既久，岂无名存实亡、循例虚破之数乎？此在内财赋，不可不为之会计也。”由此可见，宋代的《会计录》与唐代的《国计簿》一样，都是调查、统计资料汇编。所不同的是，宋代《会计录》编制之多，分类之系统，内容之充实，分析之深度，均优于唐代的《国计簿》，因而在中国调查、统计史上具有重要地位和影响。

明代继续编制《会计录》，其中最著名的是万历九年(1581 年)户部尚书张学颜主编的《万历会计录》。它分为 43 卷，包括人户、田粮、军饷、俸禄及各种税收和交通运输等资料，编排井然有序，数据前后可循，突出财政收支项目的对比关系，便于分析研究。另有《赋役全书》，记载各地赋役数额的册籍，是官府公布的征收赋税税则。明代实行“一条鞭法”，后进行编订，首次纂修约在万历十一年(1583 年)。以一省或一府、一州县为编制单位，开列地丁原额、逃亡人丁和抛荒田亩数、实征数、起运和存留数、开垦地亩和招来人丁数等。

清承明制，也编有《赋役全书》。清顺治三年(1646 年)，“谕户部稽核钱粮原额，汇为《赋役全书》”。顺治十一年(1654 年)，订正。康熙二十四年(1685 年)重修，摘其主要款目编纂，以“四柱”(即包括旧账余、新附、支出、剩余四部分)为基本格式，按年排列，纲目井然，编成后称为《简明赋役全书》。此后，规定十年一修，但未施行。

第三节　古代的社会调查领域

古代的社会调查，初期主要是朝廷、官府为统领国家、治理地方而开展的行政领域的社会调查。随着历史发展，古代社会调查领域不断扩展。按照社会调查主体和主要目的不同，古代社会调查大体可分为六大领域，即行政领域的社会调查，政治领域的社会调查，军事领域的社会调查，经济领域的社会调查，学术领域的社会调查，文艺领域的社会调查。此外，还有一些其他领域的社会调查。

一、行政领域的社会调查

行政领域的社会调查，调查者主要是朝廷或地方官府的官吏，其主要目的是收纳贡赋、征集兵员、派使徭役、管理国家、服务社会、巩固统治。史料证明，各个朝代的行政领域的社会调查，主要有以下几个方面：

(一)人口、户数、田亩调查

中国历代都非常重视人口、户数、田亩调查，积累了大量调查资料。表 2-2 是学者们整理出来的中国历代户口、田地总数及户均口数、口均亩数。图 2-5 中为中国历代人口数(万人)。图 2-6 为中国历代户数(万户)。

表 2-2　中国历代户口、田地总数及户均口数、口均亩数

年号	公元	户数(户)	口数(口)	田地(亩)	户均口数	口均亩数	资料来源
公元前							
夏初	21 世纪	—	13553923	—	—	—	《帝王世纪》等
周成王初期	11 世纪中期	—	13714923	—	—	—	《帝王世纪》等
东周庄王	684	—	11847000	—	—	—	《帝王世纪》等
东周显王	334	—	32000000	—	—	—	《战国策》等
秦二世	207	—	20000000	—	—	—	《汉书》等
公元后							
西汉平帝元始二年	2	12233062	59594978	827053600	4. 87	13. 88	《汉书・地理志》等
东汉光武中元二年	57	4279634	21007820	—	4. 91	—	《后汉书》等
东汉桓帝永寿三年	157	10677960	56486856	—	5. 29	—	《晋书・地理志》等
西晋太康元年	280	2459840	16163863	—	6. 67	—	《晋书・地理志》等
隋炀帝大业五年	609	8907546	46019956	5585404000	5. 17	121. 37	《隋书》卷 29 等
唐玄宗天宝十四年	755	8914709	52919309	1430385213	5. 94	27. 03	《通典・食货二》等
唐肃宗乾元三年	760	1933174	16990386	—	8. 79	—	《通典・食货七》等
北宋太祖开宝九年	976	3090504	—	295332060	—	—	《通考・户口二》等
北宋徽宗大观四年	1110	20882258	46734784	—	8. 79	—	《通典・食货七》等
南宋高宗绍兴二十九年	1159	11091885	16842401	—	1. 52	—	《宋会要辑稿・食货十一》等
南宋理宗景定五年	1264	5696989	13026532	—	2. 29	—	《续通考户口一》等
元世祖至元二十八年	1291	13430322	59848964	—	4. 46	—	《元史》卷 16 等
明太祖洪武二十六年	1393	10652870	60545812	850769368	5. 68	14. 05	《明史》卷 77 等
明神宗万历六年	1578	10621436	60692856	701397628	5. 71	11. 55	《续通考户口二》等
清顺治十二年	1655	—	14033900	387771991	—	27. 51	《东华录・康熙》卷 1 等
清康熙五十年	1711	—	24621324	693034434	—	28. 15	《东华录・康熙》卷 88 等
清乾隆十八年	1753	—	102750000	708114288	—	6. 89	《清通考户口一》等
清乾隆三十一年	1766	—	208095796	741449550	—	3. 56	《东华续录・乾隆》卷 64 等
清道光十三年	1833	—	398942036	—	—	—	《东华续录・道光》卷 28 等
清光绪十三年	1887	—	377636000	911976606	—	2. 41	《光绪会典》卷 17 等
清宣统三年	1911	92699185	341423867	—	5. 45	—	《清史稿・地理志》等

来源：赵文林，谢淑君. 中国人口史[M]. 北京：人民出版社，1988：21；梁方仲. 中国历代户口、田地、田赋统计[M]. 北京：中华书局，2008：6-18.

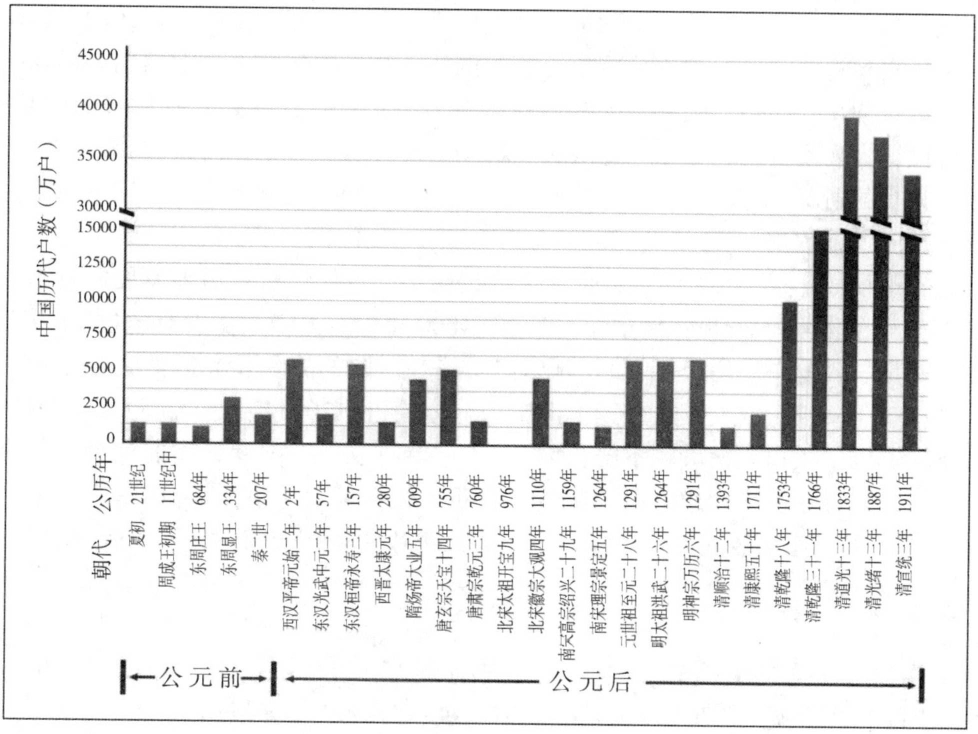

图 2-5　中国历代人口数(万人)

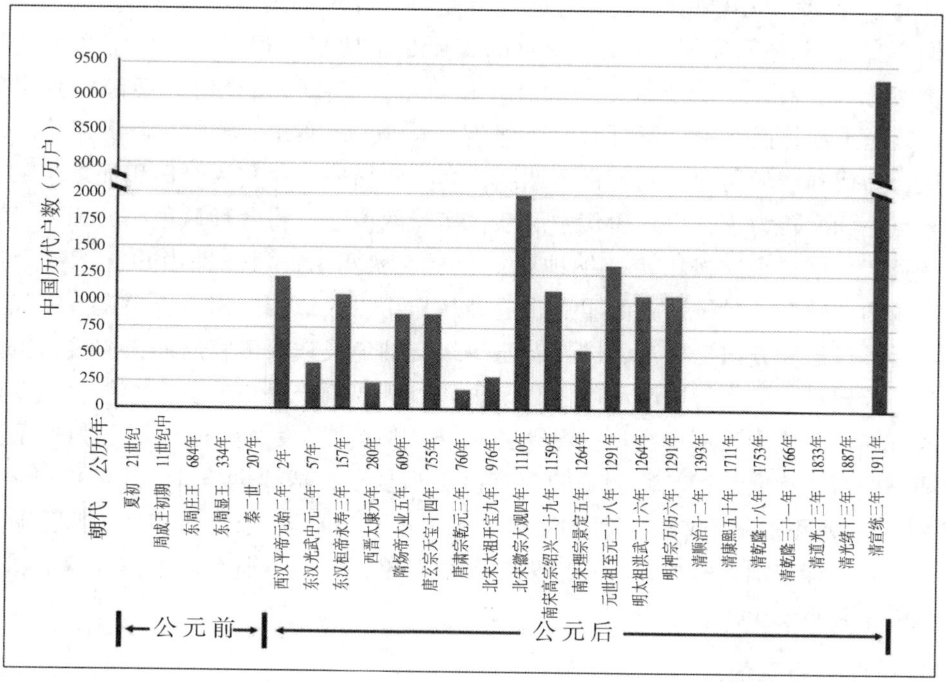

图 2-6　中国历代户数(万户)

应该指出的是，这些数据都不太准确。其原因有四：一是，不同朝代或同一朝代不同时期，朝廷实际管辖范围、调查范围是不相同的；二是，朝廷调查的对象主要是承担赋役的民户，至于佃户、奴仆、附户等大多不是调查对象；三是，朝廷管辖边缘的少数民族、逃户、游民，大多没有纳入朝廷调查范围；四是，地方官吏和土豪劣绅互相勾结，逃匿隐藏、以多报少的情况，每个朝代比比皆是。因此，每个朝代实际的户口、田地数量肯定大大多于朝廷的调查数据。

但是，即使如此，表 2-2 的数据也能大体说明中国古代户口、田地发展的总趋势。仅就人口而言，在公元前 21 世纪到前 11 世纪的 1000 年中，人口大多没有超过 1400 万。到东周显王时期，人口一度增长到 3200 万，但秦统一六国的战争及其后的大兴土木、苛政虐民，使人口下降 1/3 以上。在公元 1 世纪到 18 世纪的 1700 年中，人口大多停留在 6000 万人以下。其间，人口 6 次大幅下降（西汉末年王莽篡汉、三国魏晋南北朝分裂、唐安史之乱、五代十国纷争、宋靖康之耻和南渡、清兵入关和剃发易服），大多是由战争和社会动乱引起的。19 世纪以后的人口下降，则主要是鸦片战争和帝国主义入侵造成的。

（二）赋税、力役调查

中国古代的赋税，有劳役、实物、货币三种形态；有“丁税”，即以人丁为依据的人头税；“户税”或“户调”，即以户为基础的财产税；“田赋”，即以田亩为依据的土地税等多种类型。此外，还有商税、关税和各种苛捐杂税。随着赋役制度的变化，赋役调查的内容也在不断演变。

夏、商、周实行井田制，赋役调查的重点是耕种井田的多少，并据此确定劳役地租。春秋时期齐实行“相地而衰征”，赋役调查的重点是土地肥瘠程度，为确定租税数额提供依据。鲁实行“初税亩”，就要调查一切公、私田亩，一律按亩征税。秦统一六国后，改变六国争霸时土地任民耕种、不计数量的情况，采取“自实田”方法调查田亩。汉代实行编户齐民；隋代和唐代初期，实行租庸调制，名为轻徭薄赋，实为轻田租而重丁赋，赋役调查的重点也随之转为丁、户。唐代中后期，实行两税法，将各种赋税归并为户税和地税两种，按资产交纳户税，按田亩交纳地税，分夏、秋两季征收，即由户、丁税为主向土地、财产税为主转变，赋役调查的重点也逐渐从户籍、人口转向田亩、财产。宋代王安石变法，实行募役法和方田均税法，即按贫富等级交纳免役钱、由官府雇人服役；按土质好坏分五等征收田赋。为实行这两种变法，赋税调查既要调查民户的贫富等级，又要调查田亩的土质好坏。明代中后期实行“一条鞭法”，把田赋、徭役及其他杂征总为一条，合并征收银两，按亩折算缴纳，赋税调查的内容也更为复杂；清康熙五十一年（1712 年），实行“滋生人丁、永不加赋”政策；雍正元年（1723 年），推行“摊丁入亩”，把丁税摊入田赋，统一征收，即取消人头税，不再以人为征税对象，田亩、财产调查内容越来越丰富多样，地位越来越重要突出。

（三）国情、国势调查

西周职方氏的“九州谱”，秦、汉等朝代上计制度的报告书——计簿，唐代的《国计簿》，宋代的《会计录》，明代的《万历会计录》等，都是国情、国势调查成果的总结和汇编。从史料看，国情、国势调查只存在于部分朝代，而且不同朝代国情、国势调查的内容也有较大差异。

总体而言，行政领域的社会调查主要是为统治阶级服务的，是统治阶级管理国家、治理社会、统治和剥削人民的重要工具。

二、政治领域的社会调查

政治领域的社会调查，调查者主要是政治家、社会改革家，其主要目的，或是总结经验教训，发现存在问题，寻求解决办法；或是揭露时弊，剖析病因，提出改革方案，推动破旧立新。其中，具有代表性的著名人物有：

（一）周公旦

周公（生卒年不详），姬姓，名旦，周文王姬昌第四子，周武王之弟。武王卒，成王幼，周公摄政。他率师东征，平定叛乱，营建成周洛邑（今河南洛阳）。制礼作乐，为西周典章制度的主要创制者，主张“明德慎罚”，以“礼”治国，奠定了“成康之治”的基础。周公一生的功绩被《尚书大传》概括为：“一年救乱，二年克殷，三年践奄，四年建侯卫，五年营成周，六年制礼乐，七年致政成王。”

相传为周公旦所著的《周礼》，记载了先秦时期社会政治、经济、文化、风俗、礼法诸制，内容极为丰富，无所不包，堪称中国文化史之宝库。其中，包含先秦时期社会状况的大量调查史料。根据《周礼·夏官》“职方氏”中的资料编制的《职方九州谱》就是典型一例。

周公旦等通过对夏、商、西周治国理政经验教训的调查研究，特别是以殷王中宗、高宗、祖甲和周文王为榜样，告诫后世统治者要树立“天聪明，自我民聪明”，“民之所欲，天必从之”；“民可近，不可下”，“民为邦本，本固邦宁”；“敬天保民”，“明德慎罚”；“人无于水监，当于民监”；从政当官，不应贪图安逸，而应“知稼墙之艰难”等观念。这些告诫说明，周公旦等政治家已突破了华夏先祖的“天命”观念和有神论思想，开启了重“民”思想，确立了“民本”观念，从而为周朝近800年统治打下了牢固的政治根基，也为关注民情、民欲的古代社会调查奠定了思想基础，对后世产生了深远影响。

（二）管仲

管仲（约公元前723—前645年），姬姓，管氏，名夷吾，字仲。春秋时期的政治家、军事家、思想家。他辅佐齐桓公，对内大兴改革、富国强兵；对外尊王攘夷，九合诸侯，一匡天下，成为春秋五霸之首，被尊称为“仲父”。后人尊称他为“管子”，他被誉为“法家先驱”“华夏第一相“。管仲的社会调查思想，集中表现在《管子·八观》《管子·问》《管子·山国轨》等篇中。

《管子·八观》曰：“行其田野，视其耕耘，计其农事，而饥饱之国可以知也”；“行其山泽，观其桑麻，计其六畜之产，而贫富之国可知也”；“入国邑，视宫室，观车马衣服，而侈俭之国可知也”；“课凶饥，计师役，观台榭，量国费，而实虚之国可知也”；“入州里，观习俗，听民之所以化其上，而治乱之国可知也”；“入朝廷，观左右，本求朝之臣，论上下之所贵贱者，而强弱之国可知也”；“置法出令，临众用民，计其威严宽惠，行于其民与不行于其民可知也”(张佩纶云：“可知也”上脱“而兴灭之国”五字)；“计敌与，量上意，察国本，观民产之所有余不足，而存亡之国可知也”。“故以此八者，观人主之国，而人主毋所匿其情矣”。《管子·八观》的内容，涉及一个国家的经济、政治、军事、文化、社会，朝廷、州里与闾闬，君主、臣子与百姓，都邑、田野与山泽，置法、出令与行止，习俗、教化与管理，以及国内和国外、敌国与盟国等各个方面。它既是对各个朝代、各个诸侯国治国理政经验教训的基本总结，又是对君主治国、理政、富民、强军提出的八项基本要求，同时还是调查、了解、判断一个国家基本国情的调查提纲。早在2600多年前提出如此全面、系统、深刻的调研纲要，在世界上很可能是绝无仅有的。

《管子·问》曰：“凡立朝廷，问有本纪”。这是说，凡主持朝廷政事，询问下情，须有根本纲纪，《管子·问》概述了成就霸王之业的8项原则，提出了65个必须弄清楚的问题。例如，为国牺牲者的子孙有没有尚未领到田地房产的？现今的官吏是凭什么被提拔的？城里的穷人有多少家？以孝行闻名于乡里的子弟有多少人？一个农夫能提供几个人的口粮？军粮可维持多少年？大夫疏记的器具，包括甲胄、兵器、兵车、旌旗、鼓铙、营帐，用车装载共多少乘？用什么方法来教育和选拔人才？担任官都职务的已任职多少年？他们任职期间开辟的荒地使农家城邑受益的有多少？他们为百姓除害，捕获的盗贼有多少人？等等。这65个问题，包括吏治、民政、军事、生产、运输、人口、贫富、救济、断狱等各个方面，概括地说，可分为4大类：有关政治问题19个，有关经济问题16个，有关军事问题15个，有关社会问题15个。这些问题，不是管仲冥思苦想出来的，而是对此前各朝代、各邦国治国理政经验教训的概括和总结。可以毫不夸张地说，它是世所罕见的最古老、最全面的治国理政的调查提纲。

《管子·山国轨》曰：“桓公问管子曰‘请问官国轨。’管子对曰：‘田有轨，人有轨，用有轨，乡有轨，人事有轨，币有轨，县有轨，国有轨。不通于轨数而欲国，不可’。”“轨”在古代有会计、统计的意思，古时主掌会计事宜的官，称为“轨官”。上述引文的意思是，桓公问管子说：“请问有关国家统计工作的管理问题。”管子回答说：“田亩要有统计，人口要有统计，财用要有统计，民事要有统计，货币要有统计，乡要有统计，县要有统计，国要有统计。不明白统计的方法而想治理好国家，是不可能的。”统计必然要以调查为基础。这说明，管仲把调查、统计看作是治国理政的基础性工作。

此外，管仲通过对夏、商、周和春秋列国兴衰存亡的调查研究，提出了许多治国理政的思想或主张。例如，“凡治国之道，必先富民”；“民事农则田垦，田垦则多粟，粟多则国富，国富则兵强，兵强则战胜，战胜则地广”(《管子·治国》)。“凡有地牧民者，务在四时，守在仓廪。国多财则远者来，地辟举则民留处，仓廪实则知礼节，衣食足则知荣辱，上服度则六亲固，四维张则君令行。”“何谓四维？一曰礼，二曰义，三曰廉，四曰耻”(《管子·牧民》)，等等。

(三)墨子

墨子(约公元前476—前390年)，名翟，春秋末战国初宋国人，曾任宋国大夫。古代思想家、教育家、科学家、军事家。他在批判儒学和各诸侯国暴政基础上，构建起来的墨家学派，是先秦儒学的主要反对派。他提倡尚贤、尚同、兼爱、非攻、节用、节葬、天志、明鬼、非乐、非命、非儒等理念。墨家在先秦影响很大，与儒家并称“显学”。战国时期的百家争鸣，有“非儒即墨”之称。

为了革故鼎新，他们很重视社会调查。《墨子·鲁问》中强调：“凡入国，必择务而从事焉。国家昏乱，则语之尚贤、尚同；国家贫，则语之节用、节葬；国家憙音湛湎，则语之非乐、非命；国家淫僻无礼，则语之尊天、事鬼；国家务夺侵凌，即语之兼爱、非攻。故曰择务而从事焉”。这是说，凡到一个国家，必须先调查研究，然后有选择地对症下药进行劝导，才能达到劝导目的。

墨翟关于真知的三个标准、认识的两个阶段和知识的三个来源等思想，充满着朴素唯物主义认识论精神。从一定意义上说，墨翟是全面论述古代社会调查思想前提或理论基础的第一人，详见本书第六章第一节。

(四)商鞅

商鞅(约公元前395—前338年)，姬姓，公孙氏，名鞅，卫国人。战国时期政治家、改革家、思想家。他辅佐秦孝公，实行变法，使秦国成为富裕强大的国家。政治上，改革秦国户籍、军功爵位、土地制度及度量衡等，制定了严酷的法律；经济上，重农抑商、奖励耕战；军事上，统率秦军收复河西之地，被赐予商於十五邑，号为“商君”。他的《商君书》包含着丰富、深睿的社会调查思想。

《商君书·更法》曰：“三代不同礼而王，五霸不同法而霸”；“治世不一道，便国不必法古”。这是说，夏、商、周三个朝礼制不同却能称王于天下，春秋五霸各自法制不同却能称霸；治理国家不一定都用一种方式，对国家有利就不一定非要效法古代。《商君书·壹言》曰：“故圣人之为国也，不法古不修今，因世而为之治，度俗而为之法”；“故圣王之治也，慎法、察务，归心于壹而已矣”。这是说，圣明君主治理国家，不效法古代，不拘守现状，顺应时代变化而治理，考察习俗而立法；英明君主治理国家，总是谨慎立法，考察时务，集中精力于农耕和作战。《商君书·算地》曰，“观俗立法则治；察国事本则宜”；“不观时俗，不察国本，则其法立而民乱，事剧而功寡。此臣之所谓过也”。这是说，不观察当时风俗，不慎察国家根本，那么国家制定的法规就会造成民众混乱，朝廷政务繁忙而功绩很少。这就是我所说的过失啊。可以说，“不法古不修今，因世而为之治，度俗而为之法”，是商鞅革故鼎新思想的集中体现；通过社会调查，“因世”而治、“度俗”为法，则是商鞅治国的重要方法。

《商君书·去强》曰，“举民众口数，生者著，死者削。民不逃粟，野无荒草，则国富，国富者强”。这是说，凡民众人数，活着要登记，死亡要注销。这样民众就不能逃避税租，田野就没有荒草，国家就能富足，国富就会强大。商鞅的这一主张，开创了中国古代经常性人口调查、登记的先河。《商君书·去强》还说，“强国知十三数：竟内仓口之数，壮男壮女之数，老弱之数，官士之数，以言说取食者之数，利民之数，马、牛、刍藁之数。欲强国，不知国十三数，地虽利、民虽众，国愈弱至削”。这是说，国家要强大必须掌握13种数据：境内粮仓、金库的数目，壮年男子、壮年女子的数目，老人、小孩的数目，官吏、士大夫的数目，靠游说吃饭的人的数目，农民的数目，马、牛、柴草的数目。国家要想强大，不知道这13种数据，即使土地肥沃、人口众多，也难免走向衰弱，直至被分割。这13种数据，既包括性别、年龄、职业和健康状况等人口方面的数据，又包括粮仓、金库、马、牛、柴草等财产方面的数据。这一论述说明，商鞅很可能是中国历史上重视数量调查的第一人。

《商君书·算地》曰：“故为国任地者：山林居什一，薮泽居什一，溪谷流水居什一，都邑蹊道居什一，恶田居什二，良田居什四，此先王之正律也。故为国分田数：小亩五百，足待一役，此地不任也。方土百里，出战卒万人者，数小也。此其垦田足以食其民，都邑遂路足以处其民，山林、薮泽、溪谷足以供其利，薮泽堤防足以畜。故兵出，粮给而财有余；兵休，民作而畜长足。此所谓任地待役之律也”。这是说，君主统治国家使用土地的比例应该是：山林占十分之一，沼泽湖泊占十分之一，山谷河流占十分之一，城镇道路占十分之一，薄地占十分之二，良田占十分之四。这是前代帝王的明确规定。所以，治理国家要考虑田亩的数量：五百小亩土地的税收，足以供养打一个战役的士兵，这是地力尚未充分利用；土地方圆百里，派出一万名兵士，这个数量太少了。所以，要让可耕种土地足以养活那里的民众，城市乡村道路足够民众居住，山地、森林、湖泊、沼泽、山谷足以供应民众的各种生活资料，湖泊、沼泽的堤防足够蓄积水源。军队出征作战，粮食供应充足而财力有余；战事结束后，民众都从事农耕而积存富足。这就是所谓的以地养战规则。这些论述表明，商鞅已在调查的基础上，开始研究以地养战的规律了。

(五)荀子

荀子(约公元前313—前238年)，名况，字卿，战国末期赵国人。思想家、文学家、政治家，世人尊称“荀卿”。曾三次出任齐国稷下学宫的祭酒，后为楚兰陵令。荀子是儒家代表人物之一，在人性问题上，提倡性恶论，否认天赋的道德观念，强调后天环境和教育对人的影响。他也提出了“水则载舟，水则覆舟”的论断。后来蒙恬、李斯、韩非等皆为荀子的弟子。

荀子有一句名言：“天道有常，不为尧存，不为桀亡。”(《荀子·天论》)这说明，他是一位唯物主义思想家。在治国理政方面，他非常重视社会调查。《荀子·富国》曰：“量地而立国，计利而畜民，度人力而授事。使民必胜事，事必出利，利足以生民”。这是说，治国理政必须以“量地”“计利”“度人”等方面的调查研究，作为制定“立国”“畜民”“授事”等决策的基础。荀子在知行观和认识论方面的论述，更把中国古代朴素唯物主义的知行观和认识论推向了一个新的高度。详见本书第六章第一节。

此外，汉代的文景之治和光武中兴，北魏孝文帝的汉化改革，唐代的贞观之治和两税法，宋代的庆历新政和熙宁变法，辽代的“因俗而治”和一朝两制，元代的治汉地、行汉法，明代的张居正改革和“一条鞭法”，清代的“摊丁入亩”和洋务运动等变法革新，都是以广泛、深入的社会调查为基础或前提的。可以说，政治领域的社会调查是政治家治国理政、社会改革家变法革新的最基本的方法。

三、军事领域的社会调查

军事领域的社会调查，调查者主要是军事家、战略家、军事将领，其主要目的是，知君知民，知己知彼，知天知地，知时知机，做好战争准备，夺取战争胜利。中国古代战争频仍，特别是春秋战国时期五霸七雄争斗不止，在公元前 722 年—前 222 年的 500 年中，有 373 年存在战争，约占整个时期的四分之三。频繁的战争实践，孕育出了许多杰出的军事家、著名的军事著作和战例。其中，具有代表性的军事家、军事著作和著名战例如下：

（一）姜子牙和《六韬》

姜子牙（约公元前 1156—前 1017 年），其先祖辅佐大禹平水土有功受封于吕，故以吕为氏，也称吕尚，亦作姜尚，商末周初人。相传姜子牙 72 岁时在渭水之滨垂钓，遇周文王被封为“太师”（武官名），俗称太公，周武王尊为“师尚父”。姜子牙是齐国的缔造者，武王伐纣的首席智囊和最高军事统帅，西周的开国元勋，杰出的韬略家、军事家与政治家，被尊为“百家宗师”。

《六韬》又称《太公兵法》，据说由姜子牙所著，其内容博大精深，思想精邃富赡，逻辑缜密严谨，是中国古代军事思想精华的集中体现。全书六卷、六十篇，以太公与文王、武王对话方式编写，内容涉及战争的各个方面。其中，有关治军取胜和战争调查的论述，是最精彩的部分之一。

例如，《文韬·大礼第四》载，“文王曰：‘主明如何？’太公曰：‘目贵明，耳贵聪，心贵智。以天下之目视，则无不见也；以天下之耳听，则无不闻也；以天下之心虑，则无不知也。辐凑并进，则明不蔽矣’”。这是说，文王问：“君主怎样才能洞察一切？”太公答：“眼睛贵在明察事物，耳朵贵在敏听意见，头脑贵在深思熟虑。用天下人的眼睛去观察，就能无所不见；用天下人的耳朵去倾听，就能无所不闻；用天下人的头脑去思考，就能无所不知。聚集四面八方的情况，君主就能洞察一切而不受蒙蔽了。”

又如，《虎韬·垒虚第四十二》曰：“将必上知天道，下知地理，中知人事”；《武韬·文伐第十五》曰：“上察天，下察地，征已见，乃伐之”。这是说，将帅必须上知天时，下知地理，中知人事；只要上观天时，下察地利，等各种有利征兆都已显现时，才能兴兵讨伐。

此外，如何识别人才、将帅，如何观测天时、地利，如何判断敌情、把握战机等，《六韬》中都有精彩论述，它实是古代战争调查的一部百科全书。

（二）孙武和《孙子兵法》

孙武（约公元前 545—前 470 年），字长卿，春秋末期齐国乐安（今山东省北部）人，著名军事家、政治家，被誉为“百世兵家之师”“东方兵学鼻祖”。公元前 6 世纪末至前 5 世纪初，孙武由齐至吴，经吴重臣伍子胥举荐，向吴王阖闾进呈所著兵法 13 篇，受重用为将，在柏举之战中率吴军大败楚军，占领楚都郢城，几近覆亡楚国。其所著《孙子兵法》，被誉为“兵学圣典”。

《孙子兵法》的第一句话就是：“兵者，国之大事，死生之地，存亡之道，不可不察也。”所谓“察”，就是调查研究。“知己知彼者，百战不殆。”这一兵家至理名言，就出自《孙子兵法·谋攻篇》。无论“知己”，还是“知彼”，都需要系统、周密的调查研究。因此，通过系统、周密的战争调查和研究，真正做到知己知彼，是关系战争胜负、国家存亡的大事。

《孙子兵法·计篇》指出，“故经之以五事，校之以计，而索其情：一曰道，二曰天，三曰地，四曰将，五曰法。……凡此五者，将莫不闻，知之者胜，不知者不胜。故校之以计，而索其情，曰：主孰有道？将孰有能？天地孰得？法令孰行？兵众孰强？士卒孰练？赏罚熟明？吾以此知胜负矣”。这是说，以五个方面为纲来做调查，通过比较和计算，求索它们的真情：一是君主是否有道，百姓与君主是否一致？二是阴晴、寒暑、风雪等气候条件如何？三是行程远近、地域广狭、地势是否险峻？四是将领的素质、性格如何？五是军事法规、法令及其执行情况如何？这五个方面，将领不能不知道，真知才能取胜，不真知不能取胜。所以，要调查、比较和计算，求索真情：君主哪方更有道？将领哪方更有才能？天时地利哪方占优？法令哪方执行更好？兵力哪方更强？士卒哪方训练有素？赏罚哪方严明？只要掌握了这七个方面情况，我就知道谁胜谁负了。上述五事七情，是孙武战争调查的纲领，也是他做出正确判断的前提。

《孙子兵法·用间篇》曰：“故明君贤将，所以动而胜人，成功出于众者，先知也。先知者，不可取于鬼神，不可象于事，不可验于度，必取于人，知敌之情者也。”这是说，英明君主和贤能将帅，之所以一出兵就能战胜敌人，成功高于一般人，就在于他们先了解敌情。要先了解敌情，不可求于鬼神，不可类比往事，不可验证度数，必须找人做调查，找了解敌情的人做调查。早在 2500 多年前人们迷信鬼神、求神问卜的时代，孙武就强调找“知敌之情者”做调查，这是十分正确的，更是难能可贵的。

（三）春秋时期的齐鲁长勺之战

春秋时期以弱胜强的三大战役是：齐鲁长勺之战（公元前 684 年）、晋楚城濮之战（公元前 634 年）和秦晋崤之战（公元前 633 年）。其中，齐鲁长勺之战最为典型：鲁庄公十年（公元前 684 年），齐桓公借口鲁国曾帮助公子纠与其争夺君位，而起兵进攻鲁国。当时，齐强鲁弱，鲁暂避齐军锋芒，撤退至利于反攻之地——长勺（今莱芜苗山镇），在曹刿指导下战胜了齐国。曹刿指导的奥秘何在？首先，出战前询问庄公治国功德，当他知晓庄公勤政忠诚后，就做出了“可以一战”的判断；其次，迎战中密切观察敌我士兵士气的变化，当他看到三通鼓后齐兵勇气耗尽、鲁军士气正旺时，立即挥师进攻，一举击溃了齐军；最后，胜战后先下车仔细察看，后登高远望，确认齐军真溃败后，才下令追击，把齐军驱逐出国境，从而取得长勺之战的完胜。弱鲁战胜强齐的奥秘何在？即所谓，“未战考君德，方战养士气，既战察敌情”（《古文观止》）。一句话，就是把调查研究贯穿于战争始终，并精于把握战机！毛泽东在《中国革命战争的战略问题》中对长勺之战给予很高评价，他说，曹刿“采取了‘敌疲我打’的方针，打胜了齐军，造成了中国战史中弱军战胜强军的有名的战例”。①

（四）三国时期的官渡之战

三国时期的三大战役是：官渡之战、赤壁之战和夷陵之战。其中，官渡之战最为典型：东汉末年，豪强蜂起，袁绍与曹操两大集团逐渐壮大起来。建安四年(199年)，袁绍率精兵十万南下剑指许昌曹营。曹操立即召开会议，听取众卿良策，然后说：“吾深知绍之为人，志大而智小，色厉而胆薄，忌克而少威，兵多而分化不明，将骄而政令不一，地虽广，粮虽多，足为我奉也。我不是轻视袁绍，而是只有了解他的弱点，才能树立胜战信心。”最后他采纳谋士荀攸建议，实施集中兵力、重点设防、以逸待劳、后发制人的方针。建安五年(200年)正月，曹操得知刘备与袁绍结盟，为绝后患，以迅雷不及掩耳之势击溃了刘备；四月，采用“声东击西”之策，亲率大军火速北上击溃袁军，智救白马；十月，获袁绍谋士许攸提供的袁军运粮信息，亲率五千步骑，星夜奔袭乌巢，火烧袁军粮车一万多辆。袁军大将张郃、高览等见大势已去，阵前倒戈，投降曹操，曹军趁胜猛攻，火烧袁营，袁军土崩瓦解，被杀七万余人，投降近三万人。官渡之战，是曹袁争霸的转折点，也是中国战史上以弱胜强的著名战例。曹操精于战争调查，对袁绍其人、其行、其心、其性及袁营的文臣、武将，了如指掌；对袁军兵力、战马的数量和动向，掌握及时；对袁军粮草、辎重的运输路线、贮存地点，以及守军状况，详尽知晓，这是官渡之战取得完胜的一个根本原因。

（五）唐中期的李愬雪夜奔袭克蔡州

唐宪宗元和十二年(817年)元月，朝廷命李愬讨伐割据淮西的吴元济。李愬领兵至唐州(今河南唐河)，了解到官军新败，士兵畏战，就对将士们说：“皇上知我柔懦、能忍让，派我来安抚你们。至于攻战进取，那不是我的事。”叛军探知后，认为李愬名位低下、没本领，便放松了戒备。李愬到唐州后，摸清了敌我力量对比和社情民意。然后，动员军士善待百姓，帮助农夫生产，责成县令安置游民，使百姓安居乐业。同时，优待归降将士，多方探听敌情，强化战前训练。不久，吴元济调兵北上增援，蔡州城中空虚。于是，李愬决定奇袭蔡州。十月十日，他率九千人马东进。当时天黑如漆，风雪大作，众将士多有犹豫，李愬斩钉截铁地命令：“进军蔡州城，活捉吴元济！”雪夜急行军六十五里，到达蔡州城附近，以水池鹅鸭发出的“嘎、嘎、嘎”声作掩护，神不知鬼不觉地到达城下。李愬选派勇士攀爬城墙而上，杀死守兵，打开城门，引大队人马进城。天亮时，进围吴元济内城。吴元济立即带领左右上城拒战，等待洄曲救兵。这时，李愬亲去洄曲守将董重质家，厚抚其家人，并派其子送招降书至洄曲。董重质阅招降书，又听说厚待其家人，就单人匹马前来投降。十二日，官军猛攻内城，淮西军支持不住，纷纷投降。吴元济见无救

① 毛泽东选集(第1卷)[M]. 北京：人民出版社，1991：203.

兵，知大势已去，只得投降。至此，淮西又回到唐王朝手中。

李愬雪夜奔袭克蔡州，是强攻的胜利，更是智取的胜利。首先，是知人知心。知官军新败，有畏战之心；知百姓苦难，有厌战之心；知归降将士，有惧罚之心。然后采取对策，为胜利打下良好政治基础。其次，是知我知敌。知官军人少，新败畏战，缺少训练。知敌帅骄横、不善用兵，敌将或有归心，或轻敌，或重亲情，敌兵布局分散、设施虚置，从而为胜利提供了军事依据。再次，是知地知天。知地，文城可作前线基地，张柴村是赴蔡州必经之地，洄曲距蔡州甚远等。知天，北风吼、雪花飞利于奇袭，天黑如漆利于夜战，从而为攻占蔡州奠定了自然条件。最后，是知时知机。知叛军放松戒备，争取到宽松备战时机；知北路军攻克郾城，蔡州城中空虚，获奔袭的大好时机，从而为夺取胜利创造了战术前提。孙子曰："知己知彼，百战不殆。"李愬勤于实地调查、善于战争研究，做到了知人知心、知我知敌、知地知天、知时知机，岂有不胜之理！

此外，中国古代战史上的楚汉成皋之战、新汉昆阳之战、秦晋淝水之战等，都是双方强弱不同，弱者先让一步，后发制人，取得胜利。这些战例说明，通过军事调查，做到"知己知彼"，是在战争中克敌制胜、夺取胜利的不二法宝。

四、经济领域的社会调查

（一）农业调查

古代中国，以农业为立国之本，农学是中国古代科学技术中取得成就最辉煌的学科之一。中国古代有五大农书：西汉的《氾胜之书》、北魏贾思勰的《齐民要术》、宋代的《陈敷农书》、元代的《王祯农书》、明代徐光启的《农政全书》，它们是中国现存古代农学专著中的杰作。其中，《齐民要术》尤具代表性。

贾思勰（生卒年不详），北魏益都（今山东寿光）人，农学家。他出生于一个世代务农的书香门第，从小博览群书，成年后走上仕途，在高阳郡（今山东临淄）太守任内，先后到山东、河北、河南考察，并向老农请教。高阳太守卸任后，回乡经营农牧业，并致力于农学研究。

从北魏永熙二年到东魏武定二年（533—544 年），他在整理古代农学文献、研究老农经验和总结自己实践体会的基础上，撰写出《齐民要术》一书。所谓"齐民"，是指平民百姓；所谓"要术"，是指谋生方法。《齐民要术》系统总结了秦汉以来中国黄河流域的农业科学技术知识，不仅是中国现存最早、最完善的农学名著，也是世界农学史上最早的名著之一，对后世农业和农学有深远影响。

《齐民要术》全书分为序、杂说和正文三部分，约 11 万字，由耕田、谷物、蔬菜、果树、树木、畜产、酿造、调味、调理、外国物产等章构成，是中国现存最早、最完整的农业百科全书。它以山东为重点，描述了当时黄河中下游地区农业生产概貌，介绍了许多农林牧业生产经验、食品加工与贮藏技术、野生植物利用方法等。为了掌握养羊经验，他曾买 200 头羊亲自饲养，通过实践和向老羊倌求教，不仅学会了养羊，而且总结出了一套养羊经验。为了学会种地，他住进老农窝棚，虚心求教，亲自种地，并把经验教训总结出来，详尽叙述每个生产环节的操作技术和应该注意的问题。《齐民要术》是实地调查、文献调查与实验研究的产物，在中国和世界农学史上占有重要地位。

此外，唐陆羽的《茶经》等，也是中国古代农业调研的重要结晶。

（二）矿冶调查

《周礼·地官司徒·矿人》曰："掌金玉锡石之地，而为之厉禁以守之。若以时取之，则物其地图而授之，巡其禁令。"这是说，矿人掌管金玉锡石等的出产地，为之设置藩界、制定禁令而加以守护。如果要按时开采，就勘测开采地，绘成地图授予开采者，并巡视是否有违反禁令。这说明，西周不仅已有开采矿冶的活动，而且朝廷设置了管理矿冶的专职官吏——矿人。

春秋时期，中国已进入铁器时代。齐国就设有"铁官"，并实行"官山海"，即对矿冶和制盐实行官营政策。据《管子·地数》记载，"出铜之山四百六十七，出铁之山三千六百九。"可见，当时的矿冶开采已初具规模。秦统一六国后，在产铁地区设置有"铁官"。据《汉书·地理志》记载，汉武帝元狩四年（公元前 119 年），实行盐铁官营，设铁官 49 处；铜、铁矿徒多至 10 万人。矿冶调查、统计已形成制度。隋代把矿权全部收归国有，采取徭役制经营。唐代一度开放矿禁，允许私人开采，矿冶业空前繁荣，但唐中后期又改为官营。

关于矿冶调查，唐代已有"坑冶"（阬冶）记录，宋代已有调查、统计数据。据史料记载，唐宣宗大中年间（847—859 年）和北宋英宗治平年间（1064—1067 年），采矿坑冶数对比情况如表 2-3 所示（参见《新唐书·志第四十四·食货四》《宋史·志第一百三十八·食货下七》）。

表 2-3　唐、宋采矿坑冶数

纪年	公元	总计	金	银	铜	铁	铅	锡	矾	水银	朱砂
唐宣宗大中年间	847—859	168		58	96	5		2	7		
宋英宗治平年间	1064—1067	271	11	84	46	77	30	16		4	3

明、清时期对矿冶管理极严。矿冶调查、统计的特点：一是以矿冶产量和矿冶税为主；二是出现了矿冶产品价格的调查和统计；三是出现了煤炭产量和税额的调查、统计；四是有了一些调查、统计数据的分析。

以上所述说明，中国古代矿冶活动起源较早，但相关调查、统计却落后于现实；唐、宋已有调查、统计数据，但内容过于简单。这很可能与中国古代"农耕为本、工商为末"的传统思想存在着密切联系。

（三）驿传、漕运调查

驿传，又称邮驿，以传递公文、接待过往官员为主的交通组织，它是以驿站为主体，马、驴、车、船为工具，驿道为网络的系统。一般以陆道传递为主、水道传递为辅。中国古代的驿传，开创于殷商，成熟于秦汉，发达于唐宋，繁盛于元明，直至清末为邮政所取代。《周礼·地官司徒》曰："凡国野之道，十里有庐，庐有饮食；三十里有宿，宿有路室，路室有委；五十里有市，市有候馆，候馆有积。"这说明，西周的驿传已初步形成了网络。

漕运，就是利用水道(河道和海道)调运物资(主要是公粮)的一种运输组织和管理制度，对保证京城粮食供应发挥了重要作用。中国古代的漕运，初始于春秋，发展于秦汉，兴旺于唐宋，鼎盛于明和清初。清中后期，黄河改道，河运日益困难，其他交通运输方式兴起，漕运逐渐退出历史舞台。据《史记·平准书》记载，汉初"漕转山东粟，以给中都官，岁不过数十万石"；汉武帝初年，漕粮运输增至100多万石，以后又增加到400多万石；至汉武帝元封元年(前110年)，一度达到600多万石。①

有驿传、有漕运，就必然有相应的交通工具。据《玉海·食货·漕运》记载："诸州造船。北宋至道(995—997年)末三千三百三十七艘，天禧(1017—1021年)末减四百二十。"这说明，北宋时期，受当时各种自然、社会因素制约，造船业很不稳定，造船数量起伏较大。元朝的驿传相当繁盛，据《元史·兵志》记载，全国有驿站1415个，其中：腹里、河南江北、江浙、湖广地区，驿站数量多，交通比较发达；其他地区，特别是陕西、云南、甘肃则相当落后；陆站991个，水站424个；交通动力62197匹、头(马44301匹，占71.2%；牛8889头，占14.3%；驴6007头，占9.7%；狗3000头，占4.8%)；交通工具10336艘、辆、顶(船5921艘，占57.3%；车4037辆，占39.0%；轿378顶，占3.7%)。明朝还出现了以运送货物为主的递运所，全国共有递运所145个。②

一般来说，在中央高度集权的大一统王朝，驿传和漕运发展相对较快，制度较为完善，有关驿传和漕运的调查、统计资料也较多；反之，则发展较慢，制度松散，调查、统计资料也较少。

(四)仓储调查

中国古代统治者都非常重视仓储的调查、统计与管理。古代仓储，主要分为两类：粮仓与钱仓。

关于粮仓，《周礼·地官司徒》曰："廪人掌九谷之数，以待国之匪颁、赒赐、稍食。"这是说，廪人掌管粮食数量，以备国家分发群臣的俸禄、救济或赏赐臣民、发放庶人在官者的食粮。据《孟子·万章下》记载，孔子就曾做过管理仓库的官吏，主张计算要准确，当是多少就是多少。

《秦律十八种·仓律》规定："入禾稼、刍稾，辄为廥籍，上内史"。③ 这是说，谷物、刍稾入仓，都要记入仓的簿籍，上报内史。《秦律十八种·效》曰："入禾，万石一积而比

① 江太新，苏金玉. 漕运史话[M]. 北京：社会科学文献出版社，2014：1.

② 刘叔鹤. 中国统计史略[M]. 武汉：湖北人民出版社，1990：311.

③ 睡虎地秦墓竹简整理小组. 睡虎地秦墓竹简[M]. 北京：文物出版社，1978：38.

黎之为户，籍之曰：‘其廥禾若干石，仓啬夫某、佐某、史某、禀人某。’是县入之，县啬夫若丞及仓、乡相杂以封印之，而遗仓啬夫及离邑仓佐主禀者各一户，以气（饩）人。其出禾，有（又）书其出者，如入禾然”。① 这是说，谷物入仓，以一万石为一积而加以排列并设置仓门，写上：“某仓贮有谷物若干石，仓啬夫某、佐某、史某、禀人某。”在该县入仓，由县啬夫或丞和仓、乡主管人员共同封缄，而给仓啬夫及乡主管禀给的仓佐各留一门，以便发放粮量。谷物出仓，也要记下出仓的人的姓名，和入仓时一样。

隋代的仓储由度支部下属的“仓部”掌管。隋的仓储分为两类：官仓和义仓。据《隋书·食货志》记载，隋开皇三年（583年）至大业二年（606年），在黄河沿岸建置了六大官仓，仅洛口仓就有3000个窖，每窖容量达8000石。其规模之大，有“资储遍于天下”（《通典·食货七》）之称。

唐代的仓储管理更为严格。《旧唐书·职官志》曰：“凡天下赋调，先于输场简其合尺度斤两者，卿及御史监阅，然后纳入库藏，皆题以州县年月，所以别粗良，辨新旧。凡出给，先勘木契，然后录其名数，请人姓名，署印送监门，乃听出。”违者都要受到惩处。《唐律疏议·厩库》规定：“诸出纳官物给受有违者，计所欠剩，坐赃论”。这是说，根据“欠剩”之价值，比照“坐赃”判罪。

宋、元、明、清时期的仓储，都由户部下属的“仓部司”“仓部”或“仓科”管理。调查、统计的内容，大多以粮食出入库登记、损耗查验为主，更注重台账的作用；注重仓储实物与账面的核实对比；调查、统计报告定期报送，接受审查监督；并普遍用法令对仓储调查、统计进行严格约束。

关于钱仓，《秦律十八种·金布律》规定：“官府受钱者，千钱一畚，以丞、令印印。不盈千者，亦封印之。钱善不善，杂实之。出钱，献封丞、令，乃发用之”。② 这是说，官府收入钱币，一千钱为一畚（音 běn，用木、竹、铁片做成的器具），用令、丞的印封缄。钱数不满一千的，也应封缄。钱质好的和不好的，应装在一起。出钱时，要先把印封呈献给丞、令验视，然后启封使用。

关于弄虚作假的惩处，《秦律十八种·效》规定：“禾、刍稾积廥，有赢、不备而匿弗谒，及者（诸）移赢以赏（偿）不备，群它物当负赏（偿）而伪出之以彼（貱）赏（偿），皆与盗同法。大啬夫、丞智（知）而弗罪，以平罪人律论之，有（又）与主廥者共赏（偿）不备”。③ 这是说，谷物、刍稾贮藏在仓库里，有超出或不足数情形而隐瞒不报，及种种移多补少，假作注销而用以补垫其他应赔偿的东西，都要与盗贼一样论处。大啬夫、丞知情而不加惩处，以与罪犯同等的法律论处，并和管仓者一起赔偿缺数。

关于物品差错的惩处，《效律》规定：“数而赢、不备，直（值）百一十钱以到二百廿钱，谇官啬夫；过二百廿钱以到千一百钱，赀啬夫一盾；过千一百钱以到二千二百钱，赀

① 睡虎地秦墓竹简整理小组. 睡虎地秦墓竹简[M]. 北京：文物出版社，1978：98.
② 睡虎地秦墓竹简整理小组. 睡虎地秦墓竹简[M]. 北京：文物出版社，1978：55.
③ 睡虎地秦墓竹简整理小组. 睡虎地秦墓竹简[M]. 北京：文物出版社，1978：100.

官啬夫一甲；过二千二百钱以上，赀官啬夫二甲”。① 这是说，清点物品数有超过或不足的，价值一百一十钱以上到二百二十钱，斥责该官府的啬夫；超过二百二十钱到一千一百钱的，罚啬夫一盾；超过一千一百钱到二千二百钱的，罚啬夫一甲；超过二千二百钱以上的，罚啬夫二甲。

关于大误、小误的区分，《法律答问》规定：“可(何)如为‘大误’？人户、马牛及者(诸)货材(财)直(值)过六百六十钱为‘大误’，其他为小”。② 这是说，怎样算“大误”？错算人户、牛马以及价值超过六百六十钱的财货，为“大误”，其他为小误。

上述规定，都是以对有关对象的调查、统计为前提的。这些规定说明，古代对于仓储里的谷物、刍槀、银币、物资的调查、统计和管理，相当严格、具体。

(五)商情、经济调查

商业萌芽于殷商，发展于西周。《周礼·地官司徒》曰：“司市掌市之治教、政刑、量度禁令。”“大市日昃而市，百族为主；朝市朝时而市，商贾为主；夕市夕时而市，贩夫贩妇为主。”这是说，司市(官名)掌管市场争讼，教导经营，相关政令，刑罚处置，度量单位，以及各种禁令。大市在日头偏西时开市，入市以百姓为主；朝市在早晨开市，入市以商贾为主；夕市在傍晚开市，入市以男女小贩为主。显然，当时的商业活动已相当规范。

春秋时期的政治家、经济学家范蠡(公元前536—前448年)，是中国古代商情预测的第一人。他说，“夫人事必将与天地相参，后乃可以成功”(《国语·越语下》)。他认为，农业收成好坏与天时、地理因素存在着规律性联系。因此，可以通过观测天时变化预测农业丰歉及农产品价格涨跌。范蠡以商致富，成名于天下。后代许多生意人皆供奉他的塑像，尊之为财神。

唐代理财家刘晏(715—780年)，则是中国古代商情调查的首创者。据《资治通鉴·唐纪四十二》记载，刘晏常以重金招募善于奔走的人，及时搜集、报送全国各地的经济情况；又在各道设置“知院官”，要求他们经常开展气候、收成、灾情、物价等调查，实际上就是在全国建立了一个经济情报网，使他能随时掌握全国经济动态，及时做出重要经济决策，从而获得了人口增长、财赋收入倍增的良好效果。他任户部侍郎期间，管理度支、铸钱和盐铁等事务。他主持了榷盐法、漕运改革和常平法等一系列财政改革措施，增加了中央收入，为安史之乱后的唐朝经济发展作出了重要贡献。

宋代商业繁荣，商业调查、统计资料也较丰富。据史料记载，宋代商业调查、统计包括五个方面。一是商品价格的调查和统计。从神宗到孝宗的100多年间，连续对米、绢、布、盐、茶、铁、铜、金、银等的销售价格进行调查和对比分析。二是商品销售量的调查和统计。三是开展比价调查与统计分析(参见《宋会要·食货》)。四是货币发行量的调查与统计。会子是南宋发行的一种纸币。宋理宗淳祐六年(1246年)印发的“行在会子”达6.5亿贯。五是平均价格法的应用。

---

① 睡虎地秦墓竹简整理小组．睡虎地秦墓竹简[M]．北京：文物出版社，1978：115-116.

② 睡虎地秦墓竹简整理小组．睡虎地秦墓竹简[M]．北京：文物出版社，1978：242.

五、学术领域的社会调查

学术领域的社会调查，调查者主要是学问家、思想家，其主要目的是，搜集历史文献资料，调查现实社会情况，开展学术研究，形成新观点、新理论、新学问。中国古代学术领域的社会调查成果极其丰富，这里略举几例：

(一)孔子与《论语》

孔子(公元前551—前479年)，名丘，字仲尼，春秋末期鲁国(今山东曲阜)人，古代思想家、教育家，儒家学派创始人。孔子非常重视社会调查，不仅在鲁国做调查，而且曾带领部分弟子周游列国前后长达13年。孔子去世后，其弟子及其再传弟子把孔子及其弟子的言行和思想记录下来，整理编撰成儒家经典《论语》，其中有许多关于社会调查的精彩论述。

《论语·为政第二》记载："子曰：'视其所以，观其所由，察其所安。人焉廋哉？人焉廋哉？"这是说，孔子认为，要认识一个人，就应观察他的所作所为，考察他的行为动机，了解他的心绪是否安乐。这样一来，这个人还怎样隐藏得了呢？这个人还怎样隐藏得了呢？

《论语·卫灵公第十五》曰："众恶之，必察焉；众好之，必察焉。"这说明，孔子不盲从于众人的看法，众人厌恶的，他一定要亲自考察；众人喜好的，他也一定要亲自考察。

《论语·季氏篇第十六》曰："'君子有九思：视思明，听思聪，色思温，貌思恭，言思忠，事思敬，疑思问，忿思难，见得思义'。"这说明，孔子既重视调查，更重视研究，强调从多方面思考问题：看的时候，要思考是否看明白了；听的时候，要思考是否听清楚了；观察脸色、神气，要思考是否温和；看待容貌、态度，要思考是否谦恭；听取言论、话语，要思考是否忠实；办理事务，要思考是否恭敬、谨慎；遇到疑难，要思考如何向人请教；忿恨发怒，要思考会有什么后患；获得名利，要思考是否合乎道义。

孔子这种既好古又重今，每事问，到处拜师，不仅视其所以，而且观其所由，以及遇事多方面思考的习惯，是学术性调查最难能可贵的精神。

(二)司马迁与《史记》

司马迁(公元前145—?)，字子长，司马谈之子，夏阳(今陕西韩城)人，西汉史学家。早年受学于孔安国、董仲舒，元封三年(公元前108年)任太史令，继承父业，著述历史。因替李陵败降之事辩解而受宫刑，发奋完成所著史籍，创作了中国第一部纪传体通史《史记》(原名《太史公书》)，被公认为中国史书典范，司马迁也被后世尊称为太史公、历史之父。

《史记》记载了从上古传说中的黄帝时期到汉武帝元狩元年(公元前122年)，长达3000多年的历史，是"二十五史"之首。全书有十二本纪、三十世家、七十列传、十表、八书，共130篇，526500余字。清代史学家赵翼(1727—1814年)指出："司马迁参酌古今，发凡起例，创为全史。本纪以序帝王，世家以记侯国，十表以系时事，八书以详制度，列传以专人物。然后一代君臣政事贤否得失，总汇于一篇之中。自此例一定，历代作史者，遂不能出其范围，信史家之极则也”(《廿二史札记》)。事实上，司马迁的五体结构史学框架，一经创立，即为经典，纵观廿四史，无一例外。

为了编撰《史记》，司马迁一方面开展了广泛的文献调查，阅读了大批古代典籍，把儒家、墨家、道家、法家，以及阴阳家、名家、纵横家、农家、杂家有代表性的著作作为阅读重点；另一方面又进行了大量实地考察，其中最重要的是三次实地调查，即 20 岁开始的人生第一次南国漫游，博采传闻；25 岁随御史大夫公孙弘出使西南，广征史实；35 岁侍从武帝，北访东巡。这三次、三种类型的实地考察，对司马迁具有重大意义：一是开阔了知识视野，积累了大量史料；二是游览了名山大川，陶冶了高尚情操；三是考察了南北城乡，接触了社会现实；四是查访了名人轶事，领悟了坚贞意志；五是洞察了官场黑暗，体会了残酷现实，从而为编撰“成一家之言”的《史记》打下了坚实基础。这说明，《史记》之所以被称为“信史”“实录”、被鲁迅誉为“史家之绝唱，无韵之离骚”，就在于它是“破万卷书”与“行万里路”相融合的结晶，是文献调查与实地考察相结合的产物。司马迁为编撰《史记》进行社会调查的独特之处在于：一有宏大的调研目的，即“究天人之际，通古今之变，成一家之言”；二有客观的“实录”精神，即“不虚美，不隐恶”；三有全面的搜集资料原则，即“涉猎广博”，“驰骋古今”；四有系统的研究方法，即“原始察终，见盛观衰”，“承敝通变”；五有简明的叙述方法，即谱系表格，删繁留要。这些特点，至今仍具有重要意义和参考价值。

(三)班固与《汉书·地理志》

班固(32—92 年)，字孟坚，扶风安陵(今陕西咸阳)人，东汉著名史学家、文学家。班固出身儒学世家，在父祖的熏陶下，9 岁即能属文，诵诗赋，16 岁入太学，博览群书，于儒家经典及历史无不精通。建武三十年(54 年)，开始在其父《史记后传》基础上撰写《汉书》，前后历时 20 余年。后窦宪因擅权被杀，班固受株连，死于狱中，时年 61 岁。

《汉书》开创了“包举一代”的断代史体例。全书包括“本纪”12 篇、“表”8 篇、“志”10 篇、“列传”70 篇，共 100 篇，后人划分为 120 卷。《汉书》记叙了从汉高祖刘邦元年(前 206 年)至王莽地皇四年(23 年)，前后历时 229 年的历史。

《汉书·地理志》是《汉书》十志之一，保存了汉代及其之前的许多珍贵地理资料，是我国地理学史上一部具有划时代意义的著作。全书约 85700 字，内容可分为三个部分：第一部分从“昔在黄帝”至“靡有孑遗者矣”，约 11800 字，收录了《尚书·禹贡》和《周礼·夏官司马·职方氏》中关于九州情况的主要记载，这是对前代文献的简要复述；第二部分从“汉兴”至“汉极盛矣”，约 54600 字，是班固创作的主体，它以汉平帝元始二年(公元 2 年)全国行政区划为基础，记叙了 103 个郡、国及所辖 1587 个县(包括 1314 个县、32 个道、241 个诸侯国)的建置沿革、户口、山川泽薮、水利设施、名胜古迹、要邑关隘、物产、工矿、垦地等内容；第三部分从“凡民函五常之性”至卷终，约 19300 字，采录了刘向《域分》和朱赣《风俗》的主要内容，这是对前人成果的“辑而论之”。

与《山海经》《尚书·禹贡》等以山川为主体叙述地理现象的著作不同，《汉书·地理志》首创了政区地理，并把政区地理与沿革地理——空间地理与时间地理结合了起来，从而开创了政区地理与沿革地理相结合的先河。它既记载了丰富的自然地理情况，又记载了大量经济地理、人口地理、文化地理、军事交通地理等宝贵资料。据不完全统计，《汉书·地理志》记载了480个川渠，59个泽薮，300多条水道的源头、流向、归宿和长度，153个重要山岳；139处工矿物产、36处盐官、48处铁官的位置和分布。还有屯田的记录，水利渠道的建设；103个郡国的治所及户口统计数据；许多具有历史意义的古国、古城及其他古迹；重要的关、塞、亭、障；有历史价值的陵邑、祖宗庙、神祠的分布，以及通往塞外的道路等。有些资料极具研究价值。例如，上郡高奴县"有洧水，可燃"，西河郡鸿门县"有天封苑火井祠，火从地出也"（这里的可燃水、火井，就是石油、天然气），这很可能是中国关于石油、天然气资源的最早记载。

班固编撰《汉书·地理志》的方法是："采获旧闻，考迹诗书，推表山川。"他编撰第一部分和第三部分的主要方法是"采获旧闻，考迹诗书"；编撰第二部分的主要方法则是"推表山川"——实地调查。显然，《汉书·地理志》实是文献调查与实地调查相结合的产物。

（四）《越绝书》

《越绝书》的作者、成书年代均不可考，全书15卷，分为四个部分：①卷第一，原作的序文，叙述伍子胥入吴和吴国兴亡等；②卷第三至七，以及卷第九至十四，以春秋末至战国初期吴越争霸为主干，上溯夏禹，下迄两汉，旁及诸侯列国，涉及政治、经济、军事、天文、地理、历法、语言等内容，较详细叙述了伍子胥、子贡、范蠡、文种、计倪等人的政治、军事、外交等活动；③卷第二和第八，主要记述吴越两地的方志；④卷第十五，类似跋文，内容庞杂，可能是宋以后文人所加，不可确信。

《越绝书》保存了吴、越地区的许多史料，如勾践行计倪、范蠡之术等为《史记》所采用，并与《左传》《国语》的记载互相印证，补充其不足。特别是"越绝卷第二"，较详细地记述了春秋战国及秦汉时期，吴国的城池、宫殿、山川、湖泊、田畴、陵墓等方面的情况和变化，反映了吴国开发、繁荣及其一度称霸的发展历程。同样，"越绝卷第八"，较详细地记述了同一时期越国的地理环境和早期开发的历史，真实记录了越国曾经的辉煌和发生过的重大历史事件。因此，这两部分历来为研究者所重视。清毕沅认为，"一方之志，始于《越绝》"。中国地方志专家朱士嘉在《宋元方志传记》序中说："《越绝书》是现存最早的方志。"历史地理学家陈桥驿认为，"卷二《吴地卷》和卷八《（越）地卷》两篇，不仅把句吴和于越两国国都及其附近的山川形势、城池道路、宫殿陵墓、农田水利、工场矿山等记载得十分详尽，而且还写出了这两个不同地区即太湖流域和会稽山地的地理特征。……无疑为宋代及其以后的地方志编纂开创了范例"。① 总之，从地方志视角看，《越绝书》不仅是浙江最早的地方志，而且是国内现存最古老的地方志，因而被誉为"地方志鼻祖"。从社会调查视角看，《越绝书》特别是其中的"越绝卷第二"和"越绝卷第八"，即"吴地传"和"（越）地传"，则是最早按一定体例全面记载某一时期某一地域的自然、经济、政治、文

① 张仲清. 越绝书译注[M]. 北京：人民出版社，2009：17-18.

化、社会等方面情况或特定事项的调查研究文献。

此外，北魏郦道元的《水经注》，唐代刘知几的《史通》，李吉甫的《元和郡县图志》，元代潘昂霄的《河源志》，明代徐弘祖的《徐霞客游记》，清代魏源的《海国图志》等，都是学术领域社会调查的重要成果。

六、文艺领域的社会调查

文艺领域的社会调查，调查者主要是文学家、艺术家，其主要目的是，体察社情民意，反映社会现实，提炼人性品格，升华人生价值，塑造新人物，创作新作品。中国古代文艺领域社会调查的成果绚丽多彩，这里列举数端：

（一）诗词：李白和杜甫

李白（701—762 年），唐代浪漫主义诗人，出生于胡人居住的碎叶城，胡人喜酒好剑，过着漂泊不定的游牧生活。他自小聪颖好学，耳濡目染下学会了喝酒击剑、诵读辞赋。他一生有四次较长的游历：第一次是 24 岁出蜀游历，不到一年“散金三十万”；第二次是 25 岁后以湖北安陆为中心漫游江南，被宰相许圉师招为孙女婿；第三次是 45 岁被排挤出长安，先后到洛阳、开封、齐州、江东漫游，三见杜甫，入道教成为道士；第四次是 55 岁被流放夜郎，59 岁遇大赦顺江东返，62 岁病逝。李白生性豪爽，热情奔放，思想深邃，意境高远。他交友广泛，上自皇帝、王公大臣，中及富商、游侠、道士，下至农妇、纤夫、酒翁、妓女，三教九流，无所不有。他一生走遍大半个中国，留下名篇近千首。例如，“抽刀断水水更流，举杯消愁愁更愁”（《宣州谢朓楼饯别校书叔云》）；“天生我材必有用，千金散尽还复来”（《乐府・将进酒》）；“飞流直下三千尺，疑是银河落九天”（《望庐山瀑布》）；“床前明月光，疑是地上霜，举头望明月，低头思故乡”（《静夜思》）；“大鹏一日同风起，扶摇直上九万里”（《上李邕》）；“蜀道之难，难于上青天”；“一夫当关，万夫莫开”（《蜀道难》）；“朝辞白帝彩云间，千里江陵一日还。两岸猿声啼不住，轻舟已过万重山”（《早发白帝城》）等，就是其中的杰出代表。生活是文学创作的源泉。李白通过广泛漫游，积累了丰富的社会素材，这就是他创作诗歌的不竭源泉！李白的一生，可简要概括为“仗剑走天下，绣口吐大唐”。所谓“走天下”，就是调查研究；所谓“吐大唐”，就是创作诗歌。没有“走天下”，就不会有“吐大唐”。

杜甫（712—770 年），唐代现实主义诗人，出生于河南巩县一个没落官僚家庭。他自小好学，7 岁学诗，15 岁“出游翰墨场”，有政治抱负，但举进士不第，先后游历今江苏、浙江、河北、山东一带，三次会见李白，结下深厚友谊。天宝年间（742—755 年）到长安，进仕无门，困顿十年，仅获一小职。安史之乱后，他流亡颠沛，被叛军所俘；脱险后，授官左拾遗。乾元二年（759 年），他弃官西行，最后定居成都。晚年，举家东迁，途中滞留夔州。后漂泊于鄂、湘一带，病死于途中，时年 58 岁。他的诗既表达了自己的抱负和心境，赞美了祖国的河山和景物，又揭露了社会的不公和黑暗，批判了统治阶级的腐朽与罪恶，对于穷苦百姓则寄予了深切的关怀和同情，为后人留下了许多不朽诗句。例如：“读书破万卷，下笔如有神”（《奉赠韦左丞丈二十二韵》）；“会当凌绝顶，一览众山小”（《望岳》)；“射人先射马，擒贼先擒王”(《前出塞(其六)》)；“朱门酒肉臭，路有冻死骨”(《自京赴奉先县咏怀五百字》)；“靡靡逾阡陌，人烟眇萧瑟。所遇多被伤，呻吟更流血”；“鸱鸟鸣黄桑，野鼠拱乱穴。夜深经战场，寒月照白骨”(《北征》)；“国破山河在，城春草木深”，“烽火连三月，家书抵万金”(《春望》)；“八月秋高风怒号，卷我屋上三重茅”，“安得广厦千万间，大庇天下寒士俱欢颜”(《茅屋为秋风所破歌》)；“出师未捷身先死，长使英雄泪满襟!”(《蜀相》)等，都是久传不衰的绝妙佳句。杜甫的一生，可简要概括为“历尽千般难，乱世写真辞”。“历尽千般难”，是“乱世写真辞”的生活源泉；“乱世写真辞”，是对“历尽千般难”做深入调查研究的结晶。

(二)散文：柳宗元的《捕蛇者说》

柳宗元(773—819年)，唐代文学家、散文家和思想家。他少年成才，31岁任监察御史里行，成为革新派重要人物。33岁永贞革新失败，被贬为永州司马。从此，在永州生活了十年。这十年中，他游历了永州山水，结交了当地士子，进行了许多调查，撰写了大量著作，成为“唐宋八大家”之一。《捕蛇者说》是他深入实地调查、了解百姓疾苦后撰写的一篇散文。该文470字，可分为三段：第一段，说永州郊外出产一种奇异毒蛇，草木碰到它会枯死，人被咬后无法救治，但晾干后做药饵可治多种疑难杂症。皇帝下令征集这种蛇用来抵赋税，永州人都争着去捕蛇。第二段，用捕蛇者的话说：他家三代人住在这里60年。“吾祖死于是，吾父死于是”，他继承此差事12年，好几次险些丧命。过去与祖父同住这里的人，现今十户剩不下一户；与我父亲同住这里的人，现今十户剩不下两三户；与我同住这里的人，现今十户剩不下四五户。但在这里捕蛇，一年中冒死的情况大概只有两次，其余时间尚可安心度日，不像我的乡邻天天都处在危险之中！因为凶暴的官吏经常来乡下叫嚣，到处骚扰，那种气势汹汹的样子使人害怕，连鸡狗都不得安宁！我即使现在死于这个差事，与我邻居相比已死在他们后面了，我怎敢怨恨这个差事呢？第三段，引用孔子“苛政猛于虎”的论断，类推出了“孰知赋敛之毒有甚是蛇者乎”这一结论，并说写这篇文章的目的，是期待今后朝廷派遣考察民情的人员能够看到它，知道这种情况。可以说，没有深厚的民本思想，没有深入的实地调查，没有推心置腹的深度访谈，就没有《捕蛇者说》。

(三)小说：“明朝四大奇书”

“明朝四大奇书”《三国演义》《水浒传》《西游记》《金瓶梅》，代表了古代小说的4种类型：历史演义小说、英雄传奇小说、神魔小说和世情小说。它们都是以作者自身坎坷经历为基础，以对当时社会现实深入调查为前提所做的极其深刻、丰满、生动、多样化的形象反映。

《三国演义》的作者罗贯中(约1330—1400年)，元末明初小说家，早年曾到农民领袖张士诚幕府作宾，具有一定军事、政治斗争经验，后致力于文学创作。《三国演义》以陈寿的《三国志》及裴松之注为依据，罗贯中以自己参加元末农民起义军的生活经历为基础，吸取从西晋至元朝1000多年的民间传说，描写了三国时期魏、蜀、吴之间的军事、政治、外交等复杂斗争，成功塑造了400多位人物，生动描写了40多场惊心动魄的战争。《三国演义》结构宏伟、严密，语言精练、畅达，其写法“七分实事、三分虚构”，巧妙地处理了历史真实与艺术塑造的关系，“以致观者往往为所惑乱”，为后世历史小说提供了成功典范。

《水浒传》的作者施耐庵(1296—约1371年)，元末进士，曾在钱塘(今杭州)为官三年，因不满官场黑暗而弃官回乡。相传，施耐庵曾效力于元末起义领袖张士诚，后因张不纳忠言、贪图享乐愤而离去。施耐庵甚感时政衰败，在漫游山东、河南等地后隐居不出，以作《水浒传》为寄托。《水浒传》是中国历史上第一部描写农民起义的小说，它取材于北宋徽宗年间宋江起义的故事，围绕“官逼民反”这一线索展开情节，既歌颂了梁山好汉替天行道、除暴安良的正义精神，又揭露了许多好汉追名逐利、盼望招安的历史局限。梁山好汉被招安、起义失败的悲剧性结局，反映了作者的现实主义态度，这是《水浒传》的成功之处。

《西游记》的作者吴承恩(1500—1582年)，自幼聪明过人，但科考不利，43岁补上“岁贡生”，出任长兴县丞，“未久，耻折腰，遂拂袖而归”，靠卖文为生，晚年生活困顿，贫老而终。坎坷、悲惨的经历，促使他运用神魔小说形式来表达内心的悲愤和希望。《西游记》通过描写孙悟空保护唐僧西天取经的神魔故事，揭露了社会黑暗和腐朽，歌颂了孙悟空蔑视权威、敢于反抗的英雄气概。它巧妙融合了佛、道、儒三家思想，成功塑造了唐僧师徒等不朽艺术形象。《西游记》描写的虚幻神魔世界，处处都可看到现实社会的投影。可以说，它是中国古代长篇浪漫小说的高峰，在世界文学史上占有独特地位。

《金瓶梅》的作者署名为“兰陵笑笑生”，其题材由《水浒传》“武松杀嫂”演化而来，全书以集官僚、恶霸、富商于一身的西门庆从发迹到暴亡的过程为主轴，揭露了他与宰相蔡京等大臣串通一气、鱼肉百姓的罪恶勾当，鞭挞了他有一妻二妾，又谋取孟玉楼、潘金莲、李瓶儿为妾，并与婢女春梅等淫乱的丑陋行径，深刻反映了明中叶上自朝廷、下至市井无赖的腐败与丑恶。小说语言明快，对人物描写惟妙惟肖、入木三分，对民俗的叙述特色鲜明、形象生动，是中国第一部文人独立创作的长篇白话世情小说，具有深刻的认识价值和民俗学价值。但小说中淫秽描写太多，损害了其美学价值，为后世淫秽小说开创了不良先例。

(四)绘画：张择端的《清明上河图》

张择端(1085—1145年)，著名画家。据考证，宋徽宗宣和年间(1119—1125年)张择端供职于翰林图画院，他的存世作品《清明上河图》，长528.7厘米、宽24.8厘米，画有人物814个，牛、骡、驴等73匹，房屋楼阁30多栋，车轿20多辆，大小船只29艘。全图分郊外春光、汴河场景、城内街市三部分。它用写实手法，生动描绘了北宋都城东京的建筑、郊外景色、汴河上舟船往复、街市上店铺林立、人员往来等繁华景象；又用曲谏方式，绘出惊马闯市、船桥险情、文武争道、军力懈怠、城防涣散、商贸侵街、商贾囤粮、酒患成灾等场景，呈现出一幅“盛世危图”。这件杰作，不仅是中国绘画史上的一件稀世瑰宝，而且是用绘画形式撰写的一篇关于东京现状的调查报告。它所包含的经济、政治、社会、文化、科技等信息，是研究北宋末年状况的极其宝贵的历史资料。

图 2-7　张择端的《清明上河图》(局部)

(五)戏曲：关汉卿的《窦娥冤》

《窦娥冤》的作者关汉卿(约 1220—1300 年)，“元曲四大家”之首，一生写了 67 部杂剧，《窦娥冤》是其代表作。《窦娥冤》剧情源于西汉《列女传》中“东海孝妇”周青的故事：青年女子窦娥，在贪官桃杌迫害下，被诬“药死公公”、斩首示众的悲惨遭遇。关汉卿以“人命关天关地”的高度责任感，反映了封建社会百姓“没来由犯王法，不提防遭刑宪”“官吏们无心正法，使百姓有口难言”这一带有普遍意义的问题，控诉了统治者与民为敌、残民以逞的罪恶，歌颂了劳动人民正直、勇敢的反抗精神。《窦娥冤》具有较高文化价值、广泛群众基础，几百年来深受人们喜爱和赞赏，被列为中国十大古典悲剧之一，并被译成多种文字传播于世界。关汉卿则被称为“元杂剧的鼻祖”“东方莎士比亚”。

此外，先秦的《诗经》《离骚》和《九歌》，“建安七子”的《洛神赋》《饮马长城窟》和《西京乱无象》，陶渊明的《归园田居》，苏轼、辛弃疾等的诗词，冯梦龙的“三言”等，都是中国古代文艺领域社会调查的瑰宝。这些成果说明，文艺领域社会调查是文学家、艺术家体察社情民意，反映社会现实，提炼人性品格，升华人生价值，塑造新型人物，创作精神佳品的重要途径。

七、其他领域的社会调查

其他领域的社会调查，是指上述六大领域之外的社会调查。略举如下：

(一)司法调查

秦竹简《封诊式·覆》上有一案例：谨告某县负责人，请确定一逃亡士卒的姓名、身份、籍贯，曾犯有何罪，判过什么刑罚或经赦免，再查问还有什么问题，在簿籍上有几次逃亡记录，逃亡和逃避官府役使各多少天，派遣了解情况的人如实记录，将所录内容全部回报。①

唐代狄仁杰(630—700年)之所以能明断疑案、破案神速，就在于他每逢外放必走访民间，经常以“染疾”“抱恙”等理由摆脱州、县官吏纠缠，轻车简从，微服私访，深入基层，到案件现场做深入的司法调查与研究。

大宋提刑官宋慈(1186—1249年)强调“狱事莫重于大辟，大辟莫重于初情，初情莫重于检验”的观念；亲临现场—亲自检验—查明死因—寻找证据—擒获真凶，这一套狱事基本程序，以及他的《洗冤集录》，实际上是自春秋战国到南宋时期中国古代法医学理论与司法检验的经验总结，是司法文献调查与司法实地调查相结合的产物。

(二)医药调查

扁鹊(前407—前310年)，春秋战国时期的名医，他在长期治病实践基础上，总结形成了中医切脉的诊断方法，从而开启了中医学的先河。相传，中医典籍《难经》(原名《黄帝八十一难经》)为扁鹊所著。《难经》第六十一难曰：“望而知之者，望见其五色，以知其病。闻而知之者，闻其五音，以别其病。问而知之者，问其所欲五味，以知其病所起所在也。切脉而知之者，诊其寸口，视其虚实，以知其病，病在何脏腑也。”据说，中医“四诊”就源于此。从社会调查视角看，望、闻、问、切，就是通过视觉、嗅觉、听觉、触觉对病人健康状况进行多方式、多视角的调查和研究，然后再据此做出病情、病因、病理和治疗方案的诊断。其中，望、闻、问、切属于调查阶段的感性认识，对病情、病因、病理和治疗方案做出判断，则属于研究阶段的理性认识。它们实质上就是调查研究方法在中医治疗诊断过程中的运用。

李时珍(1518—1593年)，明代著名医药家。他在《本草纲目》“神农本草经”中说：“按淮南子云：神农尝百草之滋味，一日而七十毒。由是医方兴焉。盖上世未著文字，师学相传，谓之草本。”“惟帝王世纪云：黄帝使歧尝味草本，定本草经，造医方以疗众疾。乃知本草之名，自黄帝始。”这说明，中医、中药源于华夏先祖治病求药的实践，它们是在医疗实践基础上对“百草”“众疾”进行长期调查研究的产物。

此外，宋代沈括的《梦溪笔谈》，元代郭守敬的《授时历》、忽思慧的《饮膳正要》，明代宋应星的《天工开物》等，都是古代社会调查的重要成果。

第四节　古代的社会调查方法

古代的社会调查方法，是随着经济发展、社会进步、社会调查经验教训的积累而不断演变、进步的。它主要表现在以下几个方面：

---

① 睡虎地秦墓竹简整理小组. 睡虎地秦墓竹简[M]. 北京：文物出版社，1978：250.

一、古代社会调查的一般方法

古代社会调查一般使用的方法，可归纳为以下几种：

(一)观察法

观察法，就是调查者运用感觉器官，主要是视觉器官，对社会现象进行观察的方法。用观察法开展调查，直观、可靠、简便易行、适应性强、灵活性强，是古代社会调查使用得最多的调查方法。

《孟子·离娄章句上》曰："存乎人者，莫良于眸子。眸子不能掩其恶。胸中正，则眸子了焉；胸中不正，则眸子眊焉。听其言也，观其眸子，人焉廋哉？"这是说，观察一个人，莫过于观察他的眼睛。眼睛掩饰不了人的丑恶。内心光明正大，眼睛就明亮；内心不纯正，眼睛就昏暗。听一个人说话的时候，观察他的眼睛，这个人的善恶怎能隐藏呢？

此外，《管子·八观》中所说的"观"(看，察看)；《六韬》中所说的"视"(考察，观看)；《孙子兵法》中所说的"察"(观察、仔细看)；《左传》中所说的"辨"(辨别、明察)；《荀子》中所说的"见"；《史记》中所说的"探"(探求、看望)、"窥"(暗中察看、侦探)；《洗冤集录》中所说的"看"等，都是运用观察法进行调查的不同说法。

(二)访谈法

访谈法，就是调查者通过口头访谈方式，了解情况或探讨问题的调查方法。访谈法可广泛了解社会情况，包括过去的和外域的情况，可探讨各种社会问题，可灵活应对访谈过程中出现的问题，可适用于各类受访者，因而也是古代社会调查使用得最多的调查方法之一。

西周设置的"采诗官"制度，就是朝廷派采诗官到各地通过访谈，采集民间歌谣，体察民俗风情，考核政治得失。所谓"采诗听歌导人言。言者无罪闻者诫，下流上通上下泰"。其实质就是通过访谈开展的社情民意调查。

此外，《管子·问》中所说的"问"；《管子·八观》和《六韬》中所说的"听"；《孙子兵法》中所说的"知""闻"；《洗冤集录》中所说的"审"(询问，打听清楚)，以及《齐民要术》《千金方》《洗冤录》《本草纲目》《农政全书》《天工开物》等形成过程中的"探访""咨询"等，都是访谈法的不同说法。

(三)文献法

文献法，又称历史法，就是调查者通过搜集历史文献，整理、分析、摘取其中有用信息而认识社会现象的方法。文献法是有文字记载后才出现的调查方法，它是书面的、间接的、非介入的调查方法，具有方便、自由、省钱、省时、高效、超越时空限制等特点，在古代社会调查中应用十分广泛。

文献法是《水经注》《齐民要术》《本草纲目》等著作形成的重要方法之一，更是《史记》《汉书》等历史著作形成的主要方法。中华文明是世界上唯一没有中断过的文明，中国历史文献浩如烟海，文献调查方法极其丰富。中国文献学中所说的目录、版本、校勘、考订、分类、训诂、评判等方法，就是中国文献调查和研究的经验总结。

（四）实验法

实验法，就是调查者通过改变某些条件或环境的实践活动来认识社会现象的方法。观察法，主要用眼；访谈法，主要用口和耳；实验法，既要用眼、口、耳，更要亲自动手干。观察法、访谈法只能知其然，实验法还能知其所以然，因而是一种更为重要、更为可靠的调查方法。

贾思勰为了总结养羊经验，就买了200头羊饲养，亲自实践和向老羊倌求教；为了学会种地，他住进老农窝棚，虚心求教，亲自种地，弄清楚每个生产环节的操作技术和应该注意的问题。《齐民要术》之所以在中国和世界农学史上占有重要地位，就因为它是实验研究与实地调查、文献调查相结合的产物。

此外，《管子·八观》中所说的“入”（进入、介入），《孙子兵法》中所说的“验”（检查、验证），《左传》中所说的“牧”（放牧、治理、勘查），《洗冤集录》中所说的“检验”等，都具有实验法的含义。孙思邈一生致力于药物研究，边行医，边采药，边临床试验，《千金方》就是他长期调查研究和亲自试验的产物。陆羽的《茶经》、沈括的《梦溪笔谈》、李时珍的《本草纲目》、徐光启的《农政全书》和宋应星的《天工开物》等著作，都是作者长期调查研究和亲自试验的结晶。

（五）丈量法

丈量法，主要是土地丈量法，就是根据一定丈量规则，使用一定丈量工具，测量土地的长度、宽度和形状，并赋予一定数值的方法。

在汉朝，丈量土地称为“度田”。《后汉书·卷七十六·秦彭傳》载：东汉章帝“建初元年，迁山阳太守……每于农月，亲度顷亩，分别肥塉，差为三品，各立文簿，藏之乡县”。这种方法，虽较麻烦，但较合理。因而建初三年（78年），章帝在全国推广秦彭方法，“诏度田为三品”，即命令全国丈量土地，依地力分为上、中、下三等，然后按照不同等级的田亩征收税赋。

丈量土地，必有规则。《汉书·律历志第一》曰：“度者，分、寸、尺、丈、引也，所以度长短也。”汉承秦制，以“六尺为步”，“二百四十步为亩”。当时“度田”，往往精确到“步”。“顺帝建康元年（144年）垦田为6896271顷56亩194步。冲帝永嘉元年（145年）垦田为6957676顷20亩108步”，① 就是证明。

唐代曾在全国丈量土地。唐玄宗天宝十四年（755年），丈量土地的结果是，全国开垦田地为14303862顷（《通典·食货制·田制》）。明“万历六年，帝用大学士张居正议，天下田亩通行丈量，限三载竣事。……总计田数七百一万三千九百七十六顷，视弘治时赢三百万顷”（《明史卷七十七·志第五十三·食货一》）。

① 李惠村，莫日达. 中国统计史[M]. 北京：中国统计出版社，1993：64.

图 2-8　古代丈量土地的叉尺(弓)

(六)鱼鳞图法

宋代实行方田法，为了防止漏报、瞒报，将各户土地、山塘逐块测量、核实，标明其面积、坐落，绘制成图，这种图连接起来后形似鱼鳞，称“鱼鳞图”，把“鱼鳞图”汇集成册，就成了“鱼鳞图册”，如前文所述。

(七)图表叙事和图谱

司马迁在《史记》里创制的“十表”，即《三代世表第一》《十二诸侯年表第二》《六国年表第三》《秦楚之际月表第四》《汉兴以来诸侯王年表第五》《高祖功臣侯者年表第六》《惠景闲侯者年表第七》《建元以来侯者年表第八》《建元以来王子侯者年表第九》《汉兴以来将相名臣年表第十》，是中国现存最早的叙事表。这些表，对总标题、指标名称、主题单位、排列顺序等都有明确规定，基本具备了现代统计表的各项因素。

司马迁指出，叙事图表的功用：一是删繁就简，扼要地叙述事物本质；二是系统组合、排列，便于观览和比较；三是便于观察事物的始终及其规律。司马迁的这一创造，是对中国和世界统计史的一大贡献，比 1741 年出版的丹麦历史学家安杰生的《文明国家一览表》早了 1800 多年。

班固仿效司马迁的方法，在《汉书》中制作了八个表，与《史记》的“十表”相比较，列表的方式有所改进，叙事图表的说明也更为清晰。

宋代图表叙事法有了较大发展。南宋史学家、目录学家郑樵(1104—1162 年)非常强调图谱的重要性，认为“若欲成天下之事业，未有无图谱而可行之世者”(《通志・图谱略》)。这就是说，图谱之学不仅关系到学术的兴衰，而且关系到政治的成败。他认为，图谱的作用：一是周知远近，洞察古今；二是简明扼要，胜过书籍千章万卷，形象具体，易于理解；三是图表为一书之本、一书之要，如同衣裳有冠冕，木水有本源，能够纲举目张。因此，图与书作用不同，应当相辅相成，不可偏废。研究学问，应做到图文并重，才能收到更好效果。① 南宋地理学、文学家杨甲(1110—1184 年)绘制的《六经图》，共 309 幅，有条形图、曲线图、面积图和形象图等，丰富了统计图的种类。南宋史学家唐仲久(1135—1216 年)所著《帝王经世图谱》，列图于前，录材料于中，加说明于后；对材料有审查，对说明有分析，做到了制图表、审事实、作分析的三结合。

(八)家计平衡

李悝(公元前 455—前 395 年)，又名李克，战国初期魏国的宰相，曾主持变法。李悝以五口之家农户为例，对其家庭全年收支作了如下说明和分析："今一夫挟五口。治田百亩。岁收亩一石半，为粟百五十石。除十一之税十五石，余百三十五石。食，人月一石半，五人终岁为粟九十石，余有四十五石。石三十，为钱千三百五十。除社闾尝薪、春秋之祠，用钱三百，余千五十。衣，人率用钱三百，五人终岁用千五百，不足四百五十。不幸疾病死丧之费及上赋敛，又未与此。此农夫所以常困，有不劝耕之心，而令籴至于甚贵者也。"李悝的家计分析可列表说明，如表 2-4 所示。

表 2-4　李悝家计分析收支平衡表

项　　目	收　　入	支　　出	
实物部分 (单位：石)	全年收粟：150 石	1. 什一之税	15 石
		2. 口粮(每人每年 18 石×5 人)	90 石
		3. 合计	105 石
		4. 结余	45 石
价值部分 (单位：钱)	全年收入：结余 45 石×每石 30 钱＝1350 钱	1. 社闾尝新、春秋之祠	300 钱
		2. 衣着(每人每年 300 钱×5 人)	1500 钱
		3. 疾病死丧	未计入
		4. 赋敛	未计入
		5. 合计	1800 钱
	全年结余：全年收入 1350 钱−全年支出 1800 钱＝−450 钱		

来源：刘叔鹤. 中国统计史略[M]. 武汉：湖北人民出版社，1990：59.

上述农民家计分析说明：一是反映当时"农夫常困"实情，即在不计算"疾病死丧"和"赋敛"情况下，仍入不敷出，因而生产积极性不高，籴粮自然很贵；二是运用实物单位(石)与货币单位(钱)相结合的方法计算，从而便于汇总和比较；三是运用平衡法，即收

① 《中国古代统计史简编》编写组. 中国古代统计史简编[M]. 北京：中国统计出版社，2018：171、187、198.

入-支出=差额，做到有数字、有情况、有分析、有结论。李悝的家计分析，在中国社会调查史上开创了家计分析的先河。

（九）思辨求索

就是调查者通过思考、辨析对调查所获取的信息进行研究的过程或方法。思辨法的任务是：梳理真实情况，分析因果关系，揭示事物本质，做出基本结论，提出对策建议。可以说，古代社会调查的一切优秀成果和重要著作，无不是调查者思辨求索的产物。

例如，《管子·八观》中所说的“求”（求索、探索），《六韬》中所说的“虑”（考虑、思谋），《孙子兵法》中所说的“象”（象说、描摹、解说），《左传》中所说的“鸠”（通“究”），《史记》中所说的“原始察终，见盛观衰”，“究天人之际，通古今之变”，《洗冤集录》中所说的“理”（整理、区分、辨别）等，都是思辨法的不同说法。

二、古代人口调查的方法

古代人口调查方法的演进，主要表现在调查对象、调查主体、调查方式、调查项目的不断变化上。

人口调查的对象：有丁（一般指16~60岁的男子）、有口（不分年龄、性别的男女老幼）、有户。商代的“登人”，主要登记成年男性，即以丁为调查对象。周代的“登万民”，是“自生齿以上，登于天府”，基本上以口为调查对象。秦代“初令男子书年”，主要关注15（或17）~60岁的男子，实质是以丁为调查对象。汉代的编户制度，以户为调查单位，以口为调查对象，原则上男女老幼全部入籍。此后，各个朝代的人口调查也大多如此。然而，各个朝代事实上都有大量家奴、私附户、漏户、逃户、迁徙人口和少数民族人口，不调查、不入籍。

人口调查的主体：有两种，一是基层官吏登记，如商代的“登人”，周代的“登万民”，此后的各个朝代，基本上是基层官吏负责调查和登记；二是百姓自书自实，如秦代的“令男子书年”，晋代的“自填法”，唐代的“手实法”，后唐的“委人户自通供手状”等。总体而言，基层官吏登记居多。

人口调查的方式：有两种，一是用文字登记、造册；二是在登记基础上还要“貌阅”，如汉代的八月“貌阅”，隋代的“大索貌阅”、唐代的“团貌”等。

东汉建武元年（25年），光武皇帝刘秀（25—57年在位）称帝、定都洛阳后，励精图治，息兵养民。当时朝廷规定，每年八月“案比”，即案户比民。所谓“案”，是指案验、考查、讯问；“比”，是指比较、考校、核对。案比，实际上是一种逐户逐人、面对面清查户籍和人口的管理制度。建武末年（56年），在外逃难多年的江革母子听说家乡已恢复太平，不顾旅途劳累，重新回到故里，过上了男耕女织、衣食无忧的安稳生活。这年八月，按朝廷规定要实施“案比”，江革和母亲都必须到县城“案比”。但是，江母年老体弱，走不动路，坐牛车、马车到县城又害怕摇晃，怎么办呢？江革为了按时到县“案比”，又不让老母忍受颠簸之苦，就不用牛马拉车，而是自己钻到车辕中挽车慢步而行，安全地送老母到县城去接受面对面的询问、阅貌和登记。江革在逃难中行佣供母，“案比”时挽车送母，他的孝行感动了家乡百姓，因而都称他为“江巨孝”。这个感人至深的社会调查故事，就是“江巨孝”这个称呼的来历。① 这个故事说明，当时的朝廷和百姓对“貌阅”都是很认真的，因而调查的结果也是真实、可信的。然而，由于“貌阅”和“团貌”费力费时，往往流于形式，因而实施的朝代较少。

人口调查的项目：商代的“登人”，只是单纯计数。周的“登万民”，除计数外，还要“辨其中国，与其都鄙，及其郊野，异其男女”，即还要弄清楚居住地域和性别。汉以后的各个朝代，大多有户分类、人分组的要求。例如，汉代的“编户齐民”，将户分为市籍、侯籍等不同类别，既要登记姓名、性别、年龄，又要登记籍贯、身份、相貌和财富等。东晋按户有黄籍、白籍之分；人按年龄有“正丁”“次丁”和“老小”之别。隋代按户有民籍、军籍之分；人按年龄有“黄、小、中、丁、老”之别。唐代按是否是本地人分为“主户”与“客户”，按是否纳税服役分为“课户”与“不课户”。宋代的主户分为官户、吏户和民户，并按占有田亩多少分为五等。元代按户主职业分为军户、站户、匠户、医户、盐户、僧户、道户、儒户等。明代的户籍分为民、军、匠三大类。清代的户籍分为军籍、民籍、匠籍、商籍、灶籍等。总之，人口调查项目存在着户分类、人分组，而且越来越复杂的趋势。

表 2-5 历代男女法定年龄与赋役课免的规定

年号	公元	黄	小	中	丁	老	赋役课免的规定	资料来源
汉高祖四年	前 203			7～14	15～56		男 20 岁应服兵役和徭役；56 岁免	《汉书》等
隋文帝开皇二年	582	1～3	4～10	11～17	18～59	60	丁从课役；60 岁免	《隋书》等
唐高祖武德六年	623	1～3	4～15	16～20	21～59	60	50 岁免课役	《唐六典》等
宋太祖乾德元年	963				20～59	60	男 20 岁为丁；60 岁免	《通考》等
金	1115—1234	1～2	3～15	16	17～59	60	16 岁为中；17 岁为丁；60 岁为老	《金史》等
明	1368—1644				16～59	60	16 岁成丁役；60 岁而免	《明史》等
清世祖顺治五年	1648				16～59	60	16 岁始傅；60 岁以上除之	《清通考》等

说明：将男女人口按年龄分为黄、小、中、丁、老五个组别，只是隋、唐、金三朝的办法。为了便于阅览，本表将其他朝代年龄分组相近者分别记于黄、小、中、丁、老各栏之中。

来源：梁方仲. 中国历代户口、田地、田赋统计[M]. 北京：中华书局，2008：642-645.

① 水延凯，胡安. 中国古代社会调查故事[M]. 北京：中国人民大学出版社，2017：81-84.

三、古代土地调查的方法

中国古代的土地调查，可分为山水调查和田亩调查两大类。随着古代社会的发展，山水调查和田亩调查的方法，也在不断变化之中。

古代山水调查的方法：先秦的《山海经》《尚书·禹贡》等是全景式的山水体系及其走向调查。东汉班固的《汉书·地理志》、北魏郦道元的《水经注》等，不仅记述了许多重要河流、山脉的体系及走向，而且记述了这些河流、山脉的地理、历史、人物等情况。元代潘昂霄的《河源志》，是中国第一部黄河源头调查；明代徐弘祖的《徐霞客游记》，是中国最早的一部地理环境游记。在山水调查基础上绘制的地图，魏晋之际裴秀的《禹贡地域图》、唐代贾耽的《海内华夷图》、元代朱思本的《舆地图》、明代郑和的《郑和航海图》、清代《康熙皇舆全览图》《乾隆内府地图》和魏源的《海国图志》，在调查对象、内容和方法上都有新的发展。中国古代山水调查方法的发展趋势是：先全景，再局部，后集中到中国母亲河——黄河的沿岸及源头；先中原，再全国，后扩展到航海沿线国家，直至世界各国；先纯自然，后涉及历史、人物；先文字记载，后图形展示。

古代的田亩调查，大体有五种方法。一是登录田亩。一般由基层官吏负责登录田亩面积，作为征收赋税依据，如春秋时期鲁国的“初税亩”和“履亩而税”。二是自报自实。如秦初“使黔首自实田”，唐代的手实法，后唐的“委人户自通供手状”，要百姓自己填写田亩情况上报。三是度田分品。即由基层官吏度田，根据土壤肥瘦程度分别征收田赋。如春秋时期齐国的“相地而衰征”，东汉的“亲度顷亩，分别肥塉，差为三品”的“度田”。四是丈量土地。如唐代实行均田制，宋代实行方田法，明、清两代的核查田亩，都要丈量土地。五是绘制鱼鳞图和编制鱼鳞图册。宋代开创绘制鱼鳞图法，明、清两代大为推广，并集结为鱼鳞图册。

就丈量土地与绘制鱼鳞图而言，一般来说，县令是名义上的总负责人，然后以图为单位签选实际丈量人员，分别为公正、公副、弓手、算手、书手、画手等，二人共当一事，一正一副。有的册子列名为图正、册里、量手等。每图计6~12人，组成丈量小组。丈量后负责的工作人员都要在册上签名，表示是经手人。这些工作人员大多是当地正直而有名望的人士，因此才被签选出来。有时人员可能超额，最多每小组可达24人。丈量工作不是三五天可以完成的，因而需要相当数量的经费。据徽州历史文件记载，经费要由境内农户按应纳田赋额分担，每粮一石，负担经费一两五钱，而且丈量工作期间，农户要负担工作人员的饭食。每图丈量一次耗时十个月以上及经费六百两。①

这说明，古代田亩调查方法的发展趋势是：先官吏登录，后自实自报，再派人实地丈量；先简单记数，后分品、分类、分级登记；先记载田亩数字，后绘制田亩图形，再汇编成图册。

---

① 赵冈. 鱼鳞图册研究[M]. 合肥：黄山书社，2012：0-21.

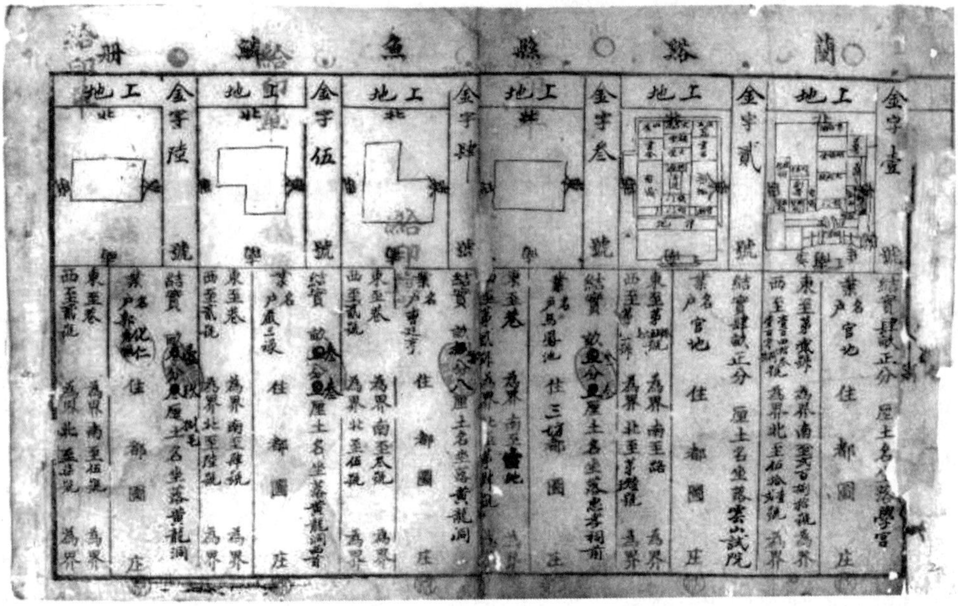

图 2-9　同治兰溪县城区一坊鱼鳞图册第一页

四、古代数量调查的方法

中国古代数量调查的方法，主要表现在两个方面：

(一)调查和统计方法

中国古代调查、统计方法，早在大禹时代就出现了复合分组方法。例如，《尚书·禹贡》对九州的田、赋，就是按土质优劣进行复合分组的，即：首先，按“等”分为上、中、下三等；其次，在各等中再细分为上、中、下三级。这样总组数(总级别)为等数(3)与级数(3)的乘积(9)。《尚书·禹贡》中田、赋的复合分组，如表 2-6 所示。

表 2-6　《尚书·禹贡》按土质优劣复合分组表

分组		说明		
等	级	组名	等级	总级别
上	上	上上	一等一级	一级
	中	上中	一等二级	二级
	下	上下	一等三级	三级
中	上	中上	二等一级	四级
	中	中中	二等二级	五级
	下	中下	二等三级	六级

续表

分组		说明		
下	上	下上	三等一级	七级
	中	下中	三等二级	八级
	下	下下	三等三级	九级

来源：李惠村，莫日达. 中国统计史[M]. 北京：中国统计出版社，1993：6.

《尚书·禹贡》的复合分组方法，在世界统计史上占有重要地位。1770 年，法国传教士格毕(Gaubil，1689—1759 年)将《尚书·禹贡》译成法文，在巴黎发表，在欧洲统计学界引起了震动。相关学者认为，《尚书·禹贡》是东方最早的统计，统计学的萌芽应该追溯到最早的东方文明古国——中国。①

春秋时期，齐相管仲主张“士、农、工、商”四民分业定居，就是统计学上的类型分组方法。魏晋名臣傅玄(217—278 年)继承、发展了管仲的“四民分业定居”论，主张根据经济社会发展需要来规定“四民”的从业人数：士的人数，应满足补充官吏队伍的需要；农的人数，应能满足储备社会所需粮食三分之一的需要；工的人数，应能满足社会对器皿的需要；商的人数，应能满足社会商品流通的需要，从而把“四民分业定居”论向定量化方向推进了一大步。

《管子》中的轻重论，实质上是讲综合平衡。战国时期，魏相李悝首创了“尽地力之教”和“平籴法”，并运用平衡分析法对五口之家农民的家计进行了分析，其公式就是：收入-支出=差额。

秦、汉时期，出现了以货币为计量单位的调查、统计方法，扩大了统计分组法的范围，推广了表的应用。魏晋时期刘徽的《九章算术》，更为田亩计算、土地测量、粟米交换、比例分配、仓库体积、土方计算、赋税摊派等奠定了数学基础。隋、唐时期，平衡分析法发展为三柱(入、出、余)结算法，后发展为四柱(元管、新收、已支、见在)结算法，还出现了比较分析法、强度分析法、平衡分析法，以及比价、估计推算等方法。

宋、元时期，四柱(改为旧管、新收、开除、见在)结算法走向成熟，形成了“旧管+新收-开除=见在”的定型公式，还出现了复杂统计分组、次数分布表，以及唐仲久的《帝王经世图谱》、杨甲的《六经图》和郑樵的图谱思想。明、清时期，钱粮文簿均按四柱格式编制“黄册”(正本)、“清册”(副本)上报。四柱数字一般用金额或实物量及折合金额统计，从而使不同财物能做综合汇总和比较分析，这是平衡分析法的一大进步。

(二)调查和统计标准

度量衡是手工生产的基础，赋税制度的产物。春秋战国时期，各诸侯国的度量衡，各

① 刘叔鹤. 中国统计史略[M]. 武汉：湖北人民出版社，1990：20.

自为政，极其混乱。公元前221年，秦始皇统一中国后，一是颁布统一度量衡的命令，如下诏："一法度衡石丈尺。车同轨。书同文字。"(《史记·秦始皇本纪》)。二是确立度量衡标准，实际上是把商鞅制定、在秦国已实施100多年的度量衡标准推广到全国。三是制造和颁发度量衡标准器。如"商鞅方升"就是典型一例。四是建立严格检查、惩处制度，实际上是把秦律中有关规定推行到全国。例如，秦代《效律》规定："衡石不正，十六两以上，赀官啬夫一甲；不盈十六两到八两，赀一盾。甬(桶)不正，二升以上，赀一甲；不盈二升到一升，赀一盾"。"斗不正，半升以上，赀一甲；不盈半升到少半升，赀一盾。半石不正，八两以上；钧不正，四两以上；斤不正，三朱(铢)以上；半斗不正，少半升以上；参不正，六分升一以上；升不正，廿分升一以上；黄金衡羸(累)不正，半朱(铢)以上，赀各一盾"。① 秦代统一度量衡的上述措施，对中国古代两千多年经济社会发展产生了深远影响。

图2-10　商鞅方升(全长18.7厘米，升纵7厘米，横12.5厘米，深2.3厘米，容积202.15立方厘米，重0.69千克，为长方形的有柄量器，器壁三面及底部均刻有铭文，上海博物馆馆藏)

汉、唐时期对度量衡标准进行了许多探索。

《汉书·律历志》指出，"度"起于黄钟(古之打击乐器，乐律十二律中的第一律)之长，"量"起于黄钟之容，"权衡"起于黄钟之重，即以黄钟乐律为理论基础，以律管为实物依据，以累黍加以验证，建立起系统的度量衡标准。

唐代的度量衡标准不同于汉。《旧唐书·志第二八·食货上》中云："度，以北方秬黍中者一黍之广为分，十分为寸，十寸为尺，十尺为丈。量，以秬黍中者容一千二百为龠，二龠为合，十合为升，十升为斗；三升为大升，三斗为大斗，十大斗为斛。权衡：以秬黍

① 睡虎地秦墓竹简整理小组. 睡虎地秦墓竹简[M]. 北京：文物出版社，1978：113-114.

中者百黍之重为铢，二十四铢为两，三两为大两，十六两为斤。”“度田之制：五尺为步，步二百四十为亩，亩百为顷”。精确的度量衡标准，是保证数量调查准确性的必要前提。

宋代对计量单位也有统一明确的规定。据《宋史·志第一百二十七·食货上二(方田赋税)》记载，南宋高宗建炎四年(1130年)，“凡岁赋，谷以石计，钱以缗计，帛以匹计，金银、丝绵以两计，藁秸、薪蒸以围计，他物各以其数计。”计量单位的这些规定，对于调查研究和统计的规范化、准确性具有重要意义。

第三章　近代的社会调查

中国近代的社会调查，是指清朝后期的社会调查、中华民国时期的社会调查和民国时期中国共产党的社会调查，其年代从1840年鸦片战争起，到1949年中华人民共和国成立止，前后历时109年。

1840年鸦片战争后传入中国的西方近代社会调查方法，是促使古代社会调查演进成为近代社会调查的关键因素。西方近代社会调查方法传入中国有何历史背景？经历了哪些阶段？传入后是怎样发展的？本章将探讨这些内容。

第一节　西学东渐的发展历程

西方近代社会调查方法传入中国，是西学东渐的重要组成部分。探讨西方近代社会调查方法的传入，必须对它的历史背景——西学东渐，做一简略考察。

一、西学东渐及其发展阶段

西学东渐，是指西方科学文化、学术思想向中国传入、传播的历史过程。它有广义和狭义之分。广义的西学东渐，是指从古代至当代西方各种科学、文化、政治、学术思想对中国的传入；狭义的西学东渐，是指明朝后期至清朝末期西方科学、文化、政治、学术思想对中国的传入。这里所说的是狭义的西学东渐，即从明万历十一年(1582年)利玛窦(Matteo Ricci，1552—1610年)进入中国到清朝末年(1911年)约330年间的西学东渐，它大体可分为三个阶段：

(一)被动接受阶段(1582—1840年，约260年)

16世纪的欧洲，在文艺复兴推动下，政治、学术思想和科学技术迅速发展。而当时的中国正处于明朝后期，政治腐败，学术思想仍停留在玄学阶段，科学技术已大大落后于欧洲。明万历年间(1573—1619年)，西欧许多商人、传教士来中国经商、传教。其中，对中国政治、文化、思想和科学技术发展产生重大影响的，当属意大利传教士利玛窦。他认为，传教“最善之法”，“莫若渐以学术收揽人心”。因此，他一方面传播天主教教义，另一方面传播西方科学、文化和技术。他从欧洲带来的三棱镜、自鸣钟和钢琴，特别是那幅名为《坤舆万国全图》的世界地图，使中国人第一次看到了世界地理全貌。1605年，利玛窦编撰的《乾坤体义》，被《四库全书》称为“西学传入中国之始”。当时的西学东渐，以传教士和少数中国学者对西方科学著作的翻译为主，内容大多局限在天文学、数学和地图学等方面，而且大部分深藏皇宫，只在少数士大夫阶层中流传。1693年，由于福建传教士禁止中国教徒祀祖祭孔，1704年罗马教皇更作出了禁止中国礼仪的决定，因而触怒了康熙皇帝，下令驱逐了不顺从中国礼仪的传教士，1717年更下令禁教，致使西学东渐被迫中断。然而，小规模的西学传入并未完全中止。据不完全统计，在1811—1842年的31年间，传教士们共出版中文书籍、刊物147种，其中介绍世界历史、地理、政治、经济的有34种，它们是当时中国先进分子"开眼看世界"的重要资料来源。此外，这个时期还出现了第一所向华人开放的教会学校，第一家中文杂志，第一部英汉字典等。①

这个阶段，西学传播主体，主要是西方传教士；传播内容，以天文学、数学和地图学等自然科学为主；传播范围，局限在宫廷、官府之内和少数东南沿海地区；传播对象，主要是少数官僚和士大夫阶层；传播者与受传播者的关系，基本上是主动传播与被动接受的关系；西学与儒学之间的关系，是儒学为主、西学为辅，以西学顺儒学、补儒学。总体而言，这个时期的西学东渐，尚处于起步阶段，对中国一般士大夫和普通民众影响甚微。

（二）强势灌输阶段（1840年—19世纪末，约60年）

从1840年鸦片战争到1900年八国联军入侵的60年间，由于有一系列不平等条约保护，西方传教士、学者和商人取得了传播西学的优越地位，使这个时期的西学东渐进入了带有强势灌输性质的新阶段。在1840—1860年的20年间，由于香港被割让，广州、福州、厦门、宁波、上海被强行开放作为通商口岸，这6个城市就成了传播西学的基地。据不完全统计，1842—1860年这6个城市共出版西书434种。其中，宗教329种，占75.8%；天文、地理、数学、医学、历史、经济等105种，占24.2%。在1860—1900年的40年间，由于新增了天津、南京、汉口等11个通商口岸，开放了长江流域等广大地区，西方在中国各地开办了许多学校、医院、翻译馆、印书馆，西学传播的范围和渠道已大大扩展，因而除宗教宣传品外，出版西书增至555种。其中，哲学社会科学123种，占22.2%；自然科学162种，占29.2%；应用科学225种，占40.5%；其他45种，占8.1%。②

这个阶段，西学传播主体，仍以西方传教士为主，但来华西人中的教师、医生、工程技术人员、军校教官，及留学欧美的中国留学生，已发挥重要作用；传播内容，除宗教宣传品外，自然科学和应用技术书籍已占居主体地位，哲学社会科学著作比重大幅增加；传播范围，从东南沿海扩展到内陆各地，从宫廷、官府扩展到广大城镇；传播对象，从少数官僚和士大夫阶层扩展到一般知识分子。总之，这个时期西学东渐步伐已大大加快，但对工农大众影响仍然有限。由于传播者往往持胜国之势、夸救世之口，以欧洲中心观念看待儒家文化，以居高临下、强势灌输态度传播西学，致使传播者与被传播者之间的心理距离逐渐扩大。

---

① 熊月之. 西学东渐与晚清社会（修订版）[M]. 北京：中国人民大学出版社，2011：6.

② 熊月之. 西学东渐与晚清社会（修订版）[M]. 北京：中国人民大学出版社，2011：7-9.

（三）主动渴求阶段（19 世纪末—1911 年，10 多年）

早在 19 世纪 60 年代，中国已出现两股学习西方的潮流，一是清廷革新派推行的洋务运动，二是民间爱国志士为救亡图存向西方寻求真理。19 世纪末、20 世纪初，甲午海战大败、戊戌维新被扼杀、八国联军入侵，使清廷威信扫地，爱国志士和广大知识分子失望至极，革命思潮风起云涌，许多先进分子急切地向西方探寻救亡图存、强国富民之道，在 1900—1911 年掀起了一股西学东渐高潮，其具体表现有四。一是译著数量猛增。据不完全统计，这 11 年译出外文书籍 1599 种，是此前 90 年译著总数的两倍。二是社科比重加大。在 1902—1904 年译出的 533 种外文书籍中，社会科学 327 种，占 61.4%；自然科学 112 种，占 21%；应用科学 56 种，占 10.5%；其他 38 种，占 7.1%。三是中国译者登台。此前译者多以西人为主，参与翻译的中国学者多不能独立译书。这一时期，出现了张德彝（1847—1918 年）、严复（1854—1921 年）等中国第一代翻译人才，已可独立译书。四是译著质量提高。此前，翻译的基本模式是"西译中述"，即由外国学者口译西书意思，中国合作者用中文表述成文。由于西方学者大多略通中文，很难掌握中文奥蕴；中国学者大多初通西文，很难理解西文真谛，这样翻译出来的中文西书，其质量大多堪忧。这一时期，中国有了第一代翻译人才，译著质量已显著提高。①

这个阶段，西学传播主体，逐渐以西人为主转变为以中国学者、留学生为主，其中严复、康有为、蔡元培、章太炎、梁启超等一批著名学者发挥了重要作用；传播内容，除自然科学和应用技术外，西方文、史、哲、经、政、法等学科著作，以及词典、汇编等工具书大幅增加；传播范围，已扩展到全国城乡各类文化、教育机构；传播对象，已扩展到大中小学生和工农大众。显然，这个时期的西学东渐，已从强制灌输转变为主动渴求，华人传播者往往以崇拜敬佩之心、欧洲中心之论传播西学，受传播者大多以新奇羡慕之态、弃旧（学）迎新（学）之念虚心求教，因而其影响极为广泛、深入，为五四新文化运动打下了思想基础。

上述三个阶段，社会主流意识对西学的心态是不一样的。第一阶段，国人仍以华夏为天下"中心"自居，对域外事物大多以带有贬义的"夷"字相称，如夷人、夷商、夷技、夷文等，因而当时的西学被称为"夷学"。第二阶段，在西方列强沉重打击下，社会主流意识被冲击得晕头转向，对西学的"强势灌输"不得不接受，又心有不甘，因而强调"中学为体，西学为用"，并以中性的"西学"称之。第三阶段，随着进化论、新陈代谢等观念的传入和普及，戊戌维新、清末新政等"新"字风靡一时，再加上许多爱国志士、知识分子和学生对西学的信仰和崇拜，因而西学就成为有褒扬之义的"新学"了。简言之，对西学的称呼从"夷学"到"西学"，再到"新学"，大体反映了国人对西学心态的变化历程。②

至于中国人对西学东渐的态度，大体可分为三派。一是排拒派，认为中西文化格格不

① 熊月之. 西学东渐与晚清社会（修订版）[M]. 北京：中国人民大学出版社，2011：6-12.

② 熊月之. 西学东渐与晚清社会（修订版）[M]. 北京：中国人民大学出版社，2011：590-591.

入，主张完全排拒，其代表人物是明末清初学者杨光先(1597—1669 年)，他的名言是“宁可使中夏无好历法，不可使中夏有西洋人”。二是洋务派，主张“中学为体，西学为用”，“西学”为“中体”服务，其首创者是清末翻译家沈毓桂(1807—1907 年)。1895 年他在《匡时策》中写道：“夫中西学问，本自互有得失，为华人计，宜以中学为体，西学为用”。三是西化派，其代表人物是胡适(1891—1962 年)、陈序经(1903—1967 年)等，他们认为，“必须承认我们百事不如人”，“我们的惟一办法，是全盘接受西化”。① 然而，不管人们采取何种态度，西学东渐的客观进程，对中国科学技术、学术思想，以及政治、经济、社会都产生了巨大影响。

二、西学东渐的两条路径

从明朝后期到清朝后期，西学基本上来自西方。1868 年日本明治维新后，特别是甲午战争后，由于日本西化与现代化改革取得成功，因而清末民初的西学东渐就出现了两条路径，即来自西洋的直接传入和来自东洋的转口传入。

(一)来自西洋的直接传入

其是指以来华的西方传教士、官员、商人、学者和赴欧美的学者、留学生为主体，直接从西方传入西学。上述西学东渐的第一、二阶段，西学基本上是从西方直接传入的。这有三方面原因：一是西学源于西方，它是西方科学、技术、文化发展的结晶；二是西学最先由来华西人传入，其中西方传教士是传入的先锋；三是中国最早的留学生都是留学欧美的。中国近代史上早期留学生容闳(1828—1912 年)，中国第一批官费留学生詹天佑(1861—1919 年)，中国第一代翻译家严复(1854—1921 年)，都毕业于欧美大学。因此，1900 年以前，从西方直接传入是西学东渐的主要路径。

(二)来自东洋的转口传入

其是指以来华的日本学者和赴日本的学者、留学生为主体，通过学习和翻译日文西书、从日本间接转口传入西学。上述西学东渐的第三阶段，尽管从西方直接传入西学仍在继续和扩大，但通过日本间接转口传入却成了主要路径。因为日本明治维新的成功，日本在甲午战争、日俄战争的胜利，使其跻身于世界强国之列，从而彻底改变了中国人对日本的认知和心态。从此，许多中国人对日本和日本人的称呼，已由带有蔑视意味的“倭国”和“倭人”，转变为与“西洋”和“西洋人”具有同等地位的“东洋”和“东洋人”。这一转变，突出表现在留学日本热、学习日文热和翻译日书热上。

留学日本热。1896 年，清政府选派唐宝锷、朱忠光等 13 名学生赴日留学，成为中国学生留日之始。1898 年，各省开始派遣学生留日。1901 年清末新政开始后，更掀起了留日高潮。究其原因，正如张之洞所说：第一，路近，容易前往；第二，费省，可

① 参见：胡适. 中国今日的文化冲突[Z]. 1929；陈序经. 中国文化的出路[EB/OL]. [2022-07-26]. http://baike.baidu.com/view/4876722.htm.

以多派；第三，文字相近，容易通晓；第四，情势、风俗相似，便于仿行；第五，西学繁琐，凡其中不切要者，日本人已经删节而酌改(参见张之洞《劝学篇·外篇》，《东华录续录》第169卷)。因此，当时的留学地域，英美德法俄都有，但东渡日本者占全部留学人员的90%以上。据统计，1901年留日学生人数274人，1903年1300人，1905年8000人，1906年竟达12000人。

学习日文热。1862年，清廷设立的、以培养译员为主的洋务学堂和从事翻译出版的机构——京师同文馆，于1896年增设了东文馆；1897年后，上海、福州、杭州、泉州、天津等地先后成立了东文学堂或东文学社；1901年清末新政开始后，许多学校开设了东文课程。据不完全统计，1900—1911年，从日本聘请来华的日文教习，有姓名可考的便有430人。这些开设东文课程的学校，无异于留日学生预备班或日文译员训练所。

翻译日书热。据不完全统计，1896—1911年，中国翻译日文书籍1014种，大大超过同期翻译西文书籍的总和。在1902—1904年译出的533种外文书籍中，日文书籍321种，占60.2%；英文书籍89种，占16.7%；德文书籍24种，占4.5%；法文书籍17种，占3.2%；其他书籍82种，占15.4%。这一时期，翻译日文书籍的最大特点是，社会科学和史地著作比重较大。据美国默士达大学终身教授谭汝谦统计，在译出的846种日文书籍中，社会科学书籍366种，占43.3%；史地书籍175种，占20.7%；语言文字书籍133种，占15.7%；应用科学书籍89种，占10.5%；自然科学书籍83种，占9.8%。①

第二节　西方近代社会调查方法的传入

西方近代社会调查方法，是随着西方近代统计学、社会学一起传入中国的。它们都是西学东渐的重要组成部分。从19世纪60年代到1949年中华人民共和国成立，西方近代社会调查方法传入中国的过程，大体可分为四个阶段，即开始传入阶段、初步传播阶段、系统传授阶段和逐步本土化阶段。

一、开始传入阶段(19世纪60—90年代)

在中国行政管辖区域内，最早使用西方近代社会调查方法的，是一批来华的西人官员、传教士、学者和中国留学生。

(一)英国人控制下清廷海关的社会调查

在中国境内，首先采用西方近代社会调查方法做调查的机构，是英国人控制下的清廷海关。清咸丰三年(1853年)以前，中国海关一直由中国人管理，税权完全自主。1854年，英、美、法三国驻沪领事迫使清政府同意组成“江海关关税管理委员会”，由三国提名、清政府任命的税务监督与清政府“共同管理”江海关事宜。这样上海海关就成为中国

① 熊月之. 西学东渐与晚清社会(修订版)[M]. 北京：中国人民大学出版社，2011：508-510.

近代第一个由外国人控制的海关。1859 年，清政府委任英籍税务监督李泰国(Horatia Nelson Lay，1833—1898 年)为中国海关第一任总税务司。1861 年，英人赫德(Robert Hart，1835—1911 年)接任上海海关总税务司一职，直到 1908 年因病休假，其控制中国海关近半个世纪。

在英国人的管理下，1854—1864 年各通商口岸先后设立了近代海关，经过 10 年实践，一套由英国人制定的税务司制度逐步形成和完善。其中，一个重要设置就是在海关总税务司设置了统计科，各地方海关设置了统计课，采用英国海关调查、统计方法，编制、印行"海关贸易统计报告册"，其内容包括每年各国船只进出口数量和吨位数，各种货物进出口数量及价值，金银进出口数量及价值，进出口税收数额，以及各埠人口数等。此外，"1873 年又进一步成立了造册处，负责印刷各口岸贸易统计季报和年报，编写贸易总报告。在海关的出版物中有定期的《统计集》，不定期的《特集》、《业务集》、《公署集》、《税务司集》和《杂集》等，统计内容涉及中国财政、经济、货币、金融等方面资料，尤其是关于鸦片、茶、丝、黄麻和大豆等大宗进出口商品。这些统计十分细密，是非常好的经济研究资料。赫德掌握的这些资料，一方面提供给清政府，另一方面送给英国政府"。① 这就是说，赫德掌控的上海海关，不仅调查、统计有关海关的各种资料，而且广泛搜集各海关所在地的经济、政治、军事、司法、社会、文化等方面的情报。李鸿章的一位英国顾问曾经坦白承认，"英国在中国的使馆过去与现在一样，都没有情报组织，这方面的费用……被节省下来了，即一切必要的消息都可以从海关那里得到"。② 显然，赫德掌控的中国海关，事实上成了英国政府在华的一个情报机构，这正是英国政府对中国国情的掌握往往超过清廷的一个重要原因。

英国是世界海洋强国，"政治算术学派"的故乡，有比较成熟的海关管理制度和比较系统的调查、统计方法。有学者认为，1859 年海关册的编制，应被视为中国现代统计事业的开端。③ 同样，也有理由认为，西方近代社会调查方法是随着英国海关管理制度和西方近代统计方法一起，于 19 世纪 60 年代传入中国的。

(二)西方来华传教士、学者的社会调查

在中国境内，首先采用西方近代社会调查方法做调查的个人，是一些西方传教士和学者。例如，1850—1864 年，美国传教士卢公明(Justus Doolittle)在福州办学、传教 14 年，根据亲自观察和体验，于 1865 年出版了《中国人的社会生活：一个美国传教士的晚清福州见闻录》一书，从政治、经济、习俗、宗教、教育等方面，描述了当时福州的社会情况。1878—1905 年，美国传教士史密斯(Arthur Henderson Smith)在山东传教并做调查，于 1899 年发表了《中国乡村生活》一书，在西方具有较大影响。④ 又如，1877 年，荷兰民俗

① 中国海关学会. 赫德与旧中国海关论文选[M]. 北京：中国海关出版社，2004：158-159.
② 丁名楠，等. 帝国主义侵华史(卷一)[M]. 北京：人民出版社，1973：201.
③ 刘大钧. 中国之统计事业[M]//统计论丛. 上海：黎明书局，1934：147.
④ 近代现代外国哲学社会科学人名资料汇编[M]. 北京：商务印书馆，1965：2190.

学家高延(J. J. M. de Groot)在厦门附近做人类学调查，其调查成果《厦门岁时记》曾对福建童乩仪式作过如下描述：乩童在仪式中，通常披头散发，赤脚，裸露上身，穿着围兜，手中拿剑和刺球，并能用粗针(或大椎)贯穿两颊或舌头，书中还附有照片。

上述调查，多是认知性社会调查。这些调查，尽管由西人主持，用西文撰写，在西方发表，对中国影响甚微，但是，其调查活动在中国行政管辖范围内进行，有中国人参与(起码是作为被调查者参与)，调查对象是中国社会情况，调查结果对中国社会某些方面的变化产生过或正或负、或大或小、或直接或间接的影响，因而应该看作是西方近代社会调查方法最早传入中国的一种方式。

(三)中国留美学生容闳的社会调查

在中国境内，首先采用西方近代社会调查方法做调查的中国人，很可能是中国首位毕业于美国耶鲁大学的留学生容闳。他于1855年返回中国，先后在广州、香港、上海等地当翻译，后转而经商，开茶叶公司。1859年3—10月，他到浙、赣、湘、鄂4省产茶区进行实地调查。1874年，受李鸿章派遣赴秘鲁实地考察华工状况。经过深入调查，他掌握了大量证据，证明华工在秘鲁受到惨无人道的虐待，并拍摄了24张华工受虐照片，有力揭露了秘鲁专使所谓华工在秘鲁受优待的谎言。1909年，容闳撰写的《西学东渐记》第九章"产茶区域之初次调查"和第十八章"秘鲁华工之调查"，就是这两次调查的记录。① 容闳的这两次调查，虽不十分"专业"，但受西方近代社会调查方法的影响却是肯定无疑的。正因如此，陈翰笙教授把这些记录称为"调查报告"。② 从这个意义上说，容闳很可能是中国最早使用西方近代社会调查方法做实地调查的第一人，这两份记录则可能是中国人使用西方近代社会调查方法做的最早的调查报告。

这个阶段，西方近代社会调查方法传入的特点是：传入来源，来自西方；传入主体，主要是西方官员、传教士、学者和中国留学生；传入目的，主要是为业务管理，为一般认知服务；传入状态，大多不太规范、不太系统。

二、初步传播阶段(19世纪90年代—20世纪10年代)

19世纪末、20世纪初，在中国学者、中国赴日留学生和清末立宪运动推动下，西方近代社会调查方法在中国得到了初步传播。

(一)中国学者和赴日留学生推动的近代社会调查

在西学东渐过程中，沪、江、浙、湘等地得风气之先。光绪二十三年(1897年)，中国学者徐树兰(1838—1902年)、罗振玉(1866—1940年)等在上海创办农学会及《农学报》，聘请日本学者藤田丰八(1869—1929年)任翻译，组织开展了许多调查。例如，谭嗣同曾调查浏阳麻利，撰成《浏阳麻利述》一文。他还为黎少谷的调查报告《浏阳土产表》作

---

① (清)容闳. 西学东渐记[M]. 徐凤石，等译. 北京：三联书店出版社，2011：39-45、85-87.

② 陈翰笙. 华工出国史料汇编(第一辑)[M]. 北京：中华书局，1985：579.

叙，并向好友汪康年推荐："同县黎少谷者，一生考究农学……著有《浏阳土产表》……请转付农学会……请登报何如？使天下人皆知考察之道，亦大开风气之法"。① 后来，该调查报告刊载于1897年6月《农学报》第3期。《浏阳麻利述》和《浏阳土产表》，很可能是中国人在西方近代社会调查方法影响下调查、撰写、发表的第一批调查报告。

据有关学者研究，日本统计学家高野岩山郎的中国学生葛万涛、纽永健、林卓男等，很可能是系统学习西方近代统计学、西方近代社会调查方法的第一批中国留日学生。葛万涛曾以课堂笔记形式，把高野岩山郎的讲授翻译成中文，并油印刊行。纽永健、林卓男、孟森等则于1903年翻译、出版了日本学者横山雅男的《统计讲义录》，其中除讲述社会调查思想外，还有一篇专门讲述"国势调查"，包括财政调查、军事调查等，它很可能是最早传入中国的有关西方近代社会调查方法的第一部著作，介绍了运用观察方法调查社会现象的大量事实。②

在中国留日学生的推动下，中国许多省都成立了社会调查组织。例如，1902年浙江留日同乡会成立了调查部，他们计划"于省城设立调查总会，于府县设立调查支会。担任调查员，省城至少十余人，府城至少七八人，县城至少四五人，乡镇村市由省、府、县嘱托"。③ 又如，1903年6月江苏留日学生刊发《敬告海内同志》："今春日本江苏留学生有同乡会之设，分出版、调查、教育、实业四部，惟是调查部全赖内地人士详确报告，庶可消息灵通登诸杂志，明各业之盛衰，一省之利弊，此固江苏一省之公事也。……乞望海内同志学界中人详细示我，俾可汇录入册，登诸《江苏》报中，幸甚！幸甚！"④通过这种"留日报刊"—"内地调查"—"留日报刊"模式，实现了留日学生与内地人士的互助互动，共同推动了社会调查的发展。据对《江苏》和《浙江潮》登载调查稿件统计，调查区域涉及两省14州府、19县；调查内容包括学堂、航运、实业、农事、风俗、地理等10多个方面。中国留日学生主持的这些社会调查，尽管水平较低、应用有限，但它们使国人开始接触西方近代社会调查方法，并运用这种调查方法去认识自己的国家和社会，的确功不可没。

（二）清末宪政运动推动的近代社会调查

在清末宪政运动推动下，近代社会调查得到了进一步发展，其主要表现如下：

（1）调查机构逐渐增多。据有关学者统计，1902年前中国只有1个民间调查机构，1904年成立的四川学务调查所，可能是中国最早的官方调查机构。在统计的43个调查机构中，其出现的年度和官民性质见表3-1。⑤

---

① 谭嗣同. 与汪康年书信[M]//谭嗣同全集. 北京：中华书局，1981：426.

② 牟永如. 清末社会调查研究[D]. 武汉：华中师范大学硕士论文，2008：14-16.

③ 程明超. 浙江同乡会调查部叙例[J]. 浙江潮(2)，1903-03-18.

④ 真如. 敬告海内同志[J]. 江苏(2509)，1903-07-03.

⑤ 李章鹏. 现代社会调查在中国的兴起 1897—1937[D]. 北京：中国人民大学博士论文，2006：24.

表 3-1　1902—1911 年 43 个调查机构出现的年度和官民性质　　单位：个

项目		合计	1902	1903	1904	1905	1906	1907	1908	1909	1910	1911
合计		43	1	2	3	2	5	2	15	7	4	2
性质	官方	29	0	0	1	0	5	1	15	6	1	
	民间	14	1	2	2	2	0	1	0	1	3	2

(2)调查活动日益频繁。据有关学者对《中国近代期刊目录汇编》第一卷和第二卷上、中、下所收集的 261 种期刊的统计，1903—1911 年共刊登中国人国内调查 957 个，其年度、内容、地域分布情况见表 3-2、表 3-3 和表 3-4。①

表 3-2　1903—1911 年 957 个调查活动的年度分布　　单位：个

年度	合计	1903 年前	1903	1904	1905	1906	1907	1908	1909	1910	1911
调查个数	957	7	45	34	56	111	126	177	138	198	65

表 3-3　1903—1911 年 957 个调查活动的内容分布　　单位：个、%

类别	合计	社会	政治	经济	文教	其他
数量	957	115	115	483	200	44
比重	100.0	12.0	12.0	50.5	20.9	4.6

表 3-4　1903—1911 年 957 个调查活动的地域分布　　单位：个、%

地域	合计	全国	江苏	直隶	浙江	广东	东三省	四川	江西	湖北	其他
数量	957	245	134	91	80	67	60	48	39	35	158
比重	100.0	25.6	14.0	9.5	8.4	7.0	6.3	5.0	4.1	3.7	16.5

(3)调查方法日益科学。一是统计调查受到重视。当时，许多调查稿件开始注重统计知识的应用。1908 年，孟森翻译、出版的《统计通论》指出：“统计学乃对社会与国家动静的现象依合理的大量观察，研究其原因和规律。”对当时的调查、统计产生了广泛影响。②二是实地调查、问卷调查等新式调查方法逐渐被采用。例如，巨鹿学生李逢谦就曾深入河套实地调查，撰写了《调查河套情形记》，这就是实地调查的产物。四川学务调查所曾使

① 李章鹏. 现代社会调查在中国的兴起 1897—1937[D]. 北京：中国人民大学博士论文，2006：19-23.

② 李惠村，莫日达. 中国统计史[M]. 北京：中国统计出版社，1993：226-227.

用问卷调查方法，规定“随问随答不许含糊，务使听应心通，不同具文徒设”。① 1908 年后，这种问卷调查方法在商事、习惯调查中使用较多。三是与近代社会学、经济学、人口学、民族学、民俗学、教育学、心理学相结合。清末的人口调查、农业经济调查、少数民族调查、教育调查、民俗调查等，大多以西方近代相关学科的理论作指导。

这个阶段，西方近代社会调查方法传播的特点是：传播来源，既有来自东洋的日本，又有来自西洋的欧美；传播主体，开始以民间占优，后来以官方居多；传播目的，民间主要是为社会改革、地方自治服务，官方主要是为行政管理、准备立宪效力；传播状态，调查机构、活动逐渐增多，调查内容、地域日益广泛，调查方法显著进步，但是，仍然不太规范、不太系统。

三、系统传授阶段(20 世纪 10 年代—20 年代)

西方近代社会调查方法，是随着西方社会学一起在中国系统传授的。“1908 年圣约翰大学创设社会学课程，由美国人亚赛·孟(Arthur Moon)讲授，1913 年上海沪江大学也开设社会学课程，1915 年由美国人葛学溥(Daniel Harrison Kulp)创立社会学系，1917 年清华学校(后来的清华大学)设立由美国人狄德莫(C. G. Dittmer)讲授的社会学课程。除教会学校外，国立的京师政法学堂于 1906 年和京师大学堂于 1910 年也开设了社会学课”。② 西方学者在讲授西方社会学时，也把研究社会的方法——西方近代社会调查方法系统传授到了中国。

1914—1915 年，美籍传教士步济时(J. S. Burgess)主持的《北平 302 名洋车夫生活状况调查》，很可能是西方近代社会调查方法在中国系统实施的起点。此后，西方学者在中国高等院校指导学生做了许多调查。例如，1917 年清华大学美籍教授狄德莫指导学生在北京西郊对 195 户居民做生活费调查；1918—1919 年美籍传教士甘博(S. D. Gamble)仿照美国“春田调查”③在北京做调查；1918—1919 年上海沪江大学美籍教授葛学溥两次率领学生到广东潮州凤凰村做调查，等等。

此外，西方教会也做了一些社会调查。例如，1913 年，美国基督教在上海成立了中华续行委办会，1918 年设立特别调查委员会，对中国基督教现状和中国国情开展调查，1922 年出版了英文版和中文版的调查成果：英文版名为“*The Christian Occupation of China*”(《基督教占领中国》)，中文版名为《中华归主》，后修订时更名为《中国基督教调查资料(1901—1920 年)》。

这个阶段，西方近代社会调查方法已由初步传播转向系统传授，其特点是：传授来源，来自西方；传授主体，以西方教授、传教士和学者为主，以接受西方教育的中国教授、学者为辅；传授目的，调查中国社会实际情况，系统传授西方近代社会调查方法；传授状态，讲授课程和实地调查，具有规范性和系统性。

---

① 四川学务调查所章程[J]. 东方杂志，1905-09-04.

② [美]步济时. 北京的行会[M]. 赵晓旭，译. 北京：清华大学出版社，2011：10-11.

③ 春田(Spring Field)是美国的一个工业小城，1914 年凯洛葛教授曾对其进行过系统调查。

四、逐步本土化阶段(20 世纪 20 年代—40 年代)

20 世纪 20 年代，中国学者开始运用西方近代社会调查方法独立地开展社会调查。例如，1925 年，清华大学陈达教授指导学生对成府村居民生活状况进行调查。1926 年，中国出现了两个社会调查组织：北京社会调查部和南京社会学组，掀起了全国性的社会调查高潮，出版了许多社会调查著作，如：陶孟和的《北平生活费之分析》(1928 年)，李景汉的《北京郊外之乡村家庭》(1929 年)和《定县社会概况调查》(1933 年)，陈翰笙的《封建社会的农村生产关系》(1930 年)和《广东农村生产关系与生产力》(1934 年)，费孝通的《江村经济》和《中国农民的生活》(1939 年)，史国衡的《昆厂劳工》(1943 年)，费孝通、张之毅的《乡土中国》(1946 年)等。与此同时，1924—1947 年，中国学者在系统讲授社会调查课程基础上撰写、出版了 21 本社会调查研究方法专著。其中，李景汉的《实地社会调查方法》(1933 年)和张世文的《农村社会调查方法》，主要来源于亲自调查实践，是西方近代社会调查方法本土化、中国化的重要成果。

这个时期，国民政府运用西方近代社会调查方法组织过许多大规模社会调查。例如，全国性的人口调查、土地调查、行业调查，以及地方性调查、少数民族调查等。1927—1937 年，国民政府组织中央政治学校学生进行了一次全国规模的国情调查，其时间跨度为 1931—1937 年，地域范围为江、浙、沪、鲁、鄂、皖等省部分市县，调查内容涉及行政、财务、工商、市政、县政、统计、金融、法律、公用事业、合作事业等方面，撰写调查报告约 17.5 万页，最终完成的《中央政治学校调查报告》约 490 册，具有重要研究价值。

这个阶段，西方近代社会调查方法逐步本土化、中国化，其特点是：本土化的来源，将西方近代社会调查方法与中国社会调查实践相结合；本土化的主体，中国的学者、行政管理者、社会改良者；本土化的目的，促进中国社会治理、社会改良、社会发展，实现中国现代化，同时促进西方近代社会调查方法本土化、中国化；本土化的状态，由不自觉到自觉，由不全面、不系统到比较全面、比较系统，并已取得阶段性重要成果。

五、关于西方近代社会调查方法的“传入”问题

对于西方近代社会调查方法何时“传入”中国的问题，中国学术界存在着几种不同的看法。一是认为，“最早的调查是 1914—1915 年间由北京社会实进会进行的对 302 个洋车夫的生活情况的调查”。① 这种看法，在社会学界有一定代表性。二是认为，“光绪二十九年(公元 1903 年)，纽永建与林卓男等翻译了日本横山雅男著《统计讲义录》，由时是书局出版，是我国第一部介绍近代德国社会统计学派的统计理论”。② 其中就包含有统计调查的理论与方法。这种看法，在统计学界有一定代表性。三是认为，“中国人实际作社会

① 杨雅彬. 近代中国社会学(增订本上)[M]. 北京：中国社会科学出版社，2001：68.

② 李惠村，莫日达. 中国统计史[M]. 北京：中国统计出版社，1993：226.

调查最早的恐怕是浏阳的黎宗鋆，他在 1897 年 6 月的《农学报》上发表了一篇调查成果《浏阳土产》”,① 因而“中国最早的社会调查可能发生于 1897 年”。② 这种看法，在史学界有一定代表性。上述三种看法，都是“学院派”的观点，其共同点是：①传入时间，19 世纪末或 20 世纪初的某某年；②传入主体，外国传教士、教授或留学回国学者中的某某人；③传入方式，以学术性社会调查或翻译社会调查讲义为主。

然而，中国社会调查的历史证明，西方近代社会调查方法的“传入”，首先是英国人控制下清廷海关社会调查的传入，然后才是西方传教士、学者们的学术性传入。这就是说，西方近代社会调查方法的“传入”，不是先有学术型社会调查的传入，后有实践型社会调查的传入；恰恰相反，是先有实践型社会调查的传入，后有学术型社会调查的传入。

此外，要正确理解“传入”，还必须把握三个要点：

(1)“传入”不同于“引进”。对于西方政治、思想、文化、艺术、科学、技术等精神产品来说，“传入”与“引进”的共同点是，把这些精神产品介绍、吸收、应用到中国来。但它们也有不同点：“传入”往往是被动的、不自觉的、零星的、渐进的、时断时续的、长期的自然历史过程；“引进”则大多是主动的、自觉的、系统的、比较快速的、持续的、短期的人为过程。中国社会调查史证明，西方近代社会调查方法是传入的，而西方现代社会调查方法则是引进的。

(2)“传入”有广义与狭义之分。广义的“传入”，是指在中国行政管辖区域内，以中国社会实际情况为对象，有中国人直接或间接参与，其结果对中国社会变化产生或正或负、或大或小、或直接或间接影响的一切社会调查，包括那些由外国人调查、用外文撰写、在外国发表的社会调查。狭义的“传入”，是指中国人(或在中国机构任职的外籍人士)主持或组织、在中国境内实施、以中国社会实际情况为对象、用中文撰写并在中国境内发表的社会调查。

(3)广义的“传入”的特点。①目的和类型，首先不是为了学术研究，做学术型社会调查，而是为了行政管理，做实践型社会调查。②主体和行为，往往不是某些人的个体行为，而是某些群体(如官员、管理人员等群体)的共同行为。③对象和内容，往往不是抽象的、系统的理论或学说，而是具体的、可操作的制度或方法。④方式和方法，往往不是口头讲授、耳提面命，而是规章制约、言传身教。⑤时间和持续性，往往不是一个时点，而是一个较长的时期。

如果上述几点认识是正确的话，那么对于西方近代社会调查方法的“传入”，可做如下判断：①“传入”中国的时间：19 世纪 60 年代很可能是广义的“传入”的起点；1914—1915 年的《北平 302 名洋车夫生活状况调查》则可能是狭义的“传入”的起点。②“传入”中国的主体：西人官员或管理人员群体，西方传教士群体，西洋和东洋教授、学者群体，以

① 本书所引的黎宗鋆及其《浏阳土产》与前文所引的黎少谷及其《浏阳土产表》为同一人的同一文章——笔者注。

② 李章鹏. 现代社会调查在中国的兴起：1897—1937[D]. 北京：中国人民大学博士论文，2006：19.

及到西洋或东洋留学的中国留学生群体。③“传入”中国的方式：先有海关管理等实践型社会调查，然后才有学术型社会调查。

第三节　清朝后期的社会调查

清朝后期可分为两个阶段：一是19世纪中后期，即从1840年鸦片战争起，至1900年八国联军攻入北京为止，前后历时60年；二是清末新政时期，即从1901年宣布实行“新政”起，至1911年辛亥革命为止，前后历时约10年。

一、19世纪中后期的社会调查

19世纪中后期的社会调查，按调查主体不同，大体可分为两类：一是朝廷的社会调查；二是学者的社会调查。

(一)清廷的社会调查

19世纪中后期，清廷已开展多方面社会调查，其中比较重要的是：

1. 人口调查

19世纪中后期，人口调查数量变化情况，见表3-5。

表3-5　19世纪中后期的人口数

《清实录》			户部《清册》		
清朝纪年	公元	人口数	清朝纪年	公元	人口数
道光二十二年	1842	414686994	道光二十二年	1842	416118189
道光二十九年	1849	412986649	道光二十九年	1849	428420667
咸丰二年	1852	334403035	咸丰二年	1852	379180257
咸丰八年	1858	293887502	咸丰八年	1858	314626071
同治十二年	1873	277133224	同治十三年	1874	302610944
光绪四年	1878	—	光绪四年	1878	307985578
光绪十四年	1888	—	光绪十四年	1888	337766160
光绪二十四年	1898	—	光绪二十四年	1898	319719613

来源：杨子慧. 中国历代人口统计资料研究[M]. 北京：改革出版社，1996：1075-1076.

注：咸丰二年以后，每年都有若干省漏报人口资料，因而其“人口数”都不是全国人口数之和。

全国人口总数，清乾隆、嘉庆、道光年间连续突破1、2、3亿，道光十三年(1833年)逼近4亿。此后，出现停滞或下降，其主要原因：一是外国侵略者的奸淫烧杀及绑架和拐骗，许多华工被贩卖到古巴、秘鲁做苦力；二是清廷对广西太平天国、上海小刀会、安徽捻军等起义人员和百姓的残酷屠杀；三是连年战乱、灾荒和社会动荡，造成出生率大幅下降和死亡率大幅上升。

2. 财政调查与统计

道光二十二年至宣统元年(1842—1909 年)财政收支情况，见表 3-6。

表 3-6　清道光二十二年至宣统元年(1842—1909 年)财政收支情况　　单位：两

清朝纪年	公元	岁入	岁出	盈余
道光二十二年	1842	37140000	31500000	5640000
光绪十一年	1886	77086466	72865531	4220935
光绪十六年	1890	86807562	79410644	7396918
光绪二十年	1894	81033544	80275700	757844
宣统元年	1909	263219700	269876432	−6657732

来源：刘叔鹤. 中国统计史略[M]. 武汉：湖北人民出版社，1990：355.

上述数据说明，1890 年以后，岁入下降，岁出增加，盈余减少。此外，清廷外债日重，其中战争“赔款，始于道光壬寅(1842 年)江宁之约，二千一百万两。……至辛丑(1901 年)公约，赔款四万万五千万两而极。以息金计之，实九万万余两”(《清史稿・志一百・食货六・会计》)。清廷财政拮据，由此可见一斑。

3. 海关调查与统计。

光绪二十一年至宣统三年(1895—1911 年)进出口和征收税银情况，见表 3-7。

表 3-7　清光绪二十一年至宣统三年(1895—1911 年)进出口和征收税银情况　　单位：海关两

公元	进口	出口	入超	征收税银
1895	171696715	143293211	28403504	21385389
1900	211070421	158996752	52073669	22873986
1905	447100791	227888197	219212594	35111004
1908	394505478	276660403	177845075	32901895
1909	418158067	338992814	79165253	35539917
1911	471503943	377338166	94165777	36179852

来源：刘叔鹤. 中国统计史略[M]. 武汉：湖北人民出版社，1990：345.

上述数据说明：①进出口货值，呈增长趋势；②入超先升后降，波幅较大；③征收税银，与进出口货值趋势基本相同，已成为清廷主要岁入之一。

光绪二十一年(1895 年)与各国或地区的贸易情况，见表 3-8。

表 3-8　清光绪二十一年(1895 年)与各国或地区贸易情况

国家或地区	价值(磅)	国家或地区	价值(磅)	国家或地区	价值(磅)
英国	25250000	日本	5250000	暹罗	100000
美国	3250000	中国澳门	787000	爪哇	87000
欧洲诸国	4500000	菲律宾	29000	土耳其等	190000
俄国	2720000	越南	310 000	南美	65

来源：刘叔鹤. 中国统计史略[M]. 武汉：湖北人民出版社，1990：344.

表 3-9 的价值合计为 42473065 磅，其中英美欧俄日为 40970000 磅，占 96.5%，居于绝对优势。

(二)学者的社会调查

19 世纪中后期，许多学者热衷于社会调查，其中成就卓著的代表人物及作品有：

1. 徐松与《西域水道记》

地理学家徐松(1781—1848 年)，自幼随父移居顺天大兴(今北京大兴)，30 岁任湖南学政，不到一年便受劾奏，流放伊犁。他在流放伊犁的 7 年中，“于南北两路，壮游殆遍。每所之适，携开方小册，置指南针，记其山川曲折，下马录之。至邮舍，则进仆夫、驿卒、台弁、通事，一一与之讲求。积之既久，绘为全图。乃遍稽旧史、方略及案牍之关地理者，笔之为记。……孜孜不倦，十年成书。”(龙万育，《西域水道记》序)正是这些实地调查，成就了他的《西域水道记》等边疆之书，以西域五大水系(流域)为纲，综合记载了政区建置、典章制度、沿途山脉、城堡、史迹、民族语言及风俗等，翔实可信，对研究古代西域风貌具有重要的历史价值。

2. 魏源与《海国图志》

启蒙思想家魏源(1794—1857 年)，近代中国“睁眼看世界”先驱之一。他 38 岁到南京并长居，与时任江苏巡抚的林则徐往来甚密。47 岁入两江总督幕府，参与抗英战争，后见清廷昏庸误国，愤而辞归，立志著述。48 岁完成 50 卷的《海国图志》。他在该书的序中说：“是书何以作？曰：为以夷攻夷而作，为以夷款夷而作，为师夷长技以制夷而作。”《海国图志》先后征引了历代史志 14 种，中外古今各家著述 70 多种，还有 10 多件奏折和一些亲自调查了解的材料。该书以大量篇幅介绍各国的历史地理，并提供了 80 幅世界各国的地图。这样就有利于拓宽国人视野，使当时的中国人既看到西洋的坚船利炮，又看到西方各国的工商贸易、铁路交通、文化教育、风土人情和政治体制等情况，从而突破陈旧的夷夏文化观念，摒弃“天圆地方”“天朝中心”等传统看法，开辟近代中国向西方学习的新风尚，因而被誉为国人论述世界史地的开山之作。梁启超曾赞曰，“治域外地理者，(魏)源实为先驱”(《清代学术概论》)。1854 年，《海国图志》传入日本，曾对日本明治维新产生过一定的积极作用。

3. 徐继畬与《瀛环志略》

地理学家徐继畬(1795—1873 年)，晚清名臣，近代中国“开眼看世界”先驱之一。他先后在广西、福建、广东任知府、按察使、布政使、巡抚、闽浙总督等职。47 岁时，道光帝向其询问海外形势与各国风情，并责成他纂书进呈。从此，他发奋努力，参阅魏源的《海国图志》(初版)，广泛接触西方来华人士，询问西方官员，搜集各种资料，两年后完成初稿，取名《舆地考略》，后定名《瀛环志略》。该书共 10 卷，图 44 幅，先总说，后分叙，图文并茂，互为印证，于各洲之疆域、种族、人口，沿革、建置、物产、生活、风俗、宗教、盛衰，以及列国比较，皆言之颇详，亦间有议论。该书一经面世，便受到国内外高度重视，被誉为“通知世界之南针”。特别值得指出的是，1844 年春，徐继畬在厦门通过与美国新教传教士雅裨理(David Abeel)的历史性对话，始知以古希腊为母体的西方现代民主政治思想和制度，以及通过票选取得合法性的美国共和政体和华盛顿。因而，他在《瀛环志略》中不仅介绍了西方科学技术，而且介绍了西方民主制度，盛赞华盛顿领导美国人民取得独立战争胜利，高度评价了华盛顿的丰功伟绩。

许多学者认为，徐继畬的《瀛环志略》与魏源的《海国图志》，同为中国较早的世界地理志，《海国图志》以博见长，《瀛环志略》以精取胜，在中国近代思想史上有破冰醒世之功，是思想上推动洋务变法和明治维新的前瞻先知。①

4. 汪士铎与《乙丙日记》

历史地理学家汪士铎(1814—1889 年)，一生以授徒讲学和充当幕僚为业。他的《乙丙日记》，记述了咸丰三年至六年(1853—1856 年)的亲身经历及见闻，是一部以中国人口问题为主的著作。他对清末人口问题的看法是：①人口增长过快。“天下人丁三十年加一倍，故顺治元年(1644 年)一人者，至今一百二十八人”。②生产资料不足。当时土地利用情况是：“山顶已殖黍稷，江中已有洲田，川中已辟老林，苗洞已开深箐，犹不足养，天地之力穷矣……犹不足养，人事之权殚矣。”③“世乱之由：‘人多则穷’、‘人多致乱’”，“驱人归农无田可耕……今欲以百农治一亩，千人治一店，如何其能?”太平天国农民运动，就是人口过剩造成的动乱。因此，他主张“以威断多杀为主”，辅之以溺婴、禁止丧偶者再娶、鼓励出家为僧尼等做法，以减少人口，消除贫困、动乱的“祸源”。汪士铎的这些观点，是不人道的、反人类的，被称为“中国的马尔萨斯”。

但是，他的主张中也有一些相对合理成分。例如，他主张晚婚，“定(男)三十而娶，(女)二十五而嫁”；主张节制生育，“广施不生育之方药”，建议“妇人服冷药(即断胎药)，生一子后服之”，即实行独生子女政策；主张多胎者增税，“有两女者倍其赋”，“有三子者倍其赋”；主张发展商业，他曾在人少而富的皖南六邑做调查，说：“他邑人皆经商在外，故生子少，妇人独居故也。又或携眷迁徙，故人不多而富。”显然，这些建议大多来源于他的实际调查。

二、清末新政时期的社会调查

清末新政时期的社会调查，按调查主体不同，也可分为两类：官方的社会调查和民间的社会调查。

① 百度百科. 徐继畬[EB/OL]. [2022-01-26]. http://baike.baidu.com/view/22015.htm.

(一)官方的社会调查

清末新政时期，官方的社会调查得到了较快发展，其具体表现是：

1. 建立全国性调查、统计机构

1907 年 7 月，内阁总理大臣奕劻建议成立宪政编查馆，其任务是："编译东西洋各国宪法，以为借鉴之资"；"调查中国各行省政治，以为更张之渐"。9 月，发布了《令各省设立调查局各院设立统计处谕》。此后，直隶等 18 个省相继成立调查局，各道府州厅和县设立统计处；中央各部院设立统计处，下设调查、统计等科。各省、部调查统计机构的设置虽各有差异，但都必须完成宪政编查馆下达的调查任务。① 这样一个全国性的调查、统计机构体系就初步建立起来了。据史料记载，1905—1907 年，朝廷和各省、部曾多次派官员出国考察；1907—1911 年，以上述调查、统计机构体系为依托，开展了一系列全国性国势调查。

2. 五大臣出洋考察

清末，朝廷和各省、部派官员出国考察已屡见不鲜，其中影响较大的是宗室镇国公载泽、户部左侍郎戴鸿慈、兵部侍郎徐世昌、湖南巡抚端方、商部右丞绍英五位大臣的出洋考察。这次考察分两路进行：一路以戴鸿慈为首，在 1905 年 12 月至 1906 年 6 月的 196 天内，先后考察了美、德、俄、意 4 国，游历或路过了丹麦、瑞典、挪威、荷兰、比利时、瑞士 6 国；另一路以载泽为首，在 1906 年 1 月至 1906 年 6 月的 149 天内，先后考察了日、英、法、比 4 国，并路过了美国。

图 3-1　1905 年 12 月五大臣及随员在罗马合影

① 陈勇. 清末政府统计机构的设置及其调查活动[J]. 调研世界，2005(8)：47-48.

这次考察的对象和内容，首先是宪政状况和议会制度。这些国家执政党与在野党之间的沟通，以及君主和议会之间的关系，让这些大臣耳目一新，对这种政治体制感到惊奇和赞叹。其次是社会和文化事业。他们参观了日本和欧美等国的邮局、铸币局、监狱、疯人院、基督教青年会、商会、美术院、博物馆、学校等机构或设施，近距离地观察了这些国家、社会的不同侧面，并与中国情况作对比，使这些大臣都产生了相形见绌之感。经过半年左右的考察，两批出洋大臣向清朝政府呈送了“考察宪政报告”，提出了实行君主立宪的主张。

3. 人口调查

光绪三十四年十二月初十(1909 年 1 月 1 日)，清廷颁布有 11 章 40 条的“调查户口章程”，其特点是：①调查目的，主要不是征收税赋和派使徭役，而是为立宪和实施义务教育做准备。②调查对象，主要不是户籍和丁口，而是全部人口，特别是适龄人口。③调查内容，包括性别、年龄、籍贯、住址、文化程度、职业等涉及选举和接受教育的内容。④调查方法，主要是“参考东西各国之良规”。① 这次调查，是中国历史上第一次使用西方近代方法开展的人口调查。调查的结果是：“据京师内外城、顺天府、各直省、各旗营、各驻防、各蒙旗所报，除新疆、湖北、广东、广西各省，江宁、青州、西安、凉州、伊犁、贵州、西宁各驻防，泰宁镇、热河各蒙旗，川、滇边务，均未册报到部外，凡正户五千四百六十六万八千有四，附户千四百五十七万八千三百七十，共六千九百二十四万六千三百七十四户；凡口数男一万三千九百六十六万二千四百一十，女九千九百九十三万二千二百有八，共二万三千九百五十九万四千六百六十八口。”(《清史稿·志九十五·食货一》)显然，这次人口调查是不完整的，其原因除部分省、州“未册报到部外”，还有以下几个方面：①方法不科学。“先查户”“续查口”，把户与口的调查分割开，极易产生误差。②故意做假。许多省只报户数而无口数，清政府规定按户推算人口，并规定主要是汉人的关内 18 省，每户按 5.5 人计算；主要是满人的关外，每户按 8.38 人计算，以提高满人选民比重。③借机谋私。调查的执行者主要是地方官吏和绅士，许多人借调查之名、行勒索之实，以致引起公愤。如山东利津县调查时，“每查填一户，索钱 170 文，填错一字罚钱五百文。……于是民众畏其需索，有两户并一户者，有多口少报者，任意填造，杂乱无章”。② ④民众抵制。由于宣传教育不充分，许多地方谣言四起(如抽丁、加税等)，有些百姓不配合，甚至围殴调查员、捣毁器物。然而，这次调查毕竟是“参考东西各国之良规”实施的，因而仍应视为中国近代人口调查之始。

4. 经济调查

1907—1911 年，清廷开展的全国性国势调查，除人口调查外，多以经济调查为主，其中主要的有：全国财政调查，由度支部主持，其目的是“为全国预算决算之预备”。全国商业调查，由商部主持，对各省商埠、城镇、街市大小行业展开调查，为配合调查和统

① 参见：清民政部. 调查户口章程折[M]//大清法规大全(光绪辛丑迄宣统乙酉)·卷六. 北京：政学社印本，1910.

② 参见：县令调查户口之笑柄[N]. 申报，1909-12-19.

计，商部还着手统一度量衡工作。全国矿政调查，由农工商部主持。全国洋、土药调查，由度支部、民政部主持，由各省汇总，报送度支部、民政部备查。此外还有：由邮传部主持的南、北洋轮船统计，商部主持的全国铁路调查，法部主持的全国司法统计，陆军部主持的全国军事统计，等等。① 清末宪政改革期间开展的国势调查，规模之大，范围之广，内容之多，方法之规范，在中国调查史上是空前的。这次国势调查，尽管由于辛亥革命爆发等原因大多半途而废，没有得到实际应用，但它确是西方近代社会调查方法在中国国势调查上的一次有益尝试。

5. 教育调查

近代教育家、清廷学部左侍郎严修(1860—1929 年)，很重视教育调查。他认为，“兴学为地方要政，列入调查，实与钱谷、刑名并重”;② “调查学龄儿童之确数，以渐谋义务教育之普及”，以“试行于一县，而推广全国，作普及教育实验”。③ 他主持颁布的《奏定各省教育会章程》规定：“四、调查境内官立私立各种学堂后开事项：一、管理教授之实况。一、教科用之图书、器具，其种类、程度是否完备合式。一、校地卫生之合否?一、学生之行检如何?”“六、参考他处兴学之法，调查本地风土所宜，得随时条陈于提学司，并时应提学司及地方官之咨询。”这说明，学务调查已列为教育会重要任务之一。到 1907 年全国已成立教育会 723 个，会员人数达 48432 人，④ 学务调查也随之在全国展开。中国近代职业教育创始人和理论家黄炎培，当时担任过江苏教育总会调查干事，他曾回忆说：“江苏三十六县，我足迹及四分之三。”在学务调查过程中，他还参与调解学务纠纷：“各县纠纷发生新旧冲突，我作为学务调查干事，实地调查，具一书面报告，根据理论和事实，判明曲直，解开症结，恢复和平，这份调查报告公布后，取得双方当事者接受，使学潮得以平息，我遂被推为常务调查员”。⑤ 可见，当时的学务调查对于推动教育事业的发展曾起过重要作用。

此外，清末新政时期，官方的邮政调查、习惯调查(清末新政法制改革的重要组成部分)、监狱调查等，也取得了一定成果。

(二)民间的社会调查

清末新政时期，民间社会调查内容非常广泛，其中较突出的是：

1. 物产和经济调查

在民间调查中，经济调查占很大比重，其中农、林、矿等物产调查又居优先地位。例如，1897 年，黎少谷刊登在《农学报》第 3 册上的《浏阳土产表》和谭嗣同的《浏阳麻利述》，很可能是近代中国最早的物产调查。李逢谦的《调查河套情形记》也是一篇物产调查

---

① 牟永如. 清末社会调查研究[D]. 武汉：华中师范大学硕士论文，2008：52-53.

② 严修自订，高凌雯补，严仁曾增编. 严修年谱[M]. 济南：齐鲁书社，1990：191.

③ 李冬君. 中国私学百年祭——严修新私学与中国近代政治文化年系[M]. 南京：南开大学出版社，2004：142.

④ 孙广勇. 社会变迁中的中国近代教育会研究[D]. 武汉：华中师范大学博士论文，2006：189.

⑤ 黄炎培. 八十年来[M]. 北京：文史资料出版社，1982：48-49.

报告。早年留学日本、回国后在杭州桑蚕学校任教的陈拜庚曾对绍兴新昌县的物产做过详细调查，他在《绍兴新昌县物产表》前言中指出："新昌全邑物产繁多，今划分三表。第一表五谷菜蔬隶焉；第二表药材杂产隶焉；第三表动物矿产隶焉。……三表之中有二缺点：一曰矿。新邑四面倚山，矿产之富不可喻，惜惑于风水之说，无人过问，故矿质甚略缺……一曰出产之价值。岁计出产之价值，全邑之大款也，是表除烟、丝、茶、术四项，均难确实调查……有此二点，实一憾事，然其于全体，已得八九也"。① 这种严谨态度说明，该文所叙新昌县物产状况应该比较真实、可靠。

此外，工矿、商贸方面，也很重视实地调查，而争取利权则是推动这些调查的重要动因。例如，《三门湾紧要调查书》作者感叹地说："今日浙人不知浙东多矿，弃之不顾"，"矿者，国之精也。失矿，则失国"。作者忧于此，故作《三门湾紧要调查书》，以启调查之风。② 又如，1903 年 3 月，《华商联合报》发布启事："本报以调查一门关系紧要，且现当研究商法时代，尤应将各埠商业情形及习惯通例详细调查，以为研究之预备"；"本报以联合为宗旨，实地交通海内外商界之总机关。""并以调查各海口进出货品之大宗及商务实业之现状，以便尽通告之天职"。③ 宁波商会由于不首起调查，有人就大发感慨："乃调查挽救出诸新议员之商请，吾窃为宁郡之商会诸君羞，吾又为宁郡之商业前途厄。"④这说明，工矿、商贸等经济调查，已成为民间调查的重要内容。

2. 地方自治调查

1898 年戊戌变法失败后，在美日影响下全国出现了一股地方自治思潮。例如，1900 年，孙中山主张"各省立一自治政府"，"以本省人为本省官，然必由省议会内公举"，"所有该省之一切政治、征收、正供，皆由全权自理，不受中央政府遥制"。⑤ 1902 年，康有为在《公民自治篇》中说："知病即药，今吾中国地方之大，病在于官代民治，而不听民自治也。救之之道，听地方自治而矣"。⑥ 1903 年，攻法子在《敬告我乡人》中说，"中国今日……民间不信任政府……欲救此弊，莫如地方自治"，⑦ 只有地方自治，才能"百废俱兴"。⑧

中国疆域广袤，各地舆情不同，风俗相异，不因地制宜，政令就难以畅行，而要熟悉地方风俗政情，就必须开展调查。受日本影响，留日学生中许多人认为地方自治离不开社会调查。他们的逻辑是：清政府腐败无能—中国救亡图存必须实行地方自治—实行地方自治必须熟悉风俗政情—熟悉风俗政情必须进行社会调查。于是，全国出现了一股将地方自治与社会调查结合起来的潮流。在这股潮流推动下，1902—1904 年，浙江、江苏、湖北、

① 陈拜庚. 绍兴新昌县物产表[J]. 浙江潮，1903-05-16.

② 三门湾紧要调查书[J]. 浙江潮，1903-06-15.

③ 本馆启事二[J]. 华商联合报(2)，1909-03.

④ 宁波商务总会总董会调查商业之原因[J]. 华商联合报(15)，1909-09.

⑤ 孙中山. 致港督卜力书[M]//孙中山全集(第 1 卷). 北京：中华书局，1981：193.

⑥ 张枬，王忍之. 辛亥革命前十年间时论选集(第一卷上册)[M]. 北京：生活·读书·新知三联书店，1960：180.

⑦ 攻法子. 敬告我乡人[M]//辛亥革命十年间时论选集(第一卷下册). 北京：生活·读书·新知三联书店，1960：519.

⑧ 教育与群治之关系[J]. 湖北学生界(4)，1903-06-25.

湖南、安徽等留日学生同乡会纷纷成立调查部，规定：调查对象，“上自朝廷、下逮民俗”；调查内容，涉及政事、实业、教育、军事、社会等诸多方面。例如，1902 年 12 月励志会会章规定：“调查国势，凡关乎国家之大问题，本会均当实地调查(分为名法、理、财、内务、外交、教育、实业、军政各部)”(参见《译书汇编》，1903 年 3 月 13 日)。1903 年 3 月《浙江同乡会调查会叙例》中说：“上自朝政，下逮民俗，举凡兴一利剔一弊皆有所据，不致迷惑而无所措手”。① 可以说，地方自治是传播西方近代社会调查方法的最大推动力之一。

3. 社情民俗调查

社会概况、风俗习惯等方面的调查，是民间社会调查的重要方面。在这方面，傅崇矩(1875—1917 年)作出了突出贡献。1903 年，傅到日本游历，受日本社会调查影响，回国后对成都各方面进行实地调查，撰写大量调查稿件在报刊发表，1909 年结集出版，定名为《说成都》(后改名为《成都通览》)。

《说成都》序言指出，它的调查原则是“耳目所及”“事物实录”“调查近事”；方法是“注重调查，随得随录。如有挂漏，随时补入”；目的是“辅导长官”“改良社会”；其意义在于，认识成都、开启民智、促进改良。《说成都》内容非常丰富：气候、地势、山、田土、水、江河流域、堤堰、池塘、桥梁、渡头、城、古迹、花园、城内街巷、城外街巷、内城街巷、街巷讹名、近城水碾、四乡场市、城内菜园菜市、田房税契、寺庙、各姓祠堂、会馆公所、官衙、内城官衙及各局所、城内仓廒、近年建置改革、警察五十二局所、官立局厂、各学堂、火政、捐局及捐章、西人产业、西人居留所、外国人游历来往表、商办各公司、慈善事业、文明社会、临时会场、有期游览所、筵宴所、机器工业各局厂、铁路、电报、邮政、大帮信局、银行票号捐号银号、当铺、钱业、银两折合银元一览表、度量权衡、军政、各商帮、成都人、宗教、妇女、官派、官衙内之名词、讼事、监狱谈、官、学生、优伶、监视户、医生、当禁革及应改良者、小儿行为、乳娃教育、民情风俗、性情积习、夜市、客栈、戏园、戏、游玩杂技、赌具及各种赌目名词、房宅、船业、车、轿、印刷业等，都有涉及。《说成都》全书 8 册，约 30 万字，② 既体现了西方社会调查的真实性、科学性，又继承了中国传统文化的写意笔法，使用了民众喜闻乐见的本地方言，把西学与中学很好地结合了起来，因而一经出版就获得了读者的喜爱。可以说，《说成都》是一部清末成都社会万象的百科全书，是一部关于成都全面状况的调查报告。

4. 革命活动调查

辛亥革命前，以孙中山为代表的革命党人做过许多社会调查。其中，比较突出的是光复会创立者之一的陶成章和江苏常熟报人丁初我。

陶成章(1878—1912 年)，浙江会稽(今绍兴县)人。1904 年 10 月，与蔡元培、龚宝铨等在上海创立光复会，陶成章任副会长，并担负联络苏、浙、闽、皖、赣 5 省会党之重任。他 1902 年赴日本，1904 年回国，深入浙南地区联络会党，在云和创办先志学堂。1905 年，他与魏兰在秘密联络会党过程中做过许多社会调查。后来，他在《浙案纪略》中

---

① 浙江同乡会调查会叙例[J]. 浙江潮，1903-03-18.

② 任一民. 四川近现代人物传(6 辑)[M]. 成都：四川大学出版社，1990：484.

回忆说："金、衢、严、处、温、台六府会党之情形，原夫成章、魏兰等所办之概要，则先是调查也。调查之概要凡五：一曰秘密之调查，二曰兵营之调查，三曰贫富之调查，四曰地理之调查，五曰钱粮之调查，一切皆有记录"。① 魏兰的回忆则突出了调查方法的隐秘性："……时张恭组织戏班，在义乌、金华间往来演唱，先生与魏兰、魏毓祥遂至班内，与张恭接洽，对外则称堪舆家（俗称'风水先生'），为卜穴而至"。② 这就是说，以戏班为掩护进行会党调查。通过这次调查，他们不仅为浙江南部金、衢、严、处、温、台六府会党的发展打下了坚实基础，而且把《江苏》《浙江潮》《革命军》《猛回头》《警世钟》等革命杂志、书籍带入了浙江南部地区。

丁初我（1871—1930 年），江苏常熟人，1897 年在常熟创办中西学社，1904 年在常熟组建竞化女学校，并在上海创办《女子世界》杂志。丁初我任该杂志主编，主张"政治之革命"和"家庭之革命"并举，曾做过许多学界调查和女子调查。例如，1903 年年初，丁初我撰写的《常熟学界调查报告》，叙述了常熟教育发展之不足，揭露了其中的腐败现象，表达了对常熟学界改良的忧思。③ 又如，1903 年 12 月，丁初我在《女子世界调查部缘起》中说："我国既愚，其两万万男子俾为间接之奴隶于异种，而更以最亲爱、最文弱两万万女子为奴隶之直接奴隶。……故欲拯今日之危亡，必先解脱女子之羁勒，俾立于平等地位而聪其听焉、明其视焉……此本志发行之目的也，虽然同人绵于才力，域天见闻，用设调查一部，以待热心女界之善男子、善女子时时报告于本社介绍，以公我同胞临风翘企希望"。④《女子世界》创刊后，它的调查专栏——"女学调查""特别调查"，先后刊登过《湖南女界》《留学女艺》《女医东渡》《女界志英》《女报界新调查》等 19 篇调查报告。1907 年，与秋瑾办的《中国女报》合并为《神州女报》，继续开设调查专栏。总之，《女子世界》以其历时之久（1907 年停刊）、刊期之多（总共 18 期），在晚清妇女杂志中占有重要地位，被秋瑾称为妇女报刊之"巨擘"。

第四节　中华民国时期的社会调查

中华民国时期的社会调查，是指从 1911 年辛亥革命起，至 1949 年中华人民共和国成立为止的社会调查，前后历时 38 年。

一、社会调查的总体概况

民国时期，是西方近代社会调查方法系统传入中国的时期，其总体概况是：

（一）社会调查的总量

民国时期究竟做过多少社会调查？下面是三位学者的研究：

① 汤志均. 陶成章集[M]. 北京：中华书局，1986：341.
② 辛亥革命浙江史料选辑[M]. 杭州：浙江人民出版社，1981：340.
③ 丁初我. 常熟学界调查报告[J]. 江苏(4)，1903-06-25.
④ 丁初我. 女子世界调查部缘起[J]. 浙江潮，1903-12-08.

（1）刘育仁的研究。1930年代燕京大学社会学系学生刘育仁对《每周重要书报目录索引》《支那研究》《日报索引》《人文半月刊》《食货半月刊》等目录索引统计，1927—1935年发表调查信息9027次，① 年均1003次。刘育仁很可能是研究民国时期社会调查数量的第一人。但是，他的研究有三个缺点：①只统计了公开的调查信息，未统计尚未公开的调查信息；②统计的是"调查信息"，而不一定都有调查成果，难免有重复之处；③只统计了1927—1935年9年的调查信息，尚缺另外29年的调查信息。

（2）李章鹏的研究。中国人民大学的李章鹏"主要是对一些已经公开发表的调查成果进行统计分析"。根据他的"初步统计，得出1912—1937年共有调查报告6507种，其中，以论文形式出现的调查报告有5497篇，以单行本形式出现的调查报告1010篇"。② 李章鹏的研究比刘育仁前进了一大步：①调查依据广泛，刘育仁主要依据5～6种目录索引，李章鹏依据10多种目录索引和100多种刊物；②时间跨度较长，刘育仁的研究只涉及9年，李章鹏的研究涉及26年；③研究对象较准，刘育仁的研究对象是调查信息，李章鹏的研究对象是调研成果。但是，李章鹏的研究也有两个缺点：①只统计了公开发表的调查成果，未包括尚未公开发表的调查成果；②缺少1938—1949年的资料。

（3）任伟伟的研究。山东大学的任伟伟"对南京国民政府社会调查出版物进行了统计"，"得出1927—1949年南京国民政府调查报告共有466种（单行本）"，其中1927—1937年320本，1938—1949年146本；"论文及公文"37865篇，其中1927—1937年30067篇，1938—1949年7798篇。总计38331本（篇），年均1667本（篇）。③ 任伟伟的统计包含了1938—1949年的内容，从而覆盖了1912—1949年民国政府的整个时期。但也存在两个问题：①任伟伟的统计对象是"南京国民政府社会调查出版物"，好像不包括民间社会调查出版物。然而，从其资料来源（如《民国时期社会调查丛编》《"东方杂志"总目》《民国时期总书目1919—1949》）看，又好像包括了民间社会调查出版物。②任伟伟的统计对象是"单行本"和"论文及公文"，其中包括"公文"，似乎不妥。

上述三位学者的研究，尽管各有缺点，数据也不一定准确，但却大体反映了民国时期社会调查的规模，具有一定的参考价值。

（二）社会调查的年度分布

据李章鹏对1912—1937年6507种调查报告的统计，其中有准确发表时间的为5543种（单行本822本、论文4721篇），其年度分布情况，见表3-9。④

---

① 刘育仁．中国社会调查运动［D］．北京：燕京大学学士论文，1936：1-10.

② 李章鹏．现代社会调查在中国的兴起：1897—1937［D］．北京：中国人民大学博士论文，2006：42-45.

③ 任伟伟．南京国民政府社会调查研究［D］．济南：山东大学博士论文，2012：18-20.

④ 李章鹏．现代社会调查在中国的兴起：1897—1937［D］．北京：中国人民大学博士论文，2006：46-48.

表 3-9 1912—1937 年 5543 种调查报告的年度分布

类别	合计	1912年	1913年	1914年	1915年	1916年	1917年	1918年	1919年	1920年	1921年	1922年	1923年
总计	5543	7	31	33	90	76	79	55	61	179	96	74	69
单行本	822	5	0	4	7	3	5	9	10	7	7	6	11
论文	4721	2	31	29	83	73	74	46	51	172	89	68	58
1924年	1925年	1926年	1927年	1928年	1929年	1930年	1931年	1932年	1933年	1934年	1935年	1936年	1937年
69	104	99	99	100	329	482	276	329	518	1112	679	313	184
13	8	9	9	25	32	52	58	49	69	141	117	91	75
56	96	90	90	75	297	430	218	280	449	971	562	222	109

据任伟伟“对南京国民政府社会调查出版物”的统计，1927—1949 年 38331 本(篇)(单行本 466 本、论文及公文 37865 篇)出版物的年度分布情况，见表 3-10。①

表 3-10 1927—1949 年南京国民政府调查报告的数量及其年度分布表

年份	合计	单行本	论文或公文	年份	合计	单行本	论文或公文
总计	38331	466	37865	1938	591	13	578
1927	988	3	985	1939	621	16	605
1928	1702	5	1697	1940	556	17	539
1929	2870	16	2854	1941	773	19	754
1930	2784	25	2759	1942	651	12	639
1931	2561	33	2528	1943	751	10	741
1932	2502	20	2482	1944	592	14	578
1933	2515	35	2480	1945	341	13	328
1934	3569	47	3522	1946	709	12	697
1935	3617	52	3565	1947	1061	6	1055
1936	4577	45	4532	1948	1117	10	1107
1937	2702	39	2663	1949	181	4	177

来源：《民国时期社会调查丛编》《“东方杂志”总目》《民国时期总书目 1919—1949》《民国史料丛刊》《民国集萃》《民国丛书》及国内各大图书馆电子数(书)目。

① 任伟伟. 南京国民政府社会调查研究[D]. 济南：山东大学博士论文，2012：18-20.

总体而言，民国时期的38年(1912—1949年)可分为4个阶段：①北洋政府的16年(1912—1927年)，是近代社会调查初步发展阶段，调查成果相对较少；②南京政府的10年(1928—1937年)，是近代社会调查迅猛发展阶段，调查成果颇为丰硕；③全面抗战的8年(1938—1945年)，是近代社会调查转向西南发展阶段，调查成果大幅下降；③第二次国内解放战争的4年(1946—1949年)，是近代社会调查曲折发展阶段，调查成果回升不久又急剧下降。

(三)社会调查的地域分布

据刘育仁研究，1927—1935年9027次调查信息在地域上的分布，呈现出沿海多于内地和边疆、城市多于农村的特点，但没有说明具体的数据。

李章鹏对1912—1937年6507种调查报告中有明确区域记载的5634种调查报告(包括892本单行本和4742篇论文)进行了区域分布统计，详见表3-11。①

表3-11 1912—1937年5634种调查报告的区域分布

类别		合计	东北	西北	华北	华东	东南	中南	西南	跨区域
总计	数量	5634	292	281	1422	1990	832	389	294	134
	比重	100.0	5.2	5.0	25.2	35.3	14.8	6.9	5.2	2.4
单行本	数量	892	37	36	270	264	112	76	71	26
	比重	100.0	4.1	4.0	30.3	29.6	12.6	8.5	8.0	2.9
论文	数量	4742	255	245	1152	1726	720	313	223	108
	比重	100.0	5.4	5.2	24.3	36.4	15.2	6.6	4.7	2.3

上述数据说明，就调查报告而言华东最多，华北次之，东南再次之，其他区域较少。华东和东南是沿海区域，华北是京畿之地，它们的调查报告较多，是符合实际的。

(四)社会调查的内容分布

据李章鹏统计，1912—1937年6507种调查报告的内容分布情况，见表3-12。②

① 李章鹏. 现代社会调查在中国的兴起：1897—1937[D]. 北京：中国人民大学博士论文，2006：46-48.

② 李章鹏. 现代社会调查在中国的兴起：1897—1937[D]. 北京：中国人民大学博士论文，2006：55-56.

表 3-12　1912—1937 年 6507 种调查报告的内容分布

类别		合计	概况	社会	经济	文教	政治	其他
总计	数量	6507	283	1015	3868	687	282	372
	比重	100.0	4.3	15.6	59.5	10.6	4.3	5.7
单行本	数量	1010	55	164	615	60	56	60
	比重	100.0	5.4	16.2	60.9	6.0	5.5	6.0
论文	数量	5497	228	851	3253	627	226	312
	比重	100.0	4.1	15.5	59.2	11.4	4.1	5.7

上述数据说明，无论从总计看，还是从单行本、论文看，都是经济最多，社会次之，文教再次之，其他均较少。经济是执政和民生的基础，社会是公平和正义的关键，文教是国家的希望和未来，有关它们的调查报告较多，合情合理。

二、政府的社会调查

(一)政府的社会调查机构、人员及其法规

民国时期，承担社会调查职能的政府机构，有主计处(局、部)及其统计局(室)、中央研究院和国史馆等。据有关学者研究，全国统计机构的统计人员，1933 年，中央机关 276 人(其中留学生 33 人，专科以上 78 人)；省市地方机关 190 人(其中留学生 6 人，专科以上 83 人)。① 1947 年，中央机关增至 669 人，助理人员 930 人；省市地方机关增至 1196 人，助理人员 2111 人。②

1928 年成立的中央研究院，是民国政府最高学术研究机关，设有 24 个研究所、7 个研究中心。其中，社会科学研究所下有法制、民族、经济、社会 4 个组。1934 年 7 月，中华教育文化基金董事会之北平社会调查所并入该所。1945 年，改称社会研究所。1928—1933 年，著名学者陈翰笙担任该所社会组负责人，组织了许多影响深远的社会调查。

国史馆成立于 1912 年，“掌纂辑民国史、历代通史，并储藏关于史之一切材料”(《国史馆官制》)。由于军阀连年混战，国史馆形同虚设，1928 年更被废止。1946 年 11 月公布《国史馆组织大纲》，1947 年 1 月正式对外办公。但此时国民政府已摇摇欲坠，国史馆在大陆已无可能有所作为。

民国时期有关调查统计的法规很多，如《统计法》《公务统计方案之意义及其拟订程序》《警政统计规则》《户口普查条例》《地方行政机关统计组织暂行规则》《高等考试统计人员考试条例》《普通考试统计人员考试条例》等。这些法规，对于调查统计工作的正规化、

① 吴大钧. 我国统计制度之研究[M]//统计论丛. 上海：黎明书局，1934：52-53.
② 李惠村，莫日达. 中国统计史[M]. 北京. 中国统计出版社，1993：238-239.

规范化起到了一定的作用。

(二)全国人口调查

民国时期，进行过三次比较重要的人口调查。

第一次是 1912 年，由北洋政府内务部主持。由警察、保卫团或当地士绅负责调查。清查项目：姓名、性别、年龄、婚姻状况、职业、出生率及死亡率等，未规定清查人口标准时间。清查方法，多采取逐户调查、地方官员估计。全国只有 19 个省、2 个特区开展清查。调查结果于 1916—1917 年陆续公布，全国共有 76386074 户，405810967 人，户均 5. 31 人。

第二次是 1928 年，由内政部主持，调查表分为住户、船户、寺庙、公共户 4 类，规定调查常住人口。住户、船户的调查项目：姓名、性别、与户主关系、已未嫁娶、有无子女、年龄及出生年月日、籍贯、曾否加入国民党、住居年数、职业、受教育程度、宗教、废疾及其他，未规定调查标准时间。这次调查，只有 13 个省、5 个特别市上报了调查数据。调查结果直到 1939 年才公布，查报人口为 2. 12 亿人。内政部以此为依据，估计其余省份的数据，合计全国人口总数为 474787386 人(内政部，1948，p. 404)。

第三次是 1941 年，公布《户口普查条例》，决定以县级为单位进行人口普查，提出全国人口普查至少每十年举行一次。1943 年 2 月内政部公布《各省市人口普查与户籍登记实施细则》，对普查方法做了详细规定。1946 年明确规定人口普查由内政部主办，主计处协办，成立人口局，废止《户口普查条例》，公布户口普查法和户籍法实施细则。由于国内局势动荡，此次普查历时 5 年完成。1946 年年底全国人口为 455592065 人(内政部，1948，pp. 1-4)，1947 年年底为 463795093 人(内政部统计处)，人均寿命 34. 7 岁。①

据有关学者研究，1912—1949 年，政府部门、社会团体、有关学者先后发表过 104 个不同的全国总人口数。按年代，4 个年度无总人口数，8 个年度 1 个总人口数，5 个年度 2 个总人口数，10 个年度 3 个总人口数，10 个年度 4~6 个总人口数，1 个年度 7 个总人口数；按来源，内政部发布 22 个，主计处统计局和实业部发布 9 个，邮局、海关发布 23 个，学术、文化团体和基督教会发表 28 个，人口学者提供 22 个。例如，1928 年有 7 个不同的全国总人口数，详见表 3-13。

表 3-13　1928 年 7 个不同的全国总人口数及其来源

序号	总人口数	来　　源
1	474787386	内政部统计司，《民国 17 年各省市户口调查统计报告》，第 634 页，京华印书馆，1931 年南京版。
2	441849148	主计和统计局修正数，《中国人口问题之统计分析》，第 11 页，正中书局，1948 年上海版。

① 张念瑜. 二十世纪中国人口统计数据问题[EB/OL]. [2019-6-19]. http://net.blogchina.com/blog/article/846956689.

续表

序号	总人口数	来　　源
3	485508838	邮政局调查务邮区人口数，民国22年，《申报年鉴》，第7~8页。
4	451842000	海关估计，《中国经济年鉴》人口篇。
5	450000000	国际联盟调查统计处估计，宋希痒，《农垦》，第85页。
6	446649832	陈长蘅修订内务部调查数，乔启明、蒋杰，《中国人口与粮食问题》，第14页，上海中华书局，民国26年发行。
7	434634953	国民年鉴社统计，民国18年，《中国年鉴》(第一回)。

来源：杨子慧. 中国历代人口统计资料研究[M]. 北京：改革出版社，1996：1284-1286.

据有关学者研究，民国时期全国总人口数：1912年为442945297人，1919年为468487473人，1928年为495381199人，1936年为496723711人，1945年为516458301人。①

(三)全国土地调查

民国时期，土地调查甚多，其中调查最全面、报告最详尽的土地调查，首推1934年8月至1935年12月底完成的全国土地调查。这次调查，训练调查员986人；调查方法，采取派员调查；调查表格有农家普查表、县调查表、区调查表、农家周年出入调查表和地主田场周年出入调查表五种；调查地域，共22省，其中普查10省。这次调查，所编报告5类40种，共约200万余言。报告最后指出，“今地籍散乱，实为行施土地政策之大阻碍，应即加以整理。整理之道，必须正式测丈登记，并规定地价”。② 总体而言，这次土地调查，部分反映了当时土地问题的真实情况，提出了一些缓解土地问题的措施或建议，但当时的国民政府却很少付诸实施。更重要的是，这次调查完全未触及土地私有制这一根本问题，因而所提建议与措施，并不能根本解决当时的土地问题。

(四)全国行业调查

民国时期，立法院主计处、统计局，各部委、司局等单位，曾按照各自管辖范围组织过许多全国性的行业调查。其中，比较重要的有：农业调查、工业调查、商业调查、铁路调查、地质调查、司法调查、教育调查、社会事业调查、医疗卫生调查等。这些行业调查，大多是由有关主管部门设计、印制、下发各种调查表格；然后，由各省、市、县有关人员根据原有登记或估计数据填写、上报；最后，由有关主管部门根据上报资料汇总，真正的实地调查少之又少。因此，这些“调查”的数据，真实性、可靠性不可能太高，仅具有一定的参考价值。

值得一提的是全国物价调查。据有关学者研究，1937—1947年，全国物价指数变化

① 路遇，滕泽之. 中国人口通史(下册)[M]. 济南：山东人民出版社，2000：960-964.

② 李文海. 民国时期社会调查丛编【二编】乡村经济卷(下)[M]. 福州：福建教育出版社，2009：311-380.

情况见表 3-14。

表 3-14　1937—1947 年全国物价指数变化情况

年度		月份	指数		年度		月份	指数	
民国	公元		趸售	零售	民国	公元		趸售	零售
26	1937	1	100	100	32	1942	8	17671	19594
		12	109	110			12	22304	24927
27	1938	8	133	133	33	1944	8	49124	55598
		12	155	155			12	67988	77348
28	1939	8	232	224	34	1945	8	245503	286636
		12	306	300			12	212690	256496
29	1940	8	569	566	35	1946	8	426861	484914
		12	801	787			12	627210	716382
30	1941	8	1409	1408	36	1947	8	3439260	3672100
		12	2111	2147			12	10340000	10598400
31	1942	8	4475	4603					
		12	6128	6416					

来源：刘叔鹤. 中国统计史略[M]. 武汉：湖北人民出版社，1990：377.

上述数据说明，国民党统治后期，物价成百、千、万、十万倍飞涨，致使社会动荡、民不聊生，它是国民党政治腐败无能、经济彻底崩溃的具体表现。

（五）国情调查

民国时期，唯一的一次国情调查是由南京的中央政治学校实施的。

20 世纪 30 年代，中央政治学校利用学生实习组织了一次大规模的国情调查。这次调查，时间跨度为 1931—1937 年，地域范围为江、浙、沪、鲁、鄂、皖等省部分市县，内容涉及普通行政、财务行政、工商行政、市政、县政、统计、金融、法律、公用事业、合作事业等方面，撰写调查报告 17.5 万多页。最终完成的“中央政治学校调查报告”约 490 册，每册由总述及分章节细述构成，对当时的政治、经济、财政等方面情况均有较详细记载，具有重要研究价值。2012 年，这套计 266 册、数千万字的《二十世纪三十年代国情调查报告》，作为“十二五”重点图书规划项目、国家出版基金资助项目，由江苏凤凰出版社出版，为研究这一时期的历史提供了丰富的史料，如图 3-2 所示。另外，1977 年台湾成文出版社、美国中文资料中心影印出版的《民国二十年代中国大陆土地问题资料》，就是当年被带到台湾的地政学院学生的调查报告（关于土地问题部分），它与《二十世纪三十年代国情调查报告》合在一起，就是当年“中央政治学校调查报告”的全貌。

图 3-2 《二十世纪三十年代国情调查报告》

(六)地方性调查

民国时期的地方性调查，以华东、华中等经济较发达的省份居多。例如，1919 年，江苏省实业厅就做过《江苏省纺织业状况》调查。① 1930 年，天津市社会局曾调查妓女情况，撰有《天津市妓户妓女调查报告》。② 1933—1935 年，上海市社会局调查市区手工业，撰成《上海市市区 5874 家手工业概况之分析》一文，刊登在 1937 年 6 月《实业部月刊》第 2 卷第 6 期上。③ 1935 年，江西省政府经济委员会曾组织过安源煤矿调查，撰有《江西萍乡安源煤矿调查报告》一文。④ 1936 年，湖北省政府秘书处调查教育实验区情况，编有《武昌凯字营蓬户教育实验区概况》一文。⑤ 山东省政府调查数量较多，1929 年 7 月成立济南市时就曾提出："振兴工商业的第一步工作，就是调查统计。""社会局……最紧要的工作，便是调查统计"。⑥ 1930—1938 年，韩复榘主政山东期间，为发展经济、文化做过许多社会调查。仅《工商半月刊》登载的山东调查报告，1931 年 8 篇，1932 年 4 篇，1933 年 9 篇，1934 年 22 篇，1935 年 5 篇。1931 年后，韩复榘还支持梁漱溟等在邹平开展乡村建设运动，做了许多农村调查。1945—1948 年，何思源、王耀武主政山东期间，仅建设厅的社会调查公文就多达 172 项。⑦

① 李文海. 民国时期社会调查丛编【二编】近代工业卷(下)[M]. 福州：福建教育出版社，2009：46-112.

② 李文海. 民国时期社会调查丛编. 底边社会卷(下)[M]. 福州：福建教育出版社，2009：523-564.

③ 李文海. 民国时期社会调查丛编【二编】乡村经济卷(中)[M]. 福州：福建教育出版社，2009：622-636.

④ 李文海. 民国时期社会调查丛编【二编】近代工业卷(下)[M]. 福州：福建教育出版社，2009：474-616.

⑤ 李文海. 民国时期社会调查丛编【二编】乡村社会卷[M]. 福州：福建教育出版社，2009：693-701.

⑥ 参见：济南市社会局为调查工商业告市民书[J]. 济南市市政月刊，1929(1).

⑦ 任伟伟. 南京国民政府社会调查研究[D]. 济南：山东大学博士论文，2012：132-133.

（七）少数民族调查

民国时期，为了保证国家统一，边疆稳定，南京国民政府曾对少数民族地区开展过许多社会调查，其中规模较大的调查有4次：

第一次是1930—1931年，为编订全国行政区划，内政部制定调查表，咨请广西、云南、贵州、甘肃、宁夏、青海、西康、湖南、四川、新疆各省政府“饬令民政厅详加调查”。西南各省设有盟旗组织，主要填报《现有土司调查表》：土司名称、所在地、管辖境界、何时设置、隶属何处、可否改设县治、现在土官姓名、何时委任等。这次调查，除新疆无土司制度，贵州、湖南少数民族已改土归流外，其他各省都上报了《现有土司调查表》和《现有盟旗及其他特殊组织调查表》，为编订全国行政区划奠定了基础。

第二次是1934—1935年，为应对英帝国主义武装侵占云南佤族班洪、班老等部落而造成的边疆危机，蒙藏委员会制定了《西南苗夷民族调查表》，下令西南边疆各省开展第二次少数民族调查，调查民族种类、户籍、人口、语言、教育情况、生活习尚等内容。这次调查，从1934年11月开始，直到1937年结束，云南上报了53县，贵州上报了54县，四川上报了24县，其他均不了了之。

第三次是1937—1938年，为全面开展抗日战争，稳定西南大后方，内政部制定了《西南边区民族调查表》，通饬西南各省迅速调查上报。调查内容：民族种类、居住区域、人口数目（男、女）、壮丁数目、生活习惯、过去开化工作情形等。这次调查，四川、西康呈报了调查表，云南到1941年8月完成所属113县、15个设治局及2个对汛督办署的调查，贵州只呈送了48个县的调查表。

第四次是1940年，为了改土归流（指改土司制为流官制），对四川、西康、云南、贵州4省土司进行调查。调查内容：土司名称、设置年代、时任土司（姓名及年龄）、何种民族、辖境面积、管辖人口（户数和男女口数）、财赋、学校所数、识字人数、土司以下行政组织概况等。上述4省，都按要求进行了填报。①

除上述4次调查外，还有一些较小规模的调查。例如，1929年的《云南北界勘察记》，1934年的《滇缅南段未定界调查报告》，1935年的《云南省农村调查》，1940—1941年的云南边疆傣族情况调查，等等。四川、西康、云南、贵州等省也组织过许多调查，如《云南边疆概况》《大小凉山之夷族》《川西调查记》《昌都调查报告》《康昌考察记》《东寨社区调查》等。

上述少数民族调查，大多有较明确的目的，大多以人类学、民族学理论为指导，调查内容比较丰富，调查资料比较具体，因而具有一定实用和学术价值。但是，由于当时的民族划分不科学、不规范（西南地区上报了200多个民族），调查设计忽视经济内容，调查时间拖延过长，调查地区参差不齐，调查人员缺乏训练，调查资料不够真实、准确，因而使其价值大打折扣。

---

① 马玉华. 20世纪上半叶民国政府对西南边疆少数民族的调查[J]. 中国边疆史地研究，2005，15(1)：105-113.

三、民间的社会调查

民国时期的民间社会调查，大体可概括为两个阶段、两个派别、两个组织、两个时期、两种目的的社会调查。

（一）两个阶段：西人指导阶段和自主调查阶段

民国时期国立中央大学文学院社会学系主任、中国社会学社领导人、《社会学刊》主编孙本文教授指出，民国时期高等院校社会调查的发展可分为两个阶段，即西人指导调查阶段和独立自主调查阶段，其分界线是民国十四年(1925)年，特别是民国十五年(1926)中华教育文化基金董事会社会调查部的成立。

此前，高等院校的社会调查基本上以美国教授或传教士为指导，调查报告大多用英文撰写，首先在国外发表。例如，在美籍传教士、教授步济时指导下，“民国三四年间，北平社会实进会，曾用表格多种调查三百零二个人力车夫的生活情形。民国六年，清华学校美籍教授狄德莫(C. G. Dittmer)指导该校学生在北京西郊调查居民一百九十五家的生活费用。民国七八年间，北平美籍教士甘博(S. D. Gamble)与燕京大学教授步济时等，曾仿照美国春田社会调查的成例，调查北京社会状况。其调查结果，于民国十年用英文在美国出版……这是我国都市社会调查的开端。同时在上海有沪江大学社会学教授葛学溥(Daniel H. Kulp Ⅱ)指导学生在广东潮州调查有人口六百五十的凤凰村……该书于民国十四年用英文在美国出版……这是我国乡村生活社会调查的开始。”“……此外，民国十二三年间，南京金陵大学美籍教授卜凯(J. L. Buck)指导学生在安徽芜湖及河北盐山等处调查田场及其社会经济状况。”“……用中文出版的社会调查报告，当以民国十三年八月张镜予……出版的社会调查——沈家行实况一书为最早。该书载明由白克令(H. S. Bucklir)教授指导……该书凡例说：‘科学的社会调查，用我国文字出版的，还没有见过。’可见这是第一书。”

此后，高等院校的社会调查大多由中国籍教授主持，调查报告大多用中文撰写，首先在国内发表。例如：“北平清华学校陈达教授约在民国十四年间指导学生调查附近成府村居民生活。其他各地类此的调查尚多。及至民国十五年中华教育文化基金董事会成立社会调查部……”“该部成立后，即从事于各种调查。……其比较著名的调查报告为李景汉氏的北平郊外之乡村家庭。……此项调查系李氏指导燕京大学社会学系学生实习调查的结果。……是最早关于家庭调查的报告。……其在方法上贡献甚大。”“……重要报告尚有陶孟和氏所著的北平生活费之分析一书。……此书可说是国内采用记账法以调查工人家庭生活费的第一书。……其在方法上甚有贡献。”“民国十九年燕京大学社会学系出版英文本清河镇社会调查(China Ho: A Sociological Analysis, 1930)一书，为我国市镇调查的第一部报告。……此调查由杨开道许仕廉二氏主持，领导学生从事调查的结果。”“民国二十二年李景汉氏出版定县社会概况调查一书，为我国县区社会调查最详细的报告。”“大体而言，我国社会调查运动……比较有贡献者为陶孟和和陈达李景汉三氏。陶氏主持社会调查研究工作多年，对于生活费分析，在方法与效果上，成绩卓著。陈氏从事于户口普查的调查研究多年，在户政方面，有重要贡献。李氏在定县及他处所办的概况调查，在方法与规模方面，贡献甚大。要之，三氏实为我国社会实地调查的前锋”。①

（二）两个学派：社会调查学派和社区研究学派

民国时期，中国高等院校的社会调查有两大学术派别：社会调查学派和社区研究学派。

社会调查学派认为，社会调查是以系统的科学方法，调查社会实际情况，用统计方法整理材料，分析社会现象构成要素，洞悉事实真相，发见社会现象因果关系。然后根据调查结果，研究改善社会方案，实施方案，解决社会问题。② 这个学派的特点是，注重系统数量调查，提倡为社会服务，在调研方法上大量使用调查表和统计分析方法。社会调查学派，源于英国社会学家部斯。因此，社会调查学派的调查也称为 Booth 式调查，其代表人物是陶孟和、陈达、李景汉等教授，其代表作是陶孟和的《北平生活费之分析》（1930年）、李景汉的《北平郊外之乡村家庭》（1929 年）和《定县社会概况调查》（1933 年）、陈达的《南洋华侨与闽粤社会》（1937 年）等。

社区研究学派，则源于以马林诺夫斯基（B. K. Malinowski）和拉德克利夫 · 布朗（A. R. Brown）为代表的英国功能学派社会人类学，及以帕克（R. E. Park）为代表的美国芝加哥学派的人文区位学。社区研究学派提倡，如吴文藻在《中国社区研究的西洋影响与国内近况》中指出，“用同一区位的或文化的观点和方法，来分头进行各种地域不同的社区研究”。其研究单位是社区，研究的核心是社区文化（包括物质文化、象征文化、社会文化、精神文化等）。其研究方法是参与社区生活，开展实地研究，特别强调局内观察，同时与理论相辅而行，强调理论必须根据事实，事实必须符合理论。中国社区研究的代表人物是吴文藻、杨庆堃、费孝通等教授，其代表作是吴文藻的《中国少数民族情况》（年份不详）、严景耀的《北京犯罪之社会分析》（1928 年）、费孝通的《江村经济》（1938 年）、《禄村农田》（1943 年）、林耀华的《凉山夷家》（1947 年）等。

上述两个学派，各有特点、所长和建树，但比较而言，社会调查学派贡献更为突出，成果更为丰富。据有关学者统计，燕京大学社会学系“1935—1937 年间该系师生所做调查报告共有 29 篇，其中属于 Booth 式调查的有 15 篇，属于社区研究的 9 篇，民俗学的调查 4 篇，其他类型的 1 篇”。显然，Booth 式调查居多数，在清华大学、南开大学、沪江大学、金陵大学、岭南大学等也大体如此。“总的来看，孙本文……认为这派不仅是在贡献社会研究的基本材料以推动社会学中国化方面，而且在社会研究的技术方法方面也有很大贡献”。③

---

① 孙本文. 当代中国社会学[M]. 上海：商务印书馆，1948：211-223.

② 李景汉. 实地社会调查方法[M]. 北京：北平星云堂书店，1933：10.

③ 黄兴涛，夏明方. 清末民国社会调查与现代社会科学兴起[M]. 福州：福建教育出版社，2008：54-121.

（三）两个组织：北京社会调查部和南京社会学组

1928—1937年，是近代中国社会调查最繁荣的时期。这段时期，出现了两个社会调查组织，即北京社会调查部和南京社会学组。

北京社会调查所，其前身是1926年由美国纽约社会宗教研究院捐助的中华教育文化基金董事会下属的社会调查部，1929年7月更名为社会调查所（简称北京社会调查所），由陶孟和任所长，其任务是邀请社会学、经济学界人士，用科学方法，搜求社会事实加以研讨，尤其注意关系国计民生问题的调查研究。调研科目有经济史、工业经济、农业经济、劳动问题、对外贸易、财政金融、人口、统计等。该所成立后，进行了许多社会调查。其中，影响较大的有陶孟和的《北平生活费之分析》（1930年）、李景汉的《北京郊外乡村家庭》（1929年）和《定县社会概况调查》（1933年）、陈达的《人口问题》（1934年）等，还与其他单位合作进行了许多有关家计、物价、工厂、农产品贩卖等社会问题调查。该所的主要调研成果和出版物还有：《中国劳动年鉴》（1928年、1932年）、《塘沽工人调查》（1930年）、《河北省棉花之出产及贩运》（1931年）、《实地社会调查方法》（1933年）、《定县土地调查》（1936年）等，还创办了《社会研究》半月刊（1929年）、《北平生活费指数月报》（1929年）、《社会科学杂志》季刊（1930年）等。

南京社会学组，是国民政府中央研究院社会科学研究所社会学组的简称。1928年6月，国民政府成立了以蔡元培为院长的中央研究院，下设天文、气象、历史语言和社会科学4个研究所。社会科学研究所下设社会学、经济学、法制学、民族学4个组。其中，社会学组由陈翰笙、王际昌主持，对农村、都市进行了许多社会调查。例如，1929年由陈翰笙主持的对江苏无锡55个村、1204户和8个农村市镇的调查，1930年对河北保定、河南许昌、山东潍县、安徽凤阳127个村庄及6个典型村429个农户的调查，1933年11月至1934年5月对广东16个县农村经济概况、番禺10个典型村1209户人家的调查，以及对50个县335个村的通信调查等。在这些调查中，陈翰笙等运用马克思主义观点指导调查工作，把农村生产关系作为调查研究的重点。通过调查，他们不仅撰写了《封建社会的农村生产关系》（1930年）、《广东农村生产关系与生产力》（1934年）、《两广瑶山调查》（1935年）、《中国的地主和农民》（1936年）等调查报告，论证了中国社会半殖民地半封建性质，而且培养了钱俊瑞、薛暮桥、孙冶方等一批著名的经济学家。① 此外，还出版了《中国农民负担的赋税》（1928年）、《亩的差异》（1929年）、《东北的难民与土地问题》（1930年）等著作。

北京社会调查部和南京社会学组，是当时学术界社会调查的两支生力军，1928—1937年之所以成为中国近代社会调查最活跃、调查成果最丰富的时期，它们的贡献功不可没。

---

① 杨雅彬．中国社会学史［M］．山东人民出版社．1987：103-104、227-231；丁利刚，赵善阳．陈翰笙与中国农村社会学研究［J］．复旦学报（社会科学版），1985（4）：29-35；虞耀麟．陈翰笙与中国农村经济研究会［N］．世界经济导报，1985-08-19.

(四)两个时期：全面抗战前时期和全面抗战后时期

上述两个阶段、两个派别、两个组织的社会调查，基本上是全面抗日战争爆发前的社会调查。1937年全面抗日战争爆发后，由于战乱和国民党政治、经济、文化中心西迁，大量教授、学者跟随西移，从而促进了西南边陲的城乡调查和少数民族调查。1938—1945年，学者们完成的影响较大的社会调查成果有：吴泽霖的《定番乡土教材》(1939年)、金陵女子文理学院的《社会调查集刊》(1939年)、吴泽霖等的《鑪山黑苗生活》(1940年)、柯象峰的《西康社会之鸟瞰》(1940年)、胡鉴民的《羌族之信仰与习为》(1941年)、史国衡的《昆厂劳工》(1943年)、费孝通的《禄村农田》(1943年)、《四川省选县户口普查总报告》(1943年)、《北碚社会概况调查》(1943年)、《成都社会概况调查》(1944年)、蒋旨昂的《战时的乡村社区政治》(1944年)、徐益棠的《雷波小凉山之儸民》(1944年)、陈达的《云南省户籍示范工作报告》(1944年)等。

1945—1949年，由于国共内战、社会动荡，教授、学者只能在可能的范围内做一些调查，其中较重要的成果有：1946年陈达的《云南呈贡县昆阳县户籍及人事登记初步报告》、费孝通和张之毅的《乡土中国》、田汝康的《芒市边民的摆》；1947年俞湘文的《西北游牧藏区之社会调查》、林耀华的《凉山夷家》、凌纯生的《畲民图腾文化之研究》；1948年吴泽霖的《么些人的婚丧习俗》、王兴瑞的《海南岛之苗人》、江应梁的《凉山夷族的奴隶制度》、陶云逵的《碧罗雪山之栗粟族》等。

在1937—1949年的13年间，尽管战乱频仍，社会动荡，生活环境恶劣，调研条件极差，特别是在少数民族地区做实地调查，几乎每项调查都是一场战斗，需要经历许多惊险、离奇的遭遇，但是，学者们不顾跋涉艰辛、个人安危，仍然深入实地调查研究，这种忠于职守、勤于钻研的精神和艰苦奋斗、顽强拼搏的作风，是永远值得称道和学习的。

(五)两种目的：学术性调查和应用性调查

上述两个阶段、两个派别、两个组织、两个时期的社会调查，其主要目的都是学术研究，都属于学术性社会调查。此外，还有一大类社会调查，即应用性社会调查，其主要目的不是学术研究，而是实际应用。它主要有两类，即：民意调查和市场调查。

1. 民意调查

据有关学者研究，1922年留美归国心理学家张耀翔在北京高等师范学校成立14周年时做过一次民意调查，其内容包括“假如你有选举权，你将选谁做下任大总统?”“当今活着的中国人你最佩服哪一位?”“你赞成妻子参政吗?”“中国有许多不良的风俗和习惯，你觉得哪一样应当先改良?”等8个问题，其调查结果《高师纪念日之民意测验的研究》发表在1923年第35期《晨报副刊》上，后撰成《民意测验》一文发表在1923年第2卷第1期的《心理》杂志上。① 1923年12月17日，北京大学曾对参加校庆25周年的师生、校友等做

① 范红芝. 民国时期民意研究综述——基于民国期刊文献(1914～1949)的分析[J]. 新闻春秋，2013(2)：92-95.

过一次民意调查，问了 10 个问题："①你对曹锟做总统有何感想？②你相信当今国会吗？须怎么办？③你对此次政府所颁布的宪法取甚么态度？④下列方法哪些可以救中国——军阀割据、外国共管、国民革命？⑤俄国与美国，你以为谁是中国之友？为甚么？⑥你心目中，国内和世界大人物是哪几位？⑦现在中国的日刊、周刊，你最爱看哪一种？⑧现在中国流行关于政治方面的各种主义，你相信哪一种？⑨你对于目前学生运动有何意见？⑩你最爱作如何消遣？"调查结果由 20 余名北大学生开票统计。① 这些调查很可能是中国自主民意调查的起点。

此后，出现了一些介绍、研究民意调查的论文或著作，例如，陶元珍的《歌谣和民意》(1937 年)、楼桐孙的《泛论抗战与民意》(1938 年)、刘檀贵的《民意应有之路向》(1941 年)、成舍我的《报纸必如何始"真"能代表"民意"》(1944 年)、《民意测验的办法与效用》(1946 年)等。民意调查也逐渐多了起来。例如，《中国盟约民意测验统计》(1944 年)、《北平民意测验》(1948 年)等。1936—1937 年，上海民治新闻专科学校校长顾执中主持了中国第一次报纸受众调查——"上海报纸和上海读者调查"，提了 8 个问题：①读者姓名、性别、年龄、职业、籍贯、住址？②现读何报？何故？③何家报纸为最优？优点何在？④喜看何种记载新闻？⑤文字艰深否？何种文字最适当？⑥报价太贵否？⑦对看过之报，作何处置？⑧读者对于报纸有哪些批评？参加调查的师生有 50 多人，历时 3 个多月，回收调查问卷 5000 多份。调查结果令顾执中感叹万分，他说："中国接受教育洗礼的人数稀少，而能摊开一张报纸来研究国事的人，更是寥若晨星"。② 1942 年，民营《大刚报》曾对抗日战争前途的看法做过一次民意调查，最后"共收到读者答案一万一千二百三十多件"，其中 99. 5%的人认为中国抗日战争必能得到最后胜利。这 10 道题及其回答情况，见表 3-15。③

表 3-15　1942 年《大刚报》民意调查 10 道题及其回答情况

<table>
<tr><td rowspan="2">1</td><td colspan="6">你认为中国抗战，究竟能不能得到最后的胜利？</td></tr>
<tr><td>能</td><td>11206</td><td>不能</td><td colspan="3">56</td></tr>
<tr><td rowspan="2">2</td><td colspan="6">联合国家，应先全力解决德国，还是先全力解决日本？</td></tr>
<tr><td>德国</td><td>3443</td><td>日本</td><td colspan="3">7819</td></tr>
<tr><td rowspan="2">3</td><td colspan="6">你认为联合各国，应否有一个统辖全体的最高统帅？</td></tr>
<tr><td>应</td><td>10181</td><td>否</td><td>786</td><td>不知道</td><td>294</td></tr>
<tr><td rowspan="2">4</td><td colspan="6">关于英印纠纷，你同情英国，还是同情印度？</td></tr>
<tr><td>英</td><td>575</td><td>印</td><td>10656</td><td>中立</td><td>31</td></tr>
</table>

① 陈崇山，弭秀玲. 中国传播效果透视[M]. 沈阳：沈阳出版社，1989：15.

② 刘建明. 社会舆论原理[M]. 北京：华夏出版社，2002：331.

③ 参见：欧阳柏. 大刚报史话[M]//新闻研究资料・总二十四辑. 北京：中国社会科学出版社，1984.

续表

5	一旦获得最后胜利，我们当否与日本平等相处？					
	应	6534	否	4687	不明确	41
6	你认为在抗战胜利之前，有无召开国民大会之必要？					
	有	6479	无	4734	不明确	49
7	联合国未以全力打击日本之先，我们要不要先行反攻？					
	要	5724	不要	5424	不明确	114
8	你觉得公务员和学生，今后应否服常备兵役？					
	应	9031	否	2147	不明确	84
9	因战争获利者，获利部分，你主张加重征税，还是全部征发？					
	征税	6174	征发	4962	不知道	126
10	抗战胜利之后，中国应该实行一党政治，还是多党政治？					
	一党	9712	多党	1464	不知道	86

上述调查结果，前 9 项可谓意料之中。第 5 项调查，尤可证明国人当时并未被仇恨冲昏头脑，在对日问题上仍保持应有之理性。但最后一项调查，其结论委实"出人意料之外"。当时，美国之"重庆观察家"明确表示拒绝相信这一结论。不过，他们忽略了早在 1933—1934 年，中国知识分子中间就曾爆发过一场规模颇大的"民主与独裁论战"。此次论战中，支持独裁论之知识分子尤多。①

民国时期的民意调查，虽为数不多，调查设计与方法也较稚嫩，但仍在一定程度上反映了当时的民意。有学者认为："民意虽于漫天烽火之中，仍卓然不失其欣欣向荣之象，此殆可视为中华民族多难兴邦之象征"。②

2. 市场调查

民国时期，市场调查多包含在一般经济调查之中。其中，比较重要的有：陈翰笙的《山西的农田价格》(1930 年)、麦叔度的《河北省小麦之贩运》(1930 年)、曲直生等的《浙西农产贸易的几个实例》(1932 年)、杨庆堃的《一个农村市集调查的尝试》(1933 年)、广西的《两个圩市的调查》(1935 年)、吴志铎的《北通县第一区平民借贷状况之研究》(1935 年)、吴知的《山东省棉花之生产与运销》(1936 年)、刘桐先的《河南百泉的乡村市集》(1936 年)、姚曾荫的《广东省的华侨汇款》(1943 年)、郑林宽等的《福建省农产贸易之研究》(1946 年)等。

林熙春、孙晓村主编的《芜湖米市调查》(社会经济调查所，1935 年)，是一部关于米

① 参见：欧阳柏. 大刚报史话[M]//新闻研究资料 · 总二十四辑[M]. 北京：中国社会科学出版社，1984；欧阳柏. 杨潮和《大刚报》[Z]. 1980-08；福建人民出版社. 羊枣和"永安大狱"[M]. 福州：福建人民出版社，1984；谌旭彬. 被遗忘的"民主与独裁论战"[Z]. 转型中国，1934.

② 参见：楼桐孙. 泛论抗战与民意[J]. 民意，1938(53).

市的调查专著。它指出：芜湖自1877年开埠后，凭借优越的地理区位、便利的水陆交通和周边丰饶的物产，迅速跻身于长江重要口岸之一。清末时，芜湖"商场地位进居上海、汉口以次之第三位"。① 主要出口商品是稻米、药材、棉花，主要进口商品是金属、火柴、煤油、糖类和檀香木。芜湖口岸的腹地范围，主要在长江两岸，包括旧庆安府、池州府、庐州府、太平府、宁国府及和州属县，下辖市镇众多，大体可分为中级市场和初级市场两大类，共同形成一个市场体系。

总体而言，民国时期市场调查的成果，大多是对市场某一要素——价格、工资、借贷、外资、贸易、集市、运销等进行的调查，综合性的调研专著非常少见。

四、外国人在华的社会调查

(一)西方学者在华的社会调查

民国初期高等院校的许多社会调查，都由西方传教士、教授、学者主持或指导，除前述《北平302名洋车夫生活状况调查》等6个调查外，还有甘博指导的《定县：华北农村社会》(1931—1932年调查，1954年在美国出版)，《1933年以前华北村庄的社会、政治和经济》(又名《华北乡村》，1963年在美国出版)；卜凯主持的《芜湖一百零二个田区之经济及社会调查》(1928年)、《河北盐山县一百五十农家之经济及社会调查》(1929年)、《中国农家经济》(1930年)、《中国土地利用》(1937年)等。南京农业大学教授刘崧生指出：《中国农家经济》和《中国土地利用》的"大量数据反映出当时中国农业生产与农民生活的实际情况，为研究中国农村经济问题提供了重要资料"。②

此外，还有一些西方记者、旅行家做了许多社会调查。例如，法国沙畹著、冯承均译《中国之旅行家》(1926年)，美国马罗立(W. H. Mallory)著、吴鹏飞译《饥荒的中国》(1929年)，美国埃德加·斯诺著、胡愈之等译《西行漫记》(又名《红星照耀中国》，1937年)，德国基希著、周立波译《秘密的中国》(1938年)，德国阿纳德博士著、李森特译《满蒙探秘四十年》(1944年)，美国福尔曼著、朱进译《中国解放区见闻》(1946年)等。

西方传教士、教授、学者主持或指导的社会调查，不管其主观动机如何，在客观上都有利于西方了解中国、认识中国、研究中国，有利于中西交流，同时为各方面、各学科留下了大批极其可贵的历史资料。

(二)西方教会的社会调查

1913年，美国基督教在上海召开第一次基督教全国大会，成立了中华续行委办会。这次大会，倡导各地教会对中国基督教现状和中国国情做周密调查。1918年秋，在中华续行委办会领导下设立了特别调查委员会，在各地开展调查工作，1921年完成调查，

① 建设委员会浙江经济所统计课. 安徽段芜乍路沿线经济调查[M]. 建设委员会调查浙江经济所，1933：1.

② 刘崧生，刘葆金. 中国农业经济教育史[M]. 北京：中国农业科技出版社，1997：32.

1922 年同时出版英文版和中文版的调查成果，英文版书名为 *The Christian Occupation of China*(《基督教占领中国》)，中文版书名为《中华归主》，后更名为《中国基督教调查资料(1901—1920 年)》。

2007 年，中国社会科学出版社出版的《中国基督教调查资料(1901—1920 年)》，分为上下两册，其内容不仅涉及 1901—1920 年基督教(新教)在华传教的历史和宗教活动，而且对我国 20 世纪初各省的行政区域、面积、边界、城市人口、地势、山川、民族、语言、气候、物产资源、经济状况、交通、邮电、教育、医疗设施等都进行了周密调查，其广度和深度远远超出宗教范围，它是帝国主义利用教会收集我国情报的历史证明。由于资料比较翔实、丰富，因而对于研究中国基督教史，研究辛亥革命前后中国的国情具有一定参考价值。

值得一提的是，这部著作中还包含有关中国穆斯林的内容：伊斯兰教何时、如何传入中国，中国穆斯林的人口及其分布，中国穆斯林的派别，四川和甘肃穆斯林的来源、分布、职业结构、社会阶层，阿訇群体的特点、收入、财产和职能，以及清真寺的状况，穆斯林的组织、教育、精神风貌和社会现实等。这些调查大多比较肤浅，但它在一定程度上反映了清末民初中国穆斯林的历史状况，是研究当时伊斯兰教，以及伊斯兰教与基督教关系的珍贵历史资料。

在西方教会的社会调查中，"巴敦调查团"来华的调查活动具有特殊意义。1920 年后，西方传教士内部传统派与现代派围绕教会大学的未来发生了激烈争论。传统派"拒绝教会学校接受(中国)政府管理……要求保持教会学校的宗教生活特点，和享受治外法权的特殊地位"。① 以传教士司徒雷登为代表的现代派则主张变革，主动向中国政府注册，归还学校主权。1921 年 1 月，西方差会决定 9 月派遣以芝加哥大学副校长、神学教授巴敦为团长的团队来华对中国基督教教育进行实地考察，其考察报告《中国基督教教育事业》指出："基督教学校，且须速除去其外国性质……变为完全中国性质"。它不仅提出了"更加中国化"的口号，而且建议：增加中国籍老师和行政人员，直至"全数替代外国人为止"；重视职业教育，使课程"适应中国之需要"，服务于中国社会建设；重视(中国)国文教学和中国文化研究，注意培养学生的国家观念和爱国精神，总之，要实现教会大学中国化。② 显然，这次调查的结论是符合实际的、正确的，对教会学校中国化所起的推动作用是值得肯定的。

(三) 日本"满铁"的社会调查

"满铁"是"南满洲铁路株式会社"的简称，成立于 1906 年 11 月，总部设在东京，1907 年 3 月迁往大连。它是日俄战争(1904—1905 年)的产物，初期目的是"经营满洲"，应对可能与俄国再次发生的战争，而后则演变成日本侵华的情报网和参谋部。"满铁"的

① 史静寰. 狄考文与司徒雷登——西方新教传教士在华教育活动研究[M]. 珠海：珠海出版社，1999：12.

② 参见：中国基督教教育调查会. 中国基督教教育事业[M]. 上海：商务印书馆，1922.

三大支柱是，经营南满洲铁路、管理抚顺煤矿和开展情报调查。它表面上是一个半官方的铁路公司，实质上则广泛涉足于经济、政治、军事、情报等领域，是日本侵略中国和亚洲的总参谋部。

“满铁”调查部，1931年“九一八”事变前，主要承担俄国西伯利亚和中国东北地区的经济情况调查。“九一八”事变后，调查部改组为总务部资料课，1932年成立经济调查会，侧重军事调查，为侵华日军提供情报。1938年，重新设立调查部，调查范围扩大到华北、华东、西北、湖南、海南等地。20世纪30年代以后，日本一批左翼知识分子进入“满铁”调查部，其调查成果往往对日本某些“国策”提出质疑，引起日本军方强烈不满。1942—1943年，日本宪兵两次到调查部逮捕了75名调查人员，致使调查工作遭到严重削弱。1943年5月，调查部被改为调查局，1945年日本投降后停止运作。据披露，“满铁”最盛时期有情报人员4500名，提交了1万多份调查报告，如“中国抗战力之调查”“远东苏军后方调查”等，对日本当局的决策起过重要作用。

“满铁”情报调查的特点是：经济调查与军事调查相结合，公开搜集与秘密调查相结合，情报搜集与刺探、分化、瓦解、收买、策反等谋略活动相结合。“满铁”调查部的调查活动，有旧惯调查、社业调查、北方调查、经济调查、特殊调查、综合调查等类型。此外，还有中国抗战力调查、世界形势调查等。1945年，收藏在“满铁”各图书馆的调查报告和资料被陆续发掘出来。经统计，除1万多份调查报告外，还有各种情报、档案、书籍、杂志、剪报等二三十万件，加上出版的数千种图书资料及杂志，规模十分庞大，不亚于美国中央情报局和苏联克格勃，因而被称为20世纪前半叶世界三大情报资料宝库之一。

五、中国学者的社会调查研究方法著作

民国时期，中国学者撰写了许多社会调查研究方法著作，在西方近代社会调查方法本土化、中国化方面取得了可喜成果。

(一)中国学者社会调查研究方法著作简介

孙本文教授指出：“最初以社会调查方法有系统地介绍国人者，为蔡毓骢樊弘二氏”。① 据孙本文介绍，1924—1947年，中国学者翻译和撰写出版的社会调查研究方法著作有21本，其简要情况见表3-16。②

表3-16　1924—1947年出版社会学方法类著作简况

书名	章数	页数	译著者	出版年	出版处
社会学方法论	7	191	涂尔干著、许德珩译	1924	商务印书馆
社会调查之原理与方法		221	蔡毓骢	1927	北新书店

① 孙本文. 当代中国社会学[M]. 上海：商务印书馆，1948：159-162.
② 孙本文. 当代中国社会学[M]. 上海：商务印书馆，1948：307-309.

续表

书名	章数	页数	译著者	出版年	出版处
社会调查方法	7	176	樊弘	1927	商务印书馆
农村调查			黄枯桐	1929	商务印书馆
乡村社会调查大纲		210	冯锐	1929	中华平民教育促进会
社会调查方法			于恩德	1929	文化社
社会研究法	9	128	杨开道	1929	世界书局
农村调查	5	116	杨开道	1930	世界书局
实地社会调查方法	16	470	李景汉	1933	北平星云堂书店
社会调查方法	16	692	言心哲	1933	中央大学讲义
社会调查大纲		273	言心哲	1934	中华书局
农村社会调查	9	380	张锡昌	1934	黎明书局
社会统计	16	253	曾乐平	1935	商务印书馆
社会调查与统计	38	618	陈毅夫	1936	江苏教育学院
社会研究法		203	詹哲尊、钱亦石	1938	商务印书馆
乡村社区实地研究法	15	130	张少微	1942	文通书局
社会调查纲要	9	100	汪龙	1944	重庆商务日报
社会调查	8	75	李景汉	1944	中央训练团
农村社会调查方法	15	212	张世文	1944	商务印书馆
社会调查方法与表格	15		孙本文		
社会调查与统计	38	637	陈毅夫	1947	商务印书馆

(二)三本社会调查研究方法著作简介

(1)樊弘著《社会调查方法》。全书 7 章，共 176 页，1927 年 8 月由中华教育文化基金董事会社会调查部出版，商务印书馆发行。该书的贡献：第一，是最早系统介绍西方近代社会调查方法的著作之一；第二，在“历史的方法”中融入了大量中国元素。但该书的结构、内容、资料等，大多直接来源于西方著作，基本上是一部经过作者翻译、剪裁、拼接的国外社会调查方法的移植性著作。

(2)李景汉著《实地社会调查方法》。该书 16 章，共 470 页，1933 年由北平星云堂书店出版。孙本文对《实地社会调查方法》的评价是，“为社会调查方法书本中最充实的一书”。它的优点有二：一是“差不多都是国货，是实际调查经验的结晶，而不是“贩入大批舶来品”；二是实用性，由于大多是从实践中概括出来的理论、观点、表格和提纲，因而具有较强的实际应用性质。

(3)张世文著《农村社会调查方法》。该书有 15 章，共 220 页，1944 年由商务印书馆出版。张世文在“自序”中说：“著者在近十余年来多半时间是在农村里跑。河北定县，湖南衡山，四川新都等农村，著者都亲自作过实地的观察与调查。”书中“所讨论的调查的困难，都是著者在各地农村亲自遇见的，并且碰过钉子的。应付这些困难的方法也是著者用过而曾经发生效力的”。

显然，《实地社会调查方法》和《农村社会调查方法》这两部著作，实是西方近代社会调查方法中国化进程的阶段性成果。

第五节　民国时期中国共产党的社会调查

中国共产党从建党开始，就非常重视社会调查。民国时期，中国共产党的社会调查可分为四个时期，它们的大体情况如下：

一、建党和大革命时期的社会调查

在建党和大革命时期，中国共产党围绕着中国社会各阶级状况，特别是工人、农民等问题，开展过许多社会调查。

（一）社会各阶级调查

建党初期，毛泽东在对社会各阶级状况进行广泛、深入调查的基础上，于 1925 年 12 月发表了《中国社会各阶级的分析》一文，提出了“谁是我们的敌人？谁是我们的朋友？”这个“革命的首要问题”。他的结论是：“一切勾结帝国主义的军阀、官僚、买办阶级、大地主阶级以及附属于他们的一部分反动知识界，是我们的敌人。工业无产阶级是我们革命的领导力量。一切半无产阶级、小资产阶级，是我们最接近的朋友。那动摇不定的中产阶级，其右翼可能是我们的敌人，其左翼可能是我们的朋友。”实践证明，毛泽东的上述论断是完全正确的。

（二）工人调查

工人阶级状况和工人运动，是中共建党前后社会调查的一个重点。

1919 年 3 月，李大钊把在唐山煤矿实地调查的工人生活状况，写成《唐山煤厂的工人生活——工人不如骡马》一文，发表在《每周评论》第 12 期上。文中写道：“这个炭坑，仿佛是一座地狱。这些工人，仿佛是一群鬼。”“工人的生活，尚不如骡马的生活。”这是关于中国工人生活的第一篇纪实报告。①

1920 年年初，陈独秀从北京到上海后，便开始对中华工业协会、中华总工会等团体进行调查，并委托郑凯卿、包惠僧等调查汉口工人状况。他主编的《新青年》，经常刊登各地工人生活状况调查材料。《新青年》这个专号，实际上是共产主义知识分子与工人运动开始结合的产物。

---

① 中共中央党史研究室. 中国共产党历史(第一卷上册)[M]. 北京：中共党史出版社，2002：76.

1918年冬至1919年春，毛泽东两次到北京长辛店铁路工厂调查，了解产业工人状况、工人思想和政治态度等。1921年9月至1922年冬，毛泽东四次到安源煤矿调查，了解煤矿历史，工人与资本家的矛盾，工人的劳动、生活状况等。这是他与产业工人最早的接触，对他成为马克思主义者具有重要影响。

此外，党的其他早期活动家也对工人阶级状况做过许多调查。通过这些调查，获得了对中国工矿企业史、资本家剥削史、工人斗争史，以及工人的经济、政治与思想状况，劳动与生活条件等方面较为具体、全面的认识。

(三)农民调查

1918年3月，《新青年》发表的第一篇调查报告就是《震泽之农民》。1919年12月发表的《长沙社会面面观》，1920年1月发表的《山东一部分农民状况大略记》，1921年1月发表的《海属社会面面观》等，以及邵力子(1921年加入中国共产党)主编的《民国日报》副刊《觉悟》上发表的许多关于"农夫的困苦"、农民问题的文章，都是对农村和农民问题调查的成果。

1918年夏，蔡和森曾对洞庭湖滨五县做农村调查，考察农民生活、地主与佃农的关系，亲眼目睹了贫苦农民终年劳苦而不得温饱的悲惨生活。10月到北京布里村访贫问苦，还常到高阳的集镇和农村做调查。通过调查，蔡和森看到了工农群众的力量。1920年8月，他在给毛泽东的信中说："只因小工小农不识不知，以穷乏渗苦归之命，一旦阶级觉悟发生，其气焰必不减于西欧、东欧。"

1921年5月，彭湃从日本留学回国后，决心到农村去做实际运动。1922年7月，成立了全国第一个农民协会——六人农会。1923年元旦，成立了海丰总农会，发表了《海丰总农会成立宣言》。1923年7月，制定了《广东农会章程》。1924年12月，以国民党中央农民部特派员身份，前往广东省广宁县调查减租情况，连续写了5份调查报告，提出了建立农民武装的必要。1926年，其撰写的《海丰农民运动》，更是他从事农民运动、农村调查经验教训的总结。毛泽东称彭湃为"农民运动大王"，而这一切都源于彭湃长期从事的农民运动和农村调查。

毛泽东是中共农村调查开拓者之一。早在1917年、1918年夏，他就与萧子升、蔡和森等在洞庭湖周边农村做调查。有人说："他日后养成的调查研究作风，从这里已可看出些端倪"。① 1924年广州农民运动讲习成立后，毛泽东曾组织学员到海丰、韶关做实地调查。1926年写成的《中国佃农生活举例》，是目前保存下来的毛泽东最早的一篇调查文献。1927年3月发表的《湖南农民运动考察报告》，为解决中国民主革命的中心问题——农民问题提供了重要依据。

总之，这个时期中国共产党人通过上述调查，明确了"谁是我们的敌人？谁是我们的朋友？"以及农民问题是中国民主革命的中心问题，从而形成了新民主主义革命的基本思

① 罗平汉．大革命时期毛泽东的农村调查[EB/OL]．[2014-04-09]．http://www.dangshi.people.com.cn/n/2014/0409/c85037-24862127.html.

想，为党制定新民主主义革命路线奠定了理论基础。

二、土地革命战争时期的社会调查

土地革命战争时期，中国共产党围绕土地革命、武装斗争和根据地建设等问题开展了一系列深入的社会调查。

（一）土地革命问题调查

1927 年 10 月，毛泽东率领秋收起义的工农革命军到达井冈山，在开展土地革命基础上调查研究，于 1928 年 12 月制定了根据地第一部土地法——《井冈山土地法》。1929 年 4 月，又领导制定了第二部土地法——《兴国土地法》。在 1929 年 4 月—1930 年 10 月间，毛泽东曾 3 次到兴国调查，于 1931 年 1 月写出了《兴国调查》一文。1941 年 9 月，毛泽东在一次讲话中说："贫农与雇农问题，是在兴国调查之后才弄清楚的"；"一方面以百分之六的人口（指地主、富农——引者注，后同）占有土地百分之八十，另方面以百分之八十的人口（指中农、贫农）则仅占有土地百分之二十。因此得出的结论，只有两个字：革命。"对于兴国调查的方法和过程，他回忆说，"我在兴国调查中，请了几个农民来谈话。开始时，他们很疑惧……第一天只是谈点家常事，他们脸上没有一点笑容……后来，请他们吃了饭，……使他们开始了解我的真意，慢慢有点笑容，说得也较多。到后来……大家热烈地讨论，无话不谈，亲切得像自家人一样"。①

在土地革命过程中，曾出现过如何分配土地、如何处理荒田等许多具体问题。1930 年 10—11 月，毛泽东围绕这些具体问题做过许多社会调查。他撰写的《分田后的富农问题》《东塘等处调查》《赣西南土地分配情形》《江西土地斗争中的错误》《分青和出租问题》《木口村调查》等，就是他深入土地革命第一线调查的成果。1933 年 10 月，为了纠正土地革命中的偏向，毛泽东在深入调查基础上起草了《怎样分析农村阶级》《关于土地斗争中一些问题的决定》等文件，为正确划分农村阶级、正确指导土地革命提供了理论和政策依据。

（二）武装斗争、军队建设和战争调查

1928 年 4 月，朱德率领南昌起义余部来到井冈山，刚好赶上江西敌军"进剿"。5 月，朱德指挥连续取得了五斗江、高陇、草市蛔、龙源口等战斗胜利。毛泽东在《中国革命战争的战略问题》一文中写道："我们的战争是从一九二七年秋天开始的，当时根本没有经验。南昌起义、广州起义是失败了，秋收起义在湘鄂赣边界地区的红军，也打了几个败仗，转移到湘赣边界的井冈山地区。第二年四月，南昌起义失败后保存的部队，经过湘南也转到了井冈山。然而从一九二八年五月开始，适应当时情况的带着朴素性质的游击战争基本原则，已经产生出来了，那就是所谓'敌进我退，敌驻我扰，敌疲我打，敌退我追'的十六字诀"。② 这一记载说明，游击战术"十六字诀"是在武装斗争实践基础上调查研究

① 毛泽东. 毛泽东农村调查文集[M]. 北京：人民出版社，1982：21-27.

② 毛泽东选集(第 1 卷)[M]. 北京：人民出版社，1991：204.

的结晶。

从1927年8月1日南昌起义到1929年12月，经过两年多的武装斗争，红四军党委在与各种错误思想作斗争的过程中，学到了许多东西，积累了丰富经验。毛泽东撰写的古田会议决议的第一部分《关于纠正党内的错误思想》(1929年)，针对红四军中存在的单纯军事观点、极端民主化、非组织观点、绝对平均主义、主观主义、个人主义、流寇思想、盲动主义残余等错误思想，指出了纠正的方法，要求“党员注意社会经济的调查和研究，借此来决定斗争策略和工作方法”。① 古田会议决议，既是对红四军各种错误思想调查研究的产物，又是对红四军纠正错误思想工作经验调查研究的总结。它是中国共产党军队建设的纲领性文献，其精神至今仍有现实意义。

1936年12月，毛泽东在中国抗日红军大学的讲演《中国革命战争的战略问题》中指出：“指挥员的正确的部署来源于正确的决心，正确的决心来源于正确的判断，正确的判断来源于周到的和必要的侦察，和对于各种侦察材料的联贯起来的思索。指挥员使用一切可能的和必要的侦察手段，将侦察得来的敌方情况的各种材料加以去粗取精、去伪存真、由此及彼、由表及里的思索，然后将自己方面的情况加上去，研究双方的对比和相互的关系，因而构成判断，定下决心，作出计划，——这是军事家在作出每一个战略、战役或战斗的计划之前的一个整个的认识情况的过程。”“中国古代大军事学家孙武子书上‘知彼知己，百战不殆’这句话，是包括学习和使用两个阶段而说的，包括从认识客观实际中的发展规律，并按照这些规律去决定自己行动克服当前敌人而说的；我们不要看轻这句话。”② 从一定意义上说，《中国革命战争的战略问题》不仅是调查研究的产物，而且是指导做好革命战争调查的教科书。

(三)农村革命根据地建设调查

井冈山斗争初期，许多同志在思考一个事关革命成败的重大问题——在强大的反动军队和白色政权包围中，弱小的红军和小块红色政权能否长期存在、发展？经过一段革命实践和调查，毛泽东在《中国红色政权为什么能够存在?》(1928年10月5日)和《星星之火，可以燎原》(1930年1月5日)中明确回答了这个问题，用铁的事实论证了中国红色政权能够存在和发展的道理，从而开辟了一条在农村建立根据地、实行工农武装割据的符合中国国情的独特革命道路。

为了建立革命根据地，毛泽东在1927年年底和1928年年初，利用战斗间隙，走遍罗霄山脉，对井冈山地区进行了详细周密的调查，撰写了《宁冈调查》和《永新调查》两个调查报告，为创建农村革命根据地奠定了理论基础。为了搞好根据地建设，毛泽东1933年对江西省兴国县长冈乡和福建省上杭县才溪乡进行深入调查，撰写了《长冈乡调查》和《才溪乡调查》两篇调查报告，用事实回答了“在国内革命战争的环境下，根据地建设不仅是必要的而且是可能的”这一重要问题。此外，毛泽东撰写的《我们的经济政策》(1934年)、

---

① 毛泽东选集(第1卷)[M]. 北京：人民出版社，1991：92.

② 毛泽东选集(第1卷)[M]. 北京：人民出版社，1991：179-180、182.

《关心群众生活，注意工作方法》(1934年)、《乡苏怎样工作?》(1934年)，张闻天撰写的《区苏维埃怎样工作》(1934年)，都是围绕农村革命根据地建设进行调查的产物，对于巩固和发展农村革命根据地具有普遍指导意义。

这个时期，以毛泽东为首的中国共产党人，围绕土地革命、军队建设、武装斗争、根据地建设等问题开展了一系列调查，创造性地解决了农民革命的基本问题——土地问题，以及工农武装割据、以农村包围城市、最后夺取全国胜利的中国民主革命的独特道路问题，为中国民主革命的胜利作出了重要贡献。

三、全民族抗日战争时期的社会调查

全民族抗日战争时期，中国共产党围绕抗日战争和武装斗争、人民生活、财政和经济、党的建设和领导方法、农村和土地等问题，开展了许多调查。

(一)抗日战争和武装斗争问题

1937年7月卢沟桥事变爆发后，中国面临向"何处去""怎样才能战胜日本帝国主义"这两个亟待解决的问题。毛泽东在调查研究基础上，撰写了《反对日本进攻的方针、办法和前途》(1937年)一文，阐明了中国共产党全面抗战的方针、办法和前途，反对国民党片面抗战的方针、办法和前途，为争取抗战的最后胜利，提出了"坚决抗战，反对妥协退让"等政治主张。

抗日战争爆发初期，党内外许多人轻视游击战争的战略作用，把希望寄托在正规战场和国民党军队上。毛泽东在对抗日战争初期经验进行调查研究的基础上，于1938年5月发表了《抗日游击战争的战略问题》一文，回答和解决了中共领导的军队要不要坚持和怎样坚持独立自主的游击战问题，并分别论述了抗日游击战争的六个战略问题，对于统一和提高全党全军对抗日游击战争战略地位的认识，促进抗日游击战争的迅猛发展起了重要推动作用。

1938年7月，毛泽东在调查、总结抗战爆发以来经验教训的基础上，发表了《论持久战》一文，针对中国国民党内部分人的"中国必亡论"和"中国速胜论"，以及中国共产党内部分人轻视游击战的倾向，系统地阐述了中国实行持久战的战略。它揭示了抗日战争发展的基本规律(敌强我弱、敌退步我进步、敌小我大、敌寡助我多助)，论述了只有实行人民战争才能赢得胜利的思想，阐明了运动战和游击战是抗日战争的重要作战形式，做出了抗日战争是持久战，中国必将取得这场战争最后胜利的结论。《论持久战》从思想上武装了全党全军和人民群众，坚定了中国人民争取抗战胜利的信心，成为指导全国抗战的理论纲领。

(二)群众生活和财政经济问题

(1)《固临调查》。1941年6月3日，延安雷电交加，安塞县一位老农民赶集时，拴在木桩子上的驴被雷打死了。这位老农民又哭又骂："老天爷瞎眼了呀，您怎么不打死毛泽东呀，而打死我的驴呀!"当时，延安从没听说有老百姓骂领导人的事，延安保卫部门准备严惩这个胆敢骂毛泽东的农民，但却遭到了毛泽东的反对。毛泽东认为，关键问题是，要搞清楚群众的怨气到底从何而来。怎么办？我们党有拿手好戏——调查研究。1941 年 9 月，李卓然率领柯华、秦川等 6 人的调查小组，赶赴固临，走遍两个区、四个乡、12 个村，挨家挨户了解情况，了解到农民的怨气，是因为负担——抗日救国粮太重。

那么，根据地的负担为什么突然加重了呢？原来，1941 年以前，陕甘宁边区的财政一半以上是国民政府给八路军的军饷，以及海外华侨和后方进步人士的捐款。但皖南事变后，国民政府不仅停发了军饷，还对抗日根据地实行军事包围和经济封锁。同时，大批爱国青年从国统区来到延安，边区脱产人员从 1937 年的 14000 人以下上升到 1941 年的 73000 人。

经过持续两个月的调查，一部 10 万字的报告——《固临调查》完成了，书中着重论述了农民负担问题，指出这些情形如不改变，则要进一步深入与加强我们的工作是不可能的。固临调查是中央在西北的系列调查之一，汇总各地调查结果后，中央正式提出了“发展经济，保障供给”的方针，号召根据地军民自力更生，机关、学校、部队全部参与大生产。大生产的成绩出乎意料，到 1943 年，陕甘宁边区生产自给率就达到了 100%，不再需要征收抗日救国粮了。到 1944 年，在南泥湾的 359 旅不仅完全满足了部队所需，而且还上缴了 1 万石粮食。处处是荒山的南泥湾变成了“陕北江南”。比解决根据地吃饭问题更重要的是，群众的骂声没有了、怨气消解了。而这一切，都与《固临调查》密不可分。①

图 3-3　《固临调查》

① 抗战特别报道. 根据地：从“固临调查”到大生产运动[Z]. 央视新闻，2015-06-22.

（2）《抗日时期的经济问题和财政问题》。1941—1942年，由于日军野蛮进攻和国民党包围封锁，抗日根据地财政发生了极大困难。1942年12月，毛泽东在陕甘宁边区高级干部会议上作《经济问题与财政问题》报告，他着重批判了那种离开发展经济而单纯在财政收支上打主意的错误思想，以及不注意帮助群众发展生产而只注重向群众要东西的错误做法。他指出："发展经济，保障供给，是我们的经济工作和财政工作的总方针。但是有许多同志……不知道财政政策的好坏固然足以影响经济，但是决定财政的却是经济。未有经济无基础而可以解决财政困难的，未有经济不发展而可以使财政充裕的。陕甘宁边区的财政问题，就是几万军队和工作人员的生活费和事业费的供给问题，也就是抗日经费的供给问题。这些经费，都是由人民的赋税及几万军队和工作人员自己的生产来解决的。如果不发展人民经济和公营经济，我们就只有束手待毙。财政困难，只有从切切实实的有效的经济发展上才能解决。忘记发展经济，忘记开辟财源，而企图从收缩必不可少的财政开支去解决财政困难的保守观点，是不能解决任何问题的。"①毛泽东指出，为了克服财政和经济困难，党必须领导人民发展生产，减轻人民负担，休养民力；号召机关、学校、部队尽可能生产自给；实行精兵简政，达到精简、统一、效能、节约和反对官僚主义五项目的。毛泽东的《经济问题和财政问题》，以及《开展根据地的减租、生产和拥政爱民运动》（1943年）、《组织起来》（1943年）等文，既是对当时解决财政、经济困难经验进行调查研究的总结，又是中共领导抗日根据地发展生产运动的基本纲领。在这些纲领指引下，各抗日根据地生产运动取得了巨大成绩，不仅使根据地军民胜利度过了抗日战争最困难的时期，而且为中共后来领导经济建设积累了经验。

（3）《必须学会做经济工作》。1945年年初，各解放区军民通过大生产运动，在经济上取得了很大成就，给抗日战争的最后胜利奠定了物质基础。1月10日，毛泽东在陕甘宁边区劳动英雄和模范工作者会议上的讲话《必须学会做经济工作》中论述了中国解放区经济工作的重要方针。

毛泽东说，为了做好经济工作，必须坚持从实际出发，即从解放区的生产建立在个体经济基础之上，各解放区被敌人分割，又是游击战争的农村环境出发，不能带着城市观点去处理农村问题，不能主观地作出不适当的计划，强制施行。经济工作从实际出发，看起来收效很慢，实际上反而会快。毛泽东强调在陕甘宁边区和敌后各解放区发展经济、战胜困难，必须坚持自力更生的方针。他说："我们是主张自力更生的。我们希望有外援，但是我们不能依赖它，我们依靠自己的努力，依靠全体军民的创造力"。②

可以说，《必须学会做经济工作》所论述的解放区经济工作方针，是对多年来解放区生产运动经验调查研究的结晶，没有调查研究，就没有这些方针。

（三）整顿党的作风，改进党的领导方法

1941年后，抗战进入相持阶段，党中央所在地陕甘宁边区比较稳定；毛泽东创造的

① 毛泽东选集（第3卷）[M]．北京：人民出版社，1991：1016.

② 毛泽东选集（第3卷）[M]．北京：人民出版社，1991：891-892.

工农武装割据、农村包围城市的革命道路和新民主主义理论体系已经形成，基本上获得了全党和共产国际的承认，毛泽东的领袖地位已确立和巩固，这就为整顿党的作风提供了客观条件。1941 年 5 月至 1945 年 2 月，毛泽东先后作了《改造我们的学习》《整顿党的作风》和《反对党八股》的报告，号召全党整风。然后，分两期进行：第一期(1942 年 2 月至 1943 年 7 月)参加学习的干部 4000~5000 人；第二期(1943 年 7 月至 1945 年 4 月)参加学习的干部 12000 余人；1945 年 4 月 20 日六届七中全会通过《关于若干历史问题的决议》，标志着整风结束。延安整风是中共党史上的伟大创举，它使全党确立了实事求是的马克思主义思想路线，使全党达到了空前团结。

在延安整风过程中，毛泽东撰写了《关于领导方法的若干问题》(1943 年)一文。该文指出："在我党的一切实际工作中，凡属正确的领导，必须是从群众中来，到群众中去。这就是说，将群众的意见(分散的无系统的意见)集中起来(经过研究，化为集中的系统的意见)，又到群众中去作宣传解释，化为群众的意见，使群众坚持下去，见之于行动，并在群众行动中考验这些意见是否正确。然后再从群众中集中起来，再到群众中坚持下去，如此无限循环，一次比一次地更正确、更生动、更丰富。这就是马克思主义的认识论"。"在集中和坚持过程中，必须采取一般号召和个别指导相结合的方法，这是前一个方法的组成部分。"①这里所说的，"从群众中集中起来，再到群众中坚持下去"的过程，实际上就是调查—研究—调查的过程。这说明，"调查—研究—调查"的方法，与"从群众中来，到群众中去""一般号召和个别指导相结合""领导骨干和广大群众相结合"的方法一样，都是马克思主义的科学领导方法。这就从马克思主义认识论和领导方法的高度，说明了社会调查的理论基础。

为了克服主观主义、形式主义，改进党的领导方法和作风，1941 年 8 月 1 日，毛泽东为中共中央起草的《关于调查研究的决定》和《关于实施调查研究的决定》，号召全党大兴调查研究之风。各抗日根据地党组织积极响应，作出了许多决定或指示，组织了许多调查团或考察团，掀起了一股调查研究高潮，结出了丰硕的调研成果。例如，《鲁忠才长征记》②《贺家川 8 个自然村的调查》《兴县 14 个自然村的土地问题研究》《杨家沟地主调查》《绥德、米脂土地问题初步研究》③等调查报告，以及《延安县川口区六乡农业调查》《米脂县印斗八乡减租调查》，苏北区党委的《关于人民生活情况的调查报告》，盐阜区党委的《阜东县长兴乡调查》，冀热边区党委的《冀热边社会状况考察》等，都是各根据地党委根据中共中央《关于调查研究的决定》开展社会调查而获得的成果，都对中央和各根据地党委客观认识和处理农村经济、土地问题，正确评估和处理农村阶级关系，巩固和发展抗日根据地，作出了一定的贡献。

全民族抗日战争时期的社会调查，创造性地解决了抗日战争战略问题，根据地巩固发展问题，整顿党风、学风、文风问题，促进了马克思主义与中国革命实践相结合，对夺取

① 毛泽东选集(第 3 卷)[M]. 北京：人民出版社，1991：899-900.

② 鲁忠才是富县城关区副区长，领导了富县城关区第一次运盐活动，故名《鲁忠才长征记》。

③ 参见：柴树藩，于光远，彭平. 绥德、米脂土地问题初步研究[M]. 北京：人民出版社，1979.

抗日战争和解放战争胜利，加强党的建设具有深远意义。

四、全国解放战争时期的社会调查

全国解放战争时期，中国共产党围绕抗战胜利后的时局、战场形势、解放区建设、土地改革、党的建设和工作方法等问题，做过许多社会调查。

（一）在时局调查基础上制定方针与任务

在充分调查研究基础上，毛泽东在1945年8月13日发表了《抗日战争胜利后的时局和我们的方针》的演讲。他指出，抗战胜利后的中国仍然存在着两种命运、两个前途的斗争。中国共产党人既要尽力争取和平，反对内战，又要对蒋介石发动内战有充分准备。实践证明，毛泽东的分析是完全正确的。

在解放战争中，毛泽东在广泛调查研究基础上，于1947年12月25日作了《目前形势和我们的任务》的报告，指出中国人民的革命战争，现在已经达到了一个转折点——由战略防御转入全国规模的战略进攻。该报告正确分析了两年来解放战争的形势，总结了打败蒋介石的十大军事原则，布置了土地改革、整编党的队伍、没收官僚资本、保护民族工商业、发展新民主主义经济、建立革命统一战线等任务，对推翻国民党统治、建立新中国具有重要指导意义。

在辽沈、淮海、平津这三大战役后，毛泽东于1949年3月5日作了《在中国共产党第七届中央委员会第二次全体会议上的报告》，说明了在全国胜利局面下，党的工作重心必须由乡村移到城市，城市工作必须以生产建设为中心，分析了当时中国经济的成分和党必须采取的政策，指明了中国由农业国转变为工业国、由新民主主义社会转变为社会主义的发展方向。该报告与1949年6月30日发表的《论人民民主专政》，都是毛泽东长期调查研究的结晶，它们共同构成了新政治协商会议制定的《共同纲领》的政治基础和思想基础。

（二）敌我力量对比调查与战略战术调整

解放战争期间，毛泽东非常重视战争中的调查研究，通过各种渠道搜集情报，并随着战场形势和敌我力量对比变化，不断调整战略战术，并直接参与重大战役的指挥，取得了一个又一个重大胜利。解放战争第一年，面对蒋介石的全面进攻，毛泽东指示《集中优势兵力，各个歼灭敌人》，强调以歼灭敌军有生力量为主要目标，不以保守或夺取地方为主要目标。解放战争第二年，毛泽东根据敌我力量对比的变化，及时指示由内线作战转入外线作战，由战略防御转入战略进攻。特别是指挥刘邓、陈谢、陈粟三路大军挺进中原，迫使国民党军由进攻转入防御，逐步陷入被动。解放战争第三年，毛泽东根据战场形势和各方面情报，审时度势，指挥采取“攻济打援”战术攻克济南（1948年9月16—24日），揭开战略决战序幕。接着，连续组织辽沈、淮海、平津三大战役（1948年9月12日到1949年1月31日），歼灭国民党军在东北、华北和华东的主力，解放长江以北广大地区。至此，解放军数量已超过国民党军。解放战争第四年，毛泽东根据当时形势，指挥适时发起渡江战役，迅速占领南京。然后，以秋风扫落叶之势对国民党军进行战略大追击。到1950年

6月，残存在大陆的国民党军被全部歼灭，少量逃往台湾；1951年西藏和平解放。至此，解放战争取得了完全胜利。

可以毫不夸张地说，解放战争中广泛的调查研究和出色的情报工作，是中国共产党和解放军战胜蒋介石和国民党军队的最重要的法宝之一。

(三)加强解放区建设调查

解放战争时期，中国共产党根据国内政治军事形势和解放区实际，就加强和巩固解放区工作发出过许多指示。例如，1945年11月7日，毛泽东指出《减租和生产是保卫解放区的两件大事》。1945年12月7日，毛泽东在《1946年解放区工作的方针》中指出，粉碎新的进攻、分化国民党军、练兵、减租、生产、解决财政问题、拥政爱民拥军优抗等10项工作，为“应加特别注意之点”。

解放战争后期，毛泽东在调查研究基础上，从新解放区客观实际出发，于1948年2月3日至1949年2月8日的一年间，先后发出了《在不同地区实施土地法的不同策略》《纠正土地改革宣传中的“左”倾错误》《新解放区土地改革要点》《关于工商业政策》《关于民族资产阶级和开明士绅问题》《新解放区农村工作的策略问题》和《把军队变为工作队》等一系列指示，对于加强新解放区建设、促进解放战争胜利前进起了重要指导作用。

(四)土地改革和农村问题调查

1946年5月4日，中共中央发出了《关于土地问题的指出》，根据农民对土地的迫切要求，中共中央决定改变党在抗日战争时期的土地政策，由减租减息改为没收地主土地分配给农民。1947年9—10月，中共中央召开全国土地会议，制定了《中国土地法大纲》，宣布“废除封建性及半封建性剥削的土地制度，实行耕者有其田的土地制度”。从此，一场轰轰烈烈的土地改革运动在各解放区蓬勃开展起来，与此相伴地掀起了一个围绕土地改革问题的社会调查高潮。

为了搞好土地改革，中共中央许多领导同志深入基层，做了许多实地调查和研究。例如，任弼时用很大精力研究土改问题，协助毛泽东制定土改方针政策。他不仅亲自到农村做调查研究，而且发动警卫人员一起搞调查。

习仲勋经过深入调查，于1948年1月4日、19日和2月8日三次给党中央、毛泽东写信，如实报告土改中发生的“左”倾问题及其危害，并说明目前正在努力纠正的情况。习仲勋的这些意见，受到毛泽东的高度重视。后来，习仲勋带领西北局同志，及时总结和推广了黄家川村土改工作经验，并将有关材料报送党中央。毛泽东阅后非常高兴，指出黄家川经验对全国老解放区土改有着普遍的指导意义。①

薄一波根据实地调查的情况，在1948年2月10日给毛泽东、刘少奇的电报中说明了自己的看法，认为晋冀鲁豫地区的土地改革情况，可分为三类地区：第一类地区，地主、富农已经彻底消灭，土地早已平分；第二类地区，地主、富农大体上已经斗争得很彻底，

---

① 崔晓民，温若谷，崔利民. 习仲勋的故事[M]. 西安：陕西人民出版社，2004：61-71.

土地已大体平分过；第三类地区，地主、富农未斗争彻底，土地问题基本上未解决。因此，薄一波认为，在第一、第二类地区，不必再来一次平分土地，只需要实行抽补调剂、填平补齐办法即妥。在第三类地区，可按照土地法大纲进行，组织贫农团起到领导一切的作用，并注重团结中农。① 薄一波的看法，得到了毛泽东、刘少奇的肯定，较好地指导了晋冀鲁豫的土改工作。

1947 年，谭政文被派到山西崞县和代县任土改工作团团长兼崞县县委书记。当时，晋绥“左”风泛滥，谭政文顶着巨大政治压力，坚持实事求是，抵制和纠正“左”倾错误的一系列做法，并进行了认真总结，撰写了《山西崞县是怎样进行土地改革的》一文。毛泽东在阅读该文并作出批示之后，于 1948 年 4 月发表了《在晋绥干部会议上的讲话》和《对晋绥日报编辑人员的谈话》，明确指出：“按照实际情况决定工作方针，这是一切共产党员必须牢牢记住的最基本的工作方法。我们所犯的错误，研究其发生的原因，都是由于我们离开了当时当地的实际情况，主观地决定自己的工作方针。这一点，应当引为全体同志的教训。”向社会作系统、周密的调查研究，是“按照实际情况决定工作方针”的基本前提和主要方法。这就是毛泽东在新中国成立前夕，向全党特别是党的高级干部提出的根本要求。

全国解放战争时期的社会调查，及时解决了夺取全国胜利道路上出现的一系列政治、军事、经济、阶级关系、党和军队自身建设等方面的重大问题，对于保证解放战争胜利和全国解放发挥了重要促进作用。

五、毛泽东的社会调查理论和方法

中国共产党是一个以马克思主义为指导的党。为了把马克思主义同中国革命实践结合起来，中国共产党人在革命实践基础上进行过长期、卓有成效的社会调查，其中最杰出的代表是毛泽东。20 世纪 20—40 年代，毛泽东通过大量社会调查，不仅为制定中国民主革命总路线，探索中国革命独特道路，指挥中国民主革命取得彻底胜利作出了杰出贡献，而且在社会调查理论和方法方面也结出了丰硕成果。其中，《反对本本主义》《总政治部关于调查人口和土地状况的通知》《〈农村调查〉的序言和跋》《关于农村调查》等著作，具有重要意义。

（一）《反对本本主义》（1930 年 5 月）

（1）写作背景：1920—1930 年，毛泽东在实地调查基础上，先后发表了《中国社会各阶级的分析》（1925 年 12 月）、《湖南农民运动考察报告》（1927 后 3 月）、《中国的红色政权为什么能够存在？》（1928 年 10 月）、《井冈山的斗争》（1928 年 11 月）、《关于纠正党内的错误思想》（1929 年 12 月）、《星星之火，可以燎原》（1930 年 1 月）和《寻乌调查》（1930 年 5 月）等重要调查报告，创造性地解决了新民主主义革命总路线问题、农民问题、革命根据地问题、军队建设问题，以及实行工农武装割据、以农村包围城市、最后夺取全国政

① 薄一波著作编写组. 薄一波书信集（上）[M]. 北京：中共党史出版社，2009：77-79.

权的革命道路问题。1930 年 5 月撰写的《反对本本主义》一文，实际上是上述实地调查经验的科学总结。

（2）发现和改名：1961 年 3 月，毛泽东在广州会议上说："别的文章丢了，我不伤心，也不记得了，这两篇文章我总是记得的。""两篇文章"是指《反对本本主义》和《调查工作》，都是 1930 年写的。现在，"忽然找出一篇来了，我是高兴的。"找出的这篇文章，就是《调查工作》。毛泽东说："写这篇文章（《调查工作》）之前，还写了一篇短文，题目叫《反对本本主义》，现在找不到了。"这说明，毛泽东当时写了两篇文章，但只找到了一篇，即《调查工作》。①

1961 年 3 月 11 日，毛泽东在《调查工作》上写了一段说明和批语："这是一篇老文章，是为了反对当时红军中的教条主义思想而写的。那时没有用'教条主义'这个名称，我们叫它做'本本主义'。写作时间大约在 1930 年春季，已经 30 年不见了。1961 年 1 月，忽然从中央革命博物馆找到，而中央博物馆是从福建龙岩地委找到的。看来还有些用处，印若干份供同志们参考。"②印发前毛泽东把《调查工作》改名为《关于调查工作》。1964 年这篇文章编入《毛泽东著作选读》（甲种本）时，毛泽东又将《关于调查工作》改名为《反对本本主义》。这就是说，我们现在看到的《反对本本主义》并不是 1930 年毛泽东写的原版《反对本本主义》，而是由《调查工作》改名而来的。

毛泽东把《调查工作》改名为《反对本本主义》，一是表明毛泽东对丢失的《反对本本主义》一文的怀念；二是本本主义是我们党犯错误的总根，反对本本主义是一项长期任务；三是调查研究是反对本本主义、打破种种思想束缚、不断创造新思想的根本途径。

（3）详细解读：《反对本本主义》一文，共 7 段，3000 多字。1961 年 3 月，毛泽东在广州中央工作会议上，结合党史，结合自己调研的经历，结合"三年自然灾害"的原因，逐段向大家讲解文章内容，解读内容近 7000 字。解读的大意是：第一段，没有调查就没有发言权，一经调查研究，办法就出来了；第二段，调查就是解决问题，新任干部不要随意宣布政见，想解决问题就得调查，就得做典型的调查；第三段，讲反对本本主义，破除迷信；第四段，讲不调研的危害；第五段，讲调研的纵断法和横断法；第六段，强调中国的情形要靠中国同志来了解；第七段，讲调研的七个技术。毛泽东解读的核心有三：其一，一万年都要调查研究；其二，要破除迷信，专从书本里出决策是危险的；其三，中央文件，如果没有具体措施是不可能实现的，领导人要亲自调查研究，亲自去解决问题。

毛泽东高度重视此文，其根本原因在于，"大跃进"造成了严重经济困难。毛泽东认为，犯错误的深层原因是主观主义，缺乏调查研究。《调查工作》一文，对于反思、纠正

① 倪德刚. 毛泽东哪篇文章至今未找到原文？[EB/OL]. [2015-07-05]. http://news.ifeng.com/a/201507051/44105539_1.shtml.

② 倪德刚. 毛泽东哪篇文章至今未找到原文？[EB/OL]. [2015-07-05]. http://news.ifeng.com/a/201507051/44105539_1.shtml.

当时的错误极有针对性和现实意义。①

(4)理论贡献：在《反对本本主义》中，毛泽东第一次响亮提出了“没有调查，就没有发言权”的著名口号；第一次明确使用了“思想路线”概念；第一次说明了“马克思主义的‘本本’是要学习的，但是必须同我国的实际情况相结合”这一基本观点；第一次做出了“中国革命斗争的胜利要靠中国同志了解中国情况”的科学论断。② 此外，这篇文章还论述了社会调查的重要意义、指导思想、调查方法和技术等问题。可以说，《反对本本主义》一文是毛泽东长期从事调查研究工作的科学总结，是毛泽东社会调查理论形成的标志，是马克思主义发展史上系统论述社会调查问题的第一部专著。不仅如此，这部著作还集中反映了毛泽东关于实事求是、群众路线和独立自主这三个基本观点的雏形。

(二)《总政治部关于调查人口和土地状况的通知》(1931 年 4 月)

1931 年 4 月，毛泽东为中央革命军委员会起草了《总政治部关于调查人口和土地状况的通知》。通知最后说：“我们的口号是：一，不做调查没有发言权。二，不做正确的调查同样没有发言权”。③ “不做正确的调查同样没有发言权”是对“没有调查，就没有发言权”这一口号的重要补充。它说明，仅仅“调查”是不够的，还必须做“正确的调查”。只有做“正确的调查”，才有真正发言权。

(三)《〈农村调查〉的序言和跋》(1941 年 3 月、4 月)

毛泽东在《农村调查》的序言中说，“要了解情况，唯一的方法是向社会作调查，调查社会各阶级的生动情况。对于担负指导工作的人来说，有计划地抓住几个城市、几个乡村，用马克思主义的基本观点，即阶级分析的方法，作几次周密的调查，乃是了解情况最基本的方法。”“要做这件事，第一是眼睛向下，不要只是昂首望天。没有眼睛向下的兴趣和决心，是一辈子也不会真正懂得中国的事情的。第二是开调查会。……没有满腔的热忱，没有眼睛向下的决心，没有求知的渴望，没有放下臭架子、甘当小学生的精神，是一定不能做，也一定做不好的。必须明白：群众是真正的英雄，而我们自己则往往是幼稚可笑的，不了解这一点，就不能得到起码的知识。”“我现在还痛感有周密研究中国事情和国际事情的必要……和全党同志共同一起向群众学习，继续当一个小学生，这就是我的志愿。”④毛泽东的这种谦虚态度、满腔热忱，求知渴望和甘当小学生精神，是他早期社会调查取得丰硕成果的关键。

(四)《关于农村调查》(1941 年 9 月 13 日)

《关于农村调查》，是毛泽东在延安对一个妇女生活调查团的讲话。它有三个部分：

① 倪德刚. 毛泽东哪篇文章至今未找到原文？[EB/OL]. [2015-07-05]. http://news.ifeng.com/a/201507051/44105539_1.shtml.

② 毛泽东. 毛泽东农村调查文集[M]. 北京：人民出版社，1982：1-12.

③ 毛泽东. 毛泽东农村调查文集[M]. 北京：人民出版社，1982：12-13.

④ 毛泽东. 毛泽东农村调查文集[M]. 北京：人民出版社，1982：14-20.

“一、情况是逐渐了解的”。“认识世界，不是一件容易的事。”“我们的调查工作，是要有耐心地、有步骤地去作，不要性急。”“从我个人调查农村来说，是经过了六七年的时间的”。“二、方法”。“1. 对立统一，阶级斗争，是我们办事的两个出发点。当我们观察一件事物时，第一步的观察只能看到这件事的大体轮廓，形成一般的概念。……第二个步骤，用分析方法把……各部分有秩序地加以细细的研究和分析。然后第三步再用综合法把对各部分的分析加以综合……”“今天我们研究中国社会，也要用个‘四面受敌’法，把它分成政治的、经济的、文化的、军事的四个部分来研究，得出中国革命的结论”。“2. 详细地占有材料，抓住要点。……一定要抓住要点或特点(矛盾的主要方面)。”“假若丢掉主要矛盾……犹如见树木不见森林，仍然无发言权的。”“三、答复几个问题”，主要回答了怎样开调查会？怎样找调查的典型？如何收集和整理材料？怎样使对方说真话？等几个问题。在“怎样使对方说真话?”中，毛泽东指出“主要的一点是要和群众做朋友，而不是去做侦探，使人家讨厌。……群众不讲真话，不怪群众，只怪自己”。①

此外，毛泽东的《实践论》《矛盾论》《改造我们的学习》《整顿党的作风》和《反对党八股》等著作，实际上是毛泽东社会调查理论和方法的深厚的哲学基础。

从目前史料看，毛泽东没有直接地、系统地接触过西方近代社会调查的理论和方法。但是，他的青年时代主要生活在西方近代社会调查方法在中国的系统传授和本土化阶段，当时中国学者掀起的社会调查运动，特别是陈独秀、李大钊等中共创始人的社会调查实践，对得风气之先的湖南青年毛泽东肯定有巨大而深刻的影响。因此，毛泽东的社会调查理论和方法，是他所处时代和环境的产物，是他积极投身中国社会变革和革命实践的产物，是他长期坚持不懈地调查研究的产物。从这个视角看，毛泽东的社会调查理论和方法，实是西方近代社会调查方法中国化、本土化的典型代表和重要结晶。

① 毛泽东. 毛泽东农村调查文集[M]. 北京：人民出版社，1982：21-27.

第四章　现代的社会调查

中国现代的社会调查，是指中华人民共和国成立以后的社会调查，其年代从 1949 年中华人民共和国成立起到本书完成撰稿的 2021 年止，前后历时 72 年。它可分为三个时期：一是中华人民共和国前期的社会调查(1949—1978 年，共 29 年)；二是改革开放初期的社会调查(1978—2012 年，共 34 年)；三是新时代中国特色社会主义建设时期的社会调查(2012—2021 年，共 9 年)。

第一节　中华人民共和国前期的社会调查

中华人民共和国前期，是指从 1949 年 10 月中华人民共和国成立起，到 1978 年 12 月中共十一届三中全会召开为止的时期，前后历时 29 年。这个时期的社会调查可分为三类，即行政性社会调查、政治性社会调查和学术性社会调查。

一、行政性社会调查

行政性社会调查，是指为实施行政管理而开展的社会调查。中华人民共和国成立后，面对国民党留下的破烂摊子，行政管理任务极其繁重。为了搞好行政管理，这个时期做了大量行政性社会调查，其主要成果如下：

(一)调查、统计机构和制度在曲折中发展

中华人民共和国成立时，政务院财政经济委员会即成立了统计处。1952 年 8 月，中央人民政府决定成立国家统计局，着手创建全国统一的统计工作。当时，全国统计体系不健全，制度不完善，工作人员素质不高，经常发生“上面乱要，下面乱造”、统计数据失真等现象。为了纠正上述现象，1953 年 9 月，政务院发出了《关于清理现行调查统计表格及禁止乱发调查统计表格的指示》。1954 年 6 月，国家统计局颁发了《关于制订及审批调查统计报表的暂行办法》。这些指示和办法，对于纠正统计调查中的错误、改进统计调查工作起了积极作用。

中华人民共和国的统计体系和制度，是在苏联专家指导下建立起来的。同时，中国学者也在探索中国自己的统计体系。徐前等编著的《经济统计学讲话》(统计出版社，1957 年)就是一例。当时，在国民经济主要领域的统计报表制度包括三个方面，一是国家统计调查制度，二是中央各部门统计调查制度，三是地方统计调查制度，它们为国民经济恢复

和编制“一五”计划作出了重要贡献。

但是，在1958年的“大跃进”中，统计工作受到严重冲击。据薛暮桥回忆：“高指标的直接后果是迫使各级党委和政府虚报产量。这年8月统计局召开全国统计会议，那时我已经调离统计局，没有参加会议，有五六个省的统计局长来看我，说省委要统计局报假账，不报就要受处分，如照省委的意图报，又违反统计纪律，怎么办？我说现在‘大跃进’势不可挡，只能听省委的话，将来总有一天中央会问你们真实数字，你们仍要做好准备，随时可以把实际数字拿出来”。① 1959年4月29日，毛泽东在《党内通信》中指出：“爱讲假话的人，一害人民，二害自己，总是吃亏的”。②

20世纪60年代初，国民经济进入调整时期，许多统计工作被经济与计划工作取代，国家统计局逐渐被边缘化。1962年4月，国家统计局提出了《关于改进农产品调查统计工作的报告》和《关于成立全国农产品调查队的设想》。经国务院批准后，1963年年初中央成立了全国农产量调查总队，各省、市、自治区成立了分队。至此，我国农产量的调查统计同时采用两种方法：一是以人民公社为依托，逐级上报统计资料；二是由农产量调查队运用抽样方法做实割实测调查，从而为中央提供比较及时、准确的农产量数据。

1966年开始的“文化大革命”，使统计工作受到更大冲击。1969年12月，国家和各省、地、县、市统计机构大多被撤并或撤销，统计人员被解散，统计资料被销毁，统计制度遭到了严重破坏。1970年，周恩来总理明确指出：统计工作不能取消，统计机构还要有，基本统计还是要搞的。根据周总理指示，国家计委于1970年5月发出了《关于建立统计报表制度的通知》，12月下达了“国民经济基本统计年报制度”，使年报制度得到了初步恢复。1974年，国家计委统计组改称统计局，各省、市、自治区相继在计委内设立了统计局或统计处，全国统计工作和统计报表制度逐步恢复起来。1975年8月，国家计委决定在统计局计算室基础上成立电子计算中心，与138个点(30个重点钢铁企业、80个统配煤矿和28个省市自治区)联通，用电子设备传输数据。1977年4—11月，国家计委先后下发了《1977年统计工作要点》《关于整顿和加强统计工作的报告(草稿)》等文件，促进了统计工作的恢复。1978年3月，国务院批准恢复国家统计局，各地统计机构相继重建，全国统计工作重新步入正常轨道。

(二)两次人口普查

1950年年初至1952年年底，内务部根据各省市报告，先后汇编了6次全国人口数字，但没有人口的性别、年龄、民族构成，而且遗漏严重，使用价值有限。

1953年4月，政务院颁布《全国第一次人口普查办法》，由国家统计局、内务部等有关部门组成全国人口普查领导机构。这次人口普查，登记标准时间：1953年6月30日24时。普查项目：与户主关系、姓名、性别、年龄、民族、住址6项。普查工作人员：250多万人。普查方法：以个人经常住所或户作为人口计算的基础。普查特点：人口普查登记

① 薛暮桥. 薛暮桥回忆录[M]. 天津：天津人民出版社，1996：256.

② 毛泽东文集(第8卷)[M]. 北京：人民出版社，1999：50.

与选民登记同步进行；普查时间较长，登记项目较少；试点和复查面较广、时间较长；边远少数民族地区，采用间接调查方法。普查结果：1954 年 11 月发表公报，全国人口为 601938035 人。

1964 年，为编制国民经济建设第三个五年计划（1966—1970）和长远规划提供依据，中共中央、国务院于 2 月发布《关于进行第二次全国人口普查工作的指示》，决定在 1964 年进行第二次全国人口普查。普查登记的标准时间：1964 年 6 月 30 日 24 时。普查项目：除第一次普查的六个项目外，新增文化程度、本人成分、职业三项，其中后两项不汇总。同时，对 1964 年上半年出生、死亡、迁出、迁入人口进行登记。这次人口普查，在全国组织了一支 530 余万人的普查队伍，从 1963 年 10 月开始，到 1964 年 10 月结束。普查结果在 1981 年第 5 期《统计》杂志上公布：全国人口为 720370269 人。其中，28 个省、自治区、直辖市为 694581759 人（不包括台湾省人口、港澳同胞和国外华侨）。

（三）经济状况调查

从 1950 年开始，国家统计机构组织了一系列经济调查。例如，1950 年 3 月，政务院财政经济委员会发布命令，对全国公营、公私合营及工业合作社的工矿企业，进行普查。交通部公路总局开展了全国公路运输基本情况调查。8 月，中财委发出了指示，要求搞好全国工矿企业普查资料的审核与整编工作。

1952 年 10 月，开展了全国工农业总产值和劳动就业调查。1953 年 5 月，开展了全国城市公用事业调查。1954 年 1 月，开展了工程技术人员调查；4 月，组织了全国私营工业企业调查。1955 年 7 月，开展了私营工业重点行业调查；9 月，开展了私营商业及饮食业基本情况普查。同时，开展了全国职工调查等。

据薛暮桥回忆，统计局根据中国实际情况，对国有大中型企业，实行重点调查和估计推算相结合的办法开展调查；对私营工商业企业，主要是利用工商管理局和税务局的资料开展调查；对农业方面，则创造了典型调查与估计推算相结合的方法开展调查。此外，还对职工和农民两类家庭收支情况，进行了抽样调查。① 这些调查，都获得了比较翔实、可靠的资料。

1958 年的“大跃进”，造成了国民经济大混乱和城市人口大膨胀。1959 年 2 月，组织力量查清核实 1958 年职工人数，很快查清了该年全国职工猛增 2000 万人左右的情况，为解决这一问题提供了重要依据。3 月，开展了农村人民公社整社情况调查，为中央提供了人民公社整社前后的变化情况。1960 年 4 月，组织了城市人民公社调查。

1961 年 2 月，根据毛泽东“大兴调查研究之风”的指示，国家统计局印发了 1960 年调查研究初步总结——《大搞调查研究》。主要经验是：跟上形势，选准题目；统计分析与专题研究、综合研究与典型调查相结合；领导动手与依靠群众相结合；深入调查研究，具体问题具体分析；反复研究，以虚带实，虚实并举；统计报告要“准、透、全、快、简”等。同时强调，为了做好调查研究，应深入实际、深入群众开展典型调查，改变迷信和滥

① 薛暮桥. 薛暮桥回忆录[M]. 天津：天津人民出版社，1996：232-233.

用统计报表的作风。

1962年3月，在全国恢复了农民家计调查。同年，还进行了基本建设停建项目情况调查和基本建设征用土地利用情况调查。1963年，组织了重点县支援农业资金使用情况调查。1964年，分别按照牌价、高价、议价和市价的零售物价总指数和职工生活费价格总指数进行了调查。1965年，组织了在建大中型项目建设情况调查；整理出了1949—1964年大中型项目建设基本情况统计资料。

上述调查，对克服“大跃进”造成的混乱，调整和发展国民经济，起了很大促进作用。然而，1966开始的“文化大革命”使国民经济遭受了更大浩劫。粉碎“四人帮”后，1977年国家计委发出了职工普查通知。普查结果显示，全民所有制单位非正式职工1600万人，相当于正式职工的四分之一，从而为制订劳动计划、整顿劳动组织，提供了可靠依据。1978年5月，开展了基本建设项目和挖潜、更新、改造项目调查。调查结果显示，全国在建项目存在规模大、战线长、投资效益差等问题，为中央制定调整方案、缩短建设战线，提供了重要依据。

(四)教育、文化、科技调查

1952年6月，教育部组织全国各级各类学校开展了普查与典型调查相结合的调查，为编制五年教育建设计划提供了必要的资料。

1952年9月，文化部开展了新中国第一次全国文化艺术事业普查。对全国电影放映队、电影院、剧场、戏曲剧团班社、文化馆，以及各县、市文化艺术事业概况进行了调查。调查内容有机构、人员、设备及工作情况，影院及剧场票价，剧团演员收入，文化馆经费，县市文化事业经费预算等。

1957年，政务院财政经济委员会负责人通过对山东省济南、青岛、莱阳三个地区六所中学、三所师范、五所小学、两所文化补习学校的调查，发现教育行政机关存在官僚主义、教材脱离实际、师生负担过重、健康状况欠佳等问题。

1961年1月后，在毛泽东“大兴调查研究之风”的号召下，中宣部、教育部、文化部、中国科学院等单位开展了一系列调查，先后制定了《高教六十条》《中学五十条》《小学四十条》《文艺八条》《科学十四条》等文件，为探索符合中国情况的教育、文化、科技事业迈出了重要的一步。

“文化大革命”是对教育、文化、科技事业的严重摧残。粉碎“四人帮”后，教育、文化、科技事业，在调查研究基础上拨乱反正，得到了迅速恢复和发展。1978年5月，国家计委、国家科委等单位联合发出了《关于进行全国自然科学技术人员基本情况普查的通知》，对全国科技人员进行了首次普查，摸清了科学技术人员的基本情况，为制定全国科学技术发展规划奠定了可靠基础。

(五)居民家计调查

居民家计调查，包括两个部分，即农民家计调查和城市职工家计调查。

农民家计调查，1955年由国家统计局组织实施：采用分阶段、按比例抽样方法，在全国(除西康和各直辖市外)抽选750~1000个乡村，每个乡村抽选20户，每省500~1000户，共抽选1.5万~2万农户，对他们1954年家计情况进行一次性调查。调查历时9个月，动员干部5000多人，调查农户16700户。1956年3月，国家统计局下发1955年农家收支调查重新抽样办法，规定以150户左右的居民点为调查点，每个调查点抽选15户左右为调查户。在此基础上，建立1956年农民家计调查对象，调查户为1.5万~2万户。要求调查户自行记账，设辅助调查员，定期访问调查户，检查记账情况，按月整理汇总调查户的家计资料。

城市职工家计调查，于1956年1月开始，在北京、天津、上海、石家庄、太原、沈阳、长春、哈尔滨、西安、济南、南京、杭州、郑州、武汉、长沙、广州、成都等27个城市工业部门进行职工家计调查。调查人员500~600人，每个人调查12~15户。第一年调查工业部门职工6000户。要求被调查户按一定表式逐日自行记账，家计调查员经常检查填写情况，按月整理汇总被调查户的家计资料。

二、政治性社会调查

政治性社会调查，是指为实现某种政治任务而开展的社会调查。中华人民共和国前期，是中国政治、经济和社会体制剧烈变动的时期，政治性社会调查居于重要地位。这个时期，影响巨大的政治性社会调查有：

(一)土地改革调查

中华人民共和国成立前后，为了搞好新区土地改革，有关地区党委和政府，对一般农村、城市郊区，以及平原、山区等不同类型乡村进行调查，着重了解农村的土地关系和阶级关系。这些调查，为制定《中华人民共和国土地改革法》打下了基础。1950年6月，中央人民政府委员会通过了《中华人民共和国土地改革法》。1950年冬，各地区党委和政府开始派出工作队深入农村，有领导地分期分批开展土地改革运动。一般要经过访贫问苦、发动群众、划分阶级、斗争恶霸、没收和分配土地财产、复查总结和动员生产等步骤，才能完成土地改革工作。经过两年努力，到1952年年底，全国大陆除部分少数民族地区外，普遍实行了土地改革，彻底摧毁了封建土地制度，使3亿多农民无偿分得了约7亿亩土地和大批生产资料，免除了每年向地主缴纳约3000万吨以上粮食的地租。

为了搞好土地改革运动，各地区进行了大量社会调查，重点调查了农村租佃、借贷关系，对宗族土地、宗教土地、典当田、公堂田、湖田、农场用地、沙田、芦苇滩、鱼池、果园、蚕桑等特殊土地关系等，都做了详细调查，为正确执行土地改革政策提供了重要依据。当时，《人民日报》及各类报刊经常登载土改调查报告，出版机构也出版了大量有关著作。例如，1950年10月，新华书店中南总分店出版了《湖南农村情况调查》；1951年5月，人民出版社出版了《新区土改前的农村》等。这些调查和出版物，都有力地推动了土地改革的顺利进行。

(二)统购统销调查

从1953年起，随着第一个五年计划的实施，国家工业化、城镇化的发展，粮食等主要农产品供需矛盾日益突出。为了解决这一矛盾，主持中央财经工作的陈云做了大量调查研究。他集思广益，广泛征求意见，汇总了八种方案，经反复对比、筛选和思考后，认为要确保粮食供应，唯一的选择是农村征购、城市配售这一办法，并起草了《农村粮食统购统销暂行办法》和《市镇粮食定量供应暂行办法》。这种农村征购、城市配售的办法，被简称为“统购统销”。所谓“统购”，就是农民除了交纳公粮外，要将扣除口粮、种子、饲料之外的绝大部分余粮卖给国家；所谓“统销”，其初期的粮食品种，北方城市仅限于面粉，南方城市仅限于大米，后来逐渐扩大到粮食的主要品种、食用油以及多种生活用品。

为了解决国家建设与农产品供给不足的矛盾，中共中央于 1953 年 10 月作出了《关于实行粮食的计划收购与计划供应的决议》；11 月又作出了《关于在全国实行计划收购油料的决定》。1954 年 9 月，政务院下达了对棉布实行计划收购和计划供应、对棉花实行计划收购的命令。此后，随着经济社会发展和供求关系变化，统购统销的内容和办法在调查研究基础上做过多次微调，这一政策从 20 世纪 50 年代起一直延续到 80 年代中期，才逐步被取消。

(三)农业社会主义改造调查

在土地改革中，农民实现了“耕者有其田”的千年梦想，农业生产得到了迅速恢复和发展。特别是那些生产资料充足、生产经验丰富的中农，很快走上了富裕道路，而那些生产资料匮乏、生产经验不足的贫农却仍然在困苦中煎熬，有的遭遇天灾人祸，更陷入卖田、卖房的破产境地。为了克服小农经济的脆弱性，避免两极分化，中共中央借鉴革命根据地“组织起来”的经验，早在 1951 年 9 月就召开了全国第一次互助合作会议，通过了《关于农业生产互助合作的决议(草案)》。经过一年多的试点和实地调查，1953 年 2 月，中共中央将决议草案通过为正式决议。10 月，召开了全国第三次互助合作会议，讨论并制定了《关于发展农业生产合作社的决议》。12 月，中央宣传部《关于党在过渡时期总路线的学习和宣传提纲》，更把对“农业的社会主义改造”作为“三大改造”之一。从此，初级农业生产合作社蓬勃发展起来。

1955 年 4 月，中共中央农村工作部部长邓子恢在第三次全国农村工作会议上，根据实地调查的情况，一方面肯定 1954 年农业合作化成绩是主要的，另一方面指出要防止计划太大、违反自愿互利原则、侵犯中农利益等“左”的错误，认为今后的方针应是停止发展、全力巩固。在这个精神指导下，浙江省解散了近 2 万个条件不成熟的农业合作社。毛泽东不同意上述估计和做法，于是在党内引发了一场农业合作化运动是“左”还是右、发展步伐是大还是小的争论。7 月，毛泽东在中央召开的有关会议上作了《关于农业合作化问题》的报告，认为农业合作化运动中的主要问题不是“左”，而是右，批评有些同志像“小脚女人”，总是埋怨走快了。从此，农业合作化运动迅猛发展起来。到 1955 年年底，总农户中参加初级社的已占 59. 3%，参加高级社的占 4%；1956 年年底，参加高级社的占 87. 8%。原定 15 年完成农业社会主义改造的任务，只用 4 年就完成了。1956 年 1 月，毛泽东收集了 176 篇合作化运动经验总结，为其中 104 篇写了按语，编辑、出版了《中国农村的社会主义高潮》一书，比较全面地表达了他关于农业合作化和社会主义建设的思想。

(四)社会主义建设道路调查

1956年，在毛泽东提议下，中央政治局从2月14日至4月25日的72天中，先后听取了国务院34个部门的汇报，审阅了大量文件，连续6天参观了全国机械工业展览，①实地视察了一些工矿企业，重点研究了中国社会主义建设道路问题。在这些调查研究基础上，经政治局反复讨论，最后由毛泽东概括、撰写了《论十大关系》这篇重要报告，为探索适合中国国情的建设社会主义道路作出了重要贡献。正如毛泽东后来所说的，“那个十大关系怎么出来的呢？我在北京经过一个半月，每天谈一个部，找了34个部的同志谈话，逐步形成了那个十条。如果没有那些人的谈话，那个十大关系怎么会形成呢？不可能形成”。②

(五)人民公社调查

农业合作化高潮，促进了农业水利化、机械化的发展。农业水利化、机械化的发展，又提出了扩大农业生产合作社规模的要求。1957年后，一些农村地区出现了小社并大社的做法。1958年3月，中共中央在成都召开工作会议，根据上述情况和趋势，通过了《关于把小型农业生产合作社适当的合并为大社的意见》。于是，小社并大社很快成了一种潮流。1958年8月，毛泽东到河南省新乡市视察，看到七里营乡挂出“人民公社”牌子，高兴地说：“看来人民公社是个好名字，包括工农商学兵。它的特点一曰大，二曰公。”后来到了山东，当省委书记汇报准备办大农场时，毛泽东说：“还是办人民公社好。它的好处是，可以把工农商学兵合在一起，便于领导。”③从此，“人民公社好”这五个字传遍大江南北，已经合并的大社，都统一改名为人民公社了。当月，中共中央政治局北戴河扩大会议通过了《关于在农村建立人民公社的决议》。此后仅一个多月，就把全国74万多个农业生产合作社组成为26500多个人民公社，参加的农民达12690多万户，占总农户的99.1%，就这样基本实现了人民公社化。

1958年北戴河会议后，毛泽东和其他中央领导人纷纷到全国各地深入工厂、农村、机关、学校视察，调查研究，发现“大跃进”和人民公社运动中，出现了以高指标、瞎指挥和“一平二调”“共产风”为标志的严重“左”倾错误。1958年11月初，毛泽东召开部分领导人参加的郑州会议，第一次提出了“降温”、纠“左”问题。此后直到1959年5月，毛泽东和中共中央召开多次会议，下发多次指示，力图纠正“左”的错误。但是，这些纠“左”会议和指示，都是在肯定“大跃进”和人民公社前提下进行的，因而不能解决根本问题。特别是1959年庐山会议及其以后对彭德怀的批判和反右倾运动，不仅没能纠正“左”

---

① 中共中央文献研究室. 毛泽东年谱1949—1976(卷2)[M]. 北京：中央文献出版社，2013：528-569.

② 中共中央文献研究室. 毛泽东周恩来刘少奇朱德邓小平陈云论调查研究[M]. 北京：中央文献出版社，2006：263.

③ 百度百科. 人民公社好[EB/OL]. [2021-01-21]. http://baike.baidu.com/item/%E4%BA%BA%E6%B0%91%E5%85%AC%E7%A4%BE%E5%A5%BD/3751260?fr=aladdin.

倾错误，反而使其更为猖獗，一大批敢于讲真话、讲实话的党员干部受到严厉批判。

1959年下半年至1960年，为了回击“右倾机会主义”对“总路线”“大跃进”和人民公社的进攻，开展了一场声势浩大的“人民公社调查”运动，出版了一批调查报告。如《初升的太阳——北京市郊区九个人民公社调查报告》《人民公社的光芒——广西人民公社调查》《幸福的道路——吉林省人民公社调查》《初升的太阳——辽宁省人民公社调查选编》《碧海朝阳——人民公社调查》《历史发展的伟大见证——天津人民公社调查报告》等，新华社还出版了两大本《农村人民公社调查汇编》。这些调查，毫无例外地都在论证人民公社的优越性。

（六）调整国民经济和大兴调查研究之风

1960年，国民经济陷入严重困境。11月，中共中央发出了《关于人民公社当前政策问题的紧急指示信》，要求纠正“一平二调”等“左”倾错误。1961年1月，中共召开的八届九中全会，决定对国民经济实行“调整、巩固、充实、提高”方针。在会议最后一天，毛泽东作了大兴调查研究之风的讲话。他号召全党大兴调查研究之风，一切从实际出发，要求1961年成为实事求是年、调查研究年。

为响应毛泽东的号召，中央和地方许多领导都深入基层、深入实际做了许多调查。例如，1961年4、5月间，刘少奇先后到湖南宁乡县东湖塘公社王家塘生产队、湘潭市郊荷塘公社许家垄生产队、长沙县广福公社天华大队做实地调查，最后回到家乡宁乡县花明楼炭子冲做考察，了解到农村的许多真实情况。通过这次全党大兴调查研究之风，中央各部委组织、开展了许多卓有成效的调查研究，先后制定出农业六十条、工业七十条、手工业三十五条、商业四十条、科学十四条等条例，对促进国民经济的恢复和发展起了极为重要的作用。

（七）“农村社会主义教育运动”调查

1958年“大跃进”的挫折和随后的国民经济困难，引起了全党的深刻反思和对经验教训的探索。在反思和探索过程中，有的人认为，“总路线”“大跃进”、人民公社大方向正确，缺点错误主要是缺乏经验、自然灾害造成的；有的人却认为，是“三分天灾，七分人祸”，从而形成了党内的严重分歧。当时，国际形势复杂严峻，中苏关系不断恶化，美国侵越战争升级，印度制造边境事件，再加上蒋介石叫嚣“反攻大陆”，因而1962年秋召开的中共八届十中全会做出了判断，强调“以阶级斗争为纲”，“必须年年讲，月月讲，天天讲”。

贯彻以阶级斗争为纲的路线，在农村就是开展以“四清”（即“清账目、清仓库、清财务、清工分”，后改为“清思想、清政治、清组织、清经济”）为名的“社会主义教育运动”。这一运动，首先在湖南和河北展开。据中共湖南省委调查，问题比较严重的干部，在县委书记、县长中占6.7%，公社党委书记一级占10%，基层比例更大。河北省保定地区通过调查，也查出了一些干部多吃多占、贪污腐败等问题。毛泽东肯定他们的做法，在1963年2月召开的中央工作会议上加以推广。他指出“阶级斗争，一抓就灵”，各地农村要分期分批开展社教运动。此后，调查报告越来越多，情况估计也越来越严重。有的人认为，全国农村基层有三分之一领导权不在人民手中；有的人认为，“建立反革命两面政权”是“敌人反对我们的主要形式”等。1965年1月，毛泽东主持制定了《农村社会主义教育运动中目前提出的一些问题》(即“二十三条”)，强调运动的性质是“社会主义与资本主义的矛盾”，重点是“整党内那些走资本主义道路的当权派”等。这表明，毛泽东越来越把斗争矛头集中到党内，特别是党的领导机关。

(八)“文化大革命”调查

1966年5月，中共中央政治局扩大会议通过了《中国共产党中央委员会通知》(简称“五一六通知”)。8月，中共八届十一中全会又作出了《中国共产党中央委员会关于无产阶级文化大革命的决定》。这两次会议的召开，是“文化大革命”全面发动的标志。“文化大革命”的10年，使党、国家和人民遭受新中国成立以来最严重的挫折和损失。在这10年中，报刊上发表了大量基于上述“通知”和“决定”的所谓“调查报告”，包括许多“工业学大庆”“农业学大寨”的调查报告，其目的都是为“文化大革命”作辩护。

(九)农村改革调查

1978年春，湘潭地委书记和湘乡县委10名常委，各带一个工作组到公社蹲点调查。通过实地调查，形成了《认真落实党的农村政策，努力减轻农民负担》这一调查报告，①经湖南省委上报中央。中央高度重视这篇调查报告，于6月23日批转了这份报告，并在7月5日的《人民日报》上发表了题为《落实党的政策，减轻农民负担》的社论，要求各地参照湘乡经验，深入调查研究，认真解决农民负担问题。随后，各省、市、自治区党委相继召开常委会，对照湘乡经验，认真调查和解决本地类似问题，形成了“文化大革命”后农村调查的第一个高潮。

7月13日，中共中央又对陕西省委《关于旬邑县少数干部强迫命令、违法乱纪问题的调查报告》作了重要批示，号召党员干部特别是领导干部，要以普通劳动者姿态，大兴调查研究之风，要学会正确处理敌我矛盾和人民内部矛盾，要通过学习、整风，使广大干部、共产党员受到一次党的传统教育、政策教育和社会主义法制教育，使干部作风来一个大转变。

上述两个批示中，中共中央都强调各级干部特别是领导干部必须深入农村开展调查研究。可以说，没有深入的农村调查，就没有影响数亿农民的农村改革。

三、学术性社会调查

学术性社会调查，是指围绕学术研究而开展的社会调查。中华人民共和国前期，中国高等院校、科研院所的学者们，几乎参与过所有重大的行政性社会调查和政治性社会调查。此外，他们还围绕学术研究开展过许多社会调查。这些学术性社会调查，可分为两类，一是社会学范畴的社会调查，二是民族问题大调查。

---

① 中共湘乡市委党史联络组. 中共湘乡地方史[M]. 北京：中共党史出版社，2004：264.

(一)社会学范畴的社会调查

1952年、1953年，中国高校进行了两次院系调整，社会学系及相关专业被取消。然而，社会学家还在，有的转入了历史系、经济系，有的讲授劳动、人口问题，有的进入了民族学领域，有的做统计或资料工作。这些社会学家做了许多社会调查，发表了许多社会调查文章。例如，1951年2—4月，潘光旦等在太湖流域参加土地改革运动，将实地调查见闻写成一系列文章发表。1952—1955年，费孝通转入应用人类学研究，通过对少数民族起源调查，发表了一些文章。1956年，费孝通和林耀华制定了民族学研究方案，提出了几个研究课题，《人民日报》曾连载了他们的调研成果，为党和政府制定少数民族政策提供了重要依据。

1954年，北京大学校长、经济学家马寅初，多次赴浙江、上海等地调查人口、粮食和文化教育等情况。他每到一个村，必向村社干部和老农了解近年来村里出生人口多少，死亡多少，生死相抵净增多少。通过调查，他写成了《浙江温州地区视察报告》，表示对农村孩子太多的担忧。他还查阅全国及世界各国资料，写成《控制人口与科学研究》一文，1955年提交全国人大讨论，引起巨大反响。

1956年秋，在《人民日报》支持下，李景汉重访30年前调查过的村庄，写出了新的调查报告，对该村的巨大变化作了生动的描述。李景汉还对不同阶级成分、不同经济情况的30多个农户进行了深度访问和细致考察。他说："今后，新中国的社会调查工作应该把重点放在人和人之间的相互关系之调整的系统研究，可以补足政府调查统计的不少空白"。① 李景汉还指出，中国现有调查统计完全模仿苏联的报表制度，像望远镜似的，只能看到社会现象全貌，但不能深入细致地了解人与人之间的复杂关系。社会学的调查研究方法却是显微镜式的、X光透视式的，能仔细而深入地进行质的方面专题研究。两者相结合，可以"既见树木又见森林"。

1957年4月，费孝通重返江村(开弦弓村)做调查，写成了《重返江村》一文，对当时的《1956—1967年全国农业发展纲要》以及农业合作化运动提出质疑，建议恢复发展副业和村办企业，认为它是农民家庭重要的经济来源。

1957年的反右派运动，社会学者受到了严厉批判，并彻底取缔了社会学这门学科。此后，按严格科学规范衡量，在宏观社会学理论指导下，规范的、有组织的社会学调查研究活动就没有了。但是，许多学者在实地调查中延续了社会学的一些传统和做法，如实记录了许多社会事件，对当时解决社会矛盾、促进社会发展起了一定作用，并为日后社会学研究积累了一些资料。

(二)民族问题大调查

20世纪50—60年代，遵照党中央、毛泽东"抢救落后"的指示，中国民族工作者曾开展过三项规模空前的大调查——少数民族历史调查、少数民族语言调查和少数民族识别调

① 刘光华. 李景汉教授访问记[N]. 文汇报，1957-05-17.

查(其中一部分调查持续到“文化大革命”后期)。先后参与此项调查的达1700多人，足迹遍及中国19个省和自治区，获调查资料达数亿字。

(1)少数民族历史调查。

1950—1952年，中央人民政府先后派出4个访问团和2个视察组，分赴西北、西南、中南、东北、内蒙古等地区进行慰问，并开展民族调查。《中央访问团关于少数民族调查研究提纲》规定：一是关于各民族一般情况的调查，包括民族分布、经济、政治、文化教育和宗教信仰等；二是关于民族叛乱、民族政策调查等〔参见1952年《云南民族工作参考资料(第2辑)》〕。当时，费孝通先后担任中南和西南团的领导人，深入广西、贵州等地调查。调查结束后，他写了许多文章，后编辑成《兄弟民族在贵州》一书。此外，各级党政机关和一些专家、学者也做过一些调查，写过一些专著。

1954年9月，第一届全国人大设立了民族委员会。此后，民委派出调查组，分赴云南傣族、景颇族，以及四川彝族、新疆维吾尔族地区，就民主改革等问题开展调查。例如，赴云南调查组调查了景颇族聚居的东山、西山33个寨、831户人家的生产及生活情况，并在此基础上制定了民主改革方案，提出了逐步解决某些特权和少量剥削问题，通过互助组、合作社直接向社会主义过渡的建议。

1956年6月，根据毛泽东指示，召开了全国少数民族社会历史调查工作会议，明确了调查工作由全国人大民族委员会主持，组织了内蒙古、新疆、西藏、云南、贵州、四川、广西、广东8个调查组，抽调有关专家、学者、民族工作干部和大专院校师生200多人参加。第一批调查了20个民族，整理出第一手资料约1500万字，翔实记录了各民族的历史和现状，为后来“五丛”①的编写、出版，提供了重要基础。这次民族大调查，不仅为党和国家制定民族政策提供了客观依据，而且促进了民族学、语言学、历史学、经济学、宗教学的发展，培养了一批素质较高的民族工作者和研究人员。

(2)少数民族语言调查。

1950—1954年，中国科学院语言研究所少数民族语文研究组先后对西南、中南、西北等省区的壮族、布依族、水族、苗族、瑶族等少数民族的语言进行了调查。这次调查的阶段性成果《国内少数民族语言文字的概况》(1954年《中国语文》)，已成为中国少数民族语言谱系分类最重大、最权威的纲领性文献。

1955年12月，中国科学院和中央民委决定组织全国少数民族语言调查。1956年春，中央民委等单位共组织700多人，分7个调查工作队，赴云南、贵州、四川、广西、甘肃、青海、新疆、内蒙古等15个省区，对壮族、布依族、侗族等42个少数民族的语言进行普查。通过普查，掌握了各少数民族语言基本情况和方言土语；提出了划分方言的意见，制定了帮助某些少数民族创制或改革文字的方案。这次民族语言调查，规模巨大，积累了大批资料，为以后开展研究奠定了基础。

(3)少数民族识别调查。

1950年，中央访问团访问西南地区，对各少数民族的社会经济和民族关系进行调查。

① 指“民族问题五种丛书”，简称“五丛”，后文有具体说明。

通过这次调查，中央意识到若不搞清楚中国有哪些民族，党的民族政策、民族区域自治制度将很难落实和实施，于是中央决定开展民族识别调查，并把它提升到民族工作的核心位置。这次调查，从中国历史和现实出发，按照科学认定与本民族意愿相结合原则，只要具备构成单一民族条件，不管其社会发展水平高低、居住区域大小、人口多少，都认定为一个单独民族。

从 1953 年起，中央先派出多个调查组，对畲族、达斡尔族、彝族、壮族进行民族识别调查，然后逐步扩大调查范围。到 1954 年，全国共确认了 38 个少数民族。1955 年，中央又先后派出广东畲民、疍民调查组，湖南和湖北土家族调查组，同时对川、黔、云、桂、湘、鄂、粤、甘、青、藏等少数民族较集中的省(区)，进行更为系统的民族识别调查。到 1964 年，又确认了 15 个少数民族。再加上 1965 年确认的珞巴族、1979 年确认的基诺族，全国共有 55 个少数民族。加上汉族，中国就是一个由 56 个民族组成的统一的多民族国家。

(4)民族大调查工作的延续。

1958 年，民族大调查工作改由中国科学院哲学社会科学部主持。此次调查，新增了甘肃、青海、宁夏、辽宁、吉林、黑龙江、湖南、福建 8 个调查组，连同先前 8 个组，共 16 个调查组，调查组人员最多时超过千人。1964 年，调查基本结束，搜集了大量调查资料及文献、文物；没有派调查组的省，由省民委负责按照调查提纲提供基础资料。据不完全统计，连同第一期调查，共整理、印刷调查资料 340 余种，2900 万余字；档案和文献摘录 100 多种，1500 多万字；拍摄了反映 17 个少数民族社会经济文化状况的纪录片 16 部；相关图片 103 张。

为了更好保存和利用这些宝贵历史资料，从 1958 年开始，国家民委组织编写了《中国少数民族简史》《中国少数民族简志》《中国少数民族自治地方概况》三种丛书。1978 年，增加编写了《中国少数民族》和《中国少数民族社会历史资料丛刊》两种丛书，并合并定名为“民族问题五种丛书”。

“五丛”是当今世界上多民族国家中唯一一套由政府组织、社会力量参与、全面反映国内各民族情况的大型综合文献，是中国民族问题调查研究的重要成果。“五丛”从篇幅上看，计 401 本，1 亿多字，由全国 30 多家出版社出版；从时间上看，自 1958 年启动至 1991 年基本完成，历时 30 多年；从参与人数看，有 19 个省、自治区、直辖市及中央单位的 400 多个编写组，1760 多人；从内容上看，涉及民族区域自治、民族史、民族学、民族语言及民族经济、文学、宗教、医药、体育、舞蹈、绘画等多学科，是名副其实的中国民族问题的“百科全书”。

第二节　改革开放初期的社会调查

改革开放初期，是指从 1978 年 12 月中共十一届三中全会召开起，到 2012 年中共十八大为止的时期，前后历时 34 年。这个时期的社会调查，大体可分为四类，即行政性社会调查、政治性社会调查、学术性社会调查和应用性社会调查。

一、行政性社会调查

改革开放以后，为了克服十年“文化大革命”造成的经济、政治、文化、社会秩序混乱，中央在加强行政管理的过程中，不仅大力推进了行政性社会调查的制度化、法制化，而且在大规模国情国力调查方面取得了巨大成就。

(一)普查制度的建立与调整

1978年后，随着国家统计机构、统计制度、统计工作的恢复和发展，大规模的国情国力调查也逐渐开展起来。例如，1982—1993年，先后开展了第三次全国人口普查(1982年)，第二次全国工业普查(1985年)，第四次全国人口普查(1990年)和第一次全国第三产业普查(1993年)，取得了许多重要数据。但是，普查中发现了一些问题：一是普查项目过多，10年6次普查，基层负担过重；二是普查周期不当，与编制国家中长期规划衔接不紧；三是普查内容不全，没有建筑业内容，不能反映国民经济全貌；四是普查立法滞后，组织实施难度越来越大。

1994年7月，国家统计局下发了《关于建立国家普查制度，改革统计调查体系的请示》；2003年8月，国家统计局等部门又下发了《关于调整国家普查项目和周期安排的通知》。通过改革和调整，明确了普查的基础地位，确立了周期普查制度，规定了人口、农业、工业、第三产业和基本单位5个普查项目。其中，人口普查、第三产业普查、工业普查、农业普查每10年一次，分别在逢0、3、5、7年份实施；基本单位普查每5年一次，在逢1、6年份实施。这样普查数量更精简，覆盖更全面，周期更合理，与国家编制中长期规划衔接更紧密，与国际通行做法更吻合，从而使普查规范化、制度化迈进了一大步。

(二)四次人口普查

第一、二次全国人口普查后，因“文化大革命”人口普查被迫中断。中共十一届三中全会后，开始了人口普查的准备工作。1979年11月，国务院决定1982年举行第三次全国人口普查。这次人口普查，标准时点为7月1日零时。普查项目19项，其中按人填报13项，按户填写6项。普查结果，全国人口为1031882511人。这次普查，取得了准确人口资料，提高了普查质量，积累了使用电子计算机的经验，扩大了国际合作与影响，达到了国际先进水平。

1990—2010年，根据联合国建议逢0年进行人口普查，先后举行了第四、五、六次人口普查。1990年第四次全国人口普查的标准时点为7月1日零时。普查21个项目，其中按人填报15项，按户填报仍为6项。普查结果：全国人口为1160017381人。2000年第五次全国人口普查的标准时点调整为11月1日零时。普查项目增至49项，其中按人填报26项，按户填报23项。普查结果：全国人口12.9533亿人；妇女总和生育率1.22；60岁以上人口比重为10.46%；男女婴儿出生性别比为116.9。普查结果说明，中国人口年龄结构已进入“老年型”社会，出生婴儿性别比严重失衡。2010年第六次全国人口普查的标准时点为 11 月 1 日零时。普查项目主要是人口和住户的基本情况。普查结果：全国人口 13.3972 亿人；妇女总和生育率为 1.18；60 岁及以上人口占 13.26%；男女出生性别比 118.06 等。这说明，中国人口增速放缓，老龄化进程加快，性别比失衡加剧。此外，1987 年、1995 年、2005 年，还分别进行了全国 1%人口抽样调查。

(三)两次工业普查

1985、1995 年，举行了第二、三次全国工业普查。普查对象为全部工业企业，重点是国有企业、乡镇企业和外商投资企业。普查内容为工业生产经营情况，资产负债状况，生产能力利用及技术装备状况等。第二次全国工业普查历时近 6 年，共调查了 35.8 万个乡以上独立核算工业企业，取得了新中国成立以来最完整、系统、详尽的工业信息。第三次全国工业普查结果，全国工业企业和工业生产单位共 734.2 万个，从业人员 14735.5 万人，资产总额为 77231.2 亿元。

(四)一次第三产业普查

1993 年 6 月 27 日，国务院决定"从 1993 年起，每 10 年对第三产业进行一次全面普查"。普查范围为从事第三产业的全部企业、事业和行政单位。普查结果，1992 年年底全国有第三产业单位 2183.8 万个，其中企业、事业和行政单位 495.2 万个，城乡个体户 1688.6 万个；全国第三产业从业人员 11483.8 万人，其中企业、事业和行政单位 8747.7 万人，城乡个体户 2736.1 万人；全国第三产业增加值占国内生产总值比重 34.3%。2003 年，国务院曾计划进行第二次全国第三产业调查，后因 2003 年年初"非典"流行而被迫暂停。2004 年后，其被纳入经济普查范围。

(五)两次基本单位普查

(1)1996 年第一次全国基本单位普查。普查时点，12 月 31 日；普查年度，1996 年；普查对象，中国境内除农户、个体户外所有法人单位和产业活动单位；普查结果，全国有法人单位 440.2 万个，其中，企业法人单位 262.8 万个，行政法人单位 28 万个，社会团体法人单位 4.4 万个，其他非营利性机构 61 万个，社区管理型机构(居委会和村委会)84 万个。按照活动性质划分，全国有 635.1 万个产业活动单位。其中，营利单位为 367.1 万个，行政及党政机关 48 万个，社会团体 5.5 万个，事业活动单位 130.5 万个，社区管理单位 84 万个。

(2)2001 年第二次全国基本单位普查。普查时点，12 月 31 日；普查年度，2001 年；普查对象，中国境内除城乡住户和个体工商户外所有法人单位及附属产业活动单位。普查结果：全国有法人单位 510.7 万个，比 1996 年增加 70.5 万个，增长 16.02%；产业活动单位 708.8 万个，比 1996 年增加 73.7 万个，增长 11.6%。

(六)两次农业普查

(1)1997 年第一次全国农业普查。普查时点，1996 年 12 月 31 日；普查时期，1996

年；普查对象，中国境内各种农业生产经营单位、农村住户、乡镇企业、行政村和乡镇。普查内容：农业生产经营单位数量、规模和结构；农村劳动力数量、素质、行业分布和流动；农业用地数量、质量、构成、利用率和流转；农业生产固定资产数量、结构、性能和权属；农村村落社会环境，乡镇企业和建制镇情况。

(2)2007 年第二次全国农业普查。普查时点，2006 年 12 月 31 日；普查时期，2006 年。普查内容：从事第一产业活动单位和农户生产经营情况；乡镇、村委会及社区环境情况；农业土地利用情况；农业和农村固定资产投资情况；农村劳动力就业及流动情况；农民生活质量情况。这次普查，以农业为重点，以农村为基础，以农户为依托，是全球最大规模的农业、农村、农户普查。

(七)三次经济普查

(1)2004 年第一次全国经济普查。普查时点，12 月 31 日；普查时期，2004 年；普查对象，中国境内从事第二、三产业的全部法人单位、产业活动单位和个体工商户；普查内容，单位基本情况、主要生产经营活动和生产能力、主要原材料和能源消耗，科技开发投入等。这次普查，是原来的第三产业普查、工业普查、基本单位普查的合并，并将建筑业纳入调查范围，因而统称为经济普查。

(2)2008 年第二次全国经济普查。普查时点，12 月 31 日；普查时期，2008 年。

(3)2013 年第三次全国经济普查。普查时点，12 月 31 日；普查时期，2013 年。

第二、三次全国经济普查的普查对象、普查范围和普查内容，与第一次全国经济普查基本相同。第三次全国经济普查有所不同，使用了电子化手段采集数据，因而提高了普查质量和效能，减轻了基层和普查对象负担。

(八)其他重大调查

国家统计局开展了两项与农民工有关的调查，一项是 2008 年开始的农民工监测调查，从输出地农村的角度反映农民工的规模、流向和分布；另一项是 2015 年起开展的农民工市民化进程动态监测调查，从输入地城镇的角度反映新型城镇化进程中农民工现状以及基本公共服务均等化情况。这两项农民工调查共同构成了国家统计局农民工调查的有机整体，为制定农民工政策提供了可靠依据。农民工监测调查反映全国农民工规模、流向、分布、就业、收支、生活和社会保障等情况，调查范围是全国 31 个省(自治区、直辖市)的农村地域，以省为总体，按照科学抽样方法在 31 个省(自治区、直辖市)的农村地区抽取约 8500 个村、8.5 万户和 22.6 万多名农村劳动力作为调查样本。采用入户访问调查的形式，按季度进行调查。《农民工监测调查报告》自 2009 年起发布，每年 4 月份左右在国家统计局官方网站发布前一年开展农民工调查的结果。

其他重大调查项目还有：全国土地调查(1984—1997 年、2007—2009 年)、全国公路普查(1979、2001 年)、农村贫困状况检测(从 2000 年起每年调查)、妇女地位调查(1990、2000、2010 年)、全国群众安全感抽样调查(从 2001 年起每年调查)、国家卫生服务调查(1993、1998、2003、2008 年)、全国第一次水利普查(2010—2012 年)，以及全国地名普查、全国污染源普查、全国文物普查等。

二、政治性社会调查

改革开放以后，中国政治、经济、文化、社会领域的改革不断扩展与深化，政治性社会调查频繁，成果丰富，其中主要有：

（一）在调查基础上，对中国国情做出了具有意义深远的重大判断

20世纪70年代末到21世纪初，以邓小平、江泽民、胡锦涛为代表的中国共产党人，围绕中国基本国情、中国国际地位、中国社会主义道路等问题开展了广泛、深入的社会调查，再加上述一系列普查的成果，先后形成了《解放思想，实事求是，团结一致向前看》《关于建国以来党的若干历史问题的决议》《论“三个代表”》和《科学发展观重要论述摘编》等重要论著，第一次明确作出了中国仍“处于并将长期处于社会主义初级阶段”、中国仍是“世界最大发展中国家”的判断；第一次系统回答了在中国这样比较落后的国家如何建设社会主义、如何巩固和发展社会主义等问题，从而开创了中国特色社会主义的伟大事业。

（二）平反冤假错案调查

从20世纪50年代中期起，在“左”倾思想支配下，阶级斗争扩大化，制造了大量冤假错案。“文化大革命”结束时，被立案审查的国家干部占干部总数的17%，中央副部级、地方副省级以上干部被立案审查的达75%，受各种形式伤害和株连的人口达数千万人。十一届三中全会前后，通过“真理标准问题”大讨论，冲破了“两个凡是”束缚；1978年12月，中共中央批转中共最高人民法院党组《关于抓紧复查纠正冤假错案认真落实党的政策的请示报告》，平反冤假错案工作全面展开，在广泛调查研究基础上，形成了大规模平反冤假错案的局面。据不完全统计，全国有300多万名干部得到平反昭雪，47万多名共产党员恢复了党籍，数以千万计受株连的干部、家属、群众得到了解脱。此外，一些历史旧案，如1955年“胡风反革命集团”案，1957年反右斗争扩大化，1959年反右倾运动，1960年后对邓子恢、习仲勋、谭政等人的批判等，都在调查研究基础上得到了实事求是的复查和处理。1981年6月中共十一届六中全会后，进一步落实台属、宗教、知识分子等政策，解决了一大批历史遗留问题。通过人事上拨乱反正，实现了人心的安定团结，提高了民主法制观念，为改革开放奠定了牢固政治基础。①

（三）经济体制改革调查

改革开放后，中国经济体制在实践中进行了多方面改革。首先，在所有制结构改革基础上的计划体制改革经历了3个阶段：第一阶段是1978—1984年，提出计划经济为主，市场调节为辅原则；第二阶段是1985—1992年，提出有计划的商品经济观点；第

① 王海光. 平反冤假错案的历史进程和历史意义[J]. 当代中国史研究，1999(5~6)：177-188.

三阶段是1993—2013年，初步形成社会主义市场经济体制，核心是处理好政府和市场的关系，使市场在资源配置中起决定性作用和更好发挥政府作用。其次，农村经济体制改革，特别是1982—1986年，中共中央下发了五个“一号文件”，推动了农村经济的迅速恢复和发展。此外，还进行了财税体制、金融体制、流通体制、分配制度、社会保障制度、对外经济体制等改革。实践证明，深入调查研究是经济体制改革取得伟大成就的客观基础。

（四）四次修改宪法调查

1982年12月诞生的《中华人民共和国宪法》，到2004年3月已做过4次修订。1988年第一次修订，主要是增加了“国家允许私营经济在法律规定的范围内存在和发展。私营经济是社会主义公有制经济的补充”等内容。1993年第二次修订，主要是指出“我国正处于社会主义初级阶段”，增加“中国共产党领导的多党合作和政治协商制度将长期存在和发展”，肯定“国家实行社会主义市场经济”等。1999年第三次修订，主要是明确“中华人民共和国实行依法治国，建设社会主义法治国家”，“国家在社会主义初级阶段，坚持公有制为主体、多种所有制经济共同发展的基本经济制度，坚持按劳分配为主体、多种分配方式并存的分配制度”等。2004年第四次修订，主要是明确规定“公民的合法的私有财产不受侵犯”，“国家依照法律规定保护公民的私有财产权和继承权”，“国家为了公共利益的需要，可以依照法律规定对公民的私有财产实行征收或者征用并给予补偿”；新增“国家建立健全同经济发展水平相适应的社会保障制度”和“国家尊重和保障人权”等。上述修订，都是在实践基础上广泛、深入调查研究的成果。

（五）文化体制改革和文化事业发展调查

1978年后的文化体制改革，可分为三个阶段：一是酝酿和初步发展阶段（1978—1991年），主要是在文艺与演出部门逐步展开，在新闻出版部门逐步深化，文化市场开始出现，部分文化行业的产业性质得到政府认可；二是稳步推进阶段（1992—2001年），主要是推动艺术院团内部改革，采取预算包干办法改革广播电台、电视台管理体制，完善国家文化经济政策，加强文化产业数据统计和法治建设；三是重大突破阶段（2002年后），主要是改革全面展开阶段，部分国有文化事业单位“转企改制”，非公有资本成为文化投资主体力量，文化管理初步实现了以行政管理为主向法律、经济、行政、技术等手段综合管理为主的转变。

文化事业和文化产业蓬勃发展，同样离不开广泛深入的社会调查。1978年以来，中国城乡文化生活空前繁荣。“十一五”期间（2006—2010年），覆盖城乡的公共文化服务体系框架已基本建立，农村看书难、看电影难、收听收看广播电视难问题得到初步解决。全国近2000家公共博物馆、纪念馆、爱国主义教育示范基地向社会免费开放，美术馆、公共图书馆、文化馆（站）的免费开放正在积极推进。2010年全国文化产业增加值达到约1万亿元；2003—2010年电影产量由不到100部上升到526部，2005—2010年影视动画产量从4.2万分钟增到22万分钟，成为世界第三大电影生产国和第一大电视剧生产国，扭转了进口片为主的局面；文化产业投融资体系更加完善，推动文化企业利用资本市场做大做强。①

（六）社会事业改革与发展调查

改革开放以后，特别是“十一五”以来，中央和地方利用国有资源举办的教育、医疗卫生、劳动就业、社会保障、科技、文化、体育、社区建设、旅游、人口与计划生育等社会事业得到了很大发展。其主要表现是：①事业发展水平全面提升。各级各类教育迅速发展，城乡免费义务教育全面实现，高等教育进入大众化发展阶段；基本公共卫生服务项目和重大公共卫生项目向全民提供，医疗卫生服务网络覆盖城乡；广播电视覆盖20户以上已通电自然村，公共文化设施免费开放范围扩大，基本实现乡乡有文化站、一行政村一月一场电影；社会福利和社会救助水平明显提高；北京奥运会、上海世博会、广州亚运会成功举办。②制度体系不断健全。义务教育机制不断完善，国家教育资助制度已覆盖高等教育和高中教育；全民医保格局初步形成，国家基本药物制度在多数公办医疗卫生机构实施；最低生活保障制度全面建立，保障水平稳步提升。③社会事业体制改革全面推进。医药卫生体制改革、教育体制改革和文化体制改革取得积极进展。④社会管理得到加强。初步形成了党委领导、政府负责、社会协同、公众参与的社会管理格局；应急能力不断增强，战胜了四川汶川地震、青海玉树地震、甘肃舟曲特大泥石流等重大自然灾害。⑤“十一五”规划社会事业主要指标全面实现。人口增长保持低生育水平，人口总规模控制在13.4亿；人口素质不断提升，国民平均受教育年限达到9年以上，居民平均预期寿命达到73.5岁。特别是经过国际金融危机洗礼，社会事业发展与改善民生和扩大内需、转变经济发展方式之间的内在联系更加紧密，经济与社会良性互动、互促共进的机制正在建立。② 从一定意义上说，科学的社会调查，是教育、医疗卫生、劳动就业、社会保障、科技、文化、体育、社区建设、旅游、人口与计划生育等事业取得显著成就的基本方法和保证。

（七）香港回归调查

为了争取香港、澳门顺利回归，1978年8月中共中央指示：“港澳工作必须深入调查研究，实事求是，一切工作都要从当地实际情况出发，不能照搬照套内地做法”。③ 1982年，由廖承志直接领导、鲁平为组长、港澳办和香港新华社工作人员组成的5人小组，到香港进行广泛调查研究。鲁平是外交部西欧司顾问，其他4人都是港澳土生土长、在当地有广泛人缘的工作人员，都可以用粤语直接与香港人交谈。他们的调研对象，是中国银行、华润公司、招商局等中资机构的工作人员，以及香港社会各个阶层的代表人物；调研

① “十一五”时期我国文化事业和文化产业空前繁荣[EB/OL]. [2011-02-28]. http://www.gov.cn/govweb/wszb/zhibo439/content_1811088.htm.

② 裴力. 把握历史机遇 推动社会事业科学发展[N]. 中国改革报，2011-05-03.

③ 中共中央党史研究室. 中国共产党历史大事记(1919.5—1987.12)[M]. 北京：人民出版社，1989：340.

内容，涉及经济结构、金融，工业、航运、法律、行政机构、公务员、外事、国籍、出入境手续、宗教、福利等各种问题；调研方法，除参观、访问等直接调查外，还采取间接调查方法，收集了大量关于香港问题的书籍和资料。通过调查，5 人小组写出了 20 多篇调查报告，收集、翻译、出版了一套香港问题丛书。这些调查报告和资料，为中共中央、国务院全面了解香港情况、做出重要决策提供了客观依据。在廖承志的领导下，经过一年多的调研，于 1983 年 3 月向中央递交了一份提纲挈领的报告，即后来被称为“十二条”的解决香港问题的基本方针以及与英方谈判的方案。在此期间，邓小平等中央领导人亲自与查济民、霍英东、查良镛、包玉刚等代表人物交谈，倾听他们的意见。1984 年 2 月，邓小平第一次提出了“一国两制”的概念。1984 年 9 月 26 日，中英两国政府在北京草签了关于香港问题的联合声明和三个附件。1984 年 12 月 19 日，中英联合声明在北京人民大会堂西大厅正式签署。显然，这些成果都是中央领导人与 5 人小组辛勤调查研究的结晶。

三、学术性社会调查

改革开放以后，在“真理标准问题”大讨论的推动下，学术思想大解放，学术性社会调查非常活跃，成果非常丰硕，其中影响较大的有：

（一）小城镇调查与研究

1980 年，胡耀邦到云南视察，看到保山县板桥公社小集镇破烂不堪，凄凄凉凉，于是在当年年底的一次会议上说，要发展商品经济，小城镇不恢复是不行的。如果没有小城镇，农村里的政治中心、经济中心、文化中心就没有“腿”。在胡耀邦讲话的指引下，学术界许多人投入了小城镇调查，其中成果最丰、影响最大的是费孝通的小城镇调查。1982 年，在费孝通的努力下，“江苏小城镇研究”被列入国家社会科学“六五”重点课题，通过广泛开展实地调查和研究，先后写出了《小城镇，大问题》《小城镇，苏北初探》《小城镇四记》《论小城镇及其他》等调查报告和论文，受到中央肯定和赞扬，从而掀起了小城镇调查研究的高潮。

（二）“城中村”“城区角落”调查

改革开放以来，中国城市化进程明显加快，同时出现了一些新问题。学者们围绕“城中村”“城区角落”问题开展调查，取得了重要成果。

从 1992 年到 20 世纪末，项飙通过对北京城乡结合部“浙江村”的调查，发现它的运营与美国硅谷、北京中关村高科技区的发展有异曲同工之妙，即通过社区网络，激发创意，在没有资金、没有工业基础、没有组织系统的情况下，靠先进经营思想，从无到有地创造出崭新的产业王国。《跨越边界的社区：北京“浙江村”的生活史》，就是这一调查研究的结晶。

20 世纪末、21 世纪初，李培林通过对广州“城中村”的调研发现，村落作为一种生活制度和社会网络的终结过程，要比作为职业身份的农民的终结更加延迟和艰难。一个由亲缘、地缘、宗族、民间信仰、乡规民约等深层社会网络联结的村落社会的终结，不是非农化和工业化就能解决的。村落终结过程中的裂变与新生，不仅充满着利益摩擦和文化碰撞，而且伴随着巨变的失落和超越的艰难。村落只有伴随着产权的重新界定和社会关系网络的重组，才能逐步走向终结。①

2004 年，北京市社会科学院组织了“城区角落”调查。所谓“城区角落”，是指城市规划区内、现代化水平滞后、管理薄弱的地区；其特点是，社区居民以城市贫民、失地农民和流动人口为主，市政基础设施不足、危旧平房集中、管理相对薄弱、人口结构不合理、环境脏乱差等。通过这次调查，出版了《北京城区角落调查 NO. 1》一书(2005 年)，提出了“城区角落”概念，划分了北京“城区角落”的 7 种类型，剖析了它们的问题及成因，提出了对策和建议。

(三)婚姻、家庭调查与研究

改革开放以来，婚姻、家庭问题是社会调查的一个热点，其主要成果有：

李银河的《对北京市部分离婚者调查》(1991 年)，通过深入谈访，集中研究了离婚现象及性观念变化，探讨了离婚的主要原因及女性面临的问题。

1979 年，联合国教科文组织委托、中国社会科学院社会学所组织实施了“中国青年生育意愿调查”。调查地域，北京和四川；调查内容，家庭结构、家庭形式、子女数等；调查对象，15~30 岁的青年；调查方法，从不同行业的 16 个单位中抽取 7000 多个样本进行问卷调查。这是中国社会学恢复后的第一次比较规范的抽样问卷调查，取得了重要调查成果。

1982 年，在雷洁琼教授指导下，中国社会科学院社会学所等单位进行了“中国五城市家庭研究”(1983 年被列入“六五”重点项目)。调研地域，北京、天津、上海、南京、成都；调研对象，5057 个已婚妇女和 4385 户家庭；调查内容，择偶、家庭关系、消费、生育、养老、家庭结构、家庭生命周期等；调研方法，问卷调查。1994 年，在雷洁琼指导下，又进行了“七城市婚姻家庭研究”，即“中国五城市家庭研究”的追踪调查。1986 年，中国社会科学院社会学所主持了“全国十四省市农村婚姻与家庭调查”。1987 年，北京大学进行了“经济体制改革以来农村婚姻家庭变化”调查。这些调查，都取得了许多调研成果。

1987 年 3 月，中国社会科学院社会学所与日本青少年研究所合作进行了国际婚姻家庭的实证研究。调查对象，45 岁以下已婚职业妇女；调查人数，2000 名；调查目的，了解妇女就业后对自身、家庭和社会的影响，带来哪些变化、问题及如何解决等；调查方法，问卷调查。② 马有才、刘英等著《妇女就业与家庭：中日比较研究调查报告》(1992 年)，就是这次调查研究的结晶。

1989—1990 年，刘达临主持的全国 2 万例“性文明”调查，是中国性社会学研究史上规模空前的调查。通过这次调查，初步弄清了性观念、性知识对当代中国人的影响，夫妻

① 李培林. 巨变：村落的终结——都市里的村庄研究[J]. 中国社会科学，2002(1)：168-179.

② 参见：郑杭生，李迎生. 中国社会学史新编[M]. 北京：高等教育出版社，2003.

生活中的性交频率、时间和方式，及其与婚姻之间的相关性，探讨了夫妻性满意度、性快感等性生活质量问题，以及性对婚姻质量的影响等。这次调查结果，反映在刘达临主编的《中国当代性文化》(1992 年)一书中。

20 世纪 90 年代后，中国社会学者开始对家庭暴力这类世界热点课题进行研究。调查表明，家庭暴力包括三个方面，即夫妻之间的暴力，对儿童的暴力和对老人的暴力，其中夫妻之间的暴力是重点。调查还指出，家庭暴力是婚姻不稳定乃至解体的重要因素。徐安琪等对这个问题进行了较深入研究，还探讨了家庭暴力的特点及原因等。

(四)民族问题调查

20 世纪 80 年代以来，民族问题调查内容非常广泛，调研成果众多。其中，较重要的调研成果有：郭家骥的《民族传统文化与民族地区商品经济发展——澜沧木戛区拉祜族与汉族的比较研究》(1988 年)，张锡盛的《云南省勐海县哈尼族习惯法与婚姻法的矛盾》(1989 年)，马戎的《拉萨市区藏汉民族之间的社会交往条件》(1990 年)，郑晓云的《当代西双版纳傣族社会文化变迁研究》(1991 年)，包信民的《变动中的蒙民生活——三爷府村实地调查》(1991 年)，孙秋云的《湖南瑶族青年劳动和生活方式》(1991 年)，马戎、旦增伦珠的《拉萨市流动人口调查报告》(1999 年)，王建基的《乌鲁木齐市民族居住格局与民族关系》(2000 年)，王俊敏的《青城民族》(2001 年)，梁茂春的《南宁市区的居住格局与壮汉居民的社会交往条件》(2002 年)，周炜的《西藏的语言与社会》(2003 年)等。

(五)社会问题研究

改革开放以来，各种社会问题逐渐凸显出来，围绕社会问题的调研也蓬勃发展起来。如，人口问题，老龄化问题，农村剩余劳动力问题，城镇职工下岗与再就业问题，贫困问题，社会分配问题，吸毒、卖淫、嫖娼问题，住宅问题，环境问题，犯罪问题，自杀问题，腐败问题，道德问题，宗教、迷信与宗族势力问题等，都有许多调研成果和建议。其中突出的有两个方面。一是农民工问题。如李强的《关于城市农民工的情绪倾向及社会冲突问题》(1995)，陆学艺的《农民工问题要从根本上治理》(2003 年)，国务院研究室课题组的《中国农民工调研报告》(2006 年)等。二是农村宗族与宗教问题。如陈永平的《宗族势力：当前农村社区生活中一股潜在的破坏力量》(1991 年)，常永青的《河南省农村基督教活动情况调查》(1991 年)，刘小京的《略析当代的浙南宗族械斗》(1993 年)等。

(六)阶级与阶层研究

1999 年，中国社会科学院社会学所陆学艺主持的“中国社会阶层结构变迁课题组”，组织了一次大规模专题调查。这次调查分两阶段进行：第一阶段，在深圳、合肥、汉川、镇宁、无锡、海城、福清、北京燕山石化总厂、长春第一汽车制造厂、南开大学等 11 个调查点，采用抽样方法，进行了 11000 份问卷调查和约 1000 人的访谈调查；第二阶段，采用多段复合抽样方法，在全国抽取 73 个市(县、区)作为一级抽样单位，再从中抽取

408 个居委会或村委会作为二级抽样单位，最后从 408 个居委会或村委会中抽取 6240 名 16~70 周岁的常住居民作为调查对象，进行问卷调查。调查内容包括个人和家庭基本情况、收入、教育、职业经历、职业声望、阶层认同等。通过这次调查，形成了三部著作：《当代中国社会阶层研究报告》(2002 年)，《当代中国社会流动》(2004 年)和《当代中国社会结构》(2010 年)。这三部著作，论证了当今中国社会存在国家与社会管理者、经理人员、私营企业主、专业技术人员、办事人员、个体工商户、商业服务业员工、产业工人、农业劳动者和城乡无业、失业、半失业 10 多个阶层；探讨了中国社会流动机制的变化，预测了各阶层今后继续演化的趋势；研究了随着经济高速发展、社会结构变化，社会矛盾和社会问题的凸显。这三部著作，是中国社会阶层、社会流动、社会结构调研的重要成果，在国内外产生了广泛影响。

（七）综合性社会调查

1983—1993 年，天津市社会科学院社会学所与市人民政府办公厅合作，采用按职业比例抽样方法，组织了“天津千户居民调查”，调查内容涉及家庭成员、婚姻状况、家庭消费、家庭关系、职业、家务劳动及分工、闲暇时间利用、教育、居住环境和工作态度、对政府工作的评价及社会态度等。这一调查，连续进行了十年，积累了丰富资料，为当地政府制定政策提供了可靠依据。

1988—1999 年，中国社会科学院社会学所组织实施了“百县市经济社会调查”。调查对象，全国 31 个省市自治区的 119 个县市。调查内容，1949 年以来特别是改革开放以来政治、社会、经济、文化的变迁。调查方法，最初以典型调查、文献研究为主；从 1990 年起，采取抽样方法，每个点抽取 300~500 户作为样本，进行问卷调查。调查时间，历时 11 年，分四批完成。调查成果，《中国国情丛书——百县市经济社会调查》119 本。这次大规模调查，不仅为摸清中国国情作出了重要贡献，而且通过调查实践培养了一批社会调查骨干。

自 2002 年起，中国人民大学社会学系与香港科技大学调查研究中心合作，定期开展中国综合社会调查(CGSS)。2004 年 12 月调查结束，调查数据在网上公开。中国综合社会调查开创了我国大型学术调查数据开放与共享之先河。此后，中国人民大学社会学系在 2004、2005 年又进行了两次调查，调查对象从城镇居民扩展到农村居民。这是中国第一份向公众免费开放的综合社会调查数据。至 2008 年止，CGSS 一共进行了五次年度调查，完成了项目的第一期。自 2010 年起，CGSS 开始了项目的第二期，从 2010 年开始到 2019 年止，每两年进行一次调查，共进行五次调查。对全国 125 个县(区)、500 个街道(乡、镇)、1000 个居(村)委会、10000 户家庭中的个人进行调查。

中国社会科学院社会学研究所于 2005 年发起的“中国社会状况综合调查”(Chinese Social Survey，简称 CSS)是一项全国范围内的大型连续性抽样调查项目，目的是通过对全国公众的劳动就业、家庭及社会生活、社会态度等方面的长期纵贯调查，来获取转型时期中国社会变迁的数据资料，从而为社会科学研究和政府决策提供翔实而科学的基础信息。调查每两年举行一次，2006 年、2008 年、2011 年、2013 年、2015 年和 2017 年、2019 年都开展了调查。调查区域覆盖全国 31 个省/自治区/直辖市，包括 151 个区市县、604 个村/居委会，每次调查访问 7000~10000 余个家庭。

此外，从 1998 年开始，中国社会科学院社会学所中国社会形势分析与预测课题组，几乎每年进行有关社会心态、社会结构的调查，并出版《社会蓝皮书》，在国内外产生了较大的影响。

（八）中国民营经济研究

据经济学者调查和研究，20 世纪末和 21 世纪初中国民营经济发展状况是：从企业制度看，有限责任制占 84%，合伙制占 13%，独资占 3%（1999 年）；从行业分布看，第三产业占 69%，第二产业占 26%，第一产业占 5%。私营个体经济在国民经济中占 10%~20%，在全社会固定资产投资总额中占 15%~20%，在出口创汇、税收等方面也作出了很大贡献。民营经济存在的主要问题是，家族企业多，产权不清晰，企业管理薄弱，缺乏核心竞争力，留不住人才，技术进步迟缓，企业布局不合理，资源消耗大，生产成本高，环境污染严重，不正当竞争突出，税费负担过重等。阻碍发展民营经济的因素是，陈旧观念制约，宏观经济体制制约，产业准入制约，金融体制制约，法治不健全制约，家族经营模式制约，自身素质制约等。促进民营经济发展的建议是，转变陈旧观念，消除所有制歧视，加快金融改革，实施促进民营经济发展的财税政策，完善民营经济法律制度等。①

（九）慰安妇问题调查

从 1992 年起，上海师范大学历史系主任、中国慰安妇研究中心主任苏智良一直致力于慰安妇研究。他查阅了中日历史档案，搜集了大量历史资料，实地踏勘了上海 80 个慰安所旧址，访问了几十位在世的中国慰安妇，专访了《史东郎日记》作者及其曾经进入过的慰安所。② 在此基础上，出版了《慰安妇研究》（1999 年）、《上海日军慰安所实录》（2005 年）等著作。2003 年，在中、日、韩三国共同努力下，苏智良与陈丽菲合作，对“二战”期间在华被迫充当日军慰安妇的朝鲜老人朴永心和她的姐妹们进行了调查，共同出版了《追索——朝鲜慰安妇朴永心和她的姐妹们》（2005 年）。这次调查活动是国际慰安妇问题研究的一次成功合作。

据苏智良调查、考证，日军侵华期间在中国 21 个省市建有成千上万个慰安所，存续时间有的长达 14 年；沦为慰安妇的中国妇女达 20 多万人，有的慰安所的慰安妇达 300~500 人；中国慰安妇中，有汉族，有黎族、傣族等少数民族；沦为慰安妇的时间，短者数周，长者达 7 年之久。幸存慰安妇的现状大多较悲惨：生理上，普遍患有骨头酸痛、神经痛、哮喘、妇科病等慢性疾病，绝大多数丧失了生育能力；精神上，普遍存在着羞愧、苟

---

① 徐瑞娥. 中国民营经济发展研究综述[J]. 经济学动态，2002(10)：48-51.

② 参见：苏智良. 慰安妇研究[M]. 上海：上海书店出版社，1999；冯英子. 读《慰安妇研究》[J]. 民主，1999(3).

活心态，耻于倾诉内心伤痛，晚年大多陷入孤独之中；经济上，普遍收入低微，生活窘迫，有的甚至连基本生活都难以维系；社会上，往往受到歧视，被称为“进过炮楼的女人”。近十几年来，经过宣传和教育，情况已有所变化，她们公开身份后，大多得到了同情，生活也得到了改善。

(十)《首都高等教育质量和学生发展调查报告》

2006、2007 年，北京大学教育学院对首都高校学生进行过两次调查。2008 年，又启动了北京“高校教学质量与学生发展状况”调查。调查范围，北京 54 所高校。调查对象，本科生占 87.85%、专科生占 12.15%。调查方法，问卷调查，发放问卷 30414 份，回收有效问卷 29806 份。2012 年 11 月，在北京论坛教育分论坛上发布了《首都高等教育质量和学生发展调查报告》，从入学、教与学和产出方面报告了调查结果：在入学方面，入学机会在性别、城乡、社会阶层方面存在差异，但未出现弱势群体处于绝对不利地位的现象。但在“211”工程、“985”工程高校中，高收入家庭子女较多，而高职高专院校中 70%左右的学生来自农村家庭。在教与学方面，教学课程运作良好、学生满意度较高，基本实现了教学手段现代化。但在启发式教学、教学互动、学习成果考评方式多元化、课外学习与指导等方面依然存在着明显不足。在产出方面，考试科目全部及格的学生占 66%；不及格科目 1~2 门的学生占 22.8%，3~5 门的学生占 7.3%，5 门以上的学生占 3.7%。在学生感受的各种压力中，感到一定就业压力的占 64%，感到经济压力的占 37%，感到学业负担重的占 35%，对所学专业不感兴趣的占 31%，认为所学无用、缺乏学习动力的占 32%。针对上述问题，调查报告提出了一些相应的政策建议。①

四、应用性社会调查

应用性社会调查，是指除行政性、政治性、学术性社会调查以外的各行各业围绕各自业务而开展的社会调查。这里主要讲两类，即民意调查和市场调查。

(一)民意调查

改革开放以来，中国民意调查出现了多元化趋势。第一，调查机构多元化。20 世纪 80 年代以前，调查机构大多具有官方或半官方性质，如党政机关、党报党刊的民意调查机构，高等院校、社科院所的民意调查机构等。1992 年，北京零点调查公司成立，标志着非官方民意调查机构的出现。此后，各种商业性、学术性、非官方媒体民意调查机构蓬勃发展起来，并逐渐成为民意调查的主体，从而形成了民意调查机构多元化的格局。第二，调查内容多元化。20 世纪 80 年代以前，民意调查内容多为时事、政治、施政效果等类的民意调查；20 世纪 90 年代以后，民意调查内容丰富多彩、触角宽阔，社会生活的各个层面均有不同程度涉及。第三，调查资金多元化。1992 年后，随着美国盖洛普调查公

① 鲍威，等. 强化教学切适性，提升学生满意度——首都高校教学质量与学生发展状况调查报告[J]. 中国高等教育，2011(1)：53-55、61.

司将其网络发展到中国，澳大利亚模范市场研究社、香港亚太市场研究公司也纷至沓来，国内民意调查机构与国外民意调查机构的国际合作日益频繁，民意调查资金来源也日益多元化。

进入21世纪后，民意调查有了新的发展。其中，《民意调查：SARS怎样改变了我们?》和《2014两会大数据》调查具有典型意义。

2003年，零点调查集团就SARS事件对中国民众开展了一次民意调查。调查地域，北京、上海和广州。调查对象，314名18~60岁当地居民。调查内容，SARS事件对民众和社会生活的影响。调查方法，随机抽样，电话访问。调查结果是：SARS对正常工作、人际交往、家庭关系、男子身体、生活习惯、社会心态、与政府关系、公共安全等方面，都产生了不同程度的影响。①

《2014两会大数据》调查：2014年"两会"期间，中央电视台与百度、亿赞普和腾讯微博合作，通过百度新闻热搜榜和热词榜、腾讯微博、电信运营商管道里有关网站/论坛/贴吧/微博，以及移动通信等渠道获取信息，经技术处理和数据整理、研究后，制作并播出了9期《两会大数据》节目：《两会脉搏、全球跳动》《搜寻两会最热话题：百姓心中的难和易》《政府工作报告：谁在看？看什么?》《百姓心愿单、政府施政单》《中国报告、全球热搜》《新词儿带来新期待》《网民心中的人大常委会工作报告》《两高报告：网民心中的三个"最"》《大数据：搜寻网民两会热点轨迹》。这是国内第一次使用大数据技术开展的民意调查，不仅真实、全面、快速、多视角地反映了有关《两会》的民意，而且为今后大数据技术的推广、应用积累了可贵经验。

（二）市场调查

改革开放以后，市场调查业在中国得到了迅速发展。1987年8月，广州市研究公司正式注册，成为中国第一家专业市场调研公司。20世纪90年代，市场调查公司如雨后春笋般在各地涌现。仅北京一地，1992—1993年就新增市场调查公司200多家。2001年2月，经民政部批准，成立了"中国信息协会市场研究业分会"（英文名称：China Marketing Research Association，缩写为：CMRA）。据《中国信息协会市场研究分会第四届双年会开幕式致辞》透露，2005年中国已有专业市场与媒介研究公司2000家左右，其他类似组织和企业已达上万家。

目前，市场调查企业已形成三足鼎立之势。一是居于世界行业领军地位的外资独资或合资企业，如盖洛普、尼尔森、华南国际、益普索等，其特点是经验丰富，方法成熟，有人才技术资金优势，主要服务于国外大型企业。二是国有持股公司，如央视市场研究、新华信息、华通现代等，其特点是有政府背景，有强大信息网络和资源，时效性强，成本低，拥有稳定的客户群。三是实力强劲的民营调查企业，如北京零点、慧聪、勺海、新生代、赛立信等调查公司，其特点是数量多、规模小、运转灵活、反应快速，能最大限度满足顾客需要。

① 胡奎. 民意调查：SARS怎样改变了我们？[J]. 新闻周刊，2003-05-05.

据《中国信息报》报道，中国市场调查业营业额，1995年3.5亿元，比1990年增长30多倍；1997年4.5亿元，1999年11亿元，2001年19亿元，2003年30亿元，2011年已超过80亿元，全球排名已从倒数几位上升到第7位。

目前，中国市场调查业存在的主要问题是：经营规模小，结构不合理，需求和供给不足，区域发展不平衡，本土企业品牌化程度低，专业人才缺乏，人才流失普遍，行业准入制度和行业规则不完善，与中国GDP相比较明显偏低。这说明，中国市场调查业存在着巨大发展空间。①

第三节　新时代中国特色社会主义建设时期的社会调查

新时代中国特色社会主义建设时期，是指2012年中国共产党第十八次全国代表大会以后的时期。这个时期，中国社会调查有了进一步发展。

这个时期中国社会调查的进一步发展，主要表现在以下几个方面：

一、行政性社会调查

（一）修订了国民经济的行业分类

自2012年定期报表开始，使用新的《国民经济行业分类》（GB/T4754—2011）。该分类是由国家统计局组织修订，在2002年分类标准基础上，参照联合国《全部经济活动的国际标准产业分类》（ISIC/Rev.4）进行的。修订后的《国民经济行业分类》（GB/T4754—2012）共有门类20个，大类96个，中类432个，小类1094个。2017年9月29日，国家统计局又发布了2017年国民经济行业分类（GB/T 4754—2017），代替了《国民经济行业分类》（GB/T 4754—2012），前者与后者相比较，主要变化是：对个别大类及若干中类、小类的条目、名称和范围作了调整。

（二）对城乡住户调查实施了一体化改革

从2012年第四季度起，国家统计局对分别进行的城乡住户调查实施了一体化改革，规范了城乡划分范围，统一了城乡居民收入指标名称、分类和统计标准，建立了城乡一体化的住户调查，并据此采集全国居民有关数据。主要内容包括：居民收入和消费情况，同时收集反映居民就业、社会保障参与、住房状况、家庭经营和生产投资以及收入分配影响因素等调查内容。

居民可支配收入指居民可用于最终消费支出和储蓄的总和，即居民可用于自由支配的收入，既包括现金收入，也包括实物收入。按照收入的来源，可支配收入包含四项，分别

① 参见：曹智．市场调查业发展史[J]．合作经济与科技，2008(15)：12-13；袁岳．中国市场调查20年[J]．市场研究，2008(8)：7-8；常兴仁．中国市场调查行业发展现状及对策研究[J]．现代经济信息，2012(13)：209-211.

为：工资性收入、经营净收入、财产净收入和转移净收入。

住户收支与生活状况调查，以各省(区、市)为总体，采用分层、多阶段、与人口规模大小成比例的概率抽样方法，随机抽选调查住宅，确定调查户。全国共抽选出 1800 个县(市、区)的 1.6 万个调查小区，对抽中小区中的 160 多万个住户进行全面摸底调查，在此基础上随机等距抽选出约 16 万住户参加记账调查。

2013 年及以后数据，来源于国家统计局的住户收支与生活状况调查。1978—2012 年的数据，根据国家统计局的城镇住户调查和农村住户调查历史数据，按照住户收支与生活状况调查可比口径推算得到。

(三)全国水利普查

水是生命之源、生产之要、生态之基。2010—2012 年，进行了第一次全国水利普查。普查内容，包括河流湖泊基本情况、水利工程基本情况、河湖开发治理保护情况、经济社会用水、水土保持情况、行业能力建设情况 6 个方面的系统情况。此外，还包括灌区和地下水 2 个专项普查。除原已完成的水资源调查外，基本上涵盖了水利工作涉及的所有方面。2013 年，以中华人民共和国水利部、中华人民共和国国家统计局为作者编写的《第一次全国水利普查公报》，已由中国水利水电出版社出版。到 2020 年，全国已进行过三次水利普查。

(四)全国经济普查(2013 年、2018 年)

2013 年，进行了第三次全国经济普查。普查时点：12 月 31 日。普查时期：2013 年。普查对象：中国境内从事第二、三产业的全部法人单位、产业活动单位和个体户；普查范围，采矿业，制造业，电力、热力、燃气及水生产和供应业，建筑业，批发和零售业，交通运输、仓储和邮政业，住宿和餐饮业，信息传输、软件和信息技术服务业，金融业，房地产业，租赁和商务服务业，科学研究和技术服务业，水利、环境和公共设施管理业，居民服务、修理和其他服务业，教育，卫生和社会工作，文化、体育和娱乐业，以及公共管理、社会保障和社会组织等。普查内容：单位基本属性、从业人员、财务状况、生产经营情况、生产能力、原材料和能源及主要资源消耗、科技活动情况等。这次普查，采用电子化手段采集数据，提高了普查质量和效能，减轻了基层和普查对象的负担。

2019 年 1 月 1 日零时，启动第四次全国经济普查现场登记工作。普查内容：基本情况、组织结构、人员工资、生产能力、财务状况、生产经营和服务活动、能源消费、研发活动、信息化建设和电子商务交易等。普查时点：2018 年 12 月 31 日。普查时期：2018 年。普查结果：2018 年年末，全国私营企业 1561.4 万个，比 2013 年年末增长了 178.6%，占全部企业法人单位比重由 68.3%提高到 84.1%。全国国有控股企业 24.2 万个，比 2013 年年末增长了 10.9%，国有控股企业仅占全部企业的 1.3%，但从业人员占全部从业人员的 15.7%，仍是国民经济的中坚力量。第三产业法人单位 1716.1 万个，占全部单位的 78.8%，比 2013 年年末提高了 4.1 个百分点；从业人员 21067.7 万人，占全部从业人员的 55%，比 2013 年年末提高了 9.1 个百分点。增速较高的有信息传输、软件和信息技术服务业、建筑业、科学研究和技术服务业、租赁和商务服务业等新兴行业。采矿业是单位数量唯一减少的行业，5年间减少1.9万个，下降了21.2%。全国机关、事业法人单位107.5万个，比2013年年末增加3.8万个，占全部法人单位比重从9.6%下降到4.9%。

（五）第三次农业普查（2016年）

第三次全国农业普查对象：中国境内的下列个人和单位，包括农村住户，农业生产经营户和其他住户；城镇农业生产经营户；农业生产经营单位；村民委员会；乡镇人民政府。普查范围：种植业、林业、畜牧业、渔业和农林牧渔服务业。普查内容：从业者基本情况；土地利用与流转；生产与结构；新型农业经营主体与农业规模化、产业化发展；新农村建设；农村人居环境与农民生活方式变化。普查时点：12月31日。普查时期：2016年度资料。这次农业普查，全国组织了工作人员近400万人，登记了2.3亿农户、60万个村级单位、4万个乡级单位、200多万个农业经营单位；组织5万多名工作人员对粮食、棉花等大宗农作物播种面积进行卫星遥感测量，完成了10多万景卫星遥感数据处理，实地调查了11万个样方和2万多个抽中普查区，实施了2700多架次整村无人机飞行测量，掌握了全国主要农作物种植空间分布，取得了全国各省（区、市）及种植大县主要农作物种植面积数据。按照国际通行做法，组织了数据质量抽查，评估了数据质量：登记户漏报率0.19%，指标数据差异率0.40%，达到设计标准。

第三次全国农业普查，共调查了31925个乡镇（乡11081个，镇20844个），596450个村（556264个村委会，40186个涉农居委会），317万个自然村，15万个2006年以后新建的农村居民定居点。普查的基本情况如下：

（1）农业经营主体。全国204万个农业经营单位，31422万农业生产经营人员。农民合作社179万个，农业经营户20743万户，其中规模经营户398万户。

（2）农业机械拥有量。拖拉机2690万台，耕整机513万台，旋耕机825万台，播种机652万台，插秧机68万台，收获机114万台，脱粒机1031万台。

（3）土地利用。耕地面积134921千公顷，实际经营林地面积（不含未纳入补偿的生态林防护林）203046千公顷，实际经营牧草地面积224388千公顷。

（4）农村基础设施。乡镇有火车站的占8.6%，有码头的占7.7%，有高速公路出入口的占21.5%，有集中或部分集中供水的占91.3%。99.3%的村通公路，99.7%的村通电，11.9%的村通天然气，25.1%的村有电子商务配送站点。

（5）农村基本公共服务。乡镇中，有图书馆、文化站的占96.8%，有剧场、影剧院的占11.9%，有体育场馆的占16.6%，有公园及健身广场的占70.6%，有幼儿园、托儿所的占96.5%，有小学的占98.0%，有医疗卫生机构的占99.9%，有执业（助理）医师的占98.4%，有社会福利收养单位的占66.8%。59.2%的村有体育健身场所，32.3%的村有幼儿园、托儿所，81.9%的村有卫生室。

（6）农民生活条件。99.5%的户拥有自己的住房，47.7%的户使用经过净化处理的自来水，36.2%的户使用水冲式卫生厕所。

(六)全国私营企业调查

由中国社会科学院社会学所、北京市社会科学院和部分高等院校专家负责设计、写作的此项调查，从1993年创立起每两年进行一次。2004年后，改由中央统战部、全国工商联、国家工商行政管理总局、中国民(私)营经济研究会主持，依托各省(区、市)工商联和工商局在全国开展调查，名称改为“全国私营企业调查”。该调查于1993、1995、1997、2000、2002、2004、2006、2008、2010、2012、2014、2016年已进行了12次，2018年调查正在进行之中。

全国私营企业调查的特点：①个体数据丰富。对私营企业主个人特征，尤其是社会和政治特征的调查最为集中。②历史价值珍贵。对私营经济、私营企业主的成长过程做了实录，很多早期资料弥足珍贵。“这些数据不能说是最好的，但它却是唯一的”(发起人之一张厚义)。③得到广泛应用。调查数据不仅可作为政策、理论研究的参考资料，还可作为中外读者研究、了解中国国情的一把钥匙，其研究成果已发表在《中国社会科学》《社会学研究》《经济研究》《管理世界》、*Social Forces China Journal*、*Journal of Contemporary China* 等学术期刊上。从2015年9月开始，相关部门已授权中国社会科学院私营企业主群体研究中心(中国社会科学院社会学所代管)面向海内外用户开放中国私营企业调查(Chinese Private Enterprise Survey，CPES)数据的使用。

(七)第二次全国污染源普查

2020年6月10日，国新办举行新闻发布会，介绍《第二次全国污染源普查公报》情况：普查标准时点：12月31日。普查时期：2017年。普查结果：全国各类污染源358.32万个(不含移动源)，其中工业源247.74万个，生活源63.95万个，畜禽养殖场37.88万个，集中污染治理设施8.4万个。从区域分布看，广东、浙江、江苏、山东、河北五省占全国的52.94%。从行业分布看，金属制品业、非金属矿物制品业、通用设备制造业、橡胶和塑料制品业、纺织服装服饰业五个行业占全国工业污染源的44.14%。从三大污染物排放看，水污染物排放，长江、珠江、淮河流域化学需氧量、总氮和氨氮等污染物排放量较大；海河、辽河、淮河流域排放强度大；大气污染物排放，京津冀及周边地区、长三角和汾渭平原排放强度较大；固体废物排放，一般工业固体废物产生量38.68亿吨，综合利用20.62亿吨，处置9.43亿吨，当年存储9.31亿吨。

与2010年第一次全国污染源普查相比，主要污染物排放量大幅下降，2017年二氧化硫、化学需氧量、氮氧化物等污染物排放量比2007年分别下降了72%、46%和34%，造纸行业化学需氧量减少了84%，钢铁行业二氧化硫减少了54%，水泥行业氮氧化物减少了23%。污染治理能力明显提升，工业企业废水处理、脱硫、除尘等设施分别是2007年的2.4倍、3.3倍和5倍。城镇污水处理厂增加了5.4倍，处理能力增加了1.7倍，实际污水处理量增加了2.1倍。生活垃圾处置厂十年间增加了86%，其中垃圾焚烧厂增加了303%，焚烧处理量增加了577%，焚烧处理量比重由2010年的8%提高到27%。

此外，2020年已经启动的还有：第七次全国人口普查和脱贫攻坚普查。

二、政治性社会调查

(一)“八项规定”及其实施

2012年12月4日，中共中央政治局召开会议，审议通过了中央政治局关于改进工作作风、密切联系群众的八项规定。其中，第一条规定是：“要改进调查研究，到基层调研要深入了解真实情况，总结经验、研究问题、解决困难、指导工作，向群众学习、向实践学习，多同群众座谈，多同干部谈心，多商量讨论，多解剖典型，多到困难和矛盾集中、群众意见多的地方去，切忌走过场、搞形式主义；要轻车简从、减少陪同、简化接待，不张贴悬挂标语横幅，不安排群众迎送，不铺设迎宾地毯，不摆放花草，不安排宴请。”这个规定，指明了调研的目的、任务、态度和方法，以及反对调研工作中的形式主义、官僚主义等问题。

特别值得指出的是，“八项规定”把“改进调查研究”列为第一条。它既是对过去调研工作经验教训的深刻总结，又是对今后调研工作的正确指导，因而具有很强的现实性、针对性和重要意义。

“八项规定”通过以后，中央政治局常委带头实施。据不完全统计，中央7位常委此后8个月内调研近50次，足迹遍布22个省市区，覆盖华北、华南、华东、华中、东北、西北、西南等各个地区。其中，四川、北京、天津、河北、甘肃、江苏、新疆、内蒙古等省市区，均有两名及两名以上常委考察调研过。① 中国政治局其他委员和地方各级党政领导同志，也纷纷下基层开展调研活动。可以说，“八项规定”的实施在全党刮起了新一轮的大兴调查研究之风。

(二)从粗放扶贫到精准扶贫

扶贫开发工作，从1986年开始，经过20多年发展，取得了显著成绩。但也存在许多问题：一是贫困居民底数不清，常由基层干部推测估算；二是贫困原因、扶贫对象不明，有的弄虚作假，舍不得“脱贫摘帽”；三是帮扶针对性不强，资金“天女散花”，浪费扶贫资源；四是帮扶效果低质、低效、难确定，以致“年年扶贫年年贫”。五是人情扶贫、关系扶贫相当普遍，造成应扶未扶、扶富不扶穷等社会不公，甚至滋生腐败。

为了解决扶贫工作中的问题，习近平、中央政治局和各省市区党委负责人，深入基层做了大量调研工作，总结了许多地方扶贫的经验教训。2013年11月，习近平到湖南湘西实地考察后，首次作出了“实事求是、因地制宜、分类指导、精准扶贫”的指示。不久，在贵州又讲了“六个精准”，即“对象要精准、项目安排要精准、资金使用要精准、措施到位要精准、因村派人要精准、脱贫成效要精准”。“精准扶贫”是相对粗放扶贫而言的，是指针对不同贫困区域环境、不同贫困农户状况，运用科学有效程序对扶贫对象实施精确识别、精确帮扶、精确管理的治贫方式。2015年11月，中央扶贫开发工作会议在北京召

① 中央7位常委8个月来考察近50次 遍布22个省区[N]. 北京青年报，2013-07-22.

开，作出了《关于打赢脱贫攻坚战的决定》。2016 年 4 月，中共中央办公厅、国务院办公厅印发了《关于建立贫困退出机制的意见》。从此，扶贫工作走上了快速、高效通道。

2015 年后，习近平先后 6 次针对扶贫问题召开座谈会，提出“小康不小康，关键看老乡”；“真扶贫、扶真贫、真脱贫”；“既要看数量，更要看质量”等要求。2019 年 4 月，习近平在解决“两不愁三保障”(“两不愁”，就是不愁吃、不愁穿；“三保障”，就是保障义务教育、基本医疗和住房安全)座谈会上指出，脱贫攻坚战进入决胜阶段，务必一鼓作气、顽强作战，不获全胜决不收兵。2021 年 2 月 25 日，习近平在“在全国脱贫攻坚总结表彰大会上的讲话”中庄严宣告：“经过全党全国各族人民共同努力，在迎来中国共产党成立一百周年的重要时刻，我国脱贫攻坚战取得了全面胜利，现行标准下 9899 万农村贫困人口全部脱贫，832 个贫困县全部摘帽，12.8 万个贫困村全部出列”；在贫困地区“新改建农村公路 110 万公里，新增铁路里程 3.5 万公里。贫困地区农网供电可靠率达到 99%，大电网覆盖范围内贫困村通动力电比例达到 100%，贫困村通光纤和 4G 比例均超过 98%。790 万户、2568 万贫困群众的危房得到改造，累计建成集中安置区 3.5 万个、安置住房 266 万套，960 多万人“挪穷窝”，摆脱了闭塞和落后，搬入了新家园。”从此，“区域性整体贫困得到解决，完成了消除绝对贫困的艰巨任务，创造了又一个彪炳史册的人间奇迹！”①

(三)开展“放管服”改革

“放管服”是简政放权、放管结合、优化服务的简称。“放管服”改革，是政府职能转变的一场深刻革命。调查研究，是“放管服”改革的基本方法。

2015 年 5 月，国务院首次提出“放管服”改革概念后，各部门、各地区在调查研究基础上逐步开展了“放管服”改革：一是，改革以审批发证为主要内容的传统管理体制，从根本上扭转政府职能缺位、越位、错位现象；二是，革除与审批发证相关联的寻租权力和不当利益，割断了一些利益链，挖掉了一些腐败土壤；三是，改变与审批发证相伴的“看家本领”，革除坐在办公室等人上门审批的习惯，不少部门及其工作人员出现了“能力恐慌”。通过深入基层调查研究，首先在“放”字上下功夫，在简政放权上“做减法”；然后，在创新管理、加强监管上“做加法”；同时，在优化服务上“做乘法”。这样就打造了权力瘦身的“紧身衣”，弥补了有效监管和优化服务的“短板”，初步扭转了“多顶大盖帽管一顶小草帽”“多龙治水、无人负责”的不正常现象。

目前，“放管服”改革已取得了积极成效。一是行政审批事项大幅减少。国务院部门取消和下放审批事项超过 40%，不少地方超过 70%，中央层面核准投资项目减少了 90%。二是企业税费负担显著降低。中央和省级取消、停征和减免收费 1100 多项，2013—2016 年累计为企业减轻负担 2 万多亿元。三是事中事后监管得到加强。出台公平竞争审查制度，建立投资项目在线审批监管平台和企业守信激励、失信惩戒机制。四是政府服务优

① 全国脱贫攻坚总结表彰大会在京隆重举行[N]. 人民日报，2021-02-26.

化。推行“互联网+政务服务”“一窗受理、一站服务”等便民举措。群众对“放管服”改革满意度持续上升。更重要的是，推动经济平稳增长、增进社会公平正义。首先，顶住了经济下行压力，使中国经济始终跑在世界前列。目前全国各类市场主体比 2012 年年底增加 60%以上，保障了充分就业。2013 年以来最终消费贡献率从 50%提高到 60%以上。其次，加快了新动能成长，中国经济结构优化和转型升级呈现新局面。战略新兴产业保持 10%左右快速增长，科技进步贡献率从 51%提高到 56%以上。最后，培育了国际竞争新优势。世界银行发布的《全球 2017 年营商环境报告》显示，近 3 年中国营商便利度全球排名上升了 18 位，其中开办企业便利度上升了 31 位。

但是，“放管服”改革与发展要求和人民期待相比，仍有差距。总的来说，思想认识有待深化、工作力度有待加强、已出台措施有待落实、监管服务方式有待创新，决不能有“差不多”“歇歇脚”的松懈思想。2020 年 5 月，李克强在《政府工作报告》中已对“深化‘放管服’改革”提出了新的更高要求。

（四）中央巡视工作

中央巡视是党章规定的一项重要制度，是加强党的建设、强化党内监督、维护党纪、从严治党的重要手段。中央巡视组是党中央的“千里眼”“顺风耳”，是“打虎”“拍蝇”的利器。它的工作重点是，发现领导干部中存在的问题：①权钱交易、以权谋私、贪污贿赂、腐化堕落等问题；②形式主义、官僚主义、享乐主义和奢靡之风等问题；③对党的理论路线方针政策等重大政治问题公开发表反对意见、搞“上有政策、下有对策”等问题；④买官卖官、拉票贿选、违规提拔干部等问题。它的工作方式是，听取专题汇报；列席有关会议；受理来信、来电、来访；召开座谈会；与领导班子成员和干部群众个别谈话；调阅文件、档案、记录等资料；进行民主测评、问卷调查；对下属单位走访调研等。按照规定，巡视组只负责调查研究和深入了解，而不干预巡视地区、单位的正常工作，不查办案件。显然，调查研究是中央巡视工作最基本的方法。

党的十八届中央委员会任期内，中央政治局及其常委会召开了 23 次巡视工作会议，中央巡视工作领导小组召开了 115 次会议研究巡视工作。创造了“巡查式”“点穴式”“回访式”“机动式”等方式方法，开展了 12 轮巡视，巡视了 277 个党组织，对 16 个省区市开展了“回头看”，对 4 个中央单位开展了“机动式”巡视；各省区市党委共巡视了 8362 个党组织；中央军委开展了 13 批次巡视，在党史上首次实现了一届任期内巡视全覆盖，对党的建设具有里程碑意义。通过巡视全覆盖，严肃查处了孙政才、苏荣、周本顺、王珉、白恩培、王三运、黄兴国、卢恩光等严重违纪案件，以及山西交通系统塌方式腐败案，湖南衡阳破坏选举案、四川南充拉票贿选案、辽宁拉票贿选案等重大案件，凝聚了全面从严治党的强大共识。同时，各省区市党委巡视组发现领导干部问题线索 5.8 万余件，推动纪检监察机关对 1225 名厅局级、8684 名县处级干部立案审查。① 通过巡视，形成了一条最基本

① 党的十八大以来中央巡视工作综述[N]. 人民日报，2017-09-29.

的经验，就是按照党章规定，坚持实事求是原则，认真搞好调查研究，就一定能确保巡视工作经得起实践、人民、历史的检验。

党的十九大以来，中央巡视工作已进行到第五轮：2018 年 2 至 5 月，第一轮巡视了 30 个地方和单位；2018 年 10 月—2019 年 1 月，第二轮巡视了 26 个地方和单位；2019 年 4—8 月，第三轮巡视了 3 个中央单位和 42 家中管企业；2019 年 9 至 2020 年 1 月，第四轮巡视了 37 个中央和国家机关单位；2020 年 5 月第五轮巡视已完成了对 35 个中央和国家机关单位党组织的进驻工作。可以肯定，在搞好调查研究的基础上，通过这五轮巡视党的建设会得到进一步加强。

(五)开展“三严三实”教育

2014 年 3 月，习近平在十二届全国人大第二次会议安徽代表团讲话中，谈到推进作风建设时指出，既严以修身、严以用权、严以律己；又谋事要实、创业要实、做人要实。这一论述，被简称为“三严三实”。2015 年 4 月，中共中央办公厅印发的《关于在县处级以上领导干部中开展“三严三实”专题教育方案》，对 2015 年开展“三严三实”专题教育作出了安排。2015 年 5 月，开通了“三严三实”专题教育网。2017 年 10 月，习近平在十九大报告中指出，坚持全面从严治党，必须抓住“关键少数”，坚持“三严三实”，不断增强党自我净化、自我完善、自我革新、自我提高的能力，始终保持党同人民群众的血肉联系。

“三严三实”教育主要包括两个方面：“修身”和“敬业”。就“修身”而言，就是要严以修身、严以用权、严以律己，反对享乐主义，反对以权谋私，反对形式主义、官僚主义和奢靡之风；就“敬业”而言，就是谋事要实、创业要实、做人要实，反对贪图虚名，反对弄虚作假，反对脱离群众、脱离实际和不务实效。要修身，就必须突破“三小”(建立小圈子，结交小兄弟，放纵小爱好)的包围，走进人民群众的汪洋大海中去经风雨、见世面；要敬业，就必须深入基层、深入群众去调查研究，而不能“坐着火车转，隔着玻璃看”。中国共产党的历史经验证明，空谈误国，实干兴邦。天下大事必作于细，古往今来必成于实。只有深入社会基层，密切联系群众，搞好调查研究，努力做到“三严三实”，作风建设才能不断得以升华，中国特色社会主义建设事业才能不断取得新的成功。

此外，2017 年 10 月，中国共产党第十九次全国代表大会通过的报告《决胜全面建成小康社会，夺取新时代中国特色社会主义伟大胜利》；2018 年 1 月和 6 月，中共中央、国务院先后印发的《关于实施乡村振兴战略的意见》和《乡村振兴战略规划(2018—2022 年)》；2018 年 2 月，中共十九届三中全会通过的《关于深化党和国家机构改革的决定》和《深化党和国家机构改革方案》；2018 年 4 月，中共中央、国务院印发的《关于支持海南全面深化改革开放的指导意见》；2019 年 8 月，中共中央、国务院印发的《关于支持深圳建设中国特色社会主义先行示范区的意见》；2020 年 5 月，十三届全国人大三次会议表决通过的《中华人民共和国民法典》等，都是深入调研的产物。

三、学术性社会调查

(一)《中国人想要什么样的民主》

张明澍的《中国人想要什么样民主》，以中国社会科学院国情调查中抽样调查资料为依据，与作者1988年的调查报告《中国"政治人"》做比较，探讨"中国人想要什么样的民主"，指出了过去20年中国政治文化若干方面的变化。① 张明澍通过对全国4个城镇1750位城镇居民的调查，分析中国人民主观念的特点是：①重视德治优先于重视法治；②重视实质和内容超过重视形式和程序；③解决腐败问题和群众监督政府优先于保障公民自由和权利；④协商优先于表决；⑤要中国自己的民主而不是外国的民主。张明澍认为，形成上述特点的原因是，中国政治文化中伦理主义分量较重，其特点是：希望用人的内在修养、品德约束政治行为，并作为建构政治制度的基础；个人感情、情绪影响甚至支配政治行为，往往导致激情式的政治参与，甚至冲破法律制约。这样就会妨碍政治生活中"实事求是"原则的贯彻，妨碍按部就班、和风细雨的有序政治参与。

通过调查结果分析，张明澍发现了"高中定律"，在政治观念、政治参与态度和行为、掌握政治知识方面，高中教育程度是一个转折点。从高中教育程度开始，受教育程度越高，政治参与态度和行为越积极，掌握政治知识越多，反之则越消极、越少。他还提出了"潜在参与者"与"实际参与者"的概念，即在利益受损时能想到采取政治参与方式保护自己利益的人是潜在参与者；在利益受损时曾采取政治参与行动保护自己利益的人是"实际参与者"。他通过分析发现，"潜在参与者"最高可达80%以上，"实际参与者"一般不超过10%。造成这一差距的原因在于，缺乏通过有序政治参与来保护自己利益的宣传和教育。

张明澍比较相距20多年的这两次调查指出，当前中国公民的政治参与行为有两个明显特点：一是由伦理主义和理想主义驱动的政治关心、政治参与程度降低；二是从自身经济利益出发的政治关心、政治参与的程度提高。张明澍呼吁，应当通过教育和宣传把社会主义民主所蕴含的、在日常生活中看得见摸得着的道理告诉人们，把社会主义民主向人民提供的有序政治参与的权利和机会同自己切身利益的关系告诉人们，使广大公民的民主观念能够赶上我国社会主义民主制度建设的发展，让社会主义民主的优越性充分发挥出来。

(二)《2019年中国城镇居民家庭资产负债情况调查》

中国人民银行调查统计司城镇居民家庭资产负债调查课题组于2019年10月中下旬在全国30个省(自治区、直辖市)对3万余户城镇居民家庭开展了资产负债情况调查。这是国内关于城镇居民资产负债情况最为完整、详实的调查之一。调查显示：①城镇居民家庭

① 刘好光. 伦理主义政治文化妨碍我国民主制度发挥优越性[N]. 中国教育报，2013-05-24.

户均总资产317.9万元，以实物资产为主，住房占比近七成，住房拥有率达到96.0%；金融资产仅为20.4%。②城镇居民家庭负债率为56.5%，负债最高的20%的家庭承担总样本家庭债务的61.4%，负债来源以银行贷款为主，占家庭总负债的75.9%。③城镇居民家庭净资产均值为289.0万元，与美国相比，我国城镇居民家庭财富分布相对均衡(美国净资产最高1%家庭的净资产占全部家庭净资产的比重为38.6%，我国为17.1%)。④城镇居民家庭资产负债率为9.1%，居民家庭债务收入比为1.02，略高于美国居民水平(0.93)，偿债收入比为18.4%，居民家庭债务风险总体可控。⑤需关注两个问题。一是居民家庭金融资产负债率较高，存在一定风险。二是部分家庭债务风险相对较高，表现为部分家庭资不抵债；中青年群体负债压力大；老年群体投资理财等金融产品风险较大；刚需型房贷家庭的债务风险突出。

城镇居民家庭资产分化明显。调查数据显示，城镇居民家庭总资产均值为317.9万元，中位数为163.0万元。均值与中位数相差154.9万元，表明居民家庭资产分布不均。居民家庭资产分布不均衡主要体现在以下四个方面。

第一，居民家庭资产的集中度较高，财富更多地集中在少数家庭。按家庭总资产由低到高分为六组，最低的20%的家庭仅占全部样本家庭资产的2.6%，而最高的20%的家庭占比为63.0%，其中最高的10%的家庭占比为47.5%。见表4-1。①

表4-1 居民家庭总资产分布情况

按总资产由低到高分组	均值(万元)	占全部家庭总资产比重(%)
0%~20%	41.4	2.6
20%~40%	99.3	6.2
40%~60%	164.4	10.3
60%~80%	282.4	17.8
80%~90%	493.3	15.5
90%~100%	1511.5	47.5

第二，区域间家庭资产分布差异显著，经济发达地区的居民家庭资产水平高。分经济区域看，东部地区居民家庭户均为461.0万元，分别高出中部、西部、东北地区197.5万元、253.4万元和296.0万元。分省份看，家庭资产最高的三个省(区、市)为北京、上海和江苏，最低的三个省(区、市)为新疆、吉林和甘肃。其中，北京居民家庭户均总资产约为新疆居民家庭的7倍。

第三，高收入家庭拥有更多资产。按家庭总收入从低到高排序，最高的20%的家庭占全部样本家庭总资产的半数以上。其中，最高的10%的家庭户均总资产1204.8万元，

① 2019年中国城镇居民家庭资产负债情况调查[Z]. 金融界网站，2020-04-24.

是收入最低的20%的家庭户均总资产的13.7倍。

第四，户主的年龄、学历水平及职业均影响家庭资产分布。一是家庭总资产随户主年龄的提高呈现先增后减特征。二是户主的学历水平越高，家庭户均总资产越多。三是户主为企业管理人员和个体经营者的家庭总资产明显高于均值。

我国城镇居民家庭资产以实物资产为主，户均253.0万元，占家庭总资产的八成。其中，74.2%为住房资产，户均187.8万元，占家庭总资产的59.1%（高于美国居民家庭住房资产比重28.5个百分点）。此外，我国城镇居民家庭住房拥有率为96.0%（其中，有一套住房的占58.4%，有两套住房的占31.0%，有三套及以上住房的占10.5%，户均拥有住房1.5套）。美国住房拥有率为63.7%，低于我国32.3个百分点。按家庭收入从低到高排序，美国收入最低的20%的家庭住房拥有率为32.9%，而我国收入最低的20%的家庭住房拥有率为89.1%，见图4-1。

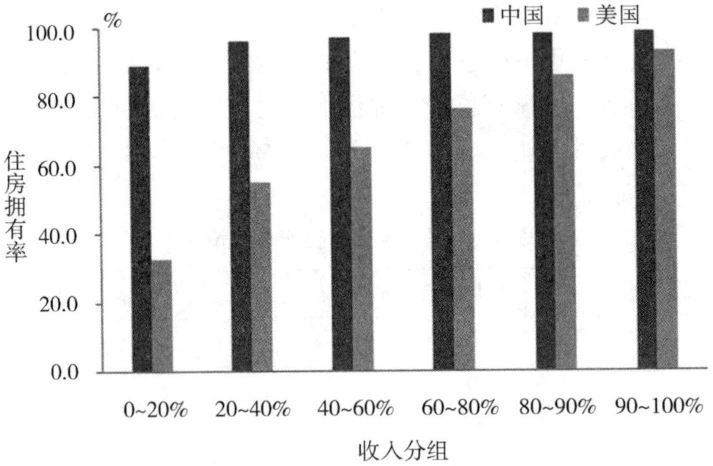

图4-1　中国和美国不同收入组的住房拥有率

来源：2019年中国城镇居民家庭资产负债情况调查[Z]. 金融界网站，2020-04-24.

（三）《月收入不足千元，这6亿人都在哪》①

2020年5月28日，国务院总理李克强在回答中外记者提问时讲到，我们有6亿人每个月的收入也就1000元左右。这个数是中国最为真实的国情。必须指出，这里的“月收入”，是指“人均可支配收入”，而不是指平均工资，即扣除个人所得税、私人转移支付和各种社会保险费等之外能实际使用的收入（若无特别说明，下面都是指家庭人均可支配收入）。这个指标，最能反映家庭或个体生活福利的真实状态，是全球广泛采用的判断一个国家发展阶段的最重要的指标之一，在欧美发达经济体中是比GDP更重要的经济指标。

① 万海远，孟凡强. 月收入不足千元，这6亿人都在哪[Z]. 财新网，2020-06-03.

目前，中国正在迈向高收入国家的进程中，但不要忘了中国仍是全球最大发展中国家的事实。北京师范大学收入分配研究院课题组分层线性随机抽取了7万个代表性样本，对这一问题进行了测算和分析。测算结果显示，中国月收入低于1000元的人口为5.47亿人，月收入1000~1090元的人口为5250万人，这两项合计的总人口为6亿人，占全国人口比重的42.85%。详见表4-2。

表4-2　家庭人均月收入分布与人口数

	百分比(%)	人口数(万人)	累计百分比(%)	累计人口数(万人)
≤0	0.39	546	0.39	546
0~500	15.42	21589	15.81	22135
500~800	14.43	20203	30.24	42338
800~1000	8.86	12404	39.10	54742
1000~1090	3.75	5250	42.85	59992
1090~1100	0.37	518	43.22	60510
1100~1500	13.30	18621	56.52	79131
1500~2000	12.33	17263	68.85	96393
2000~3000	14.81	20735	83.66	117128
3000~5000	11.21	15695	94.87	132823
5000~10000	4.52	6328	99.39	139151
10000~20000	0.56	784	99.95	139935
20000	0.05	70	100.00	140005

注：本表是2019年数据，人口规模数是用国家统计局总人口数乘以对应比例。

这6亿人中，546万人没有收入，2.2亿人月收入低于500元，4.2亿人月收入低于800元，5.5亿人月收入低于1000元，6亿人月收入低于1090元。如果以1090~2000元标准来界定中低收入，则该群体人口规模为3.64亿。

按照世界银行标准，中等收入标准为成年人每天收入在10~100美元之间，即年收入3650~36500美元。按照美元与人民币1∶6.7的汇率计算，世界银行中等收入标准为2.44万~24.45万元人民币，即月收入在2000~20000元之间(准确为2033~20375元)，表4-2显示该群体占中国总人口的比重为31.1%，即4.35亿人左右。国家统计局在世界银行标准基础上，认为中产收入标准是月收入2000~5000元。以这个为标准，则2019年中等收入群体的人口占比超过26%，实际约有3.64亿人。

月收入在1090元以下的6亿人是一个怎样的群体？北京师范大学的调查结果显示：按城乡划分，农村的占75.6%；城镇的占24.4%。按区域划分，中部的占36.2%、西部的占34.8%，东部的占29%。按年龄划分，小于16岁的占19.7%；大于59岁的占

19.1%，成年未婚的占19.8%，平均年龄38.5岁。按文化程度划分，“文盲”占9.6%，小学占34.1%，初中占37.2%，高中职高12.7%，大学6.4%，平均受教育9.05年。按就业形式划分，非劳动力占37.1%，家庭就业和失业占7.5%，自我雇佣占18.0%，工资就业者占37.4%。总之，这6亿人的基本特征是：大部分来自农村，主要分布在中西部地区，家庭人口规模较大，老小人口负担较重，文化程度较低，劳动力较少，相当多的劳动力未进入劳动力市场。

综合来看，中国仍是一个以低收入群体为主的国家，是世界上最大的发展中国家，仍将在较长时间内处于社会主义初级阶段。

此外，蔡禾主编的《中国劳动力动态调查：2015报告》(2015年)；中国人民大学社会学系与香港科技大学调查研究中心合作主持的中国综合社会调查(CGSS)(从2003年开始，每年调查一次)；北京大学中国社会科学调查中心主持的中国家庭动态跟踪调查(2010年开始，每2年调查一次)和中国健康养老追踪调查；中国村社发展促进会等单位组织课题组编著的《中国大学生村官发展报告》(2013—2017年)等，也是学术性社会调查的重要成果。

四、应用性社会调查

(一)上海消灭“拎马桶”调查

对上海里弄房屋里的人来说，告别“拎马桶”是最大的渴望。市委、市府明确由政府出资，对“拎马桶”住宅实施改造。2019年，改造1.1万户。2020年，剩余的“拎马桶”住房将全部改造，主要方式就是加装“1平方米马桶”。记者走访了静安、黄浦、虹口等区10多个街道20余个居民区，意外发现不少居民“不愿意装抽水马桶”。告别“拎马桶”明明是好事，居民为何还纠结？

(1)装了马桶，就不旧改？上海居民听说政府要装抽水马桶，即使不用出钱，仍顾虑重重：装了马桶，是不是就不动迁了？后经反复解答：旧改或成套改造需多方面条件，可能一等就是好多年。现在老房里老人多，先装抽水马桶可解决燃眉之急。同时，找到一户成功装上抽水马桶，从而逐步打开局面。

(2)楼上装马桶，楼下会遭殃？“拎马桶”房屋大多是老房。这些老房漏水是常有的事，经常出现楼上居民想装马桶、楼下居民坚决反对的现象。后来找到了突破口：让楼上居民同意，底楼在哪里装马桶，自己就在同一部位装马桶，哪怕调整房间布局也愿意。这样就打破了僵局，使“拎马桶”终于成为历史。

(3)装抽水马桶，漏水、噪音怎么办？最有效的办法是，用好技术手段。比如，安装整体式卫生设施，四面和底部连为一体，没有漏水之虞；为楼上居民铺一层塑料地板，再给马桶底部加个托盘，把漏水风险降到最低；选用声音较轻的马桶，并做小半级水泥底座，用于隔音，从而使居民慢慢放下顾虑。

记者手记：每一个“1平方米马桶”背后，都是个“难”字，装马桶改变了什么？一是为了让居民用上抽水马桶，街道居委会干部不计时间和心血，一次次沟通、斡旋、商量，想尽了一切办法。在这个过程中，年轻干部得到了锻炼，与居民关系从陌生到熟悉，真正走进了居民心里。二是通过加装马桶，居民更信任政府了，遇到问题有商有量，许多矛盾都缓解了。三是加装马桶，让居民有了实实在在的获得感，改善了居民和社区、居民和基层干部关系，密切了党委政府和居民关系。从这个意义说，加装马桶不只是一个安装工程，更是加强基层建设的连心工程，老弄堂的氛围也为之一新。一个马桶的作用，谁能小看呢？①

（二）《疫情影响下居民基本生活得到有效保障》

2020年一季度，受新冠病毒疫情影响，居民收入和消费受到冲击，出现了多年没有的下降，全国居民人均可支配收入名义增长0.8%、实际下降3.9%；人均消费支出实际下降12.5%。以习近平为核心的党中央高度重视民生工作，出台了一系列稳就业、保民生政策，使居民基本生活得到了有效保障。

（1）工资收入水平基本稳定，对居民名义收入小幅增长发挥了重要作用。一季度，全国居民人均工资性收入4896元，同比增长（此为名义增速）1.2%，拉动全国居民人均可支配收入增长0.7个百分点。

（2）转移收入较快增长，有效保障了低收入群体特别是困难群体的基本生活。一季度，全国居民人均转移净收入1548元，增长6.8%，拉动全国居民人均可支配收入增长1.2个百分点。

（3）食品消费支出稳定增长，居民基本生活得到有效保障。一季度，我国基本民生得到保障，全国居民人均食品烟酒支出1708元，增长2.1%。人均蔬菜支出增长20.8%，肉类支出增长31.9%，禽类支出增长30.3%，蛋类支出增长24.4%。

（4）线上消费和健康消费增长较快，新的消费形态优势显现。一季度，全国居民线上消费或服务次数同比增长21.2%。人均通信支出增长5.3%。人均卫生用品支出增长27.2%，人均医疗药品支出增长3.8%，其中买口罩等支出增长4.2倍。②

第四节　中国社会调查的经验教训和启示

中国是世界上开展社会调查最早的国家之一，中国共产党是世界上最善于做社会调查的政党，中国和中国共产党积累了极其丰富、宝贵的社会调查经验，也留下了许多沉痛的社会调查教训。这些经验教训，给予我们许多有益的启示。

一、中国社会调查的经验教训

研究中国社会调查史，不仅要全面、系统、真实、准确地叙述中国历史上社会调查的

① 孟群舒．宁可天天拎马桶，也不要政府免费安装抽水马桶，“72家房客”在纠结什么？［Z］．上观新闻，2020-06-09.

② 方晓丹．疫情影响下居民基本生活得到有效保障［Z］．中国经济网，2020-04-19.

重大事件、重要人物和重大成果，而且要在此基础上，进一步总结中国社会调查的经验和教训。

(一)中国社会调查的主要经验

1. 高度重视，把社会调置于治国理政的基础地位

在古代，周武王把“貌言视听思”列为治国理政九条大法的第二条(参见《尚书·洪范》)。管仲指出“凡立朝廷，问有本纪”(参见《管子·问》)，必须充分了解下属和百姓疾苦。商鞅主张“强国知十三数”(参见《商君书》)。周武王之所以能顺利克殷建周，管仲之所以能辅佐齐恒公称霸，商鞅之所以能变法强秦，就在于他们高度重视社会调查。

在近代和现代，中共历代领导人都非常重视社会调查，反复强调：“没有调查，没有发言权”；“系统的周密的社会调查，是决定政策的基础”。① 中共之所以能创造性地开辟中国特色的革命、建设、改革道路，就在于把社会调查置于治国理政的基础地位，当作克敌制胜、开拓前进最可靠的法宝。

2. 领袖带头，主要领导人、决策者亲自做调查

在古代，大禹治水，在外13年，他陆地乘车，水中乘船，泥沼中乘木橇，山地穿钉鞋，左手拿准绳，右手拿规矩，还带着测四时的仪器，亲自做调查，这是他治水成功的根本原因之一。孙武指出：“故明君贤将，所以动而胜人，成功出于众者，先知也。”谁先知？“明君贤将”——战争的决策者。

在近代和现代，毛泽东强调，做调查“要亲自出马”，“凡负指导工作的，从乡政府主席到全国中央政府主席，从大队长到总司令，从支部书记到总书记，一定要亲身从事社会经济的实际调查”。② 中共百年史实证明，主要领导人、决策者带头，是社会调查取得成功的关键。

3. 深入基层，深入第一线，做实地调查

在古代，荀子认为，“故不登高山，不知天之高也；不临深溪，不知地之厚也”(《荀子·劝学》)；“不闻不若闻之，闻之不若见之，见之不若知之，知之不若行之”(《荀子·儒教》)。在他看来，只有“登”“临”实地和“行”(即实践)，才能获得真知。历史上，许多封建君主都懂得，深入实地，微服私访，是了解真情的有效方法。

在近代和现代，毛泽东更明确指出，“要做这件事(指调查——引者)，第一是眼睛向下，不要只是昂首望天。没有眼睛向下的兴趣和决心，是一辈子也不会真正懂得中国的事情的”。③ 这说明，深入第一线，调查第一手情况，是获得真情实感、求真求实最基本的方法。

---

① 中共中央文献研究室. 毛泽东周恩来刘少奇朱德邓小平陈云论调查研究[M]. 北京：中央文献出版社，2006：4、14.

② 中共中央文献研究室. 毛泽东周恩来刘少奇朱德邓小平陈云论调查研究[M]. 北京：中央文献出版社，2006：62.

③ 中共中央文献研究室. 毛泽东农村调查文集[M]. 北京：人民出版社，1982：15-16.

4. 谦虚谨慎，甘当小学生，拜群众为师

在古代，夏、商、周精英指出，统治者治国理政必须以民为镜，体察民情，了解民意；治国理政要"敬用五事"，只有恭敬对待调查和被调查者，语言合乎道理，才能得到真实回答(《尚书·酒诰》《尚书·洪范》)。儒家学派创始人孔子认为，"三人行，必有我师焉"，因而"入大庙，每事问"(《论语·八佾》《论语·述而》)，而不以圣人自居。

在近代和现代，毛泽东指出，"没有求知的渴望，没有放下臭架子、甘当小学生的精神，是一定不能做，也一定做不好的。必须明白：群众是真正的英雄，而我们自己则往往是幼稚可笑的，不了解这一点，就不能得到起码的知识"。① 实践证明，拜群众为师，是调查取得成功的必要条件。

5. 不虚美，不隐恶，实事求是

在古代，班固对司马迁撰《史记》的评价是："辨而不华，质而不俚，其文直，其事核，不虚美，不隐恶，故谓之实录。"(《汉书·司马迁传》)刘知几的《史通》提倡求实精神，忠于历史事实，彰善贬恶；贵直书，斥曲笔；信灾祥，重人事，把史学与现实生活联系起来，具有重要指导意义。②

在近代和现代，毛泽东指出："马克思列宁主义的态度"，就是"有的放矢的态度"，"实事求是的态度"。"'实事'就是客观存在着的一切事物，'是'就是客观事物的内部联系，即规律性，'求'就是我们去研究"。③ 不虚美，不隐恶，实事求是，是社会调查最重要的指导思想，是科学社会调查的灵魂。

(二)中国社会调查的沉痛教训

1. 官僚主义横行，长官意志决策

在古代，君主、帝王都自认为是"天子"，所谓"溥天之下，莫非王土；率土之滨，莫非王臣"(《诗经·北山》)。对他们来说，不是"官僚主义"问题，而是帝王意志、为所欲为的问题。历史上，一切走向没落的帝王或统治者，都是唯我独尊，妄自决策，独断专横，胡作非为，而不调查、不研究，逆潮流而动的败亡者。

在近代和现代，官僚主义、长官意志，不做调查或不做正确调查，都是遭受失败的根本原因。中国民主革命受"左"倾长官意志左右，一度濒临失败边缘；中国社会主义建设事业受"左"倾官僚主义支配，也曾遭受严重损失。中国共产党百年史实证明，官僚主义、长官意志是社会调查的首要祸害。

2. 本本主义禁锢，盲目照搬照抄

在古代，上天之意，祖宗之法，是必须遵守的"本本"。所谓"王者承天意以从事，与天同者，大治；与天异者，大乱"(董仲舒：《春秋繁露》)。所谓祖宗之法，是封建时代祖先制定的家族或法规。后世统治者对祖宗之法，一般持祇畏敬奉之心，力图继承祖宗的治

① 毛泽东．"农村调查"的序言和跋[M]//毛泽东农村调查文集．北京：人民出版社，1982：16-17.
② 代继华．刘知几论实录[J]．史学史研究，1995(3)：66-71.
③ 毛泽东选集(第3卷)[M]．北京：人民出版社，1991：800-801.

道法统。这两种“本本”，是束缚社会调查的桎梏。

在近代和现代，也盛行各种本本主义。中国民主革命初期，屡为第三国际本本制约，几乎断送了中国革命；中华人民共和国初期，深受“最高指示”本本禁锢，酿成了严重恶果；改革开放以来，频遭“西方”本本掣肘，带来了许多问题。历史证明，本本主义，照搬照抄，是实事求是调查研究的大敌。

3. 主观主义严重，老子天下第一

在古代，许多末代帝王、败亡将领的特点是，专横跋扈，独断独行，蛮不讲理，肆意妄为。他们往往是孤家寡人，不调查、不研究，单凭主观意志、个人愿望，轻率决策，瞎乱指挥，莽撞行动，其结果只能是到处碰壁、不断失败，最终都逃脱不了灭亡的命运。

在近代和现代，中国民主革命时期的“左”倾冒险主义者，社会主义革命、建设和改革中“左”的倾向，无论勇气多大，热情多高，都难免走向失败。毛泽东指出，主观主义者“自以为是，老子天下第一”；“拿了律己，则害了自己；拿了教人，则害了别人；拿了指导革命，则害了革命”。① 这是颠扑不破的真理。

4. 形式主义泛滥，虚假调研盛行

在古代，讲形式，比排场，是亘古不变的痼疾。特别是汉武帝采纳董仲舒“罢黜百家，独尊儒术”的主张后，官场上论资排辈，等级森严，繁文缛节，附赘悬疣；文坛上八股猖獗，形式死板，内容空洞，连篇累牍。在这种氛围下，搞形式主义，欺上瞒下，阳奉阴违，虚多实少，做表面视察的假调研泛滥成灾。

在近代和现代，形式主义已侵入中国共产党的机体。其表现形式之一，就是“党八股”。毛泽东为它列了“八大罪状”：空话连篇，言之无物；装腔作势，借以吓人；无的放矢，不看对象；语言无味，像个瘪三；甲乙丙丁，开中药铺；不负责任，到处害人；流毒全党，妨害革命；传播出去，祸国殃民。② 习近平也指出，“形式主义方面，主要是知行不一、不求实效，文山会海、花拳绣腿，贪图虚名、弄虚作假。……有的明知报上来的是假情况、假数字、假典型，也听之任之，甚至通过挖空心思造假来粉饰太平”。③

中国和中国共产党社会调查的历史经验和惨痛教训，都是宝贵的精神财富：对于经过历史检验的成功经验，应该永远继承和发扬；对于付出沉重代价换取的惨痛教训，应该深刻记取和警醒！

二、中国社会调查的启示

中国和中国共产党丰富的社会调查经验和沉痛的社会调查教训，给我们揭示了许多有益的启示。

（一）关于社会调查的目的

（1）社会调查作为一种认识方法或工作方法，只是一种工具或手段，它可以为任何

① 毛泽东选集（第3卷）[M]. 北京：人民出版社，1991：800.

② 毛泽东选集（第3卷）[M]. 北京：人民出版社，1991：830-840.

③ 习近平. 习近平谈治国理政[M]. 北京：外文出版社，2014：368-369.

人、任何目的服务——既可以为革命者、建设者摧毁旧世界、建设新世界服务，又可以为剥削者、侵略者盘剥百姓、掠夺弱国服务。明晰社会调查目的，是科学判断社会调查的性质及学科类别的必要前提。

(2)任何社会调查都有一定目的——不管自觉不自觉、承认不承认、宣布不宣布，哪怕是故意隐瞒或歪曲，它在客观上总是存在的。只要认真研究调查者的所作所为，特别是研究其调研成果的实际应用，社会调查的真实目的是完全可以明晰的。例如，清末新政时期(1901—1911年)组织过大量社会调查，清廷宣布调查的目的是实行“新政”。然而，宣统三年(1911年)摄政王载沣任命庆亲王奕劻为内阁总理大臣，筹组新内阁，共有13名成员，其中满人8名、汉人4名、蒙古人1名，8名满人中有6人为宗室、1人为觉罗。这个“新内阁”，立即被当时革命党及立宪派讽刺为“皇族内阁”。这说明，清末新政社会调查的真实目的，不是实行“新政”，而是建立“皇族内阁”，继续维护满清皇族的封建统治。又如，1959—1960年，在全国范围内开展了一场声势浩大的“人民公社调查运动”，名为论证人民公社的优越性，实则是为“左”倾错误辩护，回击所谓的“右倾机会主义”对“总路线”“大跃进”和人民公社的进攻。事实证明，调查者对调研成果的实际应用，是社会调查真实目的的试金石。任何歪曲、隐瞒的社会调查真实目的，都无法逃过这一试金石的检验。

(3)社会调查史表明，社会调查一般有两层目的——根本目的和直接目的。

社会调查的根本目的，在客观上存在两个方向。一是推动社会发展，服务人民大众。如古代，周公辅佐武王克殷建周，商鞅辅佐孝公变法强秦，都做过许多调查，都推动了古代社会发展。在近代和现代，中国共产党人为革命、建设、改革做过大量社会调查，推动了中国革命、建设、改革事业的发展。二是巩固、扩张自己的权势，实现自己的目的。如古代，历代朝廷的户口、田亩调查，是为了征纳赋税徭役，巩固帝王权势。在近代和现代，北洋军阀和南京国民政府组织过许多社会调查，表面上是为了管理国家、治理社会，最终目的却是为了巩固自己的统治；日本“满铁”在中国做地理、社会调查，是为了扩张、侵略；基督教组织做社会调查，是为了传播基督教、发展教徒，等等。

社会调查的直接目的，在客观上存在多种类型：对于政治家、社会管理者来说，直接目的主要是管理国家、治理社会；对于军事家来说，直接目的主要是知己知彼、知天知地、克敌制胜；对于社会变革者来说，直接目的主要是揭露社会矛盾，探寻社会病因，变革旧的社会；对于学问家来说，直接目的主要是搜集资料，开展研究，做出新结论，形成新理论；对于文艺家来说，直接目的主要是体察社情民意，塑造新形象，创作新作品；对于医药学家来说，直接目的主要是尝味草本，定本草经，造医方以疗众疾；对于各行各业经营、管理者来说，直接目的主要是了解社会需求，拓展业务，发展自己，等等。

(4)社会调查与社会调查目的之间存在着内在的、本质的、必然的联系。调查者对调研成果的实际应用，是社会调查真实目的的试金石。只要善于运用这一试金石，任何歪曲、隐瞒的社会调查目的，都能被明晰出来。明晰社会调查目的，既要明晰其根本目的，也要明晰其直接目的。只有明晰了社会调查的根本目的和直接目的，才能对社会调查的性质、学科分类作出正确判断。

（二）关于社会调查的理论基础或指导思想

（1）任何社会调查，在客观上都有一定的理论基础或指导思想。对于这一点，有的调查者自觉，有的调查者不自觉；有的调查者公开承认，有的调查者公开否认；更多的调查者是回避作出明确回答。正确辨别社会调查的理论基础或指导思想，是判断社会调查及其研究成果科学性的重要根据。

（2）在马克思主义诞生前，人们总是用唯心史观，即用某种精神因素——或神的意志，或是某种绝对精神，或是卓越人物的思想，或是抽象的人类理性去解释历史，因而不可能正确认识历史发展，不可能科学说明人类历史。与以前一切唯心史观不同，马克思和恩格斯创立的唯物史观认为，历史的主体是人，但不是与世隔绝的、生物学意义上的抽象的人，而是处于一定社会历史条件下、一定社会关系中的活生生的现实的人。历史发展有其特定规律，即生产力决定生产关系，生产关系对生产力有反作用，生产关系一定要适应生产力发展等规律。列宁称，唯物史观是“科学的社会学”“唯一的科学的历史观”“唯一科学的说明历史的方法”。社会调查史实证明，唯物史观是科学设计调查方案，正确开展社会调查，科学思维加工，实事求是做出结论的基础或前提。马克思主义的唯物史观，是科学社会调查不可或缺的根本条件，是辨别社会调查理论基础或指导思想是否科学的“照妖镜”。在这一“照妖镜”面前，任何调查者都无法隐瞒自己的理论基础或指导思想，任何社会调查结论都无法混淆真伪与对错。

（3）社会调查史表明，无论古代还是近代、现代，不管自觉不自觉，承认不承认、系统不系统，社会调查理论基础或指导思想有两种性质：一种是求真、求实，实事求是。对于一切推动社会发展、服务人民大众的社会调查来说，其指导思想在客观上必然是求真、求实，实事求是。例如，司马迁的《史记》，就是按照“不虚美，不隐恶”的“实录”精神编著的。这种“实录”精神，虽然还不是马克思主义的唯物史观，但却具有朴素唯物主义性质。毛泽东的《中国社会各阶级的分析》，则是以马克思主义唯物史观为指导的实事求是调查的杰作。另一种是唯己、唯我，主观主义。对于巩固、扩张自己权势，实现自己目的的社会调查来说，以及对于那些为自己错误辩护的所谓“社会调查”来说，其指导思想必然是唯己、唯我，主观主义。例如，日本满铁的“调查”，就是以唯己、唯我主义为指导的调查。1959 至 1960 年，为了回击“右倾机会主义”而开展的“人民公社调查”，就是为错误进行辩护的，以主观主义为指导的社会调查。

（4）对于一切推动社会发展、服务人民大众的社会调查来说，社会调查的理论基础或指导思想有两个层次：一是一切社会调查共同的、基本的理论基础或指导思想，即求真、求实，实事求是；二是不同调查主体为实现各自调查目的而具有的特殊的理论基础或指导思想。即在求真、求实的基础上，政治家、社会管理者还要求稳、求和，即求国家稳定、社会和谐；军事家还要求胜、求势，即求战争胜利、态势良好；社会变革者还要求变、求善，即求变革社会、改善民生；学问家还要求知、求是，即求创新知识、发现规律；文艺家还要求新、求美，即求作品新颖、艺术精美；医药学家还要求康、求乐，即求体健安康、身心快乐；各行各业经营者、管理者还要求盛、求好，即求业务兴盛、服务更好，等等。

(5)社会调查与社会调查理论基础或指导思想之间存在着内在的、本质的、必然的联系。马克思主义唯物史观，是一切科学社会调查的理论基础和指导思想，是辨别社会调查理论基础或指导思想科学与否的“照妖镜”。社会调查的理论基础和指导思想有两种基本性质。对于一切推动社会发展、服务人民大众的社会调查来说，社会调查的理论基础和指导思想有两个层次。只有弄清楚了社会调查理论基础或指导思想的这两个层次，才能得出科学的、有效的社会调查结论。

(三)关于社会调查的对象和内容

任何社会调查都必然有一定的调查对象和内容。社会调查史实证明，社会调查的对象和内容是随着经济发展、社会变迁，以及调查主体需求的变化而不断演变的。中国经济的发展，是先有狩猎业、农业、手工业，后有商贸业、服务业、工矿业、信息业等；中国社会的变迁，是先有奴隶制、封建制，后有半殖民地半封建制和社会主义制度；中国社会调查的主体，更是多种多样，他们的需求更是日新月异、不断变化。随着中国经济发展、社会变迁，以及调查主体需求的不断变化，社会调查对象和内容演变的总趋势是：先有丁口调查、山水调查，后有人口调查、田亩调查；先有狩猎业、农业、手工业调查，后有商贸业、服务业、工矿业、信息业调查；先有经济领域调查，后有非经济领域调查；先有客观现实调查，后有主观状态调查；先有社会要素调查，后有社会关系、社会结构调查；先有社会现状调查，后有发展预测研究，以及先简单调查，后复杂调查；先质量调查，后数量调查；先浅层调查，后深层调查；先现实调查，后虚拟调查，等等。中国的经济发展、社会变迁不会停止，调查主体及其需求的变化不会终结，社会调查的对象和内容也一定会不断地扩展和变化。

(四)关于社会调查的方式和方法

(1)任何社会调查都必然有一定的调查方式和方法。社会调查史实表明，社会调查的方式和方法是随着科学技术进步，主要是随着采集、记录、整理、分析、传递、储存社会信息技术(包括硬件与软件)的进步而不断更新的。社会调查的方式、方法更新的总趋势是：从调查者运用自己的感觉器官和思维器官进行调查和研究，到运用丈尺、规矩、准绳等手工工具进行调查和研究，到运用测量仪、照相机、摄影机、录音机、电话机等物理学、化学、光学、声学工具，以及调查问卷、卡片和表格进行调查和研究，再到运用电子计算机、互联网、大数据、电子痕迹、机器人、无人机等电子、光子、量子等工具进行调查和研究。人类采集、记录、整理、分析、传递、储存社会信息的技术，不会永远停留在某一个水平上，因而社会调查的方式和方法也不会永远停留在某一个水平上。

(2)在人类历史上，社会调查方式、方法已经历过两次重大变革：第一次重大变革，发生在17—19世纪的西欧。通过这次变革，促使感性、直观的古代社会调查，演进成为系统化、规范化的近代社会调查。第二次重大变革，发生在20世纪中叶的美国。由于电子计算机和互联网的发明和应用，推动系统化、学科化的近代社会调查，演变成为电子化、数据化的现代社会调查。可以肯定，随着科学技术进一步发展，社会调查方式、方法还会出现新的、更大的变革。

(五)关于重大社会调查项目的启动

社会调查史实表明，一切意义重大、影响深远的社会调查项目，往往是在以下几种时机、条件下启动的：

一是在生存受到严重威胁的情况下。例如，“帝尧之时，洪水滔天”，华夏先祖的生存受到严重威胁，大禹启动了大规模的山水调查。又如，面对国民党的白色恐怖，中国革命面临失败的严重威胁，毛泽东开启了井冈山调查等，开辟了一条工农武装割据、农村包围城市、最后夺取全国政权的中国革命独特道路。

二是在发展遭受严酷限制的情况下。例如，战国初期，秦国连年遭受魏国进攻，商鞅辅佐秦孝公变法的手段之一，就是启动“观俗立法”调查并强制实施。又如，抗日战争相持阶段，为了打破日军的进攻和国民党的封锁，中国共产党人在抗日根据地开展一系列调查，逐步解决了群众生活和根据地财政、经济困难。

三是在建国立制、医治战乱的情况下。例如，西周初，周公辅佐武王立“貌言视听思”为治国理政第二大法，启动民数、国势调查。新中国成立初，为建国立制，进行民主改革和社会主义改造，开展了大规模的经济、政治、社会调查，土地改革调查，农业、手工业、资本主义工商业社会主义改造调查。

四是在拨乱反正、纠正错误的情况下。例如，中国共产党在延安整风时期，作出了《关于调查研究的决定》，在各抗日根据地组织大规模的社会调查。20世纪60年代初，为纠正“总路线”“大跃进”、人民公社化运动中的“左”倾错误，中共中央倡导大兴调查研究之风，启动大规模的社会调查。

五是在开创新局、探索新路的情况下。例如，春秋初期，管仲辅佐齐桓公称霸，不仅论述了八条“霸王之术”，而且通过“八观”对各诸侯国进行全面考察。中共十一届三中全会以后，为拨乱反正，纠正工作中的“左”倾错误，探索中国特色社会主义道路，中国共产党开展了一系列社会调查。

社会调查重大项目启动的时机、条件说明，科学的社会调查，既是革命者、建设者克敌制胜、不断前进的最重要武器，又是他们从错误中学习、在失败中成长的最有效法宝。

第五章　港台的社会调查

港台地区在社会调查方面发展较早、受西方影响较大，有自己的特点。

第一节　香港的社会调查

一、回归前的社会调查

从1841年被英国占领，到1997年回归祖国，香港经历了巨大的社会变迁，社会调查事业也经历了曲折的发展历程。

回归以前，特别是20世纪40年代以来，香港的社会调查已广泛开展起来。它大体可分为两类，即港英当局的社会调查和学者的社会调查。

(一)政府的社会调查

港英当局时期，已有零星的社会调查，尤其是港英当局的统计调查。但是，真正意义上的现代社会调查，始于20世纪中叶。

20世纪40年代以后，港英当局的统计机构经历了一个曲折发展过程。1947年，港英当局成立统计处，计划组织一个统计系统，就市场零售价格指数及贸易等事项进行调查和统计。1948年，曾计划开展人口普查，但因当时人口流动太大计划被取消。1952年，统计处被解散，取而代之的是在工商署成立了一个统计组，主要负责贸易统计。1959年，港英当局成立了一个临时性质的人口普查处。1961年，开展人口普查。1962年，人口普查完成后普查处被解散。直到1967年12月，港英当局才重新成立统计处。

20世纪70年代，港英当局开始重视对社会经济状况的了解，港英当局统计处定期进行有关社会发展状况的统计调查。1975年，开始劳动人口统计调查，为研究劳工问题提供了重要的统计资料。1981年，劳动人口统计调查演变为综合住户统计调查，每月进行一次入户访问，搜集有关住户的劳动人口、失业和就业不足等资料，以供统计劳动人口参与率、就业人口特征、每周工时、每月工资、失业人口特征、就业不充分人口特征等的需要，每月调查约8000个样本住户。调查结果，由港英当局统计处按季发布《综合住户统计调查报告》。

在这项调查中，统计处还不定期地附带进行专题调查，调查主题包括：劳工流动、健康状况、吸烟习惯、入住医院、求诊习惯、器官捐赠态度、学童保健服务、在内地工作或配偶(子女)在内地的香港居民情况等。调查对象是样本住户的一半，约4000户。调查结果，先后发表了几十份《从综合住户统计调查收集所得的社会资料：专题报告书》。

人口普查，是港英当局调查的另一个重要项目。早在1841年英国占领香港时，当局就曾对香港岛所有村落进行过人口调查和统计。这很可能是香港最早的人口普查。此后，人口普查定期进行，但在1931—1961年中断。从1961年起，香港每10年(逢1的年份)进行一次人口普查，在两次人口普查之间(逢6的年份)进行一次中期人口统计。1961年、1971年的人口普查，都对香港居民主要特征进行了全面调查。从1981年起，虽仍调查全体香港居民的数目，并使用问卷形式调查其年龄、性别等基本资料，但主要通过大规模抽样调查、以家访形式收集部分居民之详细资料，然后通过统计分析推算出香港人口的基本特征。

(二)学者的社会调查

20世纪50年代，在香港进行社会调查的是一群来自西方的学者。当时，西方学者难以踏足中国内地，于是转而到香港进行社会调查和研究。他们大多选择在新界农村进行田野研究，通过参与观察及访问，了解传统中国社会的组织和生活。

20世纪60年代，随着新兴工业兴起，城市规模扩大，西方学者开始从农村研究转向工业与都市研究。例如，研究工厂组织与工人行为、新市镇政治结构与民间组织等。随着移民潮高涨，人口急剧增加，制造业快速发展，经济结构转型，各种社会服务需求不断增加，随之而来的是种种社会问题的浮现。为了全面了解社会状况，科学制定社会政策，1966年港英当局拨款资助了一项为期3年的“香港市区家庭生活”调查，由香港中文大学“社会调查研究中心”承办。这项调查研究在1967年实施。调查对象：3753名16岁及以上的已婚华人(561对夫妇、1103位已婚男性、1528位已婚女性)；调查方式：通过抽样选取样本，以问卷方式进行访问调查。这是香港社会调查史上第一个大规模抽样调查研究的项目。

继“香港市区家庭生活调查”后的另一项大规模社会调查，是对九龙东北角观塘区的系列调查研究。这项调查研究由香港中文大学“社会调查研究中心”承担，由于它包含多个不同取向和方法的研究项目，因而被称为“观塘工业社区系列研究”。1971—1973年进行的这项调查，不仅为港英当局提供了详细的社区生活资料，对新市镇规划发挥了重要参考作用，而且对香港社会调查事业的发展产生了颇大影响。

20世纪70年代，为了解决人口增长和经济转型带来的社会问题，港英当局及学术界开展了许多与都市化、工业化相关的社会调查。例如，家庭生活调查、节育行为研究、民间志愿组织调查、青少年犯罪研究、小型工商业运作调查，以及房屋及新市镇发展研究等，其调查方法以抽样调查居多。其中，比较突出的有两个项目。一是健康状况调查，调查主题是香港人的居住环境、健康状况、生活质素、对家庭和社会的价值观和态度等。调查资料极为丰富，尤其是香港人健康状况资料，促进了医疗社会学对精神健康的研究。二是青少年与犯罪调查，调查主题是从社会控制角度研究青少年和犯罪问题。调查方法，主要是通过对1973年3月至1974年2月正在服刑的青少年暴力罪犯与没有犯案的青少年两个不同样本的对比调查，探讨青少年暴力犯罪的社会成因。

20世纪80年代，香港发生深刻巨变。政治上，进入回归祖国的过渡期，同时港英当局加快了政治和社会改革，迫切需要学界对社会结构展开研究；经济上，进入了从制造业转向服务业的第二次经济转型期，因此，学术界的社会调查研究得到了迅速发展。这一时期的主要调查项目有：

（1）社会指标研究。这是一项全面、系统的大规模调查研究。从1988年起共进行了5次全港大样本调查：分别是1988年、1990年、1993年、1995年和1997年。社会指标研究是香港学术界罕见的跨大学、跨学科的合作研究计划。香港中文大学亚太研究所是研究项目的统筹机构，负责调查报告的撰写、编辑、汇集和出版等工作。调查目的是提供有系统及综合的数据，展示香港人对社会的态度和期望，发掘香港社会值得深入研究及唤起公众关注的课题，为制定和推行社会政策提供现实的基础。调查内容包括生活满意情况、对社会问题的态度、房屋与社会服务的需要、社会压力与精神健康、宗教信仰、社会不平等与社会流动、闲暇生活、性别研究、政治文化和参与、法律文化、消费与大众传播行为、就业与工作价值和社会意识等。

（2）阶级结构与社会流动分析。阶级结构分析是利用1981年人口普查数据进行的。研究主题，建立“社会经济地位指数”（主要根据职业、教育程度和收入分组），应用“社会流动图表”分析香港社会的阶级结构，揭示香港普遍存在的代际阶级位置的继承，有异于一般人主观的开放社会印象。20世纪80年代以后，香港学者引用西方社会学阶级分析与社会流动理论，探讨香港社会结构，尝试画出客观的阶级结构图像。此外，还进行了大样本调查统计分析。

“香港社会流动调查研究”的重点，包括客观的阶级划分、社会开放与流动、限制与不平等及教育机会的影响等。调查时间，1989—1990年；调查对象，20~64岁中国籍男性户主1000人；调查方法，随机抽样，问卷访问。这项研究不仅系统整理出了香港社会结构与流动情况，而且在与一项国际研究对比中，揭示与香港与世界各大工业社会相似，存在着社会流动机会不平等现象。

“香港中产阶级研究”，是一项大型国际比较研究的一部分。调查主题，“亚洲四小龙”（中国台湾、韩国、新加坡、中国香港）在经济快速发展中各自社会结构的转变，尤其是中产阶级的兴起和形成。调查时间，1992年7月至1993年3月。调查对象，20~65岁有经济收入的590名华人。调查方法，随机抽样，问卷访问。调查发现，香港社会向上流动，上一代阶级背景起关键作用，而非依赖教育成就；阶级认定和阶级意识，对价值观形成不起决定性作用。

（3）香港青少年问题。这一课题的调查内容，包括青少年的自我评价和道德观念、在家庭和学校的行为、闲暇活动的需要和模式、青少年的行为、态度与价值观，以及偏差行为的各种成因等。调查方法，抽样问卷调查，主要是通过中小学选取样本、派发问卷给学生填写。此外，从质性文化研究观点出发，通过调查和访问了解普及文化对青少年的影响等。

（4）政治问题研究。20世纪80年代以后，学者们开始关注政局稳定、法律文化、非殖民地化的权力转移、政治领袖培养、公务员角色转变、香港人身份认同、政治态度和政治参与等政治问题。1985、1986 年，学者们进行了两次重要调查：调查内容，香港人的身份认同、政治态度和政治参与；调查地域，香港观塘居民住宅区；调查方法，随机抽样、问卷调查；调查对象，18 岁及其以上的华人；样本数量，分别成功访问了 767 人和 539 人；调查结果，调查资料、理论分析结集出版。该著作比较真实反映了行使主权恢复前香港的情况，是 20 世纪 80 年代的一项重要研究成果。80 年代，香港开始出现议会政治。从 1982 年开始，有关学者把选举数据编集成书，为研究香港选举政治提供了可靠的原始资料。

(5)家庭调查。香港家庭研究的课题，包括婚姻生活、亲属网络、家事分工、夫妻平权，以及妇女角色与家庭转变的关系等。其中，最大的一项课题是“性别平等机会基线调查”。这一调查的经费来源，由法定组织“平等机会委员会”拨款资助；委托单位，本地学者；调查时间，1996 年 9 月至 12 月；调查内容，包括对性别角色的看法，传媒、教育、家庭、工作、小区及政治参与等；调查对象，16 岁及其以上的香港华人。这次调查，成功访问了 2020 人，搜集了大量调查数据，建立了指针基线，显示了香港社会性别平等或歧视的变化。

(三)社会调查的机构

1949 年中华人民共和国成立初期，香港接收了一批来自内地的中国籍学者。20 世纪 50 年代初期，他们在香港成立了多所高等学府，包括新亚、崇基、联合和浸会等学院。1951 年，基督教会资助下成立的崇基学院首先开设了社会学课程。1956 年，联合书院和浸会学院也开设了社会学课程，新亚书院则于 1959 年引进了社会学课程。

20 世纪 60 年代中期，香港中文大学三所成员书院——崇基、联合、新亚书院的社会学系，分别成立了研究单位。其中，崇基书院位于新界，遂成立了“农村研究中心”，以受工业都市化影响较小的农村作为个案，进行深入的田野研究；联合书院位于市区，于是成立了“都市研究中心”，以抽样调查方法研究城市的家庭生活和邻里组织；新亚书院着重于社会心理研究，于是成立了“社会学实验室”，以实验方法来观察、验证小群体成员间的交往模式。

20 世纪 60 年代末期，在杨庆堃教授推动下，香港中文大学将三所书院的社会学课程合并为一个单一的学系，并且将农村研究中心、都市研究中心和社会学实验室合并为规模较大的“社会研究中心”。这个社会研究中心，就成为香港的重要社会调查机构，进行了许多社会调查。

1987 年 1 月，香港大学社会科学学院成立“社会科学研究中心”，成为香港社会调查的一个重要调查机构。该中心成立后，经常进行与政治相关的民意测验，并承担港英当局、非政府组织、大学和其他机构委托的调研项目。

1990 年 9 月，香港中文大学成立香港亚太研究所(Hong Kong Institute of Asia-Pacific Studies)，重点研究香港在亚太地区的角色定位及发展，目标是发展成为亚太地区一个有影响力的多元化、跨学科的研究平台。该研究所设有中国城市住宅研究中心、公民社会研究中心、公共政策研究中心、生活质素研究中心、社会与政治发展研究中心、性别研究中心、城市与区域发展研究中心、国际事务研究中心、华人家庭研究中心、经济研究中心等机构。主要的研究项目有：中国法律研究计划、经济政策研究计划、金融市场研究计划、国际关系研究计划、香港社会指标与社会发展研究计划、贸易与发展研究计划、亚太区域城市及区域发展研究计划等。研究所内，设有电话调查研究室，协助各界通过电话问卷调查方式进行各种调查，包括各种民意调查。

二、回归后的社会调查

香港回归后的社会调查，大体可分为三类，即政府的社会调查、民间的社会调查和学界的社会调查。

（一）政府的社会调查

香港特别行政区政府统计处（简称统计处），是香港特别行政区政府财经事务及库务局下辖的一个部门，负责根据《普查及统计条例》调查，收集有关香港的各种统计数据，以协助香港政府制定、执行政策，帮助社会各界了解香港情况。

统计处的工作分为三类：一是，统计调查及编制各类社会和经济统计数据，例如，人口、对外贸易、工商业、劳工、物价、国民收入及国际收支平衡等数据；二是，统计分析及发布统计结果，为各政府部门提供与统计有关的咨询服务；三是，定期发布香港各方面的资料，包括人口数据、失业率、国民收入及国际收支平衡情况，以及消费物价指数等。

此外，统计处负责每 10 年进行一次人口普查，每 5 年进行一次中期人口统计。2011 年的人口普查，在 2011 年 6 月 30 日至 8 月 2 日进行，为期 34 天。这次普查，涵盖全港约 240 万个住户、710 万人。中期人口统计，类似人口普查的家访形式，只进行较大规模的抽样调查，然后推算出香港人口的基本资料和特征。

（二）民间的社会调查

香港民间的社会调查，是指各种社会团体、传播媒介、商业机构采用街头访谈、电话访问、问卷调查等方式开展的社会调查。20 世纪 90 年代，香港青年协会经常进行青少年调查。1996 年，香港青年协成立了“青年研究中心”，展开了 3 个不同重点的青年问题调查，即每月一次青少年意见调查，每年 3 次青少年问题专题研究，每年 2 次京沪穗港四地青年比较研究。从 1999 年开始，进行香港青年趋势分析，现已发布了 1999 年、2000 年、2001 年、2002 年、2003 年、2004—2006 年、2011 年和 2013 年的分析报告。“香港青年趋势分析”，以统计数据、青年价值观指标等形式，反映香港年轻一代的社会生活和成长面貌，总结他们的现状及展望未来的趋势。

从 1997 年开始，香港青年协会在“青少年问题研究系列”的基础上建立了香港青年指标，其目的是供政府机构、各级议会制定政策、发展青年服务时作参考。香港青年指标的数据，来自编辑整理的有关青年问题的调查、统计资料，以及“青年价值观指标”的电话问卷调查。1997—2014 年，“青年价值观指标”调查完成了 12 次。

从2003年起，香港调查研究中心开展了各类民意调查。其中，2007年11月由香港树仁大学社工学系与香港调查研究中心合作进行的港岛区立法会补选民意调查，尤为引人关注。香港多家报纸，如《信报》《星岛日报》《文汇报》《大公报》《都市日报》《头条日报》等，都引用了该项民意调查结果，引起了较大的社会反响。

香港大学民意研究计划，也进行了大量的民意调查，其调查内容包括：特首民望、主要官员民望、特区政府民望、政团民望、社会指标、现状评价、市民信心和民族问题等。这些调查，大多定期发布研究报告和研究数据。专题调查项目有民情指数、施政报告、财政预算案、游行集会研究、特首选举、立法会选举、区议会选举、慎思民调系列等。发表的调查报告有：带状疱疹（俗称“生蛇”）意见调查、长者照顾服务意见调查、年度“新闻自由指数调查”、女性个人卫生意见调查、年度“电视节目欣赏指数调查”，定期发布的“公众对2015年施政报告扶贫措施的意见调查”“公众退休计划意见调查”等。这些调查在社会上具有广泛的影响。

（三）学界的社会调查

香港回归后，在政府资助下，香港学术界进行了几项大型社会调查。主要有：

（1）社会动态追踪调查。

受香港特区政府资助的“香港社会动态追踪调查”（HKPSSD），是香港首个家庭动态追踪研究项目，其目的是建立一个在全港具有代表性的、关于家庭与个人资料的长期跟踪调查数据库，以监测、研究社会经济变迁对个人的影响。主要范畴集中于家庭和不平等两个方面；搜集的信息涵盖家庭住房、经济活动、消费活动等，以及家庭成员的教育、婚姻、生育、就业、健康、日常社会活动、心理状态及社会态度等。该项目为期5年（2009年6月—2014年6月）。

（2）社会不平等与流动调查。

该项目由香港研究资助局资助，香港科技大学吴晓刚教授负责，调查目的主要是探讨家庭背景对社会分层和流动的影响，探讨教育作为代际流动的中介角色等；调查内容，包括教育背景、家庭生活、工作流动、社经地位、对不平等的看法、身份认同和政治参与等情况。该项目于2006年1月开始设计，2008年6月调查完成，共成功访问了4013位香港成年人。

（3）民意调查。

1997年香港回归后，香港中文大学香港亚太研究所就开始了对特区政府的民望进行每月一次的电话调查，以系统地观察特区政府民望的发展和变化。该项目，原名为“香港特区政府公众态度调查”（Public Attitudes towards the HKSAR Government），2012年改名为“香港特区政府民望调查”（Survey on Public Evaluation of the HKSAR Government's Popularity）。到2019年11月，已经进行了263次调查。

2006年年底，香港调查研究中心开设了“香港民意网”。该网站崇尚多元包容，任何人都可在该网站发表任何意见。

香港政策研究所下设的民意调查中心，曾接受其他机构、组织委托，按照其要求采用不同方式开展民意调查。该中心完成的调查报告主要有“两地关系指数调查报告”等。

（四）调查研究机构

（1）香港调查研究中心。

该中心成立于2002年，为非官方的民意调查研究和决策咨询机构，由来自中国香港、澳门、大陆人士及海外人士发起，定位为民间智库，主要就港澳经济、社会发展、政府管治等问题进行调查和研究，并向有关方面提供政策建议和咨询意见。

（2）香港大学民意研究计划。

香港大学民意研究计划，简称“港大民研”，1991年6月设立，旨在为学术界、新闻界、决策人员及社会人士提供民意调查数据，服务社会。该计划原隶属于香港大学社会科学学院社会科学研究中心，2000年5月转入香港大学新闻及传媒研究中心，2002年1月再转归香港大学社会科学学院管辖，其调查内容包括特区政府官员民望、特区政府民望、政团民望、社会指标、现状评价、市民信心、民族问题和其他问题等，定期发布研究报告和数据。

（3）香港科技大学应用社会与经济研究中心。

该中心（Center for Applied Social and Economic Research，简称CASER）成立于2009年12月。该中心应用调查方法收集资料，分析香港面临的教育、就业、不平等，贫困、移民、健康、主观感受等社会经济问题，旨在促进对香港、内地社会经济发展问题及其对人民生活影响的定量分析研究。

（4）香港政策研究所。

1995年，为因应香港行使主权恢复而成立的香港政策研究所，是一个独立自主、非牟利的民间智库，其成员主要是来自工商界、专业界、学术界、教育界、文化界等热心于香港和中华民族长远发展的人士。他们就香港未来发展的重大议题进行调查研究，提出有前瞻性的建议、方案或主张，与社会各界和特区政府沟通交流。他们接受委托开展研究的项目主要有：香港青年政策，建构港深国际都会，泛珠三角合作与发展，香港市区重建的民意调查，医疗制度改革的民意调查，香港艺术及文化政策，中国经济社会与政治发展趋势，香港与上海经济机制的比较，泛珠三角地区社会、经济、政治趋势研究，台湾的经济、社会、政治发展与两岸关系，澳门公共行政人力资源等。

（五）香港过渡期研究计划

香港过渡期研究计划（Hong Kong Transition Project，简称HKTP）是香港浸会大学的一个民意研究组织，成立于1989年。原来是研究1984年中英联合声明签署至1997年香港行使主权恢复之间“香港过渡期”的民意，但1997年后该组织没有解散，继续就香港各种社会议题进行民意研究，其目的是通过民意调查与研究提升香港及中国的管治水平。

此外，香港还有一些为特定部门或目标服务的研究机构，其研究成果一般不公开发表（但可以从互联网上查找到），因而社会影响较小。

第二节 台湾的社会调查

台湾的社会调查，大体可分为三类，即政府调查、学术调查和民意调查。

一、政府调查

国民党政府退据台湾后，开展了一系列社会调查。

(一)经济统计调查

1953年，台湾设立经济统计处。该处下设统计管理科、工业统计科、商业统计科、统计分析科，以及动态调查科等专业统计部门，以业务分工方式，收集各项经济统计资料，并加以整理、研究、分析，向各界提供参考。

从调查所涉及的产业范畴看，工业和商业两大产业的统计调查，是整个经济调查体系的主体；其他行业的统计调查，亦无不与工商业有关。这与台湾经济中加工工业及商业的发达，有着密切的联系。调查方式，以抽样调查为主，报表形式为辅。在抽样调查的操作中，尤以通信调查为主，实地查访为辅。实地调查所需的人力，亦可由当地工商单位协助支援。在特定统计调查中，有两大项主观意向方面的调查，即企业经营者意向调查和制造业投资意向调查。这是台湾经济统计调查的一个突出特点。因为主观意向方面的调查，一般只应用于社会统计的研究与实践，在经济调查统计领域，以前还没有人尝试过。①

(二)社会问题调查

台湾当局主持的社会问题调查项目，主要有：

(1)人力资源调查。1962年，台湾省政府社会处开始研订劳动调查制度。1963年10月起，正式办理劳动力调查工作，每年按季举办4次。自1978年起，移由“行政院”主计处负责办理，除改进抽样设计，将按季调查改为按月调查外，并附带办理各种项目调查。1987年，更名为“人力资源调查”。调查目的：搜集台闽地区人口之质与量，劳动力特性及其就业、失业状况，以及非劳动力构成等基本数据。

(2)人力运用调查。为明了台湾地区劳动力运用、移转、就业、失业状况等短期变动资料，以供人力政策、职业训练、辅导就业服务之参据，从1978年起，每年5月随同人力资源调查附带举行人力运用调查。调查范围及对象：居住于台湾地区之普通住户与共同事业户，其户内年满15岁以上、自由从事经济活动之人口，不包括武装劳动力及监管人口。

(3)工作期望调查。工作期望调查，1989年1月随同人力资源调查一同进行，1992年后并入工作经验调查。调查目的在于，明了台湾地区就业者之工作情况，对工作之满意程度，以及求职者选择工作之态度、心目中理想工作条件之优先级，并探究非劳动力之工

① 施祖辉. 台湾的经济统计调查[J]. 统计与预测，1994(4)：56-59.

作意愿与求职方向。

(4)工作经验调查。工作经验调查，自1979年1月起随同人力资源调查一同进行，1980年1月、12月举办两次，1981年停办，1982年起复于每年1月附带举行，1989年起每三或四年于8月附带进行人力资源调查办理，1992年将原工作期望调查并入本调查内举办。调查目的：明了台湾地区工作年龄人口有无从事工作之经验，其做过时间最长的工作情况，对目前工作之满意程度，对工作条件之期望，非劳动力转变成劳动力之可能性等，以供辅导就业、制定人力发展计划之参考。

(5)失业状况调查。1998年，首次开展失业状况调查。调查目的，明了台湾地区失业人口问题之症结，追踪探讨曾有失业经验者目前之就业与失业状况，明了其经历之过程及影响，以供政府制定经建计划，及规划人力发展、就业辅导与职业训练、办理失业救济等参考。

(6)青少年及老人状况调查。从1986年起，每年12月由"行政院"主计处人力资源调查，附带办理"青少年及老人状况调查"。从1989年起，开始与"内政部"合作规划本调查，并将本调查分为"青少年状况调查"与"老人状况调查"两种。从1995年起，由"内政部"自行组织调查。老人状况调查目的在于：了解台湾地区老人之居住方式、工作及健康状况、疾病治疗与医疗保险情形等，为制定老人福利政策、规划全民健康保险和制定老人赡养政策提供参考。青少年状况调查目的旨在：搜集青少年在学、就业与工作期望，以探究青少年升学与就业市场之形态。

(7)住宅状况调查。住宅状况调查，1979年起，每年3月随同人力资源调查举行；1989年，改在6月份举办。1990年后，为配合户口及住宅普查而停办三年。调查目的与用途：为明了居民居住状况、居住用建筑物质量、购建房屋所使用之资金来源、居住环境质量，以及未来对住宅之改善计划等，提供研订都市发展计划，以及制定住宅建设政策参考。

二、学术调查

在日据时期，台湾地区从未有过社会学学科和社会调查的发展。20世纪60年代，在美国协助下社会学学科逐渐发展起来。70年代，社会学逐步制度化，研究重点包括社会思想、人口研究、家庭研究、都市研究、青少年犯罪等，大多着重于有关台湾地区和中国大陆社会的经验研究，实用特色比较明显。20世纪80年代以后，社会调查活跃起来，各类调查项目纷纷涌现。主要有：

(一)台湾社会变迁基本调查

台湾社会变迁基本调查，1983年由台湾地区"行政院国家科学委员会人文社会科学发展处"推动，由社会科学界研究人员规划执行。1985年，第一次成功完成全台湾代表性样本的调查。从1990年第二期计划开始，每年进行两份独立的问卷调查。在全台湾通过户籍资料执行抽样调查，推论与分析台湾地区民众的行为、态度、价值观，累积呈现台湾地区社会长期变迁趋势。调查研究的基本设计是：以其中一份问卷，每间隔五年重复同样的调查主题(一共有五个固定主题)，从事历时性调查，收集含有两个时间点以上的资料供比较分析，达到探究社会变迁的重要目标。另外一份问卷，则有弹性地采用不同的研究主题。调查的主要目的在于，经由随机抽样田野调查收集资料，提供学术界研究分析台湾地区社会的长期变迁。“变迁调查”访问主题，涵盖家庭、教育、社会阶层与社会流动、政治文化、传播、文化价值、宗教、人际关系及社会网络等多个方面。

台湾社会变迁基本调查，2001 年加入国际社会调查计划(International Social Survey Program，简称 ISSP)。2002 年起，与其他会员国同步进行 ISSP 拟订之年度调查。此外，从 2006 年起，该调查参与东亚社会调查(East Asia Social Survey，简称 EASS)，其成员有韩国、日本、中国大陆及中国台湾四个国家和地区。EASS 每两年进行一次共同主题的调查。调查资料使用者，可进入 ISSP 及 EASS 网站，依据说明所需之程序，取得其他国家或地区之调查资料。后来，变迁调查累积了 62 份调查、共 129057 人次的面访资料。

(二)台湾青少年成长历程研究

台湾青少年成长历程研究，简称“台湾青少年计划”。目的在于探讨青少年的成长历程如何受到家庭、学校与小区的交互影响，以致影响到个人在成长时的身心调适。为找出影响青少年形成不同成长经验与成长模式的可能因素，在第一个时间点，每个样本均有来自三方面的观察，包括样本学生本身做的问卷调查、对其导师做的问卷调查、对其家长做的问卷调查。后续做追踪调查时，除持续记录这些青少年样本的成长轨迹之外，也偶尔访问其家长。

(三)华人家庭动态数据库

有鉴于华人家庭的特殊性及其重要性，华人家庭动态数据库于 1998 年在台湾地区“中央研究院”朱敬一院士整合下，集结了心理、社会、经济等领域的学者参与规划。1999 年，首次进行面访调查，2000 年、2003 年、2009 年、2016 年逐步扩增样本，积极推动后续追踪访问，借由持续观察相同的样本，建构出固定样本追踪调查数据，以期对华人家庭之诸多议题，提供量化研究素材。

(四)台湾教育长期追踪数据库

台湾教育长期追踪数据库(Taiwan Education Panel，TEPS)系由台湾地区“中央研究院”、台湾地区教育行政部门和国科会共同规划的一项全台湾长期调查计划。该数据库以问卷调查方式，向国中(即国民中学，实为初中)、高中、高职(高级职业学校)以及五专(五年制专科学校)学生收集资料。同时，再以这些学生为核心，扩及了解影响学生学习经验的最主要的几个因素：学生家长、老师及学校。

台湾教育长期追踪数据库后续调查(Taiwan Education Panel and Beyond，TEPS-B)，为台湾教育长期追踪数据库之延续。TEPS 于 2001 年开始，对国中一年级与高中职及五专(即高中、高级职业学校、五年制专科学校)二年级两种不同学制，各约 2 万名学生进行调查，并于 2003 年追踪这群分别升到国中三年级与高中职五专三年级的学生。之后，

TEPS 于 2005 年继续追踪其中的国中样本，除了从中抽选约 4000 名学生，了解他们上高中职及五专的情况外，同时再加抽他们约 16000 名的同学，于 2007 年在这些学生高三下时再次追踪调查。TEPS-B 于 2009 年启动，2001 年时是国中与高中职及五专的学生，已分别进入继续升学(20~21 岁)及劳动力市场(24~25 岁)阶段。TEPS-B 继续追踪这两个不同学制的世代，所研究问题与理论分析架构聚焦在高等教育扩张后，大学品质和科系选择对学生进入劳动力市场后的职业表现，及性别在科系选择和职场上的表现差异。TEPS-B 迄今已完成多次电话访问及面访追踪调查。

(五)青少年药物滥用之起因研究

青少年药物滥用之起因研究计划，是以社会学理论模型为架构，探讨台湾地区青少年的偏差行为、忧郁症状与药物滥用三者之间的关系，研究的主要目的在于通过长期的追踪调查，探讨导致青少年从“开始”到“加速”产生各种偏差行为的关键因素所在，以及偏差行为、忧郁症状与药物滥用在青少年身上的并发现象，借此了解青少年时期行为的发生。在调查设计上，有国一学生、导师及家长的三份问卷，收集来自三方面的观察结果，以获得较客观且全面的调查资料。

(六)特殊教育长期追踪数据库

特殊教育长期追踪数据库(简称 SNELS)，受台湾地区行政部门国家科学委员会补助，自 2007 年起开始建置，规划以六年时间，有系统地收集学前、小学、国中、高中职各教育阶段身心障碍学生的长期追踪资料。该数据库的主要目的，除了可分析台湾地区身心障碍教育实施的现状与发展趋势之外，亦公开供特殊教育及相关专业领域研究人员使用，以进行各项主题分析。经过多阶段资料收集的设计，SNELS 调查范围涵盖台湾地区幼儿园(所)、一般学校(包括小学、国中、高中职)、特殊学校、身心障碍福利机构及县市教育局(处)。除以问卷调查取得资料之外，还经由教师取得学生的评量资料。

(七)台湾社会意向调查

为迅速掌握台湾地区社会所面临的各项实际问题、分析当前所发生之重要社会现象、有效了解民众的意向及主观评价，台湾社会意向调查以长期有系统地从事相关社会科学之学术调查为目标，建立高质量的原始调查资料，提供给学术界及政府部门从不同的层面做进一步的深入分析。

早期的“台湾意向调查”，从 1990 年进行到 1994 年，在五年计划期间一共进行了 17 次，由“行政院”国家科学委员会支助经费，“中央研究院”中山人文社会科学研究所执行。对于特定的重要事件，以不定期的专题调查方式，利用面对面访问收集数据，有效地掌握实际情况，即了解事件产生的缘由及民众之意向和评估。反映台湾地区社会在转型期所表现的冲击、危机及想法；检视重大社会突发事件的意涵，以及民众对所处社会环境的评估或期望。自 1998 年起，改由“中央研究院”社会学研究所自筹经费并执行，以电话访问方式，试图以精简的调查内容，一方面长期记录台湾地区社会民众的基本生活及相关社会态度，另一方面掌握重大社会议题的社会动向。

三、民意调查

（一）民意调查的兴起与发展

台湾地区的民意调查，始于20世纪50年代。1952年，《新生报》针对关于对日和约问题举行读者意见调查，这是台湾地区第一次举办的民意调查。1953年，台湾省气象所以邮寄问卷的方式，调查民众对于气象业服务方面的意见。从1954年4月12日开始，台湾《联合报》针对使用简体字论战展开读者意见调查，共收到21000多份读者回函，成为台湾地区第一次有规模的报纸民意测验。

1956年6月1日，台湾《新生报》设立的民意调查部，是台湾地区第一个民意测验的专业机构。该机构设立研究、编辑、设计三个组，一直延续到1962年6月，共进行各种民意调查30多次。①

1958年创办的"中华民国民意测验协会"，是台湾地区第一个专门从事民意调查研究与实践的学术团体，被誉为台湾地区民意调查专业机构的开路先锋。该协会每年定期将研究成果编印成民意测验汇编，并于1972年开始发行《民意》月刊。1985年，改为季刊，成为台湾地区目前唯一专业民意调查刊物。

随着经济的发展，20世纪70年代台湾地区出现了依附于广告业的市场调查机构。最为著名的是，1970年成立的中华征信所，以及随后成立的台湾联亚、精实、柏克市场研究顾问有限公司等机构。20世纪80年代以前，民意调查内容涉及政治、经济、交通、文化、医药等社会生活的各个方面。由于当时台湾处于国民党一党专制的统治时期，没有言论自由，不可能触及敏感的政治社会问题。

整个20世纪80年代，台湾社会经历了巨大变革。民调机构增加，调查规模扩大，出现了系统化的民调机构，开始形成后来台湾地区民意调查机构的雏形。近30年来，台湾地区各类民意调查如雨后春笋般出现，逐渐走入岛内民众视野，并随着台湾社会的开放、各类选举的举行，在政治、经济和社会生活中，尤其是政治领域发挥着日益明显的作用，扮演着渐趋重要的角色。如今，岛内民意调查机构随处可见，调查内容纷繁庞杂，各种民调结果充斥媒体。

（二）民意调查机构

台湾当局和政党。台湾当局一些部门和台湾主要政党，均会针对岛内一些热点议题开展民意调查。台湾"国发会"及其前身"研考会""经建会"，经常就台湾经济发展、民众社会参与度等"内政"议题，公布调查结果。台"陆委会"，每年也会公布"民众对当前两岸关系之看法"的民调数据。一般而言，台湾当局自身并不开展民意调查，往往委托专门的民意调查机构进行。中国国民党、民进党等政党，或自设民调中心，或委托相关机构展开民

① 林竹，张丽红. 民意调查在台湾的发展轨迹[J]. 现代台湾研究，2009(3)：57-61.

意调查，以配合选举前党内初选的需要，为制订选举策略提供依据等。

新闻媒体。岛内经常开展民意调查的知名媒体有《中国时报》《联合报》《苹果日报》《自由时报》《美丽岛电子报》《远见》杂志、东森电视、TVBS 和三立电视等。

高校、科研机构。岛内许多高校设立有民意调查机构，如台湾政治大学商学院的民意与市场调查中心，中正大学的市场商情暨民意调查中心，台北大学的民意与选举中心，世新大学的民意调查中心，金门大学的民意调查中心等。研究机构，如"中央研究院"等。台湾政治大学选举研究中心，从 1994 年起，便对台湾民众的身份认同等问题，进行了持续的跟踪调查，其相关数据被众多两岸媒体、学者引用，影响力较大。

专门从事民调的企业。较为知名的有台湾指标调查研究公司、艾普罗民调公司、趋势民意调查公司、山水民意研究公司等。未来事件交易所，作为规模较大的预测市场网站，实际上也承担了民意调查的功能，相关数据经常为岛内媒体所引用。

社会团体。岛内一些政党、政治人物出资设立了智库和社团，如台湾世代智库、台湾智库、"新台湾国策智库"、台湾民意基金会、两岸政策协会、国政研究基金会、台湾竞争力论坛等。这些智库、社团或设有民调中心，或委托相关机构调查，均会经常发布一些民调结果。①

四、调查资料数据库

为了便于政府决策和科学研究，岛内在 1994 年建立了"学术调查研究数据库"，由"中央研究院"人文社会科学研究中心调查研究专题中心具体营运，负责搜集、保管及整理各类问卷调查数据，并采取会员制对外开放数据使用。数据来源，包括各大专院校、研究机构进行的学术研究调查计划，以及政府部门应业务规划及施政决策需要所进行的调查统计。

学术调查研究数据库网站，可供查询使用的数据超过 2000 种，涵盖社会、政治、经济、教育等社会科学重要领域。其中，包含多项长期进行的主题型调查或追踪调查。各种数据，均提供数据文件、问卷、研究报告、数据使用说明，以及利用该数据发表的著作书目。

这些数据，可作为调查方式或问卷设计之参考，或以不同的研究假设、方法进行分析，产生新的研究成果，亦可应用于教学活动之中，有助于提升学生的统计分析与研究能力。

该数据库，除在网站提供数字课程，以及在 YouTube 平台设立调查研究资料文档（Survey Research Data Archive，简称 SRDA）频道之外，每年会举办数据使用工作坊、研习班、网络研讨会，并提供到校推广课程服务等，以期触及更多潜在的数据用户，以便让数据能被广泛运用，发挥最大价值。

---

① 郝沛然. 探究台湾民意调查[J]. 两岸关系，2018(8)：54-57.

第二篇

社会调查理论

第六章 社会调查的理论基础

任何社会调查，不管自觉不自觉、承认不承认、系统不系统，在客观上都必然以一定的思想或理论作基础。正确阐明中国社会调查的理论基础，是社会调查学研究的核心任务之一。

中国社会调查的理论基础，在古代，主要是民本观念、实学思想和知行学说。在近代和现代，则有两种系统化理论作为基础：一是西方社会学理论，主要是孔德的实证主义、波普尔的证伪理论和库恩的范式理论；二是马克思主义理论，主要是马克思主义的认识论和群众路线。

第一节 民本观念、实学思想和知行学说

中国古代社会调查的理论基础，主要是中国传统文化中的民本观念、实学思想和知行学说。

一、民本观念

华夏先祖已有“天”的意识，商代更推崇“天命”，所谓“先王有服，恪谨天命”(《尚书·盘庚上》)。《康熙字典》曰：服“治也”；“整也。乃能整治之”。这是说，先王已有整治制度，必须谨慎地顺从天命。显然，这是一种有神论思想，它曾长期支配着夏、商时代的先祖。然而，华夏先祖又认为，“天聪明，自我民聪明”；“天明畏，自我民明威”(《尚书·皋陶谟》)；“天矜于民，民之所欲，天必从之”(《尚书·泰誓上》)，即把“天”与“民”联系起来，用“民”聪明、“民”明威，来解释“天”聪明、“天”明畏；用“天”怜悯于“民”，来解释“民之所欲”“天必从之”。这说明，当时的政治家、思想家已认识到“民”的伟大，从而开启了重“民”思想的先河。

更重要的是，在重“民”思想基础上，逐渐形成了民本观念。如《尚书·五子之歌》曰：“皇祖有训，民可近，不可下。民惟邦本，本固邦宁”。又如，“敬天保民”，“明德慎罚”(《尚书·康诰》)；“人无于水监，当于民监”(《尚书·酒诰》)。这些论述，是在重“民”思想基础上向民本观念的升华，是夏、商特别是周统治者治国理政经验教训的总结。周成

王①继位时，周公告诫说：过去殷王中宗(即太戊，商汤的玄孙、太庚的儿子)，以天命为标准衡量自己，怀着严谨慎重的心情治理百姓，不敢贪图安乐，在位75年。到了高宗(即武丁，小乙之子)，年幼时长期在外行役，常与百姓一起劳作，做了国君后，不敢贪图安逸，殷国被治理得非常好，执政达59年。到了祖甲(武丁的儿子)，认为自己取代兄长做国君不合法度和情理，便逃往民间当了很长时间的平民百姓，做了国君后，能了解百姓疾苦，连那些鳏寡孤独、无依无靠的人也不轻慢，执政达33年。但是，以后的国王，生来就贪图安逸，不了解种庄稼艰难，不了解种田人劳苦，陶醉在安乐之中，以饮酒取乐为生。从此，国君就没有长寿的了，执政时间有的十年，有的七八年，有的五六年、三四年。周公用四位圣明君主的事迹告诉成王，小人在怨你骂你时便应更加敬德，按照规矩办事；有了过错时，应毫不掩饰地说"这是我的过错"。假若不听臣民的意见，不把法度放在心里，乱罚那些无罪的人，妄杀那些无辜的人，人们便会把愤怒聚集在你身上，可要以此为戒啊！(参见《尚书·无逸》)这说明，周公强调统治者治国理政，必须体察民情，了解民意，听取民怨；有了过错，必须承认过失，改正错误，这才称得上以民为本。上述史实说明，夏、商特别是周的统治者，已从"天命"观念中解放出来，转而注重"民情""民欲""民本"。这个从"天命"思想到"民本"观念的转变，就是古代社会调查思想形成的基础和前提。

春秋战国时期，重民思想和民本观念有了进一步发展，其中具有代表性的人物是孔子、孟子和荀子。孔子曰："丘闻之：'君者，舟也；庶人者，水也。水则载舟，水则覆舟'。君以此思危，则危将焉而不至矣?"(《荀子·哀公》)这是说，我听说过：君主，好比船；百姓，好比水。水能载船，水也能翻船。您从这个比喻来思考危机，那么危机感怎么会不来呢？孔子还说，"鸟则择木，木岂能择鸟!"(《左传·哀公十一年》)他把木比作君，把民比作鸟，认为只有民择君，岂有君择民的道理？孟子认为，"民为贵，社稷次之，君为轻"(《孟子·尽心下》)；"天下之本在国，国之本在家，家之本在身"(《孟子·离娄上》)；"桀纣之失天下也，失其民也；失其民者，失其心也"(《孟子·离娄上》)；"天时不如地利，地利不如人和"；"得道者多助，失道者寡助。"(《孟子·公孙丑下》)。只有得民心，做到人和，就能得道多助，战无不胜。荀子认为，"臣或弑其君，下或杀其上，粥(鬻)其城，倍(背)其节而不死其事者，无它故焉，人主自取之也"(《荀子·富国》)。在他看来，臣子杀死君主，下级杀死上级，臣民出卖城池而不为君主卖命，没有别的原因，是君主自作自受啊！孔子、孟子和荀子的这些论述说明，到了春秋战国时期，重民思想和民本观念在当时的思想家、政治家里已相当深入人心。

明末清初的思想家黄宗羲(1610—1695年)，继承了古代重民思想和民本观念的优良传统，总结了秦汉以来特别是明代的历史教训，于1663年撰成《明夷待访录》一书，提出"天下为主，君为客"，"天下之治乱，不在一姓之兴亡，而在万民之忧乐"；主张以"天下之法"取代皇帝"一家之法"等观念，深刻批判了封建君主制度，具有鲜明的民主色彩和启

① 成王，姬姓，名诵，武王之子，母邑姜为齐太公吕尚之女，西周第二位君主(公元前1042—前1021年在位)，成王继位时，年纪尚幼，由皇叔周公旦摄政。

蒙性质，成为中国政治思想史上一部具有启蒙性质的名著，因而被誉为“中国思想启蒙之父”。河南南阳“天下第一县衙”里有这样一副对联：上联“得一官不荣失一官不辱勿说一官无用地方全靠一官”，下联“吃百姓之饭穿百姓之衣莫道百姓可欺自己也是百姓”。这副对联说明，民本观念已深入到中国古代的基层政权。

总之，重“民”思想和“民本”观念，是中国古代政治家、思想家治国理政经验教训的基本总结，是他们“敬天保民”“明德慎罚”，关注“民情”“民欲”的根本原因，也是他们重视社会调查的思想基础或前提。

二、实学思想

所谓“实学”，用明末清初思想家、教育家、颜李学派创始人颜元(号习斋，1635—1704年)的话说，就是“实习、实讲、实行、实用之学”。

“实学”的中心思想，是经世致用。所谓“经世致用”，是指治理世事，切合实用；做学问，必须有益于国事。“经世致用”，由明清之际思想家王夫之、黄宗羲、顾炎武等提出。他们认为，学习、征引古人的文章和行事，应以治事、救世为急务，反对当时伪理学家不切实际的空虚之学。

实学具有多层含义，它既包括元气实体哲学、道德实践之学、心性实学，又包括经世实学、实测实学，还有考据实学和启蒙实学等。

元气实体哲学与道德实践之学，是实学的哲学基础。它包括以“气”为本的本体论，以“实践”(力行、践履)为基础的认识论，以“实性”为基本内容的人性论，以“实功”为主要修养方法的道德论，以利欲为基础的理欲统一说(包括义利统一说)等内容。

心性实学，以心性本体为核心，通过与工夫、适用范畴的互动，发掘出“内圣外王”的深层境界。脱胎于心学传统的部分学者，如高攀龙、刘宗周、黄宗羲、李二曲、孙奇逢等，从学术立场反思明灭原因，对心学作了调整——结合时代，容纳了更多外王因素，而不是简单放弃心学这一精神财富，另辟蹊径。

经世实学，基本精神就是“经世致用”。经世实学，既表现为揭露与批判在田制、水利、漕运、赋税、荒政、兵制、边防、吏治、科举诸方面的社会弊端，又表现为提出与实施各种旨在改革时弊的救世方案。同时，在学术上还包括明经致用论和史学经世论，把治经考史看作经世的重要思想武器。

实测实学，是经世实学的科学内容和基础。它既包括中国传统的古典科学，又包括从欧洲传入的西方近代科学；既包括天文、历法、数学、音律，又包括地理、农业、水利、生物及各种技艺等学科。从事探索自然奥秘的各种科学研究，归根到底，是为经世实学服务的，是经世致用的一种重要手段。

考据实学，是实学的经学内容和依据。从明中叶开始，特别是清乾嘉时期，随着实学思潮的兴起和发展，在经学领域出现了与“宋学”相对立的“考据学”的复兴，他们主张以实证的汉学代替凭空议论的宋学。这种实事求是的考据实学，以考据为手段来阐述它们的经世思想。

启蒙实学，是指从明中叶开始至晚清时期，随着西学东渐而出现的一股具有近代启蒙意义的意识形态，它既表现为在社会政治领域的另一种性质的经世之学，又表现为在哲学与文艺领域的某些启蒙思想的因素。被称为“明末清初三大儒”的黄宗羲、顾炎武、王夫之是这一思潮中的主要人物。

实学的主流和核心，是经世实学。它肇始于宋代，北宋实学思想的重点是“重功利、求实用”，实践上有范仲淹的“庆历新政”、王安石的“熙宁改革”等。南宋时期，内忧外患，国将不国，以陈亮为代表的事功学派，在救弊之策上更加趋于实际。文天祥等人则提出了一系列“有益于世用”的救亡之策。在明清之际，实学达到了高潮，出现了一批著名的科学家和划时代的著作，如徐光启的《农政全书》，李时珍的《本草纲目》，朱载堉的《乐律全书》，徐弘祖的《徐霞客游记》，宋应星的《天工开物》，以及乾嘉学派对中国古典科技的考证和整理等。此外，明清实学思潮除了包括地主阶级改革派的进步思想外，还含有反映市民阶层利益和愿望的启蒙意识。这是明清时代所特有的意识形态。

纵观实学演进史，不难发现经世致用学者的精神，可归纳为以下五点：①

(1)“务当世之务”。密切联系社会现实，是经世致用学者的为学宗旨。朱之瑜(1600—1682年，明清之际教育家)说：“大人君子。包天下以为量，在天下则忧天下，在一邦则忧一邦，惟恐生民之不遂”。他把天下、邦国、生民之事作为“当世之务”的内容。李颙(1627—1705年，明清之际哲学家)说：“学人贵识时务……道不虚谈，学贵实效，学而不足以开物成务，康济时艰，真拥衾之妇女耳，亦可羞已!”这种康济时艰精神，与理学空谈学风形成鲜明对比。

(2)勇于任事精神。经世致用学者都提倡勇于任事。黄宗羲说：“扶危定倾之心，吾身一日可以未死，吾力一丝有所未尽。但不容已。古今成败利钝有尽。而此不容已者，长留于天地之间”。这种“不容已”精神，实是对时代的一种责任感。他们认为，圣贤与佛、老的区别正在于此。颜元(1635—1704年，明末清初教育家)立志“生存一日当为民办事一日”。刘献庭(1648—1695年，清初学者)甚至认为，不能“斡旋气运”“利济天下”，就不能称为人。

(3)致力创新精神。经世致用学者们要求独立思考，有所创新，绝不蹈袭古人。顾炎武批评明代学风的弊病时说：“有明一代之人，其所著书，无非窃盗而已”。强调凡所做学问，“必古人之所未及就，后世之所不可无，而后为之”。唐甄(1630—1704年，明末清初思想家、政论家)提倡“言我之言”，贵在己出，激烈反对蹈袭古人。他说：“言，我之言也。名，我所称之名也。今人作述，必袭古人之文，官爵郡县，必反今世之名，何其猥而悖也”。所以，唐甄一生“不为应酬之文，意所欲言则言之”。

(4)注重调查研究。经世致用学者大多注重调查研究。如刘献庭，脱身历九州，览山川形势，访遗佚，交豪杰，观土俗，以益广闻见，而质证所学。他用这种调查访问方法，“讨论天地阴阳之变、霸王大略、兵法、文章典制、方域要害”，而成为“清初一大学者”。又如顾炎武，是清初学者中推崇调查研究的典范。他遍游北方，心怀探讨“国家治乱之源，生民根本之计”的目的，一年之内半宿旅店。“考其山川风俗，疾苦利病”。穷一生之

① 经世致用[EB/OL].[2020-02-28].http://www.xiujiaren.net/content-19-43220-0.html.

功，写出“务质之今日所可行而不为泥古之空言”的《天下郡国利病书》和“规切时弊，尤为深切著明”的《日知录》等名著。再如地理学家顾祖禹(1631—1692年)，“舟车所往，必览城郭，按山川，稽里道，问关津，以及商旅之子，征戍之夫。或与从容谈论，考核异同。”这种调查研究之风，在清初学者中盛行，成为清初学风的一大特点。

(5)研究范围广大。经世致用学者们“引古筹今”，研究范围宏伟广大，几乎涉及社会的一切方面——政治、经济、军事、国家、民族、法律、教育、地理、风俗、人情、自然科学等。如黄宗羲“上下古今，穿穴群言，自天官、地志、九流百家之教，无不精研”。顾炎武“凡国家典制，郡邑掌故，天文仪象，河漕、兵农之属，莫不穷原究委，考正得失”。最具有典型性的，可能是颜元的所谓“六府三事之学”。据清初哲学家李塨(1659—1733年)的解释：“六府三事，此万事亲民之至道也。言水，则凡沟洫漕挽，治河防海，水战藏冰，鹾榷诸事统之矣；言火，则凡焚山烧荒，火器大战，与夫禁火改火诸燮理之法统之矣；言金，则凡冶铸泉货，修兵讲武，大司马之法统之矣；言木，则凡冬官所职，虞人所掌，若后世茶榷抽分统之矣；言土，则凡体国经野，辨五土之性，治九州之宜，井田封建、山河城池诸地理之学统之矣；言谷，则凡后稷之所经营，田千秋、赵过之所补救，晁错、刘晏之所谋为，屯田贵粟实边足饷诸农政统之矣。”从上述几个人看，他们研究的课题“事关民生国命者，必穷源溯本，讨论其所以然”，涉及国计民生的各种问题，已远远超出传统理学、经学的范围，标志着这个时代的学术水平和动向。

总之，实学的精神实质，概括地说有四：实事求是的崇实精神；追求真理的科学精神；兴利除弊的改革精神；放眼世界的开放精神。这些精神，都为中国古代的社会调查拓展了坚实的思想基础。

三、知行学说

知与行，是中国哲学的一对范畴。知，指知识，知觉，认识，人的思想追求；行，指行为，行动，实践，人的生活方式。在中国古代，知行关系问题，既涉及道德意识与行为问题，又涉及认识论问题。就认识论领域而言，知行关系问题，主要涉及知识来源、认识过程、求知途径和方法、知识真理性的标准等问题，同时也涉及知行的先后、轻重、难易等问题。

在知识来源、认识过程、求知途径和方法、知识真理性标准等知行关系方面，中国哲学史上存在着唯物主义和唯心主义的激烈斗争。在唯心主义知行观中，大体可分为三种：一是不可知主义或神秘直观的知行观，以庄周、王弼、郭象等为代表；二是神学或宗教的知行观，以董仲舒和佛教各宗派为代表；三是唯心主义先验论的知行观，以孟轲、程颐、朱熹、王守仁等为代表。在唯物主义知行观中，大体也分为三种：一是唯物主义经验论的知行观，以墨翟、颜元、严复等为代表；二是唯物主义唯理论的知行观，以张载、戴震等为代表；三是朴素辩证的唯物主义知行观，以荀况、王夫之和孙中山为代表。

在知行的先后、轻重、难易等知行关系方面，中国哲学史上存在着六种回答，即行先知后、知先行后；行重知轻、知重行轻；行难知易、知难行易。前两种回答，主要侧重于知识来源、认识过程、求知途径和方法、知识真理性标准等方面；后四种回答，主要侧重于知行目的、知行作用、知行顺序、知行重点等方面。这六种回答，既有联系又有区别；不同哲学家具体论述时，各有所侧重。

唯心主义先验论的知行观和朴素辩证的唯物主义知行观的主要观点及其代表人物，可简介如下：

(一)唯心主义先验论的知行观

1. 孟轲的“人性善”和“良能”“良知”

孟轲(约公元前372—前289年)，字子舆，邹国(今山东邹城东南)人。战国时期哲学家、教育家，儒家学派的代表人物之一，与孔子并称“孔孟”。

孟轲曰：“乃若其情，则可以为善矣，乃所谓善也。若夫为不善，非才之罪也。恻隐之心，人皆有之；羞恶之心，人皆有之；恭敬之心，人皆有之；是非之心，人皆有之。恻隐之心，仁也；羞恶之心，义也；恭敬之心，礼也；是非之心，智也。仁义礼智，非由外铄我也，我固有之也。”(《孟子·告子上》)这是说，从天生资质看，可以使它善，这就是我说的人性善。至于有些人不善，不能归罪他天生的资质。同情之心，每个人都有；羞耻之心，每个人都有；恭敬之心，每个人都有；是非之心，每个人都有。同情心属于仁，羞耻心属于义，恭敬心属于礼，是非心属于智。仁义礼智这四种品德，不是外面授予的，而是我们自己固有的。孟轲的“性善论”，是一种主观唯心主义的先验论。

在认识论上，孟轲说：“耳目之官不思，而蔽于物。”“心之官则思。思则得之，不思则不得也。”这是说，耳目等感觉器官不会思考，易受外物蒙蔽，它们所获得的感性认识是靠不住的。只有“心之官”通过思考，才能获得可靠认识。在他看来，认识对象不是客观存在的事物，而是主观具有的良知、良能，即主观精神。他还说：“人之所不学而能者，其良能也；所不虑而知者，其良知也。”(《孟子·尽心上》)这些“良能”“良知”，都是“天之所与我者”(《孟子·告子上》)。在他那里，认识的主体和认识的客体完全是同一的东西。他说：“学问之道无他，求其放心而已矣。”孟轲所谓的“放心”，也就是存其心，养其性，即主观精神内省的功夫。这是一种主观唯心主义的认识论。

2. 朱熹的“格物致知”与“知先行后”

朱熹(1130—1200年)，字元晦，又字仲晦，祖籍今江西省婺源。宋理学家、思想家、哲学家、教育家，儒学集大成者，世尊称为朱子。

朱熹认为，精神性的“太极”是宇宙的根本，它包含“理”和“气”。在他看来，“太极”是“总天地万物之理”，即一切理的综合，也叫做“天理”。“万物皆有此理，理皆出于一源。”或者说，“太极”“天理”是一个总的“理”，而万物所具之理只是具体的“理”，它们之间是一理与万理的关系。“太极”“天理”是宇宙的最高本源、最后决定者，而自然界和人类社会都是“太极”这一精神性本体的体现，由此构成了一套客观唯心主义的哲学思想体系。

在认识论上，朱熹认为，“致知格物”就是“即物穷理”，即通过“格物”的方法，达到“穷理”的目的。朱熹明确划分了认识主体和认识客体。在他看来，人心具有认识能力，即所谓“人心之灵，莫不有知”，这是认识主体。所谓“天下之物，莫不有理”，则是认识客体。这就是他所说的“知在我，理在物”，把“物”与“我”即认识主体和客体联系起来的方法，就是“格物致知”。然而，朱熹又认为，“万物各具一理，而万理同出一原，此所以可推而无不通也。”这是说，由于万物所具之理，都是一理即太极，故穷其一理即可得到全理。朱熹认为，只有把事物之理穷尽了，才能算格物。“格物”主要是“穷天理，明人伦，讲圣言，通世故”(《朱熹文集》卷三九)。在他看来，要穷理，必须读圣贤之书，达到封建道德的最高修养，而不是认识客观事物的规律。他把读书、谈话、待人、处事都看成是“即物穷理”。“如读书，便就文字上格；听人说话，便就说话上格；接物，便就接物上格。精粗大小都要格它，久后会通”(朱子《语类》卷十五)。致知，就是推展、扩充自己的知以至于极点。他认为，心是无所不知的，认识“理”无需外求，只不过是认识自我的道理而已。例如，儿童懂得爱父亲，长大了懂得敬兄长等。不过，这只是“本心之知”，还必须推展开去，达到知无不尽的极限。综上所述，朱熹从“万理同出一源”的客观唯心主义宇宙观出发，就规定了其所谓的“格物致知”根本不是去追求关于客观事物的知识，而是在穷究万物之理，并以此达到对“太极”或“天理”的自我认识。这就充分表明了，朱熹在认识论领域里唯心主义先验论的性质。

在知行关系上，朱熹认为知先行后，行重知轻，即从知识来源上说，知在先；从社会效果上看，行为重。一方面，“知”是为了“行”，“知至”则必然能行，即明白了封建道德的义理，就要去践行它。从这个意义上说，“行”比“知”更为重要。另一方面，“意之诚不诚，只看做不做”，即践行封建道德义理是检验知真与不真的标准。在朱熹看来，“知”是知“天理”，“行”是行“天理”。因此，朱熹所说的“行”是检验知真与不真的标准，其实质不过是“心”与“理”的一种自我验证。显然，朱熹关于知与行关系的论述，不过是一套富于思辨色彩的唯心主义的知行观。

3. 王守仁的“知行合一”

王守仁(1472—1529年)，字伯安，别号阳明，浙江余姚人，明代思想家、哲学家、文学家兼军事家、教育家。

王守仁在知行关系问题上，主张“知行合一”。他是从以下三个方面来论证的。其一，知行“不离并进”。王守仁说：“知是行的主意，行是知的功夫；知是行之始，行是知之成”；“知之真切笃实处，即是行”，“行之明觉精察处，即是知”。其实质是主张知行互相包含，把知与行完全混同了起来。其二，“意”即是“行”。把“行”说成是“一念发动处”，“意”就是“行之始”。这就从根本上抹杀了知和行的本质区别和界限，从而否定了行的客观性及其在认识过程中的地位和作用。其三，“良知”是知行的本体。王守仁说：“知行本体即是良知、良能。”因此，“知行功夫，本不可离。”他认为，知和行都是良知、良能，即心这一本体的体现。所谓知，就是指人先天具有的良知良能；所谓行，就是要体现那先天固有的良知良能。知和行都存在人的意识之中，都属于主观的范畴。

王守仁的“知行合一”说，与我们主张的理论与实践、知和行的统一，是根本不同性质的两件事。他提出“致良知”和“知行合一”说的根本目的，是使人的任何不善的私念，哪怕是思想动机上任何不符合封建道德义理的地方，都得在其萌芽的时候予以禁止，以达到人心“纯乎天理而无一毫人欲之私”，即所谓的“存天理去人欲”。因此，王守仁的知行合一说，就其总体而言，是主张一种闭门思悟、内省的道德修养功夫，是中国古代比较系统的、带有一定理论色彩的唯心主义知行观。但就其思想内容来说，肯定知与行是一种对立统一关系；强调“行是知之成”，承认知对行的指导作用；主张“真知即所以为行，不行不足谓之知”，反对“知行不一”等，包含着极有价值的思想内容。

（二）朴素辩证的唯物主义知行观和认识论

1. 墨翟：真知的三个标准、认识的两个阶段和知识的三个来源

墨子（公元前476或480年—前390或420年），名翟，战国时期的思想家、教育家、科学家、军事家，墨家学派创始人。

墨翟认为，“故言必有三表。何谓三表？子墨子言曰：有本之者，有原之者，有用之者。于何本之？上本之于古者圣王之事。于何原之？下原察百姓耳目之实。于何用之？废以为刑政，观其中国家百姓人民之利。此所谓言有三表也”（《墨子·非命上》）。这是说，言论必须符合三条标准。哪三条标准呢？墨子说：有考察本源的，有推究缘由的，有实践应用的。到哪里去考察本源呢？向上去探求古代圣王的事迹。到哪里去推究缘由呢？向下去考察百姓耳闻目见的事实。到哪里去实践应用呢？把言论变为刑事、政务，观察它是否符合国家百姓人民的利益。这就是所说的言论必须符合的三条标准。墨子的“三表”思想，把“事”——古代圣王的间接经验，“实”——百姓的直接经验，“利”——对国家百姓的实际效果，作为检验认识真伪的三条标准。这说明，在认识真理标准上，墨子持朴素唯物主义经验论观点，从而为古代社会调查奠定了求事、求实、求利的理论基础。

墨翟指出，“知材：知也者，所以知也，而必知，若明。虑：虑也者，以其知有求也，而不必得之，若睨。知：知也者，以其知过物而能貌之，若见。恕：恕也者，以其知论物，而其知之也著，若明”（《墨子·经说上》）。这是说，知，是一种才能，知这种才能是认识事物，有知者能知晓事物，如同睁眼就能看明事物一样。虑，是在知基础上探求事理，但未必能得到它，如同斜视未必能看清楚一样。知，是指人用认识事物的才能，去感知外界事物并把它描绘出来，如同亲眼看见一样。恕（《汉典》：“智”的异体字——引者注），是指智慧，人们运用已有知识去探求事理，使对事物的认识更加显著，如同明察秋毫一样。墨子认为，人有认识事物、探求事理的才能，并把“知”即人的认识过程，分为“过物”“论物”两个阶段。从社会调查视角看，就是讲的调查、研究的过程：“过物”是感性认识过程，“论物”是理性认识过程。

墨翟还说，“知：传受之，闻也；方不彰，说也；身观焉，亲也。所以谓，名也；所谓，实也；名实耦，合也；志行，为也。闻：或告之，传也；身观焉，亲也。见：时者，体也，二者尽也”（《墨子·经说上》）。这是说，知识，由传授而得的，是闻知；不受方域障碍、由推论而得的，是说知；由亲身观察体验而得的，是亲知。用来言说的，是事物的“名”；被言说的对象，是事物的“实”；名与实相匹配的，就是“合”；出自志向的行为，就是“作为”。闻，有人告知的，是传闻；亲身观察得到的，是亲闻。见，见到事物的一面，叫“体见”，见到事物的两面，叫“尽见”。墨子把知识的来源分为三个方面，即闻知、说知和亲知，又把“闻”分为被“告之”的“传”闻和“身观”的“亲”闻二种。从社会调查视角

看，“闻知”是从访问、文献调查获得的知识；“亲知”是从实地观察、访问获得的知识；“说知”是在“闻知”“亲知”基础上通过逻辑推理而获得的知识。这说明，闻知、说知和亲知，都来源于社会调查与研究。

墨翟关于真知三个标准、认识两个阶段和知识三个来源的思想，充满着朴素唯物主义认识论精神。从一定意义上说，墨翟是全面论述古代社会调查思想前提或理论基础的第一人。

2. 荀况：朴素唯物主义的知行观和认识论

荀子(约公元前313—前236年)，名况，字卿，战国末期赵国人，思想家、文学家、政治家，时人尊称“荀卿”。

荀况指出，“故不登高山，不知天之高也；不临深溪，不知地之厚也；不闻先王之遗言，不知学问之大也”(《荀子·卷一·劝学第一》)。在荀况看来，先有“登”“临”“闻”，即“行”，而后才有“知”。

荀况说：“不闻不若闻之，闻之不若见之，见之不若知之，知之不若行之。学至于行之而止矣。行之，明也，明之为圣人”(《荀子·卷四·儒效第八》)。所谓闻之、见之、知之，就是“知”，所谓行之，就是“行”；学至于“行”，就到头了；“行”了，才能真“知”，有了真“知”，就是“圣人”。

荀况还说：“凡以知，人之性也；可以知，物之理也。以可以知人之性，求可以知物之理，而无所疑止之，则没世穷年不能遍也”(《荀子·卷十五·解蔽第二十一》)。这是说，一般地说，能够认识事物，是人的本性；事物可以被认识，是事物的规律。凭借可以认识事物的人的本性，去探求可以被认识的事物的规律，如果没有一定限制，那么一辈子也不能遍及可以认识的事物。

以上论述说明，荀况在知行观上，认为行先知后；强调“知之不若行之”，“学至于行之而止矣”，肯定“行”是“知”的起点、“学”的终点。在认识论上，认为能知是“人之性”，可知是“物之理”；人们凭借认识事物的本性，去探求事物的规律，一辈子也不能遍及可以认识的事物。荀况的这些论述，把朴素唯物主义知行观和认识论，推向了一个新的高度。

3. 王夫之：朴素唯物主义与朴素辩证的知行观

王夫之(1619—1692年)，字而农，又称船山先生，今湖南衡阳人，与顾炎武、黄宗羲并称明清之际三大思想家。

王夫之反对朱熹把“格物”与“致知”混为一谈。他认为，“格物、致知亦自为二”。“大抵格物之功，心官与耳目均用，学问为主，而思辨辅之，所思所辨者，皆其所学问之事。致知之功，则唯在心官，思辨为主，而学问辅之，所学问者，乃以决其思辨之疑。‘致知在格物’，以耳目资心之用而使有所循也，非耳目全操心之权而心可废也。朱门诸子，唯不知此，反贻鹅湖之笑。……呜呼！以此为致知，恐古人小学之所不暇，而况大学呼？”①这是说，格物、致知是两回事。大致而言，格物(感知事物)的过程，心官(思维器

① (明)王夫之. 船山全书·单行本之六·读四书大全说[M]. 长沙：岳麓书社，2011：404.

官)与耳目(感觉器官)都要使用，而以学问(感知过程)为主，思辨(思维过程)为辅，思考辨析的都是感觉到的事物。致知(获取知识)的过程，则靠思维器官，以思辨(思维过程)为主，学问(感知过程)为辅，所感知的事物决定着思考辨析的疑惑。“致知(获取知识)在格物(感知事物)”，以感觉器官资助思维器官使其有所遵循，而不是以感觉器官代替思维器官，废除思维器官。朱熹的弟子们，恰恰不知道这个道理，因而在哲学上留下了大笑话。……悲哀啊！这样理解致知，恐怕连古人的小学都不及，怎谈得上大学呢？

王夫之说，“先儒分致知格物属知，诚意以下属行，是通将大学分作两节。大分段处且如是说，若逐项下手工夫，则致知格物亦有行，诚意以下至平天下亦无不有知。格致有行者，如人学弈棋相似，但终日打谱，亦不能尽达杀活之机；必亦与人对弈，而后谱中谱外之理，皆有以悉喻其故。且方其迸著心力去打谱，已早属力行矣。盖天下之事，固因豫立，而亦无先知完了方才去行之理”。① 这是说，古代儒者把致知、格物划分为知的范围，把诚意、正心、修身、齐家、治国、平天下划分为行的范围，这是将大学的“八目”分作两段。这是就总体分段而言的，若逐项分析，那么致知、格物中也有“行”，诚意以下至平天下也无不有“知”。格物、致知中的“行”，与人们学下围棋相似，即使整天按照棋谱演练下棋方法，也不可能全部掌握下棋时杀招与活路的各种机巧和方法；必须经常与其他棋手面对面地下围棋，然后才能详尽知晓棋谱之中和棋谱之外的各种道理、技巧和方法。况且，持续用精神和体力按照棋谱演练下棋本身，这早已属于竭力的“行”了。天下的事情，固然因预而立，但也没有事先全“知”然后才去“行”的道理。

王夫之还指出，“耳有聪，目有明，心思有睿知，入天下之声色而研其理者，人之道也。聪必历于声而始辨，明必择于色而始晰，心出思而得之，不思则不得也。岂蓦然有闻，瞥然有见，心不待思，洞洞辉辉，如萤乍曜之得为生知哉？果尔，则天下之生知，无若禽兽。故羔雏之能亲其母，不可谓之孝，唯其天光乍露，而于己无得也。今乃曰生而知之者，不待学而能，是羔雏贤于野人，而野人贤于君子矣”。② 这是说，耳有听觉，目有视觉，思维器官能思考问题、明智通达。进入世界万物声色之中去探寻事物的规律，这是人们认识世界的根本途径。听觉必须听到声音才能辨别，视觉必须看到颜色才能明晰，思维器官必须思考才能得到知识，不思考就不能得到知识。怎么可能突然有耳闻，一下子看见，用不着思考，就能清楚明白、融会贯通事理，如同萤火虫生来就一闪一闪地发出微弱亮光呢？假若果真如此，人也是生而知之，岂不与禽兽一样。生下不久的羊羔就能亲近其母，这不能说是孝，只是其天性的显露，而不是有什么孝的知识。现在竟有人说人生而知之，不用学习就能认知，这无异于说生下不久的羊羔胜过山野之人，而山野之人胜过有才有德的人。

以上论述说明，王夫之关于“知”与“行”不能截然分开，致知、格物中也有“行”，诚意、正心、修身、齐家、治国、平天下中也有“知”的阐释；关于“入天下之声色而研其理者，人之道也”的论述，以及对“人生而知之”的批判，说明王夫之在知行关系上，

---

① (明)王夫之. 船山全书·单行本之六·读四书大全说[M]. 长沙：岳麓书社，2011：409.

② (明)王夫之. 船山全书·单行本之六·读四书大全说[M]. 长沙：岳麓书社，2011：850-851.

既坚持了朴素唯物主义的原则，又具有一定的辩证思维，是其朴素唯物、辩证的知行观的具体体现。尤其可贵的是，王夫之关于格物过程以学问为主、思辨为辅，致知过程以思辨为主、学问为辅的论述，把人的认识过程分成了两个阶段，即运用感觉器官的感性认识阶段和运用思维器官的理性认识阶段，从而极大丰富和发展了中国古代的知行学说。

此外，王夫之还批判了朱熹的知先行后说和王守仁的知行合一说，第一次明确提出和系统论述了“行先知后”“行可兼知，而知不可兼行”的命题；提出了“知行相资以为用”的论断，以及行是知的基础、检验知的标准和目的等思想。可以说，王夫之的知行学说，是中国古代朴素唯物主义知行观的最高成果。

4. 孙中山：朴素的、辩证的唯物主义知行观

孙中山(1866—1925 年)，名文，号逸仙，中国资产阶级民主主义革命领袖，伟大的民主主义革命家和思想家。

孙中山在《建国方略之一：孙文学说——行易知难(心理建设)》自序中说：“文奔走国事三十余年……不图革命初成，党人即起异议，谓予所主张者理想太高，不适中国之用……吾党之士……实多以思想错误而懈志也”。“此思想之错误为何?”即“知之非艰，行之惟艰”之说也。……此说者予生平之最大敌也，其威力当万倍于满清。……可畏哉此敌！可恨哉此敌”。“故先作学说，以破此心理之大敌……夫如是，乃能万众一心……建设一政治最修明、人民最安乐之国家，为民所有、为民所治、为民所享者也”。①

孙中山以近代科学知识为根据，指出人类认识是由“行”到“知”，再由“知”到“行”的过程。他举例说：“夫饮食者，至寻常、至易行之事也……然吾人试以饮食一事反躬自问，究能知其底蕴者乎？不独普通一般人不能知之，即……专门之生理学家、医药学家、卫生学家、物理家、化学家……至今已数百年来，亦尚未能穷其究竟者也”。“由此观之，身内饮食之事，人人行之，而终身不知其道者，既如此……。此足以证明行之非艰，知之实惟艰也。”接着，他“以用钱为证”，“以作文为证”，以“建屋、造船、筑城、开河、电学、化学、进化等事为证”。最后说，“有此十证以为‘行易知难’之铁案，则‘知之非艰，行之惟艰’之古说与阳明‘知行合一’之格言，皆可从根本上而推翻之矣”。他的结论是：“不知亦能行”；“故人类之进化，以不知而行者为必要之门径也。夫习练也，试验也，探索也，冒险也，之四事者乃文明之动机也。……由是观之，行其所不知者，于人类则促进文明，于国家则图致富强也。是故不知而行者，不独为人类所皆能，亦为人类所当行，而尤为人类之欲生存发达者之所必要也”。②

孙中山论证的“行先知后”的“行”，主要是指生产活动、科学实验和民主主义的革命活动，这就突破了以前把“行”仅仅当作践行道德义理实践的狭隘理解，从而把唯物主义知行观提升到了一个新的高度。然而，孙中山的“知难行易”说，在理论上是片面的，尤其是他公开承认有生而知之的先知先觉者，更是错误的。这说明，孙中山的知行观仍属于

---

①　孙文学说[EB/OL].[2019-05-13].http://www.pinshiwen.com/gsdq/xuba/2019051343007.html.

②　《建国方略》之孙文学说[EB/OL].[2021-01-21].http://zhuanlan.zhihu.com/p/419466994.

朴素的辩证的唯物主义知行观的范畴。

总体而言，中国优秀传统文化中的民本观念、实学思想和知行学说，特别是其中的民本主义思想、经世致用精神、朴素的辩证、唯物的知行观，为中国古代社会调查奠定了最基本的理论基础或前提。

第二节　实证主义、证伪理论和范式理论

近代以来，中国社会学者大多是毕业于西方高等院校的留学生，毕业于本国高等院校的社会学者也大多接受西方社会学教育，并以西方社会学理论作为自己社会调查的理论基础。其中，法国学者孔德的实证主义、奥地利学者波普尔的证伪理论和美国学者库恩的范式理论，是西方近代和现代社会调查的重要理论基础。因而这些理论也是中国近代和现代社会调查的理论基础之一。

一、孔德的实证主义

法国学者奥古斯特·孔德(Isidore Marie Auguste François Xavier Comte，1798—1857年)，是实证主义和社会学的创始人。他出生于一个中级官吏家庭。1817年，他结识了法国思想家克劳德·昂利·圣西门(Claude-Henri de Rouvroy，Comte de Saint-Simon，1760—1825年)，担任圣西门的秘书。孔德深受圣西门思想影响，但1824年后因政治观点分歧，而与圣西门分道扬镳。1826—1830年，孔德设堂讲学，着手宣传和建立自己的实证主义思想。1830—1842年，出版了六卷本的《实证哲学教程》，标志着实证主义哲学的建立。1857年，他在巴黎病逝。

在实证主义哲学建立之前，欧洲学者对于社会问题的思考，大多停留在“神学”或“形而上学”阶段。他们习惯于把自己的理论建立在引经据典或直观、想象的基础上，互相之间往往喋喋不休地进行争论，而对于观察、实验等手段不屑一顾。因此，他们的社会理论，只能称为社会学说，而不具有科学性质。14—16世纪的文艺复兴，实质上是资产阶级的思想解放运动，其思想核心是人文主义，提出以人为中心，反对以神为中心，主张以“人性”反对“神性”，用“人权”反对“神权”。他们反对先验论，反对盲从，强调人的理智，重视现实生活，重视科学实验，从而促进了天文学、地理学、物理学、数学、生物学、医学、心理学等科学的发展。17—19世纪，自然科学在观察和实验基础上，从“搜集材料的科学”发展为“整理材料的科学”。① 于是，一些思想家开始试图按照自然科学法则来建造社会科学大厦。例如，有人按天体运行法则提出了“社会物理学”，有人按数学法则提出了“政治算术”，有人按生物学法则提出了“社会生物学”，等等。这些新思想、新学说，形成了一股“从自然科学奔向社会科学的潮流”。②

---

① 马克思恩格斯选集(第4卷)[M]. 北京：人民出版社，1995：245.

② 又一次消灭社会主义(1914年3月)[四][EB/OL].[2011-12-08].http://www.71.cn/2011/1208/648788.shtml.

19 世纪初，圣西门在其著作《人类科学概论》(1813 年)中指出：“关于人的科学迄今只是一门猜想的科学”，应当将这门科学“提高到以观察为基础的科学水平”，“要赋予关于人的科学以实证的性质，把它建立在像物理学等其他领域所使用的那种观察和研究方法的基础之上”。19 世纪 30—40 年代，孔德继承和发展了圣西门的上述观点，创立了实证主义——一种强调感觉经验、排斥形而上学传统的西方哲学派别，亦称实证哲学。

孔德实证哲学的核心就是实证原则。他指出：实证哲学的一切本质属性都概括在“实证”(Positive)这个词中。实证一词包含有六种含义：①现实的与空想的对立；②有用的与无用的对立；③确实的与虚构的对立；④正确的与暧昧错误的对立；⑤建设的、肯定的与破坏的、否定的对立；⑥相对的与绝对的对立。科学知识就应该是实证知识，实证哲学就是要找形成到实证知识的原则。

孔德的实证原则，概括起来就是：①一切科学知识必须建立在观察和实验的经验事实基础上。经验是知识的唯一来源和基础。②反对讨论经验之外的抽象本质、第一动因等问题。这些问题都是形而上学的问题。人们的认识能力只能限制于经验范围，而永远达不到那些超经验的形而上学的问题。③知识的相对主义原则。人们的知识仅仅是经验的，我们既不能知道这些经验的本质是什么，也不知道它究竟怎样和以什么样的方式产生，因而知识只能是相对的知识，而不是绝对的知识。④知识来自经验，在经验之间还存在一些规律。规律就是经验现象在同等条件下的不变的、可重复的和稳定的先后关系或相似关系。科学是对规律的认识，但科学只说明规律的存在，而不能说明为什么会出现这些规律。因为“为什么”的问题是属于超经验的东西，人们是无法知道的。科学只描述经验现象，而不能说明原因；科学只研究怎样(how)，而不研究为什么(why)。

孔德的实证哲学，强调事实的重要性，主张从事实出发，在事实基础上建立知识体系。他提出了“观察优于想象”的命题。因为观察可以得到事实，而事实是永恒的，理论则可以过时。他强调归纳法，认为在事实基础上通过归纳，可以得到科学定律。孔德指出，为了获得实证知识，要采用 4 种方法，即观察法、实验法、比较法和历史法。历史证明，孔德的实证主义，对于抵制神学和形而上学思维方式的影响，推动社会科学发展发挥了积极作用，从而形成了社会科学史上的分水岭。孔德的实证哲学，既为后来的实证主义社会学奠定了方法论基础，又为西方近代和现代社会调查奠定了理论基础。

二、波普尔的证伪理论

卡尔·波普尔(Karl Popper，1902—1994 年)是批判理性主义的创始人。他出生在奥地利维也纳(当时属于奥匈帝国)的一个犹太裔中产阶级家庭，毕业于维也纳大学。1930—1936 年在中学任教。1937 年，纳粹势力抬头，他移民到新西兰，在大学任哲学讲师。1946 年迁居英国，在伦敦经济学院任教，1949 年获教授职衔，1969 年从教坛退休。1976 年当选皇家科学院院士。其代表作《历史决定论的贫困》(1944 年)、《开放社会及其敌人》(1945 年)、《科学发现的逻辑》(1959 年)、《猜想与反驳：科学知识的增长》(1963 年)等。

20 世纪人类思想史上的一个重大事件，是对绝对真理(及各种决定论)从普遍至信到根本性的质疑和警惕。在这一历史转折中，波普尔的学说作出了重要贡献。波普尔认为，观察必须以理论为指导，但理论是可以证伪的，应采取批判态度。在他看来，可证伪性是科学不可缺少的特征，科学是通过猜想和反驳而发展的，理论不能被证实，只能被证伪，因而其理论又被称为证伪主义。

孔德实证主义的核心观点是“知识起源于观察和归纳”。科学研究的目的是证实理论，它是通过对事实的观察和归纳而达到的。波普尔则认为，科学知识起源于“问题”：问题引起人们的思索和探究，促使人们作出各种假设式的回答，然后通过事实证伪而形成知识。同时，波普尔强调“自由想象”的重要性。他认为，自由想象是提出各种假设式回答的前提，是科学创造中不可或缺的非理性因素。这样波普尔就以“自由想象优于经验观察”的命题，否定了孔德关于“观察优于想象”的命题。当然，仅凭自由想象不足以构成科学理论。波普尔认为，人们不应该通过肯定而应该通过“否证”来构筑科学理论。学者们提出自己的理论，不应期待它们被证实，而应期待它们被证伪，然后修正旧理论、形成新理论。波普尔证伪理论的精髓是假设检验法或“试错法”，它可以用公式概括如下：

$$P_1 \rightarrow TT \rightarrow EE \rightarrow P_2 \cdots\cdots$$

公式中的 P 为问题，TT 为假说(试验性理论)，EE 为排除错误。

人们遇到问题(P_1)后，提出假说(TT)，然后通过证伪检验，排除假说中的错误(EE)，形成新的理论；接着，又发现新问题(P_2)……按此公式循环往复下去，就一定会形成科学理论。“证伪理论”的贡献在于，以“问题—假说—反驳”的“试错机制”，代替“观察—归纳—证实”的“证实机制”，为科学知识的成长做出了新的解释，形成了新的机制。

实践证明，实证主义关于“知识起源于观察和归纳”的观点和“观察—归纳—证实”的“证实机制”，与波普尔关于“自由想象优于经验观察”的命题和“问题—假说—反驳”的“试错机制”，是形成科学理论的既互相对立、又互相补充的观点和机制，在科学发展道路上都具有重要意义，而不应该互相否定。从社会调查视角看，社会调查成果既可证实，又可证伪。因此，与孔德实证主义的证实理论一样，波普尔的证伪理论也是社会调查的理论基础之一。

三、库恩的范式理论

美国科学史家托马斯·塞缪尔·库恩(Thomas Sammual Kuhn，1922—1996 年)，是科学哲学历史主义的创始人。他出生于美国俄亥俄州一个殷实的实业家家庭，1943 年毕业于哈佛大学物理系，1949 年获物理学博士学位，1952 年开始讲授科学史，1962 年发表科学哲学历史学派的奠基著作《科学革命的结构》，赢得了世界声誉。在该书中，库恩依据科学史材料，反对把科学知识增长看成直线积累、逻辑发展过程，第一次明确提出了“范式”概念，认为科学发展是受范式制约的常规科学与突破旧范式的科学革命的交替过程。

在库恩之前，科学方法论大多接受逻辑实证主义的假设，认为科学研究的方法与规则，像数学法则一样，是统一的、永恒不变的。库恩在对波普尔的假设检验法进行考察时发现，在“自由想象”的大胆假设阶段，社会基础、历史背景、知识结构不同的研究者，往往会提出不同的假设。库恩第一次提出了“范式”概念来概括这类现象。所谓“范式”，是指观察事物、研究问题的角度、视野和参照框架。不同历史时期、不同科学家集团，都有不同的研究范式。因此，科学研究的方法论，是因人而异、随历史发展而不断发展变化的。库恩用“范式”理论研究科学史，发现了“科学发展阶段论”，即各门学科发展大多经历下列阶段：

前科学阶段→常规科学阶段→科学革命阶段→新的常规科学阶段……

在前科学阶段，各种研究范式互相竞争、互相批判；在常规科学阶段，学科开始成熟，不同科学家集团逐步形成统一的研究范式，它们之间有了共同的概念体系、共同的假设和方法论原则；当一门学科遇到原有范式无法解答的新问题时，这门学科就进入科学革命阶段。这时，科学家又分为不同集团，求助于哲学思辨和理论创新，互相探讨，互相竞争，直到理论或方法有了重大突破，逐渐形成新的、统一的范式，从而进入新的常规科学阶段。

“范式”理论和“科学发展阶段论”的贡献是：①完善了波普尔的证伪理论，它证明：科学理论不仅是通过不断证伪而发展的，科学研究的方法论和模式同样也是通过实践检验而发展的。②研究范式是多种多样的，一种范式只有能正确解决某一领域新问题时，才能为大多数科学家所接受。③研究范式是受历史条件制约的，因此不仅要对研究的理论进行逻辑检验，而且还要考察影响研究范式的社会、历史、知识背景等因素。

库恩的“范式”理论和“科学发展阶段论”，使人们认识到，科学进步的方法论是不断发展的，不存在任何凌驾于科学实践基础上的、“放之四海而皆准”的方法论原则，从而大大丰富、发展了西方近代和现代社会调查的理论基础。

第三节　马克思主义的认识论和群众路线

马克思主义，是关于全世界无产阶级和全人类彻底解放的学说。它是马克思、恩格斯在批判地继承和吸收人类关于自然科学、社会科学、思维科学优秀成果基础上于19世纪40年代创立的，并在实践中不断丰富、发展的无产阶级思想的科学体系。马克思主义，是西方近代和现代社会调查的另一重要理论基础。

马克思主义，由马克思主义哲学、马克思主义政治经济学和科学社会主义三个部分组成。马克思主义哲学的基本理论，包括四个组成部分，即辩证唯物主义、唯物辩证法、认识论和唯物史观。马克思主义，是中国共产党的行动指南。中国共产党人和一部分社会科学工作者，长期接受马克思主义教育，并以马克思主义理论，特别是马克思主义的认识论和群众路线作为自己社会调查的理论基础。

一、马克思主义的认识论

认识论是关于人类认识的本质及其发展规律的理论，是哲学的重要组成部分。马克思主义把实践与辩证法引入认识论，实现了认识论领域的伟大变革，科学地回答了认识来源、认识本质、认识结构、认识形式、认识运动和规律，以及认识的真理性与价值等问题，为科学社会调查奠定了坚实理论基础。

1. 马克思主义认识论及其特征

与以往一切认识论不同，马克思主义认识论是实践基础上的革命的能动的反映论（参见：毛泽东《新民主主义论》）。它的基本特征是：

（1）可知论。认为客观物质世界是可知的。人们不仅能够认识物质世界的现象，而且可以透过现象认识其本质。人类的认识能力是无限的，世界上只有尚未认识的事物，没有不可认识的事物，从而与不可知论划清了界限。

（2）反映论。认为物质世界是不依人的主观意志而独立存在的，人的意识是物质长期发展的产物，是人脑的机能。人的认识，是对物质世界的反映。坚持从物质到意识的唯物主义认识路线，从而与唯心主义认识论划清了界限。

（3）辨证论。把辩证法应用于认识论，强调认识是一个不断深化的能动的反映过程，人对世界的认识不是一次完成的，而是一个多次反复、无限深化的过程，从而与旧唯物主义的消极、被动、机械的反映论划清了界限。

（4）实践论。在人类认识史上，第一次把实践引入认识论。认为实践是认识的基础、认识的来源、认识发展的动力、检验认识真理性的标准、认识的最终目的。“实践的观点是辩证唯物论的认识论之第一的和基本的观点”。①

2. 认识的来源和本质

马克思主义认识论认为，认识来源于实践；认识的本质是人们在实践基础上主体对客体的能动反映。这里有三个基本要点：

第一，认识来源于实践。毛泽东说：“一个人的知识，不外直接经验的和间接经验的两部分。而且在我为间接经验者，在人则仍为直接经验。因此，就知识的总体说来，无论何种知识都是不能离开直接经验的。任何知识的来源，在于人的肉体感官对客观外界的感觉，否认了这个感觉，否认了直接经验，否认亲自参加变革现实的实践，他就不是唯物论者”。②

第二，认识是对客体的反映。马克思指出：“观念的东西不外是移入人的头脑并在人的头脑中改造过的物质的东西而已”。③ 人的认识不是认识主体头脑自生的，而是认识主体头脑对客观事物的反映或摹写。坚持唯物主义认识论共同的反映原则，是马克思主义认识论的基础和前提。

第三，认识是能动的创造性的反映。认识对客体的反映，不是简单的、机械的、完全的反映，而是经过认识主体头脑选择、改造过的能动的、创造性的反映。人之所以与动物不同，能够创造出自然界并不存在的衣服、房屋、汽车、火车、机床、电站等生活、生产资料，就在于人的认识能够在正确把握客观事物及其规律的基础上，指导人们的实践活

① 毛泽东选集(第1卷)[M]. 北京：人民出版社，1991：284.

② 毛泽东选集(第1卷)[M]. 北京：人民出版社，1991：288.

③ 马克思恩格斯选集(第2卷)[M]. 北京：人民出版社，2012：93.

动，创造出人们所需要的东西来。列宁说，“人的意识不仅反映客观世界，并且创造客观世界”。①

实践和辩证法，是正确理解认识来源和本质的关键。只有立足于实践，才能正确理解认识的来源；只有掌握了辩证法，才能把认识主体在认识过程中的反映性与能动性、摹写性与创造性统一起来。

3. 认识的结构

马克思主义认识论认为，人的认识活动是由多种因素构成的系统。它的结构由三个子系统构成，即：认识主体、认识客体和认识中介。其中，认识主体是认识系统的首要因素。

认识主体，是指有一定认知能力并从事一定认知活动的人。认识主体的认识过程，按其性质可分为三个方面，即认知过程、情感过程和意志过程，简称知、情、意。其中，担负认知功能的是理性的、有意识的因素，它表现为把原有的认知模式延伸并运用于将要认识的客体，主体原有认知模式不同，对客体的理解就会出现差异，即所谓的“仁者见仁，智者见智”；担负情感、意志功能的是非理性的、无意识的因素，它表现为喜、怒、哀、乐、信念、理想、习惯等体验，对人的认知功能往往产生选择、导向、激发、调节等作用。人的认识过程具有复杂的结构，它是理性与非理性、有意识与无意识的有机统一。

认识客体，是指认识活动所指向的客观对象。它是相对于认识主体而言的，是认识活动不可或缺的基本前提。认识客体有三种形式：自然形式的客体、社会形式的客体和精神形式的客体。认识客体的状况，决定着、制约着主体对它的认识。认识客体都具有多重属性、结构、层次和关系，因而认识主体对认识客体的认知，不可能一次完成。列宁说：“认识是思维对客体的永远的、无止境的接近”，② 是由不知到知，由较肤浅、片面的知到较深刻、全面的知的无限发展过程。

认识中介，是指各种形式的认识工具或手段，以及操作这些工具或手段的程序和方法。认识中介包括三种类型的认识工具或手段：一是实体型的工具或手段，如规矩、准绳、手机、摄影机、卫星等认识客体的物质手段或物质条件；二是观念型的工具或手段，如概念、范畴、测量框架、思维方式等认识客体的精神手段或精神条件；三是符号型的工具或手段，如自然语言系统、人工语言系统(包括书面语言系统、计算机语言系统等)。认识中介，既是前人认识活动的结果，又是后人认识活动的手段。它是认识系统的关键环节，是认识能力发展程度的客观标志，决定着不同时代认识活动的基本方式。

人的认识活动，就是认识主体运用认识中介反映认识客体的过程。在认识过程中，认识主体与认识客体、认识中介的关系：一方面，认识主体是首要的、能动的因素，认识中介、认识客体是被使用、被反映的受动因素。另一方面，认识主体对认识客体的反映，既受认识客体发展状况制约，又受认识中介性质及发展水平制约。认识过程，就是认识主体与认识客体、认识中介相互作用的过程。

---

① 列宁. 哲学笔记[M]. 北京：人民出版社，1990：228.

② 列宁全集(第38卷)[M]. 北京：人民出版社，1993：208.

4. 认识的形式、过程和规律

马克思主义认识论认为，认识运动是以实践为基础的主体对客体的反映运动，它包含两种形式——感性认识和理性认识；两个过程——从感性认识到理性认识的过程和从理性认识到实践的过程。

(1) 从感性认识到理性认识。

马克思主义认识论认为，感性认识到理性认识，是认识运动的第一过程，是在实践基础上从感性认识到理性认识的飞跃。

感性认识，是指对客观事物表面现象或外部联系的认识。感性认识有三种形式，即：感觉——感觉器官对客观事物个别属性的反映；知觉——感觉器官对客观事物多种属性的综合反映；表象——基于知觉在记忆或想象中形成的关于客观事物的感性形象。感性认识的三种形式的共同特点是直观性、具体性和生动性。要获得感性认识，必须亲自实践，必须直接接触客观事物。感性认识是认识的低级阶段。但是，感性认识是认识的来源，是理性认识的基础。

理性认识，是指对客观事物内在联系或本质规律的认识。理性认识有三种形式，即：概念——对事物本质属性作出概括的思维形式；判断——对事物是否具有某种属性或某种关系作出肯定或否定的思维形式；推理——由一个或几个已知判断(前提)推出新判断(结论)的过程或思维形式。理性认识三种形式的共同特点是：抽象性、间接性、概括性。认识的真正任务，在于经过感觉而到达于思维，到达于了解事物的内部矛盾，了解它的规律性，到达理性认识(参见：毛泽东《实践论》)。

感性认识与理性认识之间存在辩证统一关系：一方面，相互区别、相互对立，它们的内容、形式、特点、作用都存在质的差异；另一方面，相互联系、相互渗透，理性认识依赖于感性认识，感性认识有待于发展到理性认识，感性认识中存在理性认识指导，理性认识中存在感性认识成分，它们是不能完全分割的。

(2) 从理性认识到实践。

认识运动的第二过程，是从理性认识到实践的飞跃。

从理性认识到实践的飞跃，是理性认识与实践两方面的需要。首先，是理性认识的需要。理性认识只有通过实践才能达到应用的目的，才能改造世界、服务社会。同时，理性认识本身只有在实践才能得到检验、修正、完善和发展。其次，是实践的需要。历史事实证明，实践必须以正确理论作指导，没有正确理论指导的实践，是盲目的、错误的、有害的实践。理性认识到实践的飞跃具有重大意义，它是理论服务于现实、精神力量转化为物质力量的关键环节。

理性认识到实践的飞跃，必须有一定的途径和条件。这个途径就是“有的放矢”，即理论之“矢”(箭)必须与具体实践之“的”(靶)相结合。如果“无的放矢”，乱放一通，就是放空炮，就会失败；如果把箭拿在手里搓来搓去，老是不放出去，就不可能指导实践(参见：毛泽东《整顿党的作风》)。这个条件就是：理论必须与当时当地的实际情况相结合，与群众相结合，否则就不可能发挥出应有的指导作用。

(3) 认识发展的规律。

马克思主义认识论认为，对于某一客体的认识而言，在实践基础上从感性认识到理性认识，再从理性认识指导实践，达到了认识的目的，这一认识过程就算完成了。但是，对于认识过程的推移而言，人们的认识运动并没有完成。因为，任何过程，无论是自然界的还是社会的，都是不断向前推移和发展的，人们的认识运动也应该是跟着自然或社会不断向前推移和发展。

毛泽东指出："通过实践而发现真理，又通过实践而证实真理和发展真理。从感性认识而能动地发展到理性认识，又从理性认识而能动地指导革命实践，改造主观世界和客观世界。实践、认识、再实践、再认识，这种形式，循环往复以至无穷，而实践和认识之每一循环的内容，都比较地进到了高一级的程度。这就是辩证唯物论的全部认识论，这就是辩证唯物论的知行统一观"。①

5. 认识的真理性

真理，是符合客观实际的真正道理，是客观事物及其规律在人头脑中的正确反映。真理的形式是主观的，因为真理属于认识范畴，不能把真理等同于客观实在。真理的内容是客观的，因为：第一，真理的内容来源于客观事物及其规律，而不依赖于人和人类的主观意志；第二，检验真理的标准是客观的社会实践。可以说，客观性是真理的根本属性。

关于真理标准问题，马克思说："人的思维是否具有客观的[gegenständliche]真理性，这并不是一个理论的问题，而是一个实践的问题。人应该在实践中证明自己思维的真理性，即自己思维的现实性和力量，自己思维的此岸性。关于思维——离开实践的思维——的现实性或非现实性的争论，是一个纯粹经院哲学的问题。"②

实践作为真理唯一标准，并不排斥逻辑证明的作用。但是，逻辑证明不能脱离或代替实践。逻辑本身是实践亿万次重复的结果，逻辑方法和作为逻辑推论前提的判断，其真理性也要靠实践来确证。因此，实践高于逻辑证明。归根结底，只有实践才是检验认识是否具有真理性的唯一标准。

6. 马克思主义认识论是科学社会调查的理论基础

马克思主义认识论是科学社会调查的理论基础，主要表现在以下三个方面：

(1) 基本特征。马克思主义认识论是实践基础上的革命的能动的反映论。它的基本特征是：可知论，反映论，辩证论，实践论。

科学社会调查，是在实践基础上对调查对象的能动反映。它的基本特征是：调查对象是可知的，调查过程及其结果应该是对调查对象的客观反映，调查研究必须以唯物辩证法为指导，以实践为基础。

这说明，从基本特征看，马克思主义认识论是科学社会调查的理论基础。

(2) 构成结构。马克思主义认识论认为，认识结构由认识主体、认识客体和认识中介构成。科学社会调查的结构，则由调查主体、调查客体和调查中介构成。

调查主体就是调查者自身。每一个调查者都生活在一定的经济、政治、文化、社会关

① 毛泽东选集(第1卷)[M]. 北京：人民出版社，1991：296-297.

② 马克思恩格斯选集(第1卷)[M]. 北京：人民出版社，2012：134.

系之中，都具有一定的世界观、人生观和价值观，一定的知识水平、实践经验、社会意识和心理特征等，这一切构成了调查者自身所特有的社会本质。任何调查者都是一个具有特殊社会本质的现实的人。

调查客体就是社会，即以人和人群共同体为活动主体、以生产方式为基础的各种要素、各种结构按照一定方式组合而成的人类生活共同体。人类生活共同体包括三类现象：与人类生活相联系的自然现象(以下简称"自然现象")、社会现象和精神现象。与人类生活相联系的自然现象、社会现象是调查客体，很好理解，不用解释。为什么精神现象也是调查客体呢？因为，人们的思想、感情、态度、愿望和心理等现象是独立于调查者之外的一种客观存在，它不是人们主观意志随心所欲的产物，而是人们特定物质生活条件的反映，并对社会存在和发展产生反作用。在社会调查中，人们对于自然现象、社会现象、精神现象的认识，有时是通过对客观事物观察获得的，有时是通过对被调查者回答获得的。因此，被调查的"物"(即客观事物)和"人"，就成了社会调查的直接对象。

调查主体和调查客体的关系，是调查实践基础上反映者和被反映者的关系。调查主体对调查客体的反映，不是照镜子式的纯客观的、消极的、被动的反映，而是调查主体的主观素质参与到其中的积极的、能动的反映。调查主体素质不同、知识结构不同、调查工作状况不同，对同一调查客体所得出的调查结果往往不一样：有的能深入认识调查客体的内在本质，有的仅能反映调查客体的一些表面现象，有的甚至对调查客体做出了歪曲反映。这说明，调查主体的主观素质、知识结构和工作状况，对调查结果往往具有决定性作用。调查客体独立于调查主体，是调查主体的反映对象，并制约着调查结果。但是，不同调查客体对调查主体的关系是不一样的。当被调查对象是"物"时，它发展到什么程度，调查主体才能认识到什么程度，这种制约是客观的、不以调查主体意志为转移的。当被调查对象是"人"时，情况则不相同。被调查者在调查过程中不是消极地被反映，而是能动地被反映。这种能动性表现在两个方面：一方面，每一个被调查者总是根据自己的客观地位、思想状况、知识结构、认识能力等社会素质来提供社会信息；另一方面，每一个被调查者在接受调查时，也在对调查者做观察和思考，并根据自己的结论来决定对调查工作的合作程度。被调查者社会素质和合作程度不同，提供社会信息的真实度、准确度就不相同。这说明，当被调查对象是"人"时，调查主体对社会现象的认识，在很大程度上受被调查者合作程度和社会素质的制约。其中，"合作程度"是受被调查者主观状况左右的，是可以通过耐心细致工作加以改变的；"社会素质"则很难一下子改变，只能在评价调查结果时加以正确评估。总之，调查主体对调查客体的反映，是在调查实践基础上的能动的反映，是调查主体和调查客体相互作用的结果；调查主体的主观素质、知识结构和工作状况对调查结果具有主导性、决定性作用，调查客体的实际状况和合作程度对调查结果具有不同程度的制约作用。

调查中介，是指各种形式的调查工具或手段，以及操作这些工具或手段的方法或程序。调查中介可分为三种类型：一是实物形态的工具或手段，如各种度量衡工具、手机、录音机、摄影机、卫星、互联网、贮存器、各种网络平台等物质手段或物质条件；二是观念形态的工具或手段，如概念、范畴、变量、理论框架、思维方式、各种计算方法或程序等精神手段或精神条件；三是语言形态的工具或手段，如口头语言、书面语言、计算机语言等。调查中介是调查活动的关键环节，是调查能力发展程度的客观标志，决定着不同时代调查活动的基本方式。

这说明，从构成结构看，马克思主义认识论是科学社会调查的理论基础。

(3) 运动规律。马克思主义认识论认为，人类认识运动及其规律，是循着实践、认识、再实践、再认识这种形式不断反复和无限发展的。

科学社会调查的过程，是调查主体在调查实践基础上，从搜集材料、研究材料到形成调查结论，再从调查结论到实践的辩证运动过程。就每一次社会调查而言，它分为两个阶段：一是调研阶段，即在调查实践基础上，从搜集材料到形成调查结论的阶段，从感性认识到理性认识的阶段；二是实践阶段，即从调查结论到实践的阶段，即评估调查结论、应用调查结论、检验调查结论、发展调查结论的阶段。就社会调查推移而言，它是不断向前发展的。科学社会调查运动及其规律，是循着调查、实践、再调查、再实践这种形式不断反复和无限发展的。

这说明，从运动规律看，马克思主义认识论是科学社会调查的理论基础。

总之，马克思主义认识论是科学社会调查的理论基础，科学社会调查则是马克思主义认识论在工作方法上的具体运用。

二、马克思主义的群众路线

马克思说："人们自己创造自己的历史"。① 人民群众是物质财富的创造者，精神财富的创造者，社会变革的决定力量。一句话，人民群众是历史的创造者。因此，认识世界和改造世界，必须依靠人民群众，走群众路线。

所谓"群众路线"，就是一切为了群众，一切依靠群众，从群众中来，到群众中去。毛泽东说："在我党的一切实际工作中，凡属正确的领导，必须是从群众中来，到群众中去。这就是说，将群众的意见(分散的无系统的意见)集中起来(经过研究，化为集中的系统的意见)，又到群众中去作宣传解释，化为群众的意见，使群众坚持下去，见之于行动，并在群众行动中考验这些意见是否正确。然后再从群众中集中起来，再到群众中坚持下去，如此无限循环，一次比一次地更正确、更生动、更丰富。这就是马克思主义的认识论"。②

为什么说，群众路线"就是马克思主义的认识论"呢？

因为，"一切为了群众，一切依靠群众"，是群众路线的核心内容，是马克思主义的认识论的出发点和落脚点。

"从群众中来"，就是深入群众，调查研究，把群众的愿望、要求和经验集中起来，使之系统化，并加以提高，从而获得理性认识，制定政策和规划，作出工作决定。这就是马克思主义认识论所说的从感性认识到理性认识的飞跃。

---

① 马克思恩格斯选集(第1卷)[M]. 北京：人民出版社，2012：669.

② 毛泽东选集(第3卷)[M]. 北京：人民出版社，1991：899.

人民群众的实践，是检验真理的唯一标准。从理性认识到实践的过程，也是对理性认识、政策和规划、工作决定进行检验的过程。凡是实践证明是正确的东西，都应坚持下去；凡是实践证明是错误的东西，都应坚决修正。认识客观规律的过程，是从感性认识到理性认识、从理性认识到实践不断反复和无限发展的过程，也是“从群众中来，到群众中去”不断反复和无限发展的过程。只有如此，我们的认识才能一步一步深化和丰富，才能一次比一次更正确、更具体。

2017 年 10 月 24 日，中国共产党第十九次全国代表大会通过的《中国共产党党章》“总纲”中，关于“党的建设必须坚决实现以下五项基本要求”的第三条规定：“坚持全心全意为人民服务。党除了工人阶级和最广大人民群众的利益，没有自己特殊的利益。党在任何时候都把群众利益放在第一位，同群众同甘共苦，保持最密切的联系，坚持权为民所用、情为民所系、利为民所谋，不允许任何党员脱离群众，凌驾于群众之上。我们党的最大政治优势是密切联系群众，党执政后的最大危险是脱离群众。党风问题、党同人民群众联系问题是关系党生死存亡的问题。党在自己的工作中实行群众路线，一切为了群众，一切依靠群众，从群众中来，到群众中去，把党的正确主张变为群众的自觉行动。”这一规定，更进一步说明群众路线是科学社会调查的理论基础。

总之，马克思主义认识论和群众路线，与科学社会调查存在着内在联系：马克思主义认识论指出，认识运动是循着实践、认识、再实践、再认识这种形式不断反复和无限发展的；马克思主义的群众路线，是循着从群众中来、到群众中去这种形式不断反复和无限发展的；科学社会调查，是循着调查、实践、再调查、再实践这种形式不断反复和无限发展的。这说明，马克思主义认识论、群众路线是科学社会调查的理论基础；科学社会调查则是马克思主义认识论、群众路线在认识方法和工作方法上的具体运用。

第七章　社会调查的指导思想

任何社会调查，不管自觉不自觉、承认不承认、系统不系统，在客观上都必然以一定的思想或理论作为指导。正确阐明中国社会调查的指导思想，是社会调查学研究的又一核心任务。

中国和中国共产党社会调查的经验教训证明，科学社会调查的指导思想应该强调三个“坚持”，即：坚持为人民服务的根本宗旨，坚持实事求是的思想路线，坚持唯物史观的基本观点。

第一节　坚持为人民服务的根本宗旨

为人民服务的思想，来源悠久，内涵丰富。科学的社会调查，必须坚持为人民服务的根本宗旨，并把它贯穿于社会调查的全过程。

一、为人民服务的来源和内涵

坚持为人民服务的根本宗旨，首先应该了解为人民服务思想的来源和内涵。

（一）为人民服务思想的三个来源

1. 来源于中华优秀传统文化中的民本思想

《尚书》中的“民可近，不可下。民惟邦本，本固邦宁”。“人无于水监，当于民监”。“民之所欲，天必从之”；孔子的“大道之行也，天下为公”；孟子的“民为贵，社稷次之，君为轻”；黄宗羲的“天下为主，君为客”等，是为人民服务思想的中华优秀传统文化的历史来源。

2. 来源于马克思主义关于人民群众是历史创造者的原理

马克思说：“人们自己创造自己的历史”。① 因为，人是社会的主体，社会关系的承担者，社会生活的开拓者。人民群众是社会物质财富的创造者，社会精神财富的创造者，社会变革的决定力量。一句话，人民群众是人类历史的创造者。这是为人民服务思想的马克思主义理论来源。

---

① 马克思恩格斯选集(第1卷)[M]. 北京：人民出版社，2012：669.

3. 来源于中国共产党为人民服务的优良传统

1944年9月8日，毛泽东在革命战士张思德的追悼会上作了《为人民服务》的演讲。当时，抗日战争正处于十分艰苦的阶段，毛泽东借此号召大家学习张思德完全彻底为人民服务的精神，团结起来，打败日本侵略者。从此，为人民服务成为中国共产党人的优良传统。

这说明，为人民服务思想，是中华优秀传统文化与马克思主义理论、与中国共产党优良传统相结合的产物，是中国化马克思主义的重要思想和理论。

（二）为人民服务思想的丰富内涵

1. 为人民服务，是中国共产党的根本宗旨

毛泽东在《论联合政府》中指出："全心全意地为人民服务，一刻也不脱离群众；一切从人民的利益出发，而不是从个人或小集团的利益出发；向人民负责和向党的领导机关负责的一致性；这些就是我们的出发点。"①2017年10月24日，中国共产党第十九次全国代表大会通过的《中国共产党党章》"总纲"提出了"党的建设必须坚决实现以下五项基本要求"，其中第三条规定："坚持全心全意为人民服务。党除了工人阶级和最广大人民群众的利益，没有自己特殊的利益。党在任何时候都把群众利益放在第一位，同群众同甘共苦，保持最密切的联系，坚持权为民所用、情为民所系、利为民所谋，不允许任何党员脱离群众，凌驾于群众之上。"以上论述和规定说明，全心全意为人民服务，是中国共产党人必须牢牢记住的根本宗旨、基本要求和一切行动的出发点。

2. 为人民服务，是国家工作人员的法定义务

《中华人民共和国宪法》第二十七条第二款规定："一切国家机关和国家工作人员必须依靠人民的支持，经常保持同人民的密切联系，倾听人民的意见和建议，接受人民的监督，努力为人民服务。"《中华人民共和国宪法》关于国家机关和国家工作人员的上述规定，与《中国共产党党章》规定的根本宗旨，是一脉相承、完全一致的。2014年，习近平在接受俄罗斯电视台专访时指出："我的执政理念，概括起来说就是：为人民服务，担当起该担当的责任"。② 上述规定和论述说明，为人民服务是各级国家机关和国家工作人员的法定义务和责任。

3. 为人民服务，是社会主义道德的根本要求

社会主义道德，是以社会主义经济为基础，与社会主义经济、政治、文化、社会相适应的道德。党的十四届六中全会通过的《关于社会主义精神文明建设若干重要问题的决议》规定：社会主义道德建设"要以为人民服务为核心，以集体主义为原则"；"为人民服务是社会主义道德的集中体现"。坚持为人民服务，首先，要树立为人民服务的价值取向。其次，要提高为人民服务的能力。再次，要积极从事为人民服务的实践。最后，要正确处理个人利益与人民利益的关系。个人利益不能凌驾于人民利益之上，当个人利益与人

① 毛泽东选集(第3卷)[M]. 北京：人民出版社，1991：1094-1095.

② 习近平接受俄罗斯电视台专访[N]. 人民日报，2014-02-09.

民利益发生矛盾时，要以人民的利益为重。同时，要同一切危害人民利益的思想和行为作斗争。

4. 为人民服务，是人生价值的最高追求

人生观，是人们在实践基础上形成的对人生目的、意义的根本看法；价值观，是主体在实践中形成的对客体认定好坏、辨别是非、区分高低、判断善恶的思维取向或基本观点。为什么人的问题，是做人的根本问题，也是人生观、价值观的根本问题，是区分真善美的人生观、价值观与假丑恶的人生观、价值观的根本问题。真善美的人生观、价值观，是社会主义、共产主义的人生观、价值观，是科学的人生观、价值观。它把人的生命历程看作是认识和改造客观世界的过程，把为人民服务看作是人生最崇高的目的和幸福；把为绝大多数人谋利益看作是人生最崇高的价值和意义。这就是说，应该把为人民服务，为社会主义事业尽责任、作贡献，看作是人生价值的最高追求。

二、把为人民服务贯穿于社会调查全过程

坚持为人民服务的根本宗旨，必须把为人民服务思想贯穿于社会调查的全过程。

(一)社会调查目的的确定

社会调查的目的，是指社会调查的目标和结果。按照为人民服务的要求确定社会调查的目的，就必须做到以下两点：

首先，社会调查的选题，要符合人民群众的要求。为此，就必须深入基层，深入群众，了解群众需要，倾听群众呼声，群众有什么问题就调查什么问题。这就要求，抛弃两眼向上(向领导、向老师等)要选题的旧习，改变两眼向虚(向书本、向文献等)觅选题的局限。只有深入实际，把群众呼声当做社会调查选题的第一信号，把群众需求当做社会调查选题的第一需求，把群众关心的热点和难点当做社会调查选题的重点，才能算是坚持了为人民服务的根本宗旨。

其次，社会调查的结果，要满足人民群众的需要。为此，社会调查结果就必须响应群众呼声，满足群众需要，为解决群众关心的热点和难点问题，提出相应的对策或建议。那种把社会调查结果——发表调查报告或论文，仅仅当做评职称、升职务垫脚石的企图，或仅仅当做为某种理论、政策作论证、做辩护的打算，是不正确的。社会调查结果，只有为响应群众呼声，满足群众需要，解决群众关心的热点和难点问题作出贡献，才能算是坚持了为人民服务的根本宗旨。

(二)社会调查方案的设计

社会调查的方案，是社会调查的工作计划或行动指南。按照为人民服务的要求设计社会调查方案，关键在于做好两个方面的设计：

首先，社会调查内容的设计，要满足人民群众的需要。为此，就必须深入基层，实地踏勘，了解群众生活、工作的实际情况，并根据社会调查选题的需要和调查对象的现实，设计调查的具体内容——调查项目、调查指标及其文字表述等。这就是说，社会调查方案

的设计，决不应该坐在机关、学校高楼大厦办公室里冥思苦想，更不允许抄袭前人调查研究成果里的具体内容。只有从实际出发，充分反映人民群众需要的设计，才是为人民服务的好设计。

其次，社会调查工作的安排，要符合调查对象的实际。为此，必须先了解调查对象生活、工作的时序、节奏和习惯，并按照调查对象生活、工作的时序、节奏和习惯来安排调查工作的时间、地点、方式、方法、人员配备与组合、工作日程和进度等。这就是说，社会调查工作的安排，不能坐在办公室里想当然，更不应片面强调调查者的需要和方便。只有按照调查对象生活、工作的实际情况来安排调查工作，才是符合实际的、为人民服务的工作安排。

(三)社会调查工作的实施

社会调查工作的实施，按照为人民服务的要求，应该突出两个要点：

首先，要有谦虚、谨慎的精神和态度。毛泽东在谈到社会调查时说："要做这件事，第一是眼睛向下，不要只是昂首望天。没有眼睛向下的兴趣和决心，是一辈子也不会真正懂得中国的事情的"。"必须明白：群众是真正的英雄，而我们自己则往往是幼稚可笑的，不了解这一点，就不能得到起码的知识"。① 习近平也指出，搞社会调查"要拜人民为师、向人民学习，放下架子、扑下身子，接地气、通下情，"②"身入"更要"心至"。

其次，要有灵活、机动的方式和方法。实践证明，社会调查工作进程，完全按照原设计方案实施的情况，是很少见的。这有两方面原因：一是，调查者及其所在单位的情况经常会发生一些变化，或在调查过程中发现原设计调查方案存在着某些缺陷；二是，调查对象及其所在地区、所在单位的情况，出现了某些新的情况或问题。因此，社会调查的实施及其方式方法，要有灵活性和机动性，必须适应不断变化的新情况，及时地做出适当的改变或调整。

(四)社会调查成果的应用

社会调查成果的应用，按照为人民服务的要求，应该努力做到以下两点：

首先，社会调查成果，要按照为人民服务的要求评估。社会调查的成果——调查报告或论文，应该进行必要的评估，主要是从真实性、科学性、创新性和人民性等方面评估。其中，人民性评估，主要是对回答群众呼声、满足群众需要、为解决群众关心的热点和难点问题提出的对策或建议进行评估。只有那些在回答群众呼声、满足群众需要方面做得好，提出的解决群众关心的热点和难点问题的对策或建议符合实际、具有可操作性的社会调查成果，才能算是为人民服务做得好的社会调查成果。

其次，社会调查成果，要按照为人民服务的要求应用。社会调查成果——调查报告或论文，在评估的基础上还应该组织推广应用。如本书第六章第三节第一部分所述，人类认

---

① 毛泽东. 毛泽东农村调查文集[M]. 北京：人民出版社，1982：15-17.

② 习近平. 习近平谈治国理政(第三卷)[M]. 北京：外文出版社，2020：520.

识运动，是循着实践、认识、再实践、再认识这种形式不断反复和无限发展的；科学社会调查运动，是循着调查、实践、再调查、再实践这种形式不断反复和无限发展的。这就是说，社会调查本身不是目的，为实践服务才是目的。因此，只有推广应用做得好的社会调查成果，才是真正为人民服务的好成果。

第二节　坚持实事求是的思想路线

"实事求是"是一个古词语，经新释后成为中国共产党的思想路线和基本原则。在社会调查中，只有排除各种主客观因素干扰，才能坚持实事求是的思想路线。

一、实事求是的来源和新释

(一)实事求是的来源与演变

"实事求是"这一词语，出自《汉书·河间献王刘德传》。原文为："河间献王德以孝景前二年立，修学好古，实事求是。"这是说，刘德(公元前171—前129年，汉景帝第三子)公元前155年受封为河间(今河北河间县一带)献王(死后谥"献"，故称"献王")。他研究学问，酷好古籍，务得实事，力求真古。

西汉初年，由于秦始皇焚书坑儒，典籍很少。据史书记载，刘德为了收集古籍，不辞劳苦，奔走于洛阳、山东、河北等地。凡闻民间有善书者，就亲自前去以重金购之，并命人抄写一份留给百姓；对不愿出让的，他好言相求，从不采取强制手段。因此，贤名远扬，许多士大夫不远千里，携先祖古籍，送给刘德。不仅如此，他还组织贤士认真校勘，整理出大批正本古籍，为典籍匮乏的汉初雪中送炭。刘德整理古籍的态度极为严谨，对所得残缺不全、字异文非和不同版本者，必组织群儒研讨辨析、勘误订正，并精心校理成册。他多次应诏车载古籍入朝，汉武帝刘彻看到刘德带来这么多书籍献于朝廷，十分高兴，每次都要举行隆重接书仪式，并在"三雍宫"召见，询问有关儒学问题，刘德对答如流，论之有据。当时，各诸侯王和重臣也有献书者，但多是一些杂家所论，没什么参考和收藏价值，唯刘德所献之书多是"精品"，称得上儒家经典。因此，汉武帝对这位同父异母哥哥十分器重，多次亲自把盏钦命赐酒，奖赏金帛，一时之间刘德贤名传遍天下。后遭武帝猜疑忧郁成疾，于公元前129年逝世，年仅42岁。刘德为王二十六载，始终不卷入争夺王权的漩涡，将毕生精力投入古籍的收集与整理，深受士大夫们赞扬。班固在《汉书》中，为其专门立传，赞扬刘德的"实事求是"精神。

清乾隆、嘉靖时期(1736—1820年)，乾嘉学派提倡"实事求是之学"，是独具特点的考据学派，笃信隋唐经学家、训诂学家、历史学家颜师古(581—645年)对"实事求是"的解释："务得事实，每求真是也"。乾嘉学派的学风是：立义必凭证据，援据以古为尚，孤证不为定说，隐匿或曲解证据为不德，剿袭旧说为不德，文体贵朴实简洁，辩诘不避本师，不出本题，词旨务笃实温厚等。总体而言，既具有求真、求实之意，又具有复古、泥古之弊。

(二)实事求是的新释

毛泽东、邓小平和中国共产党人，在长期革命、建设、改革实践基础上，对“实事求是”做出了全新的马克思主义解释，从而极大丰富了实事求是的内涵。

1941年5月19日，毛泽东在延安干部会议上的报告《改造我们的学习》中指出：“‘实事’，就是客观存在着的一切事物，‘是’就是客观事物的内部联系，即规律性，‘求’就是我们去研究。”①这样就对“实事求是”这一古词作出了完全符合马克思主义认识论的全新解释，从而为中国共产党制定明确的思想路线，做好了充分的理论准备。

1943年，毛泽东给在延安的中共中央党校亲笔题写了“实事求是”四个大字，为中共中央党校指明了办学宗旨。

1978年12月13日，邓小平在《解放思想，实事求是，团结一致向前看》的讲话中指出：“目前进行的关于实践是检验真理的唯一标准问题的讨论，实际上也是要不要解放思想的争论。……一个党，一个国家，一个民族，如果一切从本本出发，思想僵化，迷信盛行，那它就不能前进，它的生机就停止了，就要亡党亡国。……从这个意义上说，关于真理标准问题的争论，的确是个思想路线问题，是个政治问题，是个关系到党和国家前途和命运的问题。”②通过实践标准问题的讨论，把“实事求是”理论与“思想路线”概念联系了起来，从而形成了完整的中国共产党的思想路线。

1981年6月27日，中国共产党第十一届中央委员会第六次全体会议通过的《关于建国以来党的若干历史问题的决议》，把“实事求是”与“群众路线”“独立自主”一起，规定为毛泽东思想的活的灵魂，并特别强调“实事求是”是毛泽东同志的“思想路线，我们党必须永远坚持”。

2017年10月24日，中国共产党第十九次全国代表大会通过的《中国共产党党章》“总纲”中，关于“党的建设必须坚决实现以下五项基本要求”的第二条规定：“坚持解放思想，实事求是，与时俱进，求真务实。党的思想路线是一切从实际出发，理论联系实际，实事求是，在实践中检验真理和发展真理。全党必须坚持这条思想路线，积极探索，大胆试验，开拓创新，创造性地开展工作，不断研究新情况，总结新经验，解决新问题，在实践中丰富和发展马克思主义，推进马克思主义中国化。”③

“实事求是”新释的历程说明，把实事求是规定为中国共产党的思想路线，实是中华优秀传统文化和马克思主义相结合的产物和典范。

二、排除各种干扰，坚持实事求是

在社会调查过程中坚持实事求是原则，经常会受到各种主客观因素的干扰。实践证明，只有排除各种主客观因素干扰，才能坚持实事求是原则。

---

① 毛泽东选集(第3卷)[M]．北京：人民出版社，1991：801.

② 邓小平文选(第2卷)[M]．北京：人民出版社，1993：143.

③ 中国共产党章程[EB/OL].[2022-11-12].http://www.12371.cn/special/zggcdzc/zggcdzcqw/.

(一)排除主观因素的干扰，努力做到几个“不唯”

1. 不“唯上”

即不能为了迎合某些领导人的意图，或迎合某些权威人士的观点，而任意选择、剪裁、歪曲客观事实。20 世纪 50 年代中后期至 70 年代中后期，有关农业合作化、人民公社化、“农业学大寨”“工业学大庆”，以及“文化大革命”等问题，在中国出版过大量著作，在报刊上刊登过大量调查报告。但是，这些著作和调查报告，大多是按照某些领导人的意图或迎合某些权威人士的观点而撰写的，大多是主观挑选资料，任意剪裁或歪曲客观事实的产物，是严重违背实事求是原则的。这一沉痛教训，必须认真汲取。

2. 不“唯书”

即不能为书本上已有结论或过时“老框框”所禁锢，而不尊重活生生的现实。中国民主革命初期，中国共产党领导层中一部分领导人把共产国际的指示或文件当做必须绝对服从的“本本”，开口闭口“拿本本”来，犯了严重的“本本主义”错误，不仅葬送了许多红军战士的宝贵生命，而且几乎断送了中国革命。中国社会主义建设初期，为苏联计划经济的模式所禁锢，几乎完全否定了市场经济和价值规律的作用，致使中国国民经济遭受严重损失。这两个时期的大量调查报告，大多犯有“唯书”——“本本主义”的严重错误。

3. 不“唯众”

即不能“随大流”，不能为多数人不符合客观实际的看法所左右。改革开放以来，随着市场经济发展，市场化成了一种潮流。于是，就出现了许多有关市场化的调查报告，包括住宅市场化、医疗市场化、教育市场化、养老市场化等方面的调查报告。这些调查报告的观点和建议，一度获得了许多人的赞同或支持，因而形成了一股不小的思想潮流。但是，实践证明，在住宅、医疗、教育、养老等基本民生问题上搞市场化，是有害的、危险的。这种“唯众”的观念和做法，实际上严重地违背了实事求是原则。

4. 不“唯己”

即不能以自己的看法为转移，害怕否定自己不符合实际的观点。无论民主革命时期，还是社会主义革命和建设时期，中国共产党人都曾犯过错误，特别是严重的“左”倾错误，都曾使中国革命和建设事业遭受过严重损失。但是，中国共产党人通过广泛、深入的调查研究，不怕否定自己制定、实施的不符合实际的方针和政策，坚决纠正了自己的错误，从而使革命和建设事业重新走上了正轨。1945 年 4 月 20 日中共六届七中全会上通过的《关于若干历史问题的决议》和 1981 年 6 月 27—29 日在中共十一届六中全会上通过的《关于建国以来党的若干历史问题的决议》，就是中国共产党不“唯己”、不护短、不遮丑，坚决纠正自己错误的最好证明。

5. 不“唯法”

即不能为已不符合实际或不利于社会发展的某些法律、法规的条款所束缚。法律是由国家制定或认可并以国家强制力实施的行为规范，任何公民都必须严格遵守。宪法是国家根本大法，拥有最高法律效力。但是，随着经济社会发展，法律的某些条款，甚至宪法的某些规定，也可能不完全符合已经变化了的客观实际，因而需要及时修订。中国现行的

《中华人民共和国宪法》(简称“八二宪法”)，就曾在 1988 年、1993 年、1999 年、2004 年、2018 年做过五次修订，其他法律更不可能凝固不变。这说明，既严格遵守宪法和法律，又不受“唯法”观念的束缚，是坚持实事求是的必然要求。

6. 不“唯洋”

即不能盲目以外国人的是非为是非，以外国人的好恶为好恶。改革开放以来，特别是加入世界贸易组织(WTO)后，“与世界接轨”“按国际规则办事”已成为许多人的口头禅。某些自觉不自觉地接受西方“精神殖民”、为“西方中心论”所迷惑的干部或学者，总认为西方的经济、政治、文化、科技最发达、最优越，西方的调查方法最科学，西方的学者水平最高，因而往往以是否符合西方的标准、是否得到西方的好评为标准，来评价中国的社会调查成果。这是违背实事求是原则的，是完全错误的。实践证明，只有从中国实际情况出发，以中国人民的实践为检验标准，才能真正做到实事求是。

总之，排除一切不符合中国实际的主观因素的干扰，是坚持实事求是原则的必然要求和基本前提。

(二)排除客观因素的干扰，主要是排除三个方面的干扰

1. 排除来自上层的干扰

实践证明，上级机关或权威人士或明或暗地“作指示”“画框框”“定调调”，是实事求是开展社会调查的最普遍、最严重的障碍。早在 1930 年，毛泽东在《反对本本主义》一文就已指出，“我们说上级领导机关的指示是正确的，决不单是因为它出于‘上级领导机关’，而是因为它的内容是适合于斗争中客观和主观情势的，是斗争所需要的。不根据实际情况进行讨论和审察，一味盲目执行，这种单纯建立在‘上级’观念上的形式主义的态度是很不对的。”“盲目地表面上完全无异议地执行上级的指示，这不是真正在执行上级的指示，这是反对上级指示或者对上级指示怠工的最妙方法”。① 如何排除来自上级机关或权威人士的干扰，是坚持实事求是原则开展社会调查的首要课题。

2. 排除来自基层的干扰

无论是党政机关干部，还是学术单位的学者，到基层做社会调查，都离不开基层行政组织(乡镇政府、村委会、居委会等)、基层企业组织(厂矿、车间等)、基层事业组织(学校、医院等)的配合与安排。实践证明，基层单位多数领导人会按照调查者的要求，做出恰当安排，并保证调查工作顺利进行。但是，基层单位也会有一些领导人，或者出于本单位利益的考虑，或者出于个人利害的权衡，往往会对社会调查对象的选择、社会调查工作的实施，做出一些有选择的安排。一般情况是，当他们感到社会调查有可能使本单位或个人获得某种好处时，就会选择一些他们认为有利的人物(如富裕者、成功人士；或贫困者、残疾人等)或处所(如现代建筑、先进设施；或破旧房屋、落后设备等)作为调查对象，并尽量提供方便，保证调查工作顺利开展，力求获得预期的好处(或奖励，或资助)。当他们感到社会调查有可能使本单位或个人利益受到损害时，或者感到社会调查对本单位

① 毛泽东. 毛泽东农村调查文集[M]. 北京：人民出版社，1982：3.

或个人利益不会发生任何作用时，就会选择一些有利于掩盖真相的人物或处所作为调查对象，并设置种种障碍，阻挡调查，应付调查，力争尽快结束调查。这说明，如何排除来自基层组织的各种干扰，化解“被调查”“被导航”；突破“假调查”“挡调查”，是坚持实事求是原则开展社会调查的重要课题。

3. 排除来自调查对象的干扰

实践证明，只要使调查对象充分认识社会调查的目的和意义，多数调查对象会按照调查者的要求回答问题，配合调查，并顺利完成调查。但是，也有一些调查对象，或者害怕利益受损，或者顾虑带来麻烦，或者不愿耽误时间，而不愿回答问题，或不真实回答问题，甚至不配合调查、不接受调查。这说明，如何排除来自调查对象的干扰，取得调查对象的信任和合作，是坚持实事求是原则开展社会调查的另一重要课题。

坚持为人民服务的根本宗旨与坚持实事求是的思想路线，是紧密联系在一起的。恩格斯曾经指出：科学越是毫无顾忌和大公无私，它就越符合工人的利益和愿望。社会调查也是如此。只有无私无畏，才能真正求实。因此，全心全意为人民服务的观点和实事求是的观点，应该成为科学社会调查的最根本的指导思想。

第三节　坚持唯物史观的基本观点

唯物史观的发现，是社会历史观领域里的伟大革命。反对唯心史观，坚持唯物史观，是科学社会调查的内在要求。

一、唯物史观是马克思的伟大发现

历史观，也称社会历史观，是人们对社会历史的根本观点、总的看法，是世界观的重要组成部分。在唯物史观(亦称“历史唯物主义”)诞生以前，人们总是用神的意志、领袖人物的思想或某种隐秘的理性，即用某种精神因素去解释历史。资产阶级的某些学者往往用“人”的思想去解释历史，这对于用神的意志去解释历史的神学观念来说，无疑是一大进步。但是，他们所理解的“人”往往是一种抽象的人，脱离了一定历史条件和社会关系的生物学意义上的人。从抽象的人出发去解释历史，就必然把历史发展和社会进步归结为人的善良天性或崇高理性，这仍然是一种唯心史观。

1883 年 3 月，恩格斯指出：“正像达尔文发现有机界的发展规律一样，马克思发现了人类历史的发展规律，即历来为繁芜丛杂的意识形态所掩盖着的一个简单事实：人们首先必须吃、喝、住、穿，然后才能从事政治、科学、艺术、宗教等；所以，直接的物质的生活资料的生产，从而一个民族或一个时代的一定的经济发展阶段，便构成基础，人们的国家设施、法的观点、艺术以至宗教观念，就是从这个基础上发展起来的，因而，也必须由这个基础来解释，而不是像过去那样做得相反。”①简言之，马克思所发现的“人类历史的发展规律”，就是历史唯物主义，即唯物史观。

① 马克思恩格斯选集(第 3 卷)[M]. 北京：人民出版社，2012：1002.

与以往一切社会历史观不同，唯物史观认为，社会历史的主体是人，但不是脱离一定历史条件、一定社会关系的纯生物学意义上的抽象的人，而是处于一定历史条件之下、一定社会关系之中的活生生的现实的人，他们的社会性质和一切活动，都取决于他们自己所处的现实的物质生活条件。与一切具体社会科学不同，唯物史观的研究对象，不是政治、经济、法律、社会、心理、教育等领域的具体社会现象及其本质和发展规律，而是从总体上、全局上研究社会的构成要素、总体结构及其发展的一般规律，其任务是为各门具体社会科学提供社会历史观和方法论。实践证明，唯物史观是马克思的伟大发现，是社会历史观领域的一场伟大变革，从此关于社会历史的各门学问才逐渐成为真正的科学。

二、科学社会调查，必须以唯物史观为指导

唯物史观的内容博大精深、极其丰富。科学的社会调查，必须自觉地以唯物史观为指导，把它贯穿于社会调查的全过程，特别是自觉地运用于社会调查的方案设计和思维加工这两个关键环节。

唯物史观的主要内容和基本观点，可简要概述于下：

(一)社会存在决定社会意识，社会意识反作用于社会存在

社会存在，是指社会物质生活条件的总和，包括地理环境、人口因素和生产方式。其中，物质资料的生产方式，是社会赖以存在和发展的基础，决定着社会的结构、性质和面貌，决定着社会历史的变化、社会形态从低级向高级的更替和发展。因此，物质资料的生产方式对社会发展起决定作用。

社会意识，有广义和狭义之分。广义的社会意识，是指社会的一切意识要素和观念形态，包括社会心理和社会意识形式；狭义的社会意识，则专指社会意识形态。社会心理，是低层次的社会意识，它表现在人们的感情、风俗、习惯、传统和社会风气之中，是对社会存在的一种自发的、零乱的、直接的、感性的反映。社会意识形式，是高层次的社会意识，它表现在政治法律思想、宗教、道德、艺术、科学、逻辑、哲学等思想体系之中，是对社会存在的一种自觉的、系统的、间接的、理性的反映。社会意识形态，是社会意识形式中与一定经济、政治直接相联系的观念、观点、概念的总和，如政治法律思想、宗教、道德、艺术、哲学等思想体系，它们是一定经济基础和政治制度的反映。在阶级社会中，社会意识形态都具有一定的阶级性。

社会存在与社会意识的相互关系问题，是社会历史观的基本问题。其中，社会存在与社会意识何者为第一性的问题，是划分唯物史观和唯心史观的根本界限。唯物史观认为，社会存在是第一性的，对社会意识具有决定作用；社会意识是第二性的，是社会存在的反映。但是，社会意识对社会存在有一定的反作用，即一定的促进或阻碍作用，在一定条件下还可以起决定作用。

科学社会调查的选题和设计，首先，要注重社会物质生活条件的研究，地理环境、人口因素和生产方式关系的研究，特别是物质资料生产方式对社会发展起决定作用的研究。其次，要注重社会精神生活的研究，社会心理和社会意识形式关系的研究，特别是社会意

识形式和社会意识形态的研究。再次，要注重社会存在与社会意识关系的研究，特别是社会意识对社会存在的反作用，以及在一定条件下决定作用的研究。科学社会调查的思维加工，更应自觉地以“社会存在决定社会意识，社会意识反作用于社会存在”等一系列观点为指导。否则，就不可能做出科学的调查结论，甚至有可能走上错误的邪路。

(二)物质资料生产是社会存在和发展的基础

人类社会的生产包括两个方面，物质资料的生产和人类自身的生产。

物质资料生产，是指劳动者按照预期目的，以一定社会经济关系联系起来，运用劳动资料将自然界物质——劳动对象，改变为适合人类需要的物质财富的活动或过程。物质资料生产，包含有三个硬件要素、两个软件要素和两个方面关系。三个硬件要素是，劳动者、劳动资料和劳动对象。两个软件要素是，科学技术和管理。两个方面关系是，人与自然界之间的关系，表现为人类征服自然、改造自然的能力，即生产力；人与人之间的关系，表现为人与人之间的经济关系和社会关系，即生产关系。

唯物史观认为，物质资料生产，是人类最基本的实践活动，是人类社会存在和发展的基础。正如马克思所说的，“人们首先必须吃、喝、住、穿，然后才能从事政治、科学、艺术、宗教等等”。① 一个时代、一个民族、一个国家的政治、法律、文化、科学、艺术、宗教等都是在一定物质资料生产、一定经济基础上发展起来的，因而，也必须由这个基础来解释，而不能相反。马克思还说，“人们在自己生活的社会生产中发生一定的、必然的、不以他们的意志为转移的关系，即同他们的物质生产力的一定发展阶段相适合的生产关系。这些生产关系的总和构成社会的经济结构”。②

科学社会调查的选题和设计，首先要关注物质资料生产的研究。特别是关注其中劳动者、劳动资料和劳动对象关系的研究；科学技术和管理关系的研究；硬件要素与软件要素关系的研究。其次要关注人与自然界关系的研究；人与人关系的研究；生产力与生产关系之间关系的研究。再次，要关注物质资料生产和人类自身生产关系的研究。只有这方面的调查研究打下了坚实基础，才能搞好其他方面的调查研究工作。科学社会调查的思维加工，应该自觉地以“物质资料生产，是社会存在和发展的基础”等一系列观点为指导。

(三)社会基本矛盾是一切社会发展的根本动力

社会基本矛盾，是指生产力和生产关系的矛盾、经济基础和上层建筑的矛盾。

生产力和生产关系的关系：一方面，生产力状况决定生产关系，决定生产关系的性质，决定生产资料所有制关系、决定人们在生产过程中的地位和作用，决定产品分配关系；生产力的发展和变化规定着生产关系的发展和变化。另一方面，生产关系对生产力具有反作用。当生产关系适合生产力发展要求时，就推动生产力发展；当生产关系不适合生产力发展要求时，就阻碍、破坏生产力发展。当生产关系与生产力矛盾发展到顶点时，就

① 马克思恩格斯选集(第3卷)[M]. 北京：人民出版社，2012：1002.

② 马克思恩格斯选集(第2卷)[M]. 北京：人民出版社，2012：2.

会改变旧生产关系，建立适合生产力发展要求的新生产关系。生产关系和生产力由适合到不适合，再到新基础上适合的过程，是循环往复、无限发展的。这就是生产力与生产关系矛盾运动的基本形式。

经济基础与上层建筑的关系：一方面，经济基础是第一性的，经济基础决定上层建筑，决定上层建筑产生，决定上层建筑性质，决定上层建筑变革；另一方面，上层建筑是第二性的，是经济基础在政治、思想上的表现，对经济基础具有反作用。当上层建筑适合经济基础发展要求时，就推动经济基础发展；当上层建筑不适合经济基础发展要求时，就阻碍、破坏经济基础发展；当上层建筑与经济基础矛盾发展到顶点时，就会改变旧上层建筑，建立适合经济基础发展要求的新上层建筑。上层建筑和经济基础由适合到不适合，再到新基础上适合的过程，是循环往复、无限发展的。这就是经济基础与上层建筑矛盾运动的基本形式。

生产力和生产关系的矛盾，经济基础和上层建筑的矛盾，是一切社会共有的矛盾。一方面，经济基础和上层建筑的矛盾受生产力和生产关系矛盾的制约；另一方面，生产力和生产关系矛盾的解决又依赖于经济基础和上层建筑矛盾的解决。这两对矛盾的联系和运动，是推动一切社会发展的根本动力。

科学的社会调查，在选题上，特别是在调查设计中，必须以社会基本矛盾理论为指导，否则就不可能获得科学的、有实践意义的调查成果。

例如，本书前言中列举的《河北盐山县150农家之经济及社会调查》，就是典型一例。该调查所记述的客观事实，对于了解20世纪20年代河北省盐山县农村经济社会情况，具有一定参考价值；其调查“结论”中关于解决人口过剩、增大农场规模、政府预防荒灾等建议，也具有参考意义。但是，从社会调查的理论基础和指导思想看，卜凯教授简单、机械搬用欧美等发达国家研究资本主义农场经济的理论和观点，来研究半殖民地半封建中国农村以自给自足为主要特征的个体小农经济，这就在总体上犯了根本性错误。从社会调查的方法看，指派一个大学生到军阀横行、封建统治的河北农村，在各种计量单位极不统一的情况下，对顾虑重重的150个农户进行调查，其真实性、准确性是很难令人放心的。从社会调查的结论看，关于解决人口过剩、增大农场规模、政府预防荒灾等建议，虽不能算错，但在当时军阀混战、兵荒马乱的华北农村，只能是“水中月、镜中花”，毫无实际意义。中国早期马克思主义农村经济学家陈翰笙1930年在《中国农村经济研究之发轫》一文中指出：“金陵大学美国教授主持之农村调查，所用表格大都不适于当地情形。不但对于各种复杂的田权及租佃制度未能详细剖析，甚至对于研究农村经济所绝不容忽视之雇佣制度、农业价格、副业收入、借贷制度等等，亦都非常忽略。由此观之，美国教授对于中国农村经济尚无深刻认识”。① 现在看来，卜凯的调查起码存在三大问题：一是调查设计上，完全回避了生产力与生产关系这一社会基本矛盾；二是调查内容上，简单照搬欧美研究资本主义农场经济的指标来调查自给自足的个体小农经济；三是调查方法上，主持人不参与调查，仅凭一个“本科三年级生”“亲自查填150份”“周年出入调查表”，就做出结论、提出建

① 汪熙，杨小佛. 陈翰笙文集[M]. 上海：复旦大学出版社，1985：34.

议。这样的所谓“调查”，不仅毫无科学性可言，而且其真实性、可靠性也非常令人怀疑！

(四)在阶级社会，阶级斗争是社会发展的直接动力

列宁说：“所谓阶级，就是这样一些大的集团，这些集团在历史上一定的社会生产体系中所处的地位不同，同生产资料的关系(这种关系大部分是在法律上明文规定了的)不同，在社会劳动组织中所起的作用不同，因而取得归自己支配的那份社会财富的方式和多寡也不同。所谓阶级，就是这样一些集团，由于它们在一定社会经济结构中所处的地位不同，其中一个集团能够占有另一个集团的劳动”。① 所谓阶级斗争，是指根本利益对立阶级之间的对立和斗争，它是解决对立阶级之间矛盾的基本手段或方法。所谓阶级分析方法，是指运用阶级和阶级斗争理论，去观察和分析社会现象的思维方法。

在阶级社会里，一般是被统治者代表生产力，中层统治者代表生产关系，高层统治者代表上层建筑。因此，在阶级社会里，生产力和生产关系的矛盾，经济基础和上层建筑的矛盾，必然表现为阶级矛盾和斗争。阶级矛盾与斗争的实质，是经济、政治、社会资源的分配或再分配。阶级斗争的形式或手段多种多样，有经济的、政治的、法律的、伦理的、军事的，等等，其中经济斗争、政治斗争、思想斗争是三种基本形式，军事斗争和暴力革命是阶级斗争的最高形式。

在奴隶社会、封建社会和资本主义社会初期，生产力和生产关系、经济基础和上层建筑基本相适应时，阶级矛盾与斗争一般是通过经济、政治、法律、思想等手段进行；而当生产关系严重阻碍生产力发展、上层建筑严重压制经济基础变革时，阶级矛盾和斗争就日趋激化，最终往往通过暴力革命手段推翻旧的上层建筑、变革旧的生产关系，从而推动整个社会的变革与发展。这就是说，革命阶级的阶级斗争，是推动社会发展的直接动力。

科学的社会调查，如果选择阶级社会里的选题，其调查设计和思维加工就必须以唯物史观的阶级和阶级斗争理论为指导，否则就不可能获得科学的、有实践意义的调查成果。

例如，本书前言中列举的《定县社会概况调查》，就是典型一例。该调查由中华平民教育促进会社会调查部主任李景汉(1895—1986年)教授主持，他在1928—1932年运用西方近代社会调查方法在河北省定县组织全面调查，1933年由中华平民教育促进会出版。调查报告共17章，包括地理、历史、县政府及地方团体、人口、教育、康健与卫生、农民生活费、乡村娱乐、乡村风俗与习惯、信仰、赋税、县财政、农业、工商业、农村信贷、灾荒、兵灾等方面，全书828页，约83万字，68张照片、12幅地图和314个表格，资料相当丰富，具有重要参考价值，被当时学术界称为“中国农村社会生活的百科全书”。

《定县社会概况调查》“序言”第一段说：“中华平民教育促进会运动的目标是要在生活的基础上，谋全民生活的基本建设，解决生活的问题。根据中国社会的事实，深知‘愚’‘穷’‘弱’‘私’为人民生活上之基本缺点；因此主张四大教育，即以文艺教育救愚，以生计教育救穷，以卫生教育救弱，以公民教育救私。平民教育工作……的方案必须以事实为根据，而事实的根据必须以实地社会调查的结果为材料。……因此本会对于社会调查甚为

① 列宁选集(第4卷)[M]. 北京：人民出版社，1995：11.

注意；并认清中国的基础是农村，所以特别注重农民的教育与农村的建设，遂选定县为实验区"。第二段说："定县实验区的社会调查工作……要以有系统的科学方法，实地调查定县一切社会情况，特别注意愚，穷，弱，私，四种现象。……发见愚，穷，弱，私现象之原因，试下相当的结论。然后将根据……结论及建议，分别供给本会……负责者，使他们计划实验或推行工作时有参考之材料及可靠之根据。……因此本会之调查工作不是纯为学理的研究，所谓'为调查而调查'，乃是为实用而调查，为随时应付本会之需要而调查。"①

这里有两点值得充分肯定：一是"运动的目标"，"要在生活的基础上，谋全民生活的基本建设，解决生活的问题"；二是调查的性质，"不是纯为学理的研究，所谓'为调查而调查'，乃是为实用而调查"。

但是，有三点需要质疑：一是，"根据中国社会的事实，深知'愚''穷''弱''私'为人民生活上之基本缺点"。在调查之前，怎么就"深知'愚''穷''弱''私'为人民生活上之基本缺点"？二是，"主张四大教育，即以文艺教育救愚，以生计教育救穷，以卫生教育救弱，以公民教育救私"。尚未在调查基础上开展研究，怎么就提出了"四大教育"的"主张"？三是，"要以有系统的科学方法，实地调查定县一切社会情况，特别注意愚，穷，弱，私，四种现象"。尚未开展调查，怎么就规定"特别注意愚，穷，弱，私，四种现象"？显然，这是带着两个框框去调查的：一个框框是，"'愚''穷''弱''私'为人民生活上之基本缺点"；另一个框框是，"中华平民教育促进会"的"教育救国论"。这就从根本上违背了社会调查的基本原则：实事求是。

定县"人民"主要是农民。在《定县社会概况调查》里，农民是"'愚''穷''弱''私'"的"可怜虫"。而在此前的2~8年，毛泽东已指出："工业无产阶级是我们革命的领导力量。一切半无产阶级、小资产阶级，是我们最接近的朋友"。② 农民的运动是一股强大的革命力量。"一切帝国主义、军阀、贪官污吏、土豪劣绅，都将被他们葬入坟墓"；"一切革命同志须知：国民革命需要一个大的农村变动。辛亥革命没有这个变动，所以失败了。现在有了这个变动，乃是革命完成的重要因素"。贫农"是农民协会的中坚，打倒封建势力的先锋，成就那多年未曾成就的革命大业的元勋"。③ 弄清楚了"一方面以百分之六的人口(指地主、富农——引者注，下同)占有土地百分之八十，另方面以百分之八十的人口(指中农、贫农)则仅占有土地百分之二十。因此得出的结论，只有两个字：革命"。④ 多么鲜明的对比啊！前者，看到的是"'愚''穷''弱''私'为人民生活上之基本缺点"；后者，看到的是"一切半无产阶级、小资产阶级，是我们最接近的朋友"，贫农"是农民协会的中坚，打倒封建势力的先锋，成就那多年未曾成就的革命大业的元勋"。前者，得出的结论是两个字：教育；后者，得出的结论也是两个字：革命。他们的区别，不是方法或技

① 李景汉. 定县社会概况调查[M]. 北京：中国人民大学出版社，1986：1.

② 毛泽东选集(第1卷)[M]. 北京：人民出版社，1991：9.

③ 毛泽东选集(第1卷)[M]. 北京：人民出版社，1991：16、21.

④ 毛泽东. 毛泽东农村调查文集[M]. 北京：人民出版社，1982：26.

术的不同，而是指导思想的根本差异——前者以西方实证主义为指导思想，后者则以马克思主义唯物史观的阶级斗争理论为指导思想。

20世纪二三十年代，晏阳初(1890—1990年)领导的中华平民教育促进会，梁漱溟(1893—1988年)领导的邹平乡村建设运动，都是为了解决中国的“三农”问题，其出发点都是好的。但是，他们没有以阶级和阶级斗争理论作指导，因而在旧中国不仅不可能从根本上解决“三农”问题，而且都没有能坚持下去，不久就偃息旗鼓，被迫终止了。

(五)人民群众是历史的创造者

谁是历史的创造者？在唯物史观发现和创立之前，英雄史观在人类史及其思想史领域，一直占据着绝对统治地位。一部人类史及其思想史，基本上就是帝王将相史、英雄豪杰史，人民群众没有立足之地。

唯物史观认为，物质资料的生产，是社会存在和发展的基础。它的逻辑结论必然是，物质资料的生产者——人民群众，是社会存在和发展的决定性力量。可以说，唯物史观的发现和创立，第一次科学地解决了历史创造者的问题。

人民群众是历史的创造者，有几层含义：一是，人民群众是物质财富的创造者；二是，人民群众是精神财富的创造者；三是，人民群众是社会变革的决定力量。根据这一原理，就要高度重视人民群众的作用，一切从群众中来、到群众中去，坚持为人民服务，把人民群众的根本利益作为一切工作的出发点和归宿点。

坚持人民群众是历史创造者原理，应该注意两个问题：

第一，人民群众创造历史的社会制约性。人民群众创造历史，不是随心所欲地创造历史，而是在既定的、从过去继承下来的经济条件、政治条件、文化条件、社会条件、生态条件下创造历史。因此，正确认识创造历史的社会制约性，从过去继承下来的经济、政治、文化、社会、生态条件的实际情况出发去创造历史，就成为人民群众创造历史活动成败的关键。

第二，人民群众创造历史与杰出人物作用的辩证统一性。唯物史观强调人民群众是历史的创造者，但不否认甚至非常重视杰出人物在历史发展中的作用。因为杰出人物往往是历史事件的发现者、倡导者、领导者，对历史事件的发展过程及其结果产生巨大的影响。因此，必须把人民群众创造历史与杰出人物作用辩证统一起来，正确评价杰出人物的重要作用。

科学的社会调查，首先要关注人民群众创造历史方面的选题；其次也要关注杰出人物在历史上重要作用的选题。在选题设计和思维加工中，既要兼顾人民群众创造历史和创造历史社会制约性这两个方面；又要兼顾人民群众创造历史与杰出人物重要作用这两个方面。只有如此，才能得出科学的社会调查结论。

(六)科学技术是社会发展的重要推动力

科学技术，是科学和技术的统称。科学和技术，既有联系，又有区别。科学是系统化、理论化的知识体系，它回答“是什么”“为什么”的理论性问题；技术是改造自然和社会的知识、经验、技巧、手段的总和，它回答“如何做”“怎么办”的操作性问题。科学和技术的发展，是相互联系、相互促进的。

科学技术，有多种多样的功能：有认识功能，可开阔视野，增长知识；有经济功能，可发展生产力，改变经济结构；有政治功能，可扩大政治影响，促进政治变革；有军事功能，可提高战斗力，改革军事结构；有文化功能，可丰富文化形式，开拓新的领域；有社会功能，可改变生活方式，促进社会变革；有生态功能，可监控生态现状，改善生态环境。一句话，科学技术是第一生产力，是社会发展的重要推动力。

但是，科学技术不可能单独地、孤立地发挥作用，其作用的发挥有很大的社会制约性。实践证明，科学技术只有与生产力要素相联系，只有以一定生产关系为基础，只有在上层建筑各种因素的支持下，才能发挥推动社会发展的作用。因此，坚持科学技术是社会发展推动力原理，必须反对“科学技术决定论”。

科学社会调查的选题、设计和思维加工，一方面，要注意突出科学技术是社会发展重要推动力的内容，另一方面，要阐明科学技术发挥作用的各种社会制约因素，并坚决摒弃“科学技术决定论”的影响。只有如此选题、设计和思维加工，才能得出科学的结论。

(七)人的本质是一切社会关系的总和

什么是人的本质？所谓本质，是指事物的根本性质。人的本质，则是指人的根本性质，即人与物的根本区别，主要是指人与动物的根本区别。

历史上，对于人的本质有许多不同的看法。有的强调感情因素，说人是感性的动物；有的强调理性因素，说人是理性的动物；有的认为，人的本质在于心，而心是知情意(知识、情感、意志)的结合。一句话，人的本质在于精神。此外，有的强调政治因素，说人是政治的动物；有的强调道德因素，说人是性善(或性恶)的动物，等等。所有这些观点，都是片面的、唯心主义的。

马克思在《关于费尔巴哈的提纲》中指出：“人的本质并不是单个人所固有的抽象物。在其现实性上，它是一切社会关系的总和”。① 这有两层含义：

一是，费尔巴哈及其以前的哲学家，把人的本质归结为“单个人所固有的抽象物”。认为人的本质只存在于人所固有的抽象之中，即脱离人所在的社会历史条件和现实的社会关系，把人看作是纯生物学意义上的人，这是不正确的。

二是，马克思认为，人的本质“在其现实性上，它是一切社会关系的总和”。② 这就是说，在现实中，每一个人出生后就处于与生俱来的、既定的、独有的历史条件之中；每一个人都不可避免地与周围的人发生各种各样的社会关系——地域关系、邻里关系、经济关系、政治关系、文化关系、职业关系、思想关系，等等；每一个人都生活在一个错综复杂的、独有的社会关系网之中，每时每刻、潜移默化地受到它的熏陶和影响，从而形成其独有的社会本质。因此，每一个人的社会本质，是每一个人所独有的“一切社会关系的总和”。

① 马克思恩格斯选集(第1卷)[M]. 北京：人民出版社，2012：135.

② 马克思恩格斯选集(第1卷)[M]. 北京：人民出版社，2012：135.

为什么各级各类行政、企业、事业单位招聘工作人员时，大多要应聘者填写各种“登记表”“履历表”？因为，“登记表”中的每一个项目，如性别、年龄、出生地、居住地、文化程度、婚姻状态，等等；“履历表”中的每一项内容，如何时何地从事何种工作，曾任职务，现有职称，曾获何种奖励，受过何种处分等，它们实际上都是一种历史条件或社会关系。如果招聘者设计的项目是全面的，应聘者的填写是真实的，那么通过“登记表”“履历表”所记载的历史条件或社会关系的总和，就可对应聘者的社会本质做出大体的、初步的判断。

科学的社会调查，如果研究某类人的社会本质，就应该在调查选题、设计和思维加工中，着重在这类人“一切社会关系的总和”的特点上下功夫、做文章。只要抓住、抓好了这个重点，就一定会取得好的调查成果。

(八)社会发展、社会进步及其衡量标准

马克思说：“社会经济形态的发展是一种自然历史过程”。① 人类社会发展与自然界发展一样，是一个不以人的意志为转移的客观的必然的过程。但是，社会是由人构成的，人是自觉活动的主体，人民群众是历史的创造者。因此，人类社会的发展，是自然历史过程与人的自觉创造过程的统一，是客观规律性与人的自觉活动的统一，是客观决定性与主体选择性的统一。

社会进步，是对社会前进发展的概括。一方面，生产力是生产方式中最活跃、最革命的因素，是社会发展的最终决定力量。生产力标准是衡量社会进步的根本标准。另一方面，人是社会的主体，是社会进步的推动者，社会历史的创造者。马克思所说的“每个人的全面而自由的发展”，是评价社会进步的最高标准。生产力发展所创造的物质财富，是人的全面而自由发展的物质基础；而人的全面而自由发展是生产力发展的根本目的，它们两者的统一是衡量社会进步的最终标准。

科学的社会调查，在调查选题、调查设计和思维加工中，应该高度重视社会发展是客观规律性与人的自觉活动的统一，是客观决定性与主体选择性的统一这两个方面。在衡量社会进步方面，既要坚持生产力这一根本标准，又要坚持人的全面而自由发展这一最高标准，并努力把这两者有机地统一起来。只有如此，才能科学说明社会发展和社会进步。

① 马克思. 资本论(第 1 卷)[M]. 北京：人民出版社，1975：1.

第八章　社会调查的原则和作风

社会调查是一种认识社会、改造社会的自觉活动，它不仅涉及调查者与被调查者及其所在的单位或社区，而且涉及调查结果所影响的各个方面。

为了保证社会调查工作的顺利进行和社会调查结果的正确应用，社会调查必须遵守一些基本原则，树立良好的作风。

第一节　社会调查的基本原则

社会调查必须遵循三个方面的原则，即政治原则、法律原则和道德原则。

一、政治原则

（一）坚持中国共产党领导

习近平指出："中国共产党领导是中国特色社会主义最本质的特征，是中国特色社会主义制度的最大优势。"①它揭示了中国共产党领导与中国特色社会主义、中国特色社会主义制度之间内在的、不可分割的联系。在中国，围绕中国特色社会主义建设事业进行社会调查，就必须坚持中国共产党领导。

首先，必须坚持中国共产党在政治上、思想上的领导。主要是坚持中国共产党基本理论、基本路线、基本方略的领导。

中国共产党的基本理论是：以马克思列宁主义、毛泽东思想、邓小平理论、"三个代表"重要思想、科学发展观、习近平新时代中国特色社会主义思想作为自己的行动指南。

中国共产党在社会主义初级阶段的基本路线是：领导和团结全国各族人民，以经济建设为中心，坚持四项基本原则，坚持改革开放，自力更生，艰苦创业，为把我国建设成为富强民主文明和谐美丽的社会主义现代化强国而奋斗。

中国共产党在社会主义初级阶段的基本方略是：坚持党对一切工作的领导，坚持以人民为中心，坚持全面深化改革，坚持新发展理念，坚持人民当家作主，坚持全面依法治国，坚持社会主义核心价值体系，坚持在发展中保障和改善民生，坚持人与自然和谐共生，坚持总体国家安全观，坚持党对人民军队的绝对领导，坚持"一国两制"和推进祖国

---

① 习近平. 习近平谈治国理政(第三卷)[M]. 北京：外文出版社，2020：181.

统一，坚持推动构建人类命运共同体，坚持全面从严治党。

中国共产党的基本理论、基本路线、基本方略，是在带领中国人民推进改革开放进程中形成的，是经过党的十九大凝练概括与深刻阐述而得到极大升华的，它应该成为我们政治、思想前进的方向。

其次，必须坚持中国共产党在组织上、工作上的领导。

据统计，截至 2021 年年底，中国共产党组织遍及全国省、地(市)、县(市)、乡(镇)、村五级行政单位，以及各级各类企业、事业单位，共有基层组织 493.6 万个；中国共产党党员 9671.2 万名。实践证明，中国共产党是全中国，乃至全世界组织最严密、规模最庞大、党员人数最多、执行力最强的政党。

在社会调查过程中坚持中国共产党领导，就应该在社会调查的全部流程——从选题，到设计、调查、研究、成果应用等各个方面，力求体现中国共产党的基本理论、基本路线或基本方略。在组织社会调查队伍、安排社会调查工作等方面，应尽可能争取当时当地中国共产党组织、中国共产党党员的支持和帮助。实践证明，这是社会调查成败的首要关键。

(二)坚持马克思主义

马克思主义，是由马克思主义哲学、政治经济学和科学社会主义三大部分组成的，是关于全世界无产阶级和全人类彻底解放的学说。

毛泽东思想，是马克思主义与中国革命实践相结合的产物；邓小平理论、“三个代表”重要思想、科学发展观，是马克思主义与中国改革开放实践相结合的产物；习近平新时代中国特色社会主义思想，是马克思主义与新时代中国特色社会主义建设实践相结合的产物。概而言之，毛泽东思想、邓小平理论、“三个代表”重要思想、科学发展观、习近平新时代中国特色社会主义思想，是马克思主义与中国革命、改革、建设实践相结合的产物，是中国化的马克思主义。

在社会调查过程中坚持马克思主义，就应该在社会调查的全部流程——从选题，到设计、调查、研究、成果应用等各个方面，自觉地以马克思主义和中国化的马克思主义，特别是以马克思主义哲学(包括辩证唯物论、唯物辩证法、辩证唯物主义认识论、唯物史观)，作为最基本的理论基础和指导思想。实践证明，这是社会调查得出科学结论的根本保证。

(三)坚持人民民主专政

人民民主专政，是指工人阶级(通过中国共产党)领导的，以工农联盟为基础的，对人民实行民主和对敌人实行专政的国家制度，它是以毛泽东为代表的中国共产党人把马克思列宁主义关于无产阶级专政理论同中国实际情况相结合而创建的适合中国国情和革命传统的政权形式。

中国共产党领导的人民民主政权，在人民内部实行民主，逐步扩大社会主义民主，发展社会主义民主政治，对敌对势力和犯罪分子实行专政。

在社会调查过程中坚持人民民主专政，就应该在社会调查的全部流程——从选题，到设计、调查、研究、成果应用等各个方面，一方面，对人民群众充分发扬民主，最大限度地依靠人民群众开展社会调查的各项工作；另一方面，对敌对势力和犯罪分子，包括帝国主义、霸权主义以及它们的走狗、汉奸，各种分裂分子、暴恐分子的干扰和破坏，保持高度警惕和坚决回击。

（四）坚持中国特色社会主义道路

中国特色社会主义道路，就是在中国共产党领导下，立足中国国情，以经济建设为中心，坚持四项基本原则，坚持改革开放，解放和发展社会生产力，建设社会主义市场经济、社会主义民主政治、社会主义先进文化、社会主义和谐社会、社会主义生态文明，促进人的全面发展，逐步实现全体人民共同富裕，建设富强、民主、文明、和谐、美丽的社会主义现代化强国，实现中华民族伟大复兴。

在社会调查过程中坚持中国特色社会主义道路，就应该在社会调查的全部流程——从选题，到设计、调查、研究、成果应用等各个方面，围绕建设社会主义市场经济、社会主义民主政治、社会主义先进文化、社会主义和谐社会、社会主义生态文明，为把中国建设成为富强、民主、文明、和谐、美丽的社会主义现代化强国，实现中华民族伟大复兴，作出贡献。

（五）坚持改革开放

改革，是指对内改革，就是在坚持社会主义制度的前提下，自觉地调整和改革生产关系与生产力之间不相适应的方面和环节；自觉地调整和改革上层建筑与经济基础之间不相适应的方面和环节，以促进生产力的发展、经济基础的完善和上层建筑各项事业的进步，更好地实现广大人民群众的根本利益。开放，是指对外开放，包括对外资的准入、对国外知识产权的保护和合作、对国外商品和服务的进口、对国际宏观经济政策的协调和落实等。改革开放是一场广泛而深刻的社会变革，它必然会引起政治、经济、思想、文化、科技、教育等各个领域的深刻变化，并触及社会生活的各个方面。

在社会调查过程中坚持改革开放，就应该在社会调查的全部流程——从选题，到设计、调查、研究、成果应用等各个方面，围绕改革和开放的各个方面，坚持解放思想、实事求是、与时俱进、求真务实；坚持以经济建设为中心，解放和发展生产力；坚持中国特色政治发展道路，深化政治体制改革；坚持发展先进文化，加强社会主义精神文明建设；坚持在发展中保障和改善民生，改善人民生活；坚持保护环境和节约资源，推进生态文明建设；坚持加强和改善党的领导，保持党的先进性和纯洁性等各个方面，作出贡献。

二、法律原则

社会调查必然涉及各类社会群体，涉及社会生活的各个方面。为了保证社会调查的顺利进行，在社会调查过程中必须遵守下列法律原则。

（一）必须遵守《中华人民共和国宪法》的有关原则

《中华人民共和国宪法》是国家根本大法，是一切工作必须遵守的行为规范。社会调查的一切活动，都必须严格遵守宪法的有关原则。《中华人民共和国宪法》“第二章　公民的基本权利与义务”中明确规定：“中华人民共和国公民在法律面前一律平等”；“中华人民共和国公民有言论、出版、集会、结社、游行、示威的自由”；“中华人民共和国公民的人身自由不受侵犯”；“中华人民共和国公民的人格尊严不受侵犯”；“中华人民共和国公民的住宅不受侵犯”；“中华人民共和国公民的通信自由和通信秘密受法律的保护”；“中华人民共和国公民对于任何国家机关和国家工作人员，有提出批评和建议的权利”；“中华人民共和国劳动者有休息的权利”，等等。在社会调查中，一切与被调查者之间的互动，都必须严格遵守这些规定，都必须使这些规定成为所有调查工作人员的行为准则。

（二）必须遵守《中华人民共和国民法典》的有关原则

《中华人民共和国民法典》是“调整平等主体的公民之间、法人之间、公民和法人之间的财产关系和人身关系”的法律规范的总称。它包括民法总则、民法通则、物权法、合同法、担保法、侵权责任法、婚姻法、继承法、消费者权益保护法等法律。《中华人民共和国民法总则》中关于“民事主体的人身权利、财产权利以及其他合法权益受法律保护，任何组织或者个人不得侵犯”；“民事主体在民事活动中的法律地位一律平等”；“民事主体从事民事活动，应当遵循自愿原则，按照自己的意思设立、变更、终止民事法律关系”；“民事主体从事民事活动，应当遵循公平原则，合理确定各方的权利和义务”；“民事主体从事民事活动，应当遵循诚信原则，秉持诚实，恪守承诺”；“民事主体从事民事活动，不得违反法律，不得违背公序良俗”；“民事主体从事民事活动，应当有利于节约资源、保护生态环境”；“处理民事纠纷，应当依照法律；法律没有规定的，可以适用习惯，但是不得违背公序良俗”等规定，以及民法通则、物权法、合同法、担保法、侵权责任法、婚姻法、继承法、消费者权益保护法等的许多内容，往往都与社会调查有关。可以说，《中华人民共和国民法典》是社会调查过程中涉及最多的法律，应该严格遵守其中涉及公民个人和法人，涉及人身和财产关系的有关原则和规定。

（三）必须遵守《中华人民共和国妇女权益保障法》的有关原则

《中华人民共和国妇女权益保障法》规定：“男女平等是国家的基本国策。妇女在政治的、经济的、文化的、社会的和家庭的生活等各方面享有同男子平等的权利。国家采取必要措施，促进男女平等，消除对妇女一切形式的歧视，禁止排斥、限制妇女依法享有和行使各项权益。”国家保护妇女依法享有的权益，包括政治权利，人身和人格权益，文化教育权益，劳动和社会保障权益，财产权益，婚姻家庭权益，救济权益，以及妇女特殊权益等各个方面。在社会调查中，对于一切涉及妇女的问题，都必须严格遵守《中华人民共和国妇女权益保障法》的有关原则和规定。

（四）必须遵守《中华人民共和国未成年人保护法》的有关原则

《中华人民共和国未成年人保护法》规定：“本法所称未成年人是指未满十八周岁的公民”；“国家保护未成年人的生存权、发展权、受保护权、参与权等权利。未成年人依法平等地享有各项权利，不因本人及其父母或者其他监护人的民族、种族、性别、户籍、职业、宗教信仰、教育程度、家庭状况、身心健康状况等受到歧视”；“保护未成年人，应当坚持最有利于未成年人的原则。处理涉及未成年人事项，应当符合下列要求：（一）给予未成年人特殊、优先保护；（二）尊重未成年人人格尊严；（三）保护未成年人隐私权和个人信息；（四）适应未成年人身心健康发展的规律和特点；（五）听取未成年人的意见；（六）保护与教育相结合”等。在社会调查中，对于一切涉及未成年人的问题，都必须严格遵守《中华人民共和国未成年人保护法》的有关原则和规定。

（五）必须遵守《中华人民共和国老年人权益保障法》的有关原则

《中华人民共和国老年人权益保障法》规定：“本法所称老年人是指六十周岁以上的公民”；“国家保障老年人依法享有的权益。老年人有从国家和社会获得物质帮助的权利，有享受社会服务和社会优待的权利，有参与社会发展和共享发展成果的权利。禁止歧视、侮辱、虐待或者遗弃老年人”；“国家和社会应当采取措施，健全保障老年人权益的各项制度，逐步改善保障老年人生活、健康、安全以及参与社会发展的条件，实现老有所养、老有所医、老有所为、老有所学、老有所乐”；“国家建立和完善以居家为基础、社区为依托、机构为支撑的社会养老服务体系。倡导全社会优待老年人”；“赡养人应当履行对老年人经济上供养、生活上照料和精神上慰藉的义务，照顾老年人的特殊需要”；“老年人的婚姻自由受法律保护。子女或者其他亲属不得干涉老年人离婚、再婚及婚后的生活”；“老年人对个人的财产，依法享有占有、使用、收益和处分的权利，子女或者其他亲属不得干涉，不得以窃取、骗取、强行索取等方式侵犯老年人的财产权益”，等等。在社会调查中，对于一切涉及老年人的问题，都必须严格遵守《中华人民共和国老年人权益保障法》的有关原则和规定。

（六）必须遵守《中华人民共和国残疾人保障法》的有关原则

《中华人民共和国残疾人保障法》规定：“残疾人是指在心理、生理、人体结构上，某种组织、功能丧失或者不正常，全部或者部分丧失以正常方式从事某种活动能力的人。残疾人包括视力残疾、听力残疾、言语残疾、肢体残疾、智力残疾、精神残疾、多重残疾和其他残疾的人”；“残疾人在政治、经济、文化、社会和家庭生活等方面享有同其他公民平等的权利。残疾人的公民权利和人格尊严受法律保护。禁止基于残疾的歧视。禁止侮辱、侵害残疾人”；“全社会应当发扬人道主义精神，理解、尊重、关心、帮助残疾人，支持残疾人事业”；“残疾人的扶养人必须对残疾人履行扶养义务。残疾人的监护人必须履行监护职责，尊重被监护人的意愿，维护被监护人的合法权益。残疾人的亲属、监护人应当鼓励和帮助残疾人增强自立能力。禁止对残疾人实施家庭暴力，禁止虐待、遗弃残疾”；“国家保障残疾人享有平等接受教育的权利”；“国家保障残疾人劳动的权利”；“国家保障残疾人享有平等参与文化生活的权利”；“国家保障残疾人享有各项社会保障的权利”，等等。在社会调查中，对于一切涉及残疾人的问题，都必须严格遵守《中华人民共和国残疾人保障法》的有关原则和规定。

（七）必须遵守《中华人民共和国民族区域自治法》的有关原则

《中华人民共和国民族区域自治法》规定：“民族区域自治……是国家的一项基本政治制度”；“民族区域自治是在国家统一领导下，各少数民族聚居的地方实行区域自治，设立自治机关，行使自治权”；“坚持实行民族区域自治，必须切实保障民族自治地方根据本地实际情况贯彻执行国家的法律和政策；必须大量培养少数民族的各级干部、各种专业人才和技术工人……必须发扬自力更生、艰苦奋斗精神，努力发展本地方的社会主义建设事业，为国家建设作出贡献……在维护民族团结的斗争中，要反对大民族主义，主要是大汉族主义，也要反对地方民族主义”；“民族自治地方的自治机关要把国家的整体利益放在首位，积极完成上级国家机关交给的各项任务”；“上级国家机关和民族自治地方的自治机关维护和发展各民族的平等、团结、互助的社会主义民族关系。禁止对任何民族的歧视和压迫。禁止破坏民族团结和制造民族分裂的行为”；“民族自治地方的自治机关保障本地方各民族都有使用和发展自己的语言文字的自由，都有保持或者改革自己的风俗习惯的自由”；“民族自治地方的自治机关保障各民族公民有宗教信仰自由。任何国家机关、社会团体和个人不得强制公民信仰宗教或者不信仰宗教，不得歧视信仰宗教的公民和不信仰宗教的公民。国家保护正常的宗教活动。任何人不得利用宗教进行破坏社会秩序、损害公民身体健康、妨碍国家教育制度的活动。宗教团体和宗教事务不受外国势力的支配”，等等。在社会调查中，对于一切涉及民族区域自治的问题，都必须严格遵守《中华人民共和国民族区域自治法》的有关原则和规定。

（八）必须遵守知识产权法的有关原则

知识产权法，是指因调整知识产权的归属、行使、管理和保护等活动中产生的社会关系的法律规范的总称。按《中华人民共和国民法通则》第五章第三节所列，知识产权包括商标权、专利权、著作权、发现权、发明权，以及其他科技成果权等。其中，尤以著作权与社会调查的联系最为密切。

《中华人民共和国著作权法》：“第二条中国公民、法人或者非法人组织的作品，不论是否发表，依照本法享有著作权。外国人、无国籍人的作品根据其作者所属国或者经常居住地国同中国签订的协议或者共同参加的国际条约享有的著作权，受本法保护。外国人、无国籍人的作品首先在中国境内出版的，依照本法享有著作权。未与中国签订协议或者共同参加国际条约的国家的作者以及无国籍人的作品首次在中国参加的国际条约的成员国出版的，或者在成员国和非成员国同时出版的，受本法保护。”“第三条本法所称的作品，是指文学、艺术和科学领域内具有独创性并能以一定形式表现的智力成果，包括：（一）文字作品；（二）口述作品；（三）音乐、戏剧、曲艺、舞蹈、杂技艺术作品；（四）美术、建筑作品；（五）摄影作品；（六）视听作品；（七）工程设计图、产品设计图、地图、示意图等图形作品和模型作品；（八）计算机软件；（九）符合作品特征的其他智力成果。”

在社会调查中，一切涉及《中华人民共和国著作权法》和知识产权法的问题，都必须严格遵守《中华人民共和国著作权法》和《中华人民共和国知识产权法》的有关原则和规定。

此外，在社会调查中还应该遵照有关法律的规定，尊重调查对象的生命权、财产权、姓名权、名誉权、肖像权、隐私权、人格尊严、宗教信仰自由，以及有关少数民族的各项合法权利和自由，而不能有任何违法行为；在与调查对象的互动中，还要严格遵守自愿、知情、无害、匿名、保密等原则。

三、道德原则

社会调查必须遵循的道德原则是：

（一）爱岗敬业

社会调查工作者，要热爱调查工作岗位，敬重社会调查事业，这是做好社会调查工作的基础。对社会调查事业来说，要做到爱岗敬业，首先，要认识社会调查的意义；其次，要牢记社会调查的目的；再次，要明确社会调查的责任，最后，要提高社会调查的技能。只有认识充分，目的清晰，责任明确，技能高强，才能做好社会调查工作。

（二）恭敬严肃

《尚书·洪范》“敬用五事”中的第一条，就是“貌”，即对待调查对象要有礼貌。它还指出“貌曰恭”“恭作肃”。在社会调查中，调查者对调查对象必须有礼貌，即恭敬、严肃。只有如此，调查对象才会认真、严肃地回答问题，才能达到调查目的。

（三）平等相待

平等是指社会主体在社会关系、社会生活中受到同等对待。在社会调查中，调查对象在性别、年龄、经济、政治、职业、民族、生活等方面往往存在着一定差异，调查者必须平等相待。它包括：人格上的平等对待，不应有任何歧视；权利上的平等对待，不应厚此薄彼；机会上的平等对待，不应另眼相看。只有这样，才有可能同调查对象积极合作。

（四）诚实守信

诚实，就是诚恳实在，言行一致，表里如一，以诚相待；守信，就是遵守信约，讲信誉，重信用，忠实履行自己承担的义务。在社会调查中，调查者必须诚实守信。对自己，要言行一致，光明磊落，说老实话，办老实事，做老实人。对他人，要表里如一，以诚相待，开诚布公，不隐瞒，不欺骗。只有如此，才能获得调查对象的信任、尊重和合作。

（五）团结友善

团结，是由多种因素聚集起来的一种精神；友善，是人与人之间的亲近和睦。团结友善是成功的基石。在社会调查中，对每一个调查者和调查对象，都应千方百计地去团结，尽可能地友善对待。要做到团结友善，就必须严于律已、宽于待人，设身处地、将心比心，“己所不欲，勿施于人”。只有这样，才能使调查者与调查对象密切合作，共同完成调查任务。

第二节　社会调查的工作作风

工作作风，是人们在工作中体现出来的比较稳定的精神状态和行为特征，是贯穿于工作过程中的一贯风格。它是人的社会本质及其品格的外在表现。

社会调查是一项艰苦、复杂的社会工作。为了保证社会调查的方向正确，工作顺利，成果丰硕，应用有效，就必须培养和树立一套优良的工作作风。

一、深入基层，接地气

社会调查，必须深入基层。毛泽东说：“要做这件事，第一是眼睛向下，不要只是昂首望天。没有眼睛向下的兴趣和决心，是一辈子也不会真正懂得中国的事情的”。① “眼睛向下”，下到何处？下到“基层”，即社会组织的最底层，如农村的村组，工厂的车间，学校的班级，医院的科室，等等。

汉代王充《论衡》曰：“知屋漏者在宇下，知政失者在草野。”为何要下到基层？这是因为，基层是人民群众劳动、工作、生活的底层，是社会生活最活跃、最新鲜的地方，是社会现象最真实、最具体的地方，是社会问题最突出、最集中的地方，是最容易接近人民群众的地方。深入基层，就是深入群众。邓小平说：“离开群众经验和群众意见的调查研究，那么，任何天才的领导者也不可能进行正确的领导”。② 习近平指出：调研工作中要在“深”字上下功夫，“‘深’，就是要深入群众，深入基层，善于与工人、农民、知识分子和社会各界人士交朋友，到田间、厂矿、群众和社会各层面中去解决问题。”“关心群众疾苦，把群众的呼声作为作风建设的第一信号，把群众的需要作为作风建设的第一需求”。③

对于社会调查，陈云不仅强调深入基层，而且经常使用蹲点方法。他曾回忆说：“一九六一年，我在小蒸——我的家乡做调查研究工作，蹲了半个月，调查中发现，公家养猪的地方脏得一塌糊涂，小猪、大猪、病猪、好猪都吃一样的东西。我看到农民家里养的猪，干干净净，还捉泥鳅喂猪吃。所以，当时我主张把猪分给农民私养，包括大部分母

① 毛泽东. 毛泽东农村调查文集[M]. 北京：人民出版社，1982：15-16.

② 邓小平文选(第1卷)[M]. 北京：人民出版社，1994：218-219.

③ 习近平. 之江新语[M]. 杭州：浙江人民出版社，2007：1、263.

猪。……调查研究的方法，我看不是一百多个部门一个一个地都拿本子在书记处会上念一道，大家东插一句、西插一句，最后主持会议的讲一讲就通过了，调查研究的方法，也不是一个星期跑二十二个县，那样无非是坐汽车走一圈就是了。这种工作方法太简单”。①

总之，“开展调查研究，要扑下身子、沉到一线，迈开步子、走出院子，到车间码头，到田间地头，到市场社区，亲自察看、亲身体验”。② 只有深入基层、深入群众，才能接地气，了解到群众劳动、工作、生活的真实情况，把群众的呼声和需要，作为党的作风建设的第一信号、第一需求。

二、谦虚讨教，做学生

社会调查，必须谦虚谨慎。毛泽东在回忆寻乌、兴国等调查时说：“……开调查会，是最简单易行又最忠实可靠的方法……到会的，应是真正有经验的中级和下级的干部，或老百姓。……使我第一次懂得中国监狱全部腐败情形的，是在湖南衡山县作调查时该县的一个小狱吏。……这些干部、农民、秀才、狱吏、商人和钱粮师爷，就是我的可敬爱的先生，我给他们当学生是必须恭谨勤劳和采取同志态度的，否则他们就不理我，知而不言，言而不尽。……没有满腔的热忱，没有眼睛向下的决心，没有求知的渴望，没有放下臭架子、甘当小学生的精神，是一定不能做，也一定做不好的。必须明白：群众是真正的英雄，而我们自己则往往是幼稚可笑的，不了解这一点，就不能得到起码的知识”。③

为什么群众是“可敬爱的先生”“真正的英雄”？因为，群众是社会生产、生活的主体，社会思想、感情的载体，社会现象的体现者，社会关系的承担者，社会问题的相关者。一句话，他们就是社会现实。调查者要了解社会现实，就只能拜群众为师，做他们“恭谨勤劳”的学生，以他们为“可敬爱的先生”“真正的英雄”——最重要的调查对象。只有如此，才能获得真相，寻得真知。

然而，“有许多人，‘下车伊始’，就哇喇哇喇地发议论，提意见，这也批评，那也指责，其实这种人十个有十个要失败。因为这种议论和批评，没有经过周密调查，不过是无知妄说。我们党吃所谓‘钦差大臣’的亏，是不可胜数的。而这种‘钦差大臣’则是满天飞，几乎到处都有”。④ 非常遗憾，这种“钦差大臣”式的调查，至今仍相当普遍。这种人做调查，不是谦虚谨慎、讨教于人，而是满口官腔、夸夸其谈，只有哗众取宠之意，毫无求真务实之心。这种所谓的“调查”，是不可能获得真相，更不可能寻得真知的。此外，有些人，或者“没有满腔的热忱”，或者“没有求知的渴望”，或者“没有放下臭架子、甘当小学生的精神”，只能做“查户口”“当侦探”式的调查，只有完成任务之意，却无求取真知之心。这种调查，虽可了解到某些客观事实，却很难获得真知或调查对象的真心。

---

① 中共中央文献研究室．毛泽东周恩来刘少奇朱德邓小平陈云论调查研究[M]．北京：中央文献出版社，2006：159-160.

② 习近平．党的十九届一中全会上的讲话[J]．求是，2018(1)：3.

③ 毛泽东．毛泽东农村调查文集[M]．北京：人民出版社，1982：16-17.

④ 毛泽东．毛泽东农村调查文集[M]．北京：人民出版社，1982：17.

三、身入心通，寻真情

社会调查，必须身入心至。毛泽东说："怎样使对方说真话？……主要的一点是要和群众做朋友，而不是去做侦探，使人家讨厌。群众不讲真话，是因为他们不知道你的来意究竟是否于他们有利。要在谈话过程中和做朋友的过程中，给他们一些时间摸索你的心，逐渐地让他们能够了解你的真意，把你当做好朋友看，然后才能调查出真情况来。群众不讲真话，不怪群众，只怪自己"。①

怎样才能让群众"把你当做好朋友看"？首先，要身入。就是要迈开步子，走出院子，甚至翻高山，钻老林，下农村，进工厂，到基层，驻社区，深入群众，用脚力、眼力、脑力、手力，踏踏实实地做调查。其次，要心至。"身入"，解决的是"到场"问题；而"心至"，解决的是"心态"问题，即要有爱民、忧民、为民、惠民之心，有向群众学习的虚心，对群众负责的真心，为群众服务的热心，接受群众监督的诚心。再次，要心通。"心至"，只解决调查者的心态问题；"心通"，则是解决调查者与调查对象之间开诚相见、把心里话无保留说出来的问题：一方面，调查者要给调查对象"一些时间摸索你的心"，"逐渐让他们能够了解你的真意"；另一方面，调查者要在"做朋友的过程"中，逐渐了解调查对象的真心实意。只有调查者与调查对象之间做到了"心通"，才能成为"好朋友"，才能"说真话"，"才能调查出真情况来"。

实践证明，走出了办公大楼，离开了机关大院，不等于"身入"了实际；听了基层干部汇报，看了有关资料，不等于"身入"了群众。身子下到农村、工厂，行李搬到农户、职工宿舍容易，要摸清农村、工厂实际情况，了解农民、工人内心世界则很难；迈进群众住房门槛容易，走进群众的心坎则很难。那种漂浮在上面或悬在半空的所谓"调查"，算不上真正的"身入"，算不上真正的社会调查。那种只观"前庭花"，不察"后院渣"，专注抓镜头的表演式调查；那种走马观花、浮光掠影、蜻蜓点水的"到此一游"式调查；那种做侦察、查户口、填问卷的问答式调查，是很难了解到真实情况的。

实践同样证明，只要放下架子，扑下身子，虚心向群众学习，扎实为群众服务，接地气、通民情，努力做到"心至"；真交朋友，交真朋友，力求达到"心通"，就一定能走进群众的心坎，了解到真实的情况。

四、勤奋扎实，求真知

社会调查，必须勤奋扎实。毛泽东说："初次从事调查工作的人，要作一两回深入的调查工作，就是要了解一处地方(例如一个农村、一个城市)，或者一个问题(例如粮食问题、货币问题)的底里。深切地了解一处地方或者一个问题了，往后调查别处地方、别个问题，便容易找到门路了"。② 又说："我们研究城市问题也是和研究农村问题一样，要拼着精力把一个地方研究透彻，然后于研究别个地方，于明了一般情况，便都很容易了。

① 毛泽东. 毛泽东农村调查文集[M]. 北京：人民出版社，1982：27.
② 毛泽东. 毛泽东农村调查文集[M]. 北京：人民出版社，1982：10.

倘若走马观花，如某同志所谓‘到处只问一下’，那便是一辈子也不能了解问题的深处。这种研究方法是显然不对的”。① 陈云说：观察、分析和解决问题，“难者在弄清情况，不在决定政策。我们应该用百分之九十以上的时间去弄清情况，用不到百分之十的时间来决定政策。这样决定的政策，才有基础”。②

社会调查是一项艰苦的工作，调查者一定要勤奋扎实。首先，要有艰苦作风。一是，生活上要艰苦。无论到什么地方做调查，在生活上都要与群众同甘苦，绝不能搞特殊化。二是，工作上要艰苦。要不怕困难，不怕挫折，不怕劳累，不怕遭冷眼、受冷遇、坐冷板凳。其次，要有勤奋作风。要脚勤、眼勤、口勤、手勤、脑勤，要勤于调查、勤于记载、勤于思考、勤于研究。那种乘社会调查之机，到处游山玩水、走亲访友、吃吃喝喝的作风，或者是蜻蜓点水式的所谓调查，是调查不到多少真实情况的；那种懒懒散散、马马虎虎、敷衍塞责、浅尝辄止，甚至请人“代劳”的所谓调查，是不可能得到科学调查结论的。

社会调查要求真知，就必须与形式主义、假调研作斗争。习近平指出：“形式主义方面，主要是知行不一、不求实效，文山会海、花拳绣腿，贪图虚名、弄虚作假。……有的下基层调研走马观花，下去就是为了出镜头、露露脸，坐在车上转，隔着玻璃看，只看‘门面’和‘窗口’，不看‘后院’和‘角落’，群众说是‘调查研究隔层纸，政策执行隔座山’。有的明知报上来的是假情况、假数字、假典型，也听之任之，甚至通过挖空心思造假来粉饰太平”。③

习近平指出：“作风问题本质上是党性问题。对我们共产党人来讲，……是衡量对马克思主义信仰、对社会主义和共产主义信念、对党和人民忠诚的一把十分重要的尺寸。”④“党的作风就是党的形象，关系人心向背，关系党的生死存亡。”⑤“作风建设永远在路上”。⑥

对于社会调查来说，也是如此。社会调查的工作作风问题，本质上是信仰、信念问题，是衡量对社会调查事业忠诚的一把尺子，它关系到社会调查的形象和成败。社会调查的工作作风建设，永远在路上！

---

① 毛泽东. 毛泽东农村调查文集[M]. 北京：人民出版社，1982：56.

② 中共中央文献研究室. 毛泽东周恩来刘少奇朱德邓小平陈云论调查研究[M]. 北京：中央文献出版社，2006：103-104.

③ 习近平. 习近平谈治国理政[M]. 北京：外文出版社，2017：165.

④ 习近平. 习近平谈治国理政(第二卷)[M]. 北京：外文出版社，2017：165.

⑤ 中共中央纪律检查委员会，中共中央文献研究室. 习近平关于党风廉政建设和反腐败斗争论述摘编[M]. 北京：中国方正出版社，中央文献出版社，2015：8.

⑥ 习近平. 习近平谈治国理政(第三卷)[M]. 北京：外文出版社，2020：499.

第三篇

社会调查方法(一)

第九章　调查方案的设计与实施

社会调查是一种有目的的自觉认识活动。为了使调查顺利进行并达到预期目的，就必须设计好调查方案。为此，必须慎重选择调查课题，进行初步探索，提出研究假设，做好调查方案的可行性研究，并安排好实施调查工作的程序。

第一节　选择社会调查课题

开展社会调查，首先要选择调查课题。要正确选题，就必须弄清楚调查课题及其类型，选题的重要意义和基本原则，以及选题的来源与形成等问题。

一、调查课题及其类型

调查课题，是指调查所要了解、研究、说明或回答的问题。按照不同标准，调查课题可分为许多不同的类型。其中，主要的分类是：

(1)按照调查的目的区分，可分为理论性课题和应用性课题。理论性课题，是指以揭示社会现象本质及其规律为主要目的的课题。例如，新技术革命条件下工人队伍及其结构的变迁，新时代中国特色社会主义社会结构的特征及其发展趋势等，就是理论性调查课题。应用性课题，是指以解决实际社会问题为主要目的的课题。例如，为解决农村土地抛荒问题而进行的“农业土地、劳动力及其流动状况调查”，为解决民生问题而进行的“房地产开发与管理调查”“基层医疗卫生调查”“乡镇中小学教育调查”等，属于应用性调查课题。

(2)按照调查的内容区分，可分为综合性课题和专题性课题。综合性课题，是指调查内容比较全面、系统，能较完整地说明调查对象情况的课题。例如，“中国百县市经济社会调查”“中国综合社会调查(CGSS)”“中国百村调查”，等等。专题性课题，是指调查内容比较狭窄、集中，能较深入地说明调查对象情况的课题。例如，“民营经济调查”“志愿者调查”，等等。在专题性课题中，还可进一步细分为地域性的、更专一的课题。例如，“浙江省温州市的民营经济调查”“抗击新冠疫情期间的志愿者调查”等。

(3)按照调查深度区分，可分为描述性课题、因果性课题和预测性课题。描述性课题，是指对社会现象真实情况进行具体描写或叙述的课题，它主要回答“是什么”“何状况”的问题。例如，经济普查、民营企业职工生活状况调查等，都是描述性调查课题。因果性课题，是指揭示两种或两种以上社会现象之间因果关系的课题，它主要回答“为什么”“怎么办”的问题。例如，“小城镇青少年犯罪调查”，不仅要说明犯罪的具体情况，而且要研究犯罪与家庭状况、学校教育、小城镇社会环境之间的因果联系，并从中寻找出解决小城镇青少年犯罪问题的途径和方法。预测性课题，是指在说明社会现象及其因果关系基础上，进一步预测今后发展趋势的课题，它主要回答“将怎样”“应怎样”的问题。例如，“21 世纪农村人口老龄化问题研究”，就是一个预测性课题，它根据农村人口年龄结构、经济社会等条件的变化及其因果关系，预测 21 世纪年农村人口老龄化趋势、问题及其应该采取的对策。在上述三类课题中，描述性课题是最基本的调查课题，是后两类调查课题的基础。因果性课题是使用得最广泛的调查课题，它是进行预测的前提。预测性课题是对未来发展趋势的预测，对实际工作往往具有重要指导意义。

应该指出，上述调查课题的各种分类都只具有相对意义。由于调研主体、调研目的、调研视角不同，同一个课题完全可以归于不同类型。例如，社会结构问题、民生问题、民营企业问题、农村人口老龄化问题等，既可作为理论性课题，又可作为应用性课题；既可作为综合性课题，又可作为专题性课题；既可作为描述性课题，又可作为因果性、预测性课题，等等。究竟作为哪种类型课题，主要取决于调查者的调研目的、调研视角和现实可能。

二、选题的重要意义

社会调查始于选题，它是社会调查最重要的决策，对社会调查工作的顺逆和成败具有决定性意义，故有“好的选题等于成功了一半”的说法。

(1)调查课题的选择，决定着社会调查的总方向、总水平。如果选择的调查课题，有科学的理论作指导，能回答时代的呼唤、社会的需求、人民的心声，调查一旦取得成功，就会形成具有重大意义的高水平调查成果。例如，1982—1986 年，中共中央农村政策研究室在马克思主义指导下，围绕农业、农村和农民这个课题，开展广泛、深入的调查研究，最后形成了具有重大意义的高水平调查成果——中共中央 5 个一号文件。反之，如果选择的调查课题，仅仅是为了满足个人的学术兴趣，甚至是为调查而调查，那么就很难取得调查的成功，即使达到了调查的某些预期目的，也很难形成高水平的、服务于国家发展战略的调查成果。至于那些为错误政策、错误做法做辩护的所谓调查，如 20 世纪 50 年代末为论证人民公社正确而进行的调查，20 世纪 60—70 年代为论证“文化大革命”正确而进行的调查，其调查成果不仅毫无积极意义，而且成为替错误政策进行辩护的工具。

(2)调查课题的选择，决定着社会调查的方案设计，制约着社会调查的全部过程。选择的调查课题不同，调查的对象、范围、内容和方法就不相同，调查人员的选择、调查队伍的组织、调查工作的安排也不相同。例如，农村土地抛荒问题调查和农村妇女生育情况调查这两个课题，设计的调查方案就完全不同，调查的人员、方法和过程也有很大差异。前者主要以农村土地、劳动力为调查对象，主要调查农村土地抛荒的面积、原因和危害，农村劳动力的数量与流动等情况，调查人员应以男性为宜，适于采用实地踏勘、访问调查等方法，调查时间则以年底、年初为宜。后者只能以农村育龄妇女为调查对象，主要调查农村育龄妇女及其生育子女等情况，只宜于选派女性调查人员，只适于采用访问调查法或辅之以文献调查法，调查时间则以农闲为宜。这说明，选择的调查课题不同，调查指标的设计、调查人员和调查工作的安排都会有所不同。

(3)调查课题的选择，决定着社会调查工作的顺逆和成败，决定着调查成果的社会价值。一个正确选题，固然不能保证社会调查工作的顺利开展、取得成功，并产生巨大的社会价值，但它确是社会调查工作顺利开展和取得成功的必要条件。一个符合实际需要、具有现实性和时代感的重大调查课题，调查工作往往能够顺利开展，如果调查取得成功，其调查成果就可能产生巨大的理论价值和应用价值。反之，一个陈旧的、脱离实际的调查课题，调查工作的开展往往会困难重重，不管调查者花费多大精力，调查资料如何翔实、完整，数据分析如何系统、精确，也不可能产生好的社会价值。这说明，调查课题的选择，对于社会调查工作、调查结果及其社会价值具有很大制约作用。

三、选题的基本原则

正确选择调查课题，应该遵循以下一些基本原则：

(1)需要性原则，即根据社会发展的客观需要选择调查课题。调查就是为了解决问题，离开了解决问题的客观需要，为调查而调查，就不可能正确选择调查课题。当然，对社会发展的客观需要应作全面理解。有党和政府制定方针、政策、法律、规划和方案的需要，也有解决民生问题的需要；有实际工作需要，也有理论研究需要等。在当前和今后一个相当长的时期内，应围绕习近平新时代中国特色社会主义思想，全面建设社会主义现代化国家，实现中华民族伟大复兴的客观需要选择调查课题。只有这样的选题，才具有重要的理论意义和实践意义。

(2)科学性原则，即在科学理论指导下选择调查课题。这里所说的科学理论，首先是指被实践反复证明和不断发展的科学世界观和方法论——辩证唯物主义、历史唯物主义，同时也包括与调查课题有关的各专门学科的科学理论。如果选择的调查课题直接违背辩证唯物主义、历史唯物主义的基本原理，或直接违背各有关专门学科的科学理论，那么，这样的课题就绝不是正确的调查课题，这样的调查就绝不可能得出科学的调查结论。

(3)创新性原则，即按照新颖、独特和先进的要求选择调查课题。创造性的本质特征，是新颖性、独特性和先进性。如果选择的调查课题，只是简单重复别人已做过的调查，或是反映人所共知的事实和结论，就从根本上失去了调查的意义。当然，对于创造性课题应作全面理解，它应该包含以下四类课题：一是前人从未调查过的原创性课题；二是用新理论、新方法、新视角去调研老问题的扩展性课题；三是由于现实生活发生了很大变化，需要进行再次调查的追踪性课题；四是外国、外地做过调查而本国、本地尚未调查过的移植性课题。

(4)可行性原则，即根据调查主体、调查客体和调查环境的现实条件选择调查课题。就调查主体而言，选择的调查课题必须与调查者的思想状况、工作作风、知识水平、实践经验以及人力、财力、物力和时间等条件相适应，有时还要考虑调查者的性别、年龄、体力等生理因素；就调查客体而言，选择的调查课题必须与客观事物的发展程度、与调查对象的回答能力和合作意愿相符合；就调查环境而言，选择的调查课题必须与当时当地经济、政治、文化、社会、生态环境相适应。

上述4条原则既互相区别又互相联系。需要性原则指明了社会调查的根本方向，科学性原则体现了社会调查的内在要求，创新性原则反映了社会调查的本质特征，可能性原则说明了社会调查的现实条件。只有全面、综合地把握这4条原则，才能正确选择调查课题。

四、选题的来源与形成

(一)选题的来源

社会调查的选题，除上级下达的选题、导师布置的选题、他人委托的选题外，自己的选题，大体上有三个来源：

一是来源于生活实践。列宁曾引用歌德《浮士德》里的话说："理论是灰色的，而生活之树是常青的"。① 人们的生活实践，看似日常琐事，实际上隐藏着许多需要研究的问题。只要善于观察、勤于思考，对周围事物保持高度敏感，就可以从"司空见惯"的现象中发现值得探讨的问题。可以说，生活实践是社会调查选题最主要、最丰富的来源。

二是来源于理性思维。思维是对事物的间接反映，属于认识的高级阶段。马克思主义认识论认为，理性认识是人们对客观事物内在、本质、必然联系的反映。它来源于社会实践，反过来又指导社会实践——发现实践中的问题、研究实践中的问题、解决实践中的问题。例如，以唯物史观为指导去观察社会、思考现实，就会发现许多值得调查研究的选题。

三是来源于文献启发。文献是前人或他人思维的结晶。阅读学术著作或论文，不仅能了解学术动态，收集学术信息，而且可发现许多值得进一步调研的选题。阅读学术文献，既应虚心学习，又要大胆质疑，力求从其内容与方法、事实与观点、原因与结果等方面，受到一些启迪和发现，从而形成新的选题。实践证明，阅读学术文献是获得选题灵感的重要来源之一。

(二)选题的形成

选题的形成，依赖于思考、怀疑和提出问题。长期以来，人们比较重视培养认识问题和解决问题的能力，而忽视培养提出问题的能力。然而，正确提出问题却是正确认识问题和解决问题的前提。马克思把"怀疑一切"作为自己科学研究和理论创新的座右铭。他所说的"怀疑一切"，绝非"否定一切"，而是一种理性思考。由于他对资本主义制度的批判思考，最终创建了具有科学真理性质的马克思主义。爱因斯坦也曾指出："提出一个问题往往比解决一个问题更重要，因为解决一个问题也许仅是一个数学上的或实验上的技能而已。而提出新的问题、新的可能性，从新的角度去看旧的问题，都需要有创造性的想象

① 列宁选集(第3卷)[M]. 北京：人民出版社，1995：27.

力，而且标志着科学的真正进步”。① 马克思的“怀疑一切”精神和爱因斯坦的上述论断，完全适用于社会调查的选题。只有勇于怀疑一切，善于提出问题，才能形成高质量的选题。事实上，选择调查课题，不仅是社会调查目的的集中体现，而且是调查者的指导思想、社会见解和学识水平的具体反映。

第二节　进行初步探索、提出研究假设

在确定选题之后、设计调查方案之前，社会调查的领导者或组织者，必须亲自深入调查第一线，围绕确定的选题进行初步的、探索性的调查与研究，并形成和提出研究假设，为设计调查方案打下基础。

一、进行初步探索

（一）初步探索的主要任务

初步探索的主要任务，不是直接回答调查课题所要解决的问题，而是为解决调查课题探寻方向和道路，为设计调查方案提供可靠依据。具体地说：

一是确定调查研究的起点和重点。调查起点过高，脱离实际；调查起点太低，失去调查意义。调查重点不突出、不恰当，就难以取得高质量的调查结果。为了正确选择调查研究的起点和重点，必须弄清楚前人和他人对类似课题已做过哪些调查研究，搜集了哪些资料，解决了哪些问题，还有哪些问题没有解决或没有完全解决？特别是要着重了解当前与本课题有关的各种新情况、新变化，以及那些已成为社会热点的新问题。

二是形成研究假设。设计调查方案，必须以一定研究假设为指导，否则就不可能设计出科学的调查方案。因此，在初步探索过程中，要着重研究与调查课题有关的新情况、新问题，以及人们已经提出的新看法、新意见，并对这些新情况、新问题和已有的新看法、新意见做出判断，形成自己解决调查课题的基本观点和看法，提出自己的研究假设，作为解决调查课题的理论前提。一般地说，一个调查课题可以形成多个研究假设来作为可能的解决方案。

三是研究社会调查的方法和指标。社会调查的方法、步骤，特别是社会指标、调查指标，是设计调查方案的重要内容。因此，在初步探索中，应该注意了解前人在什么条件下做调查，使用过哪些社会指标和调查指标，采用过哪些调查方法，有哪些经验和教训；当前主客观条件发生了哪些变化，为了适应这些变化，在社会指标、调查指标、调查方法和步骤上应该做哪些新的考虑和安排。只有搞清楚了这些问题，才能为科学设计调查方案打下良好基础。

实践证明，初步探索是选择调查课题和设计调查方案之间不可缺少的步骤。许多人不了解初步探索的重要意义和基本任务，他们在选定调查课题之后，或者是关在办公室里冥

① ［德］A. 爱因斯坦，L. 英费尔德. 物理学的进化［M］. 上海：上海科学技术出版社，1962：66.

思苦想，主观随意地设计调查方案；或者是到下面去一般地走走看看，然后就草率地设计调查方案。这些做法，都不可能设计出科学的调查方案，更不可能取得科学的调查成果。

(二)初步探索的主要方法

第一，文献回顾，也称文献考察。初步探索一般是从文献回顾(包括网络文献)开始的。它可以帮助调研者了解本领域已有调研成果，以便确定本课题在该领域里的位置，借鉴前人的调研思路、视角、策略和方法，及其经验和教训。为设计调查方案提供背景资料。查阅、回顾与调查课题有关的各种文献，是初步探索的首要方法。从理论上讲，查阅文献愈广泛、愈全面愈好。

然而，现代社会文献浩如烟海，怎样才能做到广泛、全面呢？实践证明，应该在“古今中外、上下左右”这8个字上做文章。这就是说，查阅文献资料，既要查历史文献，又要查最新著述；既要查本国文献，又要查外国有关成果；既要查阅党和政府的有关方针政策、法律法规，又要查阅反映基层情况的各种材料；还要搜集与调查课题有关的邻近学科、邻近部门、邻近地区的有关文献。当然，“古今中外、上下左右”的有关文献不可能全部查找到，但必须尽力而为。只有这样，才能使设计的调查方案真正站在“历史巨人的肩上”。

第二，咨询。文献是被记录下来的过去的知识。但是，许多过去的知识没有被记录下来，记录在文献里的知识并不都是真实可靠的，特别是大量正在发生着、变化着的事实，还没有被记录在文献上。因此，初步探索绝不能停留在高楼大厦内，绝不能埋头于故纸堆里或网络上，而必须走入现实社会，深入基层，向一切内行的人们询问、商议、请教、学习。

咨询应该是广泛的。既要向理论造诣较深的专家、教授请教，又要向有丰富经验的实践者学习；既要向上级机关工作人员请教，又要向基层干部和群众学习；特别是要向那些处于不同地位、不同状态，持有不同观点的人咨询。咨询应该是有准备的。咨询前，要努力做到对咨询对象、咨询问题有较多了解，力求向最适合的对象咨询最适合的问题，以最短的时间取得最好的咨询效果。咨询应该是谦虚的、客观的。咨询对象的客观地位、观察视角、知识结构、价值取向、思维方式不同，对同一问题可能有种种不同的甚至截然相反的看法。对所有咨询对象的各种不同看法，都应该虚心听取、客观评价，绝不可厚此薄彼、任意褒贬。

第三，实地考察。这是初步探索最基本、最重要的方法。因为，查阅文献是了解过去的知识，咨询是了解别人掌握的知识，所有这些都是经过文献撰写者和受咨询者头脑剪裁过或改造过了的间接的东西，它们与客观现实之间总会有某些差异。初步探索要形成新观点、提出新建议，绝不能仅仅依靠这些第二手、第三手材料，而必须深入实地做现场考察。

实地考察的人员不宜太多，但社会调查的领导者、组织者，特别是调查方案的设计者必须亲自参加。实地考察的对象和范围不宜太广，应尽可能选择那些具有代表性的地区、单位或个人作为考察重点。在实地考察中，要努力把调查与研究结合起来，把提出问题与研究解决问题的方案结合起来，把虚心学习与大胆探索结合起来。只有这样，才能逐渐形成自己的观点，提出自己的研究假设，并在此基础上逐步设计出自己的调查方案。

查阅文献、咨询和实地考察，是初步探索的3种主要方法。在实际工作中，它们往往是结合使用、交叉使用、轮换使用的。其中，实地考察具有特别重要的意义，它是初步探索中不可缺少的最基本的方法。

二、提出研究假设

(一)假设及其在社会调查中的作用

假设亦称假说，是指根据已有事实和科学原理对未知社会现象或社会现象之间关系所作的、尚未经过实践检验的假定性设想或说明。研究假设，必须具有一定的客观性、科学性、可检验性、较强解释性和一定创新性。这就是说，研究假设不能是纯主观的推测，而必须以一定客观事实为依据，不能与已知的客观事实相违背；必须以一定科学理论为指导，而不能与被实践反复证明了的科学原理相矛盾；必须可以被实践证实或证伪，而不能是一个无法被实践检验的虚幻设想或推测；必须有较强的解释性和一定的创新性，否则就很难称为科学的假设。

假设在社会调查过程中有重要作用：

首先，是设计调查方案的指南。任何调查方案的设计，特别是调查指标的设计，都必然以一定假设为指南。例如，衡量一个人的素质，如果假设的衡量标准只是文化程度，那么，调查方案的设计就只需要“文化程度”一个调查指标；如果假设的衡量标准除“文化程度”外，还有“德、能、勤、绩、廉”方面的要求，那么，调查方案的设计就会增加“德、能、勤、绩、廉”等方面的一系列调查指标。这说明，人们在设计调查方案，特别是设计调查指标时，不管自觉不自觉、承认不承认，事实上总是以一定假设为指南的。

其次，是搜集社会信息的向导。人们在搜集社会信息过程中，无论是实地观察，还是查阅文献，假设都具有明显的向导作用。比如，同样是观察集贸市场发展状况，由于假设不同，有的人可能重点观察参加集市人员的数量及其构成，有的人可能重点观察上市商品的品种和结构，有的人可能重点观察商品交换的价格和成交规模，有的人可能重点观察集贸市场的建筑和管理，等等。这样，人们通过观察所得到的感性材料就必然互不相同。同样，在文献调查中，假设也会对信息的搜集产生明显的向导作用。

再次，是探索客观真理的桥梁。恩格斯说：“只要自然科学运用思维，它的发展形式就是假说”。① 对于社会调查来说，恩格斯的这一论断是完全适用的。因为，通过社会调查掌握的客观事实，是检验假设的最重要依据。在检验过程中，原有的假设可能被证实，可能被证伪，在更多情况下是可被修改、补充和完善的。通过社会调查检验、修改、完善假设的过程，实质上就是发现真理和发展真理的过程。这就是说，在探索客观真理的道路上，假设是一种不可缺少的工具或桥梁。

---

① 马克思恩格斯选集(第4卷)[M]. 北京：人民出版社，1995：336.

提出研究假设，是为设计调查方案服务的，是社会调查的关键环节。从一定意义上说，此前的各项工作，都是为了形成、提出研究假设，此后的各项工作，都是为了证实、证伪研究假设，或者是为了修改、补充和完善研究假设。

然而，并非所有调查课题都需要提出假设。一般来说，描述性调查不需要或不可能提出研究假设，初步探索时的调查很难事先提出明确的研究假设。但是，一切因果性调查、预测性调查、验证性调查，都应在设计调查方案之前提出明确的假设，否则就不可能设计出科学的调查方案。

(二)形成假设的必要条件和方法

形成假设是一个复杂的思维过程。丰富的实践经验、科学的理论知识、客观的实际情况和一定的想象能力，是形成科学假设的必要条件。

经验是从实践中得来的知识，往往带有感性直观性质，但它的内容是客观的，总在一定程度上反映着事物的本质及其发展规律。因此，只要客观地认识了形成经验的具体历史条件，掌握了研究对象的新情况、新变化，就有可能从经验中推断出具有一定客观性的研究假设来。事实上，人们遇到需要解答的问题时，总是很自然地把过去经验当做第一参照系，总是首先从过去的经验中寻求答案。人们的经验越丰富，可对比的参照系越广泛，提出研究假设的能力就越强。这说明，丰富的实践经验是形成研究假设的首要条件。

然而，任何经验都是过去的知识，都带有一定的局限性。对于探索性、开创性调查课题来说，要形成研究假设，就不能仅仅以经验为依据，而必须求助于科学理论。科学理论是对客观事物本质及其发展规律的正确反映，对正确认识新事物具有指导意义。因此，在寻求探索性、开创性调查课题的答案时，只要自觉地以科学世界观、方法论和与调查课题有关的科学理论为指导，并把理论与实际结合起来，就有可能从科学原理中推导出具有一定科学性的研究假设来。这说明，科学的世界观、方法论和有关科学理论，是形成研究假设的另一必要条件。

要形成科学的假设，还必须把过去的经验、现有的理论与当前的实际情况结合起来。调查课题之所以成为需要调查研究的课题，就在于它本身是以往经验和现有理论不能完全回答的、带有某种特殊性的问题。因此，必须到实践中去，到群众中去，通过实地考察掌握研究对象的特殊情况和最新信息。只要善于把过去经验、现有理论与实地考察的最新成果结合起来，就有可能概括出具有一定独创性的研究假设来。这说明，通过实地考察等方法掌握调查对象最新的客观实际情况，是形成科学研究假设的又一必要条件。

形成科学假设还需要一定的想象能力。想象是一种特殊的创造性思维活动，它是人的主观能动性的突出表现。人的意识不仅反映客观世界，而且创造客观世界。要"创造客观世界"，就离不开科学想象，就必须首先在科学想象中把它创造出来。科学想象绝不是胡思乱想、任意猜测，而是以过去经验、现有理论和客观事实为依据的合乎逻辑的联想或推测；是一种把鲜活的、特殊的、具体的感性材料创造性地组合于一定想象之中的思维能力。科学想象在形成创造性研究假设中，特别是在寻求从未接触过的调查课题的答案中，具有特别重要的意义。

在上述四个必要条件中，通过实地考察掌握调查对象的实际情况和最新动态具有关键性意义。因此，科学的研究假设只能形成于初步探索之后，只能是初步探索的产物，那种不经过初步探索而坐在书斋里冥思苦想出来的研究假设，很难说是客观的、科学的东西，很难发挥正确的指导作用。

形成假设，不仅需要必要条件，而且需要科学方法。实践证明，形成研究假设主要有三种方法：

第一，归纳推理法，即由个别到一般的推理方法。例如，对于“影响人们生育意愿的因素”这一课题，人们把自己生活中观察到的和从新闻媒介上获得的许多个别信息归纳起来，就可形成“文化水平越高，生育意愿越低”“传统观念越浓厚，生育意愿越高”等研究假设。归纳推理，是形成假设的主要方法。

第二，演绎推理法，即由一般到个别的推理方法。例如，人们根据“孩子少小学生源就少”“社会风气不好青少年犯罪率上升”的一般规律，就可形成“目前独生子女普遍化将导致小学生源不足”“某地社会风气不好将导致青少年犯罪率上升”等研究假设。演绎推理，是形成假设的重要方法。

第三，类比推理法，即由特殊到特殊的推理方法，即根据两个对象在某些属性上相同或相似，通过比较而推断它们在其他属性上也相同或相似的推理。例如，根据西方国家随着工业化发展，人口向城市集中的现象，通过比较形成“社会主义中国随着工业化发展，人口将会向城市集中”的假设，等等。

(三)假设的类型和表达方式

假设是通过两个或者两个以上概念间的关系来表达的，其类型主要有：

(1)一元假设(x)。指对某一个社会事实的单义判断。例如，大部分独生子女受到家长的娇惯。

(2)二元假设(x→y)。指对某一社会事实与另一社会事实之间关系的判断。例如，“城市人口密度越高，城市中的犯罪率也就会越高”；“生活水平的提高与生育率的下降有密切关系”。

(3)多元假设(x→z→y)。指对某一社会事实与另外两个或更多社会事实之间关系的判断。例如，缺乏社会整合性(x)会导致精神沮丧(z)，而精神沮丧的人会有行为偏差(y)；又如，青少年犯罪的原因(x)，主要有家庭教育不当(y_1)，社区环境不良(y_2)，结交了不良伙伴(y_3)等。

假设的表达方式，既可以用简明文字表达，又可以用数学语言、或图表来表达。通常的表达方式有：

(1)条件式。“如果 A，则 B”。例如，“如果受教育程度高，则生育率一般较低”。

(2)差异式。“A 不同，B 也不同”，或“A 不同，B 相同”。例如，“年龄不同的人，生活方式也不同”，或“年龄不同的人，生活方式上没有差异”。

(3)函数式。“A是B的函数：A=f(B)”。例如，个人理想的子女数，会随着教育程度的提高而递减。

一般来说，通常是用“A与B之间的关系”来表达两个事实之间的关系，而很少用数学公式表示。

第三节　设计调查方案

社会调查方案，是社会调查工作的行动指南。要科学设计社会调查方案，必须明确设计调查方案的原则和弄清设计调查方案的内容。

一、设计调查方案的原则

(一)实用性原则

设计调查方案必须着眼于实际应用，只有实用性强的调查方案才能真正成为调查工作的行动指南。要贯彻实用性原则，就必须从调查课题的客观需要和调查者的现实可能出发来设计调查方案。

从调查课题的客观需要出发，首先，是从调查内容的客观需要出发。无论是调查内调查内容、调查指标的确定，还是调查方法、调查对象、调查时间的选择，都应充分满足调查内容的客观需要。其次，是从调查对象的实际情况出发。如果调查对象是文化程度不高的农民，设计的调查内容就不宜太复杂，调查方法就不宜采用自填式问卷调查，调查时间就不宜安排在农忙时进行；如果调查对象是没有多少社会经验的青少年，设计的调查内容就应该回避复杂的社会、经济问题；如果调查对象是基层实际工作者，设计的调查内容就应该与他们从事的实际工作相接近，而不要询问那些与他们实际工作无关的问题，等等。

从调查者的现实可能出发，主要是从调查者自身的实际条件出发。例如，调查目标的设计，主要取决于调查者自身的素质。如果调查者是缺乏实践经验的学者，那么解决实际问题的调查目标就不能定得太高。反之，如果调查者是理论修养较差的实际工作者，那么学术探讨的调查目标就应适当降低。又如，调查地域的大小、调查对象的多少，主要取决于调查人员的多寡、调查时间的长短和调查经费的多少。调查人员多、调查时间长、调查经费充足，调查范围就可大一些，调查对象就可多一些；反之，就应缩小调查范围，减少调查对象。

总之，调查方案各项内容的设计，都必须从客观需要和现实可能出发。实用性原则是评价调查方案优劣的首要原则。

(二)时效性原则

设计调查方案必须充分考虑时间效果，特别是一些应用性调查课题往往有很强的时间要求。例如，市场调查必须赶在市场需求发生重大变化之前拿出调查成果来，否则就会失去调查的意义，起码是大大降低调查成果的社会价值。对于对策性、预测性课题，更应超前调查，尽早拿出调研成果来。如果总是落在实践后面放“马后炮”，那就失去了这类调查的意义。当然，强调时效性原则，不是越快越好，许多基础性、学术性课题往往需要做深入、持久、反复调查，因此调查工作周期就应适当长一些。然而，即使是这类调查课题也应该有时效观念，否则就很难适应瞬息万变的现代社会发展的客观需要。

（三）经济性原则

设计调查方案，应该尽可能节约人力、物力、财力和时间，力争用最少的人力、财力、物力和时间投入，取得最好的调查效果。例如，在调查类型的选择上，能够做抽样调查的就不做普遍调查，能够做典型调查、重点调查、个案调查的就不做抽样调查；在调查内容的设计上，应该尽可能简明、扼要，严格控制调查内容的篇幅，力争用最小的篇幅了解最必要的情况；在调查方法的设计上，能够通过文献调查解决的问题，就不去做现场调查；能够通过观察、访问解决的调查课题，就不去做实验调查。此外，在调查范围的大小、调查对象的多少、调查时间的长短、调查人员的安排等方面，也都应该尽量节约。

（四）弹性原则

调查方案的设计，是事前的设想和安排，它与客观现实之间总会存在或大或小的差异。在实际调查中，往往会遇到一些意想不到的新情况、新问题。特别是调查的现场实施阶段，许多社会环境因素是调查者无法预见和控制的。因此，设计调查方案时，对于调查工作的安排和要求，应有一个上下左右调整的幅度，应保持一定的弹性。只有这种具有一定弹性的调查方案，才是真正实用的调查方案。

应该指出，一个选题，并不意味着只能设计一种调查方案，在主客观条件允许的情况下，完全可以设计出调查项目、调查方法、调查对象不完全相同的调查方案；对于某些重大的、复杂的调查课题，更应该设计出几套不同的调查方案，以便随着调查现场实施情况的变化而及时调整，或者在不同地区采用不同方案实施现场调查。这种同一选题，设计出几个调查方案的做法，往往是先分别开展调查，然后进行对比研究，最后形成总的调查结论。这样形成的调查结论，一般更真实、更可靠、更准确。

二、设计调查总体方案的内容

社会调查方案的设计，应该包括以下内容：

（一）调查目标

调查目标应该包括三个方面内容。首先是研究成果目标，即通过社会调查要解决什么问题？解决到什么程度？只是了解一般情况，还是要探究因果关系？是作学术性探讨，还是要提出对策性建议？其次是成果形式目标，即调查成果用什么形式表现出来？是做口头汇报或演讲，还是撰写调查报告或学术论文？调查资料是简要反映在调查报告中，还是专门汇集成册？再次是社会作用目标，即这次调查究竟要起什么样的社会作用？是供有关方面做决策参考，还是要影响社会舆论？是自己做学术研究，还是与同行探讨？如此等等。

(二)调查类型

社会调查的类型，是普查，还是典型调查、个案调查，或是抽样调查？这是设计社会调查总体方案的一个重大问题。社会调查的类型不同，设计的调查方案就会大不相同。本书第十章，将专门探讨这一问题。

(三)调查指标

调查指标，既是社会调查主题及其内容的集中反映，又是社会调查理论基础和指导思想的具体表现。因此，调查指标的设计，是调查方案设计的重点、难点、关键点。可以说，一个调查方案的设计，科学不科学，是否符合实际，水平高还是低，主要体现在调查指标的设计上。有关这一方面的内容，将在本书第十一章中专门讨论。

(四)调查方法

调查方法，包括搜集社会信息的方法和研究社会信息的方法。一般来说，调查方法的选择主要取决于调查课题和调查内容的客观需要。但是，同一调查课题往往可以采取不同调查方法，同一调查方法也可适用于不同调查课题。究竟选择哪种调查方法，则取决于调查主体的现实条件和主观选择了。

(五)调查地域

调查地域，即社会调查在什么地区进行？是农村、小城镇，还是城市？在多大范围内进行？是社区、乡镇或街道，还是县市、地市、省市，甚至全国或跨国？调查地域的选择主要取决于调查课题的客观需要和调查主体的现实可能，一般来说，应先确定一个恰当范围，然后再选择那些具有代表性的单位进行调查，并尽可能使调查区域相对集中一些。只有如此，才有利于现场调查的实施，有利于节约人力、物力、财力和时间。

(六)调查时间

调查时间，即社会调查在什么时间进行，多少时间内完成？不同的调查课题有不同的最佳调查时间。例如，人口调查的最佳时间，是人口流动最小、各种干扰最少、实施现场登记最方便的时期；集贸市场调查的最佳时间，是市场交易最活跃的时间，等等。另外，调查方法、调查规模不同，调查工作的周期也不相同。例如，实验调查法的周期就比观察法的调查周期长得多，在一个单位进行调查所需要的时间就比在一个地区进行调查所需要的时间少得多。因此，对于调查工作的时间应该事先进行科学选择和设计。

(七)调查对象

调查对象，有时是指“调查总体”，即接受调查的全部对象；有时是指“调查单位”，即指接受调查的具体对象。调查单位(即接受调查的具体对象)，可以是个人、家庭、群体、组织、部门、社区，也可以是各种社会事物(如住宅、耐用消费品等)或社会现象(如教育、医疗、婚姻、犯罪等)。设计调查方案时，要明确调查总体的界限，划清调查单位的范围，确定调查单位的数量及其选取方法，防止出现重复、遗漏或差错。

必须指出，调查单位不同于分析单位。调查单位，是调查对象的具体单位，是调查项目的承担者，调查指标的回答者。分析单位，则是研究问题的基本单位，研究内容的承担者或载体。例如，做一项组织权力结构调查，分析单位是“组织”，而调查单位则是组织中的每一个成员。调查单位也不同于抽样单位。例如，调查家长对子女的态度，分析单位是家长，而抽样单位是“户”。

(八)调查队伍

除小型调查可以由个人单独完成外，一般较大规模的调查存在着组织调查队伍的问题，它包括如何选择调查人员，如何培训调查人员、提高调查人员素质，如何形成合理的组织结构，如何正确使用、有效督导调查人员等问题。

(九)调查经费

社会调查一般需要支付一定经费，包括调查方案的策划、抽样方案与调查问卷的设计、调查问卷的印刷、调查的实施(包括选拔、培训调查员，试调查，交通，劳务，给被调查者的礼品或谢金，复查等)、数据录入与统计分析、调研报告撰写，以及资料、复印、通信联络等费用。如何筹集、使用和管理调查经费，怎样用最低调查成本取得最好调查成果，是调查方案中不可缺少的重要内容。

(十)调查工作的安排

调查工作的安排，主要是指调查任务和调查时间的安排。调查任务的安排，要力求合理、平衡，符合调查人员的实际能力；调查时间的安排，既要有紧张的节奏和合理的交叉，又要留有余地，以应付可能发生的意外。

第四节　调查方案的可行性研究

可行性研究是科学决策的必经阶段，也是科学设计调查方案的必要步骤。对调查方案进行可行性研究有多种方法，其中试验调查具有重要意义。

一、可行性研究的方法

调查方案的可行性研究，有以下几种方法：

(一)逻辑分析

即运用逻辑分析方法检验调查方案设计的可行性。例如，要调查人口的城乡结构，而设计的调查指标却是“农业人口”和“非农业人口”，这样调查出来的资料是不能正确说明人口的城乡结构的。因为，“农村人口”不等于“农业人口”，“城镇人口”也不等于“非农业人口”。“农村人口”与“城镇人口”是按居住地域划分的，“农业人口”与“非农业人口”是按行业类别划分的，它们的内涵和外延都存在着很大差异。上述设计，混淆了“农村人口”与“农业人口”“城镇人口”与“非农业人口”这两对概念，违反了逻辑学上的同一律，因而无论调查结果如何，都不可能正确说明人口的城乡结构。

(二)经验判断

即用以往实践经验来判断调查方案设计的可行性。例如，根据过去调查实践的经验，在调查类型的选择上，对于新生事物的调查，就不能选择普查或抽样调查。因为新生事物的总体，在一定时期内是不确定的，这就无法确定普查的边界，无法编制抽样框，不可能开展普查和抽样调查。又如，在调查方法设计上，对于文化程度较低的调查对象，就不宜采用自填式问卷调查方法；在调查时间设计上，对于农村调查，一般不应选择在农忙季节进行；在调查地域设计上，如果人力、财力、物力和时间有限，就不宜选点过远、分布过广，等等。总之，调查方案设计出来后，可请有经验的专家或实际工作者对调查方案的可行性作出评价或判断。

(三)试验调查

即通过小规模实地调查来检验调查方案设计的可行性，并根据试调查结果来修改、完善设计的调查方案。逻辑分析和经验判断这两种方法简便、易行，它们是设计调查方案可行性研究最常用的方法。但是，它们有很大的局限性。逻辑分析方法，主要适用于对社会指标和调查指标的设计进行可行性研究，而对其他方面的可行性研究却很难使用。此外，有些调查指标的设计在逻辑上是正确的，但在实际调查中却行不通。例如“闲暇时间”的抽象定义是：人们在劳动时间之外，除去满足生理需要和家务劳动时间之后，剩下来可自由支配的时间。它的操作定义是：“闲暇时间”=24 小时-工作或劳动时间-上下班路途时间-睡眠时间-家务劳动时间-必要的个人生活时间(如吃饭、大小便、盥洗等)。这一设计，在逻辑上没有错误，但是在农村调查中却往往不适用。比如，农村青年，边放牛，边玩手机、听音乐；农村妇女，边照顾孩子，边打麻将，甚至还兼做一点家务；应该如何计算他(她)们的闲暇时间？经验判断的局限性更为明显，因为人们的实践经验不同，判断能力不同，即使经验丰富、判断力强的人，也只能判断比较熟悉的东西，而对于那些新事物、新情况、新问题就很难单凭以往经验做出判断。显然，仅仅用逻辑分析和经验判断方法，还不能最终说明调查方案设计的可行性。实践证明，只有试调查才是对调查方案设计进行可行性研究的最基本、最重要的方法。

二、试验调查及其实施

试验调查的主要目的是检验调查目标的设计是否实际，调查方法、调查指标的设计是否适用，调查人员、调查对象的选择是否恰当，调查工作的安排是否合理，等等。这就是说，它的主要目的不是搜集资料和回答调查所要解决的问题，而是对调查方案的设计进行可行性研究。

试验调查的实施，一般应该注意以下几个问题：

(1)调查队伍要精干。调查的领导者和调查方案的设计者必须亲自参加，同时要选派若干有经验的调查人员作为试验调查的骨干。只有这样，才能较快打开调查局面，及时发现和解决调查设计中的问题，积累和总结实际调查经验。此外，还应该吸收少量新的、经验较少的调查人员参加，以便发现他们在调查过程中可能出现的种种问题，为以后培训调查人员做好准备。

(2)调查对象要适当。试验调查的调查对象要力求规模较小、数量较少、类型较多、代表性较强；要努力保持试验调查单位的自然状态，起码是不要人为地去改变试验调查单位的自然状态，否则就会失去试验调查的意义。

(3)调查方法要灵活。试验调查既然是“试验”，就应采取灵活机动的方法去做调查。自填式问卷调查不适合，可改为访问式问卷调查；集体访谈不成功，就改为个别访谈。设计的调查指标不合理，就按照实际情况修改；安排的调查日程不切合实际，就根据实际需要做必要调整，等等。总之，用什么方法能达到可行性研究目的，就采用什么样的方法。

(4)多点对比试验调查。对于比较复杂的调查课题，在主客观条件允许的情况下，试验调查不能只有一个点，而应该采取多点对比方法进行试验调查。这种多点对比试验调查，可以是同一设计方案的多点对比调查，也可以是不同设计方案的多点对比调查；可以是同一设计方案的重复对比调查，也可以是不同设计方案的先后对比调查或交叉对比调查。“不怕不识货，就怕货比货。”多点对比试验调查，是对调查设计进行可行性研究的最有效的方法。

(5)做好试验调查的工作总结。要认真分析试验调查的过程和结果，总结其成败得失的主要方面及其主客观原因。在此基础上，修改和完善原设计调查方案，使其成为切实可行的调查工作指南。此外，还要制订培训调查人员的具体计划，使试验调查的成果变成全体调查人员共同的经验和财富。

第五节　实施调查的一般程序

就每一项社会调查课题来说，实施调查的程序一般可分为四个阶段，即准备阶段、调查阶段、研究阶段和总结阶段。

一、准备阶段

准备阶段的主要任务是：选择调查课题，进行初步探索，提出研究假设，设计调查方案，组建调查队伍。其中，正确选择调查课题是搞好社会调查的首要前提；认真进行初步探索、明确提出研究假设是做好调查设计的必要条件；科学设计调查方案是准备阶段完成的主要标志，是保证调查取得成功的关键步骤；慎重组建调查队伍是顺利完成调查任务的组织保证。

准备阶段是社会调查的决策阶段，是社会调查工作的真正起点。社会调查的领导者和组织者必须舍得花大力气做好这个阶段的工作。实践证明，许多大规模的社会调查(如全国人口普查)、比较复杂的社会调查(如社会结构变迁调查、中国综合社会调查)，往往需要几个月甚至几年时间做准备，而实施现场调查的时间却少得多。过去许多社会调查之所以失败或不能得出正确结论，其重要原因之一就是没有认真做好调查前的各项准备工作。

二、调查阶段

调查阶段的主要任务是：按照调查设计要求，做好调查对象的资料搜集工作。

如果采用现实调查方法(如实地观察、访问调查、问卷调查、实验调查等)，对于社会调查领导者和组织者来说，要特别注意做好这个阶段的外部协调和内部指导工作。

现实调查方法的调查阶段，是调查者与被调查者接触的唯一阶段，是受外部因素影响最大、而又无法完全控制的阶段。要顺利完成调查任务，必须做好外部协调工作：一是依靠被调查者所在地区或单位的组织，争取他们的支持和帮助，尽可能在不影响或少影响他们正常工作的前提下合理安排调查工作；二是密切联系被调查者，争取他们的理解和合作，绝不做损害他们利益或感情的事，绝不介入他们的内部矛盾，在可能的条件下给予他们必要的帮助。

现实调查方法的调查阶段，调查人员的工作是分散的，要保证调查人员按照统一设计要求完成调查任务，就必须加强指导。一般来说，调查阶段初期，应注重调查人员的实战训练，帮助他们尽快打开调查工作局面，并搞好质量控制。调查阶段中期，应注意总结交流调查工作经验，及时发现和解决调查中出现的新情况、新问题，促进调查工作的平衡发展。调查阶段后期，要狠抓调查扫尾工作，严格检查和初步整理调查资料，及时发现问题和就地解决问题。

调查阶段是现实调查方法的唯一现场实施阶段，是获取第一手材料的关键阶段。这个阶段，调查人员最分散，外界接触面最广，工作量最大，情况最复杂，变化最迅速，实际问题最多，指挥调度也最困难。因此，社会调查的领导者和组织者必须亲临第一线，集中精力做好外部协调工作和内部指导工作，力求以最少人力、最短时间、最好质量完成现场调查任务。

如果采用历史调查方法(文献调查、遗存调查)和虚拟调查方法(网络调查、大数据调查)，社会调查的领导者和组织者也要做好两方面工作：一是与拥有调查对象或设备(如文献、遗存、网络记录、大数据等)的单位做好协调工作，争取他们的支持和帮助。二是组织调查人员做好调查对象(如文献、遗存、网络记录、大数据等)有关资料的获取、摘录、下载、复制等工作。

三、研究阶段

研究阶段的主要任务是：审查资料、统计分析和思维加工。

审查资料，就是对调查的文字资料和数字资料进行全面复核，区分真假和精粗，消除资料中的假、错、缺、冗现象，以保证资料的真实、准确和完整。整理资料，则是对审核后的资料初步加工，使之条理化、系统化，并以集中、简明方式反映调查对象的总体情况。

统计分析，就是运用统计学原理和方法研究社会现象的数量关系，揭示事物发展的规模、水平和结构，说明事物发展的方向和速度，寻找社会现象的因果联系等，为思维加工提供准确、系统的数据。在统计分析中，应使用计算机和统计软件来处理数据，以不断提高数据分析的精度、深度和效率。

思维加工，就是运用各种科学思维方法，以及与调查课题有关的各专门学科的科学理论和方法，对审查、整理后的文字资料和统计分析后的数据资料进行分析研究，说明社会现象之间的相关关系或因果关系，揭示事物的本质及其发展规律，检验研究假设，得出理论性结论。如果是应用性调查课题，还应进一步提出对实际工作的对策性建议。

研究阶段是社会调查的深化、提高阶段，是从感性认识向理性认识飞跃的阶段。在这个阶段，跑腿的事已大大减少，动脑、动手的事却大大增加。对于社会调查的领导者、组织者和研究人员、统计分析人员来说，工作任务将更为紧张和繁重。社会调查能否出成果，以及成果质量的高低、社会作用的大小，在很大程度上取决于这个阶段的工作。

四、总结阶段

总结阶段的主要任务是：调查报告的撰写与发送；调查成果的整理与保存；调查成果的评估和应用。

调查报告是调查研究成果的集中体现，是对社会调查工作质量及其成果的最重要总结。一般来说，每项社会调查课题都应该有自己的调查报告。

调查成果，包括调查报告的原稿；调查过程中搜集的文献资料、影像资料，以及各种实物资料；调查过程中形成的社会关系、人际关系；调查过程中使用和保存下来的技术手段等。所有这些都是调查的成果，都应该全面整理和妥善保存(包括云端保存)。它们是今后开展社会调查的基础性的重要资源。

调查工作的评估和总结，包括调查报告等成果的评估、调查成果的应用和调查工作的总结等。通过评估和总结，既要广泛应用已有调查成果，又要认真总结调查研究工作的经验和教训，寻求改进调查工作的途径和方法，为今后更好地进行社会调查打下良好基础。总结阶段是社会调查出成果、出经验和服务社会的阶段。认真做好总结阶段的各项工作，对于展示社会调查成果、发挥社会调查功能、提高社会调查水平和能力具有重要意义。

在实际调查工作中，上述四个阶段是互相连接的，有时还是互相交错的，它们共同构成社会调查的完整过程。社会调查的一般程序如图 9-1 所示。

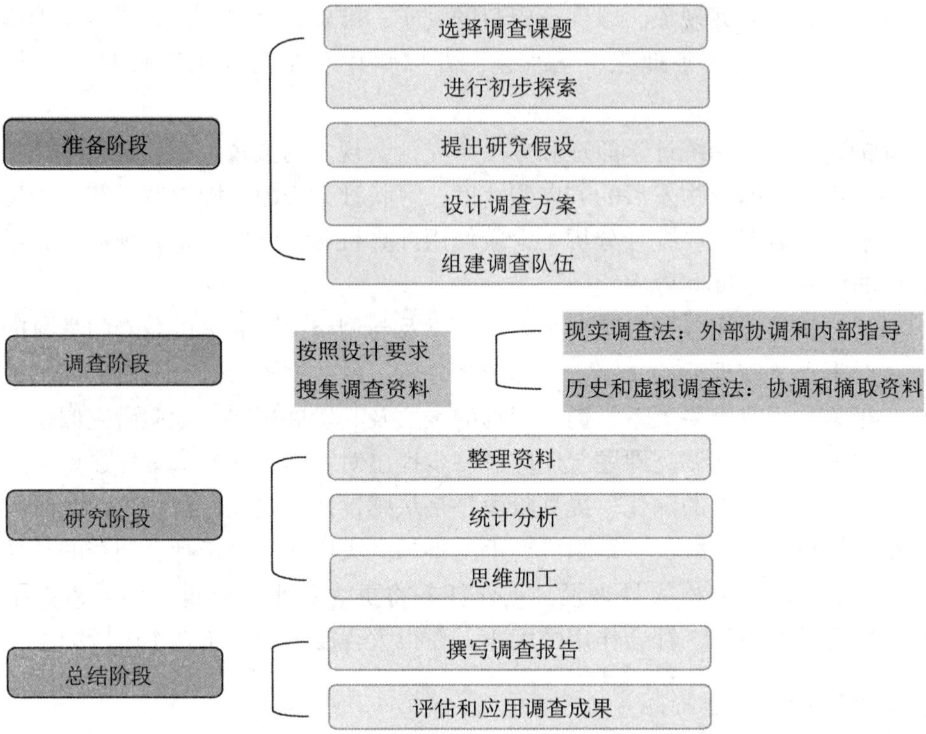

图 9-1　社会调查一般程序示意图

第十章　社会调查的类型

按照不同标准，社会调查可做多种分类。其中，最主要的是按照社会调查对象的范围，把社会调查分为普遍调查、典型调查和抽样调查这三类。

第一节　社会调查的分类

社会调查有两种类型。按照不同标准，社会调查可分为许多不同类别。①

一、社会调查的两种类型

社会调查有两种类型："走马观花"和"下马观花"。

所谓"走马观花"，就是一般的参观访问。例如，领导人到下属单位视察，兄弟单位互相访问交流，学者到基层参观访问，学生到工厂、农村参观见习等。这种参观访问调查，简便易行，费时不多，能了解到许多真实情况，能增加感性认识，有时还可能发现、提出一些问题。但是，这种参观访问调查一般只能了解到一些表面现象，而且往往带有较大的片面性、偶然性，因而绝不能根据参观访问的印象下结论、做决定。毛泽东说："大略的调查和研究可以发现问题，提出问题，但是还不能解决问题。要解决问题，还须作系统的周密的调查工作和研究工作"。② 此外，一般参观访问调查，容易被人"导航"，搞假调查。如果只是"坐在车上转，隔着玻璃看，只看'门面'和'窗口'，不看'后院'和'角落'",③ 很容易被虚假现象所迷惑，这是要高度警惕的。

所谓"下马观花"，就是作系统周密的调查。它是指调查者深入到调查对象生活、工作的地方，与他们做深入、系统、周密的调查。例如，党政领导干部到基层蹲点，学者到农村做田野调查，学生到工厂、车间锻炼，等等。这种"下马观花"，调查前，要认真设计调查方案，慎重选择调查对象；调查时，要采用切实可行方法，全面、系统地收集资料；调查后，要整理分析资料，深入思维加工；最后，要做出调查结论，提出解决问题的对策或建议。系统周密的调查，有利于了解社会的真实情况，有利于探讨问题的原因，有利于寻求解决问题的方案。但是，其调查结果往往因"人"而异，它既取决于调查者的基

① "类型"是指从各特殊事物或现象抽象出来的共通点；"类别"是指按种类不同而做出的区别。

② 毛泽东选集(第3卷)[M]. 北京：人民出版社，1991：839.

③ 习近平. 习近平谈治国理政[M]. 北京：外文出版社，2014：369.

本素质和工作态度，又取决于被调查者的认知水平和合作态度，而且往往需要花费较多的投入、较长的时间，因而不能轻易使用。

社会调查的两大类型各有利弊，应该根据实际需要和可能做出正确选择。本书所论述的调查方法，主要是针对“下马观花”式调查而言的。但是，其中部分内容，也适用于“走马观花”式调查。

二、社会调查的各种分类

按照不同标准，社会调查可分为许多不同类别。常见的分类有：

(1)按照社会调查对象的范围，可分为全面调查和非全面调查。全面调查，是指对调查对象总体全部单位的调查。普遍调查即普查，就是全面调查，如人口普查、经济普查，等等。非全面调查，是指对调查对象总体一部分单位的调查，如典型调查、个案调查、抽样调查，等等，都是非全面调查。

(2)按照社会调查的时间，可分为一次性调查、经常性调查和追踪调查。一次性调查，是指只进行一次的调查，如毛泽东的寻乌调查、兴国调查，等等。经常性调查，包括周期性调查、阶段性调查和不定期调查。周期性调查，是指以周、月、季、年或若干年为周期进行的调查，如人口普查、中国综合社会调查(CGSS)，等等。阶段性调查，是指根据事物发展阶段进行的调查，如根据淡季或旺季进行的市场调查、根据年龄开展的儿童少年调查、中青年调查、老年调查，等等。不定期调查，是指根据工作需要进行的无固定期限的调查，如根据社会治安状况开展的犯罪调查、根据民意状况开展的民意调查，等等。追踪调查，是指在不同时间对同类调查对象进行的对比调查。追踪调查可分为周期性追踪调查和不定期追踪调查。一次性调查属于静态调查，经常性调查、追踪性调查则属于动态调查。

(3)按照社会调查的空间，可分为区域性调查(如按东部、中部、西部等不同自然区域开展的调查，或按省、市、区等不同行政区划开展的调查)、全国性调查、国际性调查；农村调查、小城镇调查、大中小城市调查；山区调查、平原调查、湖区调查；农区调查、林区调查、牧区调查，等等。

(4)按照社会调查的目的，可分为政治性调查、行政性调查、学术性调查和应用性调查。政治性调查，是指以完成某种政治任务为主要目的而开展的调查，如土地改革调查，改革开放调查，等等。行政性调查，是指以完成某种行政管理任务为主要目的而进行的调查，如人口普查、社会保障调查，等等。学术性调查，是指以完成某种学术研究任务为主要目的而进行的调查，如家庭婚姻调查、中国综合社会调查(CGSS)，等等。应用性调查，是指以解决某类社会问题为主要目的而进行的调查，如市场调查、民意调查，等等。

(5)按照社会调查的方式，可分为直接调查和间接调查。直接调查，是指调查者与被调查者直接接触的调查，如实地观察、访问调查等，就是直接调查。间接调查，是指调查者通过某种中介向被调查者进行的调查，如文献调查、电话调查、网络调查等，就是间接调查。

此外，按照不同标准，社会调查还可分为：定性调查和定量调查；描述性调查、因果性调查和预测性调查；探索性调查和验证性调查；政治调查、经济调查、文化调查、社会调查、生态调查，等等。在社会调查各种分类中，最重要的是按社会调查对象范围划分的普遍调查、典型调查和抽样调查。

第二节 普遍调查

一、普遍调查的概念与意义

普遍调查，简称普查，是指对调查对象总体的全部单位无一例外地逐个进行的调查。普查有宏观、中观和微观之分。例如，全国人口普查，一般看作是宏观普查；全县个体户普查，一般看作是中观普查；个别单位的职工普查，一般看作是微观普查。总之，只要是对调查对象总体中每个单位进行的调查，都是普查。

传统的普查有两种方式：一是填报表，即由上级制定普查表，下级根据已掌握资料填报，如国家各系统、企业各部门实施的月报、季报、年报等；二是直接登记，即组织普查机构和人员，对调查对象直接登记，如人口普查、土地普查、经济普查等。在电子时代，出现了一种新的普查方式，如以身份证、社会保障卡、信用卡、医疗卡、读者卡等电子档案、电子记录为调查对象进行的普查。

普查具有重要意义。对于国家来说，普查总是对某些重大国情国力进行的调查，如全国人口普查、经济普查、农业普查等。这些普查对于正确认识国情、规划经济社会发展、应对环境变化、优化社会管理等具有重要意义。对于一个区域、一个行业、一个单位来说，普查则是正确认识本区域、本行业、本单位基本状况，搞好现实管理，科学规划未来的一项基础性工作。

快速普查，是普查的一种特殊形式，具有全面、准确、快速的特点。快速普查，在调查项目上，应尽可能少设计调查指标，最好只有一两个调查指标。在调查方法上，应尽可能采用直达方式，即由快速普查组织者向被调查基层单位直接布置任务，直接收集资料，减少或者排除中间环节。在调查手段上，应尽可能使用现代化工具，如电话、电子邮件和网上调查等。快速普查的主要特点是快速，由于调查项目少、获取信息少，只在特殊情况下采用。

二、普查应该注意的事项

(一)普查项目必须简明

由于普查工作人员多，调查对象广，组织工作异常复杂，因而调查项目必须简明，否则不仅难以准确调查，而且难以统计分析。1953 年第一次人口普查，只有姓名、与户主的关系、性别、年龄、民族、住址 6 个项目。以后，由于电子计算机等现代技术的应用，调查项目才有所增加。2010 年第六次全国人口普查，采取国际上通行的长短表方式，90%的户填报短表，10%的户填报长表。2020 年第七次全国人口普查，普查项目主要是人口和住户的基本情况，包括姓名、公民身份号码、性别、年龄、民族、受教育程度、行业、职业、迁移流动、婚姻生育、死亡、住房情况等，从总体看仍然比较简单。

(二)普查时点必须同一

普查必须调查同一时点的状况，否则会出现调查误差。例如，2019 年全国平均每天出生 4.01 万人，死亡 2.73 万人,① 人口普查时点相差一天，就有可能造成 1.28 万人的误差。因此，规定调查的同一标准时点是保证普查结果准确性的客观要求。需要说明的是，“时点”与“时期”是有区别的。“时点”，是指某一个确定的具体时间点。例如，第七次全国人口普查规定的标准时间点是 2020 年 11 月 1 日零时，就是一个时点概念；“时期”，则是指两个时点之间的一段时间。如第七次人口普查调查 2020 年的出生人数，是指 2019 年 11 月 1 日 0 点至 2020 年 10 月 31 日 24 点这两个时点之间出生的人数，这就是一个时期概念。普查时，应该根据普查内容的实际需要区分时点或时期的规定，二者不可混淆。

(三)登记时间必须选择恰当

普查现场登记时间，一般应选择在普查对象流动量较小、便于开展登记工作的时间。例如，全国人口普查最初选择在 7 月上半月现场登记，因为这半个月各类人口流动量最小，处于一年之中，便于安排工作——上半年准备、培训，下半年登记、统计，年底就可公布普查结果。但是，经过几次普查后发现，7 月上半月正值酷暑季节，江淮流域阴雨连绵，东南沿海台风频繁，全国多数地区处于防汛、抗洪、救灾时期，现场登记工作经常受到干扰。后经专家论证，从 2000 年第五次全国人口普查起，现场登记时间改为 11 月上旬。实践证明，此时全国人口流动量相对较小，多数地区自然灾害较少，是现场登记的最佳时间。

(四)登记工作应该尽快完成

社会现象变化极其迅速。以 2019 年为例，全国每天创造国内生产总值 2715 亿元，一般公共预算收入 522 亿元，全社会固定资产投资 1537 亿元，全社会消费品零售总额 1127 亿元。② 现场登记时间延误一天，就会造成很大的误差。因此全国人口普查现场登记时间一般为半个月，第五次、第六次全国人口普查缩短为 10 天。第七次全国人口普查，由于全面推行电子化采集方式，首次开发自主填报小程序，首次探索利用行政记录和大数据进行比对核查，探索使用智能手机采集数据,③ 进一步提高了采集数据效能，缩短了现场登

① 国家统计局. 中华人民共和国 2019 年国民经济和社会发展统计公报[N]. 人民日报，2020-02-28.

② 国家统计局. 中华人民共和国 2019 年国民经济和社会发展统计公报[N]. 人民日报，2020-02-28.

③ 夏振彬. 人口普查见证时代变迁[N]. 人民日报，2020-09-25.

记时间。

(五)尽可能按一定周期开展普查

只有按一定周期开展普查，才有利于对历次普查资料进行对比研究，有利于发现社会现象的发展趋势及其规律。对人口普查而言，联合国建议各国在“0”或接近“0”的年份开展普查工作，其目的就是便于在世界范围内对各国人口变化情况进行纵向、横向对比研究，以及纵横交错对比研究。

三、普遍调查的优点和局限性

普遍调查即普查的最大优点是调查资料的全面性和准确性。由于普查是对全部调查对象逐个进行的调查，与其他调查类型相比较，它所搜集的资料最全面，误差最小，精度最高，因此普查是了解国情、省情、市情、县情最重要的方法。

普查的局限性主要表现在两个方面。一是工作量大，成本高，组织工作复杂，时效性较差。例如，2010 年第六次人口普查，动用工作人员 600 多万人，直到 2011 年 4 月底才公布主要数据。二是调查内容有限，只能调查一些最基本、最重要的项目，很难对有关问题进行深入研究。因此普查应用范围比较窄，它主要适用于调查某些全局性的基本情况。

第三节　典型调查

一、典型调查的概念和理论基础

典型调查，是从调查对象中选择具有代表性的个别或少量单位作为典型，然后通过对典型的调查来认识同类社会现象本质及其发展规律的方法。例如，毛泽东的《寻乌调查》，陈云的《青浦农村调查》，就是典型调查的产物。

典型调查的特点是：调查对象的数量，是个别单位或少数单位；调查对象的确定，由调查者有目的、有意识地选择；调查的方式方法，主要是与调查对象面对面接触的直接调查，而且多是比较系统、深入的定性调查。

有一种观点认为，典型调查是手工生产方式的产物，只适用于落后的农业社会。这是不正确的。因为，世界上的一切事物，都是共性与个性、一般与个别的统一。列宁指出：“个别一定与一般相联而存在，一般只能在个别中存在，只能通过个别而存在”。① 人们对客观事物的认识，总是由个别到一般、由个性到共性，再由一般到个别、由共性到个性不断循环往复、不断向前发展的。个别与一般、个性与共性相互关系的原理，是典型调查的理论基础；典型调查方法，是人们认识事物本质及其规律的基本方法，是人类认识规律的具体体现。俗话说“麻雀虽小，五脏俱全”。要认识麻雀，不需要也不可能解剖所有的麻雀，而只要解剖几只麻雀，就可以得到对所有麻雀共同本质的认识。

① 列宁选集(第 55 卷)[M]. 北京：人民出版社，2017：307.

典型调查是中国共产党的重要调查方法，它不仅在中国民主革命过程中发挥过重要作用，而且在中国社会主义革命、建设、改革过程中发挥过重要作用。今后，在新时代中国特色社会主义建设过程中仍然具有广泛用途。典型调查没有过时，也永远不会过时，它永远是社会调查的一种基本类型。

二、典型调查应该注意的事项

(一)正确选择典型

典型，是同类事物中具有代表性的事物。所谓典型性，就是代表性。有人认为，越突出、越奇特就越典型，这是不正确的。事实上，越突出、越奇特的事物，代表性越小，典型性越差。越是平凡、普通的事物，代表性越高，典型性越强。

正确选择典型，是保证典型调查科学性的关键。正确选择典型：一要实事求是，不能按长官意志或个人愿望确定典型，更不能人为“树立”典型；二要坚持发展观点，要根据不断变化的实际情况选择典型，而不应总是围着老典型兜圈子，更不应搞“终身制”典型；三要选择有限的、相对的典型，而不应把典型理想化、绝对化，更不应搞无所不包、无所不能的“万能”典型；四要选择多层次、多类型的典型，可择高选点、择中选点、择低选点；可择优选点、择平选点、择劣选点，等等。通过多层次、多类型典型的对比调查，可提高典型调查的全面性和科学性。实践证明，正确典型选择，是提高典型调查结论代表性的关键；如果选择的典型没有代表性，那么，无论调查工作搞得怎样好，都不可能达到典型调查的目的。可以说，选点误差是典型调查的最大误差。

(二)艰苦深入的决心和作风

典型调查是深入基层、深入群众的调查，是与调查对象直接接触的调查，是工作生活环境比较艰苦的调查。例如，刘少奇的《湖南长沙、宁乡调查》、陈云的《青浦农村调查》,① 都经历过许多困难，才取得较好的调查成果。这说明，要搞好典型调查，必须有眼睛向下的兴趣和决心，有艰苦深入的作风。那种看似沉入井下、实则浮在水面的“井蛙”式“调查”，那种“坐着车子转、隔着玻璃看”的“调查”，那种浮光掠影、浅尝辄止的“调查”，以及借典型调查之名、行游山玩水之实的“调查”，是不可能搞好典型调查的。

(三)把调查与研究结合起来

典型调查多为定性调查，不仅要全面了解典型各方面的现象，还要研究造成有关现象的原因，揭示各种现象的本质及规律，探索解决问题的途径和方法。因此，典型调查不能满足于搜集社会信息，而必须加强对搜集信息的整理和分析，努力把调查和研究结合起来，把认识问题和探索解决问题的方法结合起来。

---

① 中共中央文献研究室. 毛泽东周恩来刘少奇朱德邓小平陈云论调查研究[M]. 北京：中央文献出版社，2006：214-240.

（四）慎重对待典型调查结论

典型虽是同类事物中具有代表性的单位，但它毕竟是共性中的个性、一般中的个别。列宁指出："任何一般只是大致地包括一切个别事物。任何个别都不能完全地包括在一般之中"。① 因此，必须慎重对待典型调查的结论；必须严格区分哪些是代表同类事物的具有普遍意义的东西，哪些是由典型自身特殊条件、特殊环境形成的只具有特殊意义的东西；必须对这两部分结论的适用范围做出科学说明，绝不可把典型调查的全部结论都当成普遍的东西，到处生搬硬套，更不可不顾时间、地点、条件，拿典型调查的结论到处去"将军"。

三、典型调查的优点和局限性

典型调查的优点：第一，它是面对面的直接调查，能获得比较丰富的第一手资料；第二，它是系统、周密的调查，可采用多种方法做反复、深入调查，能获得较真实、可靠的资料；第三，它便于把调查与研究结合起来，有利于揭示社会现象的相互关系，探索解决社会问题的道路和方法；第四，它是对个别或少数单位的调查，调查成本较低；第五，它的适用性强，在社会生活中具有广泛用途。因此，典型调查是其他类型调查不可代替的一种基本类型。

典型调查的局限性：第一，典型的选择容易受调查者主观意志左右，很难完全避免主观随意性；第二，典型调查的对象只是个别或少数单位，其代表性总是有限的；第三，典型调查的质量，在很大程度上取决于调查者的态度和能力，取决于调查对象的认知水平和合作程度，调查者的态度和能力不同，调查对象的认知水平和合作程度不同，调查结论就往往不同；第四，典型调查的结论中，哪些具有共性，哪些只是个性，它们的适用范围如何，往往很难用科学手段准确测定。这些局限性说明，典型调查不能代替普遍调查和抽样调查。

四、重点调查和个案调查

重点调查，是对某种社会现象比较集中的、对全局具有决定性意义的一个或几个单位进行的调查。例如，通过对全国几个重点钢铁企业生产、销售情况的调查，就可大体掌握全国钢铁行业生产与销售的基本情况；通过对一个城市几个重点超市销售结构与价格的调查，就可大体了解该市销售结构与价格的总体情况，等等。重点调查的特点是：调查单位不多，调查成本不高，却能了解到对全局具有决定性影响的基本情况。因此，它是一种具有广泛用途的调查方式。

重点调查类似典型调查，又不同于典型调查，其区别在于：一是调查目的和内容不同，典型调查的主要目的是认识同类事物的本质及其发展规律，多为定性调查，重点调查的主要目的是对某种社会现象总体数量状况做出基本估计，多为定量调查；二是调查对象

① 列宁选集（第2卷）[M]．北京：人民出版社，2012：558.

选择标准不同，典型调查是选择同类事物中具有典型性的单位作为调查对象，重点调查则是选择同类社会现象中具有集中性的单位作为调查对象；三是调查方法不同，典型调查只能是面对面的直接调查，重点调查则可以是直接调查，也可以是通过电话、传真、电子邮件等方式进行的间接调查。

个案调查也称个别调查，是指为某个特定目的、对某个特定对象(如个人、家庭、单位或事件)进行的调查。例如，费孝通的《江村经济》，就是基于对江苏省吴江县开弦弓村进行个案调查而形成的著作。又如，记者对某个特定大案要案的调查，就是个案调查。

个案调查的特点是，调查对象是个别的，调查方法是直接的，这与典型调查有相似之处。但个案调查与典型调查存在明显区别：一是调查对象特点不同，个案调查的调查对象是特定的、不可代替的，不存在选择问题；二是调查主要目的不同，个案调查的主要目的一般是就事论事，解决特定的具体问题，一般不存在探索同类事物的本质及其规律等问题。

第四节　抽样调查

抽样调查是在概率论和现代统计学基础上发展起来的一种调查方法，它是对普遍调查和典型调查的逻辑补充和发展。

一、抽样的概念、特点和程序

(一)抽样调查的基本概念

抽样调查，就是先将调查总体的全部单位编制成抽样框，然后按照一定规则从抽样框中抽取一部分调查单位作为样本，并以对样本调查的结果来推断调查总体的调查方法。

抽样调查的核心在于抽样。要正确抽样，必须先明确几个基本概念：

1. 调查单位和调查总体

调查单位，是指调查过程中获取社会信息的最基本单位。调查单位可以是个人、家庭、单位、社区等，也可以是各种社会事物(如住宅、耐用消费品等)和社会现象(如教育、医疗、婚姻、犯罪等)。调查总体，也称调查对象，是指全部调查单位的集合体(如一个县的全部乡镇，一个村委会的全部住宅，一个单位的全部职工，一个年度的全部刑事案件等)。

2. 抽样单位和抽样框

抽样单位，是指抽样过程中使用的单位，它可以是调查单位(如个人、单位、乡镇、住宅、刑事犯罪案件等)，也可以是调查单位的某种集合体(如对个人来说的组织，对学生来说的班级，对村委会来说的乡镇，对刑事案件来说的年度等)。抽样框，是指全部抽样单位的集合体，即进入抽样过程的全部单位的名单或编号(如某单位进入抽样过程的全部职工花名册，某乡镇进入抽样过程的全部村委会名单，某村进入抽样过程的全部住宅名单，某年度进入抽样过程的全部刑事案件卷宗编号等）。

调查单位与抽样单位一般存在着一致性。例如，在人口抽样调查中，调查单位是个人，抽样单位也是个人。但是，在整群抽样和多阶段抽样中，调查单位与抽样单位却往往不一致。例如，在整群抽样中，调查单位是职工，抽样单位则可能先是车间、班组，后才是职工；在多阶段抽样中，调查单位是农户，抽样单位则可能先是乡镇、村委会，后才是农户。

调查总体与抽样框一般也存在着一致性。例如，调查某居委会居民家庭情况，从理论上说，本居委会的全部居民家庭就是调查总体，居委会户口登记册就是抽样框。但是，由于外出或外来务工经商、房屋出租等原因，居委会户口登记册与在该居委会实际居住的居民家庭往往存在着很大差异。在这种情况下，要实事求是地开展调查工作，就不能根据原有户口登记册编制抽样框，而只能根据实际居住在该居委会的居民家庭编制抽样框。

3. 抽样和样本

抽样，是指按照一定规则从抽样框中抽取一部分单位作为样本的方法和过程。抽样有多种方法，每种方法都有一定的程序和规则（有关内容后面论述）。样本，是指按照一定规则从抽样框中抽取出来进行调查的单位。它可以是调查单位，即调查过程中获取社会信息的最基层单位，也可以是调查单位的某种集合体。例如，人口抽样调查中的样本，可以是人，也可以是人的某种集合体，如户、村、乡镇、县市等。职工收入抽样调查中的样本，可以是职工，也可以是职工的某种集合体，如班组、车间、企业等。

4. 参数值和统计值

参数值又称总体值，它是关于调查总体中某一变量的综合描述，或者说是调查总体中全部单位的某种属性或特征的综合数量表现。例如，2020 年全国居民人均可支配收入 32189 元。① 这个全国居民“总体”的人均可支配收入，就是一个参数值。统计值又称样本值，它是关于样本中某一变量的综合描述，或者说是样本中全部单位的某种属性或特征的综合数量表现。例如，2018 年 3 月 16 日国家统计局北京调查总队发布的《北京 2017 农民工监测调查报告》显示，月均收入 3230 元。这个“样本”月均收入，就是一个统计值。

（二）抽样调查的主要特点

与普查和典型调查相比较，抽样调查的主要特点是：

（1）调查单位只是从抽样框里抽出来的样本单位，而不是调查对象的全部单位，也不是个别或少数单位。

（2）调查样本一般按照随机原则从总体中抽取，而不由调查者主观确定。在随机抽样过程中，每个调查单位都有被抽中的同等概率。

---

① 国家统计局. 中华人民共和国 2020 年国民经济和社会发展统计公报[N]. 人民日报，2021-03-01.

(3)调查目的不只是了解调查样本，而是从数量上推断调查总体。

(4)样本数量和抽样误差可以准确计算，把样本数量控制在合理范围，把抽样误差控制在最小范围之内。

(三)抽样调查的一般程序

抽样调查的一般程序是：

1. 设计抽样方案

设计抽样方案，就是对调查总体、抽样方法、抽样误差、样本规模等有关抽样的问题，设计出具体的操作方案。它是抽样调查的决策阶段，只有根据调查课题的客观需要、调查对象的实际情况、调查者的现实可能，设计出科学的抽样调查方案，才能保证抽样调查的顺利实施。

2. 界定调查总体

界定调查总体，就是对调查总体的内涵和外延设计出明确的定义。从理论上说，调查总体应该等同于研究总体。但是，在实际操作中，调查总体往往不可能等同于研究总体，而只能是其中的一部分。例如，研究某市流动人口犯罪状况，从理论上说，研究总体应该是该市全部流动人口，但实际上研究人员只能根据所能掌握的该市一定区域内符合条件的流动人口作为调查总体，而不可能把该市全部流动人口包括进去。一般来说，调查对象的情况越复杂，研究总体与调查总体的差距就越大。因此，在设计抽样方案时，明确界定调查总体的内涵和外延，是一项相当复杂、困难而又必须认真做好的工作。因为，明确界定调查总体，是正确编制抽样框、正确开展调查，直至正确评价调查总体的基础或前提。

3. 编制抽样框

编制抽样框，就是搜集、编制进入抽样过程的全部单位的名单或编号。抽样框是抽样的基础，必须把全部抽样单位编制进去，既不能遗漏，又不能重叠。如果抽样分阶段、分层次进行，那么每一阶段、每一层次都要编制相应的抽样框。例如，在一个县市范围内进行育龄妇女生育状况抽样调查，就必须分阶段、分层次编制相应的抽样框，包括乡镇或街道层次的抽样框、村委会或居委会层次的抽样框、自然村或楼栋层次的抽样框、居民户层次的抽样框，等等。

4. 选择抽样方法

选择抽样方法，就是根据每一种抽样方法的优点和运用条件，结合调查对象的实际情况和特点，选择合适的抽样方法。

抽样方法有两类：一类是非随机抽样，它可分为偶遇抽样、判断抽样、配额抽样、滚雪球抽样和志愿者抽样等方法；另一类是随机抽样，它可分为简单随机抽样、等距随机抽样、分类随机抽样、整群随机抽样和多段随机抽样等方法。

凡是要从数量上推断调查总体的抽样调查，都必须采用随机抽样方法。

5. 抽取调查样本

抽取调查样本，就是按照设计的抽样方法从抽样框中抽取调查样本(有关这方面内容将在后面论述)。

6. 评估样本质量

评估样本质量，就是对样本主要特征的分布情况与调查总体主要特征的分布情况进行对比和评估。通常的做法是，将总体与样本的基本资料（如城乡、行政区划、性别、年龄、行业、职业等）进行比较，两者之间差距越小，则代表性越强，样本质量越高；反之，则代表性越弱、样本质量越低。

评估样本质量，可分为前评估和后评估。前评估是指抽样之后、调查之前的评估。通过前评估，如果发现样本质量不高，可采取重新抽样等办法来提高抽样质量。后评估是指抽样调查之后的评估，后评估不能改进样本质量，但可使调查者判明样本与总体之间的差异，从而有利于对调查结果做出正确评价。

二、非随机抽样及其方法

非随机抽样又称非概率抽样，是指不按照随机原则，而根据调查者意愿、判断或被调查者意愿等因素而抽取样本的方法。

非随机抽样有多种方法，常用的有以下几种：

（一）偶遇抽样

偶遇抽样又称方便抽样，是指调查者按照自己方便的方式抽取样本。例如，在商场、剧院、车站、码头等公共场所做拦截式调查，碰到谁就访问谁。它的优点是简单方便、省时省力，缺点是样本代表性差，有很大偶然性。

（二）判断抽样

判断抽样又称立意抽样，是指调查者根据自己的判断和对调查单位的了解来抽选样本。它可分为两类：一是印象判断抽样，是纯粹凭调查者的主观印象抽取样本；二是经验判断抽样，即调查者根据以往经验和对调查单位的了解来选取样本。判断抽样质量的高低，主要取决于调查者的判断能力和对调查单位的了解程度。

（三）配额抽样

配额抽样又称定额抽样，是指调查者先根据调查总体各组成部分所包含调查单位数量的比例分配样本数额；然后，由调查者在调查总体各组成部分内根据样本配额的数量，采用随机或非随机原则抽取样本。与偶遇抽样、判断抽样相比较，配额抽样抽取的样本分布比较均衡，代表性较高，但工作量也较大。

（四）滚雪球抽样

滚雪球抽样，是指先就近寻找个别调查单位作为样本进行调查，然后通过他（她）再去寻找新的调查单位作为样本进行调查。这样就像滚雪球一样寻找越来越多的调查单位作为样本，直至达到设计所要求的样本数量为止。例如，对球迷、戏迷、流浪乞讨人员、非法移民等特殊人群的调查，由于调查总体模糊不清，调查单位变动不居，因而只能采取滚雪球方式选取样本开展调查。

(五)志愿者抽样

志愿者抽样，是指在志愿者中抽取调查样本。例如，在心理实验、医疗实验中，往往从招募的志愿者中抽取样本进行调查。由于这是基于个人意愿接受的调查，因而调查质量一般较高，但是其代表性取决于志愿者的代表性。

非随机抽样的样本质量，主要取决于调查者的主观素质、工作态度和各种偶然因素，其代表性一般较差，样本调查资料不能从数量上准确推断调查总体。但是，它简便易行，在不需要从数量上准确推断调查总体的课题中可广泛采用。

三、随机抽样及其方法

随机抽样又称概率抽样，是指以概率论为基础，按随机原则抽取样本的方法。所谓随机原则，又称机会均等原则，即抽样框中每一个抽样单位都有被抽取成为样本的同等概率。常用的随机抽样方法有以下几种：

(一)简单随机抽样

简单随机抽样又称纯随机抽样，是指按照随机原则在抽样框中抽取部分单位作为样本的抽样方法。常用的简单随机抽样方法有：

(1)直接抽样法，是指直接从抽样框中随机抽取若干单位作为样本的方法。例如，直接从仓库产品中随机抽取若干产品作为样本的方法；直接从课堂学生中随机选择若干学生作为样本的方法等。

(2)抽签或抓阄法，是指首先将抽样框里的全部单位编号，做成签或阄；其次，把签或阄搅拌均匀；最后，采取掷骰子、抽签、抓阄等方法随机抽取签或阄，被抽中的签或阄所代表的单位就是样本，直到抽满规定的样本数为止。

(3)随机数表法，是指在用自然数 0~9 组成的随机数表中随机抽取样本的方法。例如，某高校做“2020 届大学毕业生就业状况调查”，要在 5000 名毕业生中抽取 500 人作为样本进行调查，具体做法是：第一步编制抽样框，即按照一定规则编制 5000 名毕业生的名单，给每位毕业生确定一个编号(1~5000)；第二步选用随机数表，其位数应该与抽样框编号位数相一致，本调查抽样框编号(1~5000)有 4 位数，因此应选用有 4 位数的随机数表作为抽样工具(假定为表 10-1)；第三步抽取第一个号码，即按随机原则在随机数表上抽取任意列、任意行的 4 个数字作为第一个号码(假定为第 3 列、第 2 行的 0623)，它所代表的抽样单位就是第一个样本；第四步抽取样本，即在随机数表上按照一定规则抽取样本。假定本调查按照隔列、从上到下的规则抽取样本，那么，抽样框中 1~ 5000 之内的号码，均为抽中的样本(例如，第 3 列第 4 行的 4430、第 5 行的 0175……隔列第 5 列第 4 行的 1734、第 8 行的 2413……)；5000 以上的号码或被抽出的重复号码，均为淘汰号码。按照这种规则和方法，直到抽满 500 个样本为止。

表 10-1　随机数表

7807	6982	6157	3413	9180	9526	**4092**	4098	7371	8079	7653
4167	9093	**0623**	0856	6376	2427	6328	3940	**3537**	7804	**0849**
5417	6764	5543	6273	6303	3204	**3692**	3575	5730	1930	5320
0327	9534	**4430**	9816	**1734**	2488	8298	7131	9013	3600	7840
1472	3534	**0175**	9464	8728	6580	**4372**	3560	**1298**	8653	6238
1501	1536	**2011**	1048	8164	9164	6179	1414	**2590**	6207	**2096**
1085	2176	5182	5129	7452	1630	6075	9214	**4942**	5309	7096
6742	3539	**3126**	1483	**2413**	5974	9251	9473	8926	6364	**3591**

(4)计算机抽取法，是指运用统计软件产生的随机数抽取样本的方法。目前，许多统计软件都有产生随机数的程序，因而许多人都采用这种简便、快捷的方法来随机抽取样本。但是，统计软件产生的随机数一般有循环周期，无法完全保证随机性。因此，最好还是采用前几种简单随机抽样方法。

简单随机抽样，体现了随机原则，是随机抽样中最简单、最基本的方法，是其他随机抽样方法的基础。它的优点是：抽样过程完全排除了主观因素的干扰，简单易行，有抽样单位名单就可进行。它的缺点是：只适用于调查单位数量不多的调查总体，如果调查单位数量巨大，编制抽样框则十分复杂，甚至无法编制；抽取出来的样本可能过于分散或集中，样本代表性较差，抽样误差较大。

(二)等距随机抽样

等距随机抽样，又称机械随机抽样或系统随机抽样，是指按照随机原则在抽样框中等距离抽取部分单位作为样本的抽样方法。例如，在某居委会做“2020 年居民收入情况调查”，要在 1200 户居民中抽取 120 户作为样本进行调查，具体做法有四步。第一步，编制抽样框，即按照一定规则编制 1200 户居民的名单，并给每户居民确定一个编号(1～1200)。第二步，计算抽样间距，其公式是：抽样框户数÷样本数＝抽样间距。该居委会的抽样间距：1200÷120＝10。第三步，抽取第一个样本，即在第一个抽样间距 1～10 户中，按随机原则抽取 1 户作为第一个样本。假定随机抽取的号码是 6，那么编号 6 的户就是第一个样本。第四步，抽取样本，即以编号 6 的户为起点，按照抽样间距 10 抽取样本。这样，编号为 6、16、26……1196 的 120 户，就是样本。

等距随机抽样的优点是，样本在抽样框内分布比较均匀，具有较高的代表性，抽样误差小于简单随机抽样，而且比较简便易行，只要编制了抽样框，计算出了抽样间隔距离，抽取了第一个样本，整个样本就确定了。它的缺点是，抽样单位总数不能太多，要有完整的登记册，否则就难以实施。此外，抽样间隔距离要避免与调查对象的周期性节奏相重合，否则就会出现系统性抽样误差。例如，做企业职工出勤率调查，最好避开周五，因为许多企业职工周五出勤率较低。如果抽取的第一个样本是周五，抽样间距是 7 天，那全部样本单位都是周五，调查结果就会产生系统偏差，调查结果就不能准确说明调查总体的情况。

(三)分类随机抽样

分类随机抽样，又称类型随机抽样、分层随机抽样，是指先按照一定标准将抽样框中的全部抽样单位分成若干类型或层次，然后在各类型或层次中按照随机原则抽取样本的方法。例如，某企业有职工 8000 人，假定要抽取 800 人做职业培训调查，其具体做法是：第一步，分类(或层)和编号，即按一定标准把抽样框中的全部单位(职工)分为若干类(或层)，假定按职业把全部职工分为工人、技术人员和管理人员三类，其中工人 4800 人，技术人员 2400 人，管理人员 800，然后分别编号；第二步，确定各类(或层)抽取样本的数量，如果根据各类(或层)抽样单位在抽样框总数中的比例确定各类(或层)抽取样本的数量，那么上述三类人员在职工总数中的比例是：工人 60%，技术人员 30%，管理人员 10%，据此确定各类(或层)人员抽取样本的数量是：工人 480 人，技术人员 240 人，管理人员 80 人；第三步，抽取样本，可按照简单随机抽样或等距随机抽样等方法，从三类人员中分别抽取相应数量的样本。

做好分类随机抽样的关键是，分类标准要科学、符合实际情况，许多复杂社会现象应按照多种标准做多种分类或综合分类。例如，研究城镇居民收入的变化，可按行业分类，可按职业分类，还可按行业、职业交叉分类，以及按行业、职业、性别、年龄等标准综合分类。科学的分类标准，应该符合 3 项要求：一是同类抽样单位之间同质性最大，不同类抽样单位之间异质性最大；二是每一个抽样单位都应明确归属于某一类，不能互相交叉或重叠；三是分类后各类抽样单位数量之和，必须等于抽样框内抽样单位总数，而不允许大于或小于这个总数。

分类随机抽样的优点是，适用于抽样单位数量较多、异质性较大、分布较悬殊的调查总体，由于通过分类把同质性较大的抽样单位集合为一类、把异质性较大的抽样单位区分为不同的类，提高了样本的代表性，因而抽样误差较小或所需样本数量较少。与简单随机抽样和等距随机抽样相比较，在样本量相同的情况下，它的抽样误差较小；在抽样误差要求相同的情况下，它所需要的样本数量较少。分类随机抽样的缺点是，必须对调查总体各单位情况有较充分的了解，否则就无法科学分类，而这一点在实际调查之前又往往难以做到。

(四)整群随机抽样

整群随机抽样，又称聚类随机抽样或集体随机抽样，是指按照随机原则在抽样框中根据抽样单位的群体抽取样本的方法。例如，某居民小区有 50 栋居民楼，每栋楼居住 20 户，共有 1000 户居民。假定要抽取 200 户做社会保障调查，其具体做法是：第一步，划分群体，即将每栋居民楼作为一个群体，共分为 50 个群体；第二步，抽取样本群体，即按照随机原则(简单随机抽样、等距随机抽样或分类随机抽样均可)从 50 个群体中抽取 10 个群体(居民楼)作为样本；第三步，入户调查，即对样本群体(10 栋居民楼)中的每一个抽样单位(户)逐个进行调查，共调查 200 户。

整群随机抽样的抽样对象不是抽样单位，而是抽样单位群体，如居民小区中的居民楼、学校中的班级、城镇的街道或居委会、农村的行政村或自然村等。整群随机抽样的优点是，可以避开总体分散而且缺乏有效抽样框的困难，简化抽样过程，调查样本比较集中，调查工作比较方便，可节省调查成本。它的缺点是，调查样本分布不均匀，代表性差。与上述几种抽样方法相比，在样本数量相同情况下，抽样误差较大。

(五)多阶段随机抽样

多阶段随机抽样，又称多级随机抽样或分段随机抽样，是指按照随机原则把从抽样框中抽取样本的过程分成两个或两个以上阶段进行抽样的方法。例如，《中国百县市经济社会调查》中居民问卷调查的抽样，就是按多段随机抽样设计的。多段随机抽样的具体步骤是：第一步，确定抽样单位。先将抽样框中的单位按一定标准分成若干群体，作为第一级抽样单位，如上述调查中，以县级单位(县、市、区)作为第一级抽样单位。然后，将第一级抽样单位分成若干小群体(如乡镇)，作为第二级抽样单位。依此类推，还可分为第三级抽样单位(如村委会、居委会)、第四级抽样单位(如户)。第二步，抽取各级样本，即按照随机原则先在第一级抽样单位中抽出若干群体作为第一级样本(县、市、区)，再在第一级样本中抽出第二级样本(如乡镇)。依此类推，还可抽出第三级、第四级样本。调查单位为第三级样本者，称为三段随机抽样；调查单位为第四级样本者，称为四段随机抽样。第三步，对最后一段抽出的样本，逐个开展调查。

例如，假定在某县做教育状况调查，该县有 20 个乡镇，每个乡镇平均有 10 个村(居)委会，每个村(居)委会平均有 10 个村(居)民小组，每个村(居)民小组平均有 50 户居民，全县合计就有 20 个乡镇、200 个村(居)委会、2000 个村(居)民小组、10 万户居民。如果采用四段随机抽样方法抽取 5‰的户(即 500 户)做样本，具体做法是：第一步，确定抽样单位。该县有乡镇、村(居)委会、村(居)民小组和户四个层次，就采取四段随机抽样方法抽取样本，并确定乡镇为第一级抽样单位，村(居)委会为第二级抽样单位，村(居)民小组为第三级抽样单位，户为第四级抽样单位(如果在企事业单位做四段随机抽样，这四级抽样单位也可以是企业、车间、班组、工人，或学校、年级、班组、学生，或院、所、室、个人等)。然后，采取不同抽样方法，分四段抽取样本：

一段抽样，从县抽到乡镇。如果该县各乡镇经济发展状况差异较大，就应采用适于抽样单位异质性较大的分类随机抽样方法。

二段抽样，从乡镇抽到村(居)委会。在一个乡镇范围内，各村(居)委会经济发展状况的差距一般不会太大，为了使样本分布比较均匀，可采用等距随机抽样方法。

三段抽样，从村(居)委会抽到村(居)民小组。为了便于集中调查，节约人财物力和时间，可采取整群随机抽样方法。

四段抽样，从村(居)民小组抽到户。为了简便易行，可采取简单随机抽样方法。

多阶段随机抽样方法的优点是：①它适用于调查总体范围大、调查单位多、情况比较复杂的调查对象；②它有利于把各种随机抽样方法的优点综合起来，从而达到以最小的人财物力消耗、最短的时间获得最佳调查效果的目的；③它对调查总体各单位情况了解程度的要求较低，一般只要求对下一个层次单位情况有所了解就可以抽样。它的缺点是：抽样程序较为复杂，抽样阶段越多抽样误差越大，它的误差是各阶段抽样误差之和。因此，为了控制抽样误差范围，分段抽样的阶段数应尽可能少。

总而言之，随机抽样的最大优点是能有效排除调查者主观因素的干扰，保证抽取出来的样本具有较高的客观性和代表性，而且能够有效控制抽样误差，从而有利于从数量上计算调查样本的统计值和推论调查总体的参数值。

四、抽样调查应该注意的事项

(一)抽样框的编制问题

抽样框是抽样的基础，科学抽样必须以真实的抽样框为前提。然而，在实际调查中，人们往往忽视编制抽样框的重要性和复杂性，随意拿一些原有表册，如居委会户口册、村委会花名册、单位工资表等作为抽样框，这是不妥的。

第一，把城镇居委会户口册作为抽样框存在许多问题：一是有些城镇，机关、企业、事业单位的户口往往直接由公安部门管理，居委会只管理无单位管辖的城镇居民的户口；二是中央、省、市属行政、事业、企业单位的工作人员，虽然居住在本城镇，但其中部分工作人员及其家属的户籍并不在本城镇；三是外来务工经商人员和住读学生常年居住在本城镇，但户籍不在本城镇。四是在本城镇户籍居民中，相当一部分人常年外出务工、经商、求学，不居住在本城镇。五是随着城镇建设和经济社会发展，家庭户分合和住址变更越来越频繁，居委会户口册的更新滞后。这说明，把居委会户口册当作抽样框往往不符合实际。

第二，把农村村委会花名册作为抽样框也有许多问题：一是外出务工经商农民及其家属常年工作、生活、学习在外地，其户籍仍在本村花名册中；二是部分农村有外来务工经商人员，有的还带有家属，他们的户籍都不在本村花名册中；三是随着农村经济社会发展和人口流动加速，农户分合、住址变更越来越频繁，村委会花名册的更新往往滞后。四是为了减轻负担或多得好处，往往存在“一家多户”或“一户多家”现象(如为了多获得权利而假分家，为了少承担义务而假合家)。这说明，简单地将村委会花名册拿来当作抽样框使用是不可靠的。

第三，把行政、企业、事业单位的工资表作为抽样框也存在许多问题：一是许多单位有上级借调、派往外地工作、学习的人员，以及离休退休、内部退养、长期病休的职工，他们都有工资或离退休费，但长期不在本单位工作，是否应该进入抽样框？二是有些单位存在停薪留职、停薪求学等人员，他们不在本单位工作、不拿工资，但有劳动人事关系，应该如何对待？三是有些单位有不少暂聘人员、合同工、临时工、外借人员、实习人员等，他们在本单位工作，但工资有的在本单位发放，有的在外单位发放，有的没有工资，应该怎样处理？这些复杂情况说明，把单位工资表作为抽样框的是有漏洞的。正确的做法应该是：首先，多方搜集原有登记表、花名册，如居委会户口册、村委会花名册、单位工资表等，将其作为编制抽样框的基础；其次，确定调查总体的内涵和外延，主要是从实际情况出发，制定进入抽样框的具体规则，把一切应该调查的对象都纳入，把一切不应该调查的对象都剔除；最后，修改或补充原有的户口册、花名册、工资表，编制出符合实际情况的抽样框。

(二)抽样概率问题

在整群随机抽样、分类随机抽样和多段随机抽样中，都存在分群或分类问题，而每一个群体或类所包含的调查单位往往不一样，有的相差悬殊，这就产生了一个抽样概率问题，即对于调查单位来说，群体或类的规模越小，被抽中的概率越高；反之，抽中的概率越低。例如，甲乙两村被抽为样本，其中甲村有400户、乙村只有100户，假定每村抽20户作为样本，那么甲村村民被抽中的概率是400÷20＝20，即每20户抽取一个样本，抽中的概率为5%；乙村村民被抽中的概率则是100÷20＝5，即每5户抽取一个样本，抽中的概率为20%。显然，这就违背了随机抽样的同等可能性原则。

如何解决这个问题呢？有两种方法：

一种方法是概率与规模成比例抽样，简称PPS抽样。其原理是：赋予规模不等的群体或类与其规模成比例的入样概率，从而使每个调查单位都有被抽中的同等概率。例如，某乡镇有10个村、4000户，要选取200户做样本。其具体做法是：第一步，将10个村按区位编号、列表，并说明每个村的“户数”；第二步，计算每个村户数占全乡镇总户数的比例和累计比例，并按累计比例编制“抽样号码”；第三步，按等距随机抽样方法抽取5个“抽样号码”作为样本，样本间距离为20，假定第一个抽样号码为4，那么第4、24、44、64、84号被抽中为“抽样号码”；第四步，每个“抽样号码”调查40户，即01、06、08号村各调查40户，03号村有2个“抽样号码”，调查80户，见表10-2。

表10-2　某乡镇PPS抽样简况

村委会编号	户数	占总户数比例(%)	累计比例(%)	抽样号码	等距抽样选取的号码	入样村委会和调查户数
合计	4000	100.0	100.0	1~100	5个号码	200
村委会01	200	5.0	5.0	1~5	4	40
村委会02	160	4.0	9.0	6~9		
村委会03	1440	36.0	45.0	10~45	24、44	80
村委会04	200	5.0	50.0	46~50		
村委会05	120	3.0	53.0	51~53		
村委会06	760	19.0	72.0	54~72	64	40
村委会07	320	8.0	80.0	73~80		
村委会08	400	10.0	90.0	81~90	84	40
村委会09	280	7.0	97.0	91~97		
村委会10	120	3.0	100.0	98~100		

另一种方法是样本与规模成比例抽样，简称SPS抽样，其原理是：赋予规模不等的群体或类与其规模成比例的样本数，从而使每个调查单位都有被抽中的同等概率。如前例，某乡镇有10个村、4000户，要选取200户作为样本。其具体做法是：第一步，将10个村按区位编号、列表，并说明每个村的“户数”；第二步，计算每个村户数在全乡镇总户数中的比例；第三步，计算全乡镇总户数与样本的比例，即4000÷200=20；第四步，按照每个村户数比例分配样本数；第五步，各村按照随机抽样方法(可以是简单随机抽样，也可以是等距随机抽样、分类随机抽样等)抽取调查样本，见表10-3。

表10-3 某乡镇SPS抽样简况

村委会编码	户数	比例(%)	按户数比例分配的样本数
合计	4000	100.0	200
村委会01	200	5.0	10
村委会02	160	4.0	8
村委会03	1440	36.0	72
村委会04	200	5.0	10
村委会05	120	3.0	6
村委会06	760	19.0	38
村委会07	320	8.0	16
村委会08	400	10.0	20
村委会09	280	7.0	14
村委会10	120	3.0	6

样本与规模成比例抽样，同非随机抽样中的配额抽样方法基本相同，即样本数与调查单位规模成比例。它们的区别在于：在配额抽样中，最后是采用非随机抽样方法(如偶遇抽样、判断抽样等)抽取样本；在样本与规模成比例抽样中，最后是按照随机抽样方法(可以是简单随机抽样，也可以是等距随机抽样、分类随机抽样等)抽取样本。

显然，SPS抽样操作更简便，样本更均匀，但样本较分散，调查难度较大、调查成本较高。反之，PPS抽样操作较复杂，样本比较集中，有利于调查工作的开展、降低调查成本。

(三)入户后选择调查对象问题

在社会调查中，选择调查对象一般条件是：16(或18)周岁及以上、思维正常、有口头回答问题能力、常年在家庭生活的成员。在抽样调查中，经常遇到这样的情况，调查员入户后发现样本户中有几位符合上述条件的家庭成员，应该选择哪一位作为调查对象呢？在实际调查中，人们往往习惯于选择户主或了解情况的家庭成员作为调查对象。这样做的好处是，他们对家庭情况比较熟悉，回答效率和质量较高。但是，它的弊端是，在主观指标调查方面往往忽视了不当家的妇女、青年、老人的意见、看法、态度、感受、期望和建议。解决这个问题的方法是，抽样到户后再做一次入户后的抽样，即从几个符合条件的家庭成员中选取一人作为调查对象。入户后的抽样有多种方法，其中最简便、易行的方法有两种：

一种可称为"生日相近法"，即在调查问卷的封面或询问问题的前面印制一份《家庭成员登记表》，只设计"家庭成员编号"(问卷调查一般是匿名的，没有"姓名"栏目)、"与户主的关系""性别""出生年月日""备注"等栏目。调查员入户后先填写《家庭成员登记表》。然后，在符合上述条件的家庭成员中，选择出生日期与调查日期最接近的家庭成员作为调查对象。

另一种可称为"男女老少法"，即在设计调查问卷时，除规定作为调查对象必须具备的条件外，把符合条件的调查对象按性别和年龄分为四类："最大年龄男性""最大年龄女性""最小年龄男性""最小年龄女性"，并按各占25%的比例设计和印刷在调查问卷首页上。调查员入户后，就按调查问卷首页上印制的性别、年龄规定，选择符合的家庭成员作为调查对象。

实践证明，上述两种方法的优点是：简便易行，有利于贯彻随机原则，排除调查员个人好恶等主观因素的干扰。缺点是：选中的调查对象，或者不熟悉家庭情况，或者不在家，致使调查无法进行。

为了解决上述问题，设计时调查问卷时应该明确规定，哪几种情况(如完全不了解家庭情况的，已经外出、调查期间不可能回家的，等等)可以换人(既选择样本户中第2个、第3个与调查日期相近的家庭成员作为调查对象，或按"最大年龄男性""最大年龄女性""最小年龄男性""最小年龄女性"的顺序更换调查对象)；哪几种情况(如全家外出，调查期间不可能返回的；家庭成员中无符合条件的调查对象，等等)可以换户(即动用备用样本)。只要设计的换人、换户规则没有违背随机原则，那么即使更换了调查对象，或者更换了调查户，仍然符合随机抽样原则。

五、抽样误差和样本规模

(一)抽样误差

抽样调查的目的是用样本统计值推断总体参数值，但无论采用何种抽样方法，样本统计值与总体参数值之间总会存在一些误差，其来源有二：

一是非抽样误差，即调查过程中人为操作失误造成的误差，如调查方案设计不合理、抽样方法有违随机原则、调查操作或数据处理失误等。非抽样误差可以通过主观努力尽量减小，但无法计算出误差到底有多大。

二是抽样误差，即随机抽样过程中产生的样本统计值与总体参数值之间的差异。它与人为操作无关，而与以下三种因素有关。第一种是抽样方法。任何一种抽样方法都会产生一定抽样误差，采用不同抽样方法产生的抽样误差是不一样的，因此，调查者应发挥主观能动性，尽可能选择抽样误差最小的抽取方法。第二种是调查总体分布状况。调查总体中各个体异质性程度越大，抽样误差就越大；反之则抽样误差就越小。第三种是样本规模。样本规模越大，抽样误差越小；反之则抽样误差越大。这就是说，调查总体异质性程度与抽样误差成正比，样本规模与抽样误差成反比。这就是说，抽样误差源于抽样的随机性、调查总体的异质性和样本规模的大小，因而是无法避免的。但是，抽样误差的大小可以计算及量化，并可以通过科学的抽样设计进行控制。只要正确选择抽样方法并根据调查总体异质性状况合理确定样本规模，就有可能把抽样误差控制在合理的范围之内。

在统计学中，通常用总体的标准差 σ 表示总体异质性程度，用 n 表示样本规模，用 SE (sampling error)表示抽样误差，于是得到下列公式：

$$SE = \frac{\sigma}{\sqrt{n}}$$

由于总体的标准差通常无法知道，因而用样本标准差 S 代替，于是有：

$$SE = \frac{S}{\sqrt{n}} \text{ 或 } SE = \frac{S}{\sqrt{n-1}}$$

实际上，所谓抽样误差，就是抽样分布的标准差，即标准误差(standard error)，也就是抽样过程中产生的平均误差。

应该指出，上述计算公式是不考虑抽样方法这一影响因素的，是一般性地描述和反映调查总体的异质性程度(用总体标准差 σ 表示)及样本规模与抽样误差之间的数量关系。当把抽样方法(如等距随机抽样、分类随机抽样等)这一因素考虑进来，则抽样误差的计算公式要根据抽样方法的不同进行修正或改变。

(二)样本规模

样本规模又称样本容量，是指样本中所含调查单位的多少。在统计学中，有所谓大样本、小样本的区别和争论，其原因在于大样本与小样本的抽样分布不同，因而需要采用的统计分析方法不同。样本规模多大才算大样本，在统计学中存在不同意见，而且似乎与统计学的应用领域有关。例如，在心理统计学中，通常认为样本包含 30 个以上的个案就算大样本，但在社会统计学中样本规模超过 100 才能称为大样本。

在社会调查中，研究者总希望扩大样本规模，因为样本数越大其代表性越高，但样本数增加往往会导致非抽样误差扩大，还会带来调查成本的攀升。因此，应该确定一个最佳样本规模，既减少抽样误差，又不至于因扩大样本规模而造成浪费。实践证明，最佳样本规模的确定应取决于三个因素：一是调查项目要求的精确程度；二是调查总体的异质性程度；三是统计分析、检验要求的变量数量。

从理论上讲，可以根据样本规模与抽样误差之间的统计关系，来确定一项调查所要求的最低样本规模。抽样误差表示的是样本统计值与总体参数值之间的差距。一项社会调查中存在多种统计量，因而存在多种多样的抽样误差。通常以最常用的平均数($\bar{X}$)和百分比(P)这两个统计量来说明如何通过抽样误差来确定最低的样本规模。

假如要用一个从随机样本(n)计算出来的样本统计量平均年龄($\bar{X}$)去对总体的平均

年龄（M）进行区间估计，总体标准差为σ，置信度为95%，抽样误差为SE，则有：

$$SE = |M - \bar{X}|$$

$$\bar{X} - 1.96\left(\frac{\sigma}{\sqrt{n}}\right) \leqslant M \leqslant \bar{X} + 1.96\left(\frac{\sigma}{\sqrt{n}}\right)$$

$$-1.96\left(\frac{\sigma}{\sqrt{n}}\right) \leqslant M - \bar{X} \leqslant 1.96\left(\frac{\sigma}{\sqrt{n}}\right)$$

$$SE = M - \bar{X} = 1.96\left(\frac{\sigma}{\sqrt{n}}\right)$$

故得 $n = \left(\frac{1.96S}{SE}\right)^2$，注：当总体参数值 σ 未知时，可用 S 近似代替。

当要求置信度为99%时，公式为 $n = \left(\frac{2.58S}{SE}\right)^2$。

公式中的SE为研究者所能容忍的误差。显然，研究者所能容忍的误差越大，样本规模可以越小，反之，则要求样本规模越大。

假如已知总体人口年龄的标准差σ=8.60，用样本估计总体的允许误差SE=2岁，所要求的置信度为95%，则该项研究的最低样本为 $n = \left(\frac{1.96 \times 8.60}{2}\right)^2 = 71$。如果置信度为99%，则最低样本数 $n = \left(\frac{2.58 \times 8.60}{2}\right)^2 = 123$。

当选用比率为样本统计量来计算样本规模时，可推出下列公式：

$$n = \left(\frac{1.96\sqrt{P(1-P)}}{SE}\right)^2 \quad (95\%置信度)$$

$$n = \left(\frac{2.58\sqrt{P(1-P)}}{SE}\right)^2 \quad (99\%置信度)$$

公式中抽样误差SE表示总体比率P与样本比例p之差，即$SE = |P - p|$。

例如，研究者要研究某地区农民的生活满意度问题，以往研究表明，大约有65%的当地农民满意自己的生活，即$P = 0.65$，要求估计的置信度为95%，抽样误差不大于4%，即$SE = |P - p| = 0.04$。

则该项研究所要求的最低样本规模为：

$$n = \left(\frac{1.96\sqrt{0.65(1-0.65)}}{0.04}\right)^2 = 546$$

当置信水平为99%时，$n = \left(\frac{2.58\sqrt{0.65(1-0.65)}}{0.04}\right)^2 = 946$

上述分析表明，在社会调查中可以运用统计方法来确定样本规模。但在实际操作中，它通常只能作为一种参考，因为在一项调查中往往会有很多变量，根据不同变量统计值会计算出不同的样本规模，很难确定该选用哪一种。此外，调查样本规模的确定，还要受经费、时间、人力、物力以及调查资料后续处理等多种因素的影响。因此在抽样调查设计中，要综合考虑多方面因素，确保样本的质和量，实现调查效果最优化。

学术界根据总体规模与样本所需量的统计曲线规律，并结合其他影响样本规模的因素，总结出经验上样本容量的大致范围可供参考，见表10-4。

表10-4　经验确定样本数的范围

总体规模	100以下	100~1000	1000~5000	5000~1万	1万~10万	10万以上
样本占总体比重	50%以上	50%~20%	30%~10%	15%~3%	5%~1%	1%以下

来源：袁方. 社会研究方法教程(重排版)[M]. 北京：北京大学出版社，2016：170.

六、抽样调查的优点和局限性

(一)抽样调查的优点

(1)有利于提高调查的客观性和真实性。抽样调查一般按照随机原则抽取样本，排除了调查者主观因素干扰，为调查的真实性、可靠性奠定了坚实基础。

(2)有利于对调查总体进行定量研究。抽样调查的数学基础是概率论和大数定律，抽样误差不仅可以准确计算，而且可以适当控制。因此抽样调查是对调查总体进行定量研究的有效方法，它对调查总体的推断比较准确。

(3)有利于提高调查效率、降低调查成本。抽样调查虽然只是对部分样本单位进行的调查，获得的却是关于调查总体的推断。因此，与普查、典型调查等方法相比较，它的调查成本较低，调查效率较高。

(4)有利于广泛应用。现代社会具有多元化、快速变动等特点，抽样调查是对高度异质性、高速流动性社会现象进行调查的有效方法。在现代社会，随着科学技术进步和经济社会发展，抽样调查必将得到越来越快的发展。

(二)抽样调查的局限性

(1)抽样调查宜于作定量研究，定性研究则比较困难。

(2)与典型调查、个案调查相比较，抽样调查的实施比较复杂，样本单位较多，调查时间较短，调查的广度和深度有较大局限。

(3)适用范围有局限性。如调查总体规模过小、异质性过大、边界不明晰(如新生事物、隐秘社会现象)的调查对象，就不宜使用或无法使用抽样调查方法。

第十一章　社会调查的指标

社会调查的指标，是设计调查方案的重点、难点和关键点。要科学设计社会调查的指标，必须弄清楚社会指标及其体系、社会测量及其层次、调查指标及其操作定义，以及信度与效度等问题。

第一节　社会指标及其体系

一、社会指标的概念及特点

"社会指标"一词，最早由美国社会学家雷蒙德·鲍尔在1966年发表的《社会指标》一书中提出。他认为，社会指标是一种量的数据，是用来量度具有普遍社会意义的社会状况的指数。但是，人们对于"社会指标"的理解和看法，并不完全一样。有的认为，它只是统计学意义上的数量概念；有的认为，它是对社会事物质和量的概括；有的认为，它泛指一切可以被观察的社会现象。

我们认为，社会指标，是指反映社会现象的指标。它既可以是反映社会现象客观情况的指标，如性别、年龄、文化程度、人均收入等，又可以是反映社会成员主观状态的指标，如生活幸福感、职业满意度、社会安全感、人际关系好坏等。社会指标是相对于自然指标(如风力、水温、土壤酸碱度等)而言的，社会物质生活和精神生活领域的一切社会现象，都可以用社会指标来反映。

社会指标必须具有以下一些特点：

(1)可感知性。即社会指标不能是抽象的、一般的概念，而必须是具体的、明确的、可直接感知的项目。例如，"人口""人均收入"等指标都是非常具体的项目，"职业满意度""社会安全感"等反映主观状况的指标虽不十分具体，但都是可以被感知的。

(2)可量度性。即社会指标不能是无法界定、无法量度的现象，而必须是可以用数字、符号度量的项目。例如，"人均收入"等指标就可用数字计量，"职业满意度"则可用很满意、比较满意、无所谓、不满意、很不满意等来表达。

(3)多层次性。即社会指标不是单一层次的，而是多层次的指标。例如，居民可支配收入，是指居民可用于最终消费支出和储蓄的总和。按照收入来源，可分为四个子项，即经营净收入、工资性收入、财产净收入和转移净收入。对于农户来说，经营净收入可又分为四个子项，即种植业净收入、林业净收入、畜牧业净收入、渔业净收入。对于种植业净收入来说，还可分为下一层的子项。同样，工资性收入、财产净收入和转移净收入，都可以分为许许多多的子项。

(4)代表性。即社会指标不能是次要的、说明不了问题的现象，而必须是对反映某种社会现象的具有关键意义或代表性的项目。例如，对于反映人口素质来说，人口数量、密度、人种、肤色等都不能有效说明人口素质状况，而平均预期寿命、人均受教育年数、每万人口中科技人员比重等则对说明人口素质具有关键意义或代表性。因此，只有后者才能成为说明人口素质的社会指标。

(5)时间性。即社会指标不能是没有时间界限的现象，而必须是有明确时间规定的项目。例如，调查"人口总数"这一指标，必须明确是年初数、年中数、还是年末数，因为这 3 个时点的人数是不一样的。至于"职业满意度""社会安全感"等反映主观状况的社会指标，更应明确规定调查的时间点，因为这些主观社会现象是不断变化的，没有明确的时间点规定就无法调查。

二、社会指标的分类

按照不同标准，社会指标可做许多不同的分类。常见的分类有：

(一)客观指标和主观指标

客观指标是指反映客观社会现象的指标。如性别、年龄、文化程度、人均居住面积等。主观指标是指反映人们的感受、愿望、态度、评价等主观状况的指标，如对抗疫工作的评价、社会安全感、生活满意度等。简言之，客观指标是反映社情的指标，主观指标是反映民意的指标。

(二)经济指标和非经济指标

经济指标，是指反映经济生活状况的指标。如国民生产总值、人均可支配收入、物价指数等。非经济指标，是指反映经济领域之外的社会生活状况的指标。如参加选举次数、高等教育普及率、医疗保障覆盖面、垃圾处理率等反映社会政治、文化、社会、生态等状况方面的指标。

(三)具体指标和抽象指标

具体社会指标，是指人的感官可直接感知的社会现象的指标。例如，身高、住宅、汽车、服装等，都是人的感官可直接感知的指标。抽象社会指标，是相对具体指标而言的，是指客观事物具有的、人的感官不能直接感知，但人的思维可以把握的指标。它可分为以下三类。

(1)主观社会指标，是指反映社会主体心理状态、思想观念方面的指标。它又可分为两类：一类是以感性认识为主的主观社会指标，包括情绪或感情方面的指标，意向或期望方面的指标，以及行为倾向等方面的指标；另一类是以理性认识为主的主观社会指标，包括评价或判断方面的指标，态度或决断方面的指标，以及价值观念等方面的指标。

(2)属性社会指标，是指反映社会事物所具有的性质、状况等方面的指标。它可分为两类：一是反映社会主体性质、状况等方面的社会指标，如劳动态度、工作能力、道德状况等方面的社会指标；二是反映客观事物性质、状况等方面的社会指标，如服装的美观度、住宅的舒适度等方面的社会指标。

(3)关系社会指标，是指反映两个或两个以上社会事物之间相互关系的指标。它也可分为两类：一是反映人与人之间、人群之间相互关系的社会指标，如婆媳关系、邻里关系、干群关系等方面的社会指标；二是反映客观事物之间相互关系的社会指标，如经济与政治、建筑与环境相互关系等方面的社会指标。

(四)描述性指标和评价性指标

描述性指标，是指反映社会现象客观状况的指标，如人口数、土地面积、粮食产量、财政收入等，都是对社会现象的客观描述。评价性指标，也称分析性指标，是指根据某种思想、理论对社会现象进行主观评价或分析的指标。例如，“人口城镇化率”，是根据人口城镇化理论对城镇化发展程度进行评价或分析的指标；“性别比”，是根据人口学理论对男女性别比例进行评价或分析的指标。评价性指标是在描述性指标基础上，经过思维加工而形成的，它不仅反映社会现象，而且对社会现象做出分析或评价。

(五)肯定指标、否定指标和中性指标

肯定指标也称正指标，是指反映社会进步、发展等社会现象的指标。否定指标也称逆指标或问题指标，是指反映社会落后、倒退等社会问题的指标。中性指标，是指反映与社会进步或落后、前进或倒退没有直接联系的社会现象的指标，如国土面积、人口数、人口的民族构成等。

(六)投入指标、活动量指标和产出指标

投入指标，是指反映投入社会过程的人财物力等资源的指标，如投入教育领域的经费、人员、仪器和设备等。活动量指标，是指反映社会过程的工作量、活动频率、次数等状况的指标，如教师承担教学时数、学生课外作业时数、教学仪器使用频率等。产出指标，是指反映社会过程产生结果的指标，如义务教育普及率、每万人口大学生人数等。由于社会过程的多样性和相互联系，有的指标在某一社会过程中是产出指标，在另一社会过程中却是投入指标。例如，每万人口大学生人数，从教育过程看是产出指标，从经济建设看则是投入指标；教学仪器，从教育过程看是投入指标，从生产它的企业来看则是产出指标。这说明，投入指标与产出指标的区分是相对的，它主要取决于该指标反映的社会现象在某一特定社会过程中所处的地位和所起的作用。

此外，按照其他标准，社会指标还可分为主体指标和从属指标，现状指标和预测指标，结构指标和功能指标，微观指标和宏观指标，等等。

三、社会指标的功能

社会指标具有多种功能，其主要功能如下：

(1)反映功能。它是社会指标最基本的功能。与一般社会意识对社会存在的反映不同，社会指标对社会现象的反映总是以一定研究假设为指导的，而且有较强的选择性和浓缩性，它总是选择那些最重要、最有代表性的侧面来反映社会现象，力求把复杂的社会现象浓缩在有限的社会指标内。

(2)监测功能。它是反映功能的延伸，是动态的反映功能。监测功能有两类：一是对社会运行状况的监测，如农村剩余劳动力的增减、物价指数的升降等；二是对社会政策、社会计划执行情况的监测，如扶贫计划执行情况、经济社会发展计划执行情况等。前者是对社会运行状态的监测，后者是对社会计划、社会目标执行情况的监测。

(3)比较功能。当用社会指标来衡量两个或两个以上单位或时期同一社会现象的时候，就具有了比较功能。它可分为两类：一是横向比较，即对同一时间不同单位同一社会现象的比较，如对同一时间不同地区、不同国家人口年龄结构的比较；二是纵向比较，即对不同时期同一社会现象的比较，如对改革开放前后居民收入比较、新冠病毒疫情前后企业经营状况比较等。横向比较有利于认识社会现象的特点和位置，明确它的长处和短处；纵向比较有利于认识社会现象的状态和发展趋势，明确它是在前进、后退或停滞。

(4)评价功能。它是反映功能、监测功能、比较功能的深化和发展。因为，反映、监测、比较本身只是说明社会现象的状态，只有对反映、监测、比较的结果做出评价，才算对社会现象做出了说明或解释。由此可见，反映功能、监测功能、比较功能是社会指标的基础功能，评价功能则是社会指标的核心功能。

(5)预测功能。它是在反映、评价基础上，对社会现象未来发展趋势的预先测算。它包括两个方面：一是社会发展预测，即对推动社会发展社会现象的预测，如在对本年度经济发展状况做出反映、评价基础上，预测下一年度经济发展的速度和状况等；二是社会问题预测，即对阻碍社会发展社会现象的预测，如在对今后五年劳动力资源和就业岗位增长情况做出评价的基础上，预测下一个五年计划期间失业率的变化趋势等。

(6)计划功能。它是预测功能的延伸。预测为计划提供依据，计划是根据预测结果对工作目标和具体对策所做的安排。它可分为两类：一是促进社会发展的计划，如经济改革计划、教育发展计划、资源开发计划等；二是预防或克服社会问题的计划，如治理环境污染计划、强化社会治安计划、惩治腐败工作计划等。事实上，任何社会计划的内容都离不开社会指标。计划功能是社会指标反作用于社会的关键功能。

四、社会指标体系

社会指标是反映社会现象的项目。社会现象往往需要从多方面、多视角观察，因而，社会指标也需要从多方面、多视角设置反映社会现象项目。这就是说，社会指标一般不是一个一个地孤立存在的，它总是作为一个体系建立起来并发挥作用的。因此，有必要对社会指标体系及其特点、社会指标体系类型等做一些探讨。

(一)社会指标体系的概念及其特点

社会指标体系，是指根据一定目的、以一定理论为指导设计的，由反映某种社会现象的具有内在联系的若干社会指标组成的系统。例如，中国科学院中国现代化战略研究课题组设计的第一次现代化评价指标和第二次现代化评价指标，就是这样的社会指标体系。

这两个社会指标体系的具体内容，见表 11-1 和表 11-2。

表 11-1　第一次现代化评价指标的标准值(1960 年工业化国家指标平均值)

指标、单位和指标编号		标准	备注
经济指标	1. 人均国民收入(人均 GNI)，美元	逐年计算	正指标
	2. 农业劳动力比例(农业劳动力占总劳动力比例)，%	30%以下	逆指标
	3. 农业增加值比例(农业增加值占国内生产总值比例)，%	15%以下	逆指标
	4. 服务业增加值比例(服务业产值占国内生产总值比例)，%	45%以上	正指标
社会指标	5. 城市人口比例(城市人口占总人口比例)，%	50%以上	正指标
	6. 医生比例(每千人口中的医生人数)，‰	1‰以上	正指标
	7. 婴儿存活率，% (婴儿死亡率)，‰	97%以上 (30‰以下)	正指标 (逆指标)
	8. 预期寿命(出生时平均预期寿命)，岁	70 岁以上	正指标
知识指标	9. 成人识字率，%	80%以上	正指标
	10. 大学普及率(在校大学生占 20~24 岁人口比例)，%	15%以上	正指标

注：参考英克尔斯教授的评价指标。①以 1960 年 19 个市场化工业国家人均国民收入平均值 1280 美元为基准值，以后逐年根据美元通货膨胀率计算标准值。例如，1960 年标准值为 1280 美元，1970 年为 1702 美元，1980 年为 3411 美元，1990 年为 5147 美元，2000 年为 6399 美元，2008 年为 7814 美元，2009 年为 7871 美元。②正指标，评价对象数值越大越好的指标，表示达到或超过现代化标准的程度；逆指标，评价对象数值越小越好的指标，表示它未达到现代化标准的程度。③“婴儿死亡率”用作评价指标不符合中国文化，用“婴儿存活率”代替它；婴儿存活率=1-婴儿死亡率；实际评价时，仍然用婴儿死亡率的数据评价，按逆指标计算方法进行评价。

来源：何传启. 中国现代化报告 2011——现代化科学概论[M]. 北京：北京大学出版社，2011：280.

表 11-2　第二次现代化评价指标

二级指标	三级指标和指标编号	指标解释和单位
知识创新	1. 知识创新经费投入	研究与发展经费占国民生产总值比例(R&D 经费／GNP)，%
	2. 知识创新人员投入	从事研究与发展活动的研究人员／万人，人／万人
	3. 知识创新专利产出	居民申请国内发明专利数／万人，项／万人

续表

二级指标	三级指标和指标编号	指标解释和单位
知识传播	4. 中学普及率	在校中学生人数占适龄人口(一般为 12~17 岁)比例,%
	5. 大学普及率	在校大学生人数占适龄人口(一般为 20~24 岁)比例,%
	6. 电视普及率	家庭电视普及率,%
	7. 互联网普及率	互联网用户 / 百人口,%
生活质量	8. 城镇人口比例	城镇人口占总人口比例,%
	9. 医生比例	每千人口中的医生数,‰
	10. 婴儿死亡率	每千例活产婴儿在 1 岁内的死亡率,‰
	11. 预期寿命	新生儿平均预期寿命，岁
	12. 人均能源消费	人均商业能源消费，千克石油当量
经济质量	13. 人均国民收入	人均国民收入(人均 GNP)，美元
	14. 人均购买力	按购买力平价 PPP 计算的人均国民收入(人均 PPP)，美元
	15. 物质产业增加值比重	农业和工业增加值占国内生产总值的比例,%
	16. 物质产业劳动力比重	农业和工业劳动力占总劳动力比例,%

来源：何传启. 中国现代化报告 2011——现代化科学概论[M]. 北京：北京大学出版社，2011：283.

从上述定义和举例中可以看出，社会指标体系具有几个特点：

(1)目的性。设计社会指标体系，必须有一定目的，为一定社会需要服务。例如，中国现代化战略研究课题组设计的第一次现代化和第二次现代化评价指标体系的目的十分明确，这就是为衡量一个国家、一个地区第一次现代化和第二次现代化实现程度提供一种尺度和标准。

(2)理论性。设计社会指标体系，必须以一定的理论作指导。例如，中国现代化战略研究课题组则认为，现代化可分为两大阶段，其中工业时代的现代化是第一次现代化，经济发展居于第一位；知识时代的现代化是第二次现代化，生活质量居于第一位。因而，主要用经济发展指标或知识创新指标来分别评估第一次现代化和第二次现代化的实现程度。

(3)科学性。设计社会指标体系，必须符合客观实际、符合科学原理。例如，表 11-1 的 10 个指标，包括 4 个经济指标、4 个社会指标、2 个知识指标。这些指标反映的社会现象，都是客观存在的，都与人是社会主体、经济是社会发展基础等科学原理相符合的。表 11-2 的 16 个指标，也符合第二次现代化国家或地区的客观实际和知识经济时代的科学理论。

(4)代表性。设计社会指标体系，必须选择那些最具有代表性的重要指标来组成指标体系。例如，表 11-1 的 10 个指标，既有经济指标，又有社会指标和知识指标；既有总量指标，又有结构指标；既有数量指标，又有质量指标，对于反映一个国家或地区第一次现代化发展状况来说，其代表性很强。表 11-2 的 16 个指标，对于知识经济时代衡量一个国家或地区知识创新、知识传播、生活质量、经济质量来说，也具有很强的代表性。

(5)系统性。设计社会指标体系，必须使各个社会指标之间具有内在联系，形成一个完整系统。例如，表 11-1 的 10 个指标，就具有很强的内部联系。首先，4 个经济指标、4 个社会指标和 2 个知识指标之间有密切联系；其次，各经济指标之间、各社会指标之间、各知识指标之间也有密切联系，它们共同构成一个完整系统。如果离开这个系统，任何一个孤立的社会指标都很难说明一个国家或地区第一次现代化的实现程度。例如，世界上许多石油资源、旅游资源丰富的国家，尽管靠出卖自然资源可以在短期内获得较快经济发展，人均国民生产总值很高，但是，由于经济结构不合理，人口素质不高，因而仍然不能算是实现了第一次现代化。同样，表 11-2 的 16 个指标，也是一个内部联系很强的系统。

(6)可行性。设计社会指标体系，必须考虑是否可以获得连续的、具有较高权威性的统计数据。一般来说，应该采用各种国际组织和各国政府的统计数据。例如，联合国机构、世界银行、经济合作与发展组织的公开出版物，各国政府出版的统计年鉴等。只有选择那些可以连续获得具有较高权威性统计资料的指标组成的体系，才是有实际意义的、具有可操作性的社会指标体系。一切缺乏可操作性的社会指标体系，都是毫无意义的。

(二)社会指标体系的类型

社会指标体系有 3 种基本类型，它们都具有不同的特点。

1. 社会管理型社会指标体系

社会管理型社会指标体系，通常是行政部门为做好管理、规划或预测工作，在原统计指标基础上经过加工改造建立起来的。例如，《中华人民共和国国民经济和社会发展第十三个五年规划纲要》《全面建设小康社会的目标和指标体系》等，就是这种类型的指标体系。它的特点是：内容比较全面、系统，实践性和应用性强，能得到行政部门协助，获取资料比较容易。但是，它们往往存在范围广、分类细、重点不突出、不利于集中反映最迫切、最重要社会问题等弊端。

2. 学术研究型社会指标体系

学术研究型社会指标体系，通常是学术研究机构或学者为研究某一课题，根据某个理论或研究假设编制出来的。例如，中国城市发展潜力排名指标体系、全面小康社会建设指标体系、社会风险预警指标体系等，都属于这一类型。它的特点是：有明确的研究假设，指标比较系统、全面，便于说明有关研究课题。但是，这类社会指标科学性、代表性比较难以把握，某些资料获取难度较大，往往需要独立进行一些调查，往往需要耗费较多的人力、财力、物力和时间。

3. 实际应用型社会指标体系

实际应用型社会指标体系，通常是企业、事业单位为各自业务服务，根据本单位指导思想和实际需求设计出来的。例如，高等教育发展指标体系、公共信用评价指标体系、劳动就业和社会保障综合指标体系、医疗服务指标体系、社会养老服务监测指标体系等。它的特点是：目标明确，重点突出，指标较少，针对性强，能较好满足各自业务需要。但是，往往带有某些片面性、功利性、倾向性，其调查结论的科学性、准确性往往需要实践的反复检验。

第二节 社会测量及其方法

社会测量是对社会现象做定量研究不可缺少的手段，许多社会指标只有通过社会测量才能进行调查，定量研究更需要以测量为依据。因此，在了解社会指标之后，有必要进一步探讨有关社会测量的问题。

一、社会测量的概念、要素和特点

(一)社会测量的概念和要素

“社会测量”的创始人是奥地利心理学家 J. L. 莫雷诺(1889—1974 年)，他最早把社会测量作为一种研究人与人之间相互作用的方式的工具，用于测量群体内人际关系的选择性和社会结构。美国心理物理学家史蒂文斯(1906—1973 年)认为，社会测量就是按照一定法则，用数学方法对事物的属性进行数量化描述的过程。严格地说，社会测量的准确定义是：运用一定测量工具，按照一定测量规则，对测量对象的某种特征进行测算或量度，并赋予一定数值的过程。例如，企业对工作人员劳动状况的测量，就是运用企业制定的出勤、劳动登记表等工具，按照企业制定的出勤、劳动规则，对每个工作人员出勤、劳动状况进行登记，最后计算出每个工作人员出勤率、劳动效率等情况的过程。

从以上定义和举例中可以看出，社会测量有 5 个构成要素：①测量对象，即测量客体，主要回答“测量谁”的问题。在社会调查中，最常见的测量客体是个人、群体、组织、社区、社会关系和社会产物等。②测量内容，即测量客体所具有的某种属性或特征，主要回答“测量什么”的问题。在社会调查中，最常见的测量内容有两类，一类是性别、年龄、文化程度、职业、收入等客观情况；另一类是感受、态度、意见、评价等主观状态。③测量工具，即测量结果的记载手段，主要回答“如何记录测量结果”的问题。在社会调查中，最常见的测量工具是调查问卷、各种量表和卡片等。④测量规则，即用数字或符号表达各种属性或特征的逻辑次序和操作准则，主要回答“怎么测”的问题。在社会调查中，测量规则都是调查者根据自己的指导思想和调查对象的实际情况设计出来的。⑤测量数值，即数字或符号，主要回答“如何表示测量结果”的问题。在社会调查中，测量结果一般用数字或各种符号表示出来。需要指出的是，测量数值里的数字，是一种代码，只表示指代的属性，而不具有数量计算功能。

(二)社会测量的特点和作用

与自然测量相比较，社会测量有两个显著不同的特点：

第一，自然测量的对象是自然物体的自然属性，它们都是客观存在的、不依人的意识为转移的；社会测量的对象则是有目的、有意识、有思想感情的人，以及与人或人群共同体紧密联系在一起的社会现象，因此测量对象的合作程度、认知状况，测量时的外部环境及其变化，往往对测量结果产生重大影响。这说明，与自然测量相比较，社会测量的影响因素多、难度大，容易产生测量误差。

第二，自然测量大多有标准化的测量仪器或工具，公认的测量标准和测量规则，因而具有较强的客观性、准确性和可重复性，测量误差比较容易发现和计算；社会测量的工具、规则、标准，则是由调查者根据自己的目的、理论、认知状况和研究假设设计出来的，往往因人而异，测量的客观性、准确性、可重复性、公认性较差，测量误差也比较难以发现和计算，因而社会测量的结果往往会受到设计者、测量者的价值取向、知识结构、测量经验等主观因素的较大影响。

但是，这绝不是说社会测量没有意义。实践证明，社会测量的意义和作用在于，有利于对社会现象，尤其是对人们的思想、情感、意向、评论、判断、态度等主观社会现象，以及社会属性、社会关系等抽象社会现象开展定量研究，或定性与定量相结合的研究；有利于把统计学、数学知识和计算机等现代工具引入社会调查领域，从而提高社会调查的精度和效率。这说明，社会测量是对社会现象进行定量研究或定性与定量相结合研究不可缺少的工具或手段。

二、社会测量的层次

在社会测量中，由于测量对象的属性或特征不同，其数量化程度不同，因而社会测量的层次也不相同。目前被广泛采用的社会测量层次分类法，是史蒂文斯依据测量对象的性质、特征及其数量化程度，于 1951 年创立的四层次分类法，即定类测量、定序测量、定距测量和定比测量。

(一)定类测量

定类测量，也称类别测量或分类测量，它是对调查对象性质或类别的测量，它只是对事物性质或类别的划分，而没有大小、高低、优劣的含义。例如，对性别、婚姻状况、企业所有制等按事物性质或类别来区分调查对象的测量，就属于定类测量。其测量结果只能分类，标以各种类别名称，如男性和女性，已婚和未婚，国有企业、集体企业、民营企业、外资企业和合资企业等。有时，也可用数字来代表某类事物，如“0”代表女性、“1”代表男性；“1”代表农业、“2”代表工业、“3”代表服务业，等等。但是，这些数字都是人们赋予某类事物的识别标志，它们丝毫不反映这些事物本身的数量状况。

定类测量的数量化程度最低，其测量结果只能用数学符号“=”或“≠”来表示，只能作频率分布、在总体中所占比例等有限的几种数量统计，而不能做加、减、乘、除等数学运算。

定类测量必须遵循的原则是：第一，测量的性质或类别，必须有两个以上的变量值，否则就无法分类；第二，每一个变量值只能代表一种性质或类别，不同变量值必须相互排斥，否则就会出现混淆；第三，变量值之和必须穷尽所有的性质或类别，即必须包括所有的性质或类别，否则就会出现遗漏。

(二)定序测量

定序测量，也称顺序测量或等级测量，它是对调查对象的等级或顺序的测量。这种等级或顺序的排列，是由测量对象本身固有的特征决定的，而不受人们主观意志或愿望的左右。例如，对文化水平、产品质量、满意程度等含高低、强弱、先后、大小等差异的社会现象的测量，就属于定序测量，其测量结果不仅可用文盲和非文盲、合格品和不合格品、满意和不满意来区分其性质或类型上的差异，而且可用大学、中学、小学、文盲，一等品、二等品、三等品、等外品，很满意、比较满意、一般、不满意、很不满意等来表示等级或顺序上的区别。

定序测量的数量化程度比定类测量高一个层次，它已具有数量差别的含义，其测量结果可用数学符号“>”或“<”来表示，可进行频率分布、比例关系等数量统计，但还不能进行加减运算，不能测量出不同等级、顺序社会现象在数量上的具体差距。在社会调查中，为了统计分析方便，可以把不同的等级、顺序转换成编码，用数字“1”“2”“3”“4”“5”来表示，但这些数字只是一种指代关系，不具有数学运算的内涵和功能。

(三)定距测量

定距测量，也称区间测量，它是对调查对象之间数量差别或间隔距离的测量。例如，对初婚年龄、人均 GDP 等可用某种基本单位表示数量差别或间隔距离的社会现象的测量，就属于定距测量，其测量结果可用具体数字来反映。如平均初婚年龄，城市为 28 岁，农村为 24 岁，城市比农村大 4 岁；人均 GDP，2012 年为 38354 元，2019 年为 70892 元，2019 年比 2012 年多 32538 元。

定距测量的数量化程度比定序测量又高一个层次，它不仅能反映社会现象的类别和顺序，而且能反映社会现象的数量状况，计算出它们之间的距离。定距测量的结果一般可用具体数字表示，并可做加法或减法等数学运算，但不能进行乘除运算。因为，定距测量中的“0”，不是绝对的“无”，而是人们设置的一个代码，不具有数学意义。例如，一个智商测试得 0 分的人，不能认为他没有智商；一个温度测试为 0°C 的房间，不能认为这个房间没有温度。

(四)定比测量

定比测量，也称比例测量，它是对测量对象之间比例或比率关系的测量。例如，对出生率、性别比、劳动力负担系数等反映两个数值之间比例或比率关系的社会现象的测量，就属于定比测量，其测量结果一般用百分比表示，也可用绝对数来反映。例如，甲地出生率为 20‰，乙地出生率为 15‰，甲地出生率比乙地出生率高 25%；农村性别比为 118，城市性别比为 102，前者比后者高 16 个百分点，或高 15. 69%等。定比测量的数量化程度比定距测量又高一个层次，其测量结果不仅能做加减运算，而且能做乘除运算，并可做各种较复杂的统计分析。

为了使定比测量具有实际意义，它要求有一个客观的、绝对的、固定的“0”。例如，年龄、身高、工资等变量都有绝对的“0”。这个“0”是真实的“无”，可以对其进行乘除运算。例如，甲地出生率20‰比乙地出生率15‰高25%；年龄20岁是5岁的4倍，这里都有绝对的0存在，而且这个“0”是真实的“无”。有没有这个绝对“0”存在，是定比测量与定距测量的根本区别。

上述四个测量层次的数学特性是累进叠加的，其具体情况见表11-3。

表11-3　四个测量层次的特征、功能、数学特性和适用统计分析方法

名　称	特点	基本功能	数学特征	适用统计分析方法
定类测量	分类符号	分类	=、≠	百分比 X2 检验 列联相关 系数
定序测量	1. 分类符号 2. 等级顺序	1. 分类 2. 可按顺序排列	=、≠ >、<	中位数 四分差 等级相关 非参数检验
定距测量	1. 分类符号 2. 等级顺序 3. 差值大小	1. 分类 2. 可按顺序排列 3. 差值的确定与比较	=、≠ >、< +、-	算术平均值 方差 积差相关 复相关 参数检验
定比测量	1. 分类符号 2. 等级顺序 3. 差值大小 4. 有绝对零点	1. 分类 2. 可按顺序排列 3. 差值的确定与比较 4. 比值的确定与比较	=、≠ >、< +、- ×、÷	算术平均值 方差 积差相关 复相关 参数检验 几何平均值

从上文和表11-3可以看出，四个测量层次的反映功能和运算功能都是累进叠加的。就反映功能来说，定类测量仅能用于分类，定序测量除分类外还可用于排序，定距测量除分类、排序外还可用于测距，定比测量更可用于反映两个数值间的比例关系。同样，运算功能也是累进叠加的。这就是说，后一种测量包含前一种测量的反映功能和运算功能，前一种测量却没有后一种测量的反映功能和运算功能。然而，定类测量是最基本的测量，是后三种测量的基础和前提。

在社会调查中使用何种测量层次，首先取决于调查对象自身的性质和特征，其次取决于调查的目的和要求。例如，性别、民族、宗教信仰、所有制等只能按性质分类的指标，就必须使用也只能使用定类测量。又如，利润这类数量指标，如果只要求将企业分为有无利润两类，就可用定类测量；如果要求将赢利企业分为利润 10 万元以下、10 万～100 万元、100 万元以上等几个档次，则应进行定序测量；如果要求弄清各类企业利润的具体差距，或进一步要求计算利润与资产总额的比例关系，则应进行定距测量或定比测量。在充分考虑调查对象自身性质和特征的前提下，就调查目的和要求而言，调查精确度要求越高，就应采用数量化程度较高的测量层次；调查精确度要求不高或不可能获得精确数据的调查(如居民私有财产、走私经济规模等)，就应采用数量化程度较低的测量层次。

第三节　调查指标及其操作定义

科学设计调查指标，必须弄清楚社会指标、调查指标及其相互关系，调查指标的两种定义，设计调查指标的过程和要求，设计操作定义的方法和原则等问题。

一、社会指标、调查指标及其相互关系

社会指标，是反映社会现象的项目。调查指标，则是反映调查对象实际情况的项目。它们之间，既相互联系又相互区别，还可相互转化。

社会指标、调查指标的相互联系在于，调查指标与社会指标都是反映社会现象实际情况的项目；调查指标的设计必须以社会指标为依据，社会指标只有具体化为调查指标才能便于实际调查。

社会指标、调查指标的相互区别在于，社会指标用于调查设计过程，主要着眼于反映一定的理论假设，力求用最具有代表性的一组社会指标来说明研究假设所要说明的问题；调查指标则用于实际调查过程，主要着眼于反映调查对象的实际情况，力求用最简明的文字、最简单的方法来反映调查对象真实情况。例如，“人口城镇率”这一反映城镇化发展水平的社会指标，只有具体化为“城镇人口数”和“总人口数”这两个调查指标才便于实际调查。反之，“在校大学生人数”和“20～24 岁人数”这两个便于实际操作的调查指标，就是根据“大学普及率”这一反映高等教育发展程度的社会指标而设计的。

二、调查指标及其两种定义

设计调查指标，必须设计两种定义，即抽象定义和操作定义。

抽象定义，是对调查指标共同本质的概括。例如，“工业总产值”的抽象定义是“以货币形式表现的工业企业在一定时期内生产的已出售或可供出售工业产品总量”。又如，“社会地位”的抽象定义是“社会成员在社会关系及其体系中所处的位置”。在社会调查中，抽象定义的作用在于揭示调查指标的内涵，概括事物的本质，并把它与其他对象区别开来。但是，抽象定义没有解决如何调查、如何操作的问题。

操作定义，是用可感知、可量度的事物、现象和方法对抽象定义所作的界定或说明。例如：工业总产值=本期生产成品价值+对外加工费收入+自制半成品及在制品期末期初差额。又如，“社会地位”，通常用家庭背景、民族、性别、年龄等先赋性地位和文化程度、职业、财产、职务(权力)、社会声望等自致性地位等指标来测量。在社会调查中，操作

定义的作用在于界定调查指标的外延，解决调查过程中如何准确操作、如何搜集资料的问题。

这说明，抽象定义和操作定义都是对同一调查指标所下的定义，只是定义的内容、方法和着重点有所不同。抽象定义是用概念下定义，操作定义则是用具体事物、现象或方法下定义。抽象定义所使用的是逻辑方法，即被定义的概念＝种差＋邻近的属；操作定义所使用的是经验方法，即可直接感知或量度的方法。抽象定义着重揭示调查指标的内涵和本质，操作定义着重界定调查指标的外延或操作方法。这两种定义有密切联系，抽象定义决定着操作定义的本质内容，操作定义则是抽象定义在调查过程中实际操作的具体指标或方法。

三、设计调查指标的过程和要求

调查指标的设计过程，实际上是一个从研究假设→社会指标→调查指标(包括抽象定义和操作定义)的分解过程。这个过程可用图 11-1 来表示：

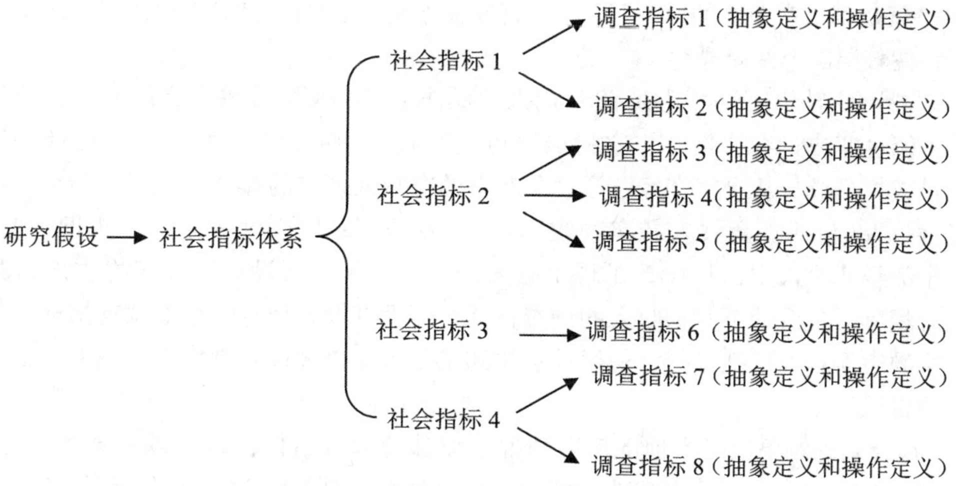

图 11-1　调查指标设计过程示意图

设计调查指标的基本要求是：

(1)以一定的研究假设为指导。以中国现代化战略研究课题组设计的社会指标为例，两种现代化的研究假设不一样，设计的社会指标就不相同：第一次现代化的研究假设是工业化和城市化，因而设计的主要是与工业化、城镇化有关的社会指标，如人均国民收入、农业劳动力比例、农业增加值比例、城市人口比例、成人识字率等；第二次现代化的研究假设是知识化和信息化，因而设计的主要是与知识化、信息化有关的社会指标，如知识创新经费投入、知识创新人员投入、知识创新专利产出、大学普及率、互联网普及率等。那种忽视研究假设指导作用、随意罗列社会指标的做法，以及不顾研究假设发展变化、把社会指标凝固化的做法，是不可能设计出科学的社会指标和调查指标的。

(2)以一定的社会指标为依据。在上述例子中，第一次现代化就应该依据人均国民收入、农业劳动力比例、农业增加值比例、城市人口比例等社会指标，设计如下一些调查指标：总人口数、国民生产总值、劳动力总数、农业劳动力数、国内生产总值、农业增加值、城市人口数等。第二次现代化就应该依据知识创新经费投入、知识创新人员投入、知识创新专利产出等社会指标，设计如下一些调查指标：研究与发展(R&D)经费、国民生产总值(GNP)、从事 R&D 活动的科学家和工程师全时当量人数、总人口数(或从事 R&D 活动的科学家和工程师全时当量人数、总劳动力数)、居民申请国内发明专利数等。那种脱离社会指标、任意设计调查指标的做法，以及游离于社会指标之外，另行设计调查指标的做法，是不正确的。

(3)与社会指标具有同层次性。例如，设计的社会指标是“第一、二、三产业劳动力比重”，设计的调查指标却是农业劳动力数、制造业劳动力数、商务服务业劳动力数和劳动力总数，就不具有同层次性，违背了相匹配的要求。因为，在《国民经济行业分类》(GB/T 4754—2017)中，“第一产业”是“产业分类”，“农业”是“01 大类”，其中间隔了一个“A 门类”，它们之间相差两个层次。同样，“第二产业”“第三产业”都是“产业分类”，“制造业”只是第二产业中的“C 门类”，“商务服务业”只是第三产业中的“72 大类”，它们之间都存在着层次上的差异。

(4)与社会指标具有对称性。设计出来的操作定义必须与抽象定义的内涵和外延相对称，而不能过宽或过窄。例如，农村居民可支配收入中的“经营净收入”的抽象定义是：农村住户或住户成员从事生产经营活动所获得的净收入。它的操作定义是：经营净收入=全部经营收入(包括现金收入和实物收入)—经营费用—生产性固定资产折旧—生产税。如果在全部经营收入中，只设计了现金收入的调查指标，而没有设计实物收入的调查指标，或者相反，只设计了实物收入的调查指标，而没有设计现金收入的调查指标，就犯了定义过窄的错误；如果把银行、信用社贷款和亲友借款也设计到操作定义中去，就犯了定义过宽的错误。

(5)符合调查对象当时当地的实际情况。设计的调查指标，既要以社会指标为依据，又要以调查对象的实际情况为基础。例如，“农民家庭总收入”这个社会指标，20 世纪 80 年代前，只要设计种植业收入、林业收入、畜牧业收入、渔业收入、副业收入等几个调查指标就行了。20 世纪 80 年代出现进城务工人员后，就必须加上“工资性收入”这个新调查指标；进入 21 世纪后，随着国家农业补贴的增加、农村社会保障事业的发展和利息、分红、租金等收入的出现，就应增加“转移性收入”“财产性收入”等新调查指标，否则就不符合农民家庭总收入的实际情况。此外，就经营性收入、工资性收入、转移性收入、财产性收入来说，都可分为许多子项，而且不同时期的内涵和外延也不相同。因此，用于实际操作的调查指标，一定要根据当时当地调查对象的实际情况来设计。

(6)符合国家统计局对有关指标的解释及修订。例如，从 2012 年四季度起，国家统计局对分别进行的城乡住户调查实施了一体化改革，规范了城乡划分范围，统一了城乡居民收入指标名称、分类和统计标准，建立了城乡统一的一体化住户调查，并据此采集全国居民有关数据。1978—2012 年的数据，根据国家统计局城镇住户调查和农村住户调查的历史数据，按照住户收支与生活状况调查可比口径推算得到。自此，“居民可支配收入”这个指标，是指居民可用于自由支配的收入，即居民可用于最终消费支出和储蓄的总和。按照收入形态，包含两项，即现金收入和实物收入；按照收入来源，包含四项：工资性收入、经营净收入、财产净收入和转移净收入。① 调查指标的设计，必须符合国家统计局对有关社会指标的解释及修订，否则调查结果就很难用于纵向或横向对比研究。

(7)有获取准确、可靠资料的可能性。这有两方面含义。一是调查对象是否可能准确回答你调查的情况。例如，有的调查表中设计这样的调查指标：在抗击2019新冠病毒疫情期间，作为志愿者“您接触过多少位服务对象”“做过多少件好事”；在互联网上，“您结识了多少位网友”“获得了多少条信息”。对于这类定义模糊、难以计量的问题，调查对象是很难做出准确回答的。二是调查对象是否可能真实回答你提出的问题。例如，“您今年参与赌博多少次”“您炒股赚了多少钱”“您婚前有过几次性行为”。对于这类敏感性、威胁性、隐私性问题，调查对象即使清楚，一般也是不会回答或不会真实回答的。

四、设计操作定义的方法

设计操作定义，也称概念操作化，就是将抽象的概念、社会指标转化为可感知、可测量、便于实际操作的调查指标。一般可采用三种方法：

第一，用客观存在的具体事物来设计操作定义。例如，“劳动力年龄人口”这一社会指标，可用“年龄”这一客观存在的事物来设计其调查指标的操作定义。既可设计为男16~60岁和女16~55岁，也可设计为男18~65岁和女18~60岁。又如，“人口城镇化率”这一社会指标，可用“城镇人口占总人口比重”这一客观存在的事物来设计其调查指标的操作定义。既可设计为城镇户籍人口占总人口比重，也可设计为城镇常住人口占总人口比重。

第二，用看得见、摸得着的社会现象来设计操作定义。例如，对于“劳动态度”这一类比较抽象的问题，不仅可以用工作的数量和质量这些具体事物来设计操作定义，而且可以用出勤率、参加义务劳动次数和时数、技术革新件数、提合理化建议次数和采用率等社会现象来设计操作定义。同样，对于“纪律性”这样比较抽象的问题，也可以用缺勤率，迟到、早退次数和时数，旷工、旷课次数和时数，违反纪律事件次数和后果等可感知的社会现象来设计操作定义。

第三，用社会测量的方法来设计操作定义。有关这方面的内容，见本章第二节。应该指出，抽象社会指标(即主观社会指标、属性社会指标和关系社会指标)的测量，是社会测量的重点和难点。它可用观察、自我回忆或报告等方式测量，但最常用的方法是问卷或量表。问卷或量表的设计，应该注意：

(1)测量主观社会指标，要注意两方面的差异：方向或性质上的差异；等级或程度上的差异。因此，设计主观社会指标的测量工具(如问卷、量表、卡片等)，应包括两方面

① 国家统计局. 中国统计年鉴2019[EB/OL]. [2021-12-15]. http://www.stats.gov.cn/tjsj/ndsj/2019/indexch.htm.

的回答：一是反映方向或性质方面的回答，如喜欢与不喜欢、满意与不满意、赞成与不赞成、好与坏等；二是反映等级或程度方面的回答，如喜欢、比较喜欢、无所谓、不太喜欢、不喜欢；非常满意、比较满意、一般、不太满意、很不满意；完全赞成、基本赞成、拿不定主意、不大赞成、完全不赞成；很好、较好、还可以、不好、很不好等。

(2)测量属性社会指标，一般可用一组可感知的社会现象来设计操作定义。其中，反映社会主体的属性社会指标，如“工作态度”“积极性”等，可采用上述“2”中列举的可感知的社会现象来设计操作定义；反映社会客体的属性社会指标，如“服装的美观度”“住宅的舒适度”，主要取决于调查对象的主观感受，因此可采用测量主观社会指标的办法来设计操作定义，即在测量工具的设计中，既要包括反映方向或性质方面的回答(漂亮与不漂亮，舒适与不舒适)，又要包括反映等级或程度方面的回答(非常漂亮、比较漂亮、一般、不漂亮、很难看；舒适、比较舒适、还可以、不舒适、很难受)。

(3)测量关系社会指标，其量表应该由反映社会关系从疏远到亲密的一组具有逻辑递进关系的问题构成，不同的问题表示不同的疏密程度，越往后的问题表示关系越亲密。这种具有逻辑递进关系的量表，是测量社会关系的一种有效工具。例如，测量婆媳关系的量表，如图 11-2 所示。

	是	否	不清楚
1. 您家的婆媳是否居住在同一套住宅内?	□	□	□
2. 您家的婆媳是否在一个锅里吃饭?	□	□	□
3. 您家的婆媳是否在经济上互相帮助?	□	□	□
4. 您家的婆媳是否在收支上统一管理?	□	□	□
5. 您家的婆媳是否经常在一起交心、谈心?	□	□	□

图 11-2 社会关系量表：对婆媳关系的测量

运用上述社会关系量表测量不同类型家庭的婆媳关系，就可以对不同类型家庭的婆媳关系，做出比较符合实际的判断。同样，测量邻里关系、同学关系、同事关系、上下级关系、党员与非党员关系等，都可以使用这种方法。关键在于，要设计出由一组符合实际的、具有逻辑递进关系的问题组成的社会关系量表。有了这样的量表，再加上深入的访问调查，社会关系的测量就一定能够取得成功。

五、设计操作定义的作用

操作定义的设计，在社会调查中具有重要作用。

(1)它有利于提高调查的客观性。因为操作定义是用可感知的具体事物、现象或方法来界定和说明调查指标，这就使得调查指标成为可直接感知或量度的东西，便于观察和测量，从而提高调查的客观性。

(2)它有利于提高调查的统一性。在实际调查中，由于调查者或被调查者对调查指标理解不同，往往会发生种种调查误差。有了明确的操作定义，不同调查人员在面对不同调查对象时，就可按照统一设计的标准和方法进行询问，从而提高调查的统一性。

(3)有利于提高调查的可比性。许多调查课题往往需要进行横向对比或纵向对比调查(如追踪调查等)。有了操作定义，不管横向对比调查有多少调查点、纵向对比调查间隔多长时间，都可按照统一设计的标准和方法进行调查，从而有利于提高调查结果的可比性。

第四节　信度和效度的统一

信度和效度的统一，是社会调查的基本要求。影响信度和效度的因素很多，它不仅涉及社会测量问题，而且涉及社会调查的各个环节，其中社会指标和调查指标的设计具有关键意义。因此，在设计调查方案过程中，特别是在设计社会指标和调查指标的过程中，应该充分考虑有关信度和效度的各种问题。

一、信度、效度及其相互关系

信度是指调查结果反映调查对象实际情况的一致性或可信性程度。信度一般用信度系数来表示。按照求出信度系数方法的不同，信度可分为 3 种：一是再查信度，即设计一种调查工具，对同一调查对象先后进行多次调查，然后比较多次调查结果，并求出信度系数；二是复本信度，即设计两种内容、难度、篇幅等相类似的调查工具，对同一调查对象进行调查，然后比较两种调查结果，并求出信度系数；三是折半信度，即设计一种调查问题按单双编号的调查工具，其中单号问题与双号问题在内容、难度等方面都具有相等性质，在对调查对象进行调查后，对单号题与双号题的答案进行比较，并求出信度系数。在社会调查中，信度都是相对的。一般来说，信度系数在 0.8 以上，就可以认为调查是基本可信的。

效度是指调查结果说明调查所要说明问题的有效性或正确性程度。对于效度的评价，常用的有 3 种方法：一是经验评价，即请专家或有实践经验的人来评价调查结果的有效性和正确性；二是逻辑检验，即对调查过程及其结果进行逻辑分析，凡没有逻辑错误的就可以认为是有效的、正确的；三是效标比较，即选择某些权威性的理论、数据或基准作为评价效度的标准，然后将调查结果与之相比较，并做出有效程度和正确程度的结论。

信度和效度之间既有密切联系，又有明显区别。信度是对调查对象而言的，它主要回答调查结果的一致性、稳定性和可靠性问题；效度是对调查所要说明的问题而言的，它主要回答调查结果的有效性和正确性问题。

信度和效度之间的关系有 4 种类型：

(1)信度高，效度未必高，即调查结果反映调查对象实际情况的可信度高，但对于调查所要说明的问题来说，它的效度可能高，也可能不高。例如，调查粮食生产水平，如果设计的调查指标是粮食作物产量，而且调查资料可信，那么，它就能有效说明粮食生产的实际水平。如果设计的调查指标是粮食作物的播种面积，投入粮食作物生产的劳力、资金和物资等项目，那么即使调查到了可信的资料，对于说明粮食生产水平来说，其效度仍然很低。因为，说明粮食生产水平的有效指标，不是做了哪些生产投入、进行了哪些生产活动，而是得到了什么样的产出。这说明，可信的调查不一定能有效地说明调查所要说明的问题。

(2)信度低，效度必然低，即调查结果反映调查对象实际情况的信度低，它就必然不能有效说明调查所要说明的问题。例如，有的部门印发廉政建设统计表，要求领导干部填报拒绝受贿、收礼的情况，有的甚至还要求说明拒贿多少次、多少金额等。稍有社会经验的人都知道，这类调查是根本不可信的。因为，行贿之事大多私下进行，拒贿次数何以证明？特别是拒贿金额的多少更令人难以置信，因为拒贿者是不可能先清点钱数再拒而不受的。这说明，不可信的设计就不可能有可信的调查，更不可能有效说明调查所要说明的问题。

(3)效度高，信度必须高，即调查结果能有效说明调查所要说明的问题，那么，它所反映的调查对象的实际情况必须是可信的。例如，马克思的《资本论》、恩格斯的《英国工人阶级状况》、列宁的《俄国资本主义的发展》、毛泽东的《湖南农民运动考察报告》，以及1982—1986年和2004年，中共中央“六个一号文件”所依托的农业、农村、农民问题调查，在当时之所以能有效说明问题，就因为它们都是建立在可信的调查基础之上的。

(4)效度低，信度未必低，即调查结果不能有效说明调查所要说明的问题，但对于反映调查对象的实际情况来说，它的信度可能低，也可能高。例如，18—19世纪英国政府、议会进行的许多调查，尽管对于他们所要说明的问题来说效度很低，但这并不排斥其中包含着某些信度较高的资料，这正是马克思、恩格斯经常研究英国资产阶级政府或议会公布的调查报告并从中发掘出许多有价值资料的原因。又如，20世纪30年代，李景汉教授主持的《定县社会概况调查》，尽管在说明当时定县的社会性质、社会问题及其原因等方面效度很低，但其中所反映的定县的地理、历史、县政府及地方团体、人口、教育、康健与卫生、农民生活费、乡村娱乐、乡村风俗与习惯、信仰、赋税、县财政、农业、工商业、农村信贷、灾荒、兵灾等方面的情况和数据，则可能有较高的信度。

上述信度和效度的4种关系，可用图11-3来表示。

信　度

		①　可　信	②不可信	
效度	③有　效	√	×	√= 可　能
	④无　效	√	√	× = 不可能

图11-3　信度和效率的关系示意图

总之，信度是效度的基础，是效度的必要条件而非充分条件；效度则是信度的目的和归宿，没有效度的信度就失去了调查的意义。任何社会调查，只有做到信度和效度的统一，才能算是真正科学的社会调查。

二、提高信度和效度的主要途径

影响信度和效度的因素多种多样。调查者和被调查者的客观状况和主观态度，社会调查各个阶段、各个环节的工作质量，都会对调查的信度和效度产生或大或小的影响。其中，调查方案的设计，特别是社会指标和调查指标的设计，具有关键性意义。

提高调查信度和效度的主要途径是：

(1)科学设计调查指标。首先，慎重提出研究假设，力求使研究假设具有较高的科学性。其次，根据研究假设设计的社会指标，要形成一个能正确说明调查主题的指标体系。再次，依据反映研究假设的社会指标，设计出相对称的调查指标。最后，对每个调查指标，要设计出明确的抽象定义和操作定义。实践证明，要设计一套科学调查指标体系是不容易的。例如，“利税率”是考核企业经济效益的一个重要指标。但是，利税率有多种计算方法，如资金利税率、固定资产利税率、产值利税率、工资利税率等。不同的计算方法，其结果是不一样的。那种只选择有利于说明某一方面成绩、而回避说明全面情况的调查指标的设计，是不可能有很高效度的。这说明，科学设计调查指标是提高调查信度和效度的基础和前提。如果设计的调查指标本身就不科学，那么，随后的调查工作无论做得多么出色，其信度和效度都不可能高。

(2)合理安排调查方案。调查方案的设计和安排，要强调实用性原则和弹性原则。例如，调查目标的确定，调查内容、工具和方法的设计，调查人员和调查对象的选择，都要强调实用性，都应根据调查工作的主客观条件来设计。对于调查工作的安排，则应保持一定的弹性，以适应调查现场可能出现的种种新情况、新问题。实践证明，调查方案的设计和调查工作的安排违背了这两项原则，就必然会损害调查工作的信度和效度。

(3)认真培训调查人员。对调查人员，除慎重选择外，还必须加强培训，严格管理，有效督导，努力使每个调查人员都具有全心全意为人民服务的精神和实事求是的态度，并熟练掌握调查的基本方法和技能。如果调查人员马马虎虎、不负责任，或者缺乏必要的调查方法和技能，那么，调查信度就会大打折扣，调查效度也必然下降。此外，还应认真做好调查对象的选择和教育工作。实践证明，调查对象对调查工作的合作程度、认知状况，对问题的理解能力和回答能力等，也会对调查的信度和效度产生巨大影响。

(4)切实做好各个阶段、各个环节的工作。社会调查各个阶段、各个环节的工作，都会对调查的信度和效度产生直接或间接的影响。例如，操作定义设计不当，抽样的样本缺乏代表性，调查方法使用不妥当，对调查问题产生误解，填写问卷或表格的字迹不清，记录、编码或录入出现差错，整理、统计资料出现遗漏，思维加工的指导思想和方法不正确，等等，都会降低调查的信度和效度。因此，只有切实抓好各个阶段、各个环节的工作，防止和纠正一切可能出现的差错，才能保证调查结果具有较高的信度和效度。

总之，对于提高调查的信度和效度来说，科学设计调查指标和合理安排调查方案是基础，认真教育调查人员和调查对象是关键，切实抓好各个阶段、各个环节的工作是必要条件。这就是说，提高调查信度和效度是涉及社会调查全过程的重大问题，那种把信度和效度问题仅仅当作是涉及社会测量的局部性、阶段性问题的看法，是不全面、不正确的。

第四篇

社会调查方法(二)

第十二章　实地观察法

现实调查法，是指对当前事实的调查方法。在社会调查方法体系中，现实调查方法是主体。实地观察法，是现实调查的首要方法。因为，观察是一切认识和科学研究的起点。观察可分为实验室观察和实地观察。对社会现象的研究，如某些心理学、教育学课题，可在实验室观察。但是，大量的社会调查课题只能实地观察。因此，这里着重探讨实地观察的有关问题。

第一节　实地观察法的概念和种类

要掌握实地观察法，必须先探讨有关实地观察法的概念、特点和种类等问题。

一、什么是实地观察法

所谓"观"，是指看，"察"是指详审、细看和考究。"观察"，主要是一种视觉感知活动。实地观察法，就是观察者有目的、有计划地运用自己的感觉器官或借助科学观察工具，能动地了解处于原始状态下的社会现象的方法。

实地观察法的特点：

(1)它是观察者有目的有计划的认识活动。观察可分为两个层次。一是自发观察，如人们在大街上观察高楼大厦、车水马龙等景象，消费者逛商场浏览商品，家庭妇女通过观察寻找炊具，等等。二是自觉观察，如交通观测员对汽车流量、流向的观察，考古人员对出土文物的观察，刑事侦查员对犯罪现场的观察，社会科学工作者对社会现象的观察，等等。前者主要是一种自发的感性观察活动，后者则是以一定理性为指导的自觉观察活动，作为社会调查基本方法的实地观察法，是一种有目的、有计划的自觉观察。

(2)它是运用两类观察工具进行的观察。两类观察工具，一是人的感觉器官，其中最主要的是视觉器官——眼睛。据心理学家研究，人们关于外部世界的信息，90%是通过眼睛获得的。因此，人的眼睛是最重要的观察器官。此外，人们还通过耳、鼻、舌、身等感觉器官直接感知外部事物。二是科学观察工具，如照相机、摄像机、望远镜、显微镜、助听器、温度计、各种探测仪、人造卫星，以及观察表格、卡片等。这些观察仪器和记录工具，实质上是人的感觉器官的放大或延伸，它们往往对观察结果产生重大影响。人们日常的自发性观察一般只使用第一类观察工具，即人的感觉器官；实地观察法则往往使用两类观察工具。

(3)它是观察者主观因素参与其中的积极的、能动的观察。观察者对于外部世界的观察，与摄像机对拍摄对象的摄影有本质区别。摄影过程，是一个纯客观的光学、化学反应过程。观察者的观察过程，不仅是人的感觉器官对观察对象的感知过程，而且是观察者的思维器官积极思考的过程。实践证明，观察者在观察中看到了什么，一方面取决于观察对象的客观状况，另一方面取决于观察者的知识、经验、态度和感情等主观因素。这就是说，实地观察过程，不是观察者的感觉器官对观察对象消极的纯客观的扫描过程，而是观察者的主观因素对观察对象的积极的、能动的、带有一定主观色彩的反映过程。

(4)它的观察对象应该是处于自然状态下的社会现象。实地观察法所观察的社会现象，应该尽可能保持它的自然状态。只有如此，才能观察到社会现象的本来面貌。如果观察的社会现象不是处于自然状态，而是人为的、故意制造的“盆景”“标本”或“样板间”，那么，这种观察尽管也能说明某些问题，但却失去了实地观察的原有意义，甚至有可能得出错误的观察结论。

二、实地观察法的种类

按照不同标准，实地观察法可分为许多不同种类，其中主要的分类如下：

(一)参与观察与非参与观察

根据观察者是否参与被观察者的活动，实地观察法可分为参与观察和非参与观察。

1. 参与观察

参与观察，也称为局内观察，就是观察者参与到被观察群体之中，通过与被观察者的共同活动，从内部观察。按照参与程度的不同，参与观察可分为完全参与观察和不完全参与观察。

(1)完全参与观察。就是观察者在一定时期内隐瞒自己的真实身份，作为被观察者群体的一员，完全参与到被观察者群体的活动之中，并开展观察。例如，人类学家在一段时期内隐瞒自己的真实身份生活在少数民族之中，甚至与当地人结婚，完全以一个普通成员身份参加群体活动，并开展观察(最后，再公开表明自己的身份)。又如，记者或公安人员打入犯罪团伙，作为其中一个成员，通过参与其活动从内部侦察，就是完全参与观察。

完全参与观察，有利于深入到被观察者群体中，通过参与他们的群体活动，了解到许多从外部无法了解到的真实情况，倾听到许多从外部无法听到的内心呼唤。但是，应该指出：第一，“纯粹的完全参与观察”是不存在的，因为在观察过程中观察者的主观因素是不可能被完全排除的；第二，在观察过程中，随着与被观察者的信任增强和感情加深，观察者的思想、感情往往会自觉不自觉地产生某些有利于被观察者的倾向，从而影响观察的客观性。因此，如何排除思想、感情因素的干扰，保持观察的中立性，是保证观察客观性的关键。

还应该指出，完全参与观察的适用范围是有限的。例如，党政机关、企事业单位的涉密活动，不可能完全参与观察；个人、家庭、企业、社会组织的隐秘活动，不应该完全参与观察；贪污、贩毒、卖淫、赌博、制假、贩假等违反道德或法律的丑恶、犯罪活动，不允许完全参与观察。

(2)不完全参与观察。就是观察者公开自己的真实身份，作为一个可信任的“外来者”参与到被观察者群体之中，以半“客”半“主”身份参与他们的部分活动，并通过这些活动来观察。例如，上级机关干部到基层检查或指导工作，并实地考察；文艺工作者、新闻工作者到厂矿、农村体验生活，与工人、农民同吃同住同劳动，并实地观察，就是不完全参与观察。

不完全参与观察，由于观察者身份公开，参与被观察者群体活动有限，因而了解情况的广度和深度逊于完全参与观察，有时可能只观察到某些表面现象，甚至被人为假象所蒙蔽。但是，不完全参与观察了解情况的广度和深度优于非参与观察，而且较完全参与观察主观色彩较少，往往能保持观察的客观性。因而，只要认真负责，勤于观察和思考，不完全参与观察有可能了解到许多真实情况。特别是不完全参与观察法使用灵活，可根据当时当地情况随时改变观察内容和方法，因而应用范围较广，是社会调查中使用得较多的一种观察方法。

此外，还有一种界于完全参与观察与不完全参与观察之间的一种开展学术研究的观察方法。例如，1927 年，燕京大学社会学系学生严景耀到京师第一监狱做志愿犯人，在监狱生活了 3 个月，白天与犯人访谈，晚上整理资料、统计分析，积累了 200 余例罪案资料，就是不完全参与观察的典型一例。严景耀在《北京犯罪之社会分析》中说：“要和民众接近，为他们服务，先要……了解他们，非‘到民间去’不可；要医中国社会犯罪的病象和改良监狱的生活，先要能明白目前实情；要调查实情，非‘到监狱去’不可。这是我去年暑假‘下狱’的口号。暑假以前编印了‘与犯人谈话’问题表。……放暑假离校那天，得到司法部监狱司司长王教授文豹的介绍和指导，就入了京师第一监狱，住了三个多月……开学以后，仍是一星期去两天，至今仍然。晚间鉴别监狱内的材料做统计，以观察犯罪的现象；白天按问题表用个案方法……与犯人任意谈话，去探求他们犯罪的原因”。① 实践证明，运用这种观察方法往往能搜集到许多真实、隐秘的信息，能获得对观察现象比较全面、深入的认知。

2. 非参与观察

非参与观察，亦称局外观察、“走马观花”，即观察者不参与被观察者群体及其活动，完全以局外人、旁观者身份观察。例如，领导干部到基层视察，大学生利用节假日到工厂、农村参观，就是非参与观察。

非参与观察，观察者身份公开，不参与被观察者及其群体活动，因而大多只能观察到一些表面的、偶然的现象，甚至假象。但是，非参与观察的实施非常简便，只要得到被观察者及其群体允许就可进行，一般能保持观察的中立性、客观性，可获得许多感性知识，甚至还可发现一些问题，因而其应用范围极为广泛，是社会调查中使用得最多的一种观察方法。

不完全参与观察和非参与观察的最大缺陷，是无法完全排除观察者及其观察活动对被

① 严景耀. 北京犯罪之社会分析[M]. 北京：京城印书局，1928：2.

观察者的影响。实践证明，由于观察者观察活动的进行，被观察者及其群体往往会自觉不自觉地产生某些反应性心理或行为，从而改变了被观察者及其群体的自然状态。如同量子力学中的“测不准定律”一样，不完全参与观察和非参与观察永远无法完全观察到被观察者及其群体活动的自然状态。实践证明，只有采用“微服私访”方式，即把观察活动对被观察者及其群体的影响控制在最低范围之内，才有可能观察到处于自然状态下的真实情况。

(二)标准观察和非标准观察

根据观察活动是否有统一标准，实地观察法可分为标准观察和非标准观察。

1. 标准观察

标准观察，也称有控制观察或系统观察，就是观察者根据观察目的，设计统一观察项目和要求，印制统一观察表格或卡片，规定统一观察程序和记录方法的观察。在实地观察过程中，观察者必须严格按照统一设计的项目、要求、表格或卡片以及程序进行观察和记录，而不允许有任何随意的变更。

通过标准观察，可获得统一、系统、翔实的观察材料，可对观察数据做定量分析和对比研究，在多位观察者对同类对象进行观察时，能提高观察、记录的统一性和可靠性。但是，它缺乏弹性，适应性较差，难以反映不同观察对象的不同特点，很难适应不断变化的实际情况，而且比较花费时间。

2. 非标准观察

非标准观察，也称无控制观察或简单观察，就是观察者只有一个总的观察目的和要求、大致的观察内容和范围，而没有统一观察项目或标准。在观察过程中，观察者在总体目的、要求指导下，根据观察时的具体情况有选择地观察。

非标准观察比较灵活，简便易行，适应性较强，人类学家的田野调查、对新事物的观察，大多采用非标准观察。但是，这种观察标准化程度低，观察所得的材料比较零碎、分散，往往缺乏系统性，很难进行定量分析和对比研究。

(三)直接观察和间接观察

根据观察对象的不同，实地观察法可分为直接观察和间接观察。

1. 直接观察

直接观察，又称现场观察，就是对当时正在发生的社会现象所进行的观察。前面讲的参与观察和非参与观察、标准观察和非标准观察，都是对当时正在发生的活生生的社会现象的观察，因而都是直接观察。

直接观察简便易行、真实可靠。但是，过去的社会现象无法直接观察，机密性、隐私性、犯罪性、违法性、缺德性社会现象不能或难以直接观察。

2. 间接观察

间接观察，又称遗存观察，对物化社会现象的观察，就是为了追寻、探求曾经发生过的社会现象而对遗存下来的物化社会现象所作的观察。有关这一方面的内容，将在本书第十七章中专门论述。

间接观察比较复杂，需要较多的有关知识、社会经验，以及科学的鉴定手段和方法，而且可能出现种种误差。但是，它弥补了直接观察的不足。对于机密性、隐私性、犯罪性、违法性、缺德性社会现象来说，它是不可缺少的观察方法；对于过去的社会现象，更是唯一可行的观察方法。

(四)实地观察法的其他种类

根据其他标准，实地观察法还可分为以下几种类型。

1. 根据观察的主要目的，可分为探求性观察和验证性观察

探求性观察，是指为探求某种未知观察对象的状况而进行的观察。例如，对非公有制企业建立中国共产党基层组织的观察，对大学生到农村当“村官”的观察，等等。验证性观察，是指为验证某种设计、方案、理论而进行的观察。例如，为验证新农村建设方案实施情况而对采用该方案建设的新农村进行观察，为验证精准扶贫政策落实情况而对贫困村进行的观察，为验证城乡一体化发展理论而对实施城乡一体化发展的试验区进行的观察，等等。

2. 根据观察的主要内容，可分为定性观察和定量观察

定性观察，是指对观察对象性质状况的观察。例如，对企业产品类别的观察、对社区民族类别的观察，对住宅建筑结构类别的观察，等等。定量观察，是指对观察对象数量状况的观察。例如，对企业职工中男女性别人数及性别比的观察，对住宅建筑中土木结构、砖瓦预制件结构、钢筋混凝土结构等不同建筑结构住宅数量及其比例的观察，等等。

3. 根据观察对象的状态，可分为静态观察和动态观察

静态观察，是指对观察对象静止状态的观察。例如，对停车场上汽车的观察，对教室里参加考试学生的观察等。动态观察，是指对观察对象运动状态的观察。例如，对集贸市场交易情况的观察，对运动场运动员比赛情况的观察等。

4. 根据观察的环境，可分为自然环境下的观察和设计环境下的观察

自然环境下的观察，是指在现有自然环境下进行观察，上述种种类型的观察，都是指在现有自然环境下的观察。设计环境下的观察，是指在人为设计、制造的环境下的观察。例如，2011 年中国志愿者王跃参与的“火星 500”试验舱的观察；2017 年中国青海红崖地区火星模拟基地的观察，就是设计环境下的观察。

5. 根据观察的主体，可分为人工观察和设备观察

人工观察，是指调查者运用自己的感觉器官或借助某些观察仪器进行的观察，上述种种类型的观察，都是指的人工观察。设备观察，是指运用人脸识别、监控设备对人流、车流等客观对象进行的观察。目前，监控设备的观察水平，已达到对 3800 款车型、10 万人特征量级和 95%以上正确度的观察和记录。

实地观察法的上述种种类型，各有特点、利弊和用途。在实际调查中，应根据观察对象的实际情况和观察者的目的、任务和主客观条件灵活掌握。

第二节　实地观察的实施

在实地观察过程中，要保证观察顺利实施并取得良好效果，应掌握一些基本原则，明确实地观察的步骤和应该注意的问题，发挥观察者主观因素的作用。

一、实地观察的一般原则

(一)客观性原则

观察的客观性，是实地观察首要的、最基本的原则。因为，只有按照客观事物的本来面目观察，才能正确认识事物。在实地观察中，要坚持观察的客观性，就必须从实际出发，被观察的对象是什么情况，就观察什么情况、记载什么情况，绝不能按照个人好恶去任意增减或歪曲客观事实，或者只注意观察和记录那些有利于自己的事实，而不观察和记录那些不利于自己的事实，更不能凭主观想象臆造那些根本不存在的事实。

(二)全面性原则

观察的全面性，是观察客观性的内在要求。因为，任何客观事物都有多种多样的内在属性和表现形式，都有多方面的外部联系。只有从不同侧面、不同角度、不同层次进行多方面观察，才能了解客观事物全貌。那种看正不看反、看好不看坏、看外不看内、看此不看彼的片面观察，是不可能正确认识客观事物的。

(三)深入性原则

坚持观察的客观性和全面性，就必须做深入、细致的观察。因为，社会生活纷繁复杂、千变万化，许多社会现象不是一下子就能观察清楚的。在党风、官风和社会风气不正的情况下，有些人往往自觉不自觉地用一些片面的、偶然的、虚假的现象来应付、蒙骗观察者，他们甚至可以做到“想看什么就有什么”的程度。如果观察者走马观花，仅仅停留在事物表面浮光掠影，那么，就有可能受骗上当，得出片面的甚至错误的观察结论。

(四)持久性原则

实地观察往往是十分单调、枯燥的工作。要客观、全面、深入地观察，就必须坚持观察的持久性。对于许多复杂的社会现象，要得到正确观察结论，往往需要坚持长达数日、数月、数年甚至更长时间的实地观察。例如，英国社会人类学家、功能学派主要创始人马林诺夫斯基(1884—1942年)，于1914—1920年在新几内亚原始人部落中进行了长达六年之久的实地观察，到后来自己几乎成为原始部落的一员。通过这次实地观察，他不仅写出了名著《西太平洋的航海者》，而且为完全参与观察法奠定了基础。美国社会学家威廉·富特·怀特(1914—?)的《街角社会：一个意大利人贫民区的社会结构》，则是作者在美国南波士顿与意大利贫民一起生活、观察三年半之后才写出来的。

(五)法律和道德原则

在实地观察中，一定要遵守宪法和其他法律的有关规定，绝不可强迫被观察者干他们不愿干的事情，更不可在没有得到许可的情况下私闯他人住宅、偷看他人信件，或干出其他违法的事情来。实地观察还应该遵守一般的道德规范，绝不可在违背被观察者意愿的情况下，强求观察别人的私生活，或偷看别人不愿让人观察的事物或现象。特别是在少数民族地区调查，更要严格遵守少数民族的风俗习惯和宗教戒律。

二、实地观察的步骤和应该注意的问题

实地观察的步骤和应该注意的问题，大体如下：

(一)设计观察方案

根据观察的目的和任务，设计观察工作的具体方案，主要是：

第一，设计观察内容。主要是以一定理论为指导、以观察对象实际情况为依据，设计观察内容及其指标。例如，观察乡村振兴情况，就应根据中共中央、国务院《乡村振兴战略规划(2018—2022 年)》提出的“产业兴旺、生态宜居、乡风文明、治理有效、生活富裕”5 类 22 个指标的要求和观察对象村的实际情况来设计观察指标。如果设计的观察指标，没有涵盖上述 5 类 22 个指标的内容；或者脱离观察对象村的实际情况，那么实地观察就很难顺利进行，即使进行下去，观察结果也很难说明乡村振兴的成绩和问题。

第二，选择观察类型。根据观察目的、任务的客观需要和观察者主客观条件的现实可能，以及观察对象的实际情况，科学选择观察的类型。是参与观察还是非参与观察？如果是参与观察，是完全参与还是不完全参与？是标准观察还是非标准观察？是探求性观察还是验证性观察？是定性观察还是定量观察？是静态观察还是动态观察？等等。选择观察类型，是安排观察工作、设计观察工具的前提。只有选定了观察类型，才便于安排观察工作，设计观察工具。

第三，准备观察和记录工具。观察、记录工具有两类：一类是照相机、摄影机、手机，以及各种探测仪器等观察设备。另一类是观察卡、观察记录表等手工工具。照相机、摄影机、手机，以及探测仪器等设备的记录，真实感强，精确度高，便于保存和传输，但是，观察过程中不可能也不需要处处使用这些设备。对于这些设备记录的内容，应该及时复制、下载、编号，并写下必要的文字说明，以免因时过境迁而出现差错。观察卡片、观察记录表，是标准观察不可缺少的工具。有了统一设计和制作的观察卡片、观察记录表，不仅可提高观察、记录的质量和速度，而且有利于对观察结果做定量分析和对比研究。观察卡片或记录表的内容，应根据观察目的和需要来设计，一般应该包括以下内容：①观察卡片、观察记录表的名称；②观察的地点或位置；③观察的时间；④观察的环境；⑤观察的内容或项目；⑥观察的记录方法；⑦观察的情况和建议；⑧观察者的姓名或代号等。表 12-1 和表 12-2 是可供参考的观察评估表、观察记录卡。

表 12-1　应聘人员面试观察评估表

基本情况					
姓名:		性别:	年龄:	学历:	
政治面貌:		专业:		应聘部门/岗位:	
薪金要求:		最早可入职日期:			
面试记录					
用表提示:请面试人员,在适当的方格内画✓,无法判断时从略(留白)。					
评判项目		类别			
一、仪容仪表		佳	较佳	一般	尚可	欠佳
二、健康与精神		优	良	尚可	尚佳	不佳
三、口齿清楚程度		清楚	较清楚	一般	欠清楚	不清楚
四、逻辑思维能力		强	较强	尚可	较弱	很差
五、机智灵敏程度		机敏	较机敏	适中	较差	很差
六、情绪稳定与自信心		很稳定	稳定	较稳定	欠稳定	不稳定
七、对本单位情况了解程度		很了解	了解	较了解	少了解	不了解
八、对事业知识了解程度		很了解	了解	较了解	少了解	不了解
九、经历与本单位业务配合程度		很配合	配合	较配合	不太配合	不配合
十、来本单位服务之意志		很坚定	坚定	较坚定	欠坚定	犹疑不决
十一、外文能力	区分	好	较好	平平	略通	不懂
	英语					
	(其他)					

续表

评判项目		类别				
十二、计算机操作	区分	好	较好	平平	略通	不懂
	Office					
	（其他）					
	（其他）					
总评	拟予试用		拟订职位		拟订工资	
	列入考虑		考虑职位		考虑工资	
	暂缓					
	辞谢					
面试人员或代号			面试日期	年　月　日		

表 12-2　观察记录卡

观察时间			观察地点	
观察对象			观察者	
观察目的				
观察指标	指标 1			
	指标 2			
	指标 3			
	指标 4			
	指标 5			
	指标 6			
观察意见				
建议				

（二）进入观察现场

在实地观察中，进入观察现场是一个重要环节，一般有三种方式：

第一，隐蔽进入，是指观察者不表明身份就进入现场观察。隐蔽进入有两种情况。一是自己混入某类群体开展观察。例如，新闻记者混入游行队伍进行观察；公安人员混入偷盗团伙进行侦察。二是通过“局内人”介绍进入某类群体开展观察。例如，《卧底当代丐帮》作者占才强，通过“局内人”——一位乞丐朋友“小曹”介绍，得到其他乞丐认同后，混迹于丐帮，采用完全参与法观察，创作出了震撼人心的纪实精品。①

第二，逐步进入，是指启动调查时只向被观察者做简单说明就开始观察，以后随着相互信任增加再逐步说明情况并开展观察。这就是说，观察的目的和程序等没有必要一开始就和盘托出。因为，大部分被观察者开始最关心的是“调查者是什么人？他们要干什么？对我们有何影响？”而并不关心调查的计划和过程。同时，事先设计的观察项目、程序等内容不一定完全符合实际，只能随着观察的逐步深入不断地调整、修改和完善。王春光的《温州人在巴黎：一种独特的社会融入模式》，就是采用这种方式进入现场的，他与巴黎的温州人“搭铺”生活了四个多月，用参与观察、个案访谈和滚雪球等方法开展调查研究，结出了丰硕成果。②

第三，公开进入，是指通过组织或私人引荐进入现场，公开以调查者身份开展观察。它也有两种情况：一是，通过官方或正式组织引荐，公开到现场观察。二是，通过“熟人”或“朋友”介绍，然后开展观察。前者的优点是，观察中易获得官方或正式组织资源或权限的支持，缺陷是审批流程较复杂，很难快速获得被观察者的充分信任。后者的优点是，易于获得被观察者的信任，缺陷是获取资源的丰富度、便利度往往取决于“熟人”或“朋友”在被观察者中的形象与威望。曹锦清的《黄河边的中国——一个学者对乡村社会的观察与思考》，就是通过亲友关系网进入现场的。正如他所说的，“官吏的防范与村民的疑虑足以使陌生的调查者裹足难前。”③

无论是逐步进入还是公开进入，都需要获得被观察者的允许，都需要使观察合法化。为此，就需要一些证明自己身份或任务的证件，如身份证、工作证、介绍信等。同时，还要做好心理、身体、生活等方面的准备。

(三)安排观察工作

安排观察工作，主要是做好三件事：

第一，与被观察者建立良好的人际关系。为此：一是应反复说明来意，特别是首次与被观察者联系，就应作自我介绍，说明个人背景，观察的目的、意义、内容、方法、时间和大体流程，以及自愿原则、保密原则等，力求解除被观察者的顾虑，取得他们的理解和支持。二是应参与被观察者的某些活动，并通过共同活动来增进了解、建立友谊，广交朋友。三是应尊重当地风俗习惯和道德规范，最好能学会使用当地的方言、俚语，绝不要说违反禁忌的话、做违反禁忌的事。四是在力所能及范围内，帮助被观察者解决某些困难，如提供某些信息或咨询意见，帮助做些工作或家务，解决生活或工作中可以解决的难题等，这对加深信任和感情具有重要作用。五是应重点选择若干有威信、有影响、有能力的当地人作为依靠对象，首先与他们建立良好关系，然后再通过他们去做好其他被观察者的

---

① 占才强，高汉明，李宇新. 卧底当代丐帮[M]. 北京：北京出版社，2003：21-23.

② 王春光. 温州人在巴黎：一种独特的社会融入方式[J]. 中国社会科学，1999(6)：106-119.

③ 曹锦清. 黄河边的中国——一个学者对乡村社会的观察与思考[M]. 上海：上海文艺出版社，2000：2-3.

工作。六是在任何情况下都不要介入被观察者之间的宗族、房头、派系纠纷，遇到这类问题时应尽可能做好团结工作，起码是严格保持中立。

第二，选择好观察的对象和环境。要使实地观察获得有典型意义的结果，就应该选择那些典型环境中的典型对象进行观察。例如，观察产品质量，就应该选择那些生产条件具有代表性的企业观察，并以这些企业的质检机构和废品仓库作为观察重点；观察城镇环境卫生，既要看大街、厂房、学校和办公楼，更要重点观察工厂的"三废"处理、居民区的垃圾堆和公共厕所；观察农作物生长状况，就应该观察不同长势的田块，重点看水田"边"、旱地"角"等。只有抓住了典型环境中的典型对象作为观察重点，才能收到"一叶知秋"的观察效果。

第三，选择好观察的时间、地点或场合。不同的观察目的和对象，有不同的最佳观察时间、地点或场合。例如，观察机关工作人员上班情况，如果上班时间是9点，那么最佳观察时间是每个工作日的8点30分至9点30分，最佳观察地点是办公楼门前；观察学生考试纪律情况，最佳时间是考试时间，最佳场合是考场，特别是考场的后面；观察工厂生产情况，最佳时间是工人上班时间，最佳场合是生产车间；观察集贸市场情况，最佳时间和场合是交易最频繁、最活跃的时间和场所。观察时间、地点或场合选得准、选得好，观察结果就可能比较真实、具体、准确，根据这样的观察材料写出的调查报告，就可能具有较强的说服力。

做好了上述三方面实地观察工作的安排，就可以开展实地观察了。

(四)开展实地观察

开展实地观察，应该注意两个问题：

第一，灵活安排观察的程序。观察程序有三种安排方法，即主次程序法、方位程序法和分析综合法。①主次程序法，就是先观察主要对象、主要部分、主要现象，然后再观察次要对象、次要部分、次要现象。②方位程序法，就是根据观察对象的位置，采取由近到远或由远到近、由左到右或由右到左、由上到下或由下到上等方位逐次观察。③分析综合法，就是先观察事物局部，后观察事物整体，或者先观察事物整体，后观察事物局部，然后再进行综合分析，得出观察结论。这三种观察程序各有利弊，应根据观察目的和任务、观察对象的实际情况和观察者自己的条件，灵活掌握和运用。

第二，减少观察活动对被观察者的影响。在实地观察中，当观察对象是人或人群活动时，观察活动本身往往会对被观察者产生一定影响，使他们自觉不自觉地产生某些反应性心理或行为，从而产生种种反应性观察误差。特别是在被观察者人数较少而又比较稳定的情况下，素不相识的观察者突然出现并从事各种观察活动，必然会使被观察者产生某些紧张、惶惑、好奇或羞涩心理，致使他们的行为自觉或不自觉地失去常态。例如，正在课堂上偷偷说话的小学生，一旦发现有人在窗外观察，马上就会不再说话，坐得端端正正；正在闲聊或休息的工人，一旦发现上级来人视察工作或外单位来人参观，就会自动回到工作岗位干起活来，等等。这说明，观察者要了解处于原始状态下的社会现象，就必须善于控制自己的观察活动，尽量减少对被观察者的影响。历史上，许多封建君主和官吏为了体察真实的社情民意，往往采取微服私访的办法来减少对被观察者的影响。现在，各级领导机关干部到基层去实地观察，更应注意控制自己的观察活动，尽可能减少被观察者的反应性心理和行为。只有这样，才能观察到处于自然状态下的真实情况，才能避免或减少反应性观察误差。

(五)做好观察记录

实地观察，一般应做观察记录。在标准观察中，观察记录比较简单，只要按照设计、制作的观察表或观察卡里的指标，记录下观察的具体情况即可。比较复杂的是非标准观察，例如，观察农村丧葬过程，最好是通过视频设备记录丧葬过程。如果无法做影像记录，最好同步做文字记录，即在现场观察的同时用简短浓缩词语、短句、符号来快速记录下观察的情况，并且一旦有合适机会和详细记录的条件，就应及时扩展原来的简述，详记事件过程和重要情节，标明时间顺序和有关数据。如果不宜做同步记录，就应在观察后尽快追记。如果不及时做记录，时过境迁，就可能忘掉许多观察到的真实情况。记录的内容，有的学者主张要具体、要客观。“不要用总结的话，也不要用抽象的修饰语，尽量作行为主义式的、具体的描述。尽量降低推理的水平。尽可能避免把活动参加者的描述和翻译语作为自己的语言使用”。① 有的学者则主张尽可能简明，只要记录下主要事实和情节就可以了，而且还可扼要记下自己的主要感受和看法。这些主张各有利弊，可根据当时当地具体情况和自己的习惯灵活运用。

此外，还有一种记录形式就是观察日记，记录观察者的所闻、所见、所思、所想，既不仅记录观察到的客观情况，还记录下观察者的主观感受或评价。例如，贺雪峰的《回乡记》，就是以观察日记形式记录下来的中国农村的变化。②

(六)妥善退场

退场，就是给实地观察画个句号。妥善退场主要做好两件事：①对观察记录查漏补缺，如有重要错漏，尽可能在当地解决。②有礼貌地与被观察者告别，特别是经过较长时间的参与观察，观察者可能已融入被观察群体，相互间已有较深感情，有礼貌地告别可维系友谊，为将来可能的再次合作打下良好基础。

三、充分发挥观察者主观因素的作用

在实地观察中，客观性是首要的、最基本的原则。但是，这绝不是说观察者的主观因素无足轻重。实践证明，观察者的下列主观因素，往往对实地观察的质量、效率和结果产生巨大的甚至决定性的影响。

(一)观察者的工作态度

在实地观察过程中，观察者的工作态度不同，或主动、自觉地观察，或被动、应付地

① ［美］D. K. 贝利. 社会研究的方法［M］. 杭州：浙江人民出版社，1986：129.

② 参见：贺雪峰. 回乡记［M］. 北京：东方出版社，2014.

观察，观察的质量、效率和结果往往就大不相同。前者可能观察到许多真实情况，甚至有可能发现一些新情况、新问题，观察效率一般较高；后者只能看到一些表面现象，甚至为假象所迷惑，其效率也往往很低。这说明，观察者的主观态度，对观察的质量、效率和结果往往会产生决定性的影响。

（二）观察者的观察能力

观察者的观察能力，特别表现在对细节的观察上。老子在《道德经》中曰："天下大事，必作于细"。人们常说，"魔鬼隐藏在细节中。"当今美国神探李昌钰，之所以能屡破奇案，一个重要原因就在于他在勘查作案现场时非常重视对细节的观察，因而总能通过细节找出"魔鬼"来。在现实生活中，对细节的失察与疏忽，往往会付出沉重代价。实地观察，要注重全局，又要慎察细微。只有不断提高观察能力，才能既看到事物全貌，又不会遗漏重要细节。

（三）观察者的知识准备

在实地观察过程中，观察者的知识准备如何，对观察质量、效率和结果也会产生重大影响。一个有丰富实践经验的农村基层干部，或一个有专业知识的农村社会学家到贫困山村实地观察，不仅可较快地观察到许多反映贫困状况的有典型意义的社会现象，而且还会发现造成贫困的原因，提出一些消除贫困的看法或建议。反之，一个从未到过农村的城市青年，或一个没有农村社会学知识的人，即使跑遍贫困山村，最多只能看到一些贫困的表象，其观察的广度、深度、质量和效率，是无法与有专业知识的农村社会学家相比拟的。

（四）观察者的社会经验

《管子》曰："行其田野，视其耕芸，计其农事，而饥饱之国可以知也"；"行其山泽，观其桑麻，计其六畜之产，而贫富之国可知也。"为什么"行其田野，视其耕芸"，"行其山泽，观其桑麻"，就可知一个国家的"饥饱""贫富"呢？经验也。《管子》的"八观"，就是那个时代观察经验的总结。建设小康社会的中国，也有许多经验之谈。例如，"小康不小康，关键看住房"，① "小康不小康，关键看老乡"，② 就是不同层次的观察经验的总结。这都说明，社会经验的有无、多少和层次的高低，会对观察结果产生重大影响。

（五）观察者的思维能力

观察者的观察过程，不是视觉器官对观察对象的纯客观扫描过程，而是以一定目的和理论为指导、以一定知识和经验为基础的自觉认识过程。任何观察都包含有两类认识活动，一是感性认知活动，二是理性思维活动。只有目的明确、理论正确、知识广博、经验丰富而又积极思维的人，才能获得良好的观察效果。所谓"心明眼亮"，是指"心明"是"眼

---

① 小康不小康 关键看住房——小康住宅的十大标准[N]. 北京青年报，2002-12-05.

② 十八大以来重要文献选编(上)[M]. 北京：中央文献出版社，2014：658.

亮”的必要条件。如果只满足于身到现场、眼看事物，而不积极思考问题，那么，即使观察到十分有价值的社会现象，有时也可能会视而不见，轻易便放了过去。因此，在实地观察中要善于把观察与思考结合起来，在观察中思考，在思考中观察；要善于把观察与比较结合起来，在观察中比较，在比较中观察。只有这样，才能捕捉到有价值的观察信息。

第三节　努力减少观察误差

俗话说：“耳听为虚，眼见为实。”这在一定范围内是正确的。但是，严格地说，人的观察总会发生一定误差。因此，有必要研究一下产生观察误差的原因和减少观察误差的办法。

一、产生观察误差的原因

观察误差的产生，有观察主体、观察客体、观察工具和环境等方面的原因。

(一)观察主体——观察者方面的原因

(1)思想因素。观察者的立场、观点和角度不同，观察同一对象的感受就会大不相同。例如，面对垄断行业办公大楼的富丽堂皇、员工福利的丰厚多样，垄断行业内部职工感到欢欣鼓舞、理所当然；垄断行业外部人员却感到被相对剥夺、极不公平。又如，面对拥挤的生产车间、陈旧的生产设备、紧张的劳动节奏、简陋的生活设施、严格的厂规厂纪，老板可能暗暗窃喜，因为它意味着低成本、高效率和高利润；雇员则可能充满忧虑，因为它意味着生产条件落后、生产任务繁重、生活环境恶劣和种种令人难以忍受的限制。这说明，观察者的立场、观点不同，观察的结果和感受就不一样，甚至截然相反。

(2)知识因素。观察者的知识水平和结构不同，人生阅历和社会经验不同，观察的参照系不同，对同一对象的观察重点、观察结果就会发生很大差异。例如，到一个现代化钢铁企业去考察，一个钢铁专家可能在生产工艺、技术装备、车间管理等方面观察到许多重要情况，发现许多重要问题；相反，一个钢铁生产的门外汉却只能看到雄伟的厂房、壮观的场景，却很难发现其中存在的问题。同样，到一个假“先进单位”去参观，一个经验丰富而又实事求是的人可能很快就会看出哪些是真相、哪些是假象；相反，一个初出茅庐的学生却很可能为种种假象所蒙骗。这说明，知识和经验不足，往往是产生观察误差的一个重要原因。

(3)心理因素。观察者的兴趣、爱好和情绪等心理因素，也会对观察结果产生一定影响。例如，同是观赏一座园林，建筑师感兴趣的是建筑结构，文艺家感兴趣的是诗情画意，动物学家感兴趣的是鸟兽鱼虫，植物学家感兴趣的是花草树木，时装设计师感兴趣的则是游人的衣着款式。他们对各自感兴趣的事物或现象会观察得很认真、很仔细；相反，对自己不感兴趣的事物或现象则往往随便扫两眼，甚至根本就视而不见。同样，观察者的某种爱好强烈一些，对与这种爱好相联系的事物和现象的观察就会认真、仔细一些；反之，就会淡然、马虎一些。观察者的情绪也会对观察结果产生影响。一般地说，兴奋、喜悦的人往往会观察到较多积极方面；苦闷、压抑的人则往往会看到较多消极方面；紧张、恐惧的人往往会感到杯弓蛇影、草木皆兵，处处有危险。这说明，心理因素也有可能造成某些观察误差。

(4)能力因素。人的观察能力是有区别的。多数人的观察能力一般，少数人的观察能力很强或很弱，因而对同一对象的观察，往往会得出不同的观察结果。

例如，图 12-1 是一幅隐藏着许多人头的图画。面对这一幅图画，观察能力不同的观察者识别出人头的数量就可能大不相同。您不妨试试，从图 12-1 中能观察出几个人头？

图 12-1　观察能力测试图(来源：百度《测试观察力的图片》)

(5)生理因素。人类感觉器官的感知能力在生理上都有一定限度。例如，视觉器官——眼睛，就有很大的局限性。据研究，正常人的眼睛只能感受到波长为 0.39～0.77 微米之间的电磁波(即可见光)，而不能感受到波长在此范围之外的电磁波；只能对频率在每秒 50 次以内的速度做出反应，超过此速度就失去了反应能力；只能同时观察 5～9 个离散单位，超过此范围就不可能有效观察，等等。不仅如此，随着观察时间延长，视觉器官疲劳加剧，人的视觉能力不断衰减，甚至会出现种种观察误差。同样，人类其他感觉器官的可靠性和准确性也是有限的，超过了一定限度就会失去感知能力，就有可能发生观察误差。所谓“入芝兰之室，久而不闻其香；入鲍鱼之肆，久而不闻其臭”，就是嗅觉器官失灵的例证。

此外，人的感觉器官在感知过程中还有可能产生种种错觉。例如，把两只手分别浸泡在冷水和热水中，然后再同时伸入温水，这时两只手的感觉就会不一样；同样一个人，在高个子面前显得矮一些，在矮个子面前显得高一些；人们在高兴的时候感觉时间似乎过得快一些，在忧愁的时候感觉时间似乎过得慢一些，等等。产生这些错觉，既有生理方面的原因，又有心理方面的原因，它们都有可能使观察产生这样或那样的误差。

(二)观察客体——观察对象方面的原因

(1)由于客观事物发展不成熟，其本质尚未通过现象充分暴露出来，观察就难免产生某些误差。毛泽东说，人们的认识“常常受着许多的限制，不但常常受着科学条件和技术条件的限制，而且也受着客观过程的发展及其表现程度的限制(客观过程的方面及本质尚未充分暴露)”。① 例如，对于“高强度投资”“大规模出口”等措施，在其经济、社会、生态危害充分暴露之前，人们往往把它们看作高速增长的有效途径。同样，对于“人口红利”“世界工厂”等现象，在其本质尚未充分显露出来之前，人们也难免会对其产生一些错误的观感。

(2)由于观察活动引起的被观察者的反应性心理和行为，必然会造成反应性观察误差。例如，在众目睽睽之下，初出茅庐的演员可能非常紧张、笨拙，甚至说错了台词；由于某位领导的到来，吵吵嚷嚷的会议室可能一下子变得鸦雀无声；在客人到来之前，家庭主妇总是要打扫一下房间、整理一下摆设等。由观察活动引起的被观察者的这些反应性心理和行为，一般不是受人指使的结果，也不是故意要欺骗别人，但它却是造成反应性观察误差的原因。

(3)人为的假象更是造成观察误差的一个重要原因。例如，背地里干坏事的人，在公开场合往往表现得异常正直；某些想寻短见的人，事前往往故意显得十分正常和平静；许多假冒伪劣产品，往往有一个精美的外表或新颖的包装；为了骗取上级的信任或舆论的好评，许多人有目的、有计划地制造种种虚假现象，等等。在社会生活中，人为的假象是经常存在的，这是造成观察误差的一个十分重要的原因。

(三)观察工具和环境方面的原因

例如，观察仪器的精确度、灵敏度不高，观察仪器和观察工具失灵，观察场所光线不足，观察角度不对，观察距离太远等，都是造成观察误差的重要原因。

总之，观察总会发生误差，任何观察都不可能完全符合客观实际，观察的准确性和可靠性总是有限的，牢牢记住这三点，时时处处防止观察误差的发生，是搞好实地观察的一个必要条件。

二、减少观察误差的途径和方法

对于社会调查来说，观察的误差或错误往往比结论的错误危害更大。因为，一份观察正确的调查报告，不管其结论是否正确，都不失为一份有价值的研究材料；如果观察的事实发生误差，甚至根本错误，那么，它就失去了研究价值，甚至有可能造成很大危害。这

① 毛泽东选集(第1卷)[M]. 北京：人民出版社，1991：294.

说明，如何减少观察误差，保证观察的真实性、准确性，是实地观察中的一个关键问题。由于种种原因，观察永远不可能完全正确，观察误差永远不可能完全消除。但是，努力减少观察误差，力求观察基本正确，则是应该做到，也是完全可以做到的。

实践证明，减少观察误差有以下一些途径和方法。

(一)正确选择观察人员

一个合格的观察人员必须具备一定条件，其中最基本的有两条：一是要感觉器官正常，特别是视觉器官不能有严重缺陷；二是要有实事求是精神，观察对象是什么情况就观察什么情况，记录什么情况，绝不能凭主观愿望添油加醋或故意隐瞒，更不能歪曲或捏造事实。

(二)认真进行思想教育

对观察人员要加强两方面教育：一是要有认真负责的态度，严格按照观察提纲、表格或卡片的要求进行观察，并做好观察和记录；二是要认识有关观察任务的重要意义，提高观察人员对观察内容的兴趣和感情。实践证明，一个认真负责、心理素质好、有强烈求知欲的观察员，可以观察到许多深入、细致的社会现象；一个应付差事、情绪波动、对观察内容毫无兴趣的观察员，却可能漏掉许多重要信息，甚至可能出现种种观察错误。

(三)做好必要知识准备

一个合格的观察员，应该有比较广博的知识。一是应该有与观察内容有关的各专门学科的科学理论知识；二是应该有关于观察对象的历史和现状的知识；三是应该有关于观察方法和观察工具的知识，以及进行实地观察的经验和技能。实践证明，观察前的知识准备越充分，发生观察误差的可能性就越小。

(四)不断加强感官训练

人类感觉器官的感知能力，可以通过训练不断提高。为了提高观察人员的感知能力，在实地观察前应进行必要的感官训练。例如，组织新观察人员与有经验的观察人员同时观察某一社会现象，并当场做观察记录，然后再对他们的观察记录进行对比研究，分析观察结果的优劣及其原因，就是观察训练的一种有效方法。同样，通过试听、试闻、试尝、试摸等训练，也可提高听觉、嗅觉、味觉和触觉的感知能力。

(五)合理安排观察任务

观察任务的安排，应以感觉器官的承受能力为限。例如，每一个观察人员分配的观察对象应尽可能保持不变，观察离散对象时一般不应超过 5 个单位，最多不超过 9 个单位，否则容易产生观察误差；安排的观察项目应尽可能简明、集中，如果观察项目过多、过于分散，就容易发生遗漏；每一次观察时间不宜过长，否则随着感觉器官疲劳程度加剧，发生观察误差的可能性就会大大增加。

(六)充分利用科学仪器

在实地观察中，应根据具体情况，尽可能使用显微镜、望远镜、测量仪器、照相机、摄像机、录音机、手机、各种探测设备等，以及各种度、量、衡工具，充分发挥这些设备和工具的放大、延伸、计量、记录等功能。这既是提高观察客观性、准确性的重要途径，又是防止和减少观察误差的重要方法。

(七)努力控制观察活动对被观察者的影响

观察者应该努力控制自己的观察活动，尽可能减少或消除观察活动对被观察者的影响。这是减少反应性观察误差的重要途径。此外，在某些特殊情况下，可以事先不作任何说明或宣布，采取隐蔽、伪装、突然袭击的方式进行观察。实践证明，观察活动的突发性、隐蔽性和伪装方式，是减少反应性观察误差的有效措施。然而，这里存在一个法律或伦理问题，即事前未征得被观察者同意的隐蔽观察、伪装观察、突然袭击式观察是否合法、是否符合道德的问题。一般来说，如果观察目的没有损害国家、社会和被观察者的动机，观察过程没有干扰国家、社会和被观察者的正常工作和生活，观察活动没有侵犯被观察者的个人隐私，观察结果没有损害国家、社会和被观察者的利益，那么，就不存在不合法问题，也不存在不符合道德原则的问题。当然，这种隐蔽、伪装、突然袭击式的观察不可随意乱用，它们只应该“在某些特殊情况下”使用。而且，事后应该向被观察者说明有关情况和原因。被观察者对于不损害国家、社会和他们个人利益的这类观察，一般是能够理解和支持的。

(八)对比观察和重复观察

对于比较复杂的事物或比较重要的社会现象，应该选择不同类型的观察对象做横向对比观察，或对同一观察对象做纵向对比观察。横向对比观察，可以是同一观察者对不同观察对象做横向对比观察，也可以是不同观察者对同一观察对象(或不同观察对象)做横向对比观察。纵向对比观察，可以是同一观察者对同一观察对象在不同时间、不同阶段上做前后对比观察，也可以是不同观察者对同一观察对象(或不同观察对象)做前后对比观察。一般来说，通过多点对比观察和重复对比观察所得出的观察结论，发生观察误差的可能性会大大减少。

第四节　对实地观察法的评价

实地观察法是最古老、最常用的调查方法。它既有许多优点，也有一些不可避免的缺点。

一、实地观察法的优点

实地观察法的最大优点是它的直观性。在实地观察中，观察者直接感知客观对象，所获得的是直接、具体、生动的感性认识，特别是通过参与观察更能掌握大量第一手资料，这是文献调查、网络调查等间接调查方法所不可比拟的，也是访问等只能获得口头信息的调查方法所不及的。

实地观察法的另一重要优点是它的可靠性。在实地观察中，观察者亲自到调查现场，直接观察处于自然状态下的社会现象，被观察者一般很难作假，即使有人制造假象也比较容易发现。实地观察虽然有可能产生种种观察误差，但与间接调查、书面调查、口头调查相比较，它的可靠性仍然要高得多。所谓“百闻不如一见”，就是这个意思。

实地观察，特别是非参与观察，是一种非介入调查方法，它主要是观察者单方面的观察活动，一般不依赖语言交流，与被观察者没有人际交往。因此，它有利于对不能够或不需要语言交流的社会现象进行调查，有利于排除语言交流或人际交往中可能发生的种种误会和干扰。对于不同语种的人、聋哑人、婴幼儿等无语言沟通能力的调查对象，以及不愿意接受访谈、拒绝回答问题的调查对象，实地观察是唯一有效的、最为简便的调查方法。

实地观察，特别是参与观察，有利于与被观察者接触，有利于在与被观察者的共同活动中与被观察者建立感情、信任和友谊，并在此基础上深入、细致地了解被观察者在各种不同情况下的具体表现。这是任何间接调查方法所不能做到的，也是非参与观察所不可比拟的。

另外，实地观察法简便易行，适应性强，灵活性高，可随时随地进行，观察人员可多可少，时间可长可短，只要到达现场就能获得感性知识。因此，它是一种使用最广的调查方法。

二、实地观察法的缺点

实地观察法的最大缺点是表面性和偶然性。在实地观察中，观察者观察到的都是事物的表面现象或外部联系，都是特定时间、地点、条件下的社会现象，往往带有一定偶然性。恩格斯指出：“单凭观察所得的经验，是决不能充分证明必然性的”。① 因此，对实地观察的结果作判断、下结论要慎重，绝不能仅仅根据观察到的部分事实就轻易作出肯定或否定的结论。

实地观察法的另一重要缺点是受时间、空间等客观条件的限制。它只能做微观调查，而不能做宏观调查；只能对同类个案做类比，而不能推断总体；只能对当时当地的情况进行观察，而不能对过去的和不在现场的社会现象进行观察。此外，保密性、敏感性社会现象无法实地观察，隐秘性社会现象和个人隐私不能或不宜于实地观察。因此，实地观察应用的对象和范围有很大局限性。

实地观察的结果，在很大程度上取决于观察者的主观状况；完全参与观察所获得的资料，往往带有一定的主观色彩；不完全参与观察和非参与观察，无法完全排除观察者及其观察活动对被观察者的影响，无法观察到被观察者及其群体的自然状态。这就是说，任何观察结果都包含有一定的主观成分，这是实地观察的另一重要缺陷。

① 马克思恩格斯选集(第4卷)[M]. 北京：人民出版社，1995：330.

此外，实地观察法需要花费较多的人力和时间，获得的资料往往不便于定量研究等，这也是实地观察法难以避免的缺点。

实地观察法尽管有种种缺点或局限性，但它却是人们获得第一手感性材料的可靠来源，是发现问题的重要途径，是建立理论假说的客观基础，是验证调查结论的有效手段。因此，实地观察法是认识和科学的真正起点，是社会调查最基本的方法，是一切直接调查方法的共同基础和前提。在社会调查中，实地观察法往往与文献调查法等其他调查方法结合使用。恩格斯的《英国工人阶级状况》有一个醒目的副标题："根据亲身观察和可靠材料"。这说明，这篇著名的调查报告就是实地观察和文献调查相结合的产物。恩格斯的这一成功调查说明，实地观察法只有与其他调查方法结合起来，才能取得良好调查效果。

第十三章　访问调查法

与实地观察法一样，访问调查法也是现实调查的一种基本方法。观察主要是眼看，访问则主要是口问、耳听。在实际调查过程中，这两种方法往往结合使用、互相补充，它们都是直接了解社会现实情况的基本方法。

第一节　访问调查法的概念和种类

一、访问调查法的概念及特点

访问调查法，也称口头访问法、访谈法。在汉语中，“访”是指探望、寻求；“问”是指询问、追问。访问调查法，就是访问者通过口头交谈等方式向受访者了解社会情况或探讨问题的调查方法。访问调查法的特点是：

(1)它是访问者与受访者面对面的直接调查。与文献调查等间接调查方法不同，访问调查是一种直接调查方法。一般来说，访问调查都是访问者通过与受访者的直接接触、面对面地交谈来获取社会信息，因而它与实地观察法一样，能够比间接调查法了解到更多、更具体、更生动的社会真实情况。

(2)它是通过交谈方式进行的口头调查。文献调查、实地观察等方法，主要是使用视觉器官——眼睛来阅读过去的知识或观看现实的情况。访问调查则主要是用发音器官和听觉器官——口、耳来询问和听取有关信息，它不仅能通过口头交谈反复询问某些社会情况，而且还能通过深入交谈来探讨某些社会问题。

(3)它是访问者与受访者之间双向互动的调查。在实地观察特别是非参与观察中，观察过程主要是观察者单方面的活动过程。为了减少被观察者的反应性心理或行为，观察者总是努力控制自己的观察活动，尽量减少对被观察者的影响。访问调查恰恰相反，访谈过程不是访问者单方面的活动过程，而是访问者与受访者双向互动的过程：一方面是访问者通过提问等方式作用于受访者的过程，另一方面是受访者通过回答等方式反作用于访问者的过程。在访谈过程中，访问者不是尽量减少对受访者的影响，而是主动地、积极地、有目的地影响受访者，努力掌握访谈过程主导权，尽可能使受访者按照预定计划回答问题。

(4)它是需要一定访谈技巧的有控制的调查。访问调查的对象都是有思想、有感情、有心理活动的活生生的人，因此，访谈过程首先是人与人之间的交往过程。访问者只有在与受访者的人际交往中建立起基本信任和一定感情，并根据对方实际情况采取恰当方式进行访谈，才能使受访者积极提供他所掌握的社会信息。实践证明，要取得访谈成功，访问者必须善于人际交往，掌握一定访谈技巧，从而有效控制访谈过程。

访问调查法的这些特点说明，它往往能比实地观察法获得更多、更有价值的社会信息，同时也是比实地观察法更复杂、更难以掌握的一种调查方法，它是比实地观察法高一个层次的现实调查方法。

二、访问调查法的种类

按照不同标准，访问调查法可分为许多不同的种类：

(一)按照访问的标准化程度，可分为标准化访问和非标准化访问

标准化访问，也称结构性访问，就是按照统一设计的、有一定结构的问卷所进行的访问。这种访问的特点是：选择访问对象的标准和方法，访谈中提出的问题，提问的方式和顺序，以及对受访者回答的记录方式等都是统一设计的，甚至连访谈的时间、地点、周围环境等外部条件，也力求保持基本一致。标准化访问的优点是，便于访问和记录，便于对访问结果进行统计和定量分析，便于对不同受访者的回答进行对比研究；它的缺点是，缺乏弹性，难以反映复杂的社会现象，难以对社会问题做深入探讨，难以充分发挥访问者和受访者的积极性、主动性。

非标准化访问，也称非结构性访问，就是按照一定调查目的和一个粗线条调查提纲进行的访问。非标准化访问，对访问对象的选择和访谈中所询问的问题有一个基本要求，但可根据访谈时的具体情况做必要调整。至于提问的方式和顺序、对回答的记录、访谈时的外部环境等，都不作统一规定，而由访问者根据实际情况灵活掌握。非标准化访问，有利于充分发挥访问者和受访者的主动性、创造性，有利于适应千变万化的客观情况，有利于调查原设计方案中没有考虑到的新情况、新问题，有利于对社会问题进行较深入的探讨。但是，这种方法对访问者的要求较高，调查质量易受访问者主观因素影响，调查资料往往难以做定量分析。

(二)按照访问调查的方式，可分为直接访问和间接访问

直接访问，就是访问者与受访问者面对面的访谈。这种访问方法，又可分为“走出去”和“请进来”两种方式。“走出去”就是访问者走到受访者生活、工作的空间去，进行实地访问；“请进来”就是将受访者请到访问者安排的地方来，然后进行访问。这两种方式各有利弊和用途。一般来说，“走出去”的方式能与实地观察相结合，能获得更多、更生动、更真实的社会信息。

间接访问，主要是访问者通过问卷、网络等工具对受访者进行访问。有关问卷调查法、网络调查法的内容，将在本书第十四章、第十八章中分别论述。

(三)按照访问内容的深度，可分为浅度访问和深度访问

浅度访问，是指访问内容比较简单、通俗，回答比较浅显、容易确定的访问。例如，领导人到基层视察过程中的一般询问，学者到工厂、农村参观过程中的简短访问，人口普查、户籍调查、生育调查、满意度调查、安全感调查，以及各种问卷调查中的访问，大多属于浅度访问。

深度访问，是指访问内容比较复杂、艰深，回答比较困难、难以确定的访问。例如，各种因果性、预测性、对策性、敏感性访问，大多属于深度访问。在深度访问中，访问者与受访者大多围绕一个主题进行比较自由、反复、深入的探讨，其目的不仅是要了解有关社会问题的现象，而且要探讨造成这些社会问题的原因、发生机制与发展规律，有的还要探讨解决这些社会问题的对策和建议，等等。深度访问，一般是无结构的、直接的、口头的、互动式的访问，往往是反复多次的访问。只有如此，才能逐步深入，最终达到深度访问的目的。

(四)按照访问对象的数量，可分为个别访问和集体访问

个别访问，就是访问者与受访者一对一地单独进行的访问。在个别访问中，由于时间比较充裕，环境比较单纯，访问者可询问较多、较深入、较敏感的问题，受访者则可在较安静、不受干扰的环境下从容回答问题，甚至有可能回答一些敏感性、隐私性问题。因此，它是访问调查法中使用得最广泛的一种调查方式。

集体访问，也称调查会访问，就是访问者邀请若干受访者通过集体座谈方式进行的访问。它是访问调查的一种扩展形式，其特点是：整个访谈过程不仅是访问者与受访者之间的互动过程，而且是受访者之间的互动过程。因此，要取得集体访问的成功，访问者不仅要有熟练的访谈技巧，而且要有驾驭集体访谈的能力。这说明，集体访问是一种更复杂、更难掌握的调查方法。

(五)按照访问对象的特点，可分为一般访问和特殊访问

一般访问，是指对具有正常思维能力、表达能力的一般社会成员——工人、农民、学生、居民等，在一般工作、生活状态下所进行的口头访问。

特殊访问，是指对那些知名度高的人(如高级领导干部，著名专家、学者，演艺界明星，等等)、突发事件当事人(事故肇事者、天灾人祸受害者、灾害现场施救人员，等等)，以及儿童、聋哑人、流浪者、心理障碍者等特殊社会成员所进行的访问。对于这些特殊对象，应该根据调查对象的不同特点进行不同方式的访问。例如，对知名度很高的人进行访问，应特别注意访谈时机的选择和访问问题的提炼；对突发事件当事人的访问，应开门见山、简短扼要，善于抓住问题的关键；对儿童的访问，应充分考虑儿童的心理特征、短暂的注意力、有限的理解能力和语言表达能力等特点；对聋哑人的访问，必须掌握聋哑人的语言和心理状态；对流浪者、心理障碍者的访问，要有高度的善意、爱心和耐心，要善于设身处地、体贴入微、循循善诱，等等。

第二节　访谈过程及其技巧

访谈过程(主要是深度访谈)，大体上可分为接近受访者、提出问题、听取回答、引导和追询、访谈结束和再次访问等几个环节。要取得访谈成功，访问者必须在访谈过程的各个环节熟练掌握和运用各种访谈技巧。

一、接近受访者

(一)如何称呼受访者

访问的第一个环节是接近受访者。接近受访者的第一个问题，是如何称呼的问题。称呼恰当，就为接近受访者开了一个好头；称呼搞错了，就会闹笑话，甚至引起受访者反感，影响访问的正常进行。

"称呼"有多种，有职务称呼(如科长、处长、局长等)，有职称称呼(如教授、副教授、讲师等)，有职业称呼(如老师、医生、会计、律师等)，有性别称呼(如小姐、女士、先生等)，还有姓名称呼(即直呼其姓名)。在选择称呼时，应注意四个问题。第一，要入乡随俗、亲切自然。为此，就必须了解当地风俗习惯。例如，北京人说"您"是对人的尊称，但在北方农民听起来却远没有"老大爷""老大娘"亲切自然。第二，要尊重恭敬，又要恰如其分。有的人口气很大，开口一个"喂"，闭口一个"伙计"，对人不尊重、不恭敬；有的人又一味奉承，动不动就称"老大哥""老大姐""老首长""老前辈"等，想以廉价奉承换取好感，结果往往引起厌恶或反感。第三，要符合双方亲密程度和心理距离。一般来说，称呼的变化规律是：从呼头衔、尊称，到加姓氏，再到呼姓名，直至叫小名、爱称或绰号。例如，初次见面，一般应称"教授""经理""局长"等头衔或"大爷""大娘""先生""女士""您"等尊称；交往深一点，可加姓氏；再深一点，可直呼大名；非常熟悉后，可叫小名、爱称或绰号。一个成熟的访问者，应根据自己与受访者的亲密程度和心理距离选用恰当的称呼，并随着亲密程度和心理距离的变化适时改变称呼。第四，要注意称呼习俗的变化。20世纪50—60年代人们习惯称"同志"，"文化大革命"中多称"师傅"，改革开放初期喜欢称"先生""小姐"或"老板"。20世纪90年代以后，"小姐"又变成三陪女、性工作者的别称。进入21世纪后，人们对男性喜欢称"张总""李总""帅哥"，对女性喜欢称"靓女""美女"等。

(二)如何接近受访者

除称呼外，还有一个如何接近受访者的问题，大体有几种方式：

(1)自然接近，即在某种共同活动过程中接近对方。例如，在与受访者一起工作、劳动、开会、学习、乘车、乘船、住宿、就餐、看电影、跳舞等活动过程中与对方攀谈，逐步了解对方，待建立初步感情后再说明来意，进行正式访问。这种接近方式，是访问者有心，受访者无意，它有利于消除对方的紧张、戒备心理，有利于在对方不知不觉中了解到许多情况。但是，花费时间较多，在公开说明来意之前很难进行深入系统的访谈。

(2)求同接近，即在寻求与受访者的共同点中接近对方。例如，同乡、同学、同行，共同的经历、兴趣、爱好等，都可以成为交谈的话题。在一下难以找到共同点时，则可从对方最熟悉的事情、最关心的问题、当时当地最吸引人的新闻谈起。例如，与农村老大娘谈她养的鸡，与年轻媳妇谈她抚的娃，与企业经理谈经营管理，与职工谈工资福利，与专业技术人员谈职称改革，与青年人谈体育比赛或电影等，都是求同接近的很好的话题。

(3)友好接近，即从关怀、帮助受访者入手来联络感情、建立信任。例如，受访者家里有病人，就谈如何治病、买药和调养；对方遇到挫折或不幸，应表示同情和安慰；对方工作、生产发生了困难，就帮助出主意、想办法、提建议，等等。如果条件允许，还可以采取一些具体行动来帮助对方解决实际困难，这就更有利于建立信任和感情了。

(4)正面接近，即开门见山，先自我介绍，说明调查的目的、意义、内容、方法和有关规则，然后再正式访谈。这种方式，有些简单、生硬，但可节省时间、提高效率。一般来说，在受访者没有什么顾虑的情况下，可采用这种方式。各种浅度访问，特别是问卷调查中的访问，大多采用这种方式。

(5)隐蔽接近，即以某种伪装身份、目的接近对方，并在对方没有觉察的情况下访问。如微服私访、化装侦察、伪装访谈等就是这种方式。这种接近方式，一般只在特殊情况下、对特殊对象才采用，而且应该经过某些审批程序。滥用隐蔽接近方式，难免有违社会公德，甚至有可能引起不必要的社会、法律问题。

总之，接近受访者必须考虑对方的思想、感情和心理承受能力，绝不可只图简单和方便；必须以平等、友好态度和恰当方式去接近对方，绝不可以钦差大臣的态度和简单、生硬的方式去强加于人；必须遵守道德和法律底线。

二、提问的种类、方式和语言

提问是访问调查的主要手段和环节。访谈技巧，关键是提问的技巧。

(一)提问的种类

访谈过程中提出的问题，可分为两大类，即实质性问题和功能性问题。

所谓实质性问题，是指为了掌握访问调查所要了解的情况而提出的问题。它大体上可分为4类。第一，事实方面的问题，如姓名、年龄、文化程度、职业等。第二，行为方面的问题，例如，“您正在从事什么工作?”“您喜欢阅读什么书籍?”“您曾到国外旅游吗?”第三，观念方面的问题，例如，“您对‘中国梦’有何看法?”“您对抗击新冠疫情抗疫工作做何评价?”“您怎样看待城乡居民收入的差距?”第四，感情、态度方面的问题，例如，“您对目前的治安状况是否满意?”“您赞成自己的儿子做‘快递哥’吗?”“您是否支持正进行的垃圾分类管理改革?”

所谓功能性问题，是指在访谈过程中为了对受访者施加某种影响而提出的问题。它也可分为4类。第一，接触性问题。例如，“近来身体好吗?”“工作很忙吧?”“今年收成如何?”提出这些问题的目的，不是了解这些问题本身，而是为了比较自然地接近受访者。

第二，试探性问题。例如，“您做什么工作?”“您每天几点上班?”“您今天外出吗?”提出这些问题是为了试探一下，看访谈对象的选择、访谈时间的安排是否恰当，以便决定访谈是否进行和如何进行。第三，过渡性问题。例如，当访谈内容从生产转向销售时，可问：“你们单位生产情况很好，产品销售是否也很顺利呢?”如果从工作问题转向家庭生活，则可问：“你的工作非常繁忙，回到家里大概可以轻松一下吧?”有了过渡性问题，访谈过程就会显得比较连贯和自然。第四，检验性问题。如先问：“你对现在的工作岗位感到满意吗?”经过一段谈话后，再问：“你是否希望调换一下工作?”提后一个问题的目的，是为了检验前一个问题的回答是否真实、可靠。又如，先问支出后问收入，或先问收入后问支出，也可起到互相检验的作用。

一般来说，访问者对实质性问题都比较重视，对功能性问题则往往比较忽视或不善于运用。然而，提问的技巧恰恰突出表现在功能性问题上。一个熟练的访问者，不仅要善于以恰当方式提出实质性问题，而且要善于灵活运用各种功能性问题，以促进访谈的顺利进行。

(二)提问的方式

提问的方式多种多样，或开门见山、直来直去，或投石问路、先作试探，或顺水推舟、逐波前进，或逆水航行、溯源而上，或顺藤摸瓜、逐步发展，或借题发挥、跳跃前进，或竹笋剥皮、层层深入，或下井打水、一竿到底，或循循善诱、耐心开导，或旁敲侧击、点穴拿筋，等等。

究竟采取哪种方式提出问题，一般应该考虑三个方面的因素。一是考虑问题本身的性质和特点。对于比较尖锐、复杂、敏感、有威胁性的问题，应该采取谨慎、迂回方式提出，反之，则可大胆、正面提出。二是考虑受访者的具体情况。对于顾虑重重、敏感多疑、对情况不太熟悉、理解和回答问题能力较差的受访者，应该采取循循善诱、逐步前进的方式提出问题，反之，则可单刀直入、连续提出问题。三是考虑访问者与受访者之间的关系。在访问者与受访者互相不熟悉、尚未建立基本信任和初步感情的情况下，应该采取耐心、慎重方式提出问题，反之，则可直率、简洁地提出问题。总之，提问方式没有一成不变的模式。只有从上述三个方面的实际情况出发，选择最恰当的方式提出问题，才能取得良好的访谈效果。在深度访谈过程中，不管采取哪种方式提出问题，都应从容大方、顺其自然，使访谈过程像拉家常一样在平等、友好气氛中进行，绝不可像查户口或审案子那样，搞成简单、生硬的一问一答。

(三)提问的语言

提问的语言，应该努力做到“一短三化”。所谓“一短”，就是提问的话语要简短，应该用尽量简短的提问换取尽可能充分的回答，而不应该用冗长的提问换取简短的回答。所谓“三化”，就是提问的语言应该通俗化、口语化和尽可能的地方化，要尽量避免使用学术术语、书面语言和种种“官话”。

三、倾听回答的技巧

访谈技巧，关键是提问的技巧，同时也包括听取回答的技巧。“善问”和“会听”，是一个熟练的访问者不可缺少的两个方面。

(一)倾听的层次

听，有三个层次：一是表面的听，即半听半不听，耳朵在听别人讲话，脑子在想别的事，结果是没有听进去；二是消极的听，即被动地以耳取音，但没有动脑筋去理解、记忆，因而只记得其“言”，而不理解其“意”；三是有效的听，即主动地、专心地听，不仅以耳“察言”、以眼“观色”，而且积极开动脑筋，理解回答者的观点，推测其言外之意，并反复记忆和考虑如何做出反应。只有这种有效的听，才能称为“会听”。

访谈过程中的听，应该是有效的听。它应该包括三个步骤：第一，捕捉和接收信息，即认真听取受访者回答，主动捕捉一切有用信息，包括各种语言信息和非语言信息；第二，理解和处理信息，即正确理解捕捉、接收到的信息，及时做出评价或判断，舍弃无用信息，保留有用信息和存疑信息；第三，记忆或做出反应，即记忆有用信息，并考虑对受访者的回答特别是对存疑信息做出何种反应。有效的听的过程，就是这三个步骤交替出现、循环往复的过程。

(二)怎样听才能有效

实践证明，必须做到以下几点：

(1)排除听的障碍。听的障碍很多：有偏见性障碍，如不喜欢受访者这个人(或他的打扮、他的态度等)，而不能认真地听；有判断性障碍，如认为受访者不可能了解情况、他的回答不可能真实等，而不能客观地听；有心理性障碍，如情绪不好、听取回答的兴趣不浓，而不能积极地听；有生理性障碍，如疲劳或昏昏欲睡，而不能集中精力听；有习惯性障碍，如习惯于发表自己意见，而不能耐心地听；有理解性障碍，如访问者与受访者对同一问题理解不同，而不能正确地听；有语言性障碍，如受访者的语言不好懂，而不能清楚地听；有环境性障碍，如周围环境的干扰太大，而不能专心地听，等等。实践证明，千方百计排除各种听的障碍，是有效听的基础和前提。

(2)有正确的态度。首先，要认真地听，即聚精会神、一丝不苟地听。如果受访者在认真回答问题，访问者却在一旁剪指甲、看报纸，做无谓的小动作，或者心不在焉、魂不守舍，甚至哈欠连天、睡意绵绵，那么受访者就不可能认真回答下去，访问者也不可能有效地听。其次，要虚心地听，即对受访者的回答，懂就说懂，不懂就请教，绝不可不懂装懂。受访者回答错了，或回答不完整，应适当解释、引导和询问，而不能无礼地打断对方说话，甚至摆出一副不屑一顾的样子。再次，要有感情地听，即要理解受访者的感情，并做出感情移入式的反应。受访者谈到成绩时应为他高兴，谈到困难时应替他着急，谈到不平之事时应为之义愤，谈到挫折或不幸时应表示同情和惋惜。总之，访谈过程不仅是语言交流过程，而且是情感交流过程，应努力做到喜怒哀乐皆共鸣。

(3)提高记忆能力。记忆是对外界信息的识别、储存和再现。记忆的快慢、准确和牢固程度，主要取决于记忆者的目的、态度、知识和经验等因素，同时也取决于记忆的方法和训练。提高记忆能力是有效的听的必要条件。提高记忆能力的主要方法：一是重复，即请受访者复述，或自己默默复述；二是浓缩，即把听到的回答浓缩成几个要点，以提高记忆的方便和牢固程度；三是联想，利用视觉联想、意义联想、情景联想来促进记忆；四是比较，通过内容比较、形式比较、环境比较来帮助记忆；五是改组，即把一长串本无意义的数字改组成几组短小的有一定意义的数字，如将 101388421 改组成为 101—38—8421，就比较容易记忆一些；六是使用，即用受访者的回答来询问情况、探讨问题。实践证明，使用得越多，记忆就越牢。记忆是为了使用，使用则是最有效的记忆。

(4)善于做出反应。反应可分为两类，一类是无反射反应，即对受访者的回答不插话、不表态、不干扰，保持沉默。一般来说，在受访者认真回答问题而又答得对路的时候，或为了回答问题而努力回忆、思考的时候，或在几种可能性中做选择的时候，最好做无反射反应。这种无反射反应实际上是告诉对方："您回答得好，请继续讲下去"，"您慢慢回忆、思考，我可以等待"，"如何选择是您的权利，我尊重您的选择"等。另一类是有反射反应，即不时用"嗯""对""讲得好""真有意思"，"增长了见识"等语言信息，或用点头、肯定的目光和手势等非语言信息鼓励对方继续谈下去。对于人名、地名、时间、数据和重要观点的回答，可采取复述一遍请受访者核实的办法做出反应；对于过长或过于零散的回答，可采取归纳后请受访者认可的办法做出反应。对受访者的回答做出恰当反应，是有效的听的必要条件，也是保证访谈正常进行的必要条件。

四、引导和追询

在访谈过程中，除提出问题和听取回答外，有时还需要引导和追询。

(一)引导

与提问不同，引导不是提出新问题，而是帮助受访者正确理解和回答已提出的问题。引导是提问的延伸或补充，是访谈过程中不可缺少的手段或环节。

在什么情况下引导呢？一般来说，当受访者对所提问题理解不正确、答非所问、文不对题的时候；当受访者顾虑重重、吞吞吐吐、欲言又止的时候；当受访者一时语塞、对所提问题想不起来的时候；当受访者口若悬河、滔滔不绝，而又漫无边际、离题太远的时候；当访谈过程被迫中断，又重新开始的时候……总之，当访谈遇到障碍不能顺利进行下去或偏离原定计划的时候，就应及时引导。

如何引导呢？要具体情况具体对待。如果是受访者对问题理解不正确，就应用对方听得懂的语言去做解释或说明；如果是受访者有顾虑，就应摸清是什么顾虑，然后对症下药消除顾虑；如果是受访者遗忘了某些情况，就应从不同角度、不同方面帮助对方回忆；如果是受访者正在思考合适的表达方式或语言，就应耐心等待，给受访者充分的思考时间；如果是受访者的回答离题太远，就应采取适当方式，有礼貌地把话题引上正轨；如果是访谈中断后重新开始，就应简略回顾一下前面交谈的情况，复述一下尚未回答的问题……总之，只要排除了干扰和障碍，使访谈得以按预定计划发展下去，就算达到了引导目的。

（二）追询

追询不同于提问，也不同于引导，它不是提出新问题，也不是排除回答中的障碍，而是为了促使受访者更真实、更具体、更准确、更完整地回答问题。然而，从帮助受访者正确回答问题的角度看，追询与提问、引导又有密切联系。追询是更深入的提问，是更具体、更准确、更完整的引导。在访谈过程中，追询往往也是必要的环节和手段。

在什么情况下追询呢？一般来说，当受访者明显说谎、不肯吐露真情的时候；当受访者回答前后矛盾、不能自圆其说的时候；当受访者回答含混不清、模棱两可的时候；当受访者回答过于笼统、很不准确的时候；当受访者回答残缺不全、不够完整的时候……总之，当受访者回答没有真实、具体、准确、完整说明问题的时候，就要追询。

追询有多种方法。有正面追询，即直接指出回答不真实、不具体、不准确、不完整的地方，请对方补充回答；有侧面追询，即调换一个侧面、一个角度、一个提法来追问相同的问题；有系统追询，即何时、何地、何人、何事、何因、何果……系统地追问下去；有补充追询，即只追问那些没有搞清楚的、需要补充回答的问题；有重复追询，即对前面已经回答过的问题，到后面再追问一次，以检验前后回答是否一致和真实；有反感追询，即"激将"追询，看看在"激将"情况下对方有何表现、作何反应。不管采取哪种方法追询，只要能促使受访者更真实、更具体、更准确、更完整地回答问题，就算达到了追询目的。

追询一定要适当。这有两层含义：一要适时。追询与引导不同，引导要及时，追询则应放到访谈后期进行。由于追询是一种比较尖锐的访谈方式，搞不好就会妨碍整个访谈过程顺利进行。因此，在访谈过程中，应先询问一般问题，而把需要追询的问题记录下来，留到访谈后期再去追询。当然，某些细小的问题可在对方回答时立即做追询，但重大问题的追询只宜放在访谈后期进行。二要适度。追询应以不伤害受访者的感情为原则，即使是反感追询，最后也应缓和一下气氛，这样就不至于为再次访问留下无法弥补的隐患。

五、访谈结束

访谈的最后一个环节，是做好结束工作。访谈结束应该注意两个问题：一是要适可而止，二是要善始善终。

所谓适可而止，主要掌握两条，一是每次访谈时间不宜过长，一般以一两个小时为宜，特殊情况则应灵活掌握。例如，在农村做深度访问，夏夜乘凉和冬闲烤火时，就可做较长的访谈；如果受访者对调查课题既有兴趣又有研究，那么访谈时间就可适当延长。但是，访谈时间的延长，应以不妨碍受访者正常职业活动和正常生活秩序为原则。受访问者要上班了、要下地了、要吃饭了、要睡觉了，就应及时结束访谈。二是访谈必须在良好气氛中进行。如果受访者疲劳了、厌倦了、情绪变坏了；或者男主人与你交谈，女主人在一旁赶鸡、打狗、骂孩子；或者家里来了客人；或者发生了紧急事情……总之，良好气氛一旦被破坏，就应马上结束访谈。如果还要坚持访谈下去，那么，不仅会大大降低访谈的质量，而且还有可能引起对方反感，甚至影响以后的再次访问。

所谓善始善终，主要做好两件事，一是表示感谢和友谊，即真诚感谢受访者对调查的支持，感谢从对方学到了许多知识；同时还应肯定通过访谈建立或加深了友谊，说明访谈短暂，友谊长存。二是，为以后调查做铺垫，即表示今后可能还要登门请教；如果第一次访谈没有完成任务，就应约定再次访问的时间和地点，最好简要说明再次访谈的主要内容，以便对方做好思想和材料准备。

从接近受访者开始，经提出问题、听取回答、引导和追询，到访谈结束，这就是一次访谈的大体过程。访谈过程的每一个环节，都有许多技巧问题。熟练掌握访谈技巧，对于提高访谈质量和效率具有重要意义。

六、再次访问

访问调查应力争通过一次访谈完成调查任务，能否做到这一点取决于四个因素。一是取决于调查类型。抽样调查和普查中的访问，一般是一次完成调查任务；典型调查中的访问，则往往需要进行多次。二是取决于调查内容。调查内容比较简单，就有可能一次完成任务；反之，就需要多次访问。三是取决于访问者的素质和工作。一个有经验的访问者，既做好了访谈前各项准备工作，又能有效控制访谈进程，就有可能一次访谈解决问题；反之，就可能需要再次、多次访问。四是取决于受访者的合作态度和回答能力。如果受访者积极合作，而且了解情况又有回答能力，就有可能一次完成访谈任务；反之，就需要多次访问。一般来说，再次访问和多次访问，在访问调查中是经常发生的。

再次访问，大体可分为三种类型。一是补充性再次访问。即为了完成第一次访谈中没有完成的调查任务，或补充第一次访谈中的遗漏、纠正第一次访谈中的错误，而做的再次访问。二是深入性再次访问。即为了深入探讨某些问题，按计划在第一次访问了解一般情况、熟悉受访者后，做的第二次或多次访问。三是追踪性再次访问。即为了解受访者的变化，在第一次访问后间隔一段时间对原访问对象进行的再次或多次访问。上述三类再次访问的主要目的是不同的，其中深入性再次访问具有特别重要的意义。

☞知识窗

奥里亚娜·法拉奇简介①

奥里亚娜·法拉奇(1929—2006年)，意大利著名女记者、作家。她曾访问过当代14位影响巨大的政治人物，包括阿拉法特、卡扎菲、霍梅尼、基辛格、沙龙、邓小平等各国政要。她的采访风格硬朗，言辞尖锐，从没被击垮过，其胆识赢得全球同行敬佩，被誉为“国际政治采访之母”。

法拉奇说：“我的人物采访大多连续进行两次(天)。第一次主要是互相熟悉，当然，我事先做了大量准备，例如访问邓小平以前，我看了好几公斤的材料。不过是得

① 参见：邓小平文选(第二卷)[M]．北京：人民出版社，1983：344-353；蓝鸿文，展亮，赵赜．中外记者经验谈[M]．北京：中国人民大学出版社，1983：538；“新闻斗士”的传奇人生[N]．中国老年报，2006-09-21；法拉奇以笔代剑战斗一生[N]．参考消息，2006-09-27.

见了面，才真正熟悉对方的性格，掌握对方的特点。第一次采访以后，我不是去游山玩水，而是关在小屋里，把录音记录下来，加以整理，看看哪些问题没弄清楚，或者遗漏了，没有问。第二次访问效果要好得多，因为我跟采访对象互相熟悉了，精神上放松得多，问答也更得要领。”

法拉奇两次采访邓小平前后约四小时，她的第一个问题就是：“天安门上的毛主席像，是否永远保留下去?”第二个问题是：“中国人说的是‘四人帮’，但他们伸出的为什么却是五个指头?”第三个问题是：“你说在后一段时期毛主席身体不好，但刘少奇被捕入狱以及死在狱中时，毛主席身体并不坏。过去还有其他错误，‘大跃进’难道不是错误？照搬苏联模式难道不是错误？对过去这段错误要追溯至何时？毛主席发动‘文化大革命’到底想干什么?”此外，她还提出了以下一些问题，如“四个现代化将使外国资本进入中国，这是否会在中国形成小资本主义?”“你是否认为资本主义并不都是坏的?”法拉奇相当满意与邓小平的对话，并罕见地赞扬邓小平的智慧、坦率与文雅，称他是出类拔萃的领袖。她的这次采访，被西方媒体大量转载，并让西方世界对中国领导人有了全新的认识。这篇著名的采访，已被收入《邓小平文选》(第二卷)。

第三节　访问调查应该注意的问题

实践证明，要成功地实施访问调查，应该注意以下几个问题：

一、做好访问前的准备

(1)准备访问提纲，学习与调查内容有关的知识。做标准化访问，必须弄懂统一设计的问卷；做非标准化访问，应准备详细的访问提纲和访谈问题。不管哪种类型访问，都应学习与调查内容有关的各种知识。在访谈过程中，如果访问者知识丰富，能深入交谈，受访者回答问题的积极性和质量就高一些。反之，如果说外行话、提外行问题，受访者就会失去交谈兴趣，甚至有可能随便应付一下。

(2)选准访谈对象，尽可能了解受访者。正确选择访谈对象是访谈成败的关键。选择访谈对象，不要事事找“一把手”、件件问“当家人”，而应根据访谈内容，选择那些最了解情况的人来回答最合适的问题；应尽可能选择不同类型、不同特点的人，力争获得尽可能差异化的访谈信息。选准访谈对象后，对受访者的性别、年龄、职业、文化程度、经历、爱好，特别是当前思想动向等，应做尽可能多的了解。这对于正确选择访谈方法和灵活运用访谈技巧具有重要意义。

(3)选好访谈时间、地点和场合。访谈时间的选择应因人而异，一般来说，最佳访谈时间是受访者工作、劳动、家务不太忙，心情比较舒畅的时候。法拉奇 1980 年对邓小平的采访，选择在邓小平生日前后的 8 月 21、23 日，见面后先祝贺生日再采访，使采访活动从一开始就显得非常亲切。法拉奇的这一选择，不仅表现了她对受访者的充分了解，而且显示了她选择访谈时间的高超技巧。

访谈地点和场合的选择，应以有利于受访者真实回答问题和畅所欲言为原则。一般来说，有关工作方面的问题，以在工作地点访谈为宜；有关个人或家庭方面的问题，则以在家里访谈为好，这样可便于受访问者寻找或核查回答问题所需要的材料。如果受访者不愿意在工作地点或家里接待访问者，也可选择在招待所、旅馆或餐厅、公园、马路等公共场所交谈。至于访谈场合，最好是能单独与受访者交谈，这样可避免其他人的干扰，有利于双方畅所欲言。但是，如果受访者没有顾虑，访谈内容没有隐私性或敏感性问题，甚至还有可能引起其他人的兴趣，那么也不妨在有其他人在场的情况下访谈。

二、建立良好的人际关系

建立良好人际关系是取得访谈成功的重要前提，理解、尊重、平等是建立良好人际关系的必要基础。要建立良好的人际关系，就必须：

(1)表明来意，消除疑虑。所谓表明来意，主要是介绍自己的身份，说明调查的目的、意义和内容，讲清楚受访者是如何被选中的，努力消除对方的怀疑和顾虑，并使对方相信自己有能力回答问题。表明来意，消除疑虑，应贯穿访谈过程的始终。在不同阶段、对不同对象，表明来意工作应有所不同：访问调查初期，由于大家都不了解访问调查的目的、意义和内容，表明来意的工作应做得十分认真和细致；访问调查中、后期，多数人对访问调查有了基本认识，表明来意的工作就应从简。对于那些满腹疑虑的受访者，应耐心、细致、反复进行思想工作；对于那些没有顾虑的受访者，就不必啰啰唆唆、多费口舌。

(2)虚心求教，以礼待人。搞访问调查，要有甘当小学生精神，要尊重受访者，虚心求教、以礼待人。为此，就应该做到：踏进受访者的门，就应客随主便，对主人的安排表示充分尊重和恰当赞赏；在访谈开始时，应按照当地习俗以尊称相呼，并说明来意；在访谈过程中，应以求教态度提出问题，并主动地、专心地听取受访者的回答；在访谈结束时，要表示感谢和友谊，说明收获很大和再次访问的可能。在访谈过程中，对于受访者表现出来的某些无知、落后意识和不良习惯，或是存而不论，或是给予真诚、热情、耐心的帮助，绝不可有鄙薄或轻视的表示，更不可戏弄或嘲笑。

(3)平等交谈，保持中立。没有平等的态度，就不可能有融洽的人际关系，就无法推心置腹地交谈。因此，访问者必须以平等态度对待受访者，绝不可盛气凌人、摆架子，当然也不可无原则地吹捧和奉承。对于一切敏感的或有争议的问题，访问者都应严格保持客观、中立态度，而不应有倾向性、诱导性的任何表示，以免受访者在迎合心理驱使下发违心之论。对于受访者的回答，不管是否正确、是否与访问者看法一致，都不应作肯定或否定表示，更不应去迎合对方或企图说服对方，而只能作一些中性反应。如“我已经明白了您的看法”“您的观点很有代表性”“请继续讲下去”等，以鼓励对方把心里话都说出来。

三、重视访谈过程中的非语言交流

访谈技巧，首先是语言交流的技巧。然而，在人际交往中，不仅语言交流可以传递信息，而且各种非语言交流也能传达信息。所谓非语言交流，是指用来表情达意的声音交流

(如伴随语言发生的副语言和单独发生的功能性声音——发声、音乐、音响等)和形象交流(如人的表情、动作、姿势，以及场景、服饰、版面、照片、绘画等)。在访谈过程中，既要重视语言交流，又要重视非语言交流。

访谈过程中的非语言交流，一般是指形象交流。其中，人的外部形象、行为、面部表情、目光，以及周围环境等非语言信息具有特殊重要的意义。

衣着、服饰、打扮等外部形象，是一个人的职业、教养、文化品位等内在素质的反映。初次见面的人，一般是根据人的外部特征形成第一印象的。一个成熟的访问者，一方面要注意使自己的衣着、服饰、打扮尽可能与受访者相近，以便给对方易于交往的信息。另一方面，也要注意从对方的衣着、服饰、打扮来获取信息，打量受访者。一般来说，在城市做调查，穿着应该比较整洁、讲究；到农村搞访问，衣着就应该朴素、大方一些。对衣着、打扮讲究的访问对象，应庄重、彬彬有礼；对不修边幅的受访者，则可坦率、随和一些。

动作、姿态等行为是受思想、感情支配的。访问者既可以通过自己的行为来表达一定的思想和感情，又可通过观察受访者的某些动作和姿态来捕捉对方的思想、感情。例如，连连点头，表示“赞成”“同意”；匆匆记录，说明回答内容非常重要；东张西望，表示注意力已经转移；搞无谓的小动作，说明不感兴趣、心不在焉；伸懒腰、打哈欠，表示已经疲倦；频频看钟表，说明希望尽快结束谈话，等等。在访谈过程中，通过这些细小动作、姿态来捕捉或传达信息，往往能起到语言交流所不能起的作用。

面部表情是内心感受的外部表现，是思想、感情的一种传达方式。面部表情是通过脸部器官和肌肉动作反映出来的。扬眉吐气，表示心情舒畅；愁眉不展，反映疑虑或忧愁；频频微笑，表示赞许或满足；哈哈大笑，表示异常高兴；皮笑肉不笑，反映虚伪或狡诈；张口结舌，表示感到意外；双眉紧锁，反映回忆或沉思；微微撇嘴，表示轻蔑和鄙视，等等。一个成熟的访问者，既要善于控制自己的面部表情，又要善于观察受访者的面部表情，并恰当地运用面部表情来传达信息，调节和控制访谈进程。

眼睛是“心灵的窗口”。孟子非常注意通过眼睛来观察人，他指出，内心光明正大，眼睛就明亮；内心不纯正，眼睛就昏暗。听一个人说话，观察他的眼睛，他的内心怎能隐藏呢?① 在人际交往中，人们往往通过目光来表达各种思想或感情。一般来说，目光频频接触，表示喜欢、友好或亲近；目光躲躲闪闪，则表示生疏、不愉快或不好意思；目光死死盯着对方，表示惊讶、愤怒或敌意；目光避免接触，则表示厌恶、胆怯或恐惧。目光正视，表示坦诚、自信、无所顾虑；目光斜视，则表示心虚、疑虑、没有把握。目不转睛，表示精神专注；目瞪口呆，表示不知所措；目光炯炯，表示异常兴奋；目光呆滞，表示困惑、沮丧，等等。一个熟练的访问者，在访谈过程中，既不可死死盯着对方，又不可处处躲着对方的目光，而应使自己的目光在对方的头发、嘴唇和脸颊两侧这个范围内活动，并不时与对方目光作短暂接触(一般不超过10秒钟)。同时，根据访谈的具体情况，及时领悟对方的“眼神语言”和灵活使用自己的“眼神语言”。这样眼神就会成为访谈过程中有效

① 徐寒. 精注四书五经[M]. 北京：线装书局，2006：282.

的指示灯和调节器。

人们周围的环境、用具、器物、陈设，以及某些活动、状态，也蕴藏着许多信息。例如，访问时步行去、骑自行车去或乘小轿车去，会给人不同印象；一个人去访问、结伴去访问或前呼后拥地去访问，也会给人不同信息。又如，办公室有的整洁、朴实，讲究实用；有的豪华、花哨，追求排场；有的安安静静、各事其事；有的喝茶、看报、随便闲聊；有的人来人往，办事匆匆；有的闹闹哄哄，混乱不堪。这些不同情景，给人的信息显然是不一样的。同样，一个家庭的器物、摆设和文化氛围，不仅反映主人的职业和经济状况，而且表现主人的教养、兴趣、爱好和性格特征。所有这些，都是访问过程中不可忽视的非语言信息。

非语言信息具有多样性、暗示性、不确定性，以及语境制约等特点，因此，同样的非语言信息，在不同对象、不同情景下往往具有不同含义。例如，一个衣着讲究的人，可能是一个很有教养、作风严谨的人，也可能是一个内心空虚的花花公子。一个有豪华陈设的家庭，可能是一个贡献卓著、经济富裕的家庭，也可能是一个巧取豪夺、发不义之财的家庭。不仅如此，同样的行为、动作、姿态、表情等，在不同情景下往往有不同含义。因此，在访谈过程中，绝不能仅仅根据某些非语言信息就轻率下结论，而必须把非语言信息与语言信息、外部现象与内在本质联系起来思考。只有这样，才能对非语言信息做出正确的解释或评价。

四、做好访问记录

访问调查，一般应做记录。记录有两种方式：当场记录和事后追记。有的受访者对当场记录有顾虑；有的相反，你记得越认真他谈得越起劲。对前者，宜于事后追记；对后者，则应尽可能当场记录。究竟采用哪种方式，应从实际出发。

标准化访问的记录比较好办，按照规定的记录方式，把受访者的回答记录在事先设计好的表格、问卷、卡片上就行了。非标准化访问的记录则比较困难，因为当场记录会分散访问者注意力，降低访谈质量和进度。为了做到访谈、记录两不误，可采取两人一起访问的办法，一人专门访谈，一人专门记录；也可在征得对方同意的前提下，用录音机录音。由于录音最终还是要用笔记下来，因此，笔记是各种访问记录最基本的形式。

笔记有三种方法。一是速记，即用速记法把对方的回答全部记下来，然后再翻译和整理；二是详记，即用文字当场做详细记录，这样不需翻译，任何人都可看懂记录；三是简记，即用一些符号或缩写来做记录，如用“W”代表商品，用“G”代表货币，用“✓”表示同意，用“×”表示不同意，用“1”代表男性，用“0”代表女性，用汉语拼音的第一个字母把“资产阶级”缩写成“ZCJJ”，把“社会主义”缩写成“SHZY”，等等。这三种方法各有优点和缺点：速记，比较全面，但是翻译很费时间，对多数口头访问来说也不需要把受访者的回答全部记下来；详记，整理工作量较小，但会影响访谈进度和质量，而且难免会有遗漏；简记，比较方便，但事后仍需整理和说明，不然别人看不懂，时间久了自己也会忘记。究竟采取哪种记录方法，应根据具体情况和各自习惯而定。

无论是详记还是简记，在记录内容上都应抓住几点：①记要点，即主要事实、主要过程、主要经验或教训、主要观点和建议等；②记特点，即具有特色的事件、情节、语言、表情等，特别要注意捕捉那些带有思想“火花”的独特语言；③记疑点，为了不打断对方的思路和回答，应把各种有疑问的问题记下来，留待后面追询或调查；④记易忘点，如人名、地名、组织名称、时间以及各种数据等；⑤记主要感受点，即把访谈情景、过程中的主要感受和“闪光”思想及时记下来，以免时过境迁遗忘了。上述几点，既包括语言信息，又包括各种非语言信息。只有这样的记录，才是真实、全面、具体、生动的记录，才是最有效的记录。

为了提高记录的可靠性、准确性，同时也为了消除受访者疑虑，在访谈结束前最好将访谈记录的主要内容，特别是那些容易发生差错的部分念给受访者听，请他复核、更正或补充。正式访谈结束后，最好花几分钟来闲聊，这时受访者比较放松，容易将内心的真实想法表达出来。访谈结束后，应尽快整理访谈记录，及时发现和解决错记、漏记等问题，努力消除一切错字或不清楚的字。

五、对无回答的处置

在访问调查中，经常会出现无回答现象。这有两种情况：一是选择的访问对象不在家；二是选择的访问对象不合作，拒绝回答问题。这两类对象都不应放弃，因为他们都是按原设计方案选定的，都代表着某种类型的调查对象。例如，经常不在家的，往往是男性、中青年人、外出务工经商者、搞经营或跑运输的人员；那些不合作者则可能是知情人、关键人或特殊人物。缺少了对他们的调查，全面调查就会不全面，典型调查就会不典型，抽样调查就会使样本失去代表性。

对于不在家的人，一般有四种处置方法：一是了解他们什么时候回家，然后去做补充调查，直到找到他们为止；二是在条件许可的情况下，追踪到他所去的地方做访问；三是可找某些熟悉受访者情况的人，代为回答某些事实(如家庭人口、年龄、性别、文化程度、婚姻状况等)、行为(从事的职业、生活习惯、外出活动的时间和地点等)方面的问题，但不能代为回答观念、情感、意见等方面的问题。在这三种做法都行不通而调查工作又不允许拖延的情况下，则可采取第四种方法，即用备用调查对象代替或者放弃。

对于不合作者，首先应认真研究不合作的原因，然后再对症下药。根据实践经验，不合作者大体有六种情况，其处置方法应各不相同：

(1)认识问题。认为调查与己无关，不感兴趣；或认为调查不解决问题，不愿白费时间。对这种人，应该着重帮助他们认识调查的目的、意义和与其的关系，并用通过调查解决问题的实例来增强他们对调查的信心。

(2)利害问题。有的怕增加税费、减少收入、抽调劳动力等；有的怕露富，带来麻烦；有的怕得罪人，引起不良后果。对这类人，主要是宣传有关法律法规，并说明调查工作的保密原则和绝不伤害受访者利益的原则，使其消除顾虑。

(3)时间或情绪问题。或者是工作、家务太忙，怕耽误时间；或者是遇到困难、挫折，没有心情回答问题。对这种人，首先应体贴他们的困难，然后再与对方商定在他方便的时候另做访问。如果能够采取措施帮助对方缓解或克服困难，那么这些不合作者就有可能转变成为积极的合作者。

(4)信任问题。或者是认为访问者人微言轻，不相信访问者调查或解决问题的能力；或者是访问者与受访者对立的人过于亲密，受访者认为访问者已经有了偏见；或者是访问者的行为不够检点，作风不够正派，触犯了当地某些禁忌，引起受访者的反感。在这些情况下，访问者应改进自己的工作，用实际行动来证明自己的能力，证明自己的客观、公正和正派，即使有了错误也能及时改正。

(5)态度问题。有极少数受访者对国家、对社会、对单位有成见、有抵触，因而对许多社会问题都非常冷漠甚至反感。对于这种人，或者是采取“一把钥匙开一把锁”的办法做思想工作，或者是从侧面了解情况，请熟悉的人代答某些能够回答的事实、行为方面的问题，或者是用备用调查对象代替。总之，对他们只能教育、等待，绝不可嫌弃或强求。

(6)错罪问题。受访者犯有错误或罪行，因而做贼心虚，害怕回答问题。对于这种人，除了做思想工作和从侧面了解情况外，可考虑请当地干部或有关单位人员协助调查。在证据确凿的前提下，还可采取一些法律允许范围内的特殊办法询问有关问题。

实践证明，只要方法对头，耐心工作，上述前四种情况的多数人有可能转变态度，成为调查的合作者；后两种情况的人，也存在着改变态度的可能。总之，不到万不得已，绝不轻易更改原定访问对象。

第四节　集体访谈及其实施

一、集体访谈的概念、特点和种类

(一)集体访谈的概念和特点

集体访谈法，就是访问者邀请若干受访者，通过集体座谈方式了解情况或研究问题的方法。通俗地说，就是开调查会的方法。毛泽东说：“开调查会，是最简单易行又最忠实可靠的方法，我用这个方法得了很大的益处，这是比什么大学还要高明的学校”。①

与个别访问相比较，集体访谈的特点在于：它不是对个别受访者的访问，而是同时对若干个受访者的访问；它不仅是调查者与受访者之间互相影响、互相作用的过程，而且是若干个受访者之间互相影响、互相作用的过程。因此，要取得集体访谈成功，调查者不仅要有熟练的访谈技巧，而且要有驾驭调查会的能力。这说明，集体访谈法是比访问调查法更高一个层次的调查方法，也是一种更复杂、更难掌握的调查方法。

(二)集体访谈的种类

按照不同标准，集体访谈法可分为许多不同种类：

---

① 毛泽东选集(第3卷)[M]. 北京：人民出版社，1991：790.

按照调查目的不同，集体访谈法可分为两类：一类是以了解情况为主的调查会，另一类是以研究问题为主的调查会。这两类调查会，在会议规模的确定、调查对象的选择、调查会现场的调控等方面，都有许多不同特点。

按照调查内容不同，集体访谈法也可分为两类：一类是综合性调查会，它的内容比较全面、广泛，但往往不够深入；另一类是专题性调查会，它的内容比较集中、专一，往往能较深入地了解情况和探讨问题。

按照会议规则不同，集体访谈法可分为两类：一类是讨论式的调查会，即与会者互相研讨、互相争论，既可互相补充，又可互相反驳；另一类是各抒己见式的调查会，即与会者可以充分发表自己意见，但不允许批评别人意见。所谓的“头脑风暴法”，就属于后一种类型。

按照调查方式不同，集体访谈法也可分为两类：一类是口头座谈方式的集体访问，它是一种面对面的直接访问；另一类是书面咨询方式的集体访问，它是一种背靠背的间接访问。所谓的“德尔菲法”，就属于后一种类型。

二、集体访谈的实施

集体访谈要取得成功，必须做好集体访谈前的准备，必须正确指导和有效控制集体访谈过程，并及时做好集体访谈后的各项工作。

（一）集体访谈前的准备

集体访谈参与人员较多，召集不易，时间宝贵，必须做好会前准备工作：

（1）明确会议主题。调查会主题要简明、集中，最好一个会议一个主题。如果会议主题含混不清，或涉及问题过多，受访者就很难发表意见，“东一榔头、西一棒子”，始终不能形成议论中心。同时，调查会主题应该是与会者共同关心和共同了解的问题，凡不是与会者共同关心、共同了解的问题都不宜作为会议主题。明确主题，是开好调查会的首要前提。

（2）准备调查纲目。调查会前，应根据会议主题拟出调查纲目。调查纲目的内容，一般应该包括“5W1H”，即：“When”（何时）——什么时候发生？“Where”（何地）——什么地方发生？“Who”（何人）——什么人？“What”（什么）——发生了什么事？“Why”（为何）——为什么会发生？“How”（如何）——如何发生？如果访问者对调查内容心中无数，全靠到会场上临时考虑、提问，就很难取得好的访问效果。拟定调查纲目，是开好调查会的必要条件。

（3）确定会议规模。调查会规模，主要取决于调查内容的需要和调查者驾驭会议的能力。一般来说，以了解情况为主的调查会、综合性调查会、各抒己见式调查会，规模可适当大一些；以研究问题为主的调查会、专题性调查会、讨论式调查会，规模应适当小一些。若调查者驾驭会议的能力较强，参加会议的人数可多一些，反之，就应少一些。从实际经验看，调查会规模，一般以5~8人为宜。

（4）物色到会人员。正确物色到会人员，是开好调查会的基础。一般来说，到会人员应该是有代表性的人、了解情况的人、善于和敢于发表意见的人、互相信任的人、有共同语言的人。特殊地说，以了解情况为主的调查会，要注意物色那些与调查内容直接相关的当事人、主管人和知情人参加会议；以研究问题为主的调查会，则应着重物色那些对调查主题有实践经验的人、有理论研究的人、有独特见解的人、有不同观点的人参加会议。为了使到会人员增加互信、减少疑虑，可采取对不同类型的人召开不同会议的方法分别进行调查。

(5) 选好会场和时间。会议地点应该比较适中、方便，应该有比较安静的环境。会议时间应该使多数与会者感到适合，应该留出比较充裕的时间，让与会者做好参会的思想准备和材料准备。

(6) 做好技术准备。在必要和可能条件下，要做好摄影、录音、录像等技术方面的准备。

(二)集体访谈过程的指导和控制

调查会主持人对集体访谈过程的正确指导和有效控制，是开好调查会的关键。对集体访谈过程的指导和控制，应注意几个问题：

(1) 打破短暂沉默。调查会开始，往往会出现短暂沉默。为了打破沉默，主持人应简明扼要地说明会议目的、意义、内容和要求，并对与会人员基本情况做些简要介绍，以减少与会者之间的疑虑和陌生感。如会前已物色好带头发言人，主持人讲完后就可请他率先发言，这样就可缩短或消除短暂沉默时间。

(2) 营造良好气氛。许多调查会开得非常沉闷，有的一个一个轮流发言，有的一问一答开成了“问答会”，这样不利于与会者充分发表意见。为了营造良好气氛，主持人应作一些简短插话或解释，以消除与会者的疑虑，鼓励大胆发表意见；有时可简介一些背景情况，提高与会者对会议主题的认识和兴趣；有时可引导与会者互相补充、互相争论，形成一种友好合作、自由切磋、民主探讨的气氛。

(3) 开展平等、民主对话。主持人要善于发现问题、提出问题，组织不同观点间的争论；要坚持平等、民主原则，引导开展讨论。在讨论过程中，主持人应尊重和保护每个与会者的发言权；应鼓励与会者畅所欲言，讲真话、讲心里话；应避免少数人垄断会场、多数人“开陪会”的情况；应防止会议倾向“一边倒”、少数意见无法发表的局面；应保护少数，尽可能减少他们的孤立感或压抑感。

(4) 把握会议的主题。许多调查会一旦开展热烈讨论，议论中心就像脱缰的野马漫无边际地自由奔腾。这时，主持人绝不可泼冷水，更不可简单、生硬地制止别人发言，而应因势利导，逐渐把与会者的兴奋中心引向会议主题；或另辟蹊径，围绕调查主题提出新的问题，形成新的议论中心。总之，要及时引导和控制会议方向，使会议始终围绕着调查主题展开。

(5) 做一个谦逊、客观的主持人。在调查会中，主持人要注意说话简短，切忌作长篇大论的发言；要认真听取发言人反映的各种情况和意见，不轻易表示肯定或否定态度；要客观对待与会者之间的争论，一般不应表示自己的看法或倾向。只有这样，才能使受访者有充分发言机会，才能避免对发言人的倾向产生人为影响，才能鼓励各种不同观点展开平等讨论。

（6）做好受访者之间的协调工作。在调查会中，由于种种原因，受访者之间常会产生一些矛盾或分歧。例如，受访者之间可能由于客观地位差异而形成分歧，可能由于思维方式不同而产生争论，可能由于性格固执而出现隔阂，可能由于互不信任而无法真诚、坦率讨论，等等。在出现这些情况时，主持人应妥善做好引导和协调工作，以保证调查会顺利进行。

（7）做好会议记录。调查会可派专人做记录，但最好是主持人亲自口问手记。因为主持人在听发言时，做记录或不做记录，快记或慢记，详记或略记，给发言者的信息是不一样的。这就是说，做记录不仅是记录下发言的内容，而且是指导和控制会议的一种方式，它有时能起到语言信息所不能起的重要作用。

（8）及时结束会议。调查会达到了预期目的，或到了预定时间，或发现“打横炮”等特殊情况，就应及时结束会议。会议结束时，主持人应对会议作简短小结，并对与会者的合作表示感谢。如果还需继续开会或做个别访问，主持人应做具体的交代或安排。

（三）集体访谈后的工作

每次调查会后应及时做好后续工作。

（1）及时整理会议记录。看看记录是否完整、准确，追记当场没有记录下来的情况，注释或说明当场简记的内容，同时审查记录的内容是否真实、全面，是否有代表性，还有哪些遗漏或错误之处需要补充或更正。

（2）回顾和研究会议的情况。想想会议进程是否正常，分析每位与会者的态度、表现及其原因，研究会议争论的焦点和性质，并对调查会结果做出实事求是的评价，以便及时发现其中的疑点、难点和尚需深入探讨的问题。

（3）查证有关事实和数据。调查会上提供的口头信息往往不具体、不精确，有时还会出现一些明显的矛盾。因此，会后对一些关键事实、重要数据都应进一步查证落实，力求使调查材料更真实、更具体、更准确。

（4）做必要的补充调查。凡是调查会上遗漏的问题，搞错的事实和数据，发现的新情况、新问题、新线索，都应采取适当方式做补充调查。调查会上那些有顾虑的人，没有讲话、没有讲完话或没有讲真话的人，以及那些接受了邀请但没有出席会议的人、应该邀请而没有邀请的人，应该成为补充调查的重点。

总之，调查会结束了，调查工作并没有结束。实践证明，及时做好调查会后的各项工作，对于巩固和发展调查会成果具有重要意义。

第五节　头脑风暴法与德尔菲法

头脑风暴法和德尔菲法，是集体访问法在现代条件下的丰富和发展，它实质上是制定、使用了某些特殊规则、程序和技术的集体访谈法。

一、头脑风暴法与反向头脑风暴法

(一)头脑风暴法

头脑风暴法(Brain-storming，或称智力激励、脑力激荡)是一种通过众多参与者思维“共振”和情绪感染，引起连锁反应，激发创造性思维的方法。它由美国创造学家、头脑风暴法之父亚历克斯·奥斯本(Alex Faickney Osborn，1888—1966年)于1939年提出、1953年正式发表。20世纪50年代后，头脑风暴法作为一种特殊会议形式，在预测性调查中得到广泛应用。

头脑风暴法在具体操作过程中，要遵循一些不同于一般调查会的规则：①会议主持人简要说明会议主题，提出讨论具体要求，并严格规定讨论问题的范围。②鼓励与会者自由发表意见，但不得重复别人意见，不允许反驳别人意见，以便形成充分自由的讨论气氛，以利于激发与会者发表各种创造性思维。③支持与会者吸取别人观点，不断修改、补充和完善自己意见；鼓励与会者在综合别人意见基础上，提出自己的新想法。对要求修改或补充自己想法的人，提供优先发言权。④会议主持者，特别是高级领导人和权威人士，不得发表自己的意见，不得表示自己的倾向，以免妨碍会议的自由气氛。

(二)反向头脑风暴法

反向头脑风暴法是在头脑风暴法基础上发展起来的又一种会议形式，亦称质疑头脑风暴法。反向头脑风暴法的主要规则是：会议参加者对已提出的设想、意见、方案，只允许提出各种质疑或批评性评论，而禁止进行确认论证。它的一般程序是：①对已形成的设想、意见、方案提出质疑或批评性评论，直到没有可质疑或批评意见为止。质疑和批评的内容是，论证原设想、意见、方案不能成立或无法实现的根据，或是说明要实现原设想、意见、方案可能存在的种种制约因素，以及排除这些制约因素的必要条件等。②把质疑和批评意见归纳起来，进行全面分析、比较和估计。③形成有可行性的具体结论。

头脑风暴法和反向头脑风暴法的共同点是：会议的主持者或领导人，在会议前不画框框、不定调调；在会议中不发表意见、不表示倾向，而让与会者在无拘无束的气氛中各抒己见(论证或质疑)；最后在民主基础上形成共同结论。

实践证明：头脑风暴法和反向头脑风暴法，有利于充分发扬民主，自由发表意见；有利于各种观点互相启发、互相借鉴、互相吸收；有利于各种意见得到不断的修改、补充和完善。因此，它们对于鼓励创造性思维，寻求新观点、新途径、新方法，具有一定的积极作用。

二、德尔菲法与派生德尔菲法

德尔菲(Delphi)是古希腊的一座城名，阿波罗神殿所在地。由于阿波罗神殿的神谕威信极高，该城被誉为预言家的圣地。20世纪40年代，美国兰德公司设计出一种综合多名专家经验与判断的方法，由于其预测的准确性较高，被称为德尔菲法，20世纪60年代以后被广泛应用于各个领域的综合评价。

(一)德尔菲法

德尔菲法就是一种综合专家集体意见进行预测的方法。在具体操作中，德尔菲法遵循四个基本程序：①预测机构将预测问题写成含义明确的调查提纲，分别送给经过选择的专家，请他们用书面形式做出回答。②各位专家在背靠背、互不通气的情况下，各自独立作出自己的回答。然后，将自己的预测意见，以无记名方式反馈给预测机构。③预测机构汇总各位专家的意见，进行定量分析，然后将统计分析结果反馈给专家。④各位专家根据反馈资料，重新考虑原先的预测意见，既可改变原先的预测，也可坚持原来的意见。然后，再以书面形式反馈给预测机构。这样循环往复，经过3~4轮反馈，预测意见就逐渐趋向集中，最后形成集体预测结论。

德尔菲法的主要特点有四个。一是匿名性。预测机构与专家之间、专家与专家之间都是匿名的，都以书面形式联系。二是反复性。预测不是一次的，而是多次反馈、多次预测。三是定量性。对预测意见作定量分析，对预测结果作定量评价。四是集体性。调查结论不是个别专家的看法，而是各位专家的集体意见。这说明，德尔菲法实质上是一种集体的书面调查。

德尔菲法的最大优点是：排除了调查会中无法完全排除的各种社会心理因素的干扰，从而使调查结论更准确地反映各位专家的集体的意见。它的缺点是：许多专家不熟悉德尔菲法，或不了解有关预测问题的背景材料，因而难以做出正确预测，甚至不知从何下手去做预测；由于是背靠背地书面回答，有关专家无法知道别人预测的根据是什么；有的专家在获得前一次预测汇总资料后，再次预测时往往会出现简单向中位数靠拢的趋势，等等。

(二)派生德尔菲法

为了克服德尔菲法的缺点，就出现了两类派生德尔菲法：

一类是保持德尔菲法的基本特点，但做了局部改进。例如，预测机构在发出预测问题时，同时提供预测事件一览表，介绍预测问题的某些背景材料；允许做出三种不同的预测方案，并对各种方案的成功概率做出估计；减少反馈次数等。

另一类是改变德尔菲法某些基本特性的派生方法。例如，部分取消匿名，有的是先匿名询问，公布汇总结果后进行面对面口头辩论，然后再匿名做新的预测；有的是各位专家先公开阐明自己的观点和论据，再匿名做预测，然后再公开辩论，再匿名预测。又如，部分取消反馈，有的只反馈预测意见幅度，而不反馈中位数，以防止盲目向中位数靠拢的倾向；有的只向预测意见差别最大的专家或权威性专家反馈，而不向其他专家反馈，等等。

派生德尔菲法由于实行了种种改进，因而在提高德尔菲法的工作效率和预测质量等方面，起了一定的积极作用。

三、实施头脑风暴法与德尔菲法应该注意的问题

(一)实施头脑风暴法应该注意的问题

与一般集体访问法相比较，实施头脑风暴法需要具备一些条件：一是需要有较多的时间和经费；二是主持者对有关主题的背景应有较多了解，熟悉头脑风暴法的程序和方法；三是参与者应具备较高创新思维能力；四是实施“头脑风暴”时应有比较理想的环境，以便参与者把注意力集中到所要讨论的主题上。

此外，还应注意三个问题。第一，慎重选择主题。讨论主题一般应遵循领域由小到大、跨度由近到远、关联性由强到弱的原则，它是头脑风暴法能否成功的根本。第二，科学安排参与者的结构。参与者应该来自不同领域，有不同人生阅历、社会经验、思维方法的专家、学者和实际工作者。参与者的合理结构是头脑风暴法能否成功的关键。第三，合理掌握讨论的次数。头脑风暴法的目的是获得尽可能多的创新性设想，因而有必要开展多次讨论。但是，讨论次数过多，不仅耗费精力，而且会使参与者失去兴趣，并从根本上失去思维共振的功效。

(二)实施德尔菲法应该注意的问题

德尔菲法是一种专家集体预测方法，也是一种专家集体评估方法。在社会调查领域，德尔菲法可用于社会调查目标设计的评估，社会调查方案设计的评估，社会指标、调查指标及其操作定义设计的评估，社会调查方法设计的评估，以及社会调查成果等单项评估，也可用社会调查全过程的评估。

无论进行哪种对象的评估，实施德尔菲法都应该注意四个问题。一是慎重选择咨询专家。一定要选择那些水平较高、代表性较强、结构合理、评价公正的专家组成专家组。二是写出含义明确的评估提纲。以便专家“背靠背”回答问题，而不至于产生误解或歧义。三是合理确定调查反馈轮次。反馈轮次太少，很难充分发挥专家作用；反馈轮次过多，又有强求专家统一意见之嫌。四是科学制定反馈信息的办法。哪些信息反馈给专家，哪些信息不反馈给专家，反馈意见如何表达，特别是离群意见的识别和反馈等，都应做出科学安排。

第六节　对访问调查法的评价

与实地观察法一样，访问调查法也是一种最古老、最普遍的调查方法，它也有许多优点和缺点。

一、访问调查法的优点

(1)它能广泛了解各种社会现象。访问调查和集体访谈是一种口头调查，既可了解当时当地正在发生的社会现象，又可询问过去和外域发生过的社会现象；既可调查事实、行

为方面的问题，又可询问观念、感情方面的问题。特别是集体访问，参与人员多、提供信息广，可以互相启发、补充、核对、修正，因而可以了解更广泛、更真实的实际情况。在调查内容的广泛性上，访问调查法大大优于实地观察法。

(2)它能深入探讨各类社会问题。访问调查(特别是深度访问)过程，是访问者与受访者之间反复互动的过程，它既有利于了解比较复杂的社会现象，又有利于探讨社会现象之间的因果联系和内在本质，还有利于研究改造社会的道路和方法。集体访谈，更有利于集思广益，把调查与研究结合起来，把认识问题与探索解决问题的办法结合起来。在调查的深入性方面，访问调查和集体访谈不仅优于实地观察，而且优于问卷调查。

(3)它能灵活处理访谈过程中出现的各种问题。访问调查和集体访谈都是面对面的直接调查，访问者可以根据受访者和访谈过程的具体情况，采取灵活多样的方法，有针对性地做工作，排除各种可能出现的干扰，有效控制访谈过程，保证访谈正常进行。实地观察和问卷调查就不可能有这样的灵活性或适应性。

(4)它有利于提高访谈的成功率和质量。访问调查和集体访谈都是面对面的口头调查，访问者不仅可以及时回答受访者提出的问题，对受访者进行必要的引导和解释，促使受访者更放心、更顺利、更完整、更准确地回答问题，而且可以与实地观察法相结合，获得许多非语言信息，从而提高调查的成功率和质量。

(5)它能适用于各种调查对象。访问调查和集体访谈都是口头调查，简便易行，适用于一切有正常思维能力和口头表达能力的访问对象，包括文化程度较低的调查对象和没有视觉的盲人。在这方面，它又优于自填式的问卷调查。

(6)它还有利于与受访者交朋友。访问调查和集体访谈的过程，既是社会信息交流过程，又是思想感情交流过程。通过口头访问和集体访谈不仅可以了解到许多社会情况，而且可以与受访者交朋友，建立友谊，为今后调查打下基础。

二、访问调查法的缺点

(1)一定的主观性。访问调查和集体访谈的结果和质量，在很大程度上取决于访问者的素质和驾驭会议的能力，取决于受访者的合作态度和回答能力。这就是说，访问调查或集体访谈结果的差异，可能是客观社会现象之间的真实差异，也可能是由于访问者或受访者主观素质不同而造成的虚假差异。因此，对访问调查或集体访谈结果的评价，要充分考虑访问者和受访者主观状况这一因素。

(2)不能匿名，有些问题不宜当面访谈。访问调查和集体访谈都是面对面的直接调查，受访者不能匿名回答问题。因此，对于那些敏感性、尖锐性、保密性和隐私性问题，或者是访问者不能和不宜于当面询问，或者是受访者不愿当面回答或不可能真实回答，这都会对访问调查及其结果产生不利影响。

(3)无法排除社会心理因素的影响。访问调查无法完全排除受访者社会心理因素的影响。特别是集体访谈，那些职位较高、权力较大、能说会道的人往往垄断会场的发言权，他们的意见往往左右会议的倾向，反之，其他人则很难充分发表意见，甚至有可能在崇拜权威或从众心理驱使下讲些违心的话，这样调查结果就很难全面反映真实的客观情况。

(4)获得的调查资料需要进一步查证、核实。访问调查和集体访谈都是口头调查，调查所获得的都是口头信息，它们的真实性和准确性都有待进一步证明。因此，对于访问调查和集体访谈的结果，特别是那些重要事实和数据，都需要做必要的检验、查证或核实，而不宜全面接受和肯定，更不应轻易采纳和使用。

(5)调查成本较高。访问调查和集体访谈，一般需要较多的、受过专门训练的访问人员，访问时要动员受访者所在单位和受访者给予合作，访问调查和集体访谈过程更需要较长的时间。总体而言，与实地观察法相比较，访问调查和集体访谈比较费人、费时，这就必然费钱，因而调查成本往往较高。

访问调查法尽管有种种缺点，但它与实地观察法一样，都是一种基础性的现实调查方法。社会调查的其他方法，如问卷调查法、网络调查法等，实质上都是访问调查法的延伸和发展。

第十四章　问卷调查法

问卷调查是访问调查的扩展形式。要掌握问卷调查法，必须了解问卷调查的概念、特点和种类，学习设计问卷的原则和方法，掌握问卷调查的一般程序和应该注意的问题，明确问卷调查的优点和缺点等。

第一节　问卷调查法的概念和种类

学习问卷调查法，应先弄清楚问卷调查法的概念、特点和类型等问题。

一、什么是问卷调查法

问卷调查法也称问卷法，它是调查者运用统一设计的问卷向被调查者了解情况或征询意见的调查方法。与访问调查法相比较，它的特点是：

(1)它是标准化调查，即按照统一设计的有一定结构的问卷所进行的调查。

(2)它一般是间接调查，即由被调查者根据问卷提出的问题自己填写答案。访问调查则一般是访问者与受访问者面对面的直接调查。

(3)它一般是书面调查，即调查者借助问卷来提出问题，被调查者通过填写问卷来回答问题。访问调查则主要是通过交谈方式进行的口头调查。

(4)它一般是抽样调查，被调查者大多通过随机抽样方法选取，否则就不能推断总体。访问调查的调查对象一般不通过随机抽样方法选取。

(5)它一般是定量调查，调查目的是通过样本的统计值来推断总体的参数值。访问调查一般是定性调查，不存在从数量上推断调查总体的问题。

显然，问卷调查法实质上是访问调查法的一种特殊形式。

二、问卷调查法的种类

问卷调查法，按照问卷填写者不同，可分为两类：自填式问卷调查和代填式问卷调查。在自填式问卷调查中，按照问卷传递方式不同，可分为报刊问卷调查、邮政(快递)问卷调查、网络问卷调查和送发问卷调查；在代填式问卷调查中，按照与调查对象交谈方式不同，可分为访问问卷调查和电话问卷调查。

报刊问卷调查，就是调查者随报刊分发问卷，请读者对问卷做书面回答，然后按规定时间通过投递者把问卷反馈给调查者。报刊问卷调查，以读者为调查对象，有稳定传递渠道，分布面广，回答质量较高，能节省费用和时间，适用性较广。其缺点是：调查对象代表性差(非读者意见无法反映)，回复率低(往往不足10%)，影响回答的因素无法了解、控制和分析，有可能出现种种假象。

邮政(快递)问卷调查，就是调查者通过邮局(快递公司)向特定调查对象寄发问卷，请调查对象按规定的要求和时间填答问卷，然后再通过邮局(快递公司)将问卷寄发给调查者。邮政(快递)问卷调查分布面广，有利于控制调查范围和对象，提高调查对象的代表性，回答质量较高。但是，存在回复率低、无法了解和控制回答环境、难以判断影响回答的因素等缺点，而且费用较高。

网络问卷调查，就是利用互联网发布调查问卷和回收调查结果。它的问卷设计灵活、多样、新颖、丰富(可增添视频成分)，具有简单方便、辐射广泛、成本低廉、调查周期短等优点。其主要缺点是，受网络平台的种种局限，无法确定调查总体和编制抽样框，不能推断总体，很难了解回答者的具体情况，无法判断回答的真实性和可靠性，无法反映非网民的情况和意见。

送发问卷调查，就是调查者派人将问卷送给调查对象，待调查对象填答后再派人回收调查问卷。这种方法，适用于有组织的调查对象，如一个单位、部门或社区的成员，一个会议的参加者等。其优点是回复率高，节省时间和费用，有利于对调查对象做某些口头说明或解释。其缺点是：调查对象集中，调查范围狭窄，调查对象往往互相询问、影响，回答质量可能不高，回答结果容易失真。

访问问卷调查，就是调查者按照统一设计的问卷向调查对象当面提出问题，然后由调查者根据调查对象的口头回答来填写问卷。其优点是：有利于选择调查对象和控制访谈过程，有利于灵活运用访谈技巧，有利于评价回答结果，回复率和有效率较高。其缺点是：调查费用高、效率低，只适于较小范围的调查，调查质量往往因人而异、差别很大，有些敏感问题不宜于当面询问。

电话问卷调查，就是调查者通过电话按照统一设计的问卷向调查对象提出问题，然后由调查者根据调查对象的电话回答来填写问卷。其优点是：有利于选择调查对象和运用各种访谈技巧，效率较高，投入较少。其缺点是：电话号码簿往往不全面或不适用，界定调查总体和抽取调查对象比较困难，回复率、有效率、调查质量较低，费用较高，无法了解非电话用户的情况和意见。

不同种类的问卷调查方法的利弊，可简略概括，如表14-1所示。

表14-1　不同种类的问卷调查方法的利弊

项目	自填式问卷调查				代填式问卷调查	
	报刊问卷调查	邮政(快递)问卷调查	网络问卷调查	送发问卷调查	访问问卷调查	电话问卷调查
调查范围	较广	较广	很广	较窄	窄	可广可窄
调查对象	有一定控制和选择，但代表性难以估计	有一定控制和选择，但代表性难以估计	无法控制和选择，代表性较差	可控制和选择，但过于集中，代表性差	可控制和选择，代表性可能较强	有一定控制和选择，代表性可能较强

续表

项目	自填式问卷调查				代填式问卷调查	
	报刊问卷调查	邮政(快递)问卷调查	网络问卷调查	送发问卷调查	访问问卷调查	电话问卷调查
影响回答的因素	无法了解、控制和判断	无法了解、控制和判断	无法了解、控制和判断	有一定了解、控制和判断	便于了解、控制和判断	不太好了解、控制和判断
回复率	很低	较低	无法计算	较高	高	不稳定
回答质量	较高	较高	难以判断	较低	不稳定	不稳定
调查人员	较少	较少	很少	较少	多	较多
调查费用	较低	较高	很低	较低	高	较高
调查时间	较长	较长	较短	短	短	较短

另外，根据问卷调查的性质、内容或应用领域，还可将问卷调查分为：政治性问卷调查、行政性问卷调查、学术性问卷调查、应用性问卷调查；市场问卷调查、民意问卷调查；家庭问卷调查、个人问卷调查；生活状况问卷调查、社会保障问卷调查、公共卫生问题调查、社会问题问卷调查，等等。

第二节　问卷结构及其设计

问卷是问卷调查的工具。问卷设计质量的高低，对问卷调查的回复率、有效率和回答质量，乃至整个调查工作的成败，往往具有决定性影响。因此，科学设计问卷，在问卷调查中具有关键性意义。

一、问卷的一般结构

问卷一般由卷首语，询问问题、回答方式和编码，其他资料三个部分组成。

(一)卷首语

它是问卷调查的自我介绍信。一般应该包括以下内容：

(1)调查员的身份；

(2)调查的目的或意义；

(3)调查的主要内容；

(4)选择调查对象的途径和方法；

(5)填答问卷的方法和应该注意的问题；

(6)调查的匿名原则和调查结果的保密措施；

(7)调查主办方的名称；

(8)调查的时间要求；

(9)联系人和联系方式；

(10)感谢语。

卷首语的语气要诚恳、谦虚、平易近人，文字要简明、通俗、有可读性，填答方式的说明要具体，一般应放在问卷第一页或第一页的上部。

下面就是一份调查问卷的卷首语：

尊敬的先生/女士：您好！

我们是本市公共卫生和健康课题组成员，今天来了解2020年您在新冠病毒疫情期间的健康状况，目的是研究本市公共卫生和健康方面有哪些进步？存在哪些困难和问题？您有哪些看法或建议？为政府制定有关政策提供依据。按照随机原则，在居委会抓阄时，您被抽选为调查对象。这次调查不记名，对您的回答将严格保密，调查数据只用于统计分析，而不单独使用，不会给您带来任何麻烦。填答时，请选择符合您的情况或看法的答案，在旁边的方框“□”内或横线“________”上画“✓”，或填写有关文字或数字。希望您能如实反映情况，坦率表达您的看法和建议，最好在两天内填完问卷，并反馈给我们。

您对这次调查有何看法？除向调查员说明外，还可通过下列方式反映。

联系地址：××××××××　　邮政编码：××××××

联系电话：××××××××　　E-mail：×××××@×××××××

微信号码：×××××××　　联 系 人：×××、×××

谢谢您的支持和合作！

××市公共卫生和健康课题组 2021年2月

网络问卷调查，调查单位、联系方式等都是公开的、稳定的，卷首语可大大简化。例如，下面就是一个网络调查问卷的卷首语：

××医院职工满意度调查

您好！欢迎您参加本次医院职工满意度调查！请您花几分钟时间认真填答，告诉我们您的真实感受或想法。

填答时，请选择符合您的感受或想法的答案，在旁边的方框“□”内或横线“________”上画“✓”，或填写有关文字或数字。

感谢您的合作与支持！

联系电话：××××××××　　联 系 人：×××、×××

××医院职工满意度调查课题组

2021年6月

(二)询问问题、回答方式和编码

这是问卷的主体部分，它包括：

(1)调查所要询问的问题。

(2)回答问题的方式和答项，以及对回答方式的说明。

(3)编码。有关内容，将在后文论述。

(三)其他资料

其他资料包括问卷名称，调查对象的地址、单位和问卷编号，访问开始时间(一般设计在问卷前面)；访问结束时间，访问完成情况，访问员、审核员、录入员姓名，以及他们的看法或意见等(一般设计在问卷后面)。这些资料，是审核和分析问卷的重要依据，应该认真填写。

例如，在问卷的卷首和结尾，一般应设计以下一些内容：

问卷卷首

问卷名称：××市公共卫生和健康调查问卷

卷 首 语：

调查对象所在地址或单位：××区，××街道，××居委会(社区)；××企业(学校)

问卷编号：

访问开始时间：________时________分

问卷卷尾

访问结束时间：________时________分，实际使用时间________分钟。

访问完成情况：完成 ________；未完成(不在家________，拒绝回答________，其他 ________)。

访问员姓名：________。对回答的评价：可信________，基本可信________，不可信________。

审核员姓名：________。对审核的看法：合格________，基本合格________，不合格________。

录入员姓名：________。对录入的看法：完整________，基本完整________，不完整________。

二、设计问卷的原则

设计调查问卷，一般应该掌握如下几条原则：

(1)目的性原则，即必须围绕调查目的和研究假设设计询问的问题。如果是描述性调查，设计的问题就应围绕调查对象的基本情况来展开；如果是因果性调查，设计的问题就应该包括因果两方面的社会指标，否则就无法达到调查目的，无法证明或证伪研究假设。

(2)客观性原则，即设计的问题必须符合调查对象的客观情况。例如，2020 年城镇居民拥有耐用消费品情况调查，如果仅仅设计手表、自行车、缝纫机、收音机等老式“几大件”，就大大落后于实际；如果设计豪华轿车、游艇、私人飞行器等项目，又超出了现在的实际情况。

(3)对称性原则，即设计的问题必须与调查主题相对称。问题过少、覆盖面过窄，无法说明调查主题；问题过多、覆盖面过宽，既增加工作量，提高调查成本，降低回复率、有效率和回答质量，又不利于说明调查主题。目前，问卷调查中存在一个较普遍的问题是，设计问题过多，与调查主题不对称。

(4)可能性原则，即必须适应调查对象的回答能力。凡是调查对象难以理解、记忆、计算、回答的问题，都不应该提出。例如，对个体农民询问“您的价值观是什么”“您家农业生产成本是多少”，等等，对于这类问题，一般农民回答不了，即使勉强回答，也不可能正确反映真实情况。

(5)自愿性原则，即必须考虑调查对象的回答意愿。凡调查对象不可能自愿真实回答的问题，特别是那些隐私性、敏感性、威胁性问题，都不应该正面提出。例如，“您走私过几次?”“您是否有吸食毒品的历史?”对于这类涉及违法内容的问题，一般不可能得到真实回答，不宜正面提出。

三、设计问卷的步骤

目前，网络上有许多问卷模板，但是其设计不可能适合各种调查课题、调查对象的实际情况，因此仅具参考价值，不可盲目照搬照抄。

实践证明，科学设计调查问卷，一般应该遵循以下几个步骤：

(1)做好准备工作。一是确定问卷纲要，即根据调查主题、目的和研究假设，起草一份问卷纲要，它是设计调查问卷的指导思想；二是了解基本情况，即通过多种途径了解调查对象的基本情况，它是设计调查问卷的客观依据；三是研究相关问卷，即搜集、研究前人使用过的相关问卷，它是设计调查问卷的参考资料。

(2)设计问卷初稿。通常采用两种方法。一是卡片法。首先，设计出一批问题，每个问题写一张卡片；其次，对卡片分类、排序，形成有一定逻辑结构的问卷雏形；最后，将调整后的卡片记录下来，完成问卷初稿。二是框图法。首先，根据研究假设画出问卷各部分框架图；其次，按照框架图设计每一部分需要询问的社会指标、调查指标及答项；最后，将检查、调整、修改、补充后的结果打印成问卷初稿。这两种方法的设计程序相反，前者是从个别到部分，最后到整体，后者是从整体到部分，最后到个别，它们各有优点和缺点，在实践中可根据调查目的、问卷内容、设计者的思维习惯做出选择或结合使用。

(3)评审和试调查。问卷初稿设计好后，一般应该经过主观评审和客观调查的检验。所谓主观评审，就是将设计出来的问卷初稿，委托相关领域的专家、有实践经验的工作人员，以及有代表性的调查对象进行评审，请他们提出批评、修改、补充意见。所谓客观调查，就是使用设计出来的问卷初稿，对某些有代表性的调查对象进行试调查，并从中发现问卷设计中可能存在的种种问题，包括问题的提出、答案的设计是否符合实际，文字的表述是否恰当，等等。

(4)修改和定稿。根据主观评审意见和客观调查检验出来的问题，对问卷进行修改和补充，逐渐形成较为完善的调查问卷。主观评审、客观检验、修改完善的过程，可多次进行，直至形成满意的调查问卷为止。一般来说，调查问卷只有经过反复修改、完善、定稿后，才能送去印刷，并在调查中使用。

第三节 问卷主体的设计

问卷调查的指导思想、目的意义和主要内容，大多体现在问卷主体的设计上，它对于问卷调查的成败具有关键性意义。

问卷的主体，主要包括三个部分：一是询问的问题；二是回答的类型、方式、答项及其说明；三是编码。

一、问题的种类和结构

调查所要询问的问题，是问卷的主要内容。要科学设计调查问卷，必须弄清楚问题的种类和结构等。

(一)问题的种类

问卷中所要询问的问题，大体上可分为四类：

(1)背景性问题，主要是调查对象个人的基本情况，如性别、年龄、民族、文化程度、婚姻情况、行业、职业、职务或职称、收入、宗教信仰、党派团体等。有时还包括调查对象家庭的某些情况，如家庭人口、家庭类型、家庭收入等。它们是对问卷进行分析研究的重要依据。

(2)客观性问题，是指调查对象个人(或家庭)基本情况之外的、已经发生和正在发生的事实或行为方面的问题。如“您家住宅面积有多少平方米”“您家拥有哪些耐用消费品”等，都是事实方面的问题。又如“您现在主要从事什么职业”“您今年外出旅游到了哪些地方”等，都是行为方面的问题。

(3)主观性问题，是指调查对象的思想、感情、态度、愿望等主观精神方面的问题。如“您对目前的医疗保障制度是否满意”“您认为贫富差距扩大是改革过程中不可避免的现象吗”“您希望自己的孩子将来从事什么职业”等。

(4)检验性问题，是指为检验回答是否真实、准确而设计的问题。如在问卷前面先问：“您今年多少岁?”在问卷后面又问：“您哪年结婚的?”“当时多少岁?”又如先问收入、再问支出，或先问支出、后问收入，等等。这类问题，一般应安排在问卷的不同位置，通过互相检验来判断回答的真实性和准确性。

在上述四类问题中，背景性问题是不可缺少的，它是对调查对象分类和对比研究的依据，在分析过程中往往作为自变量使用。其他三类问题，则依调查目的、内容而定。例如，人口调查主要涉及客观性问题，民意测验主要涉及主观性问题，一些比较复杂的调查问卷(特别是经济调查)，才需要设计检验性问题。

(二)问题的结构

问题的结构，就是问题的排列组合方式。为了便于调查对象回答问题，同时便于调查者整理、分析调查资料，询问问题一般可采取以下几种排列组合方式：

(1)按问题性质或类别排列。一般来说，应把相同性质或类别的问题安排在一起。例如，把背景问题放在问卷前面或后面，把经济问题、生活问题、家庭问题等都相对集中地安排在一起。这样就便于调查对象按照问题类别先回答一类问题，再回答另一类问题，而不至于使他们回答问题的思路经常中断或来回跳动。

(2)按问题的时间顺序排列。一般来说，应根据调查事物的过去、现在、将来的历史顺序排列问题，也可以反过来，先问当前的问题，然后再由近及远地追溯过去的情况。但无论是由远到近还是由近及远，问题的排列在时间顺序上都应有连续性、渐进性，而不应该来回跳跃，以免打乱调查对象回答问题的思路。

(3)按问题复杂程度或敏感程度排列。一般来说，应该先易后难，由浅入深；先客观事实方面的问题，后主观状况方面的问题；先一般性问题，后特殊性问题。特别是敏感性强、威胁性大的问题，一般应安排在问卷后面。这样有利于增强调查对象回答问题的信心，有利于把回答逐步引向深入，而不至于一开头就把调查对象难住了，使他们产生畏难、排斥情绪。

总之，问题的结构，一般应该按照正常逻辑排列；但是在特殊情况下，也可以对某些问题作非逻辑安排。例如，人们在回答生产或收入情况时，往往有“不断增加”的回答定势。为了打破这种回答定势，就可以把有关问题的时间顺序颠倒一下，或者分别安排在问卷的不同部分询问。此外，检验性问题也应该分别安排在问卷的不同部位，否则就难以起到检验的作用。

二、问题的表述

自填式问卷调查，调查对象只能根据书面文字来理解问题和回答问题，因此，问题的表述就成为问卷设计的重点和难点。

(一)表述问题的要求

(1)具体性，即问题的内容要具体，不要提笼统、抽象的问题。例如：“与2010年相比较，您家生活质量已有显著提高吗?”“您所在社区的社会风气好吗?”对于“生活质量”“社会风气”这样一些比较笼统、抽象的问题，人们的看法往往很不相同，在没有明确操作定义的情况下，调查对象是无法回答的，即使勉强回答了，也很难说反映了真实的情况。

(2)单一性，即问题的内容要单一，不要把两个或两个以上问题合在一起提问。例如：“您父母支持您做抗疫志愿者吗?”“你们单位的职工经常读报吗?”对于这类复合问题，是无法准确回答的。因为，对于子女做抗疫志愿者，其父母的态度可能不一样；一个单位的职工，有的经常读报，有的偶尔读报，有的从不读报。这样对上述复合问题的任何回答，都可以说是对的，也可以说是错的。

(3)通俗性，即问题的表述要通俗，不要使用调查对象陌生的语言、概念，更不要使用各种专业术语。例如，对一般居民就不宜问“您家有几位育龄妇女”，对一般农民就不宜问“您家稻谷的生产成本占多大比例”“您家的消费结构怎样”，等等。因为，一般调查对象不可能准确理解“育龄妇女”“生产成本”“消费结构”等专业术语的含义。

(4)准确性，即表述问题的语言要准确，不要使用模棱两可、含混不清或容易产生歧义的语言或概念。例如，应该避免使用“也许”“好像”“可能”这些模棱两可的语言。对“经常”“有时”“偶尔”这些含混不清的词语应作具体说明。如“经常”指每周一次或更多，“有时”指每月1~2次，“偶尔”指每季一次或更少等。对于“先进企业”“落后单位”“收入”这些容易产生歧义的概念，都应该设计出明确的操作定义。

(5)简明性，即表述问题的文字应尽可能简短、明确，而不要冗长、啰唆。实践证明，简短、明确的问题，回答率和有效率都较高；冗长、啰唆的问题，调查对象很难抓住要点，不仅回答率、有效率下降，而且往往出现答非所问的情况。

(6)客观性，即表述问题的态度要客观，不要有诱导性或倾向性语言。例如：“您喜欢教师这一受人尊敬的职业吗?”“多数青年人认为‘没有爱情的婚姻应该离婚’，你同意吗?”这些表述方式包含明显的倾向性或诱导含义，调查对象往往在趋同心理支配下做出肯定回答，但却不一定是自己的真实看法。此外，问题的表述上要避免出现享有盛誉的人或机构的名称，更不要直接引用他们的原话。例如，“孔子说‘己所不欲，勿施于人’，您认为对吗?”“党中央号召‘创建节约型社会’，您赞成吗?”对这类问题，调查对象一般难以做出否定回答。

(7)肯定性，即要避免使用否定形式表述问题。由于人们一般习惯于用肯定形式提出问题和回答问题，因而用否定形式表述问题往往会造成一些误解。例如，“您是否赞成在公共场合不抽烟?”回答“是”的人，很可能是不反对在公共场合抽烟的人；回答“否”的人，则可能是反对在公共场合抽烟的人。如果改为“您是否赞成在公共场合禁烟?”大概就不会产生上述误解了。

(二)特殊问题的表述

对于某些隐私性、敏感性、威胁性问题，在表述方式上应做一些特殊处理，以促使调查对象坦率做出真实回答。特殊处理的方法，有以下几种：

(1)释疑法，即在问题前面写一段消除疑虑的文字。例如：“宪法规定‘中华人民共和国公民对于任何国家机关和国家工作人员，有提出批评和建议的权力’，您对您家所在乡政府主要负责人有何评价?”又如：“对同一问题有不同看法是一种正常现象，每一个人都应该有自己的观点。您认为‘没有爱情的夫妻有婚外情是可以理解的’这种看法对吗?”

(2)假定法，即用一个假言判断作为问题的前提，然后再询问调查对象的看法。例如：“假如法律不禁止安乐死，您是否同意对已处于植物人状态的亲人实施安乐死?”“如果对生育不加任何限制，您希望生几个孩子?”实践证明，对于这样表述的问题，调查对象一般更容易回答出自己的真实想法。

(3)转移法，即把回答问题的人转移到其他人身上，然后再请调查对象对其他人的回答做出评价。例如：“对于销售回扣，一些人认为利大于弊，另一些人认为弊大于利，您认为哪种意见更符合实际?”“对于婚姻关系中的第三者，有些人认为不道德，有些人认为无所谓，您同意哪种看法?”

(4)模糊法，即对某些隐私问题设计出一些比较模糊的答案，以便调查对象做出真实回答。例如，关于个人收入，许多人不愿明确回答。但是，如果这样设计：

您的月工资是：

① 2000 元以下	□	② 2001~3000 元	□
③ 3001~5000 元	□	④ 5001~10000 元	□
⑤ 10001~50000 元	□	⑥ 50001 元以上	□

这样调查对象就有可能做出比较符合实际的回答了。

(5)委婉法，即对于涉及个人隐私、个人利害、社会禁忌等敏感性强的问题，在表述方式上要做些减轻敏感度的委婉处理，以便调查对象易于面对这些问题。例如，对于“你离过婚吗”这样的隐私问题，可委婉地询问：“你的婚姻出现过波折吗?”对于“你坐过牢吗”这样的敏感问题，可委婉地询问：“你曾经失去过自由吗?”

总之，问题的表述是设计中非常重要且困难的工作。问卷设计的质量和调查效果，在很大程度上取决于问题的表述。因此，设计问卷时，对问题的表述应舍得下功夫，认真琢磨、反复推敲，最好是经过多次调查检验、反复修改后再定稿。

三、回答的类型、方式、答项及其说明

“问卷”是对调查者而言的，对调查对象来说则是一份“答卷”。与调查所要询问的问题一样，回答的类型、方式及其说明也是问卷的主要组成部分。

回答方式有三种类型，即开放型回答、封闭型回答和混合型回答。

(一)开放型回答

开放型回答，是指对问题的回答不提供具体答项，而由调查对象自由填写。例如：

您对中国抗击新冠病毒疫情的做法，有何评价?

____

____

____

____

您认为目前的教育管理体制存在哪些问题？应该如何改革?

____

____

____

____

开放型回答方式的优点：一是灵活性大，适应性强，特别适合于回答那些答项较多、比较复杂，以及事先无法确定答项的问题；二是有利于发挥调查对象的主动性和创造性，促使他们自由表达意见；三是与封闭型回答相比较，能提供更多的信息，有时还能发现一些超出预料的、具有启发性的回答。它的缺点：一是回答的标准化程度低，整理和分析比较困难；二是会出现许多一般化、不准确、无价值的信息；三是要求调查者对象有较强的文字表达能力，要花费较多的填写时间。这就有可能降低问卷的回复率和有效率。

（二）封闭型回答

封闭型回答，是指将回答问题的一切可能答项或几种主要答项列出，然后由调查对象从中选取一种或几种答项作为自己的回答，而不能作所列答项之外的回答。封闭性回答，一般要用文字对回答方式做某些指导性说明，这些说明文字大多用括号括起来附在有关问题的后面。

封闭型回答的具体方式多种多样，其中常用的有以下几种：

（1）填空式，即在问题后面的横线上或括号内填写答项的回答方式。如：

您的年龄：________。

您有(　　)个孩子。

这种回答方式，适合回答各种答项比较简单的问题。由于设计中没有给出具体答项，因此填空题也可以看作是最简单的开放型问题。

（2）两项式，即只有两种答项可供选择的回答方式。如：

您的性别？（请在适用的括号里画“○”）

男（　　）；　女（　　）。

您家有空调吗？（请在适当的方格内打“✓”）

有□；　无□。

这种回答方式，适用于互相排斥的两择一式的定类问题。

（3）列举式，即在问题后面设计若干条填写答项的横线，由调查对象自己填写答案的回答方式。如：

请问您出国留学的主要目的是什么？（请列举 2 个主要目的）

1. ____________________ ; 2. ____________________。

请问您选择职业时最看重的条件是什么？(请列举 3 个最重要的条件)
第一个条件：________；第二个条件：________；第三个条件：________。

这种回答方式，适用于回答有几种互不排斥答项的定类问题。

(4)选择式，即列出多种答项，由调查对象自己选择一项或多项的回答方式。如：

您认为您所在城镇亟须解决的社会问题是什么？(请在选择的项目后打"✓"，可任选 3 项)
住房紧张 ________ 交通拥挤 ________ 看病困难________
供水不足 ________ 人口膨胀 ________ 学校乱收费________
空气污染 ________ 管理混乱 ________ 社会秩序差________
其他(请说明)________________

这种回答方式，适用于有几种互不排斥答项的定类问题。在几种答项中，可规定选择一项，也可规定选择多项。

(5)顺序式，即列出若干种答项，由调查对象给各种答项排列先后顺序的回答方式。如：

当前您在农业生产中经常遇到哪些困难？(按困难程度给下列问题编号，困难最大的为 1，最小的为 10)
□ 资金不足　　□ 缺乏技术　　□ 耕地太少
□ 农业生产资料涨价　　□ 青壮年劳力不足　　□ 农产品难卖
□ 水源不足　　□ 信息闭塞　　□ 自然灾害频繁
□ 其他(请说明)

您认为目前最突出的社会问题是什么？(请按突出程度把下列问题的编号填写在下面的空格内，最突出的填在左边第一格，然后依次向右填写)
① 看病难　　② 就业难　　③ 收入差距过大
④ 贪污腐化　　⑤ 住房价格过高　　⑥ 社会风气差
⑦ 教育乱收费　　⑧ 社会治安不好　　⑨ 环境污染严重
⑩ 其他(请说明)
□ □ □ □ □ □ □ □ □ □

这种回答方式，适用于要表示一定先后顺序或轻重缓急的定序问题。

(6)等级式，即列出不同等级的答项，由调查对象根据自己的感受或看法选择不同等级答项的回答方式。如：

您对您所在社区的社会治安工作是否满意？（请按您的感受在对应项的横线上打“✓”）

①很满意 ________ ②比较满意 ________ ③无所谓________

④不满意 ________ ⑤很不满意 ________ ⑥不知道________

您是否赞成目前正在进行的教育改革？（请按照您的看法在下列对应项的括号内画“○”）

① 非常赞成（　） ② 赞　成（　） ③ 中　立（　）

④ 反　对（　） ⑤ 坚决反对（　）⑥ 拿不定主意（　）

常用的表示等级的词语还有：非常喜欢，比较喜欢，无所谓，讨厌，非常讨厌；完全同意，同意，中立，不同意，坚决不同意，无可奉告；经常，有时，偶尔，没有，不适用；很好，可以，不好，很差，无所谓。此外，还可以用数字来表示等级。如：

赞成	□	□	□	□	□	不赞成
同意	□	□	□	□	□	不同意
满意	□	□	□	□	□	不满意
高兴	□	□	□	□	□	不高兴
喜欢	□	□	□	□	□	不喜欢
	2	1	0	-1	-2	
或者：	5	4	3	2	1	

其中，“2”表示非常赞成，“1”表示一般赞成，“0”表示无所谓、不知道或不适用，“-1”表示不赞成，“-2”表示坚决反对；或者用“5”“4”“3”“2”“1”表示赞成、同意、满意、高兴、喜欢的等级。填答者只需在合适的方格内打“✓”就行了。这种回答方式，适用于表示意见、态度、情感的等级或强烈程度的定序问题。

（7）矩阵式，即将同类的几个问题和答项排列成一个矩阵，由调查对象对比进行回答的方式。如：

您认为当前下述社会问题的严重程度如何？（请在对应的方格内打“✓”）

非常严重　比较严重　一般　不太严重　无所谓　不知道

①劳动就业问题	□	□	□	□	□	□
②医疗改革问题	□	□	□	□	□	□
③贫富分化问题	□	□	□	□	□	□
④社会治安问题	□	□	□	□	□	□
⑤官员腐败问题	□	□	□	□	□	□
⑥社会风气问题	□	□	□	□	□	□

您是否希望自己的生活在下述方面得到改善？(请在对应的方格内打“✓”)

	非常希望	比较希望	不太希望	不希望	无所谓
①吃的方面：	□	□	□	□	□
②穿的方面：	□	□	□	□	□
③用的方面：	□	□	□	□	□
④住的方面：	□	□	□	□	□
⑤行的方面：	□	□	□	□	□
⑥娱乐方面：	□	□	□	□	□

这种回答方式，适用于同类问题、同类回答方式的一组定序问题。

(8)表格式，即将同类的几个问题和答项列成一个表格，由调查对象依次回答的方式。它实际上是矩阵式的一种变形，如表14-2。

表14-2　当前社会问题严重程度调查表

项目	非常严重	比较严重	一般	不太严重	无所谓	不知道
劳动就业问题						
医疗改革问题						
贫富分化问题						
社会治安问题						
官员腐败问题						
社会风气问题						

说明：请在对应的栏目内打“✓”。

与矩阵式一样，这种回答方式适用于同类问题、同类回答方式的一组定序问题。

封闭型回答的优点：一是答案是预先设计的，标准化程度高，节约回答时间；二是有利于调查对象回答问题，提高问卷的回复率和有效率；三是有利于对回答进行统计和定量研究；四是有利于询问一些敏感问题，调查对象对这类问题往往不愿写出自己的看法，但对已有的答项却有可能进行真实选择。它的缺点：一是设计比较困难，特别是比较复杂或答项多的问题、答项不清楚或无法确定的问题，很难设计得完整、周全，一旦设计有缺陷，调查对象就无法正确回答问题；二是回答方式比较机械，没有弹性，难以适应复杂、多变的社会情况；三是难以发挥调查对象的主观能动性；四是填写比较容易，调查对象可能对自己不懂甚至根本不了解的问题任意填答，从而降低回答的真实性和可靠性。

(三)混合型回答

混合型回答，是指封闭型回答与开放型回答的结合，它实质上是半封闭、半开放型的回答。例如：

您目前最迫切需要解决的问题是什么？(请在适合项的横线上打“✓”)

① 提高业务水平 ________ ② 加入政治组织 ________
③ 增加收入 ________ ④ 改善住房条件 ________
⑤ 调换工作单位 ________ ⑥ 找对象 ________
⑦ 得到理解和支持 ________ ⑧ 其他(请说明) ________

您对于解决这些问题是否有信心？为什么？

____

____

您认为选派大学生当“村官”的做法好不好？(请在适当的格内打“✓”)

① 好 □
② 难说 □
③ 不好 □

为什么？

____

____。

这种回答方式，综合了开放型回答和封闭型回答的优点，避免了两者的缺点，具有非常广泛的用途。

四、设计答项应该注意的问题

(一)设计答项的要求

对于答项及其填写说明的设计，一般应满足以下几点要求：

(1)相关性，即设计的答项必须与询问问题具有直接相关关系。例如，如果询问“领导干部应该具有哪些能力”，其答项就应该列举与领导工作相关的调查研究能力、科学决策能力、使用干部能力、协调服务能力等，而不应该列举文艺写作能力、音乐欣赏能力、古玩鉴别能力，等等，因为后面几种能力与领导工作没有直接相关关系。

(2)同层性，即设计的答项必须具有同层次关系。例如，按 2015 年版的《中华人民共和国职业分类大典》规定，我国职业分类有 8 个大类、75 个中类、434 个小类、1481 个职业。如果询问“您希望从事什么职业?”设计的答项一般应该是“国家机关、党群组织、企业、事业单位负责人”“专业技术人员”“办事人员和有关人员”“商业、服务业人员”“农、林、牧、渔、水利业生产人员”“生产、运输设备操作人员及有关人员”“军人”“不便分类的其他从业人员”8 个职业大类。而不应该设计为“军人”“教师”“警察”，等等。这是因为，“军人”，属于第 7 大类；“教师”，属于第 2 大类“专业技术人员”中的中类；“警察”，属于第 3 大类“办事人员和有关人员”中的小类。他们处于不同层次的职业类别，不存在同层次关系。

(3)完整性，即设计的答项应穷尽一切可能的答项，或一切主要答项。例如，“婚姻状况”的答项，如果只设计“未婚”“已婚”两项，那么一个离婚的人就很难回答了。填“未婚”吧，他结过婚；填“已婚”吧，又没有配偶。这就违背了完整性要求。正确的设计应该是：“未婚”“已婚有配偶”丧偶”“离婚”“丧偶再婚”“离婚再婚”“分居”和“同居”。只有穷尽了“婚姻状况”的一切可能，才算符合完整性要求。当答项过多或难以确定时，可设计几种主要答项，然后加一个“其他(请说明)”，就符合完整性要求了。

(4)互斥性，即设计的答项必须是互相排斥的。例如，如果询问：“您的专业技术职称是什么?”如果设计的答案是“初级”“中级”“副高”“高级”，就不符合互斥性要求了，因为“副高”与“高级”不是互斥的，而是兼容的。只有设计为“初级”“中级”“高级”才符合互斥性要求。

(5)准确性，即设计的答项必须准确，有时还应有统一计算方法。例如，“年龄”这个指标，就有虚岁、周岁、标准岁、实岁等多种不同计算方法。虚岁，是数年头。它的最大误差近两岁。如 12 月 31 日出生的婴儿，第二天元旦，占两个年头，称两岁，而实际不过两天。周岁，是算年不算月。如某人 25 岁零 11 个月 28 天，只算 25 岁。它的最大误差近 1 岁。标准岁，是按某一标准时点(如：11 月 1 日 0 点)计算，此前出生算 1 岁，此后出生算 0 岁。它的最大误差为 11 个月。实岁，就是按实际出生的年月计算，有几年几个月就算几岁几个月。它的误差最小，不超过 1 个月，但不便统计。这说明，即使“年龄”这样一般的调查指标，要把答项及填写说明设计准确，也不是一件容易的事情。当然，准确性要求应该适当。对一般社会调查来说，采用人们比较习惯和便于统计的周岁计算方法就可以了；对于人口年龄结构调查来说，准确性要求就应高一些，一般应采用既便于统计又误差最小的标准岁来计算年龄。同样，做经济调查也应根据不同实际需要，对准确性提出不同要求。以“国内生产总值”为例，对户、村一般可以“百元”“千元”为单位，对乡镇、县市可以“万元”为单位，对省、市则可以“亿元”为单位。一旦确定了具体要求，就应力争做得准确一些。

(6)简明性，即设计的答项必须简明，而不应繁杂。一般来说，一个问题的答项不应超过8个，否则既不利于调查对象选择，又不利于调查者统计分析。如果客观答项超过了8个，就应该设计可满足绝大部分回答需要的5~7个主要答项，然后再设计一个概括性答项"其他(请说明)"。这样既符合了完整性要求，又达到了简明性目的。

实践证明，答项设计往往是问卷设计中存在问题最多的部分。例如，有一份问卷设计的问题是："您目前的职业"。设计的答项是："在校学生、政府/机关干部/公务员、企业管理者(包括基层及中高层管理者)、普通职员(办公室/写字楼工作人员)、专业人员(如医生/律师/文体/记者/老师等)、普通工人(如工厂工人/体力劳动者等)、商业服务业职工(如销售人员/商店职员/服务员等)、个体经营者/承包商、自由职业者、农林牧渔劳动者、退休、暂无职业、其他"13项。① 这个设计至少存在4个问题。第一，"在校学生""个体经营者/承包商""自由职业者""退休"这4项，不属于职业类别。第二，"政府/机关干部/公务员""普通职员(办公室/写字楼工作人员)"这2项，不具有互斥性。第三，"企业管理者(包括基层及中高层管理者)"中的"基层管理者"，属于"办事人员和有关人员"范畴；"中高层管理者"属于"企业、事业单位负责人"范畴，这里却合并为一类。第四，没有设计"军人"和"不便分类的其他从业人员"这2大类，导致这两类人无法填答。这说明，只有严格按照上述"设计答项的要求"设计好答项，才能设计出一份高质量的调查问卷。

此外，设计答项时，最好为应对意外情况留下一点余地，为调查员记录意外情况或评价留下一点空白。这样也许能获得一些意料之外的可贵信息。

(二)相关问题的接转

在回答方式的设计中，应该特别注意相关问题(或相倚问题)的接转。一般来说，相关问题的接转有以下几种方式：

(1)用文字说明。如：

12. 您有孩子吗？

    ① 有________。

    A. 有几个孩子________。

    B. 现在有几个孩子与您一起生活________。

    ② 无________。(若无，请直接回答第13题)

13. 您妻子在哪里工作？____________________。

(2)分层次排列。如：

---

① 上海众言网络科技有限公司. 生活品质调查问卷[EB/OL]. [2021-01-25]. https://www.wenjuan.com/lib_detail_full/5c52dd6b3fcf57039143f1c5.

您是否在业余时间学习某种专业技术？

① 是□

为什么？ ____________________。

② 否□

为什么？ ____________________。

(3)用框格表示。如：

您结婚了吗？

① 是( )

② 否( )

如果是：您第一次结婚时的年龄是________岁

(4)用线条连接。如：

您是否有正式职业？

① 有

② 无

→ 您从事现在的职业已有几年？

① 2 年以内

② 2~5 年

③ 5 年以上

→ 您待业已有几年？

① 1 年以内

② 1~2 年

③ 2 年以上

总之，对相关问题的接转要简明、清晰，使受调查者一看就懂。如果是访问问卷，则可大大简化，只要访问员能看懂就行了。

五、编码

所谓编码，就是对问卷中的每一个问题、每一个答案、每一项记录编定一个唯一的代码，并以此为依据对问卷调查结果做录入和数据处理。

问卷编码的对象，主要是问题和答项。对问题的编码，要求对每一个询问问题都要编定一个代码，一般在设计问卷时编定。对答项的编码，有前编码和后编码之分。前编码(或预编码)，是指调查之前就已编定的代码。封闭型回答的每一个答项，在设计问卷时就设计了代码，因而都是前编码。后编码，是指调查之后再编定的代码。开放型回答的答项，只有调查结束后才知道，只能根据答项的具体情况再编定代码，因而都属于后编码(有关后编码的方法，将在第二十章整理资料中论述)。此外，调查对象的地址、类别、户或人的标志，调查开始时间、结束时间和实际使用时间，调查完成情况，调查员姓名及对调查结果的评价，审核员姓名及对审核的看法，录入员姓名及对录入的看法等，也应该编码。因为，它们对于问卷分类、数据录入和统计分析都具有一定参考意义。

为了便于计算机录入和处理，一般编码应由 A、B、C、D 等英文字母和 1、2、3、4 等阿拉伯数字组成。编码的主要任务是：①确定代码，即对每一份问卷、每一个问题、每一个答项，以及问卷中的每一项内容，确定一个唯一的代码。例如，A1，A2，A3，A4；Q1，Q2，Q3，Q4，等等。②编定位数，即根据调查对象人数、问题、答项等内容所包含的数量，编定每一个代码的位数。例如，调查对象数量在 100 人以下，代码就编为 2 位数；在 1000 以下的，代码就编为 3 位数。同样，根据问题、答项等内容所包含的数量，也要分别编定它们的位数(即 1~9 为 1 位数；1~99 为 2 位数；1~999 为 3 位数；1~9999 为 4 位数)。③设计填写方式，即设计每一个代码的填写方式。常用的有：□ □ □；________、________、________；(　)(　)(　)等方式。

例如，受调查者的地址、类别、户或人的编码，可以设计为：

省编码	地市编码	县市编码	乡镇编码	村编码	类别编码	户(人)编码
A1	A2	A3	A4	A5	B1	C1
□□	□□	□□	□□	□□	□□	□□□

又如，问题及其答项的编码，可以设计为：

Q1 您的性别：

01 男 ________ ；02 女________。

Q2 您的文化程度：

q1 文盲或半文盲	(　)	q2 小学	(　)	q3 初中	(　)
q4 高中或中专、技校	(　)	q5 大专	(　)	q6 大学本科	(　)
q7 硕士	(　)	q8 博士	(　)	q9 博士后	(　)

再如，对家庭成员基本情况的编码，可以设计为表 14-3。

表 14-3　家庭成员概况调查表

A. 与回答人的关系	B. 性别	C. 年龄	D. 文化程度	E. 职业	……
	01 男 02 女	按周岁填写(即算年不算月)	01 小学及以下 02 初中 03 高中中专 04 大专 05 大学本科 06 硕士及以上	01 单位负责人 02 专业技术人员 03 办事人员和有关人员 04 商业和服务业人员 05 农林牧渔业人员 06 生产工人和有关人员 07 军人 08 其他人员	……
1. 回答人	□	□□□	□□	□□	……
2.	□	□□□	□□	□□	……
3.	□	□□□	□□	□□	……
4.	□	□□□	□□	□□	……
⋮	⋮	⋮	⋮	⋮	⋮
⋮	⋮	⋮	⋮	⋮	⋮

此外，还应该对某些数字赋予特定的含义，例如，规定 7、97、997 为“不适用”；8、98、998 为“不清楚”；9、99、999 为“不回答”，等等。

第四节　问卷调查的实施

问卷调查的实施，应该注意以下四个问题：

一、明确问卷调查的一般程序

问卷调查的一般程序是：设计调查问卷，选择调查对象，分发问卷或开展调查，回收问卷，审查和整理问卷，然后再做统计分析和理论研究。

设计调查问卷，如前所述，一般要经历 4 个步骤：做好准备工作、设计问卷初稿、评审和试调查、修改和定稿，必须花费很大精力去认真做好。

选择调查对象，可用抽样方法选择，也可把有限范围内(如一个车间、一个村组、一个班级、一个居委会)的全部成员作为调查对象。问卷调查的回复率和有效率一般不可能达到 100%，因此确定的调查对象应该多于研究对象。确定调查对象数量的公式是：

$$调查对象=研究对象 \div (回复率\times有效率)$$

例如，假定研究对象是 200 人，回复率是 80%，有效率是 90%，那么调查对象就应该是：

$$200 \div (80\% \times 90\%) = 278(人)$$

分发问卷有多种方式，可随报刊投递，可从邮局寄送，可用网络传输，可派人送发，可登门访问，可安排访问员通过电话访问。在后 3 种情况下，应认真做好调查员的培训和督导工作，调查员应向调查对象做些口头说明，这将有利于提高问卷的回复率和有效率。

回收问卷是问卷调查的重要环节。实践证明，访问问卷和送发问卷回复率较高，网络问卷、电话问卷回复率不稳定，邮政问卷、报刊问卷的初始回复率较低。因此，邮政问卷、报刊问卷在规定回复时间到期后，应每隔 1 周左右向调查对象发出 1 次提示通知或催复信件(信件内容，每次应有所区别)。经过 1 至 3 次提示或催复，一般就可使回复率达到一定的也是可能的高度。

对回收的问卷必须认真审查。在回收的问卷(特别是报刊问卷和邮政问卷)中，总会有一些不合格的无效问卷或无效答项，如果不审查就直接录入、做统计分析，很可能会被迫中途返工或降低调查质量。因此，对回收的每一份问卷、每一个答项进行严格审查，是问卷调查不可缺少的环节。只有坚决淘汰一切不合格的无效问卷、无效答项，把调查数据的加工建立在有效问卷、有效答项的基础上，才能保证调查结论的可靠性和科学性。

二、做好调查员的培训和督导工作

在送发问卷、访问问卷、电话问卷调查中，调查员是研究者与调查对象联系的中间环节，调查员的素质和工作状况，对调查成败、调查质量高低起决定性作用。做好调查员的培训和督导，是搞好这三类问卷调查的重要环节。

(1)培训必须求实。目前，担任调查员工作的主要是大、中专院校学生和行政、企业、事业单位基层工作人员。这两类调查员各有特点。前者，文化知识较多，求知欲望较强，在有报酬情况下调查热情也较高，但他们大多缺乏社会知识和人际交往经验，在问卷调查过程中往往是照本宣科提问题、按照回答做记录。因此，对这类调查员的培训，应着重提高三种能力，即把书面语言转换成口头语言的能力，对调查对象回答是否真实、全面、准确的判断能力，在调查对象不太合作情况下如何应对和处置的能力。后者，社会知识和人际交往经验较多，责任感一般较强，但文化知识参差不齐，求知欲望有高有低，在问卷调查过程中往往不严格按照问卷要求询问问题，甚至根据自己判断填答问卷。因此，对这类调查员的培训，应着重提高三种认识，即对研究课题重要性的认识，对问卷设计指导思想和具体要求的认识，对如实记录调查对象回答要求的认识。

(2)指导必须具体。在访问调查的不同阶段，指导重点应有所不同：初期，注重实战训练，搞好质量控制；中期，加强薄弱环节，促进平衡发展；后期，严格检查质量，就地补充调查。此外，还应解决好几个带共性的问题。第一，要用好卷首语。必须从调查对象实际情况出发，怎样有利于说明“卷首语”基本要点，就用什么样的方法，而不应强求一律。第二，要善于提出问题。关键是要把书面语言转换成口头语言，而不应按问卷书面语言照本宣科地提出问题。在城镇做调查，最好使用普通话；在农村做调查，最好使用当地语言。第三，要正确判断回答的真实性。对调查对象的回答，可通过观察验证的应当即观察验证(如住宅面积和结构，耐用消费品等)；不能观察验证的则应根据以往经验和知识、回答者作答时的表情，综合思考，判断其回答是否真实、全面、准确。凡不真实、不全面、不准确的，都应适时引导或追询。第四，要如实做好记录。问卷的全部内容，都应当场填写，不留空白。即使是问卷末尾的“访谈结束时间”、访问员“对回答的评价”，也应当场填写，不然时过境迁就忘记了。

(3)监督必须有效。在访问问卷调查中，要实施两种监督。一是对调查过程的监督，即在调查现场监督调查员是否按照规定程序开展调查工作，凡不符合规定的做法，如未按规定到达调查场所，不按抽样样本入户调查，入户后不按规定抽取回答人等，都应及时发现和纠正；二是对调查问卷的监督，一般可分为调查员自查，调查组成员互查，调查负责人或指派专人抽查三种方法。对问卷的监督检查，一般应在调查当地进行，这样有利于就地发现问题、就地解决问题。在电话问卷调查中，主要有两种监督方法。一是电话回访，即由调查负责人或指派专人按抽样调查的电话号码回访调查对象，检查调查问卷填写的某些内容是否确系调查对象的回答？是否与调查对象的回答一致？如确系调查对象回答，而且两次回答一致，则认定可靠；如确系调查对象回答，但两次回答不一致，则应弄清楚原因，并及时纠正；如不是调查对象的回答，而是调查员任意填写的，则应重新调查，并对调查员作出严肃处理。二是在计算机辅助电话访问中，充分发挥督导员作用，通过起监视作用的计算机及时发现和解决电话访问过程中出现的问题。

三、努力提高问卷的回复率

提高问卷回复率是问卷调查的一个关键问题。回复率是有效率的基础，是问卷调查成败的重要标志。影响回复率的因素很多，调查主办者的社会声誉、调查对象的具体情况、调查课题的吸引力、问卷设计的质量和调查方式等，都会对回复率产生一定影响。要提高问卷回复率，就必须从下述几个方面努力：

(1)要争取知名度高、权威性强的机构支持。问卷调查主办者的权威性和知名度，会影响调查对象对问卷调查的信任程度和回答意愿。实践证明，党政机关主办的调查回复率较高，企事业单位主办的回复率较低；上级机关、高级机构主办的调查回复率较高，下级机关、低级机构主办的回复率较低；专业性机构主办的调查回复率较高，一般机构主办的回复率较低；集体或单位主办的调查回复率较高，个人主办的回复率较低。因此，要提高问卷回复率，就应争取权威性大、知名度高、专业性强的机构来主办调查，或争取它们的公开支持。

(2)要挑选恰当的调查对象。调查对象的合作态度及理解、回答书面问题的能力，对问卷的回复率往往产生很大影响。实践证明，对调查内容比较熟悉的调查对象，文字理解能力和表达能力较强的调查对象，初次或较少接受调查的调查对象，回答问卷的积极性较高；反之，积极性较低，甚至不予回答。因此，根据问卷内容及其难易程度选择恰当调查对象，对于提高回复率具有重要意义。

(3)要选择有吸引力的调查课题。调查课题是否有吸引力，会影响调查对象的回答意愿和兴趣。实践证明，社会重大问题、社会热点问题、切身利益问题，以及具有新鲜感或奇异性的问题，往往会引起调查对象的兴趣和回答的积极性，问卷回复率就较高；反之，回复率就较低。因此，根据不同时期、不同地区、不同对象的实际情况，选择有吸引力的课题，是提高回复率的一个重要条件。

(4)要提高问卷设计质量。问卷设计质量，对回复率和有效率会产生巨大的甚至决定性的影响。问卷质量首先取决于问卷的内容、表述和结构，以及回答的类型和方式，同时也取决于问卷的形式、长度和版面。实践证明，内容恰当、篇幅简短、形式活泼、版面清晰的问卷，回复率和有效率就较高；反之，内容不当、篇幅冗长、形式呆板、版面庞杂，是回复率不高、有效率更低的重要原因。

(5)要采取回复率较高的调查方式。调查方式对问卷回复率有重大影响。实践证明，问卷调查的最终回复率：报刊问卷约为5%，邮政问卷约为30%，网络问卷、电话问卷约为50%，访问问卷和送发问卷可达80%。因此，在条件许可的情况下，应尽可能采取回复率较高的调查方式。

四、搞好无回答和无效回答研究

问卷调查总会出现无回答和无效回答的情况，对这两种情况不能轻易放过，而应认真研究。首先，它是正确评价调查结果的需要。只有弄清了无回答和无效回答调查对象的具体情况，才能正确说明调查结论的代表性和有效范围。其次，它是总结和改进调查工作的需要。无回答和无效回答有调查对象方面的原因，但主要原因却在调查者方面，弄清这些原因，有利于总结经验教训，改进调查工作。

对无回答的研究，不同调查方式应采取不同方法。对于电话问卷、访问问卷的无回答现象，应当即弄清楚无回答原因。送发问卷一般是通过有关机构下发的，因此，回收问卷时就应通过有关机构了解无回答者的情况和原因。报刊问卷和邮政问卷的无回答研究比较困难。因为，回答的问卷一般是无记名的，很难弄清回答者和无回答者究竟是谁。但也不是毫无办法，例如，报刊问卷可根据回复问卷的邮戳，弄清哪些地区回复率高，哪些地区回复率低，然后派人到回复率低的地区去有重点地访问报刊订户，当面询问他们的回复情况和原因。邮政问卷的无回答研究，除上述办法外，还可在寄发问卷的同时附上回寄问卷的信封(或将问卷印在信封的里页)，并在信封上编号。这样根据回寄信封的情况就能判明无回答的具体对象，然后再对他们进行无回答原因研究。总之，无回答研究是困难的，但不是没有办法的。只要想方设法去做，总是会弄清楚某些情况的。

对无效回答的研究，应以被淘汰的无效问卷、无效答项为依据。要研究无效回答的类型、频率和原因，看看哪些是个别问题，哪些是共性问题。一般来说，凡属带共性的问题都与问卷设计有关，或者是问题选择不当，或者是问题结构不够合理，或者是问题表述不准确，或者是回答方式不符合实际，或者是对回答的指导、说明不清楚，或者是问题接转不明晰，等等。总之，应把问卷设计中存在的问题作为研究重点，并根据研究结果来改进问卷设计工作。

第五节　对问卷调查法的评价

问卷调查是标准化的、间接的、书面的调查，这就决定了问卷调查法既有许多突出优点，又有许多明显缺点。

一、问卷调查法的优点

(1)范围广泛。问卷调查法的最大优点是突破时空限制，可以在广阔范围内对众多调查对象开展调查。例如，居民生活状况调查、社会结构变迁调查等，可以涉及全县、全省、全国，甚至进行国际对比调查，其规模可以非常庞大。问卷调查法的这个优点，是直接调查方法不可比拟的。

(2)用途多样。问卷调查法，既可用于描述性调查，又可用于因果性调查和预测性调查，还可用于对策性调查、检验性调查、评估性调查。目前，各个领域的不同用途的问卷调查，已越来越多样，越来越普遍。

(3)定量研究。问卷调查有利于把调查结果转化为数据，并对调查数据做定量分析。通过电子计算机计算，可以做大容量、高效率的定量调查和研究，这是其他调查方法所不具备的。

(4)匿名性强。匿名性是自填式问卷调查的一大特点和优点。它特别有利于调查者询问那些不宜当面询问的敏感问题、尖锐问题和隐私问题，也有利于调查对象如实反映自己的真实情况、想法和感受。

(5)方便易行。问卷调查特别是自填式问卷调查对调查双方都比较方便。调查者不必花费时间去登门访问，调查对象可以利用空余时间填答问卷，可以从容思考如何回答，可以查询某些资料，因而有利于提高回答质量。

(6)排除干扰。在直接调查中，调查者和调查对象之间往往会产生某些误会，以致影响调查的顺利开展。问卷调查是间接的书面调查，特别是自填式问卷调查，完全排除了人际交往中可能产生的种种干扰，有利于调查的顺利进行。

(7)省时、省力、省钱。自填式问卷调查可节省大量调查人员和经费，电话问卷调查特别是计算机辅助电话问卷调查，也比较节省。与实地观察、口头访问等直接调查方法相比较，问卷调查可以大大降低调查成本。

问卷调查法的种种优点说明，它是与现代社会相适应的一种调查方法。一方面，现代社会对全面、迅速、准确掌握社会信息的迫切需要，现代科技所提供的各种交通、通信和计算技术等物质条件，为问卷调查法的广泛应用提供了客观需要和现实可能。另一方面，问卷调查法也为现代社会提供了一种大容量、宽领域、高效率、定量化了解社会情况的途径和方法。

二、问卷调查法的缺点

(1)书面信息。问卷调查法是一种书面调查方法，只能获得书面信息，而不能了解到生动、具体的社会情况。因此，问卷调查法绝不能代替直接调查法。特别是对那些新事物、新情况、新问题的研究，问卷调查法很难单独完成。

(2)情况难明。问卷调查是一种间接调查方法，调查对象往往难以获得对问题、对回答方式的具体指导或详细说明，因而影响回答的质量；调查者一般也难以了解调查对象是认真填写还是随便敷衍，是自己填答还是请人代劳，因而对回答质量也难以做出正确判断。

(3)缺乏弹性。调查问卷的设计是统一的、标准化的，调查所询问的问题和封闭型回答方式的答项都是固定的，缺乏弹性，没有伸缩余地，很难适应复杂多变的社会情况，很难对问题做深入探讨和定性研究。

(4)易于失真。填答问卷比较容易，调查对象或任意打勾、画圈，或“随大流”填答，导致调查失真。事实上，理想与现实、公认的正确与个人的选择之间，往往存在着一定距离。在填答问卷的过程中，人们往往按理想的、公认的正确答项填写，而行动却往往为现实、为个人的选择所左右。这说明，对问卷调查的结果绝不能盲目轻信，只有通过其他调查方法予以检验，才能做出正确评价。

(5)其他问题。自填式问卷调查的回复率和有效率一般较低，对无回答研究比较困难；问卷调查只适用于有一定文字理解能力和表达能力的调查对象，而不适用于文盲和半文盲等，也是问卷调查法难以克服的局限性。

问卷调查法尽管是一种适应现代社会的高效率的社会调查方法，但是，它仍然存在着许多为其自身特点所决定的缺点或局限性。因此，问卷调查法不能代替其他社会调查方法，正如其他社会调查方法不能代替问卷调查法一样。

第十五章　实验调查法

实验作为一种科学认识方法，开始应用于自然科学领域，以后逐渐移植到社会科学领域。在现实调查方法中，实验调查法是一种最复杂、最重要的调查方法。

第一节　实验调查法的概念和种类

要掌握实验调查法，必须先弄清楚实验调查法的概念、要素、程序和特点，以及实验调查法的种类和应该遵守的原则等问题。

一、什么是实验调查法

(一)实验调查法的定义

实验调查法，就是实验者按照一定实验假设，通过改变某些自然、社会条件或环境的实践活动，引起实验对象的变化，来检验理论假设，认识实验对象的特性、本质及其发展规律的调查方法。

“实验”与“试验”，是两个含义相近但又有区别的概念。实验，是指为检验某种理论或假设而进行的某种操作或实践活动。试验，是指为了解某种事物特性或某种结果而进行的尝试性活动。它们的相同点是：“验”，即检查、验证，即通过某些操作或实践活动来认识“验”的对象。它们的不同点是：实验一般以一定理论或假设为前提，检验目的是证实或证伪某种理论或假设；试验一般没有理论或假设这一前提，检验目的是了解某种事物的特性或结果。社会调查一般以一定理论或假设为指导，其目的都是为了正确认识实践活动的对象，因而这种调查方法应该称为实验调查法。

(二)实验调查的基本要素

实验调查有8项基本要素，这些要素的名称和内涵是：①实验者，即实验调查的有目的、有意识的活动主体；②实验主题，即实践所要回答的问题或目的。③实验假设，即实验者用来指导实验活动的理论假设；④实验对象，即实验调查所要影响、改变、认识的客体，他们往往被分为实验组和对照组这两类对象；⑤实验环境，即实验对象所处的各种自然、社会条件的总和，它们可分为人工实验环境(如实验室实验)和自然实验环境(如现场实验)；⑥实验活动，即改变实验对象所处自然、社会条件或环境的各种实践活动，包括一定的实验控制活动，它们在实验调查中被称为“实验激发”；⑦实验效果，亦称实验效应，即由于实验活动（实验激发）而引起的实验对象的各种变化；⑧实验检测，即在实验过程中对实验对象所作的检查或测定，它分为实验激发前的检测（简称“前检测”）和实验激发后的检测（简称“后检测”）。

（三）实验调查的程序

实验调查的一般程序是：实验者根据需要确定实践主题→提出需要实验的理论假设→以理论假设为指导设计实验方案→选择实验对象和实验环境→对实验对象前检测→通过实验激发改变实验对象所处的自然、社会条件或环境→产生实验效果→对实验对象后检测→对前检测与后检测的结果进行统计分析和思维加工→做出实验调查结论→写出实验调查报告。

（四）实验调查的特点

（1）调查活动的实践性。实地观察、访问调查、问卷调查等方法，都不涉及调查对象所处自然、社会条件或环境的改变问题。实验调查法则不同，它不仅要眼看、口问、耳听，而且要亲自动手干，即通过某些实践活动有计划地改变实验对象所处的自然、社会条件或环境，并在实践活动基础上对实验对象的因果关系、特殊本质及其发展规律进行调查和研究。实践性是实验调查最本质的特点；没有一定的实践活动，就不能称为实验调查。

（2）调查对象的动态性。在实地观察、访问调查、问卷调查等方法的实施过程中，调查对象一般处于相对静止状态。实验调查则不同，由于实践活动不断进行，自然、社会条件或环境不断变化，实验对象也必然发生变化。实验调查的实践性，决定着实验对象的动态性。

（3）调查环境的可控性。由于实验调查要通过某些实践活动有计划地改变实验对象所处的自然、社会条件或环境，因而实验条件、实验环境必须是可调节、可改变、可控制的。没有一定的可调节、可改变、可控制的特性，就没有实验。实验条件和环境的可控性，是实验调查的基本要求。

（4）调查目的的因果性。运用实地观察、访问调查、问卷调查等方法的调查，大多是描述性调查；即使是因果性调查，其结论也只具有或然性，还需要经过实践检验来证明。实验调查则不同，它的调查目的就是揭示实验对象的变化与实验激发之间的因果关系，而且这种因果关系，无论是证实还是证伪，都是经过实践检验了的真实的结论。

（5）调查方法的综合性。在实验调查过程中，除了要改变实验对象所处条件或环境的实践活动外，一般要采用实地观察、访问调查或集体访谈等直接调查方法，有时还要采用文献调查、自填式问卷调查等间接调查方法。不仅如此，实验调查过程，不仅是不断搜集社会信息的过程，而且是不断研究社会信息的过程，它是各种调查方法和研究方法综合使用的过程。

（6）实验效果的可检测性。由实验活动（实验激发）而引起的实验对象的变化，必须是可控制、可检测、可度量的。只有如此，才能说明实验激发的效应，才能做出实验调查的结论。实验效果的可检测性，是实验调查的重要特点。

(7) 调查过程的可重复性。实验调查法作为一种科学的社会调查方法，其调研过程和结论，必须是可以重复、可以复制的，否则就不成其为科学的调查方法。调研过程和结论的可重复性，是实验调查最突出的特点。

上述特点说明，与实地观察、访问调查、问卷调查等方法相比较，实验调查法是一种更复杂、更科学的调查方法，也是一种更重要、更有效的调查方法。

二、实验调查法的种类

按照不同的标准，实验调查法可作许多不同分类。

(一)实验室实验和现场实验

按照实验环境不同，可分为实验室实验和现场实验。实验室实验，是指在人工"纯化"环境中的实验，实验者根据研究目的设置实验环境，并对实验过程实行完全有效控制。例如，对各类驾驶员、操作员反应能力的实验，就可在实验室内进行。实验者可以按照有关规定控制驾驶、操作条件(实验环境)的变化(即实验激发)，并通过实验前后和实验过程中对驾驶员、操作员(实验对象)的检测(实验检测)，来判断他们在不同条件下的反应能力。现场实验，是指在现实自然、社会环境中的实验，实验者对实验环境、实验过程及其变化只能实施部分控制。例如，为了检验"分配制度对生产发展具有重大反作用"这一理论假设，在企业进行工资制度改革实验，实验者所能控制、改变的只有工资总额及其分配方法这一个实验条件，而对于企业领导者素质、职工人数和技术水平、企业经营状况、国家税收政策等环境因素，实验者大多不可能控制或难以有效控制。一般来说，社会领域里的实验，大多采用现场实验方法，因为这种实验所处的环境是现实的，其调查结论也易于为现实社会所认可。

(二)标准化实验和非标准化实验

按照实验要素或程序不同，可分为标准化实验和非标准化实验。标准化实验，是指实验要素齐全、实验程序完整的实验。如前述各类驾驶员、操作员反应能力实验，就是一种标准化实验。非标准化实验，是指实验要素、实验程序基本符合要求但不够规范、不够完整的实验。例如，实验对象不完全类似的实验，实验环境不完全匹配的实验，实验激发不完全规范的实验，实验过程的控制不完全等同的实验，实验效果无法有效检测的实验，实验检测不完全标准的实验，等等。事实上，在现实社会里，实验对象不可能完全类似，实验环境不可能完全匹配，实验激发不可能完全规范，实验过程的控制不可能完全等同，实验效果的检测不可能完全有效，实验检测的标准不可能完全一致，因此，社会领域里的实验大多是非标准化的实验，真正完全标准化的实验是非常困难、非常少见的。

(三)单盲实验和双盲实验

按照实验对象和实验者对实验是否知情，可分为单盲实验和双盲实验。由于实验对象和实验者对实验目的、实验检测、实验激发都会产生某种“良好”或“不良”的心理预期，因而往往造成实验效果及其评价失真。例如，对某种保健品进行效用实验，如果实验对象知道自己参加了这种实验(即了解实验目的)，进行了身体检查(即实验检测)，并正在服用这种保健品(即接受实验激发)，他们往往就会产生某种良好心理预期，从而影响实验的客观效果及其评价。同样，实验者对实验的心理预期，也有可能对实验的客观效果及其评价产生不利影响。为了克服实验对象和实验者对实验的心理预期，就可采用单盲实验或双盲实验方法。所谓单盲实验，就是不让实验对象知道自己正在接受实验，而由实验者根据实验目的实施实验激发和实验检测；所谓双盲实验，就是不让实验对象和实验者知道正在进行实验，而由第三方(研究者)根据实验目的实施实验激发和实验检测。采用单盲实验或双盲实验方法，一般就能排除实验对象或实验对象和实验者心理预期对实验效果及其评价产生的不利影响。

(四)单一实验组实验、实验组对照组实验、多实验组或多对照组实验

按照实验组织方式不同，可分为单一实验组实验、实验组对照组实验、多实验组或多对照组实验。关于这几种类型的实验，将在下一节论述。

此外，按照实验目的不同，还可分为探索性实验和检验性实验；按照实验内容不同，可分为心理实验、教育实验、经济实验、政治实验、法律实验、军事实验、文化实验、社会实验，等等。

三、实验调查的原则

(1)自愿原则。一般来说，凡是涉及个人、单位、机构的社会调查，都应让调查对象自愿参与。特殊地说，实验调查要改变实验对象所处的自然、社会条件或环境，引起实验对象的某些变化，更应让实验对象自愿参与。实践证明，实验对象的自愿参与和积极合作，是实验调查得以顺利进行的必要前提。因此，自愿原则是实验调查必须遵守的首要原则。

(2)知情原则。实验调查的目的、内容、方法等基本情况，以及实验调查的结果，都应让实验对象知晓。这是自愿原则的应有之意。单盲实验和双盲实验，一般只应在特殊情况下使用。即使如此，在单盲实验和双盲实验结束后，仍应将实验调查的基本情况和结果告知实验对象，并说明采取单盲实验和双盲实验的原因，以求得实验对象和其他参与者的理解。

(3)保密原则。在实验调查过程中，实验对象所处的自然、社会条件或环境要发生某些改变，实验对象也要受到某些影响、发生某些变化，这些影响或变化往往会涉及实验对象某些不愿为人知晓的经历或状况。因此，从尊重实验对象的隐私出发，实验调查应该严格遵守保密原则，最好是匿名进行，起码是对实验对象不愿公开的经历或状况严格保密。

(4)道德原则。实验调查有一条底线，就是必须遵守家庭道德、职业道德和社会公德。实验调查的各个环节、各个要素，包括实验项目、实验目的和实验假设的确立，实验对象和实验环境的选择，实验活动和实验检测的实施等，都不允许违背家庭道德、职业道

德和社会公德。例如，对卖淫嫖娼、小偷小摸等丑恶社会现象就不允许进行实验调查。

(5)法律原则。实验调查更重要的一条底线，是必须遵守国家的各项法律和法规。实验调查的各个环节、各个要素，都不允许违背国家的法律和法规。例如，黄、赌、毒现象，贩卖人口、偷越国境、走私贩私现象，偷税漏税、制假贩假现象，以及其他一切违犯国家法律和法规的社会现象，都不允许进行实验调查。

第二节　实验调查方案的设计

根据组织方式不同，可设计出多种多样的实验方案，常用的实验设计是：

一、单一实验组设计

单一实验组设计，就是只选择一批实验对象作为实验组，通过实验激发前后实验对象的变化来得出实验结论。它的具体步骤是：

(1)选择实验对象；
(2)对实验对象前检测；
(3)实验激发，即实施改变实验对象所处自然、社会条件或环境的实践活动；
(4)对实验对象后检测；
(5)得出实验结论，其公式是：实验效应=后检测-前检测。

例如，要调查使用5G技术对企业经济效益的影响，并以资金利税率作为衡量经济效益的主要指标，其具体步骤就是：

(1)选择实验对象：假定选择甲、乙、丙三个企业组成实验组。

(2)前检测：即计算企业使用5G技术前一年的资金利税率，假定2019年三个企业的资金利税率平均为5%。

(3)实验激发：即2019年年底或2020年初对三个企业进行使用5G技术改造。

(4)后检测：即计算企业使用5G技术后一年的资金利税率，假定2020年三个企业平均为12%。

(5)得出实验结论：实验效应=12%-5%=7%。

单一实验组设计，是最简单的实验设计，只要选择一组实验对象就可开展实验调查。同时，也是最基本的实验设计，任何其他实验设计都离不开“选择实验对象—前检测—实验激发—后检测—得出实验结论”这一基本程序。因此，这种设计应用非常广泛。

然而，单一实验组设计得出的实验结论，可能正确，也可能不完全正确。因为，在实验过程中，特别是在现场实验过程中，人们无法把实验对象与社会隔绝开来，无法完全排除种种非实验因素对实验过程及其结果的影响。这样把实验对象前后检测之间的变化全部看作实验激发的结果，是不完全正确的。在前例中，甲、乙、丙三个企业2020年的资金利税率比2019年提高7个百分点，其原因可能是进行了5G技术改造，也可能是扩大了供销渠道，改善了协作关系，提高了工人技术水平等非实验激发因素。显然，把这些非实验激发因素引起的资金利税率变化全部当做实验激发的结果，是不符合实际的。这说明，单一实验组设计只有在实验者能有效排除非实验因素干扰，或者使非实验因素的影响缩小到可以忽略不计的情况下，才能把实验对象前后检测之间的变化看作是实验激发的结果，否则就不能得出这样的结论。

二、实验组对照组设计

实验组对照组设计，就是首先选择一批相同或相似的实验对象分别组成实验组和对照组，并使它们处于相似的实验环境中；其次，对实验组给予实验激发，对对照组不给予实验激发；最后，对实验组和对照组前后检测的变化进行对比，并得出实验结论。它的具体步骤是：

实验组	对照组
（1）选择实验对象。	（1）选择实验对象。
（2）选择实验环境。	（2）选择实验环境。
（3）前检测。	（3）前检测。
（4）给予实验激发。	（4）不予实验激发。
（5）后检测。	（5）后检测。

（6）得出实验结论，其公式是：

实验效应=实验组(后检测-前检测)-对照组(后检测-前检测)。

仍以上述5G技术改造实验为例，采用实验组对照组设计，其具体步骤是：

实验组	对照组
（1）选择实验对象：选择甲、乙、丙企业。	（1）选择A、B、C企业。
（2）选择实验环境：职工队伍、主要设备、能源供应、主要产品、交通条件等情况基本相同；产供销和资金周转均通过市场调节。	（2）职工队伍、主要设备、能源供应、主要产品、交通条件等情况基本相同；产供销和资金周转均通过市场调节。
（3）前检测：2019年资金利税率5%。	（3）2019年资金利税率5%。
（4）实验激发：对企业进行5G技术改造。	（4）不进行5G技术改造。
（5）后检测：2020年资金利税率12%。	（5）2020年资金利税率8%。

(6) 结论：实验效应=实验组(12%-5%)-对照组 (8%-5%)= 7%-3% =4%。

与单一实验组实验相比较，实验组对照组实验的结论发生了很大变化。因为，在单一实验组实验中，实验组后检测与前检测之间的差值 7%，全部被看作实验激发即实施 5G 技术改造的结果，而完全忽视了非实验因素对实验过程及其结果的影响。实验组对照组实验则不同，由于对照组没有实施技术改造，它的后检测与前检测之间的差值 3%，显然是由 5G 技术改造之外的因素(如能源供应增加、供销渠道改善、职工技术熟练程度提高等)引起的非实验效应。一般来说，引起对照组资金利税率发生变化的非实验因素对实验组也发生作用。因此，实验组的实验效应(即 7%)，实际上是实验效应与非实验效应之和。如果按对照组非实验效应为 3%计算，那么，实验组的实验效应实际上只是 7%-3% =4%。

这个例子说明，实验组对照组实验的最大优点在于，它能大致离析出实验效应与非实验效应的范围或程度，从而使对实验效应的评价更客观、更准确。但是，在现场实验调查中，这种实验的最大困难是实验组和对照组的实验对象、实验环境的选择很难完全匹配或基本相似。因此，要准确评价实验效应，还必须采用其他调查方法作更深入、更细致的研究。

三、多实验组和多对照组设计

1. 多实验组设计

多实验组设计，就是选择若干批实验对象组成若干实验组，首先，在各自实验环境下进行实验；其次，通过检测实验激发前后的变化，各组做出自己的实验结论；最后，对比研究各组实验结论，做出总实验结论。根据实验者、实验对象、实验环境、实验激发的同与不同，多实验组实验可做多种多样的设计。从理论上说，它可做如下一些类型设计，详见表 15-1。

表 15-1　多实验组设计可能的类型("✓"表示相同，"×"表示不同)

类型	1	2	3	4	5	6	7	8	9	10	11	12	13	14	15	16
实验者	✓	✓	✓	✓	✓	✓	✓	✓	×	×	×	×	×	×	×	×
实验对象	✓	✓	✓	✓	×	×	×	×	✓	✓	✓	✓	×	×	×	×
实验环境	✓	✓	×	×	✓	✓	×	×	✓	✓	×	×	✓	✓	×	×
实验激发	✓	×	✓	×	✓	×	✓	×	✓	×	✓	×	✓	×	✓	×

多实验组设计的组织工作比较复杂，但是，得出的实验结论往往比较客观、准确。因此，在实际工作中用途非常广泛。中国共产党和中国政府在制定重大方针政策时，就往往采取多实验组对比方法进行实验，一般都取得了较好效果。例如，2011 年下发的《国务院关于开展城镇居民社会养老保险试点的指导意见》，规定"各省(区、市)人民政府要根据

本指导意见，结合本地区实际情况，制定试点具体实施办法，并报国务院试点工作领导小组备案；要在充分调研、多方论证、周密测算的基础上，提出切实可行的试点实施方案，按要求选择试点地区，报国务院试点工作领导小组审定。试点县的试点实施方案由各省(区、市)人民政府批准后实施，并报国务院试点工作领导小组备案”。这里所说的“试点”，实际上就是实验。由于实验者(即各省、区、市所属的试点县、市政府)不同，实验对象(即各试点县、市所属的城镇)自身特点不同，所处实验环境(即各试点县、市城镇所处的地理位置和经济、文化、社会条件等)不同，所做的实验激发(即各种社会养老保险措施)不同，因而它们的实验结论都不完全一样，但其中必然会异中有同。经过对这些实验结论的对比研究，就得出了比较符合实际的总实验结论，即建立个人缴费、政府补贴相结合的城镇居民养老保险制度，实行社会统筹和个人账户相结合，与家庭养老、社会救助、社会福利等其他社会保障政策相配套，保障城镇老年居民的基本生活。实践证明，这种制度，既符合当前中国经济发展的水平，又能减轻城镇居民的负担，提高社会养老保险水平。这说明，多实验组设计一般能取得良好实验效果，能对实际工作起到很大的指导和推动作用。

2. 多对照组设计

在实验调查中，不仅前检测、实验激发会对实验对象产生某些心理预期，而且前检测与实验激发之间还会产生某些交互效应，它们都会对实验结果产生某种影响。为了离析、排除这些心理预期、交互效应的影响，可进行实验组、双对照组设计和实验组、三对照组设计，其特点是对不同对照组的前检测和实验激发做出不同安排，其研究方法如下：

表 15-2 实验组、双对照组设计的研究方法

组别	实验程序		
实验组	前检测	实验激发	后检测
第一对照组	前检测	—	后检测
第二对照组	—	实验激发	后检测

在实验组、双对照组设计中，第二对照组不做前检测，其前检测值一般用实验组前检测和第一对照组前检测的平均值代替。第二对照组的实验效应=后检测-实验组前检测和第一对照组前检测的平均值。第二对照组的实验效应，大体上就可归因于实验激发的影响，从而离析、排除了前检测心理预期和前检测与实验激发交互效应对实验结果的影响。

然而，按照实验组、双对照组设计进行实验调查，还不能排除实验外部因素对实验结果的影响。实验组、三对照组设计，则是排除实验外部因素对实验结果影响的一种办法。

表 15-3　实验组、三对照组设计的研究方法

组别	实验程序		
实验组	前检测	实验激发	后检测
第一对照组	前检测	—	后检测
第二对照组	—	实验激发	后检测
第三对照组	—	—	后检测

在实验组、三对照组设计中，第三对照组既不做前检测，又不实施实验激发，其前检测值一般用实验组前检测和第一对照组前检测的平均值代替。第三对照组的实验效应=后检测-实验组前检测和第一对照组前检测的平均值。这样，第三对照组的实验效应，大体上就可归因于实验外部因素的影响。

应该指出，对照组数量越多，一方面，可离析、排除的非实验效应就越多，对实验效应的评价就越客观、越准确。另一方面，实验对象、实验环境的选择和匹配将越来越困难。因此，实验组、多对照组设计，在实践中使用得很少。

第三节　努力减少实验误差

实验调查是一种复杂的调查方法，在实验过程中经常会发生一些误差。因此，有必要专门探讨一下产生实验误差的原因和减少实验误差的方法。

一、产生实验误差的原因

(一)来自实验者自身的误差

主要来自两种心理：一是急于求成。为了“早出成果”“出好成果”，实验者往往给予实验对象一些优厚条件或特殊照顾，致使实验结果失真或失去推广价值；二是替代补偿。由于对照组得不到某些实验措施的实惠，实验者往往自觉不自觉地给予对照组的实验对象一些补偿关怀，致使对照组失去对照作用。

(二)来自实验对象的误差

有六种情况。一是实验对象的选择，缺乏代表性。二是实验对象对实验活动不适应、不合作、不认真，消极应付，弄虚作假，致使实验失去意义。三是实验对象受实验活动“污染”，而产生某些反应性心理或行为。例如，对照组的实验对象(如企业工人)通过各种途径受到实验活动“污染”(如分配制度改革信息的影响)后，既可能作出竞争性努力(如加倍努力工作)，又可能作出自暴自弃反应(如消极等待或怠工等)，致使对照组失去对照意义。四是，实验对象受到从众心理影响，对实验激发做出某些相同或近似的反应。例如，由于对城镇居民社会养老保险制度改革不了解，在从众心理驱使下，不同类型的城镇

居民都不愿意参加城镇居民社会养老保险，从而无法区分不同实验对象对实验激发的不同反应。五是实验对象自身的成熟和变化。例如，学生无论是否参加教育改革实验都在自然成长，致使实验效应与自然成长效应很难严格区分。六是实验对象由于种种原因中途退出实验活动，致使实验计划变形，甚至被迫中断。

（三）来自实验环境的误差

主要有四种情况。一是实验组、对照组所处实验环境的选择，不可能完全匹配，或很难相近或相似。二是自然环境变化的干扰。例如，遭遇严重自然灾害的影响，农业集约化实验就可能达不到预期目的。三是经济环境变化的干扰。例如，出口退税政策改革实验，遭受全球金融危机袭击，不得不调整实验方案或进程。四是政治环境变化的干扰。例如，由于"文化大革命"的影响，中国社会主义现代化建设的许多实验不得不被迫中断。此外，文化环境、社会环境和生态环境的变化，也会对某些实验过程、实验结果产生或大或小的干扰或影响。

（四）来自实验激发的误差

在社会实验中，例如，在农村村民自治实验中，实验激发（如民主选举、民主决策、民主管理、民主监督）的具体内容和方式不可能完全一样，实验激发的强度、广度和深度不可能完全相等，因而对实验过程和结果也会产生不同的影响。正如世界上不存在两个完全相同的事物一样，实验中的实验激发永远不可能完全相同，因而来自实验激发不完全相同而形成的误差，永远不可能完全消除。

（五）来自实验检测的误差

实验检测（包括前检测和后检测）的工具及其灵敏程度不可能保持绝对一致，检测人员的操作方法及熟练程度不可能完全一样，实验检测的过程不可能绝对相同，实验对象对实验检测的适应能力也在不断变化（强化或弱化），所有这些方面的差异，都会对实验过程及其结果产生许多非实验因素的干扰。

二、减少实验误差的途径和方法

（一）慎重选择实验调查的领导者

实验调查往往是探索性、开拓性调查。要取得实验成功，必须慎重选择实验者。一般来说，实验调查的领导者和组织者必须具备以下一些基本条件：

（1）思想解放，实事求是，勇于创新，敢于负责。要坚持从实际出发，敢于打破旧框框，探索新道路，开拓新天地。一个观念陈旧、墨守成规、不敢越雷池一步、不敢负责的人，就不可能领导实验调查取得成功，更不可能获得重大发现。

（2）有较高理论水平，较多政治、法律知识，较强鉴别和判断能力。如果实验者本身缺乏理论修养，不熟悉国家的政治和法律，不能独立鉴别和判断探索过程中出现的新情况、新问题，就很难对实验进行正确指导和得出科学结论。

(3) 有一定权力和威信。实验调查要改变实验对象所处的自然、社会条件或环境，没有一定权力做不到，没有一定威信做不好。实验调查的领导者和组织者，在实验调查之前，必须从实验对象的主管机构获得一定授权，必须在实验调查中逐步树立起自己的威信，否则实验工作就会寸步难行，甚至无法开展。

(4) 有一定实际工作经验和灵活处理问题的能力。实验调查既要眼看、口问、耳听，又要亲自动手干。因此，实验者不仅要有书本知识，而且要有实际工作能力，包括决策能力、组织能力、指挥能力、协调能力，等等。特别是在发生意想不到的困难或干扰时，要有灵活、果断处置问题的能力。否则，实验就不可能顺利进行，更不可能获得圆满结果。

(5)有比较充裕的时间。在实验调查中，改变自然、社会条件或环境的实践活动需要一个过程，实验对象适应上述改变也需要一个过程，特别是在改变了的自然、社会条件或环境中实验对象本质的变化及其充分暴露更需要一个较长过程。因此，实验调查从开始到结束往往需要相当长的时间，不能急于求成，不可能"立竿见影"。如果实验过程尚未完结，客观事物的本质尚未充分变化或尚未充分暴露，就急于下结论，急于报功请赏，那是很难得出科学结论的。

总之，实验调查的领导者必须有胆、有识、有权、有威，有实际工作能力，有较充裕时间。实验调查的成功之门，永远是向他们敞开的。

(二)正确选择实验对象和实验环境

正确选择实验对象和实验环境，对于实验调查的成败及其社会作用的大小具有重要意义。

实验对象和实验环境的选择，一定要在同类事物中具有较高的代表性。对于复杂事物来说，选择的实验对象和实验环境，还应该具有不同类型、不同层次的代表性。例如，从普通中学到职业中学的中等教育结构改革实验，选择的实验对象应该既有大中城市中学，又有小城镇中学和农村中学；既有完全中学，又有高级中学和初级中学。不仅如此，还应该选择不同的实验环境，最好是在东部地区、中部地区和西部地区，经济发达地区、中等发达地区和不发达地区，都选择一些中学。只有选择的实验对象和实验环境具有较高代表性，最好是典型环境中的典型对象，实验结果才具有普遍意义。反之，如果只选择那些条件优越的中学实验，那么即使实验取得了良好效果，其经验也很难普遍推广和应用。

实验对象和实验环境的选择，一般有两种方法：一是立意挑选，即由实验者根据实验目的、要求和对实验对象及其所处自然、社会环境总体情况的了解，有意识地挑选那些具有代表性的单位进行实验；二是随机抽取，即按照随机原则从实验对象、实验环境的总体中抽取一定实验环境中的实验对象进行实验。前一种方法，适用于实验对象总体中个体单位较少、个体间异质性较强，实验者对实验对象、实验环境总体情况了解较多的调查对象；后一种方法，适用于实验对象总体中个体单位较多、个体间同质性较强，实验者对实验对象、实验环境总体情况了解较少的调查对象。

如果采用实验组对照组设计，还应注意实验对象和实验环境的匹配，即实验组的实验对象和实验环境与对照组的实验对象和实验环境，应尽可能相同或相近。要做到这一点，实验者在选择实验对象和实验环境时可采用配对分派法，即每次选择两个相同或相近的单位组成匹配对，然后将其中一个分派到实验组，另一个分派到对照组。只有按照这种配对分派法组织的实验组和对照组，才能起到互相对照的作用。

(三)有效控制实验过程

实验调查能否达到预期目的，主要取决于能否有效控制实验过程。实验过程的控制，包括两个方面：一是对实验激发的控制，二是对非实验因素的控制。

对实验激发的控制，既要严格按照设计方案实施，又要在不违背实验目的的前提下具有一定灵活性。因为，一方面，不严格按照设计方案实施实验激发，不改变或任意改变实验对象所处的自然、社会条件或环境，就会打乱实验计划，达不到实验的预期目的。另一方面，实验调查是一种实践性、动态性调查，原定方案无论怎样完善，都不可能完全符合实验过程中不断变化、发展的实际情况。因此，必须给予实验者一定自主权，以便他们在不违背实验目的的前提下，灵活处置那些在实验过程中无法完全避免的特殊情况或特殊问题。

对非实验因素的控制，应该注意以下一些问题：

(1)要克服急于求成心理和替代补偿心理，客观看待实验过程，公平对待实验对象，绝不可揠苗助长，给实验对象以种种实验之外的特权或照顾。例如，搞现代企业制度改革实验，就不能给实验企业除现代企业制度之外的种种优惠条件或特殊待遇。如果实验企业在税收、信贷、能源和材料供应、产品销售等方面享有其他企业所不能享有的特权，那么，这些企业的生产经营无论取得多大成绩，都不能说明现代企业制度改革的必要性和优越性；从这些企业总结出来的“成功经验”，无论怎样说得头头是道，都不会有说服力。实践证明，靠“吃小灶”搞成功的实验是没有生命力的，是没有推广价值的。

(2)要加强对实验对象的教育，提高他们的素质，取得他们对实验活动的理解和支持。例如，在农村搞村民自治实验，就必须加强民主、自治教育，提高他们的自主意识和管理能力，克服自私、狭隘心理和宗族、房头观念，将村民自治实验坚持到底，否则，实验过程就无法正常进行，甚至有可能被迫中断。又如，搞中等教育结构改革实验，要把许多普通中学改造为职业中学，就必须对有关学校的校长、教师、职工、学生和学生家长，以及毕业生使用部门或单位加强教育和帮助，提高他们对这项改革的理解、支持和配合，否则这项改革实验是不可能获得成功的。同时，要防止实验激发对对照组的“污染”，要严格区分实验效应与自然成长效应，要努力减少实验对象中途退出实验活动现象的发生。

(3)要控制非实验因素对实验过程的干扰，一般可采取以下几种方法：

一是排除法，即将一切可以排除的非实验因素排除在实验过程之外。例如，搞家庭农场集约化经营实验，那些环境恶劣、天灾频发地区就难以进行。为了使实验过程顺利进行，在选择实验对象和实验环境时，就应避开这些地区。这样“环境恶劣”“天灾频发”这些非实验因素对实验过程的影响就被排除了。

二是纳入法，即把无法排除的非实验因素纳入实验过程，作为实验所要研究的因素。

例如，企业产权制度改革实验，区位条件、地理环境都是非实验因素，但实验过程又无法排除区位条件、地理环境对企业产权制度改革的影响。在这种情况下，就可采取纳入法，即对东部地区、中部地区、西部地区，城市近郊区、远郊区和边远区等不同区位条件、不同地理环境的企业，分别进行产权制度改革实验。这样就把区位条件、地理环境等非实验因素完全纳入了实验过程。

三是平衡法，即使某种非实验因素在每一个实验对象中都保持相对平衡、稳定的水平。例如，对于国有企业制度改革实验来说，水电供应情况及其价格本来是一个非实验因素。为了控制水电供应情况及其价格变化对实验过程的干扰，就可以采取平衡法，即对实验组和对照组中每一个国有企业，都供应同等比重的水电，并实行同等价格。这样就排除了水电供应情况及其价格变化这些非实验因素对实验过程的影响。

四是统计法，即对实验过程中无法排除的非实验因素，在实验后再用统计方法计算出它们对实验结果的影响。例如，在工资制度改革实验中，物价波动是一个非实验因素，但是，在检测实行新工资制度前后产值、利润、工资等变化时，物价又是一个无法排除的因素。对于这类可以计算的非实验因素，可在实验后运用统计方法计算出物价波动指数，然后再说明它们对实验结果造成了多大影响。这样就等于对这类非实验因素进行了有效控制。

(4)要控制实验过程自身非实验因素的干扰。主要是控制对不同实验对象的实验激发，尽可能在激发内容、方式、强度、广度和深度等方面保持相对一致；控制对不同实验对象的实验检测(包括前检测和后检测)，尽可能在检测工具及其灵敏程度，操作人员和方法，以及检测过程等方面保持相对统一。此外，还要根据实验对象对实验激发、实验检测适应能力的变化(强化或弱化)，适当调整实验激发的方向、形式和部位，适当改变实验检测的方式、程序和方法，从而把实验过程中非实验因素的影响降到最低程度。

总之，只有正确地控制实验激发和有效地控制非实验因素对实验过程的干扰，才能对实验调查的结果做出客观、科学的评价。

(四)正确检测实验效果

实验效果的检测，要有科学性、统一性和可重复性。

科学性，是指检测指标、检测手段和检测方法要科学。其中，首要的是检测指标要科学。例如，对教学质量、经济效益这类较复杂社会现象的检测，往往需要设计出一套科学指标体系。如果仅用“升学率”去检测教学质量，用“GDP 增长速度”去检测经济效益，就不可能得出科学结论。同时，对科学检测指标，还要用科学方法去检测，并尽可能使用现代科学检测手段。如果检测手段、检测方法不科学，那么，尽管检测指标很科学，仍然不可能得出科学的检测结论。

统一性，是指对不同实验对象对前后检测，都应使用统一的指标、方法和手段去检测。在单一实验组实验中，如果对不同实验对象或对前后检测，使用不同检测指标、不同检测手段、不同检测方法；在实验组控制组实验中，如果对实验组使用一套检测指标、手段和方法，对对照组使用另一套检测指标、手段和方法；在多实验组或多对照组实验中，如果各实验组、各对照组各自使用一套检测指标、手段和方法，那么，就不可能得出统一的具有可比性的科学检测结论。

可重复性，是指检测结果必须是稳定、可靠、可重复的。一种真正科学的检测，如果实验对象、实验环境、实验激发，以及实验检测的指标、手段和方法是基本相同的，那么，不管由谁来检测，不管在何时、何地检测，检测结果应该是基本相同的，可重复出现的。反之，如果检测结果因人而异、因时而异、因地而异，那么，这种不稳定、不可靠、不可重复的检测，就不能算是科学的检测。

(五)科学评价实验效果

实验效果的检测与实验效果的评价是密切联系在一起的。检测是评价的前提或依据，评价则是对检测效果所作的解释或说明。

实验效果的评价，应该包括两个方面：一是内在效度评价，即对实验效果说明问题的正确程度做出评价。二是外在效度评价，即对实验效果的推广适用程度或正确程度做出评价。

要对实验内在效度做出科学评价，关键在于把实验效应与非实验效应区别开来。实践证明，各种非实验因素对实验过程的干扰，如实验对象缺乏代表性，实验环境不匹配，实验激发不规范，实验过程中对非实验因素控制不恰当，以及实验检测的指标、手段和方法不科学、不统一等，都会对实验内在效度产生不利影响。因此，要科学评价实验内在效度，就必须排除或控制一切非实验因素的干扰。

要对实验外在效度做出科学评价，关键在于把实验效果中的共性与个性区别开来。因为，在现场实验调查中，不管实验对象和实验环境具有多大代表性，实验过程控制多有效，实验检测多科学，它们都必然具有一定的特殊性或个性。这就是说，任何实验效果既包含共性的东西，又包含个性的东西，都是共性与个性的统一，其中只有共性的东西才具有推广价值。因此，要科学评价实验的外在效度，就必须正确区分实验效果中哪些是共性的东西，哪些是个性的东西。只有正确说明了具有共性的实验效果，才能科学评价实验效果的外在效度。

对实验效果内在效度和外在效度的评价，必须实事求是、恰如其分，绝不可人为拔高，任意吹捧，更不可不顾时间、地点、条件盲目推广。

实验调查既然是实验，就应该允许成功，也应该允许失败；即使是失败的实验，也应该认真总结和科学评价。因为，在探索未知的道路上，失败往往是成功之母。从这个意义上说，失败与成功一样，都具有不可抹杀的意义。

第四节　对实验调查法的评价

实验调查法是现实调查方法中最复杂、最重要的调查方法，它具有许多其他调查方法所没有的优点，也有其自身的局限性。

一、实验调查法的优点

实验调查的最大优点是它的实践性，即调查的结论不只是眼看、口问、耳听得来的，而是通过亲手干、通过实验激发改变实验条件或环境促使实验对象发生变化而得来的。因此，一切科学的实验调查，其调查结论都是经过实践检验了的，都具有相对客观真理性质。

实验调查是一种可控的、动态的调查，它能够掌握大量第一手资料，既包括实验对象、实验环境的静态资料，又包括实验对象、实验环境在运动、变化过程中的资料。这是实验调查的又一突出优点，是其他调查方法难以做到的。

实验调查是一种因果性调查，它有利于揭示实验激发与实验对象变化之间的因果联系，有利于认识事物的本质及其发展规律。因此，实验调查不仅能解决“是什么”的问题，而且能解决“为什么”的问题，因而它大大优于其他调查方法。

实验调查有利于探索解决社会问题的途径和方法。实验调查作为一种因果性调查，有利于人们根据因果联系去探索解决问题的途径和方法。实践证明，凡是经过实验检验、证明了的解决社会问题的途径和方法，一般具有普遍指导意义。

实验调查是可检测、可重复的调查。在实验对象、实验环境等实验要素大致相同情况下，不管由谁实验、在何时何地实验，实验过程和实验结果都可重复出现。实验结论的可靠性、准确性、权威性和说服力，是其他方法不能比拟的。

实验调查可综合使用各种调研方法，使各种调查、研究方法相互配合、取长补短，从而以最小消耗，取得最大效益。这是任何单一调研方法都不可能做到的。

二、实验调查法的缺点

实验调查的最大缺点，是实验对象和实验环境的选择难以具有充分代表性，特别是实验组对照组中实验对象和实验环境的选择难以做到相同或相似。因此，任何实验调查结论都具有特殊性，其适用范围都是有限的。如果忽视这一点，就会犯“一律化”“一刀切”错误。

实验调查的另一重要缺点，是人们很难对实验过程进行充分有效控制，在现场实验中往往无法完全排除非实验因素干扰。因此，要准确鉴别实验效应和非实验效应，实验效果中哪些是共性的、哪些是个性的，是一件十分困难的事情。

许多落后的、消极的社会现象，不可能或不允许实验，这是实验调查的又一局限性。例如，行贿受贿、贪污腐化、卖淫嫖娼、吸毒、赌博、封建迷信等违反国家法律或违反社会道德的社会现象，就不能采用实验法去调查研究。

实验调查受时空条件限制较大，受政治、经济、文化、社会等条件影响较多，许多宏观、持久的研究项目，许多涉及政治、经济、文化、社会等隐秘性、敏感性的课题，或者是不能实验，或者是不宜采用实验调查方法。

此外，实验调查方法对实验调查领导者的要求较高，花费时间较长，实验对象不能过多，等等，也是这种调查方法难以克服的局限性。

第五篇

社会调查方法(三)

第十六章　文献调查法

历史调查法，是指对过去事实的调查方法。历史调查方法，是社会调查方法体系中的一翼。文献调查法，是历史调查的首要方法。在社会调查中，文献调查法往往起到前导或基础的作用。

第一节　文献和文献调查法

要掌握文献调查法，必须首先了解什么是文献？文献的种类及其发展趋势，文献调查法的概念、特点和作用等问题。

一、文献的概念、种类及其发展趋势

（一）什么是文献

《论语·八佾》中说："夏礼吾能言之，杞不足征也；殷礼吾能言之，宋不足征也。文献不足故也。"南宋朱熹注："文，典籍也；献，贤也。"这说明，"文献"原来是指典籍和贤者（熟悉掌故的人）。后来，专指具有历史价值的典籍资料。宋元之际历史学家马端临在《文献通考》中将文与献作为叙事与论事的依据，认为"文"是指经、史历代会要及百家传记之书；"献"是指臣僚奏疏、诸儒之评论、名流之燕谈（闲谈）、稗官（小官或小说家）之记录。

到了近代和现代，随着社会发展、科技进步，"文献"的内涵和外延不断扩展，人们往往把一切记录有人类知识的文字、图像、数字、符号、声频、视频等物体统称为文献。它一般由3个要素构成。一是一定的知识内容。没有记录任何知识内容的物体，如空白纸张、空白录像带、空白光盘和U盘等就不是文献。二是一定的物质载体。人们头脑中的知识、口头传递的信息、传说等，就不能称为文献。三是一定的记录方式。某些古迹、文物虽蕴含一定知识内容，有一定物质载体，但没有一定记录方式，也不能称为文献。这就是说，从知识内容看，文献就是通过一定记录方式记录在一定物质载体上的知识；从物质载体看，文献就是用一定记录方式记录有一定知识内容的一切物体。

（二）文献的种类

按照不同标准，文献可做许多不同分类。

按照物质载体不同，可分为甲骨文献、青铜文献、竹木简牍文献、布帛文献、纸张文

献，以及胶卷文献、光盘文献、U 盘文献和网络文献，等等。

按照记录技术不同，可分为手工文献(如甲骨文、青铜文、竹简、帛书，以及用手写的文稿、信件、日记、原始记录等)、印刷文献(如木印、石印、铅印、油印、胶印等)、感光文献(如照片、复印、微缩胶卷和微缩平片等)、录制文献(如录音带、录像带、光盘和硬盘等)、网络文献(如电子期刊、电子图书、数据库)等。

按照加工深度不同，可分为零次文献(指口头交谈或会议交流，但尚未用文字或录制技术记载下来的信息)、一次文献(也称原始文献，指事件发生时的当场记录、当事人编撰和实地调查撰写的文献，如会议记录、日记、信件、回忆录，以及现场拍摄、录制的照片、音像等)、二次文献(指对一次文献加工整理并使之有序化、浓缩化的文献，如目录、文摘、索引以及经过剪接后的音像等)、三次文献(指在一、二次文献基础上，经过分析、综合而编写的文献，如综述、动态、年鉴、百科全书等)。

按照资料来源不同，可分为个人文献、社会组织文献、大众传媒文献和官方文献。个人文献是指个人写的日记、信件、札记、讲话、文章、自传、回忆录等记录个人生活经历、思想感受的文献。社会组织文献是指各种企事业单位、社会组织或团体在运作中形成的规章制度、统计报表、总结报告、年鉴、大事记、家谱族规等文本资料。大众传媒文献是指各种报刊、广播、影视、出版、网络等大众传媒机构的文献。官方文献是指执政党和国家机关制定的各种法律、法规、条例、计划、制度、文件、统计资料等。

此外，按照出版形式不同，可分为图书、期刊与报纸、学位论文、会议文献、专利文献、标准文献、政府出版物、产品资料等。按照学科领域不同，可分为社会科学文献(又可分为经济学文献、政治学文献、社会学文献，等等)、自然科学文献等；按照保密等级不同，可分为公开文献、内部文献、秘密文献、绝密文献等。总之，根据不同标准，文献可作多种多样的分类。

(三)文献的意义

(1)文献是记录知识的根本手段。人类通过生产、生活实践所获得的关于自然和社会的知识，都是用文献(包括华夏先祖结绳记事的绳结，夏商时期的甲骨文、钟鼎文，直至今天的文字)记录下来的。可以说，文献是人类记录知识的根本手段。

(2)文献是积累知识的重要宝库。人类现今关于自然、社会和思维的知识，不是天上掉下来的，也不是头脑自生的，而是经过几千年实践逐步学习、继承、积累起来的。从这个视角看，文献是继承知识、积累知识的重要宝库。

(3)文献是传播知识的主要方法。人类在社会活动中，既要不断获取、积累知识，又要不断交流、传播知识。获取、学习知识离不开文献，交流、传播知识更离不开文献。历史证明，文献是交流、传播知识的主要方法。

(4)文献是学习知识、认识世界的重要途径。毛泽东说：“一切真知都是从直接经验发源的。但人不能事事直接经验，事实上多数的知识都是间接经验的东西”。① 这些“间

① 毛泽东选集(第1卷)[M]. 北京：人民出版社，1991：288.

接经验的东西”，主要是通过文献获得的。因此，文献是人类学习知识、认识世界的重要途径。

（四）文献的发展趋势

20世纪下半叶以来，在科学技术高速发展推动下，文献出现了许多新的发展趋势：

（1）数量急剧增加。IDC（国际数据中心）发布的数据显示，到2020年全球数字信息总量达到35ZB（10万亿亿字节）。① 英国学者詹姆斯·马丁（James Martin）统计，人类知识倍增周期，19世纪为50年，20世纪前半叶为10年左右，20世纪70年代为5年，20世纪80年代末约为3年。近年来，全世界每天发表论文达13000～14000篇，每年登记的新专利达70万项，每年出版图书达50多万种。② 人们把这种现象称为“信息爆炸”。

（2）种类日益繁多。随着科学技术发展，文献的物质载体和记录方式将越来越多样化。就物质载体而言，除纸张外，感光材料、磁性材料和半导体晶片等已越来越多地成为记载文献的物质载体。就记录方式而言，除手工、印刷方式外，还有摄影、录制、光刻和计算机等新型记录方式。尤其是网络信息资源，更具有表现形式多样化、内容更新加速化，以及信息资源共享化等特点。

（3）质量良莠不齐。据资料分析，在全球信息系统中，垃圾信息（包括冗余信息、盗版信息、虚假信息、老化信息、污秽信息等）不少于50%，在个别学科领域甚至高达80%。③ 有人称垃圾信息为“信息污染”，它严重干扰了对有效信息的开发和利用。

二、文献调查法的概念和特点

文献调查法，就是搜集文献资料、摘取有用信息、进行整理分析的调查方法。文献调查法是一种古老的研究方法，历史研究中的考据、校勘就是一种文献调查方法。世界上许多经典作品，例如，司马迁的《史记》、马克思的《资本论》、涂尔干的《自杀论》等，主要采用的就是文献调查法。

文献调查法有几个显著特点：

（1）历史性。它不是对社会现实情况的调查，而是对人类社会过去发生的事情、已经获得的知识所进行的调查。

（2）间接性。它的调查对象既不是历史事件的当事人，又不是历史文献的编撰者，而是各种类型的文献资料。

（3）非介入性和无反应性。它不介入文献所记载的事件，不接触有关事件的当事人，调查过程中不存在与当事人之间的人际关系问题，不会出现当事人反应性心理或行为的

---

① 全球数字信息大爆炸 2020年总量将达35ZB[EB/OL]. [2022-07-26]. http://www.doit.com.cn/p/55453.html.

② 信息爆炸[EB/OL]. [2022-07-26]. http://baike.qudong.com/index.php? doc-view-54996.html.

③ 网络环境下信息污染的表现类型及预防原则[EB/OL]. [2022-07-26]. http://www.bob123.com/lunwen23/20238.html.

影响。

三、文献调查法的作用

对于历史性课题来说，文献调查是最重要的甚至是唯一的调研方法。对于一般社会调查来说，文献调查也具有多方面作用：

(1)学习与调查课题有关的理论和方法。通过文献调查，充分了解与调查课题有关的各种理论观点和调研方法，以及正在发展着的社会环境和调查工作面临的主客观现实条件，可为提出研究假设、设计调查方案、确定调查方法、安排调研工作等提供必要参考。

(2)掌握与调查课题有关的政策和法律。通过查阅文献，了解与调查课题有关的党和国家的方针、政策和法律、法规，是确立调研工作指导思想、加强调研工作的政策性和法律性、保证调研工作顺利进行的必要条件。

(3)分析与调查课题有关的已有调研成果。任何调研课题都应该以前人和他人的调研成果为基础。通过文献调查，了解前人的研究成果，特别是了解当前理论界和实际工作者正在调研的现状，对于正确选择调查课题、设计调查方案具有重要参考价值，它是避免盲目性和重复研究的重要步骤。

(4)了解调查对象的历史和现状。通过查阅档案、登记表和其他文献，了解调查对象的性别、年龄、婚姻、家庭、职业、收入等客观情况和主观精神状态，以及他们所处环境的历史、地理、政治、经济、文化、社会、生态等资料，对于顺利开展调研工作具有重要作用。

总之，文献调查是社会调查的前导和基础，应贯穿于社会调查的全过程。在准备阶段，文献调查是选择调查课题、提出研究假设、设计调查方案、确定社会指标和调查指标的前提。在调查阶段，要顺利开展调查；在研究阶段，要深入理论探讨；在总结阶段，要撰写调查报告和评估调查成果，都离不开文献和文献调查。

第二节　文献的搜集

一、搜集文献的基本要求

文献资料浩如烟海，搜集文献要按照一定要求有目的、有计划地进行。总的来说，文献的搜集应该尽可能全面、多样。但在当代文献数量激增、分布极广、信息污染严重、质量明显下降的情况下，与其求全，不如求精，搜集文献的基本要求应该是：

(1)有用性。即紧密围绕调查课题搜集有用的文献资料。凡是与调查课题无关的文献，都应排除。这是搜集文献第一位的、最基本的要求。

(2)可信性。主要是指作者的可信性和内容的真实性。搜集文献时，要反复考虑文献作者是否有可能掌握有关事实？文献内容是否真实反映了客观情况？有无别的资料可以印证这一文献的真实性？可信性，是搜集文献的最基本要求之一。

(3)代表性。主要是指作者的代表性和文献的代表性。只有努力选择各类有代表性的作者、各类有代表性的文献，才能准确掌握与调查课题有关的文献。

(4)全面性。搜集文献的内容应尽可能全面，既要有历史文献，又要有最新文献；既要有国内文献，又要有国外文献；既要有典型资料，又要有综合资料；既要有本学科专业文献，又要有相关专业文献；既要有正面材料，又要有反面材料，等等。

(5)多样性。搜集文献的形式应尽可能多样，凡是与调查课题有关的各种形式的文献，包括文字、图像、数字、符号、声频、视频等文献，都要千方百计地搜集。

(6)连续性。即围绕调查课题搜集的文献，在时序上要有连续性和累积性，尽可能不要中断。否则，搜集的资料就可能残缺不全，无法反映调查对象发展过程的全貌。

(7)时效性。对于与调查课题有关的各种新资料、新信息，要及时了解、及时搜集、及时研究、及时利用，以提高调查研究的时效性和调查成果的实用价值。

文献搜集只有满足上述要求，才能为摘取信息提供丰富、完整的文献资料。

二、查找文献的方法

要搜集文献，必须先查找文献。现代社会，除私人文献外，绝大部分文献集中在图书馆和互联网上。在图书馆查找文献，一般可用以下4种方法。

(一)检索工具查找法

利用已有检索工具查找文献的方法。分为两类：一是手工检索法，二是机读检索法。

手工检索法，即用手工翻阅检索工具书(如各种目录、卡片、文摘等)来查找文献的方法。一般来说，图书馆的藏书、期刊都有目录索引，通过其目录可以找到相关的著作、论文、报道、评论等，还可通过上海图书馆编辑部编辑和研制的《全国报刊索引》“哲学社会科学版”、中国人民大学书报资料中心编辑出版的《报刊复印资料》及其索引来查找。

利用检索工具查找文献，可以采用顺查法，也可以采用倒查法。顺查法，即由远到近，逐年逐月按顺序查找；倒查法，即由近而远，回溯而上，按时间顺序往前查找。一般来说，顺查法有利于了解有关问题发展过程全貌，但要花费较多时间和精力；倒查法可以节省时间和精力，能够较快了解到有关问题最新动态，但查找的文献可能不系统、不全面。无论是顺查还是倒查，都应按照课题的时间跨度来决定查找文献的时间跨度。

机读检索法又称计算机检索法。机读检索工具，按其信息指向可分为两类，即图书馆联机公共目录检索系统(Online Public Access Catalog，简称OPAC)和网络搜索引擎。

使用图书馆联机公共目录检索工具，只要输入“书名”“作者”“主题词”“索引号”等就可进行检索和查询。在互联网中，图书馆目录发展成为联机公共目录检索系统，使用时人们通过目标图书馆目录的URL(即Uniform Resources Locator，统一联网地址)，就可查询世界各大学图书馆、公共图书馆、专业图书馆的馆藏。

使用网络搜索引擎查询就更为简单，只要在专门搜索工具(如“百度”等)的主页上，输入要查询的“主题”或“关键词”，或进一步根据条件设置输入要查询的“题目”“摘要”“作者”“发表时间”等，就可以获得相当多的文献条目。打开文献条目后，可以从比较大的范围里搜索，然后逐步缩小搜索范围，也可以在与研究课题有关的几个不同主题范围内进行搜索。

(二)参考文献查找法

参考文献查找法，也称追溯查找法，即根据作者在文章、专著中开列的参考文献目录，或在文章、专著中引用的文献名目，追踪查找有关文献资料的方法。具体做法是，从已经掌握的文献开始，根据文献中开列的参考文献目录和引用、介绍的文献名目，去查找较早一些的文献；再利用较早文献中开列的参考文献目录和引用、介绍的文献名目，去查找更早的文献。这样通过“滚雪球”方式向前追溯查找，直到查找出比较完整的文献资料为止。用参考文献查找法查找文献，不如用检索工具查找法所得的文献那样全面和广泛，但是它查找的文献比较集中，效率也相对高一些，而且往往能及时捕捉到一些最新研究成果。

(三)循环查找法

循环查找法，也称分段查找法，即将检索工具查找法和参考文献查找法结合起来交替使用、循环查找的方法。循环查找法，可先用检索工具查找法，查找出有用文献资料，然后再根据这些文献中开列、引用的参考文献名目，去查找更早的文献；也可先用参考文献查找法，查找出更早的文献，然后再采用检索工具查找法，去扩大查找文献的线索，如此分阶段交替使用两种查找文献方法，直到查找出自己所需要的文献为止。

(四)专家咨询法

向有关专家说明自己的调研方案、所需文献的类别、范围等，请他们指点迷津。譬如，咨询熟悉调研课题或熟悉调研对象的专家，向他们说明自己的调研方案和所需要文献的类别或范围，力求得到他们对于搜集文献的指导，从而达到事半功倍的效果。

以上方法各有优缺点，应根据查找文献要求、学科特点、检索工具等情况做出选择。

三、获取文献的主要途径

查找文献是为了获取文献。获取文献的方法多种多样，对于纸质文献和网络文献应分别采用不同的获取方法。

(一)纸质文献

主要采用索取、交换、购买、拍照、录制、借阅、复制等方法获取。对于大众传媒公开出版、正在市面出售的书籍、刊物、报纸、磁带、光盘等文献，在经费许可条件下可采取购买方法获取；对市面已停售的文献，则可到图书情报机构借阅。

对于企事业单位、社会团体的规章制度、统计报表、总结报告，以及家谱族规等文献，可采取向有关单位索取、交换、复印、借阅等方法获取；也可以到这些企事业单位的主管部门、社会组织的成员和各种档案管理机构采取索取、复印、借阅等办法获取。

对于个人写的日记、信件、自传、回忆录等文献，只能在征得文献主人同意的前提下，采取借阅、复印、拍照等办法获取。其中，已公开出版、发行的日记、信件、自传、回忆录等，则可通过购买方式获取。

对于官方的各种法律、法规、政府文件、统计资料等文献，凡公开出版发行的可通过购买方式获取，尚未公开出版发行的可到有关部门采取借阅、复印等方式获取，历史性文献则可到档案管理机构采取借阅、扫描或复印等方式获取。

（二）网络文献

可先通过浏览和搜索网站检索，然后将有用文献复制或下载，保存到相应文档里。搜索引擎和虚拟图书馆是获取网络文献的两种重要途径，前者有利于提高检全率，后者有利于提高检准率，而网络信息资源数据库则兼有检全率和检准率两方面优势，能够向用户提供相对全面和准确的网络文献。获取文献后，研究者应建立文献数据库，依据一定标准对文献分类保存，以便提高文献的条理性与获取时的便利。

四、搜集文献应该注意的问题

（一）确定搜集文献的重点

采用检索工具和参考文献查找文献，往往会受检索工具或参考文献的吸引而随波逐流，以致迷失查找文献的重点。实践证明，不分主次、漫无目的是查找文献者最易犯的毛病。因此，搜集文献必须确定重点，始终围绕调研主题搜集文献。

（二）明确搜集文献的范围

确定了搜集文献的重点，还必须明确划分搜集文献的范围，主要是根据调研主题涉及的内容、时间和地域，明确划分搜集文献的内容、时间和地域范围。例如，调研主题是进城务工人员问题，搜集文献的内容范围就应该是有关农村劳动力转移的文献，时间范围是20世纪80年代农村实行家庭承包责任制、出现进城务工人员现象之后，地域范围是跨省流出进城务工人员最多的安徽、江西、四川、湖南、湖北、河南、广西、重庆、贵州等中西部省份和流入最集中的长三角、珠三角、环渤海等经济发达地区。搜集文献的内容、时间和地域，只有与调研主题涉及的范围相一致，才能达到搜集文献的目的。

（三）注重搜集文献的质量

为了提高搜集文献的质量，调研者对接触到的文献应进行必要的外在评估和内在评估。所谓外在评估，主要是指对文献的作者、标题、封面、装帧、出版单位、出版时间和地点等内容进行粗略的评估；所谓内在评估，主要是指对文献的目录、简介、序言、主要章节、基本观点、主要数据等内容进行的浏览和评估。只有外在评估和内在评估符合基本要求的文献，才应成为搜集的对象。

（四）鉴别搜集文献的真伪

鉴别文献真伪，是提高搜集文献质量的关键一环。一般来说，应该从以下几个方面鉴别：一是考究文献的作者。文献最初的作者是谁？研究目的是什么？作者的立场如何？是否做到了价值中立？二是考查文献的背景。作者通过何种途径或方法获得有关文献的信息？作者撰写文献的历史背景如何？文献何以保存下来？三是探究文献的内容。文献的主题是什么？作者的基本观点如何？引用的资料是否真实、可靠？论证是否符合逻辑？四是研究文献的方法。作者使用何种方式、方法开展研究？对文献主题而言，这种研究方式、方法是否恰当？如此等等。只有真实的文献才有研究价值。

(五)整理搜集文献的目录

许多调研者在搜集文献时，只注重搜集文献和保存文献，而不注意对搜集的文献进行整理和编辑目录，结果使用文献时往往会出现找不到文献的尴尬，而且搜集的文献越多，寻找文献越困难。为了避免出现这种尴尬，在搜集合格文献的同时，就应随时做好整理、分类，编制文献目录工作。这样不仅便于今后查找文献，而且可及时发现搜集文献的缺项或弱点，以便及时纠正或弥补。

第三节　信息的摘取

搜集文献的目的，是摘取与调查课题有关的信息。因此，摘取信息的主要原则、一般程序和记录信息的方法，是文献调查法的另一重要内容。

一、信息摘取的主要原则

(1)定向性原则。要紧紧围绕调查研究课题，有针对性地摘取信息，以节省时间和精力。

(2)准确性原则。要对摘取的信息反复核实、检查，力求摘取的信息准确、无误。

(3)规范性原则。要规范摘取信息，对重要数据、主要观点、特色语句应原文照抄；凡抄录的原文应加上引号，并在撰写调查报告时准确说明文献出处。

(4)有效管理原则。对摘录的信息，要通过列出主题、标出关键词等方式建立索引和交叉参考文献，进行有效管理，以便使用时能很快找到所做的笔记、引文和评论。

(5)及时评述原则。摘录的重要信息，应融入自己的思考，记录对文献的理解、评估或困惑、疑点，使资料“活”起来。

二、摘取信息的一般程序

(一)快速浏览

浏览，就是将搜集到的文献资料普遍地、粗略地翻阅一遍。

浏览要明确目的。浏览的目的是，大致了解文献内容，初步判明文献价值。浏览时，要坚持博览与专注相结合。所谓博览，就是行云流水式地翻阅一遍，只求了解文献大概内容；所谓专注，就是对与调查课题有关的信息，应相对专注地阅读一下，并初步判明它的价值。

浏览要抓住重点。浏览的重点是，文献的著者、提要、目录、前言(或序)、后记(或跋)，以及注释、图表、参考文献、索引等，使自己对全书的框架和内容有一个大概的印象。浏览论文或其他体例文献，重点是看篇幅、层次、大小标题、主要观点、论证和数据等。只要抓住了这些重点，就能了解文献概况，并对文献价值做出初步估计。

浏览要快速。一般阅读速度是平均每分钟 300~400 字，20 分钟 7000 字左右。浏览则快得多。其方法有二：一是“扫描式”，像雷达扫描一样一目十行地读，迅速了解文献全貌；二是“跳跃式”，视线从这里跳到那里，把无关紧要的引文、推理等整页翻过去，抓住文献的筋骨脉络，掌握文献的主要观点和数据。

快速浏览的要领：一是坚持视读，不要音读；二是不断调整阅读速度，当快则快，当慢则慢；三是上下联系，了解文献基本思路；四是脑眼配合，做到眼到脑到；五是加强训练，多练多用。掌握了这几个要点，就可逐步提高浏览的速度和质量。

(二)慎重筛选

所谓筛选，就是在浏览基础上，根据调查课题的需要，将搜集的文献分为必用、应用、可用(或备用)、不用等几个部分。

筛选的依据，是文献中有用信息的数量和质量。筛选的关键在于比较。在时间上，要选用那些不同时期的代表作，特别是要选用那些最先论述某一问题的祖本和最近论述这一问题的新本；在内容上，要选择那些引用不同事实、阐述不同观点的代表作。此外，还应注意选择权威作者撰写或权威出版单位出版的文献。

筛选文献，应分层次进行。筛选顺序，一般是先从大量文献中筛选出可用文献，再从可用文献中筛选出应用文献，最后从应用文献中筛选出必用文献。当然，也可反过来，先从大量文献中筛选出必用文献，然后逐渐再扩大范围选取应用、可用文献，最后剩下的就是不用文献。总之，通过逐层筛选，就能做到各类文献层次分明，为下一步整理、分类、编目、阅读做好准备。

(三)认真阅读

阅读是摘取信息的前提。阅读一般包括认读、理解、联想、评价 4 个方面。阅读可分为粗读和精读两个阶段，它们在认读、理解、联想、评价等方面都有不同要求。

粗读，是一种鸟瞰式阅读。粗读在认读方面，要着重搜寻文献的基本观点、主要事实和关键数据；在理解方面，要居高临下、大而化之，力求抓住文献主旨和脉络；在联想方面，主要是把文献中的观点与观点、观点与事实、事实与事实之间的关系联系起来思考；在评价方面，主要是对文献的基本观点和论证作出初步评判。粗读的目的是，掌握文献基本内容，明确该文献与调查课题的关系，以决定是否需要进一步精读。

精读，是一种深入探究、得其精髓的读书方法。精读时，应根据文献的重要性、复杂性和有用程度，有的全读，有的选读，有的反复读，有的对比着读。精读在认读方面，要“咬文嚼字”，逐字逐句逐段循序渐进、一丝不苟地阅读；在理解方面，要深入思考和分析文献的每一个概念、判断和推理，以及整个文献的逻辑结构，认真把握文献的全部思想；在联想方面，要把文献所引用的事实、阐述的观点与客观事实，与其他文献联系起来反复对比和研究；在评价方面，要对文献所引用的事实、阐述的思想与调查课题之间的关系做出客观判断和全面评价。总之，精读是摘取信息前最关键的一步。通过精读，不仅要全面掌握文献的实质内容，而且要明确挑选出有价值的信息。

(四)及时记录

记录就是把通过阅读寻找到的有价值信息记录下来，供进一步分析研究之用。许多人阅读文献都有过这样的教训，即只注意阅读而忽视了及时记录，这样阅读过程中发现的许多有用信息、产生的灵感和思想火花，到用的时候却找不到、想不起来了。记录是摘取信息的一个重要程序，文献调查的直接结果应该通过这一程序表现出来。

三、记录信息的主要方法

(一)标记

标记，就是在书上做记号。记号有多种，最常见的是在文字下面加点或画线。加点，也称画着重点，是表示全句或全段中最重要的部分。画线，目的与加点一样，只是字数少时加点，字数多或成句时就画线。画线有直线、曲线，单线、双线、上下夹线等。需要注意的是，无论加点或画线，都不宜过多过密。过多过密，反而找不到重点了。常用的几种标记方法，见图 16-1。

着重点	**表示关键性的字或句**
直线 ——	**表示比较重要的内容**
曲线 ~~~~	**表示特别重要的内容**
双曲线 ≈≈≈	**定义或经典论述**
惊叹号 ！	**对某些内容表示欣赏**
问号 ？	**对某些观点表示疑问**
三角号 △	**揭示一段文字中并列的几个观点**
双圈号 ◎	**表示一段重要内容的结束**

图 16-1　常用的几种标记方法

(二)眉批

眉批，就是在“页眉”或“页脚”写上阅读文献时的简要心得、体会、评语、疑问或订误、校文、音注等。这种记录形式和标记一样，简单、方便，随读随写。

(三)抄录

抄录，就是把文献中有价值的信息抄下来。抄录有全录和摘录两种方式。全录，就是一字不漏，全文照抄。摘录，就是只将有价值的、自己需要的信息摘要抄录下来。摘录有两种。一是摘录原文，即整段整句地摘录，连标点符号也与原文一样。二是摘录原意，即根据自己需要，用自己的语言，把原文的基本观点、主要事实和数据简要抄录下来。这种摘录，实际是缩写，已具有加工、整理性质。

抄录信息，一般应抄录在活页上，或输入到电脑设置的有关文档或文件夹里。抄录时，一定要注明出处(作者、书名或篇名、卷次、页码、出版单位，出版日期等)。有的人只注意抄录文献内容，而忽略注明出处，结果使用时却找不到文献出处。如果用卡片抄录信息，应该一条信息一张卡片，并注明题目，指出信息属于什么主题；如果用电脑输入信息，应该一条信息一个文档，一类信息一个文件夹，并注明题目，指出信息属于什么主题。只有这样，整理资料时才便于按照文档、文件夹题目归类。

(四)提纲

提纲，就是把整本书或整篇文章的内容要点，用简括语句和条目的形式依次记载下来。这样写提纲的好处是，便于掌握全书或全文的内容和逻辑结构，加深对原文献思想脉络的认识。写提纲前，要仔细研究全书或全文，从指导思想到各部分内容都要弄得十分清楚。提纲要力求全面、系统，叙述要简明，真正反映出原文献概貌。

(五)札记

札记，是指阅读文献后记下来的心得、感想、批评、疑点、意见等。札记带有初步研究性质，是一种高级记录形式。札记应包括两方面内容，一是陈述文献的主要内容，说明从中能知道什么，从课题研究角度能提供什么信息；二是评价它的长处和短处，记下自己的心得、感想、批评、疑点、意见等，作为下一步研究的重点。

第四节　对文献调查法的评价

文献调查法是对人类以往知识的调查，是一种间接的、非介入调查。文献调查法的基本特点决定着它有许多优点，也有许多缺点。

一、文献调查法的优点

(1)文献调查可以超越时间、空间限制，通过对古今中外文献的调查可以获取广泛的社会信息。就时间跨度而言，可以调查研究几十年、几百年、几千年前的社会状况；从空间跨度上看，可以跨越省界、国界，调查研究世界各国的社会情况。文献调查法的超时空性，是其他调查方法不可比拟的。

(2)文献调查主要是书面调查，如果搜集的文献是真实的，那么它就能够获得比口头调查更准确、更可靠的信息。因为这些用文字、数据、图表、符号等形式记录下来的文献，都是历史上遗留下来的"白纸黑字"，这就完全避免了口头调查可能出现的种种误差。

(3)文献调查是一种间接的、非介入性的调查，调研者只对各种文献资料进行调查和研究，而不与文献编撰者和所涉及的调查对象直接接触，不介入文献编撰者和所涉及的调查对象的任何活动，不会引起他们的任何反应。这就避免了直接调查中调查者与调查对象互动过程中可能产生的种种反应性误差。

(4)文献调查是一种非常方便、自由、安全的调查方法。实地观察、访问调查、实验研究等直接调查方法往往受到种种外界因素制约，一旦设计不周密或准备不充分，就会由于时过境迁根本无法弥补。文献调查受外界因素制约较少，只要找到了必要文献就可随时随地研究；即使出现了错误，还可通过再次研究弥补，因而其安全系数较高。

(5)文献调查省时、省钱，效率高。文献调查是在前人和他人劳动成果基础上进行的调查，是获取知识的捷径。它不需要大量研究人员，不需要特殊设备，可以用较少的人力、经费和时间，获得比其他调查方法更多的信息。因而，是一种高效率的调查方法。

随着计算机、网络等技术的发展，网络信息越来越丰富，文献调查法的上述种种优点也越来越突出。

二、文献调查法的缺点

(1)文献调查所获得的主要是书面信息，不是活生生的现实，缺乏具体性和生动性。由于调研者对文献所反映的事物缺乏直接体验、亲身感受，因而对有关信息的认知往往不够充分、缺乏深度。俗话说，"纸上得来终觉浅"。这是文献调查最大的局限性。

(2)文献的客观性和真实性往往难以保证。任何文献的内容，都会打上一定时代、一定社会条件的烙印，都会受到撰写者个人种种因素的影响和制约。因此，文献内容与客观真实情况之间总会存在一定差异。

(3)文献永远落后于现实。任何文献都是对已逝社会现象的记载，社会是不断变化、发展的，新事物、新现象、新问题是不断涌现的，其中总有一些新事物、新现象、新问题没有记载于文献。因此，要对现状进行研究，绝不能仅仅使用文献调查法。

(4)文献调查经常会发生文献资料难寻觅、有效文献难找齐的缺憾。还有，许多文献是不公开的，比如，个人日记、私人信件等属于个人隐私，某些政府文件、会议记录、档案材料属于内部机密，都不可能随意获得。同时，在浩如烟海的文献海洋之中常常会令人产生茫然无措的困惑。因此，要搜集系统、全面、高质量的文献，往往非常困难。

第十七章　遗存调查法

遗存调查法，是历史调查的另一种方法。什么是遗存？什么是遗存调查法？它有何特点和作用？遗存调查有哪些原则、程序和方法？遗存调查中应该注意哪些问题？它有何优点和局限性？这些就是本章所要探讨的问题。

第一节　遗存和遗存调查法

探讨遗存调查法，必须先弄清楚什么是遗存？遗存有哪些种类？什么是遗存调查法？遗存调查法有哪些特点和作用？

一、遗存及其种类

遗存，原意为遗留和保存，多指古代遗留下来的东西。在本章里，是指前人活动遗存下来的、物化了的社会现象，即反映或记录曾经发生过的社会现象的一切物质载体。例如，人们日常生活或生产活动中产生的垃圾，交通事故遗留下来的痕迹，社会纠纷争斗的现场，革命活动的遗物，古代社会活动的遗址、文物等。犯罪活动的遗物和遗迹、刑事犯罪的现场，也是遗存。但是，它们是不同性质的问题，不属于这里讨论的范围。

遗存，一般可分为三类：遗址、遗物、遗迹。

(一)遗址

遗址，是指前人开展活动的地方。一般有一定区域范围，保留着某些遗物或遗迹。例如，西安市半坡遗址，发掘面积约 1 万平方米，有房屋遗迹 45 座，圈栏 2 座，窖穴 200 多个，陶窑遗址 6 座，墓葬 250 多座，以及生产生活用具约 1 万件。井冈山革命遗址，方圆 275 公里，包括茨坪、茅坪、砻市、黄洋界等遗址群，迄今保存完好的革命遗迹 100 多处，被誉为“中国革命的摇篮”。

遗址主要有两种分类方法：一是按地理位置，分为地上遗址(如圆明园遗址、井冈山革命遗址等)、地下遗址(如秦兵马俑遗址、保定冉庄地道战遗址等)、水下遗址(如涪陵白鹤梁遗址、江西洪门水库地下古镇遗址等)；二是按社会功能，分为政治性遗址(如宫殿遗址、城堡遗址、官衙遗址、监狱遗址等)、经济性遗址(如地矿穴、采石坑、窑址、水渠、水井等)、军事性遗址(如边寨、栅栏、烽火台、界沟等)、社会性遗址(如村镇遗址、寺庙遗址、园林遗址等)。

(二)遗物

遗物，是指前人活动遗留下来的物体。包括前人制造或加工过的物体(如房屋建筑、生产工具、日用器皿、装饰品等)，以及前人活动遗留下来的物体(如生产经营活动遗留物、日常生活垃圾等)和自然物(如各种农作物、家禽家畜、动物骨骸、植物果实、花粉、树木等)。

遗物分类方法很多，主要有：

时代分类法，以遗物产生时代为标准，分为史前遗物、古代遗物，近代遗物和现代遗物。史前遗物，一般分为旧石器时代遗物和新石器时代遗物。

位移分类法，以遗物可否位移为标准，分为不可移动遗物和可移动遗物。不可移动遗物，如建筑、石刻、墓葬等。可移动遗物，如生活用品、生产器具等。

成因分类法，以遗物形成原因为标准，分为制作性遗物、损蚀性遗物、累积性遗物、丢弃性遗物。制作性遗物，是指人们有目的、有意识制造、加工而形成的遗物。如建筑、衣物、器具、墓葬、石刻等。损蚀性遗物，是指长期磨损、侵蚀而形成的遗物。如破损的房屋，锈蚀的金属工具，磨损的汽车轮胎等。累积性遗物，是指长期堆积、重叠而形成的遗物。如垃圾堆，炉灶里的柴草灰，烟灰缸里的烟头、烟灰等。丢弃性遗物，是指因天灾人祸被迫丢弃的遗物。如地震、水灾、瘟疫中丢弃的生产、生活用品等。

质地分类法，以遗物制作材料为标准，分为石器、玉器、骨器、竹木器、铜器、铁器、金银器、铅锌器、瓷器、漆器、玻璃器、珐琅器、纺织品等。

功能分类法，以遗物社会功能为标准，分为礼器(如钟、鼓等)、兵器(刀、枪等)、仪器(圭表、漏壶等)、法器(佛坛、香炉等)、生产工具(锄、镰等)、生活用具(锅、碗等)、交通工具(车、轿、船等)。

此外，以遗物价值为标准，可分为一级、二级、三级遗物等。

(三)遗迹

遗迹，是指前人活动遗留下来的痕迹或残存物。包括笔迹、墨迹、石刻、手印、指纹、足迹、鞋印、身体伤痕、血迹、毛发、纤维、工具痕迹、车胎痕迹，以及毁坏的器物、碎片及各种微量物等。

此外，还有一种地质遗迹，它是地球在漫长地质演变过程中形成的千姿百态的地质构造、地层剖面、地貌景观、生物化石、矿物、岩石、水体和地质灾害等痕迹。地质遗迹，不是人类活动的结果，而是自然演变的产物，但具有重要社会价值。例如，云南的石林、安徽的黄山、黄河的壶口瀑布、甘肃张掖的丹霞地貌等地质遗迹，都以其独有特色，在世界上享有盛名。

二、遗存调查法的概念、类型、特点和作用

(一)遗存调查法的概念和类型

1. 遗存调查法的概念

遗存调查法，就是运用观察、测量等科学手段，对遗址、遗物或遗迹等前人活动遗存

下来的、物化了的社会现象进行调查和研究的方法。例如，对岩画的观察和临摹，对古代文物的发掘和整理，对革命遗址的考查和访问，对前人活动遗迹的勘察和探考，对垃圾的分类和研究等，都属于遗存调查的范畴。

2. 遗存调查法的类型

遗存调查法有两种基本类型，即古遗调查和今遗调查。

古遗调查，就是对古代人类活动遗存下来的、物化社会现象的调查。例如，对中国古代各个朝代遗存下来的遗址、遗物、遗迹的调查。

今遗调查，就是对当代人类活动遗存下来的、物化社会现象的调查。例如，对革命遗址、事故现场、争斗遗物、行为痕迹、垃圾等遗存的调查。

1973年，美国亚利桑那大学以研究玛雅文化闻名的威廉·拉舍基博士，从学生的社会调查中认识到垃圾的重要性，于是建立并主持了一项有千余人次参加的、持续20多年的垃圾研究。他一反人们对垃圾“不屑一顾”或“视而不见”的偏见，从古遗调查转向了今遗调查。他认为，凡已发生的人类行为，其信息均包含在垃圾之中。垃圾研究可纵贯历史，涵蓄古今，涉及社会学、社会心理学、市场学、大众营养学、公共卫生、人口、统计、资源再生和环境保护等诸多领域。垃圾研究的许多发现，震惊各界。拉舍基的“垃圾考古”一书畅销美国，并被译成多种文字出版。一门崭新科学——垃圾学(Garbology)由此而诞生。

什么是“垃圾”？从物体利用和价值学看，垃圾是失去了使用价值的、被人扔掉了的废物；从资源学和生态学看，垃圾是放错了位置的资源和重要的环境因素；从社会学和社会调查学看，垃圾是一种社会遗存，是被遗弃的物化了的社会现象，是前人社会信息的物质载体。

社会调查常用的方法是访问调查法和问卷调查法。但是，言行不一是普遍现象，调查所得的回答并不一定是实事，加上抽样误差等因素，使得调查结果往往不能反映真实情况。垃圾研究则可在某些方面弥补这一不足。因为，人们扔垃圾往往是随意的，垃圾中包含有人们行为的客观信息。例如，可从一个家庭扔掉的垃圾中，分析这个家庭的经济收入、消费行为、人口结构、生活习惯、营养状况，以及民族文化背景等。抽烟、饮酒和吸毒等现象，一般很难做如实调查和精确统计，但却往往能从垃圾中找到某些证据。① 这是垃圾调查的特点和优点。

与垃圾的属性一样，所有社会遗存——遗址、遗物或遗迹都是物化了的社会现象，都是人类社会活动信息的物质载体。从这个视角看，遗存调查法，就是对反映、记录前人活动信息的一切物质载体的调查。

(二)遗存调查法的特点

1. 历史性

遗存调查不是对现实情况的调查，而是对前人活动遗留下来的遗址、遗物或遗迹进行的调查。因此，遗存调查属于历史调查范畴。

---

① 郑毅. 垃圾和垃圾学：一门新兴科学的出现及其对中国固体废物处理事业的意义[J]. 长春地质学院学报，1996(1)：112-118.

2. 实体性

遗址、遗物或遗迹都有一定物质载体，都是可以被直接感知的实体，而不是抽象的存在。因此，遗存调查是一种实体性调查。

3. 时空性

遗址、遗物或遗迹都存在于一定的时间和空间，都是一定时间、空间的产物。因此，遗存调查都具有一定的时空特性。

4. 间接性

遗存调查的对象，不是历史事件当事人或历史遗存的制造者、编撰者，而是前人活动遗留下来的物质载体。因此，遗存调查是一种间接调查。

5. 非介入性和无反应性

遗存调查不介入前人或历史遗存的制造者、编撰者的活动，不会引起他们的反应性心理或行为。因此，遗存调查是一种非介入、无反应调查。

6. 真实性

遗址、遗物或遗迹都是由于某种不依人的意志为转移的客观原因而遗留下来的，不可能是人们刻意的产物，因而具有可靠性和真实性。

(三)遗存调查法的作用

1. 探求前人活动的真实情况

在古遗调查中，通过岩画调查可了解史前先民生活的许多真实情况。例如，在新疆阿勒泰市敦德布拉克河谷东侧巨石洞穴里发现的滑雪狩猎彩绘岩画就有这种意义。岩画上方绘有10个人物，每人弯腰屈膝，抬头撅臀，手持单杆，脚蹬短小滑雪板，与现代滑雪动作基本相同，其中左边四位清晰可辨。滑雪队伍右上方绘有一人物，正面而立，脚蹬短小滑雪板，头戴羽冠，一手叉腰，一手握狩猎工具指向前方，可能是这支队伍的首领，正俯视着下方20多只牛马。这20多只牛马，尾巴后扬，嘴巴半张，拼命逃窜，整个画面呈现出一幅惊心动魄的高度组织化的滑雪狩猎的动态场景。

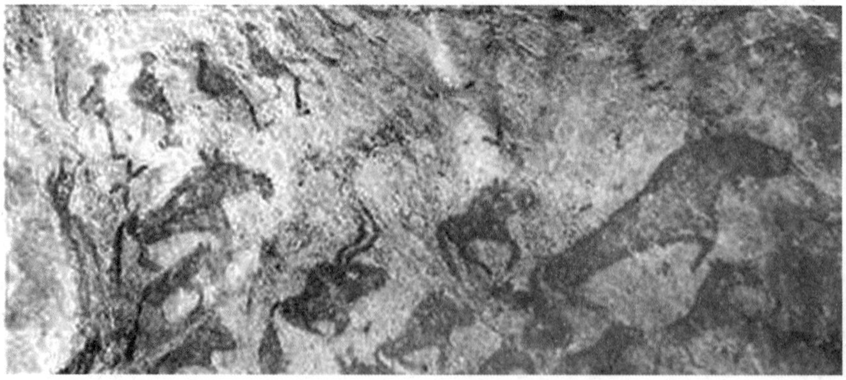

图17-1　新疆阿勒泰市“敦德布拉克洞穴彩绘岩画”

来源：西域美术全集1·岩画卷[M]. 天津：天津人民美术出版社，1999.

阿勒泰地处阿尔泰山南麓，丘陵众多，水草丰饶，为人和动物提供了绝佳生存环境。同时，该地区冬季寒冷，降雪量大，冰雪期长达半年之久，为滑雪创造了良好条件。因此，雪地狩猎成为阿勒泰先民一种必不可少的生产方式。在漫长的雪地狩猎岁月中，先民们渐渐发明了滑雪板，从而大大提升了狩猎的成功率。“滑雪狩猎彩绘岩画”所呈现的，就是该地先民使用滑雪板滑雪狩猎的真实写照。

据研究，该岩画绘制时间约在旧石器时代晚期，距今约一两万年或更早。另有史料记载，滑雪板最早为阿勒泰先民使用来狩猎的，后又作为交通工具。中国、挪威、瑞典、芬兰等 18 个国家 30 余位滑雪研究专家经过长期研究，于 2015 年联合发表《阿勒泰宣言》，公认阿勒泰为“人类滑雪起源地”，并将每年 1 月 16 日确定为“人类滑雪起源地纪念日”。这是遗存调查的丰硕成果之一。

又如，广西壮族自治区左江流域的花山岩画群，在左江两岸 200 公里内，分布有 81 处岩画点、181 幅岩画、5000 余个图像。这些图像，都由“蹲式人”构成。这种“蹲式人”，双臂上举、双腿下蹲，成群结队、群情激昂，好似正在举行某种宗教仪式。研究者认为，“蹲式人”是古人类符号系统中的“原型”符号，在欧亚大陆古丝绸之路沿线国家的许多岩画遗址中，都能见到它的原型及其变体。据考证，花山岩画距今约 2500~1800 年，是古代族群为记录重大祭祀活动或历史事件而制作的“史书”。它是人类先祖以山石为依托、以石刻为工具，来描绘、记录其生产生活方式的一种早期文化现象，是先民为后人留存下来的极其珍贵的遗产。

图 17-2　“蹲式人”

2. 解析当时当地的社会信息

遗存调查，特别是遗物调查，往往能解析出当时当地的许多社会信息。例如，明正德年间(1506—1521年)的一件青花烛台，由四部分组成，最上端为蜡烛插口，外壁绘如意云头纹；其下为烛台支柱，中部绘圆形开光，开光内书写阿拉伯文，上下绘莲花枝纹及菱形纹；再下为承托圆盘，绘如意云头纹；最下端为喇叭形台座，绘圆形开光，书写阿拉伯文，上下绘莲花枝纹及菱形纹。见图17-3。

明正德时期，是社会由保守走向革新的分水岭，也是景德镇御窑瓷器承上启下的转折点。这个转折点的表现，一是青花瓷器已成御窑瓷器中的大宗产品，所用青料有所改变。二是在器型上摆脱了以前御窑瓷器胎体轻薄、造型较少、装饰疏朗等特点，而变得胎体厚重、造型增多、装饰偏繁。更重要的是，青花瓷上有了阿拉伯文与波斯文装饰，它表明中国与西亚的文化交流进入了新时代。因为明朝是伊斯兰教在中国迅速发展的时期，也是回族在中国最终形成的时期。明朝廷对伊斯兰文化的积极态度，郑和下西洋与伊斯兰世界的广泛联系，使得双方文化交流空前繁荣。从这个视角看，明瓷中伊斯兰因素不仅是一种社会现象，也是自唐至明数百年间中国与伊斯兰世界文化交流的结晶。

图17-3　明正德年间青花烛台

来源：透物见史：明代青花瓷为何有阿拉伯文与波斯文装饰[N]. 人民日报，2018-03-15.

青花瓷代表了明代瓷器制作的最高水平。白地蓝花的装饰效果，寓意纯洁、高尚、凝重，非常适合穆斯林的审美需求。一件青花烛台设计、造型和装饰的演变，既反映了明朝社会由保守向革新的变化，又表明了中国与西亚、与伊斯兰世界关系的发展。这说明，遗存调查往往能“透物见情，透物见史”，从对遗物的剖析中解读出当时当地的社会情况和历史信息。①

① 宫梓铭. 透物见人，透物见史[N]. 人民日报，2018-03-15.

近 40 年寻访过 5000 多个传统村落的胡彬彬教授认为，“传统村落承载了无数历史文化信息”。他从一根挑柴的纤担找到了“路不拾遗、夜不闭户”的答案。他指出，“绝大多数关于传统文化的记叙，都能在村落里找到具象的传承，但文字记载非常有限”。① 不做遗存调查，就无法解析许多“历史文化信息”。

3. 追寻中华文明的来龙去脉

遗存调查，特别是遗址调查，往往能追寻中华文明的来龙去脉。在这方面，周原遗址调查、三星堆遗址调查和良渚古城遗址调查，具有特殊的重要意义。

周原遗址，位于陕西省宝鸡市岐山、扶风两县北部交界处，东西宽约 6 公里，南北长约 5 公里，总面积约 30 平方公里。70 多年来，一代代考古人在这里奋斗，察古知今，知往鉴来，为追寻中华文明的来龙去脉作出了重要贡献。通过遗址发掘，首先，证实了“古公迁岐”的重大意义和克商建周的历史。其次，厘清了周原遗址的聚落结构和演变，包括周原在商周时期的功能区分布。再次，说明了“周虽旧邦，其命维新”。武王、周公居安思危，探求治国良策。特别是周公“制礼作乐”，奠定了周文化尚礼乐、重德政的基本底色，深远地影响了此后 3000 年中国文化走向。总之，周原遗址调查说明，周原是西周的发祥地，西周的政治、文化、宗教中心，堪称礼乐文明摇篮，德政思想渊薮，中华文明的重要源头。

三星堆遗址，位于四川省广汉市鸭子河南岸，面积约 12 平方公里，年代为公元前 2800—前 1100 年(距今 4800 至 3100 年)，是迄今在西南地区发现的范围最大、延续时间最长、文化内涵最丰富的古城、古国、古蜀文化遗址。三星堆遗址中，最具特色的首推三四百件青铜器。例如，被誉为青铜铸造工艺集大成的青铜神树，可视作天人感应、人神互通的形象化写照；被誉为青铜像之王的青铜立人，是集神权与王权的最高权力的象征；被誉为造型最奇特的青铜纵目面具，其极为夸张的眼与耳有“千里眼”“顺风耳”之意。三星堆遗址的发掘，是 20 世纪人类最伟大的考古发现之一，被誉为“长江文明之源”，它昭示长江流域与黄河流域一样，同属中华文明母体。由于西亚历史早于华夏，三星堆文明早于中原文明，三星堆青铜器制造水平高于中原，三星堆青铜人物面部特征更像西亚人等事实，这就为“世界文明同源说”“中华文明来源于西亚文明”等观点——追寻中华文明的来龙去脉，提供了进一步探讨的空间。

良渚古城遗址，位于浙江省杭州市余杭区瓶窑镇内，总占地面积 3 平方千米，始建于公元前 3300 年，距今 5300—4300 年。2019 年 6 月在阿塞拜疆巴库举行的第 43 届世界遗产大会上，良渚古城遗址获准列入《世界遗产名录》。这样就更新了我们对中华文明源头的认识，说明中华文明从良渚到商周是从区域性文明向大一统文明逐步汇聚的连续不断的过程；同时，把中华文明的起源推到了与埃及、美索不达米亚和印度文明同样的时代，从而改写了中国历史和世界历史。

① 何勇. 近 40 年寻访 5000 多个传统村落，胡彬彬——“每个村落都是正在续写的文明史”[N]. 人民日报，2021-01-15.

4. 认识已逝遗存的原本全貌

遗存调查，对于认识已逝遗存的原本全貌具有特殊的重要意义。有学者认为，“树木是与语言文字、文物并行的人类的第三部史书”，“用老树来讲故事”，有利于“保存历史，留住文化，留住乡愁”。① 左公柳的故事，就是一个很好的证明。晚清名臣左宗棠(1812—1885)，曾为清廷镇压太平天国和捻军，但他在关键时刻，力挽狂澜，顶住朝廷主流派放弃新疆的错误主张，自筹军费，自募新兵，带棺出征天山，收复新疆。左宗棠在西北十余年，修路三千里，栽树百万棵，给荒凉枯寂的西北镶嵌了一条壮观的绿色玉带。后人感叹曰：“大将筹边尚未还，湖湘子弟满天山，新栽杨柳三千里，引得春风度玉关。”左宗棠 1871 年下令植树，到 127 年后的 1998 年，甘肃境内左公柳尚存 202 棵。历史上，每一次战争都是一次生态大灾难，而左宗棠未战先栽树，与战争同步实现了生态大修复，恐怕是战争史上仅有的一例；在古往今来的战争史上，与收复大片疆土同步建成了壮丽的“左公柳大道”，恐怕左宗棠是仅有的一人。② 就全面认识左宗棠及其类似人物本来面貌而言，对左公柳这类历史遗存的调查，确能给人以深刻启迪。

5. 揭示隐藏在细节中的真相

遗存调查，往往能揭示出隐藏在细节中的真相。例如，许多公安交警能让痕迹“说话”。有一位痕检“达人”，根据轿车漆片大小、掉落位置及附着粉尘等痕迹判断：肇事车辆为红色轿车，事故时由三明往沙县方向行驶，事故时间距报警时间不长。后来，调取附近监控视频，很快得到证实，找到了作案嫌疑人(参见《福建法治报》，2016 年 12 月 29 日)。有一个市消防局的火调员，能让焚烧现场的残片和痕迹“开口说话”，他揭开了寒夜小屋起火，少女意外身亡，是电吹风惹的祸；闲置仓库突发大火，是房屋漏雨纸品发酵所致等火灾真相。(参见《让残片和痕迹“说话”揭开火灾真相》，长江商报微博，2012 年 9 月 4 日)一位经验丰富的教师说，想了解孩子的学习情况，看看他的橡皮就知道了：橡皮干净完整，意味着学习多半比较认真；橡皮被铅笔涂成黑色，说明学习时偶有走神；橡皮上满是被手抠过的痕迹，意味着上课时容易开小差；橡皮形态不规则、周身有被铅笔扎过的痕迹，大概率是上课时小动作不断；橡皮“四分五裂”，表明学习时不太可能聚精会神；橡皮碎成渣，说明对学习毫不上心……这位教师表示，用橡皮判断孩子学习状态，准确率高达 99%。

总之，遗存调查是认识已经逝去的前人社会活动真实情况的重要途径和方法。

第二节　遗存调查的要求、程序和方法

遗存调查，是一项艰巨、复杂的工作。要做好遗存调查，必须符合它的基本要求，遵守它的一般程序，使用科学的方法。

---

① 梁衡. 树是人类的第三部史书(序与跋)[N]. 人民日报，2018-09-11.

② 梁衡. 树梢上的中国[M]. 北京：商务印书馆，2018：157-175.

一、遗存调查的基本要求

(一)调查目的必须明确具体

遗存调查，是对前人活动遗留、保存下来的东西进行的调查。中国历史悠久，地大物博，人口众多，前人活动遗留、保存下来的东西，不仅种类繁多，数量庞大，而且分布广泛，有的在地上，有的在地下，有的在水中；有的可以发掘，有的不能发掘；有的易于保存，有的不易保存；有的情况复杂、模糊，甚至完全不明；研究视角、层次，更可多种多样。因此，每次遗存调查，必须制定一个明确、具体的目的。例如，某一遗迹调查的目的，是为了弄清某一具体问题；某一遗物调查的目的，是认识某类事物的客观情况；某一遗址调查的目的，是研究某个阶段的历史进程，等等。如果遗存调查的目的，制定得模糊、抽象，调查工作就可能失去焦点，甚至失去方向，就很难达到预期目的。

(二)调查工作必须符合实际

遗存调查，必须按照遗址、遗物、遗迹的本来面目开展调查和研究工作，必须尊重遗址、遗物、遗迹的客观情况，如实地观察、测量，如实地登录、记载，如实地搜集、整理，如实地分析、研究，并如实地做出符合客观实际的结论。然而，实践证明，在遗存调查工作中，有的调查者对被调查的遗址、遗物或遗迹，有一些先入为主的看法，甚至主观成见，往往有意无意地增减、歪曲了调查对象的某些客观事实，或做出了不符合客观实际的结论；有的调查者工作不认真、不严谨，往往有意无意地遗漏、添加，或者不正确地反映了某些客观情况，因而做出了不完全符合客观事实的结论。这两种情况，都违背了符合实际的基本要求，是遗存调查工作中应该努力克服和避免的。

(三)调查对象必须妥善保全

遗存调查的对象——遗址、遗物、遗迹，都是前人活动遗留、保存下来的东西，都是唯一的、不可再生的、极其宝贵的历史资源。实践证明，人们对于遗址、遗物、遗迹的认识和评价，一般不可能通过一次调查研究就全部完成，往往需要经过多次、反复的调查，多点、对比的研究，才能逐渐获得比较全面的认识，做出比较科学的评价。因此，遗存调查工作的各个环节，对遗存调查的对象——遗址、遗物、遗迹，都必须严格保护，妥善保全，而不应该有任何毁损或破坏，也不应该留下任何无法恢复原貌的伤痕。否则，后来者就无法对遗址、遗物、遗迹开展进一步的调查与研究。从这个角度看，对遗存调查对象——遗址、遗物、遗迹的妥善保全，是遗存调查的最基本的要求。

二、遗存调查的一般程序

(一)设计调查方案

遗存调查方案的设计涉及许多内容，其中应特别注意以下三点：

(1) 科学设定调查主题。调查主题是遗存调查工作的核心。设定调查的主题，必须符合遗存调查对象的实际情况和调查者的主观条件。只有如此，才有可能顺利开展调查工作，才有可能获得较高质量的调查成果。否则，调查工作就会困难重重，调查成果的质量及其价值就会受到很大影响。

(2) 慎重选择调查对象。调查对象是遗存调查工作的客体。它的选择，对调查工作的难易、调查成果及其价值的大小，具有一定制约作用。因此，必须慎重选择调查的对象。一般来说，应选择那些有代表性、典型性的，或者有突出特色的，并符合调查者主观条件、利于调查的遗存，作为调查对象。

(3) 详细拟定调查提纲。调查提纲是遗存调查工作的指南。它的拟定，应力求全面、具体、符合客观实际。关于调查的目的、内容和方法，实施调查的程序和步骤，调查队伍的组织和分工，调查设备和工具的配备，调查工作的具体日程等，都应做出尽可能详尽、细致、具有可操作性的安排。

(二)做好前期准备

遗存调查前的准备工作多种多样，关键是做好以下三个方面的准备：

(1) 思想准备。首先，要按照调查目的，制定出若干调查工作的具体目标，并把它们作为安排调查工作、检验调查目的实现程度的标准。其次，要按照调查对象和调查队伍的实际情况，充分考虑调查过程中可能遇到的各种困难和问题，并预设好克服这些困难和问题的对策。再次，要做好一旦碰到无法预料的情况或困难时，各种应对的办法和可能的措施。只有做好了这些思想准备，然后再去竭尽全力，百折不挠，努力奋斗，原定的调查目的就一定能实现。

(2) 知识准备。首先，要具备有关政策的知识。遗存调查，涉及历史文物和革命文物，这些方面都有许多政策规定，必须事先学习有关政策知识，绝不允许出现政策性错误。其次，要具备有关的历史知识。遗存调查的对象——遗迹、遗物、遗址，都是前人遗留下来的东西，都蕴含着当时当地极其珍贵的社会信息，没有丰富的历史知识，就无法顺利开展调查，更无法研究、解读其中的历史信息。再次，要具备有关方法的知识。要发掘、认识遗存调查的对象，就必须使用一定的工具和方法，包括许多现代的科技设备和手段，如鉴别物质种类、鉴定形成年代的设备和手段等。实践证明，调查者的有关历史知识和方法知识越丰富、越多样，遗存调查的质量和成功概率就越高。

(3) 队伍准备。首先，要选择，即选择一批历史知识较多、方法知识和技能较好，特别是具有吃苦耐劳、甘于奉献精神的人员，组成一支精干的调查队伍。其次，要培训，即组织调查人员学习有关政策、历史、方法的知识和技能。再次，要实践，即组织调查队伍进行实验性的遗存调查，通过调查实践锻炼、提高他们的知识、技能和吃苦耐劳、甘于奉献的精神。遗存调查是一项艰苦、复杂、繁重的工作，特别是遗址调查往往在露天进行，往往要持续数年甚至数十年，没有一支素质较高的队伍是无法开展的，更不可能取得成功的。

（三）开展遗存调查

开展遗存调查应分为若干步骤进行，其中最重要的有三个步骤：

（1）调查前的实地踏勘。实地踏勘的目的有三个。一是选择调查对象。合适的调查对象，不能单从书本里寻找，也不能仅听别人介绍，而必须通过实地踏勘选择、确定。二是服务设计调查方案。高质量的调查方案，不是关在房间里冥思苦想出来的，而是在实地踏勘基础上设计出来的。三是指导组织调查队伍。只有根据调查对象、调查方案的需要物色调查人员，才能组建一支优良的调查队伍。实地踏勘，必须在设计调查方案前进行，必须由调查的领导者、组织者亲自实施，否则就无法达到上述三个目的。

（2）调查中的及时检验。遗存调查，特别是遗址调查，仅仅靠调查前的实地踏勘，很难完全弄清楚调查对象的全部情况。因此，在调查过程中，往往会出现许多始料未及的新情况、新问题，需要及时调整设计方案，改变工作程序，更换工作人员，协调各方工作。这就要求调查的领导者、组织者经常深入第一线，亲自考察、检验计划执行情况，及时发现新情况、新问题，并采取有效措施解决这些新情况、新问题。否则，调查工作就无法顺利进行。可以说，调查过程中的及时检验和有效应对，是保证调查质量、实现调查目的的关键一环。

（3）调查后的研究应用。遗存调查的后续工作很多，其中应突出抓好三件事。一是开展研究，即对调查所获资料，运用多种方法，特别是现代科学技术和手段，进行多视角、多层次研究，做出相应的价值评价，形成论文、著作、影视等调研成果。二是推广应用，即宣传、应用遗存调查成果，发挥其在人民群众特别是青年中学习、继承、发扬中华优秀传统文化的潜移默化作用。三是妥善保护，即对具有唯一性、不可再生性的遗存调查对象，做好万无一失的保护工作，使其具有长期研究价值。只有做好了这三件事，遗存调查才算做到了善始善终。

三、遗存调查的主要方法

（一）观察和访问

遗存调查，首先，要实地观察；其次，要对遗存调查对象——遗址、遗物、遗迹周围的群众进行访问。至于如何观察和访问，本书第十二章实地观察法和第十三章访问调查法已有详细论述，这里不再重复。

（二）发掘

发掘，是指把埋藏在地下的东西挖掘出来。遗存调查的对象——遗址、遗物和遗迹，有的原来就建在地下，如坟墓、矿穴、采石坑、摩崖石刻等；有的原来建在地上，后来由于地层变化、地震等原因而逐渐沉入地下，如良渚古城遗址、神木石峁遗址等。因此，在遗存调查中，到达现场后，应仔细观察地形，利用路边、沟沿、山崖等地层断面，寻找遗迹和遗物的露头，然而再进行发掘。

发掘遗址，首先，必须弄清楚“生土”“熟土”和“文化层”等概念。“生土”，是指未经人类活动改变过的原生土壤，亦称“死土”；“熟土”，是指被人类活动改变过的土壤，如种植过农作物的土地，建造过房屋的宅基地等；“文化层”，是指人类活动遗留下来的各种器物、有机物及其残余所形成的堆积层。不同时代，人类文明程度、文化模式不同，文化层的包含物就不一样。因此，通过不同文化层包含物的比较研究，就可发现、认识不同时代人类文明程度和文化模式的特点及其变化发展趋势，从而为研究人类文明和文化模式的发展规律提供客观根据。其次，必须明确文化层之间存在的三种关系。一是叠压关系，即早期文化层在下、晚期文化层在上的关系，它是文化层分布的基本关系。“梁思永先生在安阳的后岗发现了著名的三叠层，最底下是仰韶的红陶彩陶，中间是龙山的黑陶，最上面是晚商殷墟的灰陶，清晰的层位基本讲清楚了几个文化的先后关系，也打破了中国文化西来说”。① 二是打破关系，即晚期人类活动(如筑墓葬、挖灰坑、打井等)，打破了早期在下、晚期在上的文化层分布的基本关系。三是共存关系，即同一时期、地域，处在同一文化层上各个遗址、遗迹的关系。此外，还有两种情况，即“扰乱层”和“断层”。弄清楚上述概念和关系，是做好发掘工作的必要前提。

遗址的发掘，可分为居住址发掘和墓葬发掘两类。居住址的发掘，一般有两种方法，即探方方法和探沟方法。探方方法，是指每边长 5 米的正方形发掘，以便从四壁垂直地层断面上观察文化层的堆积，相邻两方之间留 0.5～1 米的隔梁，直到发掘完成后再挖掉，这是最常用的方法；探沟方法，是指挖一条长方形的探沟，从沟壁垂直地层断面上观察文化层的堆积，它适合时间较短的试发掘。墓葬的发掘，主要是发掘坟丘部分，其方法与发掘居住址时开探方或探沟相似。发掘墓室时，要仔细清理葬具、尸骨、随葬品和它们的痕迹，如夯土的杵痕、坑壁上的锹迹，以及周围的柱穴、车辙、脚印等，都要一一清理出来。同时，还应注意墓葬各部分之间、墓葬与墓葬之间乃至墓葬与居住址文化层之间的关系。在发掘过程中，无论是采用探方方法还是探沟方法，都必须统一编号，以求将发掘出来的遗迹、遗物汇合起来，有条不紊地纳入总体记录之中。对于各种历史遗存，诸如房屋、窖藏、道路、沟渠、水井、城墙和城壕等的发掘，都要按其不同特点，采取不同的操作方法。对各种遗物，则要探明它们所在的位置和相互之间的关系，除了标明层位以外，还要记明坐标，以备查考。

(三)测量和仪器检测

测量，就是按照某种规则、运用某种器具测定物体的长度、重量、体积，以及温度、湿度、速度、方向、位置、形状等数量方面的状况，并对测量对象作出的量化描述。测量的内容不同，使用的器具就不相同。其中，计算长短的器具称为度，计算容积的器具称为量，计算轻重的器具称为衡，统称为度量衡。度量衡器具，是最古老、最常用的测量器具。

在遗存调查的测量中，使用得最多的是度量衡。常用测量长短的器具有：直尺(包括

---

① 杨雪梅. 严文明：发现中国史前文明的结构美[N]. 人民日报，2021-01-09.

钢、木、塑料直尺)、卷尺(包括钢、皮、布、纸卷尺)、内卡钳、外卡钳、千分尺等。常用测量容积的器具有：量杯、量管、量筒、量瓶；升、斗、斛(方形，口小底大，容量本为十斗，后改为五斗)、石等。常用测量轻重的器具有：杆秤、盘秤、地磅、天平、弹簧秤等。应该注意的是，时代不同，地域不同，国情不同，度量衡标准及计量方法就不完全相同。因此，在使用度量衡器具测量和计算时，应因时、因地、因国度不同，使用不同的标准。

在遗存调查中，经常要研究遗址、遗物、遗迹形成的年代。这就必须断代和测年。断代的方法很多：可根据遗址、遗物、遗迹中的文字纪年、题记、铭文、墓志铭、文献资料断代，也可根据地层、地质结构、古生物学、类型学研究结果断代。测年的方法也很多：有碳-14 测定法，热释光测年法、古地磁法、铀系法、树木年轮校正法、穆斯波尔普法等。其中，碳-14 测定法是最广泛、最有效的测年方法，它的测年样品包括木炭、木头、贝壳、骨骼、泥煤和其他有机物，以及碳酸盐类的泥灰、石灰、生硝等；所需样品，一般为 1~10 克；测年的时间可早至 5 万年前有机物质的年代。

目前，遗存调查的检测仪器和方法有很多。例如，数字温度测量仪，可测量物体表面、堆垛内部温度，以及电线连接处的发热情况。炭化深度测定仪，可测量木材炭化深度，评价火势蔓延方向。混凝土回弹仪，可检测建筑构件、桥梁及各种砼构件(板、梁、柱、桥架)的强度，弹击拉簧钢度，弹击锤冲程等。可携式可燃气体检测仪，可搜集燃烧现场残留的天然气、液化石油气等物质，经换算可测算出气体爆炸浓度值。剩磁测试仪(也称“特斯拉计”)，可用于检测雷击、电线短路时，铁钉、线卡、线槽、日光灯铁罩、镇流器铁壳和配电箱铁质构件等留下的磁性，为确定起火原因、方位提供参考依据。此外，电阻率成像法、两栖地质雷达、高精度磁法、频率域电磁法、同位素分析、DNA 分析、“CT”扫描试验，绘制“3D 藏宝图”等，也开始用于遗存调查。随着科学技术发展，对遗存调查对象检测的仪器和方法，将会越来越多，越来越高效、方便。

(四)拍摄和遥感

拍摄，是指用照相机、摄影机、录像机、手机等器具把拍摄对象(人或物)的形象记录下来。随着科技进步，拍摄已变得越来越简单，越来越大众化。

遗存调查的拍摄，首先，应拍摄大场面。在发掘开始时，主要是拍摄遗址、遗物或遗迹的地理环境、地理位置、地层关系、地形、地貌、灰坑范围，以及拍摄对象的总体分布情况等。在发掘过程中，主要是拍摄发掘现场的情况，挖掘方法，发掘过程，发现的城址、沟渠、柱穴，墓葬的坑位、结构、葬具、人骨、兽皮及随葬品等。在发掘最后阶段，应拍摄近似平面图的全景图。其次，是拍摄小物体。如遗留下来的器物、痕迹等。照相设备应配备具有微距拍摄功能的变焦距镜头或广角镜、近摄镜，以及三脚架、快门线、闪光灯、测光表等。

遗存调查大多在野外拍摄，主要依赖自然光。要合理利用各种自然光的特点表现不同的内容。例如，顺光光线均匀，侧光立体感好，逆光空间感强，散射光能把土色与骨架、随葬器物颜色区分开来，轮廓清晰可辨。野外拍摄受客观条件限制，经常需要增添辅助光。增添辅助光的方法，主要有两种：加反光板和用闪光灯。反光板一般只能作为小范围或小物体的辅助光源，电子闪光灯的用途则较广泛，它可改变明暗反差的程度，还可用于拍摄壁画、雕像和建筑结构等。

拍摄野外画面，要主次分明、井然有序，要选择最合理的画面和最有说服力的角度；画面上的人物处理要自然；拍摄出土器物，要选择好远近、俯仰、角度，最好让所拍器物体与遗址墓葬的边壁发生联系。

随着科学技术发展，航拍、遥感技术已越来越多地应用于遗存调查。例如，中国科学院科研人员利用遥感技术，在新疆探测古长城所在区域的土壤、植被和地貌信息，发现与周边环境的细微差异，从而“复原”出消失的古长城遗迹和周围的地势环境。他们根据这些遗址已初步勾勒出一条长城资源分布线，并正通过遥感和三维技术“复原”新疆古长城遗迹的样貌。未来，借助虚拟现实技术，人们还能在网上身临其境地“游览”新疆古长城。① 目前，空间考古可“上天入地”。2013 年，在瓜州至沙州 100 多公里路段发现丝绸之路上的驿站、房址、古渠道等十余处。2017 年 3 月，成立了“数字丝绸之路”世界遗产国际工作组，确定在北非和地中海、中亚—中巴走廊和“海上丝绸之路”开展空间考古国际合作。②

(五)古分子生物学研究

古分子生物学是古生物学的一个独特分支。随着现代科学技术发展，它在遗存调查中发挥着越来越重要的作用。例如，古人骨遗存的 DNA 研究，可提供有关人类及其近亲的历史。目前，古分子生物学研究不仅可阐明人群间广泛联系的模式，而且可详细回答考古学、古人类学提出的许多疑难问题。比如，特定人群何时、何地、从何而来？谁的基因与谁混合？何时混合？考古中发现的变化，是否是人口变迁或文化创新的结果？过去的文化是否留下了任何遗传后代，等等。③ 古分子生物学研究，可帮助我们打开许多没有文字记录的远古时代的神秘之门。同时，研究动植物和人类化石残存古蛋白质分子分解的产物，可确定古氨基酸的排列顺序；对比现代类似物种，可从分子水平上探索古生物进化、遗传及化学成分，进而了解古代社会的状态及其变迁。④

(六)登录

遗存调查，必须做好登录工作。它是实地调查的重要环节，既是调查工作、进程的现场记录，又是调查成果集中、具体的体现。

登录原则：一是真实，登录内容必须真实、可靠，准确无误，绝不可加油添醋，更不

---

① 喻思娈. 追寻湮没的古长城[N]. 人民日报，2017-03-20.

② 王心源. 空间考古大有可为[N]. 人民日报，2020-12-12.

③ Montgomery Slatkina，Fernando Racimoa. Ancient DNA and human history——古代 DNA 和人类历史[J]. PNAS，2016，7，113(23)：6380-7.

④ 参见：杨群. 分子古生物学原理与方法[M]. 北京：科学出版社，2003.

可无中生有；二是全面，登录工作必须贯穿遗存调查的全部过程和所有环节，不能有任何遗漏；三是及时，登录人员必须跟随遗存调查的实际进程，及时开展登录工作，力避时过境迁而失去登录机会；四是详细，遗存的名称、地点、位置、地形、地貌、时间等，都应详细、具体登录。

登录方式多种多样：一是文字记录，应具体、详尽；二是测量记录，应准确、无误；三是图表记录，应简明、清晰；四是照片记录，应图文对应；五是采集标本，应妥善保存；六是制作模型，应真实、实用。

第三节　遗存调查中应该注意的问题

为了保证遗存调查顺利进行，在调查中应该注意以下几个方面的问题。

一、遗迹的保护、固定和提取

在今遗调查中，交通事故、社会事件居多，其遗迹调查应该注意的是：

首先，及时到达现场，保护现场。力求使现场保持原有状态。如果现场发生变动，就不利于了解事情真相，更无法判断事件的来龙去脉。

其次，固定现场痕迹，提取现场遗物。例如，用相机拍摄路面上遗漏机油的油迹、车胎摩擦地面的痕迹、血迹；用照相、透明胶纸、制模等方法提取器具、玻璃上的手印、指纹；搜集垮塌房屋的砖瓦、物体碎片，失火现场的遗留物等。它们往往是分析故事原因的重要证据。

再次，尽可能寻找并访问事件的见证人。通过对见证人的及时访问，了解当时的具体情况，它对了解真相、判断原因具有重要参考价值。

二、遗物真伪的鉴别和破损的修复

对遗物调查，特别是古代文物调查，应该注意的问题是：

首先，鉴别遗物的真伪。现在，古代文物鱼目混杂，仿制品多，稍不留神就会被忽悠。因此，鉴别遗物真伪，是遗物调查的首要步骤。如果遗物是假的，后续调查研究就会毫无意义。鉴别遗物真伪，需要多方面的知识和技术，掌握这些方面的知识和技术越多，越有利于鉴别真假。

其次，修复遗物的破损。对于破损的遗物，应该先修复，尽可能恢复遗物原貌，然后再开展研究。否则后续研究就会残缺不全，很难得出科学结论。

不同类别的遗物，其修复流程、工艺和周期都不相同。以修复流程为例：修复青铜器的步骤：①碎块整理；②去锈；③整形；④焊接、粘接；⑤拼接；⑥补配；⑦作色。修复瓷器的步骤：①拆分；②除渍；③清洗；④粘接、补配；⑤作色。修复木器的步骤：①除尘；②粘接；③补配；④加固；⑤烫蜡保养；⑥随色。修复漆器的步骤：①除尘；②加固；③补配；④雕刻；⑤补漆。修复纺织品的步骤：①除虫、除尘；②检测；③补配；④缝补；⑤整形；⑥回贴。应该指出，上述步骤中有一些需要某些科技设备（如 X 射线、

CT、色谱分析仪、质谱分析仪等)配合才能完成；所有这些修复工作，都需要高度的细心与耐心。

三、遗址变动、破坏的考察和评估

遗址是前人居住、活动的各类房屋、公用设施、基础设施的基址，特别是古代遗址，由于年代久远，自然灾害，战乱摧毁，人为盗掘等原因，往往都存在着或大或小的变动和破坏。因此，遗存调查初期，必须先对遗址变动、破坏情况进行详细考察和评估。一般来说，遗址的变动和破坏都无法、也没有必要全部恢复原状，但是准确掌握遗址变动、破坏的情况，对于正确指导、合理安排后续的调查工作，直至做出最后的调查结论，都具有重要意义。

在遗址变动、破坏情况考察、评估的过程中，首先，应该注意不同文化层出土物的分类登录和管理。因为，不同文化层的包含物，是不同时代、不同文明程度和文化模式的遗留物，如果发生混淆就不利于后续的对比研究，甚至会做出错误的评价或结论。其次，应该加强文化层“打破”关系的研究。因为，由于筑墓葬、挖灰坑、打井等活动，打破了早期在下、晚期在上的文化层分布关系，一方面造成了一定的混乱，另一方面却提供了对不同文化层进行对比研究的契机。因此，不应轻易放过。再次，应重视“扰乱层”和“断层”的研究。由于“扰乱层”和“断层”违背了早期在下、晚期在上的文化层分布规律，因而探明“扰乱层”和“断层”的情况及其成因，就可能获得一些新认识，得出一些新结论。

四、注意度量衡的历史变迁

在遗存调查中，往往会发现一些度量衡器具，或标注有一定度量衡数量的遗物、遗迹。对这些度量衡器具和标注的度量衡数值，在登录或研究时，最好先换算成现今的标准。因为不同时代、不同地域、不同国度的度量衡标准及计量方法，是不完全一样的。只有先换算为现今统一的标准，才能正确开展后续的对比研究。为了便于换算，现将中国历代度量衡标准变迁简况列表如下，见表 17-1。

表 17-1　中国历代度量衡的变迁

度：1 尺			量：1 升			衡：1 斤		
朝代	名称	今：米	朝代	名称	今：毫升	朝代	名称	今：克
秦	商鞅量尺	0. 231	前汉	1 升	342. 5	前汉	1 斤	258. 24
后汉	官尺	0. 238	后汉	1 升	198. 1	后汉	1 斤	222. 73
隋	开皇官尺	0. 296	隋	1 升	594. 4	隋	1 斤	668. 19
唐	铜尺	0. 302	唐	1 升	594. 4	唐	1 斤	596. 82

续表

度：1尺			量：1升			衡：1斤		
朝代	名称	今：米	朝代	名称	今：毫升	朝代	名称	今：克
宋	铜尺	0.316	宋	1升	664.1	宋	1斤	596.82
宋	木尺	0.329	元	1升	948.8	元	1斤	596.82
明	骨尺	0.320	明	1升	1073.7	明	1斤	596.82
清	量地藩尺	0.343	清	1升	1035.5	清	1斤	596.82

来源：梁方仲. 中国历代户口、田地、田赋统计[M]. 北京：中华书局，2008：738-745.

五、努力回避自然干扰，及时排除社会干扰

遗存调查是一件复杂、艰巨的工作，需要较长时间。实践证明，在遗存调查过程中，往往会遇到许多干扰，包括季节、气候、地理环境变化等自然方面的干扰，以及政治环境、社会变迁、经费削减、人员调动，直至附近居民态度、行为变化等社会方面的干扰。如何采取合理措施，努力回避各种自然干扰，及时排除各种社会干扰，是保证遗存调查顺利进行的一项重要工作。

六、认真做好遗存的长期保护工作

遗存调查对象——遗址、遗物、遗迹，大多有长期、反复研究的价值。特别是遗址调查，完成一个调查项目，往往需要延续数年，甚至数十年时间。例如，浙江良渚古城遗址调查，从1936年发现到1996年列为全国重点文物保护单位，前后历时60年。1928年开始发掘的中国历史第一个都城——河南省安阳市殷都区小屯村的殷墟遗址，直到今天仍然具有极其宝贵的研究价值。

有些遗物调查，也需要很长时间。例如，“南海Ⅰ号”宋代沉船调查，从1987年发现到2019年3月陆续发掘出超过14万件各类船载遗物，前后长达30多年；北宋张择端的《清明上河图》，从1950年8月在东北博物馆临时库房发现，至今已70年。① 到目前为止，对它们的调查研究从来没有停止过，而且不知道还要调查研究多久，甚至有可能一直调研下去。

这说明，在遗存调查过程中，必须认真做好遗存的长期保护工作。那些具有长期、反复研究价值的遗存，特别是其中某些具有永恒研究价值的遗存，是唯一的、不可再生的宝贵资源，必须精心保护，真正做到万无一失。如果保护者发生意外，使这些不可再生的宝贝受到损坏，就将成为不可饶恕的历史罪人！

---

① 余辉. 隐忧与曲谏“清明上河图”解码录[M]. 北京：北京大学出版社，2015：1.

第四节　对遗存调查法的评价

与文献调查法相比较，遗存调查法既有许多优点，也有很大的局限性。

一、遗存调查法的优点

(一)真实、可靠，可直接感知调查对象

遗存调查，一般是实地调查，调查者对调查对象——遗址、遗物、遗迹实际情况的了解，是通过实地踏勘、观察、发掘、测量等方法获得的。这就是说，调查者关于调查对象的认识，都是运用直接感知方法获得的第一手资料，是真实、可靠的，这是遗存调查法最大的特点和优点。

(二)实体、稳定，可长期反复研究

遗存调查的调查对象——遗址、遗物、遗迹，都是物质实体或以物质实体为基础(如岩画、石刻等)，都具有较长时期的稳定性和可靠性，都可为同一调查者或不同调查者提供具有实体性、稳定性的调研对象，都可进行长期、反复的调查与研究，这是遗存调查法的又一特点和优点。

(三)丰富、具体，可多维度解读

遗存调查的调查对象，都是具体的、丰富的，都可做多维度解读。“与透过文字的想象不同，从一件件文物身上，可以观察、触摸、研究、体认，从而感知古代中国人以及创造者的温度和态度，解读多个维度的信息，重建一部基于物质遗存的中华文明史，并进而建立起我们自身的文化自信”。①

(四)间接、非介入，可做无反应调查

遗存调查是一种间接的、非介入的调查。在调查过程中，调查者与前人不直接发生接触，不介入前人的活动，不会引起、也不会感受到前人的反应性心理或行为。因此，调查者可以在一个无所顾忌的、极其宽松的环境下开展调查研究。这种间接性、非介入性、无反应性，是遗存调查极大的特点和优点。

(五)隐秘、独特，可做特殊项调查

遗存调查，是一种可以在隐秘情况下进行的独特调查。对于许多机密性、隐私性、缺德性、违法性、犯罪性的社会现象来说，它往往是不可缺少的调查方法，在某些情况下，甚至是唯一可行的调查方法。

---

① 刘阳. 以文物看文明 以文明扬自信[N]. 人民日报，2018-01-18.

二、遗存调查法的局限性

(一)难以进行全面、深入的调查研究

在遗存调查中，调查对象——遗址、遗物、遗迹，只是前人活动遗留、保存下来的部分，而没有包括已经消失的、没有保存下来的部分。这就是说，遗存调查对象本身就具有很大的局限性，这就决定了对前人活动的调查研究不可能是全面的、深入的。遗存调查对象的局限性，决定了遗存调查研究工作的局限性，这是遗存调查所不可克服的根本局限性。

(二)难以了解前人活动的原状和全貌

遗存调查的对象——遗址、遗物、遗迹，是前人活动遗留、保存下来的东西。它们只是前人活动原状的一部分，而且只是“遗留、保存下来”的部分——肯定只是一小部分。遗存调查，只能了解这一小部分，然后通过对这一小部分的认识去推论其他部分。然而，这种从“小部分”到“其他部分”的推论，无论怎样全面、合理，都难以了解前人活动的原状和全貌。这是肯定无疑的。可以说，这是遗存调查又一最大的、不可克服的局限性。

(三)只能获得或然性的认识和结论

遗存调查，既不可能对遗址、遗物、遗迹进行全面、深入的调查研究，又不可能了解前人活动的原状和全貌，因而遗存调查所获得的认识和结论，一般只具有或然性——有可能，但不一定，不具有必然性。要使遗存调查的认识和结论具有一定的必然性，就必须进行其他方面的调查和研究，必须得到其他方面论据的有力支持。这不能不说是遗存调查的又一局限性。

(四)需要投入较多的人力、物力、财力和时间

遗存调查，往往情况复杂，工作量大，一般需要投入较多的人力和物力，需要较长时间的调查和研究，而且往往需要长期、反复的调查与研究。为此，就需要有较强大的财力支撑，较多的人力投入，较持久的时间保障，而这往往是许多遗存调查难以开展，或难以持久支撑的一个重要原因或局限性。

(五)需要素质较高、结构合理的调查队伍

遗存调查是一种环境艰苦、工作艰辛、生活单调的工作，对调查者的素质及其结构有较高要求。就调查者个人来说，必须有坚定的事业心和责任感、有较多的历史知识、较丰富的社会经验、较熟练的操作技术。就调查者群体而言，既要有足够的数量，又要有合理的结构，否则就很难满足遗存调查的客观需要。实践证明，要组建这样一支素质较高、结构合理的调查队伍，往往非常困难。

第十八章　网络调查法

在调查方法体系中，与历史调查方法一样，虚拟调查方法也是一翼。所谓虚拟调查法，是指运用计算机、网络等高科技术把调查对象及其活动转化为数据、文档、图片、音频、视频等非实体形式的调查方法。它是虚拟与现实的结合，它的形式是虚拟的、非实体的，它的内容却是客观的、现实的。① 目前，虚拟调查方法主要有两种，即网络调查法和大数据调查法。

要掌握和运用网络调查法，就必须弄清楚网络调查的概念和特点，类型和方法，一般步骤和应该注意的问题，以及网络调查的优缺点等问题。

第一节　网络调查法的概念和特点

一、网络调查法的概念

网络调查发端于20世纪90年代，兴起于21世纪初。1994年，美国佐治亚理工学院的图形、可视化和可用性中心进行的关于互联网使用情况的调查，就是最早的网络调查。后来，随着云计算平台以及WAP无线网络终端技术的应用和普及，网络多媒体用户飞速增长，特别是4G、5G的推出，更高级别手机和多样化应用程序的普及，这一研究方法逐渐为调研者所青睐。

网络调查法又称网上调查，就是调查者根据一定目的，运用计算机和网络技术搜集信息，然后分析研究做出结论的调查方法。简言之，网络调查法就是运用计算机和网络技术进行的调查，它实质上是现实调查法在网络上的应用和发展。

二、网络调查法的特点

与现实调查方法相比较，网络调查法有许多不同的特点。例如：调查技术的先进性，调查对象的广泛性，调查范围的广阔性，调查内容的多样性，调查方式的便利性，调查工作的高效率等。此外，还有几个突出特点：

---

① “虚拟”，对这个汉语词汇的解释是：不符合或不一定符合事实的虚拟情况；凭想象编造的事；由高科技术实现的仿实物或伪实物技术。这里在第三种意义上使用这一概念。“实体”，《现代汉语词典》的解释是：实际存在的物体。

（一）从"纸质调查"到"网络调查"

网络调查最大的特点是调查技术的进步，从而将"纸质调查"转化为"无纸调查"。例如，将纸质问卷变为电子问卷，将访谈笔记变为语音文件，将观察照片变为网络视频等。这就要求调查者要熟悉相关技术。例如，要进行网络问卷调查，就要熟悉"问卷星"等微信小程序的页面设置、发送、数据收集等技术；要组织网上讨论，就要熟练运用网络会议软件等。调查对象也要了解相关技术。例如，调查对象要能够浏览网页，使用微信、QQ 等应用软件，而不熟悉网络技术的老年人、没有接通网络地区的居民等，就很难成为调查对象。

（二）从"当面调查"到"匿名调查"

与现实调查法的"当面调查"不同，网络调查具有"超时空"特性，可以为参与者提供独立、自由的时间和空间，从而使调查活动具有"隐匿性"。这样就有利于调查一些敏感性、隐私性、威胁性的问题，有利于于调查对象隐匿、从容地回答问题，有利于他们更容易接受调查、更容易真实地回答问题。

（三）从"耗时耗费"到"便利低廉"

现实调查方法，特别是面对面的调查，耗时间、耗经费，调查成本往往居高不下。网络调查由于超越了时空限制，可以开展 24 小时全天候调查；可以扩大调查范围，凡有网络的地方都可开展调查；可以运用计算机和互联网制作问卷、发放问卷、清理数据、评估质量、撰写调查报告；可以节省印刷问卷或表格、组织人员调查、录入数据等方面的人财物力和时间；可以节省修正错误所需花费的成本，等等。显然，网络调查是一种"便利低廉"的调查。

（四）从"标准控制"到"参差不齐"

在现实调查方法中，无论是实地观察、访问调查，还是问卷调查、实验调查，对调查的范围和对象，调查的内容和方式，调查的过程和活动等，大多有一定的标准或控制，因而调查所获资料的质量一般较高。网络调查则不同，它的调查范围、对象和过程，一般难以按照一定标准进行有效监控，再加上无法避免某些人的逢场作戏、恶意捣乱，因而网络调查所获资料的质量往往参差不齐。

第二节　网络调查的类型和方法

按照调查方式和信息来源的不同，网络调查可分为两种类型，即：网络互动调查和网络信息调查。

一、网络互动调查

网络互动调查，就是调查者在网络上设置问卷或提出问题，调查对象通过网络填写问卷或回答问题，然后对反馈信息进行研究并做出结论的调查方法。

网络互动调查，有以下四种方法：

(一)网上问卷法

网上问卷法，就是调查者在网上发布问卷，调查对象在网上填答、提交问卷，调查者对反馈信息分析研究后做出结论，并在网上公布调查结果的方法。

根据采用技术不同，网上问卷调查有四种具体做法：

(1)网站法。即将问卷放置在网络站点上，由调查对象自愿填写。调查者可以向调查对象发送网站链接，然后网站后台收集和查验数据。

(2)E-mail 法。即通过电子邮件发送问卷，调查对象填答问卷后再通过电子邮件向指定邮箱提交问卷。这种方法在西方使用较多，目前中国人相比西方人使用电子邮件的频率不算太高，因而往往存在不够广泛、不够及时等问题。

(3)微信小程序法。即通过微信小程序发放电子问卷，例如“问卷星”。现在中国人使用微信、QQ 的频率要远高于电子邮件，因而通过微信小程序制作电子问卷，可以及时发送到调查对象的微信或 QQ 平台，及时提醒调查对象填写，还便于用户之间相互转发，扩大调查范围。

(4)二维码(QR)法：就是将网络调查转换为 QR 码，然后以印刷或在线媒体形式发布。这样使用配备了 QR 码阅读器的智能手机的人，就可成为网络调查的对象。例如，在硬件产品评估调查中，将 QR 码打印在硬件上，愿意参加调查的人通过配备了 QR 码阅读器的智能手机扫码，就能参加调查。此外，这种二维码(QR)法已广泛应用到日常生活工作中。例如，许多高等院校、高科企业要求职工每天上班前通过二维码(QR)法回答与新冠病毒疫情有关问题：今天是否有新冠病毒感染症状(发烧、咳嗽等)？最近，是否与感染新冠病毒的病人有过接触？这样有关高校、企业就可快速决定该职工能否上班；同时，可及时掌握本单位上班职工的新冠病毒感染情况。

(二)网上讨论法

网上讨论法，就是调查者在网上提出问题，组织参与者在网上讨论，通过网上讨论收集信息和数据，经分析、研究后在网上发布讨论结果的方法。网上讨论法，是集体访谈法在网络上的应用。过去，西方学者开展网上讨论，一般比较喜欢通过 BBS(电子公告牌)、Newsgroup(新闻组)、ICQ(一种聊天工具)、IRC(一种聊天方式)、Netmeeting(网络会议系统)等交互平台实施。

21 世纪以来，中国网络信息技术已有很大提高，许多平台能完成上述功能，并逐渐替换掉了上述平台。目前，中国开展网上讨论常用的平台是：QQ 平台、微信平台、微博平台。

网上讨论的优点是，环境虚拟、身份隐秘，参与者顾虑较少，往往能聊出许多真情况、真想法，能获得大量真实的信息。缺点是，参与者的地域分布、社会背景无法确认，反映的事实和数据难以核实，需要花费较多的人力和时间，如果缺乏有效调控，有可能沦为少数不负责任者编造谎言、发泄私愤的场所。此外，由于难以引导和控制讨论过程，访谈质量往往难以保证。

2020 年年初以来，在新冠病毒疫情影响下，中国和世界在实时沟通、网络会议等方面的应用软件得到了迅猛发展，例如腾讯会议、钉钉、Zoom 等。这样就为网上讨论提供了更加稳定的设备环境，目前网络会议平台已成为应用得比较广泛、比较稳定的讨论平台。

(三) 网上测验法

网上测验法，就是调查者通过网络发出含有测验内容的问卷或电子邮件，请调查对象回答问卷或电子邮件中提出的问题，然后，调查者对反馈信息进行分析、研究，并做出测验结论的方法。网上测验的内容可以非常广泛，可以是产品试销，可以是网络购物，可以是各种社会热点问题，也可以测试调查对象的主观素质、态度等方面的问题。例如，有的部门曾通过电子邮件测试其员工“是否容易受骗，在网上泄露个人信息”。这种测验，可以通过电子邮件、微信或者 QQ 发送网络链接，但自愿参与者有限，回复率一般较低。此外，这种测试往往需要隐藏研究目的，从而带来某些争议极大的伦理或法律问题，因此实际使用较少。

(四) 网上观察法

网上观察法，是调查者进入网络聊天室观察参与者网络聊天情况，并按事先设计的观察项目和要求做记录，然后进行统计分析和对比研究，并做出观察结论的方法。网上观察法，可分为网上参与观察和网上非参与观察。

(1) 网上参与观察，是指调查者公开自己的身份，加入到聊天者之中，围绕一个主题开展聊天活动，并通过自己的聊天活动或引导、干预行为，来观察调查对象的言论和态度，并做出网上观察的结论。

(2) 网上非参与观察，是指调查者不公开自己的身份，不参与聊天活动，对调查对象围绕某个主题开展的聊天活动，不实施任何引导和干预，静观调查对象的言论和态度，并做出网上观察的结论。

网上观察，特别是网上非参与观察，主要是一种间接观察，因而往往能获得许多真实情况和思想动向，是一种有效的调查方法。

二、网络信息调查

网络信息调查，就是调查者对网络上贮存的数据、文本、图形、视频等信息进行搜索、筛选、下载，然后进行研究并得出结论的调查方法。

(一) 网络信息调查的四种方法

1. 网上文献调查法

网上文献调查法，是指调查者依据一定目的和课题，通过网络检索、阅读、获取文献资料的方法。目前，部分网站或平台还提供简单的文本分析，或具备“词云”功能，为调查者提供直观的可视化分析。调查者只要有明确的调查目的、具体的研究范围，以及一定的网络搜索技术，就可使用这种方法开展文献调查。运用网上文献调查法搜索文献，不需要大量调查人员和设备，可节省人财物力和时间，可搜索到广泛的文献，是一种极为便利、高效的文献调查方法。

2. 网上数据调查法

网上数据调查法，是指调查者依据一定目的和课题，通过网络检索、阅读、获取数据资料的方法。在社会调查中，有相当一部分研究课题需要获取宏观统计数据，调查者往往需要花很大精力去查阅和整理宏观统计数据。网上数据调查法则可极大简化这一过程。调查者只要有明确的调查课题和数据需求范围，以及一定的网络搜索技术，就可使用这种方法开展网上数据调查。例如，研究地区之间的收入及其变化趋势，只要通过国家统计局网站搜索，就可获取中国335个地级市近20年的GDP数据，并据此来分析地区之间的收入差距及其变化趋势。

3. 网上二手资料调查法

无论文献或数据，都有一手资料、二手资料之分。所谓一手资料，是指调查者亲身实践或亲自调查获得的资料；所谓二手资料，是指其他人或为其他目的收集的资料。二手资料有两种，一种是未经过处理的二手资料，如中国综合社会调查(CGSS)问卷调查数据；另一种是经过处理的二手资料，例如以统计值或表格呈现的数据资料，或其他研究者文章中公布的调查结果和统计值。通过网上二手资料调查法调查、获取二手资料，可节省调查、收集、整理资料的时间，可了解二手资料调查、收集、整理者的研究思路和方法，其缺点是失去了资料的原始性、真实性和可靠性，使自己的研究在一定程度上受到二手资料的局限和影响。

4. 特定软件调查法

特定软件调查法，就是利用某些网站或平台的软件、某些手机App，调查、获取有用信息或数据的方法。例如，研究中国政策发展方向，可通过“学习强国”App获取丰富的国家政策信息和理论信息。又如，百度等网页也提供了与网络浏览相关的简单数据。通过这些软件，都可调查、获取许多有用的信息或数据。目前，市面上有许多对社会调查十分方便的商业软件(如锐研社会科学专题数据库、上海逸景数据采集软件等)，能提供自动集成数据；还有一些商业软件(如“八爪鱼”)，可提供简单的网页爬取功能。需要注意的是，那些免费爬虫软件，虽然可以爬取到某些数据，但是其质量难以保证。现在，很多公共网页加入了防爬虫功能，因而更难获取高质量的信息或数据。

(二)网络信息调查的主要网站或平台

为了提高网络信息调查的可靠性、有效性和权威性，必须慎重选择网络信息调查的网站或平台。选择网络信息调查网站或平台的基本要求是：①信息来源的权威性和可靠性；②信息内容的广泛性和适用性；③信息时间的连续性和时效性；④信息形式的多样性和丰富性。以下提供若干类网站或平台，供参考。

1. 文献类信息检索网站或平台

中国知网(http://www.cnki.net)；

维普资讯数据库(http://www.tydata.com)；

万方数据资源系统(http://www.wanfangdata.com.cn/)；

中国人民大学书报资料中心(http://book.zlzx.org/)；

中国高等教育文献保障系统(http://project.calis.edu.cn/)；

中国社会科学引文索引(CSSCI)(http://www.cssci.com.cn/)；

古籍馆(https://www.gujiguan.com/)等。

2. 统计类信息检索网站或平台

国家宏观统计数据：中国国家统计局网站(http://www.stats.gov.cn/)；中国统计信息网(www.cnstats.org/)。

教育类数据：中华人民共和国教育部政府门户网站(http://www.moe.gov.cn/)。

医疗卫生类数据：中华人民共和国国家卫生健康委员会(http://www.nhc.gov.cn/)。

财政类数据：中华人民共和国财政部网站(http://www.mof.gov.cn/)。

环境保护类数据：中华人民共和国生态环境部(https://www.mee.gov.cn/)。

科技类数据：中华人民共和国科学技术部(http://www.most.gov.cn/)。

劳动与社会保障类数据：中华人民共和国人力资源和社会保障部(http://www.mohrss.gov.cn/)等。

3. 政策类信息检索网站或平台

中华人民共和国中央人民政府网站(http://www.gov.cn/)；

中国人民政治协商会议全国委员会网站(http://www.cppcc.gov.cn/)；

人民日报图文数据库(http://data.people.com.cn/rmrb/20210122/1? code=2)；

新华网(http://www.xinhuanet.com/)；

光明网(https://www.gmw.cn/)；

中国共产党思想理论资源数据库(https://data.lilun.cn)；

学习强国网站(https://www.xuexi.cn/)等。

4. 知识产权信息检索网站或平台

中国知识产权网(http://www.cnipr.com/)；

中国国家知识产权局(http://www.sipo.gov.cn/zljs/)等。

5. 二手调查资料网站或平台

中国综合社会调查数据库(http://cgss.ruc.edu.cn/)；

中国家庭追踪调查(http://www.isss.pku.edu.cn/cfps/)；

中国社会质量基础数据库(http://csqr.cass.cn/index.jsp)；

中国私营企业调查数据库(http://ssm.cssn.cn/sjzy/201609/t20160914_3202846.shtml)等。

第三节　网络调查的步骤和方法

网络信息调查，主要是调查者个人活动，其步骤和方法比较简单：一是确定调查主题和内容；二是选择合适的网站或平台；三是逐步搜索、阅读和下载。

网络互动调查，大多涉及众多调查对象或参与者，必须事先制订调查计划，逐步实施，才能达到预期目的。网络互动调查的一般步骤如下：

一、制订调查计划

网络互动调查计划，一般应该包括以下内容：

(1)设置调查主题。调查主题的设置，应该主要是群众“最盼、最急、最忧、最怨”的问题，① 以及百姓的“操心事、烦心事、揪心事”。② 这些问题和事情，群众最关心、最了解、最有发言权，因而往往能取得良好的调查效果。此外，还可发挥网络调查的隐匿性特点，可设置某些敏感性、隐私性问题作为调查主题。

(2)明确调查目标。调查要解决什么问题？解决到什么程度？达到什么样的目的？调查成果采取何种形式发布？社会作用达到什么目标？是做学术探讨，供决策参考，还是进行思想教育，影响社会舆论？对这些都应该做出明确设计。不能只做初期探索性研究，而不做精准的统计推断。网络问卷调查是非常不错的选择。

(3)寻求合适对象。调查者无法选择网络互动调查的对象，只能根据调查对象反馈的信息做统计分析。但是，如果通过电子邮件发送问卷，则可根据调查主题的需要，借助层次过滤寻找合适的回答者。对于某些敏感性、隐私性主题(如同性恋、吸毒等)，使用特定的 App 则可相对容易地锁定潜在的调查对象。

(4)选择调查载体。根据调查主题和可能调查对象的特点，选择合适的网站或平台作为调查载体。这就是说，选择作为调查载体的网站或平台，应该符合两个条件：一是符合调查主题和内容的需要；二是有较多潜在调查对象的参与。只有选择这样的网站或平台作为调查载体，才能取得较好的调查结果。

(5)判断调查资源。根据调查主题的需要，判断有关网站或平台是否存在合适的调查资源。例如，要调查农村居民收入增长情况和生活满意度，就要判断有关网站或平台上是否存在符合需要的数据资源。如果有，则可直接整理、利用现存数据；如果没有，则应思考如何寻找其他的网站或平台。

(6)规定调查时间。网络互动调查应选择合适时间、明确规定起止时间。例如，民意调查、市场调查，应选择在有关民意、市场交易最活跃的时间开展调查，否则时过境迁，就会失去调查的意义。调查起止时间，以 10～15 天为宜，时间太短，不利于充分搜集信息；时间太长，就会影响调查的时效性。

---

① 习近平. 习近平谈治国理政[M]. 北京：外文出版社，2014：426.

② 十九大以来重要文献选编(中)[M]. 北京：中央文献出版社，2021：87.

二、设计调查工具

根据调查内容和方法的需要设计调查工具。例如，采用网上问卷法，就应设计调查问卷；采用网上讨论法、网上测验法、网上观察法，就应设计讨论提纲、测验卡片、观察表格等工具。以网络调查问卷为例，大体有3种方式：

(1)简单方式。通常只询问1个问题，设计3~5个答项，如：赞成、反对、说不好；完全同意、同意、无所谓、不同意、坚决反对。其特点是，问题单一，回答简明，填写方便，分析快速，时效性较强。这种方式，主要适用于对社会热点问题、突发事件做调查。

(2)组合方式。即将调查主题分解为若干子题，每个子题设计3~4个问题，每个问题设计3~5个答项，共同组合成一份问卷。其特点是，询问问题较多，填答较难，但可对调查主题做多侧面、多视角调查，可获得较丰富、较多样的信息。对于某些较为复杂或较为专业的问题，多采用这种组合方式。

(3)完整方式。即基本按照本书第十四章问卷调查法的要求设计调查问卷。其特点是，调查内容比较完整，回答方式比较规范，可获得比较全面、丰富的信息，进行比较深入的统计分析。但是，问卷内容、篇幅应大大小于书面问卷，否则就会影响回复率或回答质量。这种方式，主要适用于较重要的调查课题。

至于网上讨论法的讨论提纲、网上测验法的测验卡片、网上观察法的观察表格等工具，也可参考本书有关章节的论述设计。

三、设计网页

网页设计，包括两个部分：客户端界面设计和后台信息收集设计。

(1)客户端界面设计，是指将问题及其答项，按问卷形式再现于网页的过程。设计中应注意：界面要易于理解、填写，问题要完整，答案要合理，能有效验证。

(2)后台信息收集设计，是指在网络服务器上对调查对象的回答做录入、检验、存储等操作设计。目前，市面提供的网络调查平台，后台信息收集设计做得较好，用起来十分方便。但如果条件许可，建议选择自己设计，以防数据泄露。

四、测试、试调查和制定紧急处理预案

测试和试调查，是指对网页设计做展示测试，并在调查前开展小规模试调查。这个过程，可以使调查者发现客户端界面设计和后台信息处理设计存在的问题，诸如：问题表述不清，答项设置难以理解，后台收集格式错位，缺少关键变量，等等。测试和试调查，是网络调查成败的关键环节之一。只有认真做好测试和试调查工作，才能及时发现和改进设计，保证调查顺利进行。

制定紧急处理预案，是指对实际调查过程中可能出现的一些无法预料的问题，提前制定紧急处理的预备方案。通过测试和试调查，只能发现和处理调查设计中存在的一些硬伤，却无法测试实际调查过程中可能出现的意外情况。例如，网络卡顿、突然掉线、参与者不合作、甚至故意捣乱，等等。为了防止这类问题影响调查工作顺利进行，就应该在调

查前做好紧急处理这类问题的预案，以便及时稳妥地应对、处理这些问题。

五、网络调查发布和开始调查

网络调查的发布，是指将设计的调查问卷或卡片、表格等其他调查工具放置到网络服务器上，以便网民参与调查，这也就意味着正式调查的开始。

(1)发送调查平台链接。在经过测试和试调查后，调查者可通过手机短信、邮箱、QQ、微信、微博等方式向网民发送调查链接。在这个网页链接当中，调查者可向调查对象告知调查目的和内容、回答方式、网络地址、起止时间和注意事项；网民可以向调查者提交对问题的回答、意向、主观想法等。

(2)设置专门负责人员。在从开始调查到调查截止的时期内，要安排专人监管网络信息的收集，保证网络畅通，及时处理紧急情况。例如，调查对象对某些概念不清楚、网页无法打开、网络信息无法发出等，都需要专门人员通过第三方软件平台给予及时回答，否则调查对象可能会中途放弃参与调查活动。

(3)关注样本量。网络调查最大的问题是样本浮动量非常大，回收的样本量有时候比较多，但更多的时候是非常少。当回收的样本量非常少时，可借用“滚雪球”办法增加样本量，以弥补样本量不足的缺陷。

六、数据的收集和统计分析

调查完成后，就进入数据收集和数据分析阶段。

(1)收集信息。调查结束后，经后台处理程序录入、编码的调查数据，已存储在数据库服务器上了。定量数据一般以表格形式表现出来，只需从服务器上下载就可以了；定性数据则较为复杂，还需要调查者做后期处理。

(2)定量资料的分析。有些网络平台提供有一些简单分析工具，但如果要进行较复杂的统计分析，就需要导出数据，运用专业软件(SPSS、STATA、R 等)做统计分析。统计分析中应注意的是：对调查原始数据要及时、完整备份；数据提取应多用数据视图，不改变数据原貌；不得改动调查的原始数据。

(3)定性资料的分析。定性资料的分析处理工作相对复杂，通常情况下社会科学研究者在处理这类资料时和传统的定性资料处理方法类似。也可以借用网络平台进行词频分析，导出“词云”，其方法和定量分析的逻辑类似。如果希望进行更详细的文本分析，则需要借用大数据技术中的自然语义分析技术。

七、调查报告的撰写和对参与者的反馈

(1)撰写调查报告，是在分析调查数据基础上进行思维加工，对调查结果所作的论述或说明。有关撰写调查报告的问题，请阅读本书第二十三章。

(2)酌情反馈给网络调查的参与者。这种做法有利有弊：其利是，让调查对象了解调查结果，有助于增强他们参与调查的兴趣和积极性；其弊是，使某些调查对象在从众心理支配下，选择符合大众态度的选项，而非其真实意愿。

第四节　实施网络调查应该注意的问题

实施网络调查，主要是网络互动调查，应该注意五个方面的问题：

一、恰当选择调查主题

(1)突出选择网民最关心的主题。中国互联网络信息中心(CNNIC)第47次《中国互联网络发展状况统计报告》显示，截至2020年12月，中国网民规模达9.89亿，其中农村网民3.09亿。他们是网络调查的对象，只有选择他们最关心、最热衷的主题，才有可能取得较好的调查效果。

(2)重点选择主观精神状况方面的主题。因为网络调查所获得的主要是书面、口头信息，只适宜于回答看法、态度、感受、愿望等主观精神状况方面的问题。至于客观事实方面的问题，一般无法查证或核实，无法做出准确评价。

(3)适当选择不宜面对面调查的主题。网络调查可充分发挥隐匿性特点，适当选择一些敏感性、隐私性、威胁性主题开展调查，调查对象的精神压力较小，因而往往能获得比较真实、具体的回答。

此外，在一些特殊情况下，如调查经费有限，调查人员较少，调查区域较广，调查时间较紧，调查地区交通不便，调查对象受传染性疾病影响被隔离等情况下，开展网络调查都是不错的选择。

二、科学设计调查问卷

网络调查问卷的设计，应该注意几个问题：

(1)尽可能简短。网民在网页上回答问题一般不可能花费较多时间，因此问卷应尽可能简短，最好是一两分钟就能答完。

(2)简明、易懂。网络调查不可能当面做解释或说明，因而问卷询问的问题和回答方式，都应简明、易懂，否则就会降低回答的热情或导致胡乱填答。

(3)显示调查结果。客户端问卷界面的设置，若能反映各种回答选项的人数及百分比的即时变化，往往有利于吸引更多网民的参与。

有些调查者为了图简便，随意选用网站上提供的一些现成问卷模板，这是极不妥当的。实践证明，这些问卷模板往往不科学、不符合实际。一个严肃、认真的调查者，绝不应该偷懒、图简便，而应该根据自己的调查目的和实际情况，自主设计调查问卷，才有可能获得科学、可靠的调查结果。

三、完善程序控制设计

网络问卷调查的程序控制设计，应该注意两个问题：

(1)设置ID(身份标识号)。在网络问卷调查中，经常出现"一址(IP)多票"、重复填答现象，特别是在评比、排名、选优等调查中，有的企业甚至雇人上网投票，以保证本企业获得较好名次。为了克服这种弊端，应通过程序设计进行控制，避免大量“灌水票”，以增强调查的真实性。

(2)设置问题接转程序。在网络问卷调查中，问题接转是一个难点。例如，询问“你是否结婚”，回答“是”者，就继续填答后续问题；回答“否”者，就终止填答后续问题。但是，若有些回答“否”者继续填答后续问题，导致后续问题回答人数超过回答“是”的人数，就会使这一数据失去统计价值。因此，设置问题接转程序，就有利于避免回答中出现逻辑错误。

四、科学合理放置问卷

放置问卷的做法：①在自己站点放置问卷；②通过 E-mail 发送问卷；③借助他人站点放置问卷；④利用公共平台放置问卷，如微博、博客等；⑤借助社交平台放置问卷。如微信、QQ 等。如果采用③、④两种做法，就应注意：

(1)选择合适的网站。每个网站都有不同规模、不同类型的参与群体。一般来说，选择放置问卷的网站，应该是参与群体规模较大的网站，参与群体对调查主题较关心的网站。这样参与填答的人数就会较多，填答质量就会较高。反之，填答人数就会较少，填答质量就会较差。

(2)科学放置版面。网络调查问卷放置在网站的不同版面、不同位置，参与填答的人数会有明显差异。一般来说，有关社会热点的民意调查，最好能放置在网站首页或新闻频道首页的突出位置；市场调查和各类专题调查，最好能放置在相关频道、相关版面的突出位置。

(3)多网站放置。为了扩大调查覆盖面，同一问卷可以在多个网站同时放置，同时开展调查。这种一问卷、多网站的放置方式，最好由调查者自己生成调查程序和问卷页面，然后与有关网站做一个链接，直接进入自己网站的后台。这样不仅能扩大调查覆盖面，而且便于自己随时监控调查过程，有利于数据的收集和后期的统计分析、思维加工等工作。

五、慎重做出调查结论

给网络问卷调查做结论时，应该注意三个问题：

(1)网络问卷调查的结论不具有普遍意义。这是因为，网络问卷调查的对象是不确定的，不能编制抽样框，不能随机抽样，不具有推断总体的功能。这就是说，网络问卷调查的结论，所反映的只是参与调查群体的个性或特殊性，并没有反映调查对象总体情况的共性，因而不具有普遍意义。

(2)网络问卷调查的质量是不确定的。这是因为，无法了解参与调查者回答问卷的态度、认知水平和填答环境，无法控制调查过程是否有他人介入、由他人代劳，甚至故意捣乱，无法知晓填答内容的真实性和可靠性。因此，对网络问卷调查结果做结论必须非常慎重，留有充分余地，一般只具有参考意义。

(3)调查人员掌握计算机和网络技术的水平是不同的。网络问卷调查的结果，在很大程度上取决于调查人员掌握计算机和网络技术的水平。一个技术水平高的调查人员，通过网络问卷调查可能获得丰富而正确的信息；反之，则只能获得许多混乱的、其正确性无法判断的信息。因此，网络问卷调查结果的差异，可能是客观情况差异的反映，也可能是调查人员技术水平差异的反映。正确评估调查人员的技术水平，是对网络问卷调查结果做结论时必须考虑的一个重要因素。

第五节 对网络调查法的评价

一、网络调查法的优点

(一)超越时空的开放性

网络调查超越时空限制，可一天 24 小时地向天南地北的各类公共网站、媒体、学术资源库、博客、电子期刊等开展调查。部分网站已开始筛选有效信息，让呈现在网络上的信息更加系统、条理，更加便于搜索、下载。如百度百科、知乎、简书等。它的开放性和广泛性是传统调查方法无法比拟的。

(二)独立操作的自主性

网民参与调查完全自觉、自愿，独立自主、操作方便，一般能自主地反映客观事实，坦诚地表达自己的看法，自主地决定反馈信息。

(三)不受干扰的隐匿性

网民在虚拟环境中以无记名方式参与，不受外界干扰，隐匿性极高，有利于对一些隐秘性、敏感性、威胁性问题做出比较真实的回答。

(四)信息形式的多样性

网络调查可充分发挥电脑和网络技术的优势，综合运用图像、声音、文本、视频等多种形式搜集和反馈信息，从而提高调查活动的生动性和吸引力。

(五)调查速度的快捷性

无论是网络互动调查，还是网络信息调查，都通过电脑和网络操作，调查速度的快捷和效率，远优于传统调查方法。

(六)调查结果的实时性

借助网络软件，网络调查可实时收集调查数据，实时分析调查信息，实时得出调查结果，这是其他方法无法实现的。

(七)调查成本的低廉性

调查者个人只要有电脑和网络，并掌握了一定的计算机和网络技术，就可开展各种调查，调查人员之少、调查成本之低，是传统调查方法无法比拟的。

此外，网络调查，特别是网上讨论、网上观察、网上实验等调查，有利于集思广益，促进调查的广泛和深入；网络信息调查，涉及的信息范围之广、规模之大、种类之多、变化之快，都大大优于传统调查方法。

二、网络调查法的缺点

(一)调查对象的有限性和不可控性

2021年《中国互联网络发展状况统计报告》显示，截至2020年12月，我国网民规模达9.89亿，手机网民规模达9.86亿，互联网普及率达70.4%。这些数据一方面说明中国网民规模、互联网普及率较高；另一方面说明网络调查对象的覆盖面还不全面、代表性还不充分，不能反映社会、文化层次较低的非网民的诉求。同时，网络调查参与者的数量、背景及其结构是不可控的，因而调查结果的代表性、适用性难以准确评估。

(二)调查平台的局限性

网站和电子邮件是网络调查两大平台。然而，网民众多的网站，往往数量有限；网民结构、网上信息与调查主题相近的网站，往往难以寻觅；网站筛选过程，往往耗时费力；网民配合调查的情况，往往难以估计。电子邮件调查的局限性则是回复率往往不高，难以即时相互交流。

(三)调查环境的虚拟性

网络调查在虚拟环境中进行，调查所获得的都是文本、图像、声音、视频等非实体形式的网络信息，而不可能了解到感性、真实、生动、具体的社会情况，这是网络调查不可克服的重大缺陷。

(四)网络活动的隐蔽性

参与调查者的网络行为，大多是独自、隐蔽进行的，他们究竟是个人独立回答的，还是在他人指导下回答的，或由他人代劳的，无法了解和控制。

(五)网络管理的不完善性

目前，网络信息数量庞大，分布异常广泛，种类繁杂多样，而网络法规尚不十分健全，网络管理尚不完全规范，致使网络信息质量良莠不齐，诈骗信息、虚假信息严重泛滥，从而为网络调查带来了许多困难。

(六)调查质量的不确定性

网络调查的反馈信息，其真实性、准确性很难判断，特别是“网络水军”“网络枪手公司”的大量存在，更使得网络信息真假难辨。

第十九章　大数据调查法

21 世纪以来，全球新一代信息技术迅速发展，大数据已成为国家基础性战略资源，利用大数据进行调查已成为一种全新的调查研究方法。

要学习和掌握大数据调查法，就必须了解什么是大数据？什么是大数据调查法？弄清楚大数据调查法的步骤、方法、技术和工具，实施大数据调查应该注意的问题，以及大数据调查法的优点和局限性等问题。

第一节　大数据和大数据调查法

要了解大数据和大数据调查法，先要弄清楚大数据和大数据调查法的概念和特点。

一、什么是大数据

(一)大数据的概念

什么是大数据？目前尚无公认的、严格的定义。从社会调查学视角看，我们认为，大数据是指运用计算机和网络技术采集、处理、存储和分析的实时记录社会现象及其活动而形成的海量数据的集合。这里有四层含义：

(1)大数据是计算机和网络技术的产物。与一般数据不同，大数据不是通过调查而获取的数据，而是基于计算机和网络技术实时记录社会现象及其活动而形成的数据。没有计算机和网络技术及其硬件的发展，就没有大数据的应用。

(2)大数据是需要经过采集、存储、处理和分析等一系列技术操作，才能获得对社会现象及其特征认知的数据。没有采集、存储、处理和分析等一系列操作技术及其相应的软件，就无法通过大数据了解社会现象。

(3)大数据是反映社会现象及其活动的实时记录的数据。社会现象及其活动可分为两大类，即客观事物及其活动和主观精神及其活动。没有反映任何客观事物及其活动或主观精神及其活动的纯数据，就不是本章所定义的“大数据”。

(4)大数据是海量数据的集合。大数据之“大”，很难用数量说明，只能用大海形容。但可肯定的是，无法在一定时间内、依靠人工运用常规工具完成，而必须借助高级计算机和新算法才能获取、储存、处理的数据集合，才是大数据。

(二)大数据的特点

西方学界一般从五个维度来描述大数据的特征："容量"(Volume)，"速度"(Velocity)，"多样性"(Variety)，"准确性"(Veracity)和"价值"(Value)，统称为"5V"。中国学者认为，大数据有如下四个典型特征：

(1)数据体量巨大(Volume)。传统数据处理的是以MB为基本单位的数据量，大数据则常常以GB，甚至以TB、PB为基本处理单位。其原因：一是各种电子设备，包括传感器、输入器和存储设备的发展和应用，使人们可以时时感知和记录信息；二是集成电路价格降低，使很多东西有了智能成分，记录是自动的，而不再是手动的，速度快且准确。

(2)数据种类繁多(Variety)。一般数据种类单一，且以结构化数据为主，如问卷调查数据。大数据种类繁多，往往包括结构化数据、半结构化数据和非结构化数据等类型。此外，大数据来源广泛，不仅包括一般关系数据，而且包括以网页、图片、视频、音频、E-mail、文档等形式存在的未加工的数据。

(3)流动速度快(Velocity)。大数据处理的不是以MB为基本单位的数据量，而是以GB，甚至以TB、PB为基本单位的数据量，数据流动的速度快到难以用传统的系统去处理。例如，每天几亿人口的社交媒体聊天记录、网络购物记录，等等，因而形成规模巨大的时时数据洪流。

(4)价值密度低(Value)。在数据量呈指数增长的同时，隐藏在海量数据中的有用信息却没有成相应比例增长，反而使获取有用信息的难度加大。以监控视频为例，连续监控过程可能达几小时甚至多少天，其中有用的视频数据可能只有几分钟，甚至仅一两秒钟，其密度之低，由此可见一斑。①

2015年8月31日，国务院印发的《促进大数据发展行动纲要》(以下简称《纲要》)指出："大数据是以容量大、类型多、存取速度快、应用价值高为主要特征的数据集合"。前面说"价值密度低"，这里说"应用价值高"，似乎有矛盾，其实不然。前者说的是"价值密度"，后者说的是"应用价值"，低密度与高价值可以并存。《纲要》指出："数据已成为国家基础性战略资源，大数据正日益对全球生产、流通、分配、消费活动以及经济运行机制、社会生活方式和国家治理能力产生重要影响"。这就是大数据"应用价值高"的最好说明。

二、什么是大数据调查法

(一)大数据调查法的概念

大数据调查法，目前中国学界少有规范性论述。从社会调查学视角看，我们认为，大数据调查法，就是调查者有目的、有计划地利用各种网络平台，采集有关调查对象及其活动的海量数据，经分析研究形成结论的调查方法。

① 陶雪娇，胡晓峰，刘洋. 大数据研究综述[J]. 系统仿真学报，2013(S1)：142-146.

这里有五层含义：

(1)目的性和计划性。与其他调查方法一样，大数据调查法也必须有目的、有计划地实施。其目的性和计划性主要取决于两个方面：一是调查课题或任务的客观需要；二是获取有关数据的现实可能。二者缺一不可。

(2)网络平台。大数据都存在于各类网络平台之中。因此，开展大数据调查，就必须在各类网络平台中寻找那些记录与调查课题有关数据的网络平台，并争取获得采集数据的许可。否则，就不可能开展大数据调查。

(3)采集数据。就是使用有效方法，采集有关调查对象的海量数据，包括反映调查对象客观情况、主观精神状态及其活动的，以文本、图片、视频、音频、E-mail、网页等形式存在的各种数据。数据类型越多、数量越丰富越好。

(4)分析研究。就是运用大数据处理工具，包括入门工具和高级工具，对采集、储存的数据进行甄别、清理、分析和挖掘，从中寻觅对回答调查课题有价值的数据或社会信息，为思维加工提供丰富的素材。

(5)形成结论。就是对分析研究所提供的、对回答调查课题有价值的数据或社会信息，进行深度思维加工，形成调查结论。如果是对策性、应用性课题，还应提出具有可操作性的对策性、应用性建议。

(二)大数据调查法的特点

与其他调查方法相比较，大数据调查法的特点是：

(1)从“大型数据”到“大数据”。现实调查方法、历史调查方法，以及网络调查法(以下简称“其他调查方法”)，无论调查数据规模多大，都只能称为“大型数据”，而不能称为“大数据”。因为，大型数据可以拆分成一系列小型数据集合并用传统方法处理。大数据则不同，传统方法已无法处理，必须使用新的模型、算法及新的计算机集成技术，才能采集与处理海量数据。

(2)从“随机抽样”到“观察总体”。“其他调查方法”往往要使用抽样框进行随机抽样，然后通过对样本调查的统计量，去推断总体的参数值。随着网络技术的进步和推广，计算机速度的提高和成本的下降，为通过海量数据直接观察总体提供了现实可能，从而突破了通过“随机抽样”调查推断总体的局限，为社会科学调研开辟了一种“观察总体”的全新方法。

(3)从“精确测量”到“总体真实”。“其他调查方法”都要求测量精确，力求做到信度和效度的统一。为此，不得不投入大量人财物力和时间。大数据调查法却很难做到精确。以调查媒体用户信息为例，调查获取数据的类型繁多，有各种网络日志、视频、图片、地理位置信息等，但很难获取一个用户的完整信息，其中可能还有用户有意无意填写的错误信息。然而，一旦把数据规模增加几个数量级，数据的精确性就会变得没有那么重要了。因为海量数据可以更好地反映总体的真实，从而大大降低错误信息造成的误差。

(4)从“因果关系”到“相关关系”。“其他调查方法”通常把揭示社会现象之间引起与被引起的“因果关系”作为调研课题最关注的目标。大数据调查法无法揭示这种引起与被引起之间的“因果关系”，但却可以通过海量数据揭示社会现象之间的相关关系，并据此做出过许多成功的预测。例如，国内外关于流感趋势的成功预测，就是通过互联网检索流感状况与地区间的相关性而获得的。又如，中国利用百度等搜索引擎调查有关大数据，对国内新冠病毒疫情的传染趋势及其拐点做出过成功的预测。

上述特点说明，大数据调查法与网络调查法尽管都是虚拟调查方法，但它们之间却有着质的区别：网络调查虽通过网络收集数据，但其数据处理依然沿用传统方法。而大数据调查法，由于数据海量，传统技术和方法不可能采集和处理，因而在数据采集层面要依赖更高级的网络技术，在数据处理层面要依赖人们创造出的新算法及更高性能的计算机。这说明，大数据调查法是比网络调查法更高一个层次的虚拟调查方法。

(三)大数据调查的意义

《纲要》指出：“数据已成为国家基础性战略资源，大数据正日益对全球生产、流通、分配、消费活动以及经济运行机制、社会生活方式和国家治理能力产生重要影响。”“目前，我国互联网、移动互联网用户规模居全球第一，拥有丰富的数据资源和应用市场优势，大数据部分关键技术研发取得突破，涌现出一批互联网创新企业和创新应用，一些地方政府已启动大数据相关工作。坚持创新驱动发展，加快大数据部署，深化大数据应用，已成为稳增长、促改革、调结构、惠民生和推动政府治理能力现代化的内在需要和必然选择。”

此外，大数据调查已广泛应用于日常生活的诸多领域和社会治理的各个方面。例如，通过集成以往飞机票价画出未来票价走势；利用用户搜索记录判断新冠病毒疫情现状；通过社交网络数据预测股市表现；通过大数据分析实时路况；根据热量消耗及睡眠模式追踪身体健康状况；甚至利用大数据分析来寻找爱情等。尤其值得指出的是，大数据调查的价值或意义，不仅在于“大”，而且在于“全”，即空间维度上的多角度、多层次信息的交叉复现；时间维度上的与人、与社会有机体活动相关联信息的持续呈现。①

第二节　大数据调查的步骤和方法

大数据调查的一般步骤和方法是：甄别与分类数据；采集与提取数据；判断和清理数据；分析和挖掘数据；从数据到结论。

一、甄别与分类数据

(一)数据的甄别

数据的甄别，就是对大数据进行研究鉴别，明确调查课题需要什么样的大数据，如何获得、如何分析这些大数据。数据的甄别，主要包括以下内容：

① 参见：喻国明. 大数据分析及其技术的关键[J]. 国际公关，2014(3).

(1)研究鉴别调查课题与数据类型、数据规模的关系。调查者必须大致了解什么问题可以用数据来解决，什么问题不能用数据来解决，并着重弄清楚自己的调查课题需要哪些类型的数据，以及多大规模的数据。

(2)研究鉴别数据的来源和搜集数据中可能存在的问题。调查者必须研究从哪些来源搜集数据、如何搜集数据，什么类型的数据容易提取，什么类型的数据比较难以提取，那些难以提取的数据应该通过什么技术途径解决。

(3)研究鉴别数据存储、处理和分析中可能存在的问题。数据搜集起来之后，将这些数据存储在何处，使用哪些方法来处理、分析数据，以及如何处理可能遇到的法律法规问题、隐私问题，等等。

(二)数据的分类

根据人们活动的类别，可以将目前常用的大数据分为以下四类：

一是关于日常生活的数据。这类数据可来自很多方面，包括网络电商购物数据、网页搜索数据、银联消费数据、视频监控数据、手机通信数据等。其中，商业数据较容易提取，能有效预测人们的生活状态和市场需求。例如，在京东、淘宝等电商平台购买口罩、防护服、消毒液等防护用品的数据，可帮助人们了解防护用品市场需求的变化，也可用来预测新冠病毒疫情的发展情况。

二是关于主观态度的数据。这类数据通常来自网络社交媒体。比如，微信朋友圈、微博、Facebook、Twitter 等，其中有用户信息、主观态度、空间信息、各种照片和生活行为等数据。这类数据，定位准确，实时空间分辨率较高，时间分辨率取决于用户发帖的频率。它们可成为情感分析、个人观点挖掘的有效来源。

三是关于交通出行的数据。这种数据可通过车载 GPS 和公交卡获取。车载 GPS 一般具有较高的空间(5 米范围)和时间分辨率，可记录车辆的位置、时间、速度、行程、运动轨迹和起终点等数据；公交卡一般具有连续性好、覆盖范围广、动态更新快等特点，可记录持卡人的 ID 信息、上下公交车的时间和地点等数据。这类数据，一般调查研究者比较难以获取和处理。

四是关于空间分布的数据。这类数据可通过手机、无人机、遥感卫星获取。这类数据，一般包括经度和纬度、地址和名称、高分辨率遥感影像和夜间光等信息，可反映城市的行业、功能、土地用途，以及人类活动的强度。目前，这种数据已广泛应用于城市活力、就业地点等评估，对人口城镇化和城市发展研究具有重要意义。但是，获取这类数据一般需要获得某种授权。

二、采集与提取数据

大数据是一个巨大的“金矿”。这个“金矿”的数据规模越大，数据来源越多，提取高质量数据的复杂程度、困难程度也就越高，需要使用不同的采集与提取技术。目前，常用的采集与提取技术主要有以下几种：

(一)探针采集法

这是一种采集数据的物理方法。人们日常打电话、手机上网时的数据交换，是由路由器、交换机等设备承载的。探针是一种从路由器、交换机上把数据采集过来的专有设备。根据探针放置的位置不同，可分为两种：内置探针和外置探针。此外，还需要分光器。这个设备是在不影响网络数据传输的情况下，对铜缆或光纤上传输的数据或移动 IP 网络中的数据进行复制，然后汇集到探针服务器上，提供给采集者。需要注意的是，目前随着越来越多的网站使用 httpS/QUIC 加密 L7 协议，传统探针的采集能力正在受到越来越大的限制。

(二)网页采集法

互联网上有大量散落的数据。要采集互联网上的数据，就必须把数据从网络中截取下来，这就需要网页爬虫技术。爬虫技术，就是将互联网上的网页下载下来，形成一个网页备份，作为采集所需数据的载体。例如，可利用该技术爬取新闻门户、综合网站、社交平台上的舆情信息，用于社会动态的研究或预测。在爬虫系统的采集设计中，抓取策略的设计(如抓取 URL 队列设计，即先抓取哪个页面，后抓取哪个页面等)和硬件设备水平，往往决定抓取数据的最终质量。如果将爬虫技术应用于社会科学研究，就需要更优秀的抓取策略设计，以及硬件设备的大幅提升。实践证明，爬虫技术是一项比较成熟的技术，用于数据采集一般能获得较好的效果。

(三)日志收集法

任何一个计算机系统，在运行过程中都会产生大量日志文件，其中蕴含着非常丰富的有价值的信息。如果不加以利用，这些日志文件经过一段时间就会被清理，从而消失。随着网络技术的发展和成熟，大数据技术可以将这些日志文件收集起来加以研究。例如，通过日志文件蕴含信息的分析，可了解计算机用户的行为特征，挖掘其消费的倾向或关注的重点等。目前，日志收集系统越来越多，比如，Flume 就是一款高性能、多用途的分布式日志收集系统。同类别的日志收集系统，还有 Facebook Scribe、Apache Chuwka 等。

(四)应用程序接口法

通常情况下，不同软件之间都会预先设定一个接口(如函数或 http 接口)，让使用者可在无需访问源码、无需理解内部工作机制的情况下，调用他人可共享的功能或资源。这种设定，对于获取数据的研究者来说是非常方便的。比如，百度、阿里云、京东、腾讯等，都设定有应用程序接口。调查者通过这些应用程序接口，就能非常方便地采集、提取大量所需的数据。

(五)数据采集软件收集法

在大数据调查过程中，数据量会从 TB 级上升至 FB 级，甚至 EB 量级，这是传统数据采集、存储方式无法完成的。目前，市场上有许多数据采集软件平台和公司。例如，锐研社会科学专题数据库、上海逸景数据采集软件等，能够为社会科学不同领域的调查研究者，提供各种个性化的数据采集服务。

三、判断和清理数据

在采集与提取数据与分析和挖掘数据之间，必须判断和清理数据，这是顺利实施大数据调查不可缺少的步骤。

（一）判断数据结构

判断数据，就是判断数据的结构。按照结构化程度，数据可分为三类：结构化数据、半结构化数据和非结构化数据。

（1）结构化数据，是指按表格、问卷方式记录的数据。它的每个字段都有固定语义和长度规范，并通过关系型数据库存储和管理。例如，企业管理系统、医疗信息系统、教育一卡通、行政审批数据库里的数据。

（2）半结构化数据，是指有一定结构，但结构不固定、不容易模式化的数据。例如，访谈记录、日志文件、XML（制作网页等用的文本结构标记系统）等。其内容大多用文字记录，没有严格的结构和关系，无法直接录入数据库。

（3）非结构化数据，是指结构不规则、不完整，不能用规范格式记录的数据。例如，语音、图片、视频等格式的数据。这类数据一般按照特定应用格式编码，数据量非常大，而且不能简单转换为结构化数据。

（二）数据结构化过程

在大数据调查中，采集、提取的数据约有80%以上是半结构化、非结构化数据。而分析和挖掘数据，必须按照结构化数据实施。因此，在分析和挖掘数据之前，必须对采集、提取的数据进行审读和清理，即将半结构化、非结构化数据转换为结构化数据。这就是说，审读和清理数据的过程，就是数据的结构化过程。其工作量非常巨大，大数据调查人员的日常工作中，60%~90%的时间是用来完成这一工作。数据结构化过程，主要有三个环节：

（1）数据集成，就是对不同来源、不同结构的数据，通过审读、调整、翻译和创建等方法，融合、集成为统一的结构化数据。对结构化过程前后的数据，应建立一定的对应关系，以便在后续程序中访问和操作，使结构化过程成为可追溯的过程。此外，数据集成还应妥善处理隐私问题，努力避免在集成数据中泄露某些隐私信息。

（2）数据准备，就是将融合、集成为统一的结构化数据，转换为符合分析和挖掘技术所要求的格式数据，为计算机读取和操作做好准备。例如，使用自然语言处理技术，① 进

① 自然语义处理技术，就是对日常语言表达进行分词处理和分类，提取有效信息，以了解人们的主观意图和情感状态。目前，以笔者所在研究团队为例，基于大数据训练的自然语义识别算法，在政策文献分类上的正确率已达到80%。

行文本分类、情感分析和意图识别，挖掘出许多有定性价值的材料；或通过图像识别技术，① 处理各种图片、视频数据。

(3)数据检验，就是通过清理形成一份“干净整齐”的数据后，通常还应做一些探索性检验。通过检验，可能会发现数据并不那么“干净整齐”。其中，可能有重复值、缺损值，甚至有莫名其妙的奇异值。这些数据，通常没有记录，或被错误记录。如果出现这种情况，就得回过头去，采集更多数据，或花更多时间清理数据。这就是说，审读和清理数据并非是一次完成的，清理办法并非是一次确定的，往往需要不断检查、不断改变清理策略，才能逐步完成。

四、分析和挖掘数据

大数据分析和挖掘主要有五种方法：分类、聚类、回归、关联规则分析和社交网络分析。

(一)分类

分类，是根据某些规则或属性将观察结果划分为预定义组的方法。其中，决策树、②支持向量机③和朴素贝叶斯分类器④都是相对成熟的分类算法。以城市社会学为例，通过分析城市基础设施和文本数据，量化城市基础设施模式、提取不同类型城市的土地利用率，就可有效预测城市的发展状态和趋势。

(二)聚类

聚类，是一种将相似或相关数据聚集在一起、实现“组内相似，组间不同”的分析方法。基于大数据的聚类方法，主要用于获取不同类别的数据，而不特别关注所获取类别数据的意义。聚类技术用于区分“无标签”数据比较有优势。例如，在分析蜂窝网络数据和车辆 GPS 数据时，可以使用聚类分析法，以此发现不同时间的人口分布模式和乘客出行模式，为制定公共交通网络规划提供基础。

(三)回归

回归，是一种确定两个或两个以上变量之间相互关系的分析方法。其中，线性回归和逻辑回归是使用最广泛的两种算法。回归分析法，主要用于事物之间因果关系的分析和预

① 图像识别技术，就是对图像进行识别，以区分各种不同模式目标和对象的技术。

② 决策树(Decision Tree)是在已知各种情况发生概率的基础上，通过构成决策树来求取净现值的期望值大于等于零的概率，评价项目风险，判断其可行性的决策分析方法，是直观运用概率分析的一种图解法。由于这种决策分支画成图形很像一棵树的枝干，故称决策树。

③ 支持向量机(Support Vector Machine，SVM)是一类按监督学习方式对数据进行二元分类的广义线性分类器，它的目的是寻找一个超平面来对样本进行分割，分割的原则是间隔最大化。

④ 朴素贝叶斯分类器(Naive Bayes Classifier，又称 NBC)是一系列以假设特征之间强(朴素)独立下运用贝叶斯定理为基础的简单概率分类方法。它与决策树，是两种运用最为广泛的分类模型。

测，具有降维、信息提取、估计和预测等功能。例如，运用回归分析方法，可以根据居住环境与居民健康的数据，确定居民疾病与环境的关系；可以根据居住环境与房地产的数据，弄清居住环境与房价的关系，等等。

(四)关联规则分析

关联规则分析，是一种用于发现事物间相关性或相互依赖性的方法。其中，“Apriori”和“灰色关联”是两种广泛使用的算法。关联规则分析法，可基于某些事件的发生推测其他事件的出现，并确定事物之间的影响程度，发现有价值的数据项之间的相关性。这项技术，可以用于分析遥感数据、社交媒体数据，研究城市扩张与城市活力之间的关系，等等。

(五)社交网络分析

社交网络分析，是一种从网络理论角度，根据用节点和联系的量化信息，分析对象间社交联系的方法。随着社交媒体的发展，该方法已成为一种相当流行、新颖的大数据分析方法，已广泛应用于分析人与人之间、人与物之间、物与物之间的关系。比如，分析人口流动和物资流动的方向、强度等关系。

五、从数据到结论

数据不可能自动形成结论。调查者只有在分析和挖掘数据的基础上，以唯物史观基本原理为指导，进行去粗取精、去伪存真、由此及彼、由表及里的思维加工，才能做出结论。这就是说，大数据调查法的实施，既要重视各种数据采集、分析技术和算法的应用，又要重视唯物史观基本原理的指导，并努力把二者有机结合起来。只有如此，才能科学验证现有理论，或提出新的科学理论。

目前，大数据调查已应用于许多领域。其中，市场调查占据较大比重；社会科学领域里的应用尚处于初始阶段。实践证明，应用大数据调查法，要注意两个方面的问题。一是防止过于强调理论。如果调研者偏重于理论研究与阐述，数据的利用只停留于简单的统计分析和表述，那么就可能失去大数据调查的价值。二是防止过于沉迷技术。如果调研者沉迷于各种技术或算法，而忽视唯物史观的理论指导，就有可能把大数据调查变为技术化、数字化的游戏。此外，应该重视大数据调查的预测功能，谨慎对待其反馈机制。

第三节　大数据调查的技术和工具

要学习、掌握和运用大数据调查法，一是在知识层面，除社会学理论和知识外，还要学习许多跨学科知识，如统计学、数学、计算机、机器学习等方面的知识。二是在技术层面，要掌握从 Excel 到 Hadoop 等方面的技术。下面，仅就“数据挖掘和机器学习”和“常用工具”做一些简要介绍。

一、数据挖掘和机器学习

数据挖掘和机器学习之间有很大的交集，它们是大数据应用的前沿，也是应用过程中比较困难的两个领域。现简要介绍如下：

(一)数据挖掘

数据挖掘，就是从数据中挖掘出有价值的信息。它经常应用于市场调查之中。比如，超市通过对一段时间内客户消费记录的调查分析，就能发现哪些商品畅销，哪些商品滞销，哪些商品经常被顾客一起购买。这样商家就可以把这些商品靠近摆放在一起，以达到促销的目的。例如，20 世纪 80 年代到 21 世纪初，美国沃尔玛超市通过大数据分析客户特征发现，买尿不湿的家长以父亲居多，如果他们在买尿不湿的同时看到啤酒，将会有很大概率购买啤酒，从而可提高啤酒销量。于是，他们经常把婴儿尿不湿与啤酒放在一起，从而达到了促销啤酒的目的。这个“啤酒+尿布”的经典案例，实际上就是数据挖掘的重要成果。

(二)机器学习

机器学习，是一门多领域交叉学科，涉及概率论、统计学、逼近论、凸分析、算法复杂度理论等多门学科。简单地说，机器学习就是让计算机根据历史数据自己去学习，以适应新的环境，模拟或实现人类的学习行为，以获取新的知识或技能，重新组织已有的知识结构使之不断改善自身的性能。它是人工智能的核心，是使计算机具有智能的根本途径。

目前，热门的“神经网络”和“深度学习”，都属于“机器学习”范畴。所谓“神经网络”，是指通过模拟人的神经系统实现机器学习。比如，疫情期间许多高校采用的人脸识别系统；在交通管理中对车牌的识别技术，都属于这一技术的应用。“深度学习”，则是神经网络的一个分支，一种多层级神经网络。2011 年中国自主研制的红旗 HQ3 无人车和 2020 年“苏州无人公交早鸟计划”，都属于深度学习的应用典型。

二、大数据调查的常用工具

目前，大数据处理的工具很多，如 Hadoop、HPCC、Storm、Apache Drill、Rapid Miner 和 BI。这里简单介绍几款常用的工具。

(一)入门级工具

大数据调查的入门级工具是：Excel、R、Python。

(1)Excel。它是许多学者比较熟悉的数据处理软件，一般办公系统中都备有这款软件。它容易上手，资源丰富，可以完成一些简单的建模、可视化、图表等工作，可做一些简单的方差分析和回归分析。但是，Excel 数据文件能够容纳的数据仅有 108 万行，不适合处理大数据；Excel 内置的统计分析种类过于简单，不适合复杂建模。如果数据在 108 万行以内，只进行简单处理，使用 Excel 是不错的选择。如果希望操作得更好，就需要掌握 Visual Basic 宏语言。

(2)R。这是统计分析和大数据分析中使用较多的一款软件，功能上能满足相当部分大数据调查需求，例如，数据清理与集成、网页爬虫、数据可视化、统计假设检验、较复杂的统计建模等。这款软件开源是免费的，适合大多数研究者使用。但它的命令代码比较复杂，安装包质量良莠不齐。实践证明，从代码编写看，R 不如 Stata 语言简洁；从上手难度看，R 不如 SPSS 便捷。如果不熟悉代码，R 软件使用起来并不比商业软件方便，但是 R 软件更新较快，更加灵活，如果使用者有 C 语言基础，R 软件应用起来则优于很多商业软件。

(3)Python。目前，这是一款需要编程的数据分析工具，也是一款热门软件，与 R 软件一样，它也是免费开源的。不同的是，R 是专门用于数据分析的软件，而 Python 除数据分析外，还可用于计算机领域，比如 Web 页面开发、系统后端开发等。它在大数据管理中可以起到非常重要的作用。此外，Python 在很多地方借鉴了 R 软件的一些特色，近几年在网页爬虫、机器学习、文本挖掘等领域比 R 更有优势。但是，在数据可视化方面，R 软件有非常著名的绘图软件包 ggplot2，在可视化效果上大大优于 Python。

(二)高级工具

大数据调查的高级工具是：

(1)Hadoop。这是一套公认的大数据标准开源软件。Hadoop 框架最核心的设计是：HDFS 和 MapReduce，能够处理 PB 级数据，从而为 Hadoop 提供海量数据的存储和计算功能，而且对硬件的要求不高。目前，几乎所有主流企业的大数据处理都使用 Hadoop。例如，淘宝、天猫和 Amazon 商品推荐功能背后的数据处理，Facebook、Twitter、LinkedIn 上"发现您可能认识的人"技术背后的数据处理，都使用 Hadoop。与只作为一种编程语言存在的 Python 不同，Hadoop 是真正意义上的大数据处理软件。对于大数据调查者来说，Hadoop 虽然由 Java 写成，但也可以使用 Python 来操作，这就意味着只要熟悉 Python，就可调用 Hadoop 软件，实现大数据分析的一些功能。

(2)Rapid Miner。这是主要用于数据挖掘的工具。它的最大好处是无需编程，从而避免了大量的编程工作。调研者可用 Rapid Miner 连接其中算子形成数据处理流程，实现对大数据文件的挖掘，并获得对挖掘流程的理解。美国耶鲁大学已成功地在许多领域应用 Rapid Miner，包括文本挖掘、多媒体挖掘、功能设计、数据流挖掘、集成开发和分布式数据挖掘。Rapid Miner 的缺点是，在处理更大量数据方面有局限。但可将它与 Hadoop 连接使用，以弥补这一缺点。

(3)Storm。这是一个免费开源、分布式、高容错的实时计算系统，它是基于 Hadoop 研发的。Hadoop 有吞吐量大、自动容错等优点，因此在海量数据处理上得到了广泛应用，但 Hadoop 不擅长实时计算。Storm 则可以使持续不断的计算变得容易，这就弥补了 Hadoop 不擅长实时计算的缺陷。所以，在大数据处理中，Storm 经常被用于实时分析、在线机器学习、持续计算、分布式远程调用等领域。同时，Storm 的部署、管理简单，如果研究者需要实时处理海量数据，Storm 是一个不错的选择。

此外，大数据分析领域还有许多著名的工具，包括高性能计算集群的超级计算机 HPCC；基于 Hadoop 数据查询而研发的 Apache Drill；用于报表和智能应用的 BI 等。读者可根据自己需求做进一步学习，这里就不一一介绍了。

第四节　实施大数据调查应该注意的问题

一、大数据调查法的适用范围问题

大数据调查法是一种全新的调查方法，它可以完成其他调查方法难以完成的调查任务。如何挖掘大数据的潜在价值，充分发挥大数据调查法的社会作用，还是一个有待解决的问题。

实践证明，大数据调查法特别适用于以下三类课题：

(1)数据量庞大的课题。例如，湖北省运用大数据精准反“蝇贪”，对全省 2014—2015 年城市低保、农村低保、农村五保、医疗救助、城镇安居工程、农村危房改造、农业保护补贴、退耕还林补助 8 个方面惠民政策落实情况，在省、市、县、乡、村五级联动调查，运用大数据等新技术，迅速比对并锁定 185.3 万条问题线索，使有房、有车、有工作、开公司等人员违规领取城乡低保、医疗救助、农村危房改造等补助资金的行为无所遁形，迅速比对查出 11.312 万人。整个调查历时 4 个多月完成，查实问题线索 43.2 万条，违规资金 6.02 亿元，违规领取补贴的有 317406 人，处理违纪违规党员干部 13504 人，立案调查 5204 人。① 显然，这是其他调查方法难以完成的。

(2)紧急性、预测性课题。例如，2019 年年底，新冠病毒疫情蔓延，国家急需及时了解病毒传播、人民生活和心理的变化，采用其他调查方法不可能完成这一任务。这时，大数据调查法起了关键作用。国内外许多调研者通过微信朋友圈、微博、Instagram 和 Twitter 等平台，获取了用户有关言论和空间位置变化的大量数据，为应对和控制这一流行病作出了重要贡献。

(3)全局性、动态性课题。例如，关于城市空间布局、城镇居民时空行为、城镇人口流动等带有一定全局性、动态性的课题，如果采用实地观察、访问调查、问卷调查和文献调查等方法进行调查，一般很难获得完整、准确的资料。但是，如果采用大数据调查法，通过对地理标记信息、社交媒体、手机通信等记录数据开展调查，就有可能较快捷地获得符合实际情况的调查结果。

二、大数据调查者应该具备的基本素质

大数据调查法涉及许多学科的知识和技术，其使用者必须具备多学科的基本素质。实践证明，大数据调查者应该具备如下一些基本素质：

(1)一定的数据敏感度。主要是：①了解现存大数据的类型，识别其中与自己研究课

① 杨宏斌. 湖北大数据查贪腐：锁定 185.3 万条线索查 11.312 万人[N]. 湖北日报，2017-01-06.

题密切相关的数据；②了解大数据资源的局限性，以及获取数据的难易程度；③了解理论与数据的关系，知道如何从数据中概括出理论。

(2)一定的量化思维能力。大数据调查技术和方法处理的对象是数据。因此，大数据调查者必须具备把具体的社会现象、抽象的理论观点转化为数据的能力。只有如此，才能把它们录入计算机，进行各种测量和量化分析。

(3)一定的技术知识和能力。主要是：①有关计算机的知识和技术；②有关软件应用的知识和技术；③有关软件工程的知识和技术；④有关统计学的知识和技术，以便根据调研课题的实际需要，找出模式、构建模型、设计算法、调试程序、处理数据，并防止可能出现的种种偏差。

(4)一定的人文社科素养和表达能力。主要是：①有关社会学、社会心理学、社会调查学的素质；②有关与调研课题相联系的人文社会科学(如经济学、人口学、管理学等)的素质；③有关语言、文字、图形等方面的知识和表达能力。

三、大数据调查应该组建多学科相配合的团队

大数据调查一般涉及广阔的调查空间、众多的调查对象、海量的调查数据、多方面的调研资料，要使用多学科的调研方法和技术，其工作量往往十分巨大，并有一定的时间要求，单靠个别调研人员是很难完成的。一般来说，大数据调查课题，应该组建一个多学科合作的、有一定规模的团队来承担。

一般来说，一个理想的大数据调查团队，应该由四类学科的学者、一个成熟的核心组成。四类学科的学者是，社会学学者、计算机学学者、统计学学者和社会调查学学者；一个成熟的核心应该是，熟悉马克思主义哲学和社会学理论，懂得计算机软件工程和统计学知识，具有丰富社会调查学知识和实践经验、善于组织协调的一两个人。有了这样一个团队，再加上必要的经费和设备、较好的社会环境和条件，就有可能承担和完成各类大数据调查课题。

此外，最好配备一位电子数据取证分析师，即从事电子数据的收集提取、数据恢复及取证分析的人员，其任务是：①针对各类电子数据的现场及在线提取固定；②分析基于物理修复或数据特征等的电子数据恢复技术；③提取分析不同介质和智能终端电子数据；④提取分析服务器、数据库及公有云电子数据；⑤提取分析物联网、工程控制系统电子数据；⑥设计建立电子数据取证可视化分析模型；⑦分析计算机及其他智能终端应用程序功能。①

四、大数据条块分割、信息孤岛、数据权属和垄断等问题

大数据调查实践中，经常遇到许多实际问题。其中，主要的是：

① 人社部、国家市场监督管理总局、国家统计局联合发布新职业信息名单[EB/OL].[2021-03-19].http://baike.baidu.com/item/%E7%94%B5%E5%AD%90%E6%95%B0%E6%8D%AE%E5%8F%96%E8%AF%81%E5%88%86%E6%9E%90%E5%B8%88/56367580?fr=aladdin.

(1)“条块分割”、数据壁垒问题。目前，大数据分布极为广泛、分散，各地区、各层级、各部门、各单位，各自为政，往往形成数据孤岛，导致大部分数据被束之高阁。如何克服大数据“条块分割”“信息孤岛”，突破大数据壁垒，是广泛开展大数据调查必须解决的首要问题。

(2)大数据调查的“最后一公里”问题。目前，多数地区、部门和单位，大数据共享平台建设相对滞后。这里有认识、体制、经费、技术等多方面原因。如何解决这些现实问题，尽快建成大数据共享平台，特别是打通“最后一公里”，甚至“最后一米”，是一个迫切的现实问题。

(3)大数据的权属、使用和国家安全问题。目前，用户在使用互联网时产生的信息数据究竟属于谁，谁能使用，谁不能使用，哪些数据可以使用，哪些数据不能使用，以及如何使用等，在法律上尚未得到明确的界定。因而，出现了大数据入侵、大数据垄断、大数据“杀熟”等一系列问题。如何制定明确的法律法规，及时管控大数据使用，严格保护大数据所有者权益，同时防止信息泄露，保证国家安全，也是一个亟待解决的问题。

第五节　对大数据调查法的评价

大数据调查法是一种全新的调查方法，其优势和缺点也是前所未有的。

一、大数据调查法的优势

(1)自在性。大数据调查法采集、处理的数据，是信息时代人类从事各类社会活动自生、自在的电子记录，是对自生、自在数据的再开发、再利用，而不是调查者有目的、有意识地自为调查的结果。这种自生、自在性数据，具有很大的客观性、真实性、可靠性、无成本或低成本性。

(2)总体性。大数据调查法采集、处理的数据，一般不是个别的、局部的，也不是抽样的，而是总体的、海量的；其调查结果，一般是对调查对象总体的、直接的反映，而不存在抽样调查推断总体时经常出现的抽样误差等问题。

(3)广泛性。大数据调查法采集、处理的数据，其范围极其广泛，在人类社会活动存在电子记录、存在网络的所有范围内，都可以开展大数据调查。其调查范围的广泛性，是其他调查方法难以比拟的。

(4)丰富性。大数据调查法采集、处理的数据，其种类极其丰富，除数值数据外，还有以文档、图形、图片、视频、音频、E-mail、网页等各种形式存在的数据。其数据形式的丰富性，是其他调查方法难以比拟的。

(5)动态性。大数据调查法采集、处理的数据，可以是静态的，但更多是动态的。就动态性数据而言，其时间维度、空间维度都是不断变化、发展的。其动态的可持续性、不间断性、实时性，是其他调查方法难以比拟的。

(6)精确性。大数据调查法采集、处理的数据，可以做到极其精确。在时间维度上，可精确阐明调查对象每日每时，甚至每分每秒的动态变化；在空间维度上，可精确描绘调查对象的地域分布、流速和流向。

此外，大数据调查法的高效性、时效性，也是其他调查方法难以比拟的。

二、大数据调查法的缺点

(1)技术依赖性。大数据调查法从甄别、获取、采集、提取、清理、分析、挖掘，直至得出调查结论，都高度依赖于有关的软件和有关的知识、技术。离开了这些软件和知识、技术，大数据调查就寸步难行。目前，有关软件的知识、技术并不普遍，这样就大大限制了其应用的广泛性。

(2)非实体性。大数据调查法采集、处理的数据，尽管是具有很大客观性、真实性、可靠性的自在数据，但却是非实体性的存在。一般很难获得活生生的、真情实感的认知和体验，这是大数据调查法，如同文献调查、遗存调查、网络调查等间接调查方法一样不可避免的永恒缺陷。

(3)不确定性。目前，大数据调查中存在着条块分割、信息孤岛、数据权属和垄断等问题，再加上获取大数据的环境、条件往往是不确定的，大数据的真实性、可靠性是不确定的，因而其调查成果的科学性往往是难以确定的。

(4)可操控性。高度的技术依赖性，是大数据调查法许多优势的来源，同时也为人为操控调查过程及其结果提供了现实可能性。这就是大数据调查过程中经常出现大数据入侵、大数据垄断、大数据“杀熟”等一系列问题的原因。

(5)一定的威胁性。大数据中有大量国家、机构、个人信息，如国情、国力数据，机构信息、动态，个人隐私、记录等。在缺乏有效管理的情况下，这些数据的采集和使用，可能会对国家安全、机构秘密、个人隐私形成一定的威胁。

(6)非因果性。大数据调查法获得的调查结论，只能回答相关性问题，而不能回答因果性问题；只具有或然性，而不具有必然性。要回答调查课题的因果性问题，就不得不使用实验调查等其他方法。

第六篇

社会调查方法(四)

第二十章　整理资料

社会调查的研究阶段，是社会调查的深化、提高阶段，是调查工作由感性认识为主的阶段上升到理性认识为主的阶段。社会调查能否出成果和成果质量高低，在很大程度上取决于研究阶段的工作。

研究阶段的第一项工作，就是整理资料。调查阶段搜集的各种资料，只有经过科学、系统的整理，才能为统计分析和思维加工打好基础。它是调查阶段与研究阶段之间不可缺少的环节。

第一节　整理资料的意义、原则和类型

要做好整理资料工作，首先应该弄清楚它的意义、原则和类型。

一、整理资料的意义

所谓整理资料，就是根据调查研究目的，运用科学方法，对调查所获得的资料进行审核、检验、分类、汇编等初步加工，使之系统化和条理化，并以集中、简明方式反映调查对象总体情况的工作过程。整理资料的重要意义在于：

(一)提高资料质量的必要步骤

在调查过程中，运用各种调查方法获得的资料往往是分散的、零乱的，而且难免存在虚假、错漏、短缺、余冗等现象。要解决这些问题，除了在调查阶段组织调查人员就地自查、互查和指派专人督查外，还必须在研究阶段开始时进行一次全面的检查和整理，以区分资料的真假和精粗，消除资料中的假、错、缺、冗等现象，以保证资料的真实、准确和完整，提高调查资料的质量和使用价值。

(二)研究调查资料的重要基础

研究阶段的任务在于获得正确的调查结论，而正确的调查结论来源于科学的统计分析和思维加工，科学的统计分析和思维加工又有赖于调查资料的真实、准确和完整。为此，就必须对搜集到的各种资料进行认真的鉴别和系统的整理，把各种假、错、缺、冗现象，特别是数据上的差错消灭在统计分析和思维加工之前。这是研究工作得以顺利进行的重要基础。

(三)保存调查资料的客观要求

社会调查的原始资料，不仅是得出调查结论的客观依据，而且对今后研究同类社会现象具有重要参考价值。因此，每次社会调查都应认真整理调查资料，以便长期保存和研究。实践证明，真实、准确、完整的调查资料，往往比调查结论更为重要，往往具有长久研究价值，而且随着时间推移，其价值将越来越大。

二、整理资料的原则

(一)真实性原则

整理出来的资料，必须是真实的，而不是虚假的、主观杜撰的。郭沫若指出，“无论作任何研究，材料的鉴别是最必要的基础阶段。材料不够固然大成问题，而材料的真伪或时代性如未规定清楚，那比缺乏材料还要更加危险。因为材料缺乏，顶多得不出结论而已，而材料的错用便会得出错误的结论。这样的结论比没有更要有害”。① 真实性原则，是整理资料首要的、最根本的原则。

(二)完整性原则

整理出来的资料，必须是全面、完整的，既要有历史资料，又要有现实资料；既要有正面、肯定的资料，又要有负面、否定的资料；既要有主体方面的资料，又要有辅助方面的资料；既要有定性方面的资料，又要有定量方面的资料，等等。只有这样，才能真实反映调查对象的全貌。

(三)统一性原则

整理出来的资料，必须是统一的，包括调查地点和时间的统一，调查对象的统一，调查内容的统一，调查指标及其操作定义的统一，调查数据的计算公式、计量单位的统一，调查结果表现形式的统一，等等。

(四)准确性原则

整理出来的资料，必须是准确的，特别是数据要准确。如果整理出来的资料含混不清，数据互相矛盾，那么，就不可能得出科学结论。当然，对于数据准确性的要求应该从实际出发，以能说明问题为原则，而不是越精确越好。

(五)简明性原则

整理出来的资料，必须是简明的，应该尽可能地以系统化、条理化的方式反映调查工作的主要内容，以集中化、简明化的形式反映调查对象的总体情况，而不应该杂乱无章，

① 郭沫若. 十批判书[M]. 北京：人民出版社，1954：1.

更不应该啰唆。

（六）新颖性原则

整理出来的资料，应该尽可能地新颖，即用新观点、新视角来审视资料、组合资料，尽量避免按照陈旧思路归纳问题、反映问题，更不能简单重复别人已经走过的老路。只有勤于思考、勇于创新，从调查资料中发现新情况、新问题，才能为创造性研究打下良好基础。

三、整理资料的类型

调查阶段搜集的资料，有文字、数据、图像、视听、实物、问卷等不同类型的资料，其中最常见的有三类资料，即文字资料、数据资料和问卷资料。

（一）文字资料

文字资料一般有两个来源：一是实地调查的文字资料，包括访谈记录、观察记录等；二是搜集的文献资料，包括档案、文件、会议记录、个人日记、信件、调查报告和研究论文等。整理文字资料，就是根据研究需要，对搜集到的各种文本资料进行阅读、审查、分类、汇编，使之成为便于研究的备用资料。文字资料的整理，研究者一般应该直接参与，而不能完全靠他人代劳。

（二）数据资料

数据资料，是指通过各种调查方法所获得的各类数据。这些数据资料，一般反映在统计表、统计图，以及各种统计手册、年鉴、汇编和专题数据库中。整理数据资料，就是对这些调查获得的数据进行鉴别、加工、整理，使之条理化、系统化地反映调查对象的总体情况。这不是一项单纯的技术工作，只有以一定的科学理论为指导，才能整理出那些最基本、最能说明问题的数据。

（三）问卷资料

问卷资料，主要是标准化的数字信息、符号信息，以及少量文字信息。这些数字、符号、文字信息，代表有关变量的取值，是对调查对象进行观察、访问、测量的记录。整理问卷资料，就是将问卷中的数据、符号、文字信息，通过一定程序和方式转换成可供计算机录入和分析的数据，以便调查者运用一些登录技术录入计算机，并根据调研设计的需要对这些信息进行分析和研究。

第二节　文字资料的整理

要做好文字资料整理工作，既要明确整理文字资料的一般步骤，又要掌握整理文字资料的两种方法。

一、整理文字资料的一般步骤

文字资料的整理，一般要经过阅读、审查、分类、汇编等程序，有的还可以勾画出形象化的概念图。

(一)阅读

阅读文字资料，是整理文字资料的首要步骤。因为，调查过程中搜集的文字资料，往往种类多、数量大、质量参差不齐，普遍审查既无可能，又无必要，只有通过阅读才能把有用的文字资料筛选出来。阅读和筛选的顺序一般是，首先从大量文字资料中筛选出可用的文字资料，其次从可用文字资料中筛选出应用文字资料，最后从应用文字资料中筛选出必用文字资料。通过反复阅读和逐层筛选，把有用的文字资料挑选出来，为下一步的审查工作打下基础。

(二)审查

审查，就是通过仔细推究和详尽考察，来判断、确定文字资料的真实性和适用性。这就是说，文字资料的审查包括两个方面：真实性审查和适用性审查。

真实性审查，也称信度审查：一是审查文字资料本身的真实性，二是审查文字资料内容的可靠性审查。

文字资料本身的真实性审查，是指通过细究和考察以判明调查所得的文献资料、观察和访问记录等资料本身的真伪。它一般采用两种方法：一是外观审查，即从文字资料的作者、编者、出版者、版本、印刷技术、纸张等外在情况来判断文字资料的真伪；二是内涵审查，即从文字资料的内容，使用的词汇、概念，写作技巧和风格等内在情况来判断文献的真伪。实践证明，观察、访问记录的真实性审查，往往可从记录的时间、地点、内容、语言和字迹等情况来判断其真伪。例如，那些时间重叠、地点含糊、内容贫乏、语言雷同、字迹相似、墨水相同的记录，就很可能是调查员伪造的记录。

文字资料内容的可靠性审查，是指通过细究和考察以判明文字资料内容是否真实地反映了调查对象的客观情况。它一般采用 4 种方法：

(1)经验法。根据以往实践经验和常识判断文字资料内容的可靠性，如文字资料中有明显违反实践经验、违背常识的内容，就应重新调查或核实。

(2)逻辑法。根据文字资料内在逻辑检验其可靠性，如文字资料内容前后不一致，或存在逻辑矛盾，或违背客观事物发展逻辑，就应对这些文字资料重新核实，剔除不符合事实的部分。

(3)来源法。根据文字资料来源判断其可靠性。一般来说，当事人反映的情况比局外人反映的情况可靠性强一些，多数人反映的情况比少数人反映的情况可靠性强一些，有文字记录的情况比口耳相传的情况可靠性强一些，引用率高的文字资料比引用率低的文字资料可靠性强一些，等等。

(4)比较法。根据反映同一事实不同来源的文字资料对比判断其可靠性。例如，对访谈记录与观察记录进行对比审核，对不同调查人员的访谈、观察记录进行对比审核，对访谈、观察记录与文献资料进行对比审核，等等。一般来说，多种来源互相印证的文字资料比单一来源的文字资料可靠性要强一些。

文字资料的适用性审查，属于效度审查。它主要审查文字资料是否符合原设计要求，是否适用于分析与解释调查所要回答的问题。如果所搜集的文字资料，违背了原设计要求，不适用于分析与解释调查所要回答的问题，或者字迹无法辨认等，都应列为不适用的、无效的文字资料。

对于不真实或不适用的文字资料，一般应补充调查，使之成为真实的、适用的文字资料。如果无法补充调查，不能成为真实的、适用的文字资料，就应剔除，以免影响整个调查资料的真实性和适用性。

(三)分类

文字资料的分类，就是根据文字资料的性质、内容或特征等，将相异的文字资料区分为不同类别、将相同或相近的文字资料合为同一类别，并使之排列成为具有一定从属关系的体系。通过分类，可以使文字资料条理化、系统化，具有某种顺序性、连贯性和逻辑性，为研究其中的规律性提供依据。

文字资料分类有两种方法，即前分类和后分类。前分类，是指在设计调查提纲、表格或问卷时，就按照事物或现象的类别设计调查指标，然后按照不同类别的调查指标搜集、整理资料。这样分类在调查前就已安排好了。例如，有结构观察的记录、标准化访问问卷等，采用的就是前分类方法。后分类，是指在调查资料搜集起来后，根据资料的性质、内容或特征将它们分别集合成类。例如，文献调查资料、无结构观察和非标准化访问的记录等，一般采用后分类方法。

必须指出，分类不是一项简单的技术工作，而是以一定理论为指导的、对文字资料进行概括的分析和研究过程。例如，对调查所获得的多种多样的闲暇活动文字资料的分类，人们往往通过抽象、概括把它们分为生存类、发展类、享受类；或分为高雅休闲类、大众娱乐类、学习类、健身类，等等。它们的背后都隐藏着研究者一定的理论解释，前者主要是说明不同社会发展阶段休闲方式的不同；后者主要是说明不同社会阶层休闲情趣的差异。列宁指出：“由于分类的方法不同，同一个材料竟会提供截然相反的结论”。① 这说明，分类具有重要的认识意义。

(四)汇编

汇编，就是按照调查目的和要求，对分类后的文字资料进行汇总和编辑，使之成为反映调查对象总体情况的系统、完整、集中、简明的材料。

对分类的文字资料进行汇编，首先，应根据调查目的、要求和调查对象的具体情况，确定合理的逻辑结构，使汇编后的文字资料既能反映调查对象总体的真实情况，又能说明

① 列宁全集(第27卷)[M]. 北京：人民出版社，2017：202.

调查所要说明的问题；其次，要对分类的文字资料做初步的研究和加工。例如，给各种文字资料加上标题，对重要部分标上各种符号，对各种文字资料按照一定逻辑结构编上序号，等等。

文字资料汇编的基本要求有两点。一要系统和完整。所有可用的文字资料都要汇编到一起，大类小类要层次分明，井井有条，能系统、完整地反映调查对象总体的全貌。二要简明和集中。要用尽可能简短、明了的文字，集中说明调查对象的总体情况，并注明文字资料的来源。如有必要，还可对文字资料的价值等做些简短述评，以供进一步研究参考。

(五)绘制概念图

一种理论的建立，往往涉及许多概念或命题，为了厘清这些概念或命题的相互关系，研究者往往借助概念图来直观展示它们的相互关系。

概念图是用来组织和表征知识的图形，一般由概念或命题、连接线和箭头、层级结构三种图标组成。概念，是指反映事物本质属性的词或词组；命题，是指逻辑上表达判断的语句，通常以直陈句或假定句表达。连接线和箭头，表示不同概念、命题之间的联系和方向；层级结构，是不同层次概念、命题的排列组合方式。在概念图中，概念或命题是核心，一般置于概念图的最上层或中心，从属的概念、命题则安排在下层或四周，并用连接线和箭头表示它们之间的联系和方向。此外，还有必要的文字说明。一般来说，概念图不是一次绘成的，而是随着思维加工的不断深化，而逐渐修改、完善直至最后完成的。图20-1是一张概念图的实例。

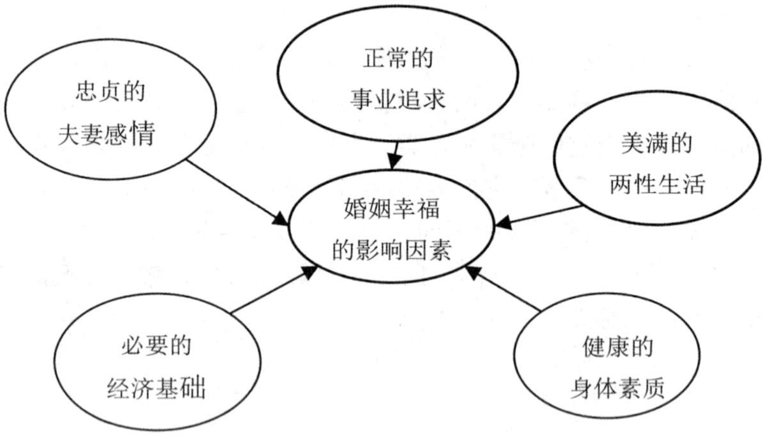

图 20-1　影响婚姻幸福的因素

必须指出，绘制概念图不是目的，而是使理论更加清晰、直观的一种工具。因此，不要过分注重概念图的表现形式，而忽视概念图的思想内容。

二、整理文字资料的方法

整理文字资料有两种方法：人工整理和电脑整理。

（一）人工整理

人工整理，就是用手工方法将通览、审查、分类、汇编后的文字资料进行登录和建档。登录，就是将通览、审查、分类、汇编后的文字资料，用规范的文字登记、记录下来；建档，就是将登录、记录下来的文字资料整理为方便使用的文本档案，即把文字资料装入一定格式的档案夹或档案袋，并编写内容摘要、编排档案目录、编制目录索引等。

档案夹或档案袋的格式要统一，封面上应标有文字资料的主题词或文档名。编写内容摘要，一般应该包括文字资料的主要内容，资料的来源，观察或访谈人员的姓名、时间、地点，受访人员的基本信息等。编排档案目录，一般是把档案、卷宗的目录编排起来，编写上卷次或序号。编排目录索引，就是按照目录的主题编制索引，其目的是突出文字资料的重点内容，便于今后查询。

（二）电脑整理

电脑整理，就是用电子计算机将通览、审查、分类、汇编后的文字资料录入、存储到计算机中，形成电子文档，然后再根据研究需要，对电子文档编写内容摘要、编排档案目录、编制目录索引等。

电脑整理的优点：一是使研究者从手工劳动中解放出来，大大提高工作效率；二是改变文字资料的研究方式和流程，为组织大型研究提供新的可能；三是通过软件录入形成电子文档，储存于数据库，便于检索和分析研究。

目前，电脑整理已越来越普遍，应用软件也越来越多。整理文字资料的软件主要有Qualrus、Nvivo，MAXQDA、ATLAS. ti 等。它们的功能有较大差别，选用何种软件来整理文字资料，应根据文字资料的特点和软件的功能来判定。例如，Nvivo 就是一款功能强大的质性分析软件，能够有效分析多种不同类型数据，诸如文字、图片、录音、录像等数据，是实现质性研究的最佳工具。

第三节　数据资料的整理

数据资料的整理，一般包括检验、分组、汇总、制作统计表或统计图等程序。

一、检验

检验，就是检查、验证各种数据资料是否完整和正确。

数字资料的完整性检查，主要包括两个方面：一是检查应该调查的对象和每个调查对象应该填写的表格是否齐全，有没有遗漏调查对象或遗漏表格的现象；二是检查每份调查记录、每张调查表格有关数据的填写是否完整，有没有缺报的指标或漏填的数据，等等。

数字资料的正确性检验，就是看资料上的数据是否符合实际，计算是否正确。数字资料的正确性检验，一般采用三种方法：

(1)经验判断。根据已有经验来判断数字资料是否真实、正确。如已知某单位比较落后，而数字资料却超过了先进单位，那么，对这些数字资料就应该进一步调查核实。反之，也应该如此。

(2)逻辑检验。从逻辑关系来检验数据资料是否正确、符合实际。比如，收入与支出、播种面积与总产量、教师数与学生数、劳动生产率与利税率等之间都有一定的逻辑关系。如果发现支出大大超过收入、播种面积与总产量不相吻合、教师数与学生数不成比例、劳动生产率与利税率大幅逆向增长等不符合逻辑的情况，那么这样的数字资料就可能存在问题，应该进一步复查或核实。

(3)计算审核。通过数学运算来审核数字资料有无差错。比如，各分组数字之和是否等于总数，各部分占总体比例相加是否等于百分之百，各种平均数、发展速度、增长速度、指数的计算是否正确等，都可通过数学运算来审核。此外，调查指标的计量单位是否一致、不同调查单位的计算方法是否统一等，也应进行必要的审核。

通过检验发现的各种问题，如表格不齐、答案不全、数字不真或计算错误等，都应及时查明原因，采取措施予以补充或更正。对于无法补充或更正的数据资料，则应作为无效资料剔除，以免影响整个数字资料的真实性和准确性。

二、分组

分组，是指根据调查对象的某些特征或标志把有关数据划分为不同的类别或组成部分。分组对总体是“分”，即将总体中性质相异的个体区分开来；对部分是“合”，即将性质相同的部分组合成类。分组应该坚持：以研究目的为依据，以客观实际为基础，以界限明确为要求，以穷尽性和互斥性为原则。分组的目的在于，反映各组事物的数量特征，考察总体内部的构成状况，研究总体内各组成部分的相互关系等。

分组的一般步骤是：选择分组标志，确定分组界限，编制变量数列。

(一)选择分组标志

分组标志，就是分组的标准或依据。分组的标志多种多样，调查目的不同，调查对象情况不同，选择分组的标志就应有所不同。常用的分组标志有四种，即质量标志、数量标志、空间标志和时间标志。

(1)质量标志，就是按事物性质或类别分组。例如，人口可按性别标志分为男人和女人，可按民族标志分为汉族和少数民族；企业可按行业、规模、经营情况等标志分成多种类型，等等。按质量标志分组，可以把不同性质或类别的事物区别开来，有利于认识不同性质或类别事物的数量特征，有利于对不同性质或类别的事物进行对比研究。

(2)数量标志，就是按事物的发展规模、水平、速度、比例等数量特征分组。例如，城市可按城区常住人口规模来分组：1000 万人以上为超大城市、500 万~1000 万人为特大城市、300 万~500 万人为Ⅰ型大城市、100 万~300 万人为Ⅱ型大城市，50 万~100 万人为中等城市，20 万~50 万为Ⅰ型小城市，20 万以下为Ⅱ型小城市，等等。① 按数量标志分组，可以把不同发展规模、水平、速度、比例的事物区别开来，有利于从数量上认识客观事物，有利于对不同数量特征事物之间的关系进行分析和研究。

(3)空间标志，就是按事物的地理位置、区域范围等空间特性分组。例如，中国经济发展状况，可按东部、中部、西部三大地理区域分组；义务教育普及程度，可按省、市、县、乡等不同等级、不同规模行政区划分组，等等。按空间标志分组，可以把不同地域的事物区别开来，有利于了解事物空间分布状况，有利于对不同地理位置、不同区域范围内的事物进行对比研究。

(4)时间标志，就是按事物从发生到结束的持续性、间隔性和先后顺序分组。例如，工业总产值可按月、按季、按年度分组；国内生产总值增长速度，可按季度、年度、5 年、10 年分组，等等。按时间标志分组，可把不同时点或时期的事物区别开来，有利于认识事物在不同时点或时期的变化，有利于揭示事物运动、变化、发展的趋势。

上述四种标志是最基本的分组标志。在这四种标志基础上，可以用两个或两个以上标志——性质和水平、年度和类型、规模和区域、地理位置和年度等组合成多种多样的复合标志。例如，国家统计局发布的《统计上大中小微型企业划分办法》(2017)，使用的就是根据“从业人员”和“营业收入”两个指标组成的复合标志。

表 20-1 统计上大中小微型企业划分标准

行业名称	指标名称	计量单位	大型	中型	小型	微型
农、林、牧、渔业	营业收入(Y)	万元	Y≥20000	500≤Y<20000	50≤Y<500	Y<50
工业*	从业人员(X)	人	X≥1000	300≤X<1000	20≤X<300	X<20
	营业收入(Y)	万元	Y≥4000	2000≤Y<40000	300≤Y<2000	Y<300
建筑业	营业收入(Y)	万元	Y≥80000	6000≤Y<80000	300≤Y<6000	Y<300
	资产总额(Z)	万元	Z≥80000	5000≤Z<80000	300≤Z<5000	Z<300
批发业	从业人员(X)	人	X≥200	20≤X<200	5≤X<20	X<5
	营业收入(Y)	万元	Y≥40000	5000≤Y<40000	1000≤Y<5000	Y<1000
零售业	从业人员(X)	人	X≥300	50≤X<300	10≤X<50	X<10
	营业收入(Y)	万元	Y≥20000	500≤Y<20000	100≤Y<500	Y<100
交通运输业*	从业人员(X)	人	X≥1000	300≤X<1000	20≤X<300	X<20
	营业收入(Y)	万元	Y≥30000	3000≤Y<30000	200≤Y<3000	Y<200
仓储业*	从业人员(X)	人	X≥200	100≤X<200	20≤X<100	X<20
	营业收入(Y)	万元	Y≥30000	1000≤Y<30000	100≤Y<1000	Y<100

① 国务院关于调整城市规模划分标准的通知[S]. 国发〔2014〕51 号文件，2014-10-29.

续表

行业名称	指标名称	计量单位	大型	中型	小型	微型
邮政业	从业人员(X)	人	X≥1000	300≤X<1000	20≤X<300	X<20
	营业收入(Y)	万元	Y≥30000	2000≤Y<30000	100≤Y<100	Y<100
住宿业	从业人员(X)	人	X≥300	100≤X<300	10≤X<100	X<10
	营业收入(Y)	万元	Y≥10000	2000≤Y<10000	100≤Y<2000	Y<100
餐饮业	从业人员(X)	人	X≥300	100≤X<300	10≤X<100	X<10
	营业收入(Y)	万元	Y≥10000	2000≤Y<10000	100≤Y<2000	Y<100
信息传输业*	从业人员(X)	人	X≥2000	100≤X<2000	10≤X<100	X<10
	营业收入(Y)	万元	Y≥100000	1000≤Y<100000	100≤Y<1000	Y<100
软件和信息技术服务业	从业人员(X)	人	X≥300	100≤X<300	10≤X<100	X<10
	营业收入(Y)	万元	Y≥10000	1000≤Y<10000	50≤Y<1000	Y<50
房地产开发经营	营业收入(Y)	万元	Y≥200000	1000≤Y<200000	100≤Y<1000	Y<100
	资产总额(Z)	万元	Z≥10000	5000≤Z<10000	2000≤Z<5000	Z<2000
物业管理	从业人员(X)	人	X≥1000	300≤X<1000	100≤X<300	X<100
	营业收入(Y)	万元	Y≥5000	1000≤Y<5000	500≤Y<1000	Y<500
租赁和商务服务业	从业人员(X)	人	X≥300	100≤X<300	10≤X<100	X<10
	资产总额(Z)	万元	Z≥120000	8000≤Z<120000	100≤Z<8000	Z<100
其他未列明行业*	从业人员(X)	人	X≥300	100≤X<300	10≤X<100	X<10

说明：①大型、中型和小型企业须同时满足所列指标的下限，否则下划一档；微型企业只需满足所列指标中的一项即可。

②附表中各行业的范围以《国民经济行业分类》(GB/T4754—2017)为准。带*的项为行业组合类别，其中，工业包括采矿业，制造业，电力、热力、燃气及水生产和供应业；交通运输业包括道路运输业，水上运输业，航空运输业，管道运输业，多式联运和运输代理业、装卸搬运，不包括铁路运输业；仓储业包括通用仓储，低温仓储，危险品仓储，谷物、棉花等农产品仓储，中药材仓储和其他仓储业；信息传输业包括电信、广播电视和卫星传输服务，互联网和相关服务；其他未列明行业包括科学研究和技术服务业，水利、环境和公共设施管理业，居民服务、修理和其他服务业，社会工作，文化、体育和娱乐业，以及房地产中介服务，其他房地产业等，不包括自有房地产经营活动。

③企业划分指标以现行统计制度为准。①从业人员，是指期末从业人员数，没有期末从业人员数的，采用全年平均人员数代替。②营业收入，工业、建筑业、限额以上批发和零售业、限额以上住宿和餐饮业以及其他设置主营业务收入指标的行业，采用主营业务收入；限额以下批发与零售业企业采用商品销售额代替；限额以下住宿与餐饮业企业采用营业额代替；农、林、牧、渔业企业采用营业总收入代替；其他未设置主营业务收入的行业，采用营业收入指标。③资产总额，采用资产总计代替。

选择分组标志，是数字资料分组的关键。因为分组标志选择是否正确，直接关系到分组的科学性，关系到分组结果能否正确反映调查对象总体情况。因此，一定要根据调查目的、要求和调查对象的实际情况，以科学理论为指导，实事求是地慎重选择分组标志。

(二)确定分组界限

分组界限，是指划分组与组之间的间隔限度。确定分组界限，包括组数、组距、组限、组中值的确定和计算等内容。

(1)组数，就是组的数量。组数的确定，应从实际出发。当数量标志变动范围很小、标志值项数不多时，可直接将每个标志值确定为一组。这时，组数等于数量标志值项数。例如，调查7~12岁学龄儿童入学率，就可将每一岁儿童确定为一组。当数量标志变动范围大、标志值项数多时，可将邻近的几个标志值合为一组，以减少组的数量。例如，调查人口年龄结构，就可将邻近的5个年龄合为一组。对标志值项数较多的数据资料分组，还可以按斯特奇斯(Sturges)提出的经验公式(通称为Sturges法则)来确定组数K：

$$K=1+\lg N/\lg 2，即\ K=1+3.322\lg N$$

式中，N为标志值项数，对计算结果用四舍五入办法取整数即为组数。

这个公式的文字表述是：组数K等于标志值项数N的对数除以2的对数所得的商加1.2的对数的倒数为3.322，N的对数可通过查常用对数表得知。

(2)组距，就是各组中最大数值与最小数值之间的距离。确定组距后，应编制组距数列。编制的组距数列，各组组距相等的，叫等组距数列；各组组距不相等的，叫不等组距数列。确定组距数列时，究竟采用等组距数列还是不等组距数列，应从实际情况出发。如编制等组距数列，应先确定组数，再用全部变量最大值与最小值之间的差距即全距除以组数，就可得出组距的大小。如编制不等组距数列，就应根据研究目的和实际情况来确定组距。

(3)组限，就是组距两端数值的限度。一般将每组的起点数值(最小数值)称为下限，终点数值(最大数值)称为上限。组限有两种表现形式，一种是封闭式组限，即在变量数列中最小组的下限值和最大组的上限值都是确定的；另一种是开口式组限，即在变量数列中最小组的下限值和最大组的上限值是不确定的。如表20-2，左为封闭式组限，右为开口式组限。

表20-2　某村农民收入分层情况　　单位：元、人

项　目	封闭式组限		开口式组限	
	人均年纯收入	人　数	人均年纯收入	人　数
合　计	11569	1200	11569	1200
贫困户	1000~2500	122	2500以下	122
温饱户	2500~5000	465	2500~5000	465
小康户	5000~10000	384	5000~10000	384
宽裕户	10000~50000	171	10000~50000	171
富裕户	50000~100000	58	50000以上	58

组限应尽量采用整数，最好是 5 和 10 的倍数。离散型变量邻组的上下限可以不用同一个数值，连续型变量邻组的上下限必须用同一个数值。邻组的上下限为同一数值时，应该遵循统计学中"上限不在内"原则，即将某一数值划归属于下限的那一组。例如，某一农民人均年纯收入为 5000 元，就应划归属于下限 5000~10000 元的小康户组。

(4)组中值，就是各组标志值的代表值。组中值是根据各组组距上限与下限之间的中点数值确定的。封闭式组距数列组中值的计算公式是：组中值=(下限+上限)÷2。例如，表 20-1 中小康户的组中值=(5000+10000)÷2=7500。开口式组距数列组中值的计算公式是：缺下限的组中值=开口组上限-相邻组组距÷2。缺上限的组中值=开口组下限+相邻组组距÷2。例如，表 20-1 中贫困户组中值=2500-(5000-2500)/2=1250，富裕户组中值=50000+(50000-10000)/2=70000。

(三)编制变量数列

数量标志中可以取不同数值的量，统计上称为变量。把数量标志的不同数值编制为数列，称为编制变量数列，即把各数量标志的数值汇总归入适当的变量数列表。常用的变量数列表有：①按质量标志分组的变量数列表；②按数量标志分组的变量数列表；③按空间标志分组的变量数列表；④按时间标志分组的变量数列表；⑤累积频数表，又称累计频次表，即把各值的频次按一定顺序(从小到大或从大到小)相加后所形成的表格。

三、汇总

汇总，是指根据研究目的把分组后的数据汇集到有关表格中，并计算、加总，以集中、系统形式反映调查对象总体的数量情况。

汇总方法，分为手工汇总和电子计算机汇总两大类。随着计算机的普及，手工汇总方法已逐渐为计算机汇总方法代替。计算机汇总的方法，必须先把原始资料转变为计算机可识别的数据。现在，大多是在 SPSS、Excel、DBASE、Stata 等统计软件上直接登录数据资料、建立数据文件，然后再进行汇总计算。

四、制作统计表和统计图

汇总数据，如果要通过表格或图形表现出来，就要制作统计表和统计图。

(一)统计表的制作

统计表以表格形式反映变量的数值分布，是表述统计资料数量特征及其关系的主要形式。它具有系统、完整、简明、集中的特点，而且便于计算、查找和对比研究。广义地讲，统计表包括调查表、汇总表、整理表、分析表和公布统计资料的表式等。狭义地讲，则是指记载汇总结果和公布数据资料的表式。这里讲的统计表，是就狭义而言的。

1. 统计表的结构

从形式上看，统计表一般由表号、标题、标目(横标目、纵标目)、数字、表注和资料来源等要素构成。表号是表的序号，位于表顶端左侧，一般在表号后用空格或冒号与标题隔开。标题，就是统计表名称，它简要说明表中数据资料的内容，一般位于表顶端中部。标目，分横标目和纵标目。横标目，通常列在表的左侧，用以说明总体各组或各单位的标志。纵标目，通常放在表的右侧上方，用以说明总体各组、各单位有关情况的各种指标。数字，是统计表的主体，一般用绝对数、相对数或平均数等数值来说明总体各组、各单位有关指标的数量特征。表注，是对表内的标目、统计方式、数据所做的解释或说明。因为表内数字中不能混杂文字，凡需要解释或说明的内容一律写入表注。资料来源，用于说明统计数据的出处，一般应有作者名、书刊名或文章名、页码、出版地点、出版单位和时间等内容。

从内容上看，统计表由主词和宾词两部分组成。主词，就是统计表所要说明的总体或总体各组、各单位的名称，通常排在表左侧。宾词，就是统计表用来说明主词的各种指标，通常排在表右侧上方。统计表结构，见表 20-3。

表号　标题

表 20-3　城镇居民人均支出

主词　宾词

项　目	2013年 金额（元）	2015年 金额（元）	2017年 金额（元）	2018年 金额（元）
消费支出	18487.5	21392.4	24445.0	26112.3
食品烟酒	5570.7	6359.7	7001.0	7239.0
衣着	1553.7	1701.1	1757.9	1808.2
居住	4301.4	4726.0	5564.0	6255.0
生活用品及服务	1129.2	1306.5	1525.0	1629.4
交通通信	2317.8	2895.4	3321.5	3473.5
教育文化娱乐	1988.3	2382.8	2846.6	2974.1
⋮	⋮	⋮	⋮	⋮

横标目　纵标目　数字

注：表中的“消费支出”指生活消费支出，不包括非生活消费支出。

来源：中国统计年鉴 2019 [EB/OL].[2021-11-21]. http://www.stats.gov.cn/tjsj/ndsj/2019/indexch.htm.

表注

2. 统计表的分类

(1)按照主词结构，统计表可分为简单表、分组表和复合表三种。

简单表，即主词未作任何分组的统计表。在简单表中，主词只列举总体各部分名称，或只按地域分布、时间顺序排列。

分组表，也称次数分布表，即主词按某一个标志分组的统计表。分组表可以按一个标志揭示出不同类型现象的数量特征，有利于研究调查对象总体的内部结构，分析不同类型社会现象之间的数量关系。

复合表，也称交互分类统计表或列联表，即主词按两个或两个以上标志分组的统计表。复合表可以把多种标志结合起来，可以从多种角度反映社会现象的不同数量特征，例如表 20-4。

表 20-4　国家财政中央和地方收支情况　　单位：亿元

项目	1990 年	1995 年	2000 年	2005 年	2010 年	2015 年	2018 年
财政总收入	2937. 1	6242. 2	13395. 2	31628. 0	83101. 51	152269. 2	183359. 8
中央	992. 4	3256. 6	6989. 2	16535. 9	42488. 47	69267. 2	85456. 4
地方	1944. 7	2985. 6	6406. 1	15092. 0	40613. 04	83002. 0	97903. 4
财政总支出	3083. 6	6823. 7	15886. 5	33708. 1	89874. 16	175877. 8	220904. 1
中央	1004. 5	1995. 4	5519. 9	8775. 7	15989. 73	25542. 2	32707. 81
地方	2079. 1	4828. 3	10366. 7	24932. 4	73884. 43	150335. 6	88196. 3

来源：中国统计年鉴 2019[EB/OL].[2021-11-21]. http://www.stats.gov.cn/tjsj/ndsj/2019/indexch.htm.

(2)按照宾词结构，统计表可作两种设计，即简单设计和复合设计。

宾词简单设计，就是宾词各指标的平行配置设计，其指标栏数等于各标志分组项数之和。同时，各指标之间没有数值关系。如表 20-5 所示。

表 20-5　各地区按性别和婚姻状况分的人口

项目	15 岁及其以上人口合计	性别		婚姻状况				
		男	女	未婚	初婚有配偶	再婚有配偶	离婚	丧偶
总计	939526	476037	463489	191753	669629	14647	13272	50226
北京	15648	7999	7649	4095	10653	201	212	487
辽宁	32819	16446	16373	7714	21969	514	855	1767
湖北	41428	20880	20548	8283	29336	660	521	2627
⋮	⋮	⋮	⋮	⋮	⋮	⋮	⋮	⋮

注：本表是 2012 年全国人口变动情况抽样调查样本数据，抽样比为 0. 831‰。

来源：中国人口统计年鉴[M]. 北京：中国统计出版社，2013：109-110.

宾词复合设计，就是宾词各指标的互相重叠设计，其指标栏数等于各标志分组项数的乘积，因而指标栏数有较大增加。如表 20-6 所示。

表 20-6　各地区按性别和婚姻状况分的人口

项目	15 岁及其以上人口合计	男					女				
		未婚	初婚有配偶	再婚有配偶	离婚	丧偶	未婚	初婚有配偶	再婚有配偶	离婚	丧偶
总计	939526	111298	334786	7005	7610	15337	80455	334843	7642	5662	34889
北京	15648	2267	5399	105	96	132	1828	5254	96	116	355
辽宁	32819	4227	10971	242	442	565	3487	10998	272	413	1202
湖北	41428	4824	14549	335	273	900	3459	14787	325	248	1727
⋮	⋮	⋮	⋮	⋮	⋮	⋮	⋮	⋮	⋮	⋮	⋮

来源：中国人口统计年鉴[M]. 北京：中国统计出版社，2013：109-110.

上述两表说明，在宾词简单设计中，指标之间是相加关系，如表 20-5 所示，性别 2 栏，婚姻状况 5 栏，2+5=7 栏；在宾词复合设计中，指标之间是相乘关系，如表 20-6，性别 2 栏，婚姻状况 5 栏，2×5=10 栏。因此，宾词复合设计指标不能过多，否则不仅工作量大增，而且还会损害统计表简明、集中的特点。

3. 制作统计表应该注意的问题

(1)必须根据制表目的、要求和内容，通盘考虑统计表布局，使分组和指标的安排主次分明、重点突出，并反映出数据的内在逻辑关系，使人一目了然。

(2)标题文字要简明、准确，以说明表的主要内容为原则。

(3)纵标目、横标目的概念要明确，排列顺序要符合逻辑。跨页时，纵标目、横标目应照原表列出。

(4)主词和宾词的合计、总计，一般应安排在前面，以便先给人一个总概念。如果只列出一部分项目，则合计必须在前面，在所列部分指标名称前必须冠以“其中”字样。

(5)统计表的栏目，一般应该编号。主词栏目通常用(甲)、(乙)、(丙)等文字标明；宾词栏目通常用①、②、③等数码编号。为了说明各栏目之间的关系，有时还应用恰当的公式标明，如：⑥=④×⑤，等等。

(6)表的上下两端和纵标目、横标目与数字资料之间画粗线，表内各栏目之间画细线或不画线，左右两端不封口，横行之间不画线。

(7)全表的计量单位，如果数量较少，可在表上方右侧注明；如果数量较多，则应在各指标下注明。如果主词计量单位变化较多，可在纵栏目中专设 1 个“计量单位”栏目。

(8)表中的数字要填写整齐，对准位数，数字精确度要一致。下行与上行数字相同时，不应用“同上”或符号表示，而应填写数字。不需填写或无数字的空格，用短线“—”表示；缺数字的空格用虚线“…”表示；估算数据应在表注中说明；负数则应在数字前冠以负号。

(二)统计图的制作

统计图是指根据统计数据绘制的图形，用以反映统计对象的数量特征。它具有形象、生动、直观、概括和醒目等特点，具有较强吸引力和说服力。

统计图大体可分为4种类型。

1. 几何图

利用点、线、面来表示统计资料的图形。它主要包括：圆形图，又称饼图；条形图，又称柱形图；直方图；曲线图，又称折线图。

2. 美术图

亦称形象图、绘画图，就是用形象来表达统计数据的图形，多用于展览、宣传和广告。它主要包括：象形图、装饰图和特种美术图。

3. 统计地图

以地图为背景，运用点、线、面等几何图或形象图表示统计资料地域分布的图形。例如，运用点的大小、多少；线纹的粗细、疏密；颜色的深浅、明暗；圆形或方形面积的大小；实物形象的大小和多少等，来表示统计数量的地域分布。

4. 复合图

用两种或两种以上统计图复合而成的统计图，如条形图曲线图的复合图、条形图象形图的复合图、方形立体图统计地图的复合图，等等。

绘制统计图的基本要求：①根据绘图目的和统计资料本身特性选取适合图形。②图示内容应简单，突出重点；图示标题、数字和文字说明等应清晰，一目了然。③图形设计要科学，数据计算要准确，图示表现要真实。④绘制的统计图，要美观、大方、生动、鲜明，具有较强的吸引力和说服力。现在，运用计算机绘制统计图不仅十分方便、效率很高，而且非常准确。常用的制图软件有SPSS、Excel和SAS等。

第四节　问卷资料的整理

问卷资料整理，通常分为问卷审查、后编码、数据录入和数据清理4个步骤。

一、问卷审查

问卷审查，是指对回收的问卷进行审阅，矫正错填、误填答项，剔除乱填、空白和严重缺答的废卷。其目的是使进入后续程序的问卷具有较高的真实性、准确性和完整性。

问卷审查的主要内容是：①调查对象的选择是否符合设计要求；②调查指标的理解和操作定义的把握是否科学、合理；③对询问问题的回答是否符合原设计要求；④填写的数据是否真实、准确；⑤对检验性问题的回答是否经得起检验；⑥如果是访问问卷，还应审查访问员访谈的起止时间、对回答的评价和复核员的复核意见是否填写完整、符合要求。⑦编码是否正确、完整。⑧问卷的填写是否有漏填项目。此外，还要检查填写问卷的字迹是否清楚等。

问卷审查，在问卷调查时虽做过就地审查，及时发现、解决了一些问题，但实践证明，就地审查的标准很难统一，审查质量很难保证，因此很有必要在整理资料时再做一次集中、全面的审查。这时的审查，工作人员专一，审查时间充裕，审查标准一致，因而审查质量一般较有保证。

对审查中发现的问题，应该进行适当处置。处置的原则是：

(1)凡在问卷已有答项中能够解决的问题，都应在审查过程中立即予以更正，以免时过境迁后遗忘，留下质量隐患。

(2)凡在问卷已有答项中无法解决的问题，都应力争通过补充调查弥补问卷填写的缺陷，努力使这些问卷成为完全合格或基本合格的问卷。

(3)凡既无法进行补充调查，又无法采取其他措施弥补的不合格回答，可对该项指标的答项作无效回答处理。

(4)凡调查对象的选择违背原设计方案的问卷，以及问卷中主要内容填写错误而且无法弥补的问卷，均应作为不合格问卷予以淘汰。

(5)访问员对回答的评价和复核员的复核意见，要集中起来，供撰写报告、阐明结果、估计偏误时参考。

总之，通过审查要努力提高问卷的合格率或答项的合格率，淘汰一切不合格的问卷或不合格的答项。只有如此，才能保证问卷调查的质量。

二、后编码

开放型答项的种类和编码，由于调查前无法事先确定答项的种类及其数量，因而只能在调查结束后再来后编码。后编码的一般步骤是：

(一)预分类和预编码

就是在问卷总数中任意选择10%左右的问卷，把对有关问题的答项分类罗列出来并编码，从而形成预分类和预编码。这个阶段，分类应该尽可能详尽一些，只有这样才便于以后的选择和归并。

(二)“对号入座”和“不断加座”

就是按照预分类的类别和预编码，对另外90%左右的问卷中有关问题的答项“对号入座”地进行分类和编码。在这90%左右的问卷答项中，肯定会有许多预分类中没有的新答项类别。这时，对每一种新答项类别在预分类中增加一个新座位，同时在预编码中增加一个新编码。这样“不断加座”，不断增加新编码，直至把开放型回答的全部答项都包括进去为止。

(三)选择、归并、确定后编码的类别和编码

对全部问卷预分类的类别清单，按照研究需要进行有选择的归并，即归并相近的类别，保留有用的类别，删除无用的类别。然后，对选择归并后定型的答项类别正式编码，

从而最后确定后编码的类别和编码。

(四)完成编码工作

就是按照最后确定的后编码类别和编码，对全部问卷中的开放型答项进行编码，从而完成后编码工作。

三、数据录入

数据录入就是把问卷调查的结果和各种原始资料转换为计算机可以读取的数据，输入到计算机中储存起来。数据录入主要有以下四种方式：

(1)登录表法。首先，将调查结果在问卷上编码；其次，将编码数据转录到专门的登录表上；最后，再把登录表上的数据录入计算机。它的优点是，计算机录入员比较方便，录入速度较快，但它增加了一次转录，不仅增加了工作量，而且增加了出现差错的可能性。

(2)直接录入。调查完成后，预先在计算机中设定可以接受有关数据的程序，然后将问卷上的数据录入计算机。输入问卷数据时，最好采用可对编码范围、变量间的逻辑关系实施控制的软件，如 PCEDIT、DBASE、FoxBASE、FoxPro 等。这样可减少输入差错。当然，也可通过 SPSS 软件输入数据，但速度较慢。

(3)光学扫描。调查完成后，通过把方框或圆圈涂满的方式将它录入光学扫描卡上，接着利用光学扫描器将资料转换、录入计算机中。其优点是，快速、准确，但难以适应回答较复杂的问题，增加了光学扫描程序，增加了出现误差的可能性，而且需要有光学扫描器等特殊设备。

(4)条形码。调查完成后，先将有关数据转换成不同宽度的条形码，然后再利用条码读写器将其转换、录入计算机中。它的优点是快速、准确，但是，增加了一个将数据转换成条形码的程序，增加了工作量和出现误差的可能性，而且需要有条码读写器等设备。

数据录入看似简单，实际上很容易出错，需要认真校对。如果条件允许，最好采取双录入方法，既可以是一个录入员录入两次，也可以是两个录入员分别录入，然后互相校对、互相纠错，这样就有可能基本消除录入差错。

四、数据清理

录入数据后、统计分析前，还应借助计算机仔细进行数据清理，不让错误数据进入运算过程。数据清理有以下几种方法：

(一)有效范围清理

问卷中的任何一个变量，其编码值都有一定的有效范围，凡超出这个范围的数据，肯定是错误的。比如，“性别”这一变量的有效编码值是：1 男、2 女、0 无回答。如果在这一变量栏中出现其他数字，就肯定是错误的。在 SPSS 软件上，可以通过频数统计表查找输入数据时可能发生的差错。如果发现了错误，在 SPSS 软件上执行查找(find)命令，即可发现错码的问卷编号(个案号码)，然后，再查找原始问卷，更正错误。如果一份问卷中错误答项过多，则可考虑将这份问卷作为废卷处理。

(二)逻辑一致性清理

逻辑一致性清理比有效范围清理复杂一些，其基本思路是：依据问卷中问题之间的逻辑关系，来检查前后答项数据之间的合理性。比如，前面询问："您有孩子吗?"答项为："1. 有；2. 没有"。后面再询问："请问您的孩子今年几岁了?"如果前一个问题回答"2、没有"，后一个问题回答出现了"4""6"等数字，那么这个答项就肯定有问题。要纠正这类错误，应该根据变量测量层次采用不同方法。对定类、定序或定距变量，可采用交互分类统计(列联表)方法，检查变量之间是否存在逻辑矛盾。如果发现了问题，先在 SPSS 软件上查找发现错码的问卷编号，然后再根据原始问卷相关答项分析出错原因；如果原答项没有错误，就应向调查对象复查、核实。对定比变量，可在 SPSS 软件上建立新变量的命令，分析两个变量中间存在的逻辑错误。

(三)数据质量抽查

如果数据录入时输入的错误数据在正常有效编码值范围内，那么查出这类输入错误的唯一办法就只能是拿着原始问卷，一份一份、一个答项一个答项地核对。由于这种方法核对工作量过大，一般只能采用随机抽样方法，从全部样本中随机抽取一部分问卷，进行校对。然后，再用这一部分问卷校对的结果，来评估全部问卷的数据质量。

(四)缺失值的种类及其处理

问卷调查，经常会出现缺失值。缺失值的存在，既会造成样本代表性的变形，又会形成总体评价的偏差。因此，有效处置缺失值，是数据清理中一个十分棘手而又必须处理的问题。

缺失值一般可分为两类。一是非系统性缺失值。例如，调查过程中，调查对象拒答、漏答或登录者疏忽、漏填造成的缺失值；数据录入中，录入员遗漏、疏忽等造成的缺失值。这类缺失值，如果研究者有根据地补填，补填数据与真实数据之间的差距，可视为随机性的变差，一般影响不大。二是系统性缺失值。例如，调查对象普遍拒答、漏答；登录者普遍错填、漏填而导致的系统性缺失值。这类缺失值，如果研究者有根据地补填，就会造成系统性的高估或低估，从而对调查结论产生重大的不利影响。

实践证明，系统性缺失值的发生，主要与问卷设计有关。或者是问题表达不清楚，理解发生了偏差；或者是问题过于敏感，超越了回答意愿；或者是问题过于复杂，超出了回答能力，等等。对于系统性缺失值，一般不能简单填补，而应该分析其产生的原因。具体做法是，用一个虚拟变量，将发生缺失值的样本归为一类。然后，与其他没有发生缺失值的样本进行对比研究。如果两类样本统计量有显著差异，就应修改问卷，重新调查；如果没有条件修改问卷、重新调查，则应该如实说明系统缺失值的情况和原因，以便研究者做出自己的结论。

对于既无法从问卷中找到答项，又无法重新调查弥补的缺失值，研究者补填时常用的估计方法有四种：

一是平均值估计法。一般用全部样本平均值来代替缺失值，或者用分层平均值来代替缺失值。例如，调查对象没有回答其收入，就用全部样本平均收入来代替，或用调查对象同层次人的平均收入来代替。

二是回归估计法。一般将缺失变量设为被预测变量，其他相关变量设为预测变量，然后做回归分析。例如，住宅投资水平与家庭规模和家庭收入相关，就可用回答这三个问题答项的调查对象的数据，构造一个回归方程。对未回答住宅投资水平的调查对象，只要知道其家庭规模和家庭收入，就可通过回归方程计算出其住宅投资水平。回归估计法比较烦琐耗时，只适用于缺失值不多的情况。

三是保留有缺失值的样本，排除存在缺失值的那个变量。采用这种方法，要满足三个条件：较大的样本量，较少的缺失值，变量之间没有高度相关性。此外，计算有缺失值的那个变量的平均值时，在样本总量中应减去有缺失值的样本数。

四是删除有缺失值的样本。如果有缺失值的样本比重很小(如占3%~5%)，就可采用删除有缺失值样本的方法来处理。但是，要注意两点：①剩下的样本不能太少，否则就无法满足统计分析对样本量的要求；②检验删除后样本的代表性，如果出现代表性偏差，就会影响对总体的统计推断。

总之，无论用何种方法估计缺失值，在调查报告中都应该说明对缺失值进行了何种处理，以便研究者做出自己的结论。

第二十一章　统 计 分 析

要搞好统计分析，必须弄清楚统计分析的目的、过程和类型，学会描述统计和推断统计；单变量统计分析、双变量统计分析和多变量统计分析等方法。

第一节　统计分析的目的、程序和类型

一、统计分析的目的

统计，是指数据的收集、计算和表述；分析，是指对事理的分解和辨析。统计分析，是指运用统计学原理和方法处理调查数据，分解和辨析出数据的本质及其内在联系。统计分析的目的是简化和描述调查数据，运用样本统计值推断总体参数值，发现各种变量之间的统计关系或规律。

(一)描述数据

描述是指对数据进行简化、汇总和综合。描述数据主要有两种方法，一是代表性观察值描述，二是多指标降维描述。

代表性观察值描述，是指在指标中找到一个有代表性的统计值来描述。例如，100 个学生的考试成绩，可以用平均分来描述整体情况。可以采用集中趋势(均值、中位数、众数)、离散度(方差、四分位数、异众比率)等方法描述数据。例如，一项 30 个样本量的教学满意度的调查结果是：19 个同学表示“满意”，6 个同学表示“基本满意”，5 个同学表示“一般”。经过分析，可以将结论表述为“83%的学生表示满意，17%的学生表示一般”。

多指标降维描述，是指对多个指标进行标准化，构建便于比较的统一指标来描述。例如，高等学校评比中往往涉及招生、教学、师资、投入、社会影响等多个指标，为了便于比较，往往构建一个统一的指标以量化评价。降维的意义在于有效信息的提取和无用信息的摈弃。常用方法有聚类分析、主成分分析、潜类别变量分析和因子分析等。

(二)用样本推断总体

抽样调查的目的在于获取样本统计量，用来推断总体参数。样本统计量是运用统计方法对样本数据进行处理而得出的统计值，如平均数、标准差、百分比等，它是对样本数量

特性的描述或反映。总体参数是反映调查总体特征的统计数值，如总体平均数、总体标准差、总体百分比等。

根据已知的变量概率分布及相关统计学理论，可以用样本统计量来推断总体情况，其中以钟形曲线描述的正态分布是统计推断中最重要的概率分布。基于中心极限定理可以求变量的置信区间，推断总体参数的取值范围。例如，某班级学生成绩 95% 置信区间是[90，95]，那么我们有 95%的把握认为该班学生成绩取值在 90~95 分之间。

(三)发现变量之间的统计关系

统计分析的目的之一是发现并展示各种变量之间的统计关系。在社会调查中，调查者收集到的数据只有通过统计分析才能把隐藏在这些数据后面的统计关系揭示出来。例如，数学成绩较好的学生，往往物理成绩也较好；收入较高的人群，往往消费支出也较高，这些数据往往具有相关关系。

如果要做因果关系推断，需要满足三个条件：一是强相关关系；二是时间关系，因在前，果在后；三是排除其他因素的干扰。自然科学研究，一般采用各种实验设计排除其他干扰因素，然后通过比较实验组与对照组之间的差异来发现因果关系。社会科学研究，通常使用社会调查并借助统计分析方法来发现因果关系。回归分析，是验证因果关系的重要方法，尤其是双重差分分析，倾向值匹配分析等已成为检验因果关系的有效方法。

二、统计分析的程序

统计分析的一般程序是：数据预处理、变量编码和数据统计分析。

(一)数据的预处理

数据预处理，也叫数据清理，主要包括缺失值处理、奇异值处理、数据脱敏脱密等。

1. 缺失值处理

在整理数据时，往往会发现部分或个别变量存在观察值缺失，如果不对这些缺失值进行评估和处理，就会影响接下来的统计分析工作。在社会调查中缺失值的发生有多种原因，包括调查项目不适用于被访者，被访者不知道所要调查的情况，被访者不愿意或拒绝回答，调查记录或录入错漏等。对于调查项目不适用于被访者，一般把它标记为“不适用”，在统计分析过程中予以排除。后三种缺失值的处理方法是：①就近取值。例如，调查对象 A、B、C 三个人都居住在一个小区，其中 B 的地址未填写(缺失)，那么可以用 A 或者 C 的地址补齐。②相似取值。例如，调查对象甲、乙两人年龄、身高均差不多，有甲的体重数据，但缺失乙的体重数据，就可用甲的体重数据补齐乙的体重数据。③插值。例如，A、C 两个数据分别为 80、90，已知 B 处于 A 和 C 之间，那么就可以取 80~90 之间随机一个数值作为 B 的值(随机插值)，或取 A、C 的平均值作为 B 的值(均值插值)。④剔除。如果样本量大，缺失数据的样本仅占很小部分，就可以考虑剔除含缺失值的样本。由于缺失值是随机发生的，剔除样本不会对样本代表性产生严重影响。但剔除要慎重，要准确评估剔除的后果。

2. 异常值处理

在整理数据时，往往会发现某些数据与其他数据相比较非常不一致的情况。一般把这类数据称为异常值或奇异值。例如，调查 10 名大学毕业生月薪的数据，分别为 1200、2800、2950、3000、3050、3080、3100、3150、3200、30000 元。其中，大多数人月薪 3000 元左右，但是出现了两个异常数据：1200 元和 30000 元。如果对这两个异常数据不做处理，那么该组学生的平均月薪就是 5553 元，明显高于 3000 元这个集中分布区域。

异常值发生的原因可能有三：其一，按程序正常采集和准确记录数据，但由于样本量不够大，使得少数观察值孤立于其他观察值；其二，未按照抽样程序调查样本，纳入了抽样框以外的其他对象，这些对象的调查结果偏离了大部分观察值；其三，是记录或录入错误。以上三个原因均有可能导致异常值的出现，或样本量不够大导致对总体的覆盖不够；或调查了非大学毕业生，导致收入调查断档出现异常值；或被访者把月薪报告为年薪，或记录或录入时多了一个 0 等。

因此，对异常值既不能简单认为是填写错误，又不能轻易采信。从根本上说，应该在调查设计时尽可能安排较大的样本量，以便覆盖总体的多种变异。对于调查中已出现的异常值而言，首先，应回访被访者，看是否是符合要求的调查对象，是否准确理解和回答了调查信息。其次，看是否出现了记录或录入错误。如果不是上述两方面原因造成的误差，就可根据研究需要，采取以下方法处理：①采用“削峰填谷”方式进行平滑处理。如将上述 1200 元调整为次低的 2800 元；30000 元调整为次高的 3200 元。然后，计算得出该组月薪 3033 元，就比较符合该组数据的分布状态。②拔靴法，就是从上述 10 个样本中，多次重复抽取一定数量的样本计算出平均值，就有可能建立起足以代表母体的新样本。例如，从前述大学毕业生收入的 10 个数值中，多次随机抽取 5 个数值，计算出每次 5 个样本的平均值，最后得到的平均值一般就能够反映总体的分布状态。③剔除，如果确实是人为误差，就应当予以剔除。上例中，剔除两个异常值后得到的月薪平均值是 3041 元，就比较符合总体的分布状态。

3. 数据脱敏脱密

《中华人民共和国统计法》第二十五条规定：“统计调查中获得的能够识别或者推断单个统计调查对象身份的资料，任何单位和个人不得对外提供、泄露，不得用于统计以外的目的。”在实际调查中，获取的很多数据往往关系到国家、单位或个人的安全和利益，如果泄露就可能造成违法，也会对国家安全、单位利益和个人生活造成严重影响。例如，国家的地理信息数据，单位的生产经营数据，个人的身份证号码、手机号等数据。这类数据的使用必须先根据法律法规和有关道德约定等，对数据是否敏感、是否涉密做出判断。然后，对其中存在风险的数据必须做脱敏、脱密处理。例如，医疗数据一般需隐藏患者姓名及能推断出个体的指标，地理信息系统敏感数据必须脱敏脱密后才能使用。社会调查数据的脱敏、脱密方法，一般是采取隐藏身份信息、位置信息等办法，对数据进行变形、隐藏处理，以实现敏感、涉密数据的可靠保护。

数据预处理，一般应在统计分析开始前完成，有的则是伴随着统计分析过程逐步进行。究竟何时处理可依据统计分析的具体需要来选定。

(二)变量编码

为了便于对数据进行描述和推断分析，一般需要对数据统一编码。常用的变量编码有两类：一是标签编码；二是分类编码。

标签编码，就是对变量的标签统一编码。例如，在统计家庭支出时，对于家庭每日账本中购买记录中的“青菜、小白菜、油麦菜、大白菜、菠菜”等各种蔬菜，可统一归为“蔬菜”，并用一个字母或数字的组合进行编码，如 C01。这种标签编码的功能：一是可用于统一描述；二是可隐藏部分特征信息；三是便于综合查询和分析。

分类编码，就是对变量的类别统一编码。例如，对学生考试成绩按照优(90 分以上)、良(80~89 分)、中(60~79 分)、差(60 分以下)分类，并分别赋予 A、B、C、D 四类编码。这种分类编码的功能：一是便于对数据进行综合分析；二是隐藏了学生具体分数信息。

此外，还有对数据初步分组或排序，给数据赋权，设置中间变量等工作。

(三)数据统计分析

在数据预处理和变量编码后，就可进入数据统计分析程序。

三、统计分析的类型

统计分析按不同标准可分为不同类型。按其性质，可分为描述统计和推断统计；按变量多少，可分为单变量统计分析、双变量统计分析和多变量统计分析。

(一)描述统计与推断统计

描述统计，是通过图表或数学方法，对数据进行整理、分析，并对数据的分布状态、数字特征和随机变量之间关系进行估计的方法。描述统计的目的，是将数据信息简化为易于理解的形式。描述统计的数据，如果是样本数据，其结果称为统计量；如果是总体数据，其结果称为参数。当数据描述结果仅适用于一个样本，而我们希望了解总体特征时，就应使用推断统计。

推断统计，是通过样本统计量推测总体参数的分析方法。例如，一项全国流动人口调查数据分析显示男性占 58.55%，但我们还想知道全国流动人口总体的男性占比，就可使用区间估计法，预测在 95%置信水平上男性的比例落在 58.33%~58.76%。社会科学研究的最终目标是认识总体，在过去 100 多年里，人们逐渐认识到推断统计的威力，即运用少量样本的数据，就可以相当准确地预测总体。

(二)单变量、双变量、多变量统计分析

在社会调查中，通常会涉及多个变量。在统计分析中，究竟是单变量统计分析，还是双变量统计分析或多变量统计分析，取决于研究者的目的。单变量统计分析只涉及一个变量，它用统计数值来描述单变量的特征，如平均数、百分比等，也可进行区间估计、显著性检验等推断统计分析。常用的双变量统计分析方法，包括列联表分析与 X^2 检验、秩相关检验、单因素方差分析、一元回归分析等。

当一项统计分析涉及 3 个或 3 个以上变量(其中至少有一个因变量)时，则称为多变量或多元统计分析。多变量统计分析是一种复杂的统计分析方法。在计算机统计软件产生之前，多变量统计方法由于技术太复杂、计算太困难，应用范围受到很大限制。在计算机统计软件产生并推广应用之后，这种情况已完全改变。在社会调查中，多变量统计分析方法很多，如双因素方差分析、多元线性回归分析、因子分析、Logistic 回归分析等。

表 21-1　统计方法类型的划分

分析方法	单变量	双变量	多变量
描述统计	频数、百分比、平均值、中位数、饼图、条形图、直方图、箱线图等	列联表、两样本均值比较、相关分析、回归分析、散点图、拟合直线图等	多元协方差分析、多元相关矩阵分析，多元线性回归、多元 logistic 回归等
推断统计	区间估计、单样本 T 检验等	两样本 T 检验，卡方检验、单因素方差分析等	方差分析，F 检验、T 检验等

表 21-1 显示了两种统计方法类型的划分。限于篇幅，本章后续内容主要介绍单变量和双变量的描述统计和推断统计。

第二节　单变量统计分析

单变量统计分析，可分为集中量数分析和离散量数分析两部分；单变量统计分析不仅可做描述统计，而且可做推断统计。

一、集中趋势分析

集中趋势分析，是指用一个典型值或代表值来反映一组数据的一般水平，或反映这组数据向这个典型值集中的情况。描述集中趋势的常用统计量有均值、中位数和众数等。

(一)均值

均值也称为平均数，是观察值之和除以观察值的个数。均值是衡量数据中心位置的重要指标。例如，把某年所有 13998 个样本流动人口的年龄加总，再除以 13998，得到某年全国流动人口年龄均值为 35. 19 岁；另外，还计算得到流动人口的平均流动年限为 5. 36 年。均值的特点是，它对变量的每一个观察值都加以利用，这就意味着它会获得更多的信息。均值的缺点是使用了数据集中的每一个观测值，所以计算有点麻烦。同时，只要任何一个数据的观察值变化了，均值就会改变。另外，均值对极端值很敏感。

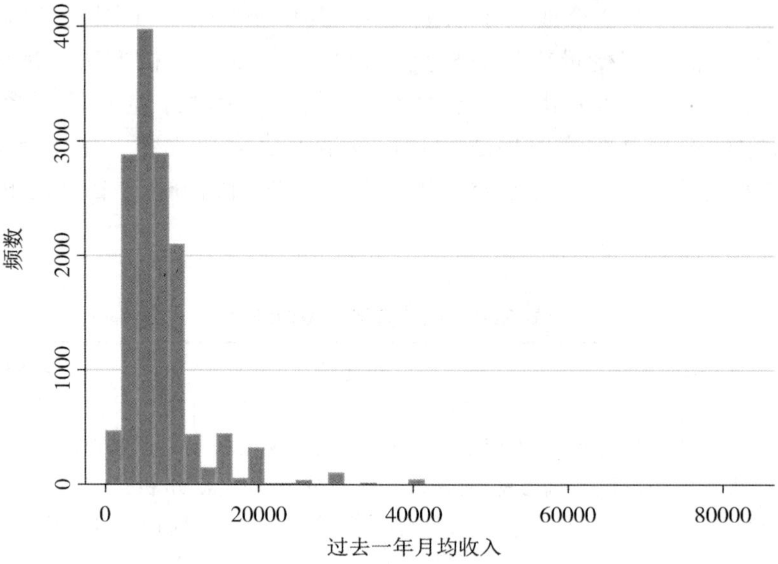

图 21-1　统计方法的类型划分

图 21-1 显示某年全国流动人口过去一年家庭月均收入的分布，可知月收入超过 20000 元的属于极少数极端值。表 21-2 显示剔除超过 20000 元收入的极端值前后均值的情况，可见两个均值的差异达到 470 多元。

表 21-2　某年全国流动人口过去一年家庭月均收入(元)

处理	观察值个数	均值	最小值	最大值
未剔除极端值	13998	7417. 31	0	85000
剔除极端值	13734	6940. 26	0	20000

(二) 中位数

中位数是另一种反映数据中心位置的统计量，其确定方法是将所有数据按由小到大的顺序排列，位于正中间的观察值就是中位数。定序、定距、定比数据可以求中位数，定类数据则无中位数可言。

当资料为一组单个数据时，求中位数比较简单。其中，组成数据的个数为奇数时，中位数的数值就是位于中央的那个数据的数值。例如，前例 5 位同学考试成绩分别为 65、74、78、85、90 分，由 5 个数据组成，这组数据的中位数就是处于中央位置上的 78 分。

组成数据的个数为偶数时，中位数的位置则处于中间两个数据之间，在没有直接对应数值的情况下，通常取这两个数值的平均数作为中位数。例如，6 位被调查者的年龄由小到大排列为：18、21、26、28、35、44 岁，中位数所处位置为(n+1)／2=(6+1)／2=3.5，就是在第 3 位和第 4 位之间，中位数的数值则是取两个数据之和的一半，即（26+28）／2=27。

（三）众数

众数指在一组数据中出现次数最多或出现频率最高的那个数的数值。众数也是一种集中量数，同样用于表达一组数据的集中趋势。求众数最简单的方法是观察法，即通过观察找到一组数据中出现次数或频率最高的那个数，其数值就是所求的众数。如一组数据为 6、8、4、7、5、8、4、8，其中 8 这个数出现了 3 次，出现的次数最多，故 8 为这组数据的众数。在分组数据中也可用观察法求众数。如果是从单值分组数据中求众数，可先找出最大的频数组，该频数组所对应的标记值就是所求的众数。

均值、中位数、众数这 3 种集中量数各有优点和缺点。均值是最常用的集中量度，但它往往受极端数据的影响，使均值反映数据整体集中趋势的准确性变得面目全非。当一组数据中存在极端数据或数据中有个别数据不准确、不清楚的情况下，中位数能比平均数更准确、更稳定地反映数据整体的集中趋势。众数的优点是适用于所有类型的数据，在需要快速找出一组数据的代表值时，众数比平均数、中位数更能表现其优越性。

根据数据分布的不同情况(左偏、对称、右偏)，均值、中位数、众数三个指标的位置情况，见图 21-2。

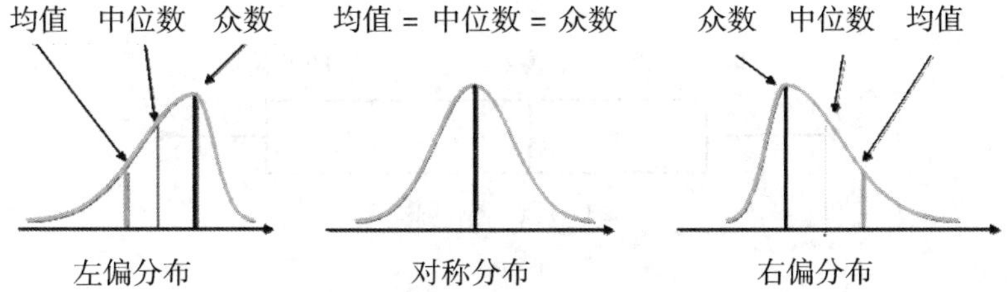

图 21-2　数据分布与统计量相对位置

在选择所要使用的指标时应该考虑，如果各个数据之间的差异程度较小，用平均值就有较好的代表性；如果数据之间的差异程度较大，特别是在有个别极端值的情况下，用中位数或众数有较好的代表性。

二、离散量数分析

集中量数反映的只是数据整体的平均水平和典型情况，除此之外，数据整体还存在着分散性、变异性等情况。所谓离散量数，就是表示一组数据变异程度或分散程度的量数。

离散量数越大，表示数据分布范围越广，越不集中，越不整齐；反之，离散量数越小，表示数据分布范围越集中，变动程度越小。离散量数有多种，其中常用的是极差、方差与标准差、四分位数和异众比率。

(1)极差。又称全距，它是一组数据中最大值与最小值之差，是最简单的离散量数。由于计算过于简单，仅由数据中最大值与最小值两个数据之差而得，不考虑中间数据的情况，因而反映数据的离散状况太粗略、不灵敏，只能作为离散量数的参考性指标。

(2)方差与标准差。方差是一种重要的离散量数，它的计算方法是把一组数据中每个数据与该组算术平均数相减，将其差进行平方后相累加，再除以数据的个数。方差的计算公式为：

$$S^2 = \frac{\sum (X - \bar{X})^2}{N}$$

方差的平方根就是标准差：$S = \sqrt{\dfrac{\sum (X - \bar{X})^2}{N}}$

标准差是最重要、应用最广泛的离散量数。标准差的值越大，表明数据的离散程度越大，也就是数据的差异性越大，分布越不均匀；反之，标准差越小，则是数据的离散程度越小，数据的差异性越小，数据越整齐。

(3)四分位数。也称四分位点，是指把所有数值由小到大排列并分成四等份，处于三个分割点位置的数值，即处于25%、50%和75%位置上的值。中间的四分位数就是中位数，因此通常所说的四分位数是指处在25%位置上的数值(称为下四分位数)和处在75%位置上的数值(称为上四分位数)。第三四分位数与第一四分位数的差距称四分位距。

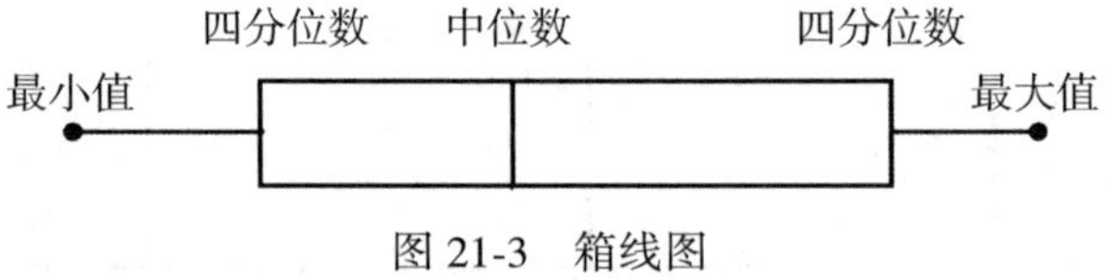

图21-3　箱线图

图21-3使用箱线图呈现四分位数。所谓箱线图，就是由一组数据5个特征绘制的一个箱子和两条线段的图形，这种直观的箱线图不仅能反映出一组数据的分布特征，而且还可以进行多组数据的比较分析。这五个特征值，即数据的最大值、最小值、中位数和两个四分位数。

(4)异众比率。是指非众数的频数与全部个案数的比值，其含义是指众数所不能代表的其他数据(即非众数数据)在总数据中的比重。显然，异众比率越大表示非众数的个案所占总数据的比例越大，也就是众数的代表性越小；反之，异众比率值越小，则表示众数的代表性越大。可见，异众比率这个离散量数是从反面检验众数的一项指标。

三、频数描述

频数，也称次数。对分类数据，可以列出各分类数据的频数；为了便于不同类别的比较，也可以计算比例或百分比，即相对频数。其中，比例的取值在 0 和 1 之间；百分比的取值为 0 到 100。表 21-3 显示某年全国流动人口婚姻状况(样本量为 13998 人，初婚人口 10839 人，比例为 0. 77，百分比为 77. 43%)。

表 21-3　定类变量的频数、比例与百分比

婚姻状况	频数	比例	百分比
未婚	2428	0. 1735	17. 35
初婚	10839	0. 7743	77. 43
再婚	299	0. 0214	2. 14
离婚	230	0. 0164	1. 64
丧偶	90	0. 0064	0. 64
同居	112	0. 0080	0. 8
合计	13998	1. 0000	100

来源：中国流动人口动态监测调查，表由笔者自制。

如图 21-4 所示，分类变量的频数描述可以通过条形图或饼图呈现。

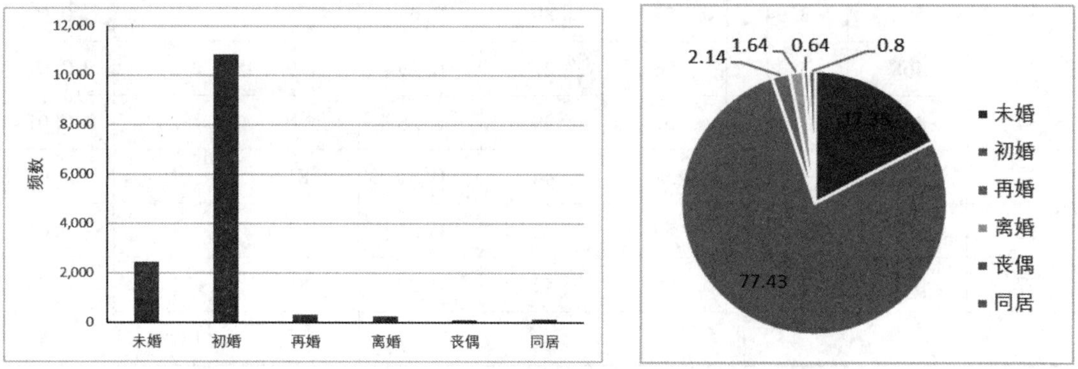

图 21-4　条状图与柱状图

定量数据也可以做频数描述，表 21-4 所示为某年全国流动人口年龄分布。

表 21-4　定量变量的频数、比例与百分比

年龄	频数	百分比	年龄	频数	百分比	年龄	频数	百分比
15	5	0. 04	38	390	2. 79	61	34	0. 24
16	22	0. 16	39	351	2. 51	62	44	0. 31
17	61	0. 44	40	312	2. 23	63	21	0. 15
18	99	0. 71	41	329	2. 35	64	23	0. 16
19	159	1. 14	42	323	2. 31	65	26	0. 19
20	193	1. 38	43	352	2. 51	66	11	0. 08
21	265	1. 89	44	333	2. 38	67	18	0. 13
22	318	2. 27	45	319	2. 28	68	23	0. 16
23	317	2. 26	46	315	2. 25	69	4	0. 03
24	409	2. 92	47	279	1. 99	70	8	0. 06
25	450	3. 21	48	247	1. 76	71	2	0. 01
26	499	3. 56	49	270	1. 93	72	9	0. 06
27	660	4. 71	50	180	1. 29	73	3	0. 02
28	704	5. 03	51	174	1. 24	74	3	0. 02
29	643	4. 59	52	154	1. 1	75	2	0. 01
30	690	4. 93	53	146	1. 04	76	3	0. 02
31	575	4. 11	54	129	0. 92	77	6	0. 04
32	552	3. 94	55	89	0. 64	78	3	0. 02
33	468	3. 34	56	27	0. 19	79	2	0. 01
34	472	3. 37	57	39	0. 28	80	2	0. 01
35	492	3. 51	58	44	0. 31	81	1	0. 01
36	434	3. 1	59	33	0. 24	83	1	0. 01
37	381	2. 72	60	45	0. 32	85	1	0. 01
						合计	13998	100

来源：中国流动人口动态监测调查，表由笔者自制。

定量数据的相对频数图采用直方图呈现，每个区间都有一个条，高度表示该区间的数量或所占百分比。如图 21-5 所示，为某年全国流动人口年龄分布直方图。

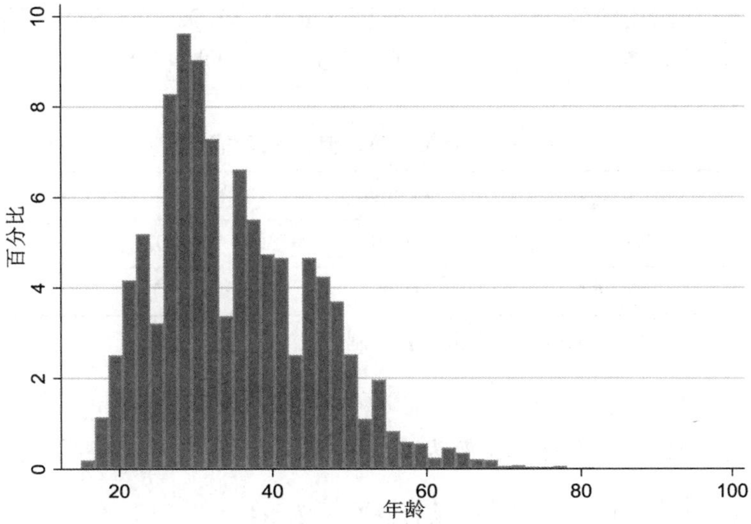

图 21-5　直方图

四、统计推断

单变量分析不仅可做统计描述，而且能进行统计推断。推断统计有两种基本形式，即参数估计和假设检验。

(一)参数估计

参数估计是用样本统计量来估计总体参数。参数估计有两种类型：其一是点估计，是对参数进行最佳推测的一个数值，一个好的估计量应具有这样的抽样分布，即以参数为中心和有尽可能小的标准误；其二是区间估计，是以点估计为中心的一个数值区间，参数值被认为落在其中。

区间估计是通过统计推断找到包括样本统计量在内(或以统计量为中心)的一个区间，即通过有限样本，估计出未知参数以多大的概率在某一区间内取值。根据样本统计量的分布特点，该区间被认为包含总体参数，也被称为置信区间。

置信区间=点估计±误差边际

在单变量分析中，参数估计通常计算的是总体均值的参数估计和总体比率的参数估计。其中，总体均值的区间估计，设均值为 $\bar{y}$，标准误为 $\sigma_{\bar{y}}=\frac{\sigma}{\sqrt{n}}$($\sigma$ 为总体标准差，在实际计算中使用样本标准差 SE 替代，n 为样本量)，显著性水平为 α，则有：

$$\left(\bar{y}-Z_{\alpha/2}\times\frac{s}{\sqrt{n}},\ \bar{y}+Z_{\alpha/2}\times\frac{s}{\sqrt{n}}\right)$$

例如，表 21-5 使用 Stata 软件可以快速计算某年全国流动人口年龄和流动年限均值及置信区间。其中，年龄均值为 35. 19，95%置信区间为[35. 02，35. 36]，即有 95%的概率某年全国流动人口的总体年龄均值落在 35. 02 到 35. 36 之间。

表 21-5　定量变量均值的区间估计

	均值	标准误	95%置信区间	
年龄	35. 19	0. 09	35. 02	35. 36
流动年限	5. 36	0. 05	5. 27	5. 45

来源：中国流动人口动态监测调查，表由笔者自制。

总体比例的区间估计，设样本比例为 $\hat{\pi}$，标准误为 $=\sigma_{\hat{\pi}}=\sqrt{\frac{\pi(1-\pi)}{n}}$（$\pi$ 为总体比例，在实际计算中使用样本比例 $\hat{\pi}$ 替代），显著性水平为 α：

$$\left(\hat{\pi}-Z_{\alpha/2}\sqrt{\frac{\hat{\pi}(1-\hat{\pi})}{n}},\ \hat{\pi}+Z_{\alpha/2}\sqrt{\frac{\hat{\pi}(1-\hat{\pi})}{n}}\right)$$

例如，表 21-6 使用 Stata 软件可以快速计算某年全国流动人口不同婚姻状况的比例及置信区间。其中，初婚的比例为 0. 7743，95%置信区间为[0. 7674，0. 7813]，即有 95%的概率某年全国流动人口的初婚比例落在 0. 7674 到 0. 7813 之间。

表 21-6　定量变量比例的区间估计

	均值	标准误	95%置信区间	
未婚	0. 1735	0. 0032	0. 1672	0. 1797
初婚	0. 7743	0. 0035	0. 7674	0. 7813
再婚	0. 0214	0. 0012	0. 0190	0. 0238
离婚	0. 0164	0. 0011	0. 0143	0. 0185
丧偶	0. 0064	0. 0007	0. 0051	0. 0078
同居	0. 0080	0. 0008	0. 0065	0. 0095

来源：中国流动人口动态监测调查，表由笔者自制。

(二)假设检验

假设检验也称显著性检验，是利用样本统计值对总体参数的假设进行评估检验的程序和方法。它通过参数的点估计与根据假设预言的值进行对比来达到目的。假设检验一般包括五个步骤：一是明确根据变量特征选择检验方法需要的假定；二是陈述原假设和备择假设；三是计算统计量及其相应的概率值(P)；四是选择显著性水平(α)，并比较 P 值和 α；

如果 P 值越小，那么拒绝原假设的证据越充分(或计算置信区间)；五是得出结论并作出解释。在单变量分析范围内，与参数估计一样，假设检验包括总体均值的假设检验和总体比率的假设检验。

下面以全国流动人口每周工作小时数的总体均值假设检验为例介绍假设检验的程序。根据劳动法，劳动者的法定工作时间为每天 8 小时，每周工作 5 天。因此，法定周工作时间为 40 小时。由此，可以检验全国流动人口每周工作小时数的总体均值是否等于 40 小时。

第一，流动人口样本通过随机抽样获得，周工作小时数为定量数据，选 t 检验进行分析，工作人口样本量为 11989 人，足够大。

第二，假设周工作小时数的总体均值为 μ，则有原假设 $H0$：$\mu=40$，备择假设 $\mu\neq40$。

第三，计算 t 值及其相应的概率值(P)，其中。根据样本数据计算得到，周工作小时均值为 56. 82，标准误为 0. 1613，根据原假设 μ 为 40，则有 $t=(56.82-40)/0.1613=104.28$。使用 t 分布函数，以 $n-1=11989\text{-}1=11988$ 为自由度，计算 P 值得 0. 000。

第四，设显著性水平 α 为 0. 05，所求双尾检验概率为 0. 000，有 $P(0.000)<\alpha(0.05)$。

第五，由上述比较结果拒绝原假设，接受备择假设，即某年全国流动人口周工作小时数不等于 40 小时。若采用单尾检验，备择假设 $\mu>40$，可得 P 值仍为 0. 000，依然小于 α (0. 05)，所以实际上某年全国流动人口周工作小时数要大于法定的 40 小时。

单变量总体比例的假设检验程序与上述均值的假设检验程序一致。

第三节　双变量统计分析

变量关系的统计分析，分为双变量统计分析和多变量统计分析。双变量统计分析只涉及两个变量，它是最简单的变量关系分析，是多变量分析的基础。

一、双变量分析的内容

双变量统计分析，分为相关关系和因果关系两种形式。

(一)双变量间的相关关系

双变量间的相关关系，是指当一个变量 X 发生变化时，另一个变量 Y 也随之发生变化，反之，当 Y 发生变化时，X 也发生变化。人们通常把双变量间的相关关系表示为 $X\longleftrightarrow Y$。必须指出，存在相关关系的两个变量，只强调它们之间存在相互影响关系，而不清楚、也不在乎它们变化的先后，因而不存在前因后果的问题。社会现象之间的相关关系，从不同角度可区分为不同类型：

(1)按照相关方向不同，可分为正相关和负相关。当一个变量与另一个变量向相同方向变化时，这两个变量间就存在着正相关关系，相关系数取正值。例如，随着学生年龄增长，社会经验不断增加，年龄与社会经验这两个变量间呈正相关关系。当一个变量与另一个变量向相反方向变化时，这两个变量间就存在负相关关系，相关系数取负值。例如，随着经济增长，失业人数不断减少，就表明经济增长与失业人数这两个变量间存在负相关关系，相关系数取负值。

(2)按照相关强度不同，可分为完全相关、不相关和不完全相关。当一个变量的数量完全由另一个变量的数量变化所确定时，它们之间即为完全相关。例如，在价格不变条件下，销售额与销售量间的正比例函数关系，即为完全相关。当变量间彼此互不影响，其数量变化各自独立时，则变量之间为不相关，又称零相关。例如，股票价格高低与气温高低一般情况下是不相关的。两个变量的关系介于完全相关和不相关之间的，称为不完全相关。在统计分析中，通常用相关系数来精确表示两变量间的相关强度，相关系数的取值区间为[-1，1]，相关系数为1时表示两变量完全正相关，取-1时表示完全负相关，相关系数为0时表示两个变量完全不相关。相关系数的绝对值越接近1，表示相关强度越大，如图21-6所示。

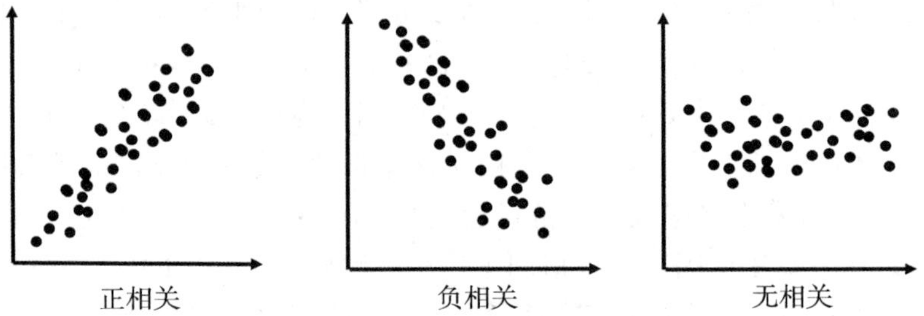

图21-6　线性相关关系

(3)按照相关形式不同，可分为线性相关和非线性相关。线性相关是指当一个变量变动时，另一变量随之发生大致均等的变动，从图形看其观察点的分布近似地表现为一条直线(如下图所示线性相关)。例如，人均消费水平与人均收入水平通常呈线性关系。非线性相关是指一个变量变动时，另一变量也随之发生变动，但这种变动是不均等的，从图形看其观察点的分布近似地表现为一条曲线(如图21-7所示，指数相关，U形相关)。例如，农田施肥在一定数量范围内，可增加产量，但超过一定限度，产量反而下降。所谓两个变量X和Y呈线性相关，用数学语言表达，是指一个变量可以用另一个变量线性表示，如$y=bx+a$；反之，则表示两变量为非线性相关。线性相关在很多情况下成为变量相关分析的基础条件，如一元线性回归分析要求自变量和因变量必须存在线性相关关系，否则，回归分析就会失去意义。

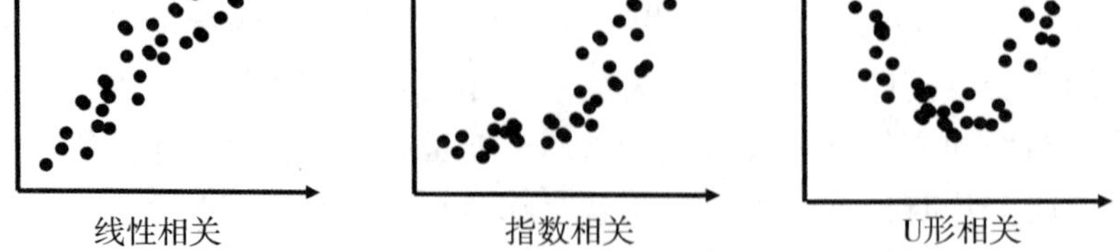

图21-7　线性相关、指数相关与U形相关

(二)双变量间的因果关系

双变量间的因果关系，是指一变量变化可以确定为另一变量变化的原因的关系。在自然科学中，确定现象间的因果关系比较容易。在社会研究中，要确定两个变量间的因果关系则比较困难。因为，要确定两个变量间的因果关系，必须同时满足三个条件。第一，两变量间必须存在相关关系，它是因果关系的必要条件，但不是充分条件。这就是说，如果存在相关关系，则可能是因果关系，也可能不是因果关系；如果没有相关关系，则不可能存在因果关系。反过来说，如果两变量间存在因果关系，则必存在相关关系；第二，必须确定自变量变化在前，因变量变化在后，即先有原因，后有结果。两变量的因果关系通常表示为 $X \rightarrow Y$。第三，必须确定变量 X 与 Y 间的关系，不是由于第三个变量存在而呈现出的一种虚假关系。在研究中，要使两个变量完全满足上述三项条件，是很不容易的事情，因而在社会研究中很难完全确定两种现象间的因果关系。尽管如此，在统计分析中，仍然可以对社会现象间的因果关系进行粗略分析。实践证明，这种粗略的因果关系分析，虽然不能像自然科学的因果分析那样严密、准确，但仍然具有重要应用价值。

二、双变量分析的方法

在双变量分析中，由于变量的测量层次不同，因而计算两变量相关系数的方法和假设检验方法也不相同。变量的测量层次，可分为定类、定序、定距、定比四种类型，这样就形成了多种不同测量层次变量的两两组合。为了便于全面了解双变量分析方法，可把两变量测量层次类型和与之相应的相关测量方法、假设检验方法汇总成表，见表 21-7。

表 21-7　双变量分析方法一览表

双变量测量层次	描述统计方法	推断统计方法
定类—定类 定类—定序	λ，tau-y	检验
定序—定序	G，dy	Z 检验或 t 检验
定类—定距 定序—定距	Eta	F 检验或 t 检验
定距—定距	r，b	

下面将简要介绍定类—定类、定序—定序、定类—定距和定距—定距四类双变量关系的分析。

(一)定类—定类变量

当两个变量均为定类变量时，抽样分布属于分布，因而采用检验，用 λ 计算两个变量之间的相关强度与方向。

值的计算公式为：

$$X^2 = \sum \frac{(f_O - f_e)^2}{f_e}$$

式中：f_O 表示实际观察值频数；

f_e 表示理论意义上的期望值频数。

自由度的计算公式为：

$$df = (r - 1)(c - 1)$$

式中：df(degree of freedom)表示自由度；

r(row)表示交互表的行数；

c(column)表示交互表的列数。

对双变量关系进行检验的步骤是：第一步，建立两变量不存在相关关系的虚无假设 H_0 和与之对立的备择假设 H_1；第二步，按照公式计算值；第三步，根据计算出的自由度和选定的显著性水平(P 值)，查值表得到一个临界值；第四步，把计算所得值与临界值进行比较，若值大于临界值，则拒绝 H_0，接受 H_1，表示两变量间存在显著性相关关系；反之，若值小于临界值，则接受 H_0，拒绝 H_1，表示两变量间不存在显著性相关关系。

下面，以全国流动人口户口性质与是否打算继续留在本地为例进行检验分析，见表 21-8。

表 21-8　两个定类变量的交互分析及卡方值

户口性质	今后一段时间，您是否打算继续留在本地			合计
	是	否	没想好	
农业户口	9893	275	1896	12064
	9971.50	268	1824.50	
非农户口	1677	36	221	1934
	1598.50	43	292.5	
合计	11570	311	2117	13998
Pearson chi2(2) = 26.0543　Pr = 0.000				

来源：中国流动人口动态监测调查，表由笔者自制。

表 21-8 显示了 Stata 软件的两分类变量的列联表统计分析结果，其中每个单元格的第一行数字为观察频数，第二行为期望频数。Pearson 卡方值计算结果为 26.05，对应的 P 值为 0.000。若设显著性水平为 0.05，则 P 值小于显著性水平，拒绝原假设，接受备择假设，认为户口性质与是否打算留在本地之间存在显著相关关系。

λ 和 tau-y 公式用于计算两个变量的相关强度的方向。

λ(Lambda)相关测量法有两种基本形式，一是对称形式(Symmetrical)的计算公式，即不分自变量和因变量，用 λ 表示；另一种是不对称(asymmetrical)的计算公式，即要求区分自变量(X)和因变量(Y)的计算方法，用λ_y表示，两个计算公式如下所示。

对称公式：

$$\lambda = \frac{\sum m_x + \sum m_y - (M_x + M_y)}{2n - (M_x + M_y)}$$

不对称公式(自变量X，因变量Y)：

$$\lambda_y = \frac{\sum M_y - M_y}{n - M_Y}$$

式中：λ 表示对称式相关系数计算公式；

λ_y 表示非对称式相关系数计算公式；

m_X 表示变量Y的每个取值之下变量X的众数值；

m_y 表示变量X的每个取值之下变量Y的众数值；

M_X 表示变量X的众数值；

M_Y 表示变量Y的众数值；

n 表示全部数据或个案的数目。

读者可以尝试把前述户口性质和本地留居意愿的所获分析结果代入公式计算 λ 相关系数。

(二)定序—定序变量

对两个定序变量的统计分析，一般运用 Gamma 或 d_y公式计算相关系数，并进行 Z 检验或 t 检验。这里只介绍 Gamma 级序相关分析方法。

Gamma 简称为 G，它属于级序相关计算法，就是在计算公式中使用各原始数据的等级次序而不是数据本身。G 又属于对称相关测量法(不区分自变量和因变量)。

Gamma 的计算公式如下：

$$G=\frac{N_S-N_d}{N_S+N_d}$$

式中：G 表示 Gamma 系数；

N_S表示同序对数；

N_d表示异序对数。

同序对数是指两个数据或个案在两个变量上的相对等级相同的对数，不相同的便称为异序对数。

Gamma 系数的假设检验分为两种情况：当样本规模属大样本($n \geq 100$)时，Gamma 的抽样分布接近于正态分布，故可用 Z 检验法进行假设检验。Z 值的计算公式为：

$$Z=G\sqrt{\frac{N_S+N_d}{n(1-G^2)}}$$

式中：Z 表示正态分布状态下的 Z 分数值；

G 表示 Gamma 级序相关系数；

N_s表示同序对数；

N_d表示异序对数；

n 表示样本量。

当样本量为小样本时($n<100$)，则要改用 t 检验法，t 值的计算公式为：

$$t=G\sqrt{\frac{N_S+N_d}{n(1-G^2)}}$$

$$df=N_S+N_d-2(df\text{表示自由度})$$

由于 Camma 值的计算和假设检验用手工完成比较复杂，表 21-9 显示了 Stata 软件的计算结果。两个定序变量分别为所居城市喜好度和本地融入意愿，分析结果显示 Gamma 值为 0.8379，说明两个变量高度相关。

表 21-9　两个定序变量的交互分析及 Gamma 系数

所居住城市喜好程度	本地融入意愿				合计
	完全不同意	不太同意	基本同意	完全同意	
非常不喜欢	44	9	33	28	114
不太喜欢	8	138	100	28	274
比较喜欢	50	544	6164	1000	7758
非常喜欢	35	149	1137	4531	5852
合计	137	840	7434	5587	13998
Gamma = 0.8379　ASE = 0.007					

计算结果还给出了 Gamma 的渐进标准误 ASE，为 0.007，所以 $Z=0.8379/0.007=119.7$，基于 Z 值计算双尾检验 P 值为 0.000，小于显著性水平 0.05，因此拒绝 Gamma 值为 0 的原假设。

(三)定类(或定序)—定距变量

在双变量分析中，当一个变量为定类变量或定序变量(定序变量作为定类变量处理)，另一个变量为定距(定比)变量时，需进行方差分析和 F 检验(或 t 检验)，并用 eta 平方系数来测量两变量的相关强度，eta 平方系数简写成 E^2。

E^2 计算公式为：

$$E^2=\frac{\sum n_i\bar{Y}_i^2-n\bar{Y}^2}{\sum Y^2-n\bar{Y}^2}$$

式中：E^2 表示 eta 平方系数；

Y 表示因变量的数值；

表示因变量的平均数；

表示在每个自变量取值(X_i)上各因变量取值的平均数；

n_i 表示每个自变量(X_i)的个案数；

n 表示总个案数。

表 21-10 显示了某年全国流动人口中，不同教育水平人口的个人月均收入状况，其中收入观察值的平方之和为 1. 14。分析结果表明，用受教育水平解释流动人口的月收入状况，E^2 为 0. 0211，也就是说，受教育水平与月收入的相关强度系数为 0. 0211，相关程度很弱。

表 21-10　定类一定量变量的均值描述分析

受教育程度	均值(元)	标准差	频数
初中及以下	6800. 32	4493. 30	7688
高中/中专	7768. 18	5582. 39	3710
大专及以上	8725. 67	6072. 67	2600
合计	7414. 46	5172. 32	13998

来源：中国流动人口动态监测调查，表由笔者自制。

表 21-11 显示了 Stata 软件的方差分析结果。

表 21-11　定类一定量变量方差分析

方差来源	离差平方和	自由度 df	方差估计值	*F*	Prob>*F*
组间	7833900000	2	3916900000	149. 52	0. 000
组内	366630000000	13995	26196971		
合计	374460000000	13997	26752912		

来源：中国流动人口动态监测调查，表由笔者自制。

根据 $df_1 = 3 - 1 = 2$，$df_2 = 13998 - 3 = 13995$，计算出 F 值为 149. 52，对应的 P 值为 0. 000，故 $P<0.05$，拒绝虚无假设 H_0，接受备择假设 H_1，即样本统计结论可以推断总体，教育水平与月收入之间存在显著性相关关系。

自变量为定序变量，因变量为定距(定比)变量时，其统计方法和定类—定距(比)变量完全一样，也就是把定序变量作为定类变量来处理。

(四)定距—定距变量

两个定距变量的统计分析，是传统统计分析的主要内容，因而也是相对成熟的统计分析方法。它包括相关分析和回归分析。相关分析与回归分析，是两种既有密切联系、又有本质区别的统计分析方法。首先，相关分析与回归分析都以两个定距变量的线性关系为基础，分析与解释两个变量之间的相关或相互影响作用力的大小。其次，相关分析是回归分析的前提和基础。一般来说，只有当两个变量之间存在着比较高的相关关系，回归分析才有价值，而且相关程度越高，回归预测效果越好。

但是，相关分析与回归分析又是两种不同的分析方法，它们的区别有二。其一，相关分析是对两个变量双向依存关系的分析，通常不确定谁是自变量，谁是因变量；回归分析是对两个变量单向关系的分析，即对自变量影响因变量的分析，必须明确谁是自变量，谁是因变量，而且对于自变量每一个给定的数值，通过回归方程求得的因变量的估计值不是一个确定的数值，而是许多可能数值的平均数，因而可以计算估计值的误差。其二，从分析层次上讲，相关分析是一种描述和解释既存事实的研究方法，而回归分析则是一种通过对已有事实的分析进一步推断和预测未来可能发生什么的方法。因此，与相关分析相比较，回归分析是一种更高层次、更为深刻的统计分析方法。

1. 两个定距变量的相关分析

两个定距变量的相关系数，通常使用皮尔逊积矩相关(或积差相关)公式计算。由于原始公式计算时较为复杂，为了能直接运用 X 和 Y 的原始数据计算相关系数，可以将皮尔逊积差相关定义公式转化成如下公式：

$$r=\frac{n\sum xy-(\sum x)(\sum y)}{\sqrt{n\sum x^2-(\sum x)^2}\sqrt{n\sum y^2-(\sum y)^2}}$$

式中：r 表示皮尔逊积差相关系数；

x 表示变量 x 的取值；

y 表示变量 y 的取值；

n 表示个案数或样本容量。

在处理分组数据时，则采用如下计算公式：

$$r=\frac{\sum f(x-\bar{x})(y-\bar{y})}{\sqrt{\sum f(x-\bar{x})^2}\sqrt{\sum f(y-\bar{y})^2}}$$

为了凸显相关关系，下面以全国流动人口的家庭月均消费为因变量，以个人月均收入为自变量进行分析。

图 21-8 为利用 Stata 软件绘制的家庭月均消费与个人月均收入之间的散点图，从图中

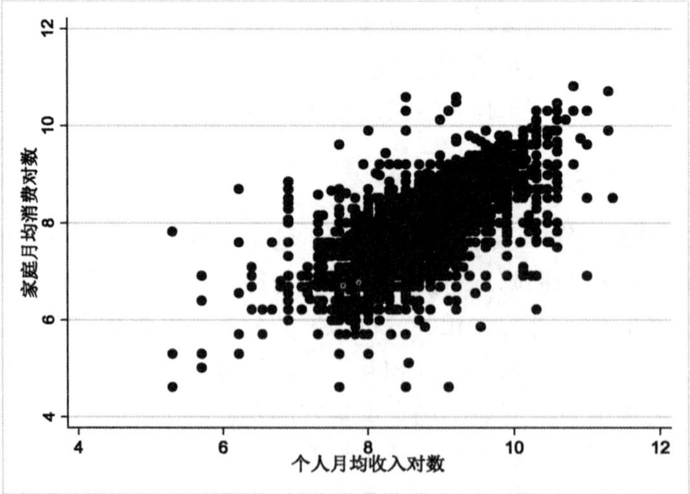

图 21-8　散点图

来源：中国流动人口动态监测调查，图由笔者自制。

可以看出两个变量存在正相关关系。软件计算得到，两个变量的相关系数为 0.5709，说明家庭月均消费与个人月均收入之间存在很强的正相关，即个人月均收入越高，家庭月均消费越高；反之，个人收入越低，家庭月均消费越少。

皮尔逊积相关系数 r 的假设检验可以采用 t 检验。若要对 r 进行 t 检验，t 值的计算公式为：

$$t=\frac{r\sqrt{n-2}}{\sqrt{1-r^2}},\ df_1=1,\ df_2=n-2$$

Stata 计算 P 值为 0.000，所以 $P<0.0$，故可拒绝 H_0，接受 H_1，即家庭月均消费与个人月均收入之间存在显著性相关关系。

2. 一元线性回归分析

对两个定距变量进行回归分析，称为一元线性回归分析，即只有一个自变量 X，且两变量间存在线性相关关系。一元线性回归分析，实质上就是要在变量 X 和变量 Y 之间建立一个线性回归方程，从而用 X 去预测 Y。建立回归方程通常采用的方法为最小二乘方法。一元线性回归方程的标准形式为：

$$\mathrm{y}'=\mathrm{bx}+\mathrm{a}$$

建立回归方程的主要问题是求出方程中回归系数 b(回归线的斜率)和回归线在 Y 轴上的截距 a，这一过程称为配制回归线或拟合回归线。确定回归系数 b 的原则是使散布图(将 X 和 Y 一一对应的值绘制而成的分布图)上各点距回归线上的相应点的纵向距离平方和为最小，这种求回归系数 b 的方法称为最小二乘方法。

求回归系数 b 的公式为：

$$b=\frac{\sum(x-\bar{x})(y-\bar{y})}{\sum(x-\bar{x})^2}$$

这个公式可以说是回归系数 b 的定义公式，为计算方便，可将其转化为能直接用原始数据计算 b 的公式：

$$b=\frac{n\sum xy-\sum x\cdot\sum y}{n\sum x^2-(\sum x)^2}$$

$$a=\bar{y}-b\bar{x}=\frac{\sum y-b(\sum x)}{n}$$

式中：b 表示回归系数；

X 表示自变量取值；

Y 表示因变量取值；

n 表示样本量或样本规模；

$\bar{X}$ 表示自变量的平均数；

$\bar{Y}$ 表明因变量的平均数。

回归分析的大致程序是：先根据研究目的确定自变量 X 和因变量 Y，对 X 和 Y 进行相关分析(如做散点图，计算 X 与 Y 的相关系数)，确定有无价值进行回归分析(如果 X 与 Y 相关强度太弱，则回归分析价值不大)和能否进行回归分析(如 X 与 Y 是否存在线性相关关系而不是曲线相关关系)；最后计算回归系数 b 和截距 a，建立回归方程，并用自变量 X 对 Y 进行预测。以前述某年全国流动人口的家庭月均消费与个人月均收入为例，进行一元线性回归分析。

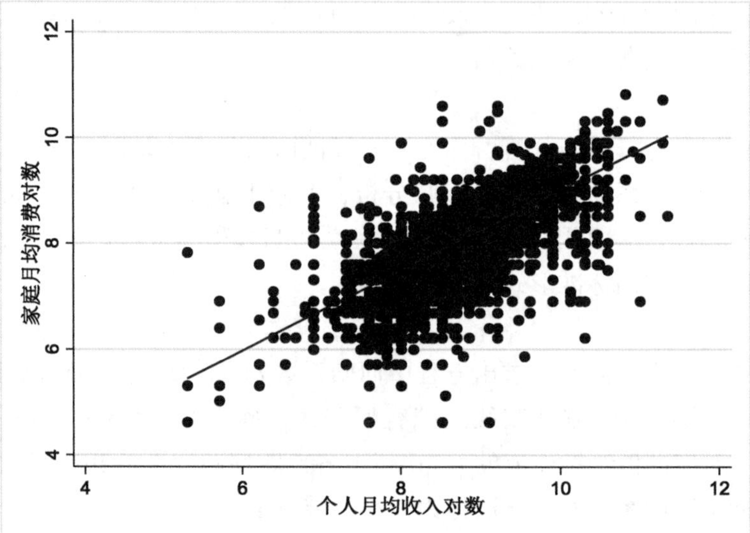

图 21-9　散点图与拟合直线

来源：中国流动人口动态监测调查，图由笔者自制。

图 21-9 显示了家庭月均消费与个人月均收入之间的散点图和拟合直线图。

表 21-12　两个定量变量的一元线性回归分析

	回归系数	标准误	t 值	P 值	95%置信区间	
个人月均收入对数(b)	0. 5554	0. 0073251	75. 82	0. 000	0. 5410	0. 5697
常数项(a)	4. 1925	0. 0604328	69. 37	0. 000	4. 0740	4. 3109

表 21-12 为 Stata 软件的一元回归分析结果，其中个人收入对数的系数 b 为 0. 5554，表明个人月均收入每增长 1%，家庭月均消费增加 0. 55%。回归系数的假设检验结果显示，t 值为 75. 82，对应的 P 值为 0. 000，小于显著性水平 0. 05，表明该回归系数在总体上显著不为 0。

第四节　多变量统计分析简介

多变量统计分析，又称多元统计分析，是指涉及三个及三个以上变量(其中至少一个因变量)的统计分析方法。社会现象之间的复杂性，使人们认识到正确使用多变量分析，通常会比单变量或双变量分析更具有解释力。20 世纪 80 年代以来，随着计算机普及和统计软件广泛应用，多变量统计分析方法已成为一个各种方法互相交叉、内容丰富、层次复杂的庞大体系，是当代统计学中发展最迅速、最活跃的领域。这里简略介绍比较常用的几种多变量统计分析方法：

(一)多变量相关分析

多变量相关分析是相对于双变量相关分析而言的。在双变量分析中，是用一个统计量(如相关系数 λ、G、r 等)反映两个变量间的相关关系。当变量达到 3 个或 3 个以上时，相关关系的分析就属于多变量相关分析或多元相关分析了。从本质上说，多变量相关分析与双变量相关分析一样，也是用一个统计量(如偏相关系数、复相关系数等)来简化和反映多个变量之间的相互依存关系，只是这种关系更加复杂而已。与多变量相关分析直接有关的方法，有偏相关分析、复相关分析和典型相关分析等。

(1)偏相关分析，是指在控制了其他变量影响的情况下，用一个统计值来测量某一变量 X 和另一变量 Y 之间相关关系强弱程度与方向的方法，这个统计值叫作偏相关系数。

(2)复相关分析，是测量多个自变量(如 X_1、X_2、$X_3 \cdots X_n$)共同对一个因变量(如 Y)发挥作用时形成的相关关系的方法，它用一个统计值来表示这些自变量与另一因变量关系的强弱和方向，这个统计值称为复相关系数。

(3)典型相关分析，是一种用于测量两组变量(每组变量均多于 1 个变量)相关强弱与方向的多元统计方法。这种方法，统计学家在 20 世纪 30 年代就曾提出，但真正推广应用则是近几年的事情。在进行典型相关分析时，习惯上将自变量组称为预测变量，而将因变量组称为标准变量，用于测量典型相关的统计量称为典型相关系数。实际上，典型相关就是简单相关和复相关分析的进一步推广，因为当两个变量组均只有一个变量时，典型相关系数就成了双变量分析中的简单相关系数；同理，当典型相关中的两组变量中有一组变量只有一个变量时，典型相关便成了复相关。也就是说，简单相关和复相关都是典型相关的特例。

(二)多元回归分析

多元回归分析是研究两个或两个以上自变量(X_1、$X_2 \cdots X_n$)和一个因变量(Y)之间的关系，并用自变量解释与预测因变量的多变量统计分析方法。在社会研究中，应用较多的是多元线性回归分析方法和 Logistic 回归分析方法等。

(1)多元线性回归分析，是多元回归分析方法中的基本形式，它的应用通常对数据有比较严格的要求。例如，它要求各自变量之间不能存在高度的线性相关性。此外，它还要求自变量和因变量均为定距(比)变量，如果自变量为定类或定序变量，则可将其转化为虚拟变量后进行多元线性回归分析。由于在社会研究中，很多数据难以完全符合这些要求，因而多元线性回归分析方法的应用受到了很大的限制。

(2)Logistic 回归分析，是自变量为定距、定比变量(或虚拟变量)、因变量为定类变量、定序变量条件下的多元回归分析方法。Logistic 回归分析方法的广泛运用，促进了社会定量研究的突破性发展。由于社会研究中的数据，很多时候是以定类与定序的属性数据形式出现的，采用多元线性回归分析存在诸多缺陷。Logistic 回归分析方法的出现，弥补了多元回归分析的局限，目前已经取得了广泛的应用。

(三)多元方差分析

多元方差分析是对多个定类变量(自变量)与多个定距变量(因变量)关系的多元分析方法，其分析的统计原理与方法同一元方差分析相似，只是程序更加复杂。

(四)因子分析

因子分析是一种从众多相关变量中抽取若干个共同因子，从而使复杂数据得以简化的多变量分析方法。被抽取的因子，称为公共因子。因子分析的作用主要表现在两个方面：其一，探索数据的基本结构和变量之间的关系；其二，用公共因子简化数据，以便于做进一步分析。

(五)对数线性模型分析

对数线性模型，是在自变量和因变量都是定类或定序变量时，用以分析它们之间关系的多元统计分析方法，它处理的是以交互分类表形式出现的定类或定序数据。

(六)结构方程模型分析

结构方程模型，是一种用于建立、估计、检验因果关系模型的、功能强大的多元统计分析方法，它把因子分析、回归分析、路径分析、方差分析等多种多变量统计方法有机地整合在一起，形成一种思路新颖、用途广泛的综合性统计分析技术。

(七)多层线性模型分析

多层线性模型分析，是专门用于对具有层次结构特性的数据进行多元分析的统计方法。这种方法在欧美的产生和发展已有了不短时间，目前国内不少社会研究采用了这一统计分析方法。

上面用非常简略的文字介绍几种主要的多变量统计方法，其目的是让对社会统计学发展感兴趣的读者了解这方面的信息。对于要学习多元统计分析方法的读者来说，还必须参考和阅读其他相关的专门书籍。

第五节　计算机软件应用

随着个人电脑普及和统计软件发展，掌握和应用统计软件进行统计分析已成为社会调查研究的重要内容。统计软件的使用为统计方法带来了极大方便。

一、统计软件

目前，社会调查领域应用最为广泛的统计软件是：Excel、SAS、SPSS 和 Stata。这些统计软件，包含大量统计分析程序。在统计分析过程中使用这些软件，比手工计算更加容易，尤其是对一些复杂的统计方法或计算量非常多的数据，这些统计软件不仅效率高，而且不易出现计算失误。

Excel，全称 Microsoft Excel 电子表格，是美国微软公司编写的一款电子表格软件。直观的界面、出色的计算功能和图表工具，且容易操作，使 Excel 成为最流行的个人计算机数据处理软件。Excel 可以加载插件 XLSTAT 进行统计分析，但不足的是运算速度慢，统计方法有限，通常作为数据保存格式或统计分析结果的二次处理与保存工具使用。

SAS(全称 Statistical Analysis System，简称 SAS)是目前国际上最为流行的一种大型统计分析系统之一，由美国北卡罗来纳州立大学于 1966 年开发。SAS 是一个模块化、集成化的大型应用软件系统，它由数十个专用模块构成，功能包括数据访问、数据储存及管理、应用开发、图形处理、数据分析、报告编制、运筹学方法、计量经济学与预测等。不过，SAS 的应用有较高的门槛，尽管现在已经尽量“傻瓜化”，但是仍然需要一定的训练才可以使用。

SPSS 是“社会科学统计软件包”(Statistical Package for the Social Science)的简称，由美国斯坦福大学的三位研究生于 20 世纪 60 年代末研制。作为专门的统计软件工具包，SPSS 集数据录入、整理、分析功能于一身。用户可以根据实际需要和计算机的功能选择模块，以降低对系统硬盘容量的要求。基本功能包括数据管理、统计分析、图表分析、输出管理等，在自然科学、技术科学、社会科学、商业管理等各个领域均有应用。SPSS 的主要优点是方便易用，但也是它不够全面的原因所在，包括功能不全，统计分析相对不太灵活等。

Stata 是一套数据分析、数据管理，以及绘制专业图表的完整及整合性统计软件，Stata 1.0 正式发布于 1985 年 1 月。新版本的 Stata 采用最具亲和力的窗口接口。使用者自行建立程序时，软件能提供具有直接命令式的语法，可以处理包括 Excel、SAS、SPSS 等软件格式的数据。Stata 提供完整的使用手册，包含统计样本建立、解释、模型与语法、文献等超过 1 万余页的出版品。Stata 的作图模块强大，制图精美，可以满足绝大多数用户的统计作图要求。与 SPSS 相比，Stata 是开源软件，功能更全，统计分析灵活，但需要学习程序语言。

目前，在社会调查研究领域应用较多的是 SPSS 和 Stata，读者可以根据自己的需要选择相应软件进行数据分析。

二、数据文件

数据文件的电子表格形式：①任意一行包括样本中具体被调查对象的观察值；②任意一列包括具体特征的观察值。

图 21-10　一个局部的 Stata 数据文件例子

图 21-10 是一个在 Stata 中编辑数据的窗口。它显示了样本中前 20 个被调查对象的样本编号、性别、出生年月、民族类型、教育状况、政治面貌、婚姻状况的数据。有些数据是数字型的，而有些数据由标签组成。

三、统计软件的误用

要注意的是，统计软件为数据分析提供了便利，但有益处也有风险。因为无论正确使用统计方法所需的假定满足与否，统计软件都会执行所要求的分析并输出结果。当数据分析人员没有掌握统计方法及其假定或者它适用的特殊问题时，就可能导致分析不正确。因此，仅仅知道如何使用统计软件不能保证正确的分析，数据分析人员需要有一个良好的统计背景知识，了解所选择的方法，在该方法中选择哪些选项，以及如何从输出中做出有效的结论。总之，要正确使用统计软件并解读结果，必须全面掌握统计方法。

第二十二章 思 维 加 工

思维加工是在整理资料、统计分析基础上进行研究的思维过程，是从感性认识上升到理性认识的中心环节，在研究阶段具有关键意义。

要搞好思维加工，必须弄清楚思维加工的概念、任务和方法，掌握思维加工过程中常用的几种思维方法，并了解若干科学思维方法和若干创新思维方法。

第一节 思维加工概述

一、什么是思维加工

“思维”有广义和狭义之分。广义的“思维”，相对于“存在”而言，是指意识、精神；狭义的“思维”，相对于“感性认识”而言，是指理性认识或理性认识过程，是认识的高级形式。思维加工中的“思维”，是就狭义而言的，它贯穿于社会调查全过程。例如，调查课题的确定、调查方案的设计、调查方法的选择、调查资料的整理、调查报告的撰写等，都离不开人脑的思维。

研究阶段的思维，是指调研者对整理和统计分析后的资料进行分析、研究，做出概括、判断、推理等加工的思考过程，简称为“思维加工”。

思维加工有五大要素：①思维主体，即调查研究者；②思维对象，即整理、统计分析后的文字、数据、问卷等资料；③思维工具，即语言、文字、数据、符号等思维的物质外壳；④思维方法，即思维活动的规则、途径、手段或办法；⑤思维目的，即在理论上做出判断或结论，在实践上提出对策或建议。

简而言之，思维加工就是调研者运用语言等思维工具和科学思维方法，对整理、统计分析后的资料进行研究，做出结论或提出建议的思维过程。

二、思维加工的任务

在研究阶段，思维加工的任务是：

(1)概括调查对象的真实情况。整理、统计分析后的文字、数据、问卷资料，往往内容繁多、数量较大、精粗相伴、层次混杂。只有运用比较和分类、分析和综合等思维方法加工，才能去伪存真、去粗取精，以系统、简明的方式概括反映出调查对象的真实情况。这是思维加工的首要任务。

(2)分析社会现象的因果关系。社会调查的目的，不仅是了解调查对象的真实情况，而且要分析各种社会现象之间的因果联系。因此，对整理、统计分析后的文字、数据、问卷资料进行由此及彼、由表及里的分析研究，弄清楚造成各种社会现象的内部因果联系和外部因果联系，是思维加工的又一重要任务。

(3)揭示社会现象的本质及发展规律。调查所反映的社会现象及其联系，都是个别与一般、特殊与普遍、偶然与必然的统一。本质和规律则是同类事物中具有普遍性、可重复性和相对稳定性的东西。因此，思维加工的另一任务，就是从个别的、特殊的、偶然的社会现象及其联系中抽象、概括出一般的、普遍的、必然的东西来，从而揭示出有关社会现象的本质及其发展规律。

(4)证实、证伪或补充、修改、完善研究假设。科学的社会调查，总是以一定的研究假设为指导。社会调查的目的，就是证实或证伪这些研究假设，或是补充、修改、完善这些研究假设。因此，思维加工的又一重要任务，就是以调查资料为依据，运用各种思维方法来证实或证伪这些研究假设，在更多的情况下则是补充、修改、完善原来的研究假设。

(5)做出理性判断或结论。对调查资料进行思维加工，概括调查对象的真实情况，分析社会现象的因果关系，揭示社会现象的本质及其发展规律，证实、证伪或补充、修改、完善原来的研究假设，都是为了对社会调查做出某种理性判断或结论。这种理性判断或结论，是思维加工成果的最集中体现。

(6)提出对策性建议。对于学术性调查课题来说，只要对调查结果做出某些理性判断或结论，就算完成了思维加工的任务。对于应用性调查课题来说，它不仅需要做出理性判断或结论，而且需要提出对实际工作的具体建议。只有提出了对实际工作的对策性建议，才能算是完成了思维加工的全部任务。

三、思维加工的方法——思维方法

(一)什么是思维方法

思维方法，是指思维的规则、途径、手段或办法。思维方法有两方面特征：一方面，它的内容是客观的，是人们依据事物客观规律而形成的思维规则，事物客观规律是形成思维方法的现实基础；另一方面，它的形式是主观的。事物的客观规律只有内化入人脑，转化为思维活动的规则，才能成为思维方法。由于人们的物质生活条件不同，社会地位不同，生活方式不同，文明程度不同，对事物的认知目的不同，认知能力、创造能力不同，因而不同人的思维方法往往具有不同特点，往往带有一定主观色彩。这就是说，思维方法是客观与主观的统一。

(二)思维方法的层次

思维方法具有层次性特点。按照发挥作用的范围，可以把思维方法划分为三个层次：

哲学思维方法、一般科学思维方法和具体学科思维方法。

哲学思维方法，是最高层次的思维方法。例如，归纳和演绎、分析和综合、抽象和具体、历史和逻辑的统一、对立与统一、量变与质变、肯定与否定等方法，就是人们认识和实践中普遍使用的哲学思维方法。

一般科学思维方法，是中级层次的思维方法。例如，信息方法、控制方法、系统方法、结构—功能方法、公理化方法、模型方法，以及战略思维、底线思维、精准思维等方法，都是现代科学思维中常用的思维方法。

具体学科思维方法，是初级层次的思维方法。例如，数学方法、化学方法、物理学方法，以及历史学、法学、经济学、管理学等方法，都是适用于特定研究领域，并在特定范围内起作用的思维方法。

哲学思维方法、一般科学思维方法和具体学科思维方法之间的关系，是一般、特殊和个别的关系。它们三者之间相互区别、相互联结、相互渗透、相互影响，共同构成思维方法的体系。

(三)思维方法的功能

思维方法，就本质来说是客观规律的主体化。思维方法一旦形成，就获得了对思维过程的某些相对独立的功能：

(1)运行功能。思维方法决定着思维过程的发动、运行、方向、路线、转换等思维运动，它是思维方法的基础性功能。

(2)序化功能。思维方法在思维过程中，通过识别、筛选、分类等思维活动，可以使多样、繁杂、混乱的感性材料规范化、有序化。

(3)加工功能。思维方法对有序化感性材料，进行去粗取精、去伪存真、由此及彼、由表及里的加工，可为理性研究做好准备。

(4)构建功能。思维方法在思维过程中，通过对有序化、理性化信息的选择、组织和解析，就可建构、创造出新的知识产品。

(5)完善功能。思维方法可以根据实践检验的过程和结果，对新知识产品进行不断的修改或补充，使其逐渐成为完善的精品。

在社会调查中使用的思维方法，大多属于哲学思维方法和一般科学思维方法。其中，使用得最多的思维方法是：比较法和分类法；分析法和综合法；矛盾分析法；因果分析法；系统分析法；结构—功能分析法。此外，还有若干实用的科学思维方法和若干常用的创新思维方法。

第二节　比较法和分类法

人们认识事物总是从区分事物开始的。要区分事物，就要比较和分类。因此，比较法和分类法是人们认识事物的两种基本思维方法。

一、比较法

(一)什么是比较法

比较法，是指确定认识对象之间相异点和相同点的思维方法。世界上一切事物都有相异点和相同点。如人的指纹，全世界几十亿人的指纹都由不同花纹组成，它们的长短、粗细、凸凹程度和形状各不相同。但是，千差万别的指纹又可分为“弓”“箕”“斗”三种基本类型，而且终生不变。这说明，世界上没有绝对相异的事物，也没有绝对相同的事物。事物之间的差异性和共同性，是比较法的客观基础。

(二)比较法的种类

比较，有多种方法。如质量比较、数量比较，横向比较、纵向比较，内容比较、形式比较，结构比较、功能比较，类型比较、历史比较、理论与事实比较，等等。采用哪种比较法，取决于人们研究的需要。

其中，常用的比较法有以下几种：

(1)横向比较法，就是根据同一标准在同一时间内对不同认识对象进行比较的思维方法。它可以是同类事物(如农村与农村)之间的比较，也可以是不同类事物(如城市与农村)之间的比较；可以是同一事物不同方面(如同一企业营业收入与利税总额)之间的比较，也可以是同一事物不同部分(如同一企业甲车间与乙车间)之间的比较。横向比较法，是在质或量上区分不同认识对象的思维方法。离开了它，人们就无法把千差万别的客观事物区别开来。

类型比较，就是同类事物之间的横向比较。类型比较在逻辑上的运用，就是类比推理。所谓类比推理，就是根据两类事物某些相异或相同属性，推断出它们在其他方面也有相异或相同属性的推理形式。例如，根据珠江三角洲高新技术发展较快的事实，推断出长江三角洲高新技术也有较快的发展可能，等等。

(2)纵向比较法，就是对同一认识对象在不同时间相异点或相同点进行比较的思维方法。它可以是同一事物不同时点(如人口数 2010 年 11 月 1 日零点与 2020 年 11 月 1 日零点)或时期(如 2010 年全年与 2020 年全年)之间的比较，也可以是同一事物不同发展阶段(如人的婴幼儿、青少年、成年、老年等阶段)之间的比较。纵向比较法，是揭示认识对象不同时点或时期、不同阶段特点及其变化发展趋势的思维方法。离开了它，人们就无法把千变万化的客观事物区别开来。

历史比较法，就是对认识对象不同时间特点进行比较的思维方法。例如，通过对某县市 1949 年新中国成立前后、1978 年改革开放前后、2012 年中共十八大前后经济社会发展状况的比较，就可以发现许多相异点或相同点，就可揭示出该县市不同时期的不同特点及其发展趋势。

(3)理论与事实比较法，就是对某种理论观点与客观事实进行比较的思维方法。在社会调查中，人们除了在客观事实之间比较外，还必须将研究假设、理论观点与客观事实进行比较，看看研究假设、理论观点是否符合客观事实。理论与事实的比较过程，实质上就是用客观事实检验研究假设、完善研究假设，检验理论、发展理论的过程。爱因斯坦指出："知识不能单从经验中得出，而只能从理智的发明同观察到的事实两者的比较中得出"。① 理论与事实比较法，实质上就是用事实检验、完善研究假设，检验、发展理论的思维方法。

(三)运用比较法必须注意的问题

(1)必须有统一、科学的比较标准。因为没有统一标准，就无法比较；没有科学标准，就不能正确比较。例如，斤不可与尺比，人不可与畜比，物质生产和精神生产也不能简单用利润指标来比较，否则就会得出错误结论。

(2)必须重视本质比较。黑格尔说：假如一个人能见出显而易见之异，如能区别一支笔与一头骆驼，我们不会说这人有了不起的聪明。一个人能比较两个近似的东西，如橡树与槐树，或寺院与教堂，而知其相似，我们也不能说他有很高的比较能力。"我们所要求的，是要能看出异中之同，或同中之异"。② 在社会调查中，要特别注意表面差异极大的事物之间的共同本质，或表面极为相似的事物之间的本质差异。例如，"民生日益改善"，"不满日益增多"，这两种现象表面差异极大，但它们却是经济发展、政治宽松、社会进步等共同本质的反映。又如，同样是富裕家庭，有的是勤劳致富，有的是"为富不仁"，它们之间存在着本质差别。社会调查中的比较，要特别注意发现本质性的异中之同或同中之异。

(3)必须不断提高和深化比较的内容。例如，对不同社区的比较，应该从地理环境、区位条件等浅层次比较，逐步提高、深入到社会结构、制度设置、运行机制、文化积淀等深层次比较。对不同人员的比较，应该从性别、年龄、籍贯、文化程度等浅层次比较，逐步提高、深入到知识结构、理论水平、实践经验，直至人生观、价值观、世界观等深层次比较。只有这样，才能逐步认识社会现象的本质及其发展规律。

比较法是区分不同认识对象、发现客观事物变化发展趋势、检验研究假设和发展理论的思维方法，在社会调查中有广泛用途。但是，比较法有它自身的局限性。列宁指出："任何比喻都是有缺陷的……任何比喻都只是拿相比事物或概念的一个方面或几个方面相比，暂时和有条件地撇开其他方面"。③ 这就是说，任何比较都有一定的片面性。

二、分类法

(一)什么是分类法

分类法，是指根据认识对象的相异点或相同点，将相同事物归并为一类、将相异事物

① 许良英，李宝恒，赵中立，范岱年. 爱因斯坦文集(第1卷)[M]. 北京：商务印书馆，1976：278.

② [德]黑格尔. 小逻辑[M]. 北京：生活·读书·新知三联书店，1954：262.

③ 列宁全集(第10卷)[M]. 北京：人民出版社，2017：336.

区分为不同类别的思维方法。分类与比较有密切联系。一方面，人们认识客观事物往往从比较开始，即先通过比较识别事物之间的差异点或共同点，然后根据差异点把不同事物区分开来，根据共同点把相同事物归并到一起，这样就将事物区分成了不同类别。从这个意义上说，比较是分类的前提，分类是比较的结果。另一方面，只有对事物作了科学分类，对它们进行全面、深入的比较，才能更好地认识不同类别事物的本质及其特点。从这个意义上说，分类又是比较的前提，比较则是分类的结果。这说明，比较与分类之间存在着互为前提、互为因果的关系。事物之间的差异性和共同性，是比较法和分类法共同的客观基础。

(二)分类的要素和逻辑规则

分类有三个要素，即母项、子项和分类根据。例如，按照性别，人可分为男人和女人。其中，“人”是分类的母项，“男人”和“女人”是分类的子项，“性别”是分类的根据。按照所有制，企业可分为国有企业、民营企业、外资企业、各种形式的合资企业。应该指出，分类的根据，必须是客观存在的；分类的母项，必须是可以分解的；分类的子项，必须是符合实际的。否则，就无法正确分类。

分类必须遵守的逻辑规则是：

(1)分类的根据必须同一。即必须按照同一根据分类，而不能对一部分子项采用一种根据，对另一部分子项采用另一种根据，否则就会犯“分类根据不同一”的错误。例如，把工业分为重工业、轻工业、乡镇工业(一般指设置在农村或小城镇的非国有工业)，就犯了“分类根据不同一”错误。因为，对重工业、轻工业两个子项采用的是一种分类根据，即产品性质和用途；对乡镇工业这个子项采用的是另一种分类根据，即企业所在地和所有制。“分类根据不同”，就必然给分类结果造成混乱。

(2)分类的子项必须互不相容。即分类各个子项之间必须是全异关系，否则就会犯“子项相容”的错误。例如，把城镇居民的职业分为工人、农民、个体户、机关干部、党政企事业单位负责人、专业技术人员、办事人员、商业服务业人员等几类，就犯了“子项相容”的错误。因为，机关干部与党政企事业单位负责人、专业技术人员、办事人员往往相交叉；个体户则与商业服务业人员往往相重叠。这样，这几个子项就形成了相容关系。

(3)分类的子项之和必须等于母项。即子项之和不能小于或大于母项，否则就犯了“子项不全”或“子项过多”的错误。例如，把直系亲属分为父母和子女两项，就犯了子项不全的错误，因为它漏掉了配偶这个子项。如果把直系亲属分为父母、子女、配偶、兄弟姐妹4项，就犯了子项过多的错误，因为兄弟姐妹一般不属于直系亲属的子项。在现实生活中，往往有一个母项包含许多子项，很难把全部子项列出来。在这种情况下，可列出一些主要子项，然后用一个“其他”来包含剩余的子项。这样，既可使分类简明，又可满足“子项之和等于母项”的要求。

(4)分类必须按一定层次逐级进行。即不能混淆层次，否则就犯了“越级分类”的错误。例如，把劳动者直接分为非农业劳动者、种植业劳动者、林业劳动者、畜牧业劳动者、渔业劳动者，就混淆了层次界限，模糊了种属关系，犯了“越级分类”的错误。因为，对于劳动者这个母项来说，非农业劳动者和农业劳动者才是两个同层次的子项，而种植业劳动者、林业劳动者、畜牧业劳动者、渔业劳动者，则是农业劳动者这个母项的子项。如果“越级分类”，把它们混杂在一起，就会造成分类的混乱。

(三)分类的两种基本类型

客观事物都是现象和本质的统一。因此，分类也有两种基本类型，即现象分类和本质分类。现象分类是指根据事物外部标志或外部联系的分类。例如，根据人口性别、年龄等自然属性的分类，根据企业规模、所属部门或地区等外部联系的分类，都属于现象分类。本质分类则是根据事物本质特征或内部联系的分类。例如，根据人口的经济地位、政治态度和意识形态等社会属性的分类，根据企业所有制、经营模式等经济性质的分类，则属于本质分类。

由于人们对客观事物的认识，是从现象到本质、从不甚深刻的本质到更深刻的本质的无限发展过程。因此，对客观事物的分类也是一个从现象分类到本质分类、从不甚深刻的本质分类到更深刻的本质分类的不断发展过程。任何把某种分类绝对化、凝固化的做法，都是不正确的。

(四)分类的意义与局限性

科学分类具有重要意义，它可以总结、巩固、提高比较的结果，可以把复杂的事物条理化、系统化，可以揭示事物的内部结构和比例关系，有时还具有一定的科学预见作用。但是，分类法也有其自身的局限性。一般来说，分类只能静态反映事物的状况，而不能动态揭示事物变化发展的规律。

第三节　分析法和综合法

人们认识事物离不开比较和分类，也离不开分析和综合。与比较法和分类法一样，分析法和综合法也是人们认识事物的两种基本思维方法。

一、分析法

分析法，是指在思维中把客观事物分解为各个要素、部分、方面，然后逐个分别加以考察的思维方法。分析法一般包括两个步骤：一是分解，即把客观事物分解为各个要素、部分或方面；二是分别考察，即对分解后的各个要素、部分、方面分别加以考察或研究。

思维中的分析法，起源于实践中的动作分析。原始人类在生活实践中逐渐懂得了要吃果仁必须先剥开果壳，并吐出果核。这样吃果子的过程，实际上就是剥壳—吃仁—吐核等一系列分解动作的过程。经过无数次反复实践，人们逐渐从分解动作中学会了在思维中分解事物的方法——分析法，从而大大提高了人类的认识能力。

分析法是人们认识客观事物的一种重要思维方法。因为，任何客观事物都是由不同部分组成的统一整体。当客观事物以感性整体形式呈现在人们面前时，人们对它的认识总是直观、笼统、粗浅的。但是，当人们用分析法把客观事物分解为各个部分并分别对各部分考察之后，特别是在找出构成事物的基础部分或本质方面之后，人们对客观事物的认识就大大前进了一步。分析过程，是思维运动从整体到部分、从复杂到简单的过程。在分别考察各个部分基础上，分析法能够找出构成事物的基础部分或本质方面，因而它是一种较为深刻的思维方法。

运用分析法认识客观事物，应该注意几个问题：

(1)分析应该是客观的，即应该按照客观事物本来的组成状况去分解事物，而不能主观任意地分解客观事物。

(2)分析应该是多方面的，既应该从质上分解事物的各种属性，又应该从量上分解事物的各种数量特征；既应该从空间上分解事物的各个组成部分，又应该从时间上分解事物发展的各个阶段。究竟从哪些方面分解事物，则应该根据事物的客观状况和研究任务的主观需要而定。

(3)分析应该是多层次的，即把客观事物分解为各个组成部分之后，对各个组成部分又可作深一个层次的分解和考察。从理论上讲，分析的层次是无限的。在实际工作中，应该根据研究的主客观需要和可能，选择适当的分析层次。

(4)分析应该是深入的、本质的，即对客观事物的分析应该深入，应该把本质的、基础的部分与非本质的、非基础的部分区分开来，并着重分析本质的、基础的部分。分析法之所以是一种较为深刻的思维方法，就在于它能够而且应该深入到事物的本质。

分析的方法多种多样。目前，人们常用的分析方法有：定性分析、定量分析、矛盾分析、因果分析、系统分析、结构分析、功能分析、信息分析、模式分析，等等。随着人类实践和科学认识的发展，分析的具体方法还在不断增加。

二、综合法

综合法，是指在思维中把对客观事物各个要素、部分、方面分别考察后的认识联结起来，然后从整体上加以考察的思维方法。综合法一般包括两个步骤：一是联结，即把分解、考察客观事物各个要素、部分、方面所得到的认识联结起来；二是整体考察，即把客观事物的各个要素、部分、方面及其相互关系综合起来作为一个整体加以考察或研究。

与分析法一样，综合法也是人们认识客观事物的一种重要思维方法。因为，任何客观事物都是由各个要素、部分、方面构成的统一整体。要完整认识事物，就必须在分析基础上加以综合。例如，要正确认识一个村，就必须在分析它的地理环境、区位条件、历史变迁、人口状况、风土人情，以及经济、政治、文化、社会、生态等方面状况的基础上进行综合，才能形成整体性判断。这说明，分析不是目的，只是深入认识事物的手段。只有在分析基础上通过综合形成对客观事物的整体认识，才能达到思维的目的。分析过程是思维运动从整体到部分、从复杂到简单的过程；与此相反，综合过程则是思维运动由部分到整体、由简单到复杂的过程。综合法与分析法是相对应的，它们是一种较为深刻的思维方法。事物的可分割性和整体性，是分析法和综合法共同的客观基础。

运用综合法认识客观事物，应该注意几个问题：

(1)综合应该是客观的、求实的，而不是幻想的、虚构的。恩格斯指出：思维“只能把这样一些意识的要素综合为一个统一体，在这些意识的要素中或者在它们的现实原型中，这个统一体以前就已经存在了。如果我把鞋刷子综合在哺乳动物的统一体中，那它绝不会因此就长出乳腺来”。① 只有“现实原型中”已经存在的要素统一体，才能科学地综合。

(2)综合应该是全面的、有机的，而不是片面的、机械的。例如，对企业的综合，不仅要看产品、产量、产值等生产情况，以及厂房、设备等硬件要素，而且要看产权制度、管理体制、运行机制，特别是领导素质、人员结构、创新能力等软件要素。只有这种全面、有机的综合，才能科学说明为什么有的企业能蓬勃发展，有的企业却逐渐衰落。

(3)综合应该是内在的、本质的，而不是外在的、现象的。例如，对于一个人的综合，不仅要看性别、年龄、民族、脸型、身材、穿着打扮、举止神态等外部现象，而且要看社会职业、实践经历、经济状况、政治面貌、文化素养、道德品质、学识才干等内在本质。只有这种兼顾内在本质与外在现象的综合，才能正确揭示出人的社会本质。

三、分析与综合的统一

分析法，是把客观事物分解为各个部分，并分别加以考察的思维方法；综合法，是把客观事物各个部分联结起来加以考察的思维方法。它们的思维过程、方法是相反的、对立的，但是，它们又是相互联系、相互统一的。

分析和综合之间的联系、统一表现在以下几个方面：

(1)分析和综合互相依赖、互为前提。一方面，分析是综合的基础或前提，没有分析就没有综合；另一方面，综合是分析的前提和完成，没有综合就没有分析，就不能达到分析的目的。因为，分析总是在一定整体观念指导下进行的。例如，分析人的本质，如果没有关于人的整体知识，提不出有哪些本质方面，那么就无法分析。尽管分析前的整体知识与在分析基础上形成的综合知识，在深度和广度上都有质的区别，但不管怎样，分析都必须以一定综合知识为前提却是肯定无疑的。同时，分析是为了正确认识客观事物。如果不综合，就无法形成对客观事物的整体认识，就无法达到分析的目的。

(2)分析和综合互相渗透、互相转化。一方面，分析中包含有综合——模糊的、粗浅的综合，同时任何分析都是为了更深刻地认识事物，最终都会转化为综合。因此，综合不仅渗透于分析之中，而且是分析的完成和归宿。另一方面，综合中包含有分析，作为综合基础或前提的分析，而且每一个综合的认识，既是前一阶段分析的终点，又是后一阶段分析的起点。例如，对一个领导干部的考察，在分析其德、能、勤、绩、廉等方面表现基础上得出的综合性结论，既是对他前一阶段分析、考察的终点，又是对他后一阶段分析、考察的起点。人的认识就是在分析—综合—再分析—再综合的过程中不断深化和提高的。

这一切都说明，分析法和综合法是对立的统一，是辩证的思维方法。列宁将“分析和

---

① 马克思恩格斯选集(第3卷)[M]．北京：人民出版社，1995：381.

综合的结合——各个部分的分解和所有这些部分的总和、总计”,① 确定为唯物辩证法的一个基本要素，是完全正确的。

第四节　矛盾分析法

矛盾分析法，是指运用矛盾规律(即对立统一规律)分析社会现象的思维方法。对立统一规律是唯物辩证法的实质和核心。

矛盾分析法的内容非常丰富，其中最主要的是：分析事物内部的对立和统一，揭示事物发展的内因和外因，认识矛盾的普遍性和特殊性。

一、分析事物内部的对立和统一

唯物辩证法认为，事物内部或事物之间都包含着矛盾，对立和统一是矛盾固有的两种基本属性或基本关系。矛盾的对立属性又称斗争性，是指矛盾对立面之间的相互排斥和相互否定。矛盾的统一属性又称同一性，是指矛盾对立面之间的相互依赖和相互贯通(相互包含、相互转化)。斗争性和同一性，是矛盾的两种相反属性，但是，它们又相互联系、不可分割。对立是统一中的对立，统一是对立中的统一。所谓矛盾关系，就是对立统一关系。

社会生活中充满着各种各样的矛盾，要正确认识社会现象，就必须运用对立统一分析方法。通俗地说，就是要坚持“两点论”“两分法”。在社会调查中，对任何社会现象都要用一分为二的观点去分析，既要看到肯定的一面，又要看到否定的一面；既要看到当前现实状况，又要看到今后发展趋势；既要看到不同方面之间的对立，又要看到不同方面之间的统一；既要在对立中把握统一，又要在统一中把握对立。要做到这一点，就必须反对“一点论”、片面性和绝对化。既不可片面肯定一切，也不可片面否定一切；既不可把统一绝对化，也不可把对立绝对化。只有这样，才能揭示事物内在矛盾，才能正确认识社会现象及其本质。

必须指出，客观事物内在矛盾的两个方面，不是“半斤八两”、绝对平衡的，其中必有一个方面居于主导地位。因此，坚持“两点论”“两分法”，必须与“重点论”相结合，必须在坚持“两点论”“两分法”的基础上，着重分析、把握居于主导地位的方面或属性。

二、揭示事物发展的内因和外因

唯物辩证法认为，矛盾同一性是有条件的、相对的，矛盾斗争性是无条件的、绝对的。“有条件的相对的同一性和无条件的绝对的斗争性相结合，构成了一切事物的矛盾运动”。② 事物的运动和变化，主要是由事物内部矛盾引起的，但也受外部矛盾影响。内部矛盾是事物变化的内因，外部矛盾是事物变化的外因。内因和外因在事物发展中的地位和

① 列宁全集(第55卷)[M]. 北京：人民出版社，2017：191.

② 中共中央文献编辑委员会. 毛泽东著作选读(上册)[M]. 北京：人民出版社，1986：175.

作用是不同的，“外因是变化的条件，内因是变化的根据，外因通过内因而起作用”。[①]揭示社会现象发展的内因、外因及其相互转化的关系，是正确认识社会现象发展源泉或动力的根本方法。

运用内因和外因辩证关系原理分析社会现象，必须做到以下几点：首先，要分析社会现象变化的内部原因，认识该社会现象存在和发展的客观基础；其次，要分析社会现象变化的外部原因，认识该社会现象存在和发展的外部条件；再次，要研究内因和外因在一定条件下的相互转化，认识该社会现象内在要素与外在环境之间的相互联系和相互影响。例如，要正确认识一个企业的成功经验，首先，要分析企业的内在要素，包括硬件要素和软件要素，特别是领导人素质、管理体制、运行机制，科技人员状态、科技创新能力等关键要素的状况；其次，要分析企业所处的外部环境，包括自然环境、社会环境和市场环境等状况；再次，要研究企业与外部环境之间的相互联系和相互影响，特别是要研究如何把外部有利条件转化为企业内在发展优势，如何化解、弱化外部环境条件对企业的不利影响，等等。那些通过接受外援、改善外部环境，逐步增强企业内在竞争力而获得发展的企业，就是外因转化为内因的成功范例。

应该指出，内因和外因的划分是相对的、可以互相转化的。在考察单一社会现象时，该社会现象的内部矛盾是内因，该社会现象与其他社会现象的矛盾是外因。但是，如果把上述两种社会现象作为一个对象来研究时，它们之间的矛盾又成了内因。例如，如果把村委会的领导班子作为研究对象，那么村委会干部之间的矛盾是内部矛盾，村委会干部与村民之间的矛盾是外部矛盾。但是，如果把整个村委会作为研究对象，那么村委会干部与村民之间的矛盾就变成了内部矛盾，村委会与其所处的自然环境、社会环境，特别是与其他村委会、与乡镇政府及其部门之间的矛盾则成为外部矛盾。

三、认识矛盾的普遍性和特殊性

唯物辩证法认为，矛盾既具有普遍性，又具有特殊性。矛盾普遍性，是指矛盾的共性、矛盾存在的绝对性，每一事物发展过程存在着自始至终的矛盾运动。矛盾特殊性，是指矛盾的个性，矛盾存在的相对性。矛盾特殊性表现为物质运动形式的特殊性、矛盾发展不同过程及其不同阶段的特殊性、矛盾系统中各种矛盾以及同一矛盾两个方面地位和作用的特殊性、矛盾斗争形式的特殊性等等。矛盾普遍性和特殊性的区别是相对的，在一定条件下是可以相互转化的。矛盾普遍性和特殊性的关系，就是矛盾共性和个性、绝对性和相对性的关系。任何事物都是共性和个性、绝对性和相对性的统一。毛泽东指出：“这一共性个性、绝对相对的道理，是关于事物矛盾问题的精髓，不懂得它，就等于抛弃了辩证法”。[②]

在社会调查中，运用上述原理分析社会现象应该把握几个要点：

(1)矛盾具有普遍性，它无所不在，无时不在。因此，要正确认识社会现象，就必须按照实际情况分析社会现象的内在矛盾及其发展变化。必须明确，没有什么社会现象是不

① 毛泽东选集(第1卷)[M]. 北京：人民出版社，1991：302.

② 毛泽东选集(第1卷)[M]. 北京：人民出版社，1991：320.

包含矛盾的，也没有什么时候是不存在矛盾的。任何社会现象、任何时候，都只存在矛盾差异问题，而不存在矛盾有无问题。差异就是矛盾。没有矛盾就没有世界。

(2)矛盾具有特殊性，它总是具体的、有条件的。因此，在肯定矛盾普遍性前提下，应该着重分析矛盾的特殊性。一般来说，分析社会矛盾的特殊性应注意以下几个方面：①分析社会现象性质的特殊性，它是一种社会现象与另一种社会现象相互区别的客观依据。②分析社会现象发展过程的特殊性，它是同一社会现象在不同发展过程中相互区别的客观依据。③分析社会现象发展阶段的特殊性，它是同一社会现象发展过程在不同阶段相互区别的客观依据。④在由多种社会矛盾构成的社会矛盾系统中，分析各个社会矛盾所占地位和所起作用的特殊性，它是社会基本矛盾和非基本矛盾、社会主要矛盾和非主要矛盾相互区别的客观依据。⑤在一个社会矛盾统一体中，分析矛盾各个方面所占地位和所起作用的特殊性，它是主要矛盾方面和非主要矛盾方面相互区别的客观依据。⑥分析社会矛盾斗争形式和解决办法的特殊性，它是社会矛盾性质特殊性的必然表现和客观要求，也是认识社会矛盾特殊性的目的和落脚点。总之，分析社会矛盾的特殊性越具体越好。一切依时间、地点、条件为转移，具体问题具体分析，是矛盾分析法的基本内容和根本要求。

(3)矛盾普遍性和特殊性是辩证统一的。矛盾普遍性和特殊性的关系，是共性和个性的关系。其中，个性中包含着共性，共性寓于个性之中。因此，要深刻认识社会现象及其本质，就必须把共性和个性有机统一起来，把普遍原理与各地实际情况有机统一起来，按照实践—认识—再实践—再认识，以及个别——般—个别的认识秩序，循环往复，不断深化。只有这样，才能逐渐把普遍原理与具体实践结合起来，才能达到正确认识社会现象及其本质的目的。

总之，矛盾分析法是唯物辩证法的根本方法，其内容博大精深，极为丰富。从社会调查应用角度看，可以把矛盾分析法简要地归纳为：一分为二分析法、内因外因分析法、具体问题具体分析法、普遍原理与具体实践相结合分析法。

第五节　因果分析法

因果分析法，是探求事物或现象之间因果联系的思维方法。形式逻辑和唯物辩证法是研究因果联系的有效方法。

一、形式逻辑的因果分析法

因果联系的重要特点是，原因在前，结果在后，而没有相反情况。根据这一特点，19世纪英国逻辑学家穆勒提出了著名的探索因果联系的归纳方法——穆勒五法，即求同法、求异法、求同求异并用法、共变法和剩余法。

(一) 求同法

求同法，也即契合法，是指研究某一社会现象(X)的原因时，如果该现象分别在几种不同场合出现，在每个场合的先行情况中只有一种情况(A)相同，其他情况都不同，那么，这一相同情况(A)，就可能是被研究社会现象(X)的原因。求同法的公式是：

场合	先行情况	被研究现象
1	A，B，C	X
2	A，D，E	X
3	A，F，G	X
所以，	A 可能是	X 的原因

例如，甲、乙、丙 3 家企业，2020 年经济效益都大幅提高(X)，这 3 家企业只有一个情况相同，即 2019 年都进行了管理体制改革(A)，其他情况如生产产品、销售渠道、资金投入等都不相同。这样根据求同法就可确定管理体制改革(A)可能是经济效益大幅提高(X)的原因。

求同法的特点是：异中求同；其结论只具有或然性。

（二）求异法

求异法，也即差异法，是指研究某一社会现象(X)的原因时，如果该社会现象在一种场合出现，在另一种场合不出现，在两种场合的先行情况中只有一种情况(A)不同，其他情况基本相同，那么，这一不同情况(A)，就可能是被研究社会现象(X)的原因。求异法的公式是：

场合	先行情况	被研究现象
1	A，B，C，D，E	X
2	—，B，C，D，E	—
所以，	A 可能是	X 的原因

例如，甲企业产品质量不断提高(X)，乙企业产品质量停滞不前，甲、乙两家企业的生产设备、产品品种、管理体制、能源供应等都差不多，但有一个情况不同，即甲企业搞了职工岗位培训(A)，乙企业没有搞。这样，根据求异法就可确定职工岗位培训(A)可能是产品质量不断提高(X)的原因。

求异法的特点：同中求异；其结论具有或然性，但比求同法结论可靠一些。

（三）求同求异并用法

求同求异并用法，是指被研究的社会现象(X)在几个正面场合出现时，先行几种情况中都只有一个共同情况(A)；而在几个反面场合不出现时，先行几种情况中都没有这个共同情况(A)。这样就可以确定这个共同情况(A)，可能是被研究社会现象(X)的原因。求同求异并用法的公式是：

场合		先行情况	被研究现象
正面场合	1	A，B，C	X
	2	A，D，E	X
	3	A，F，G	X
	⋮	⋮	⋮
反面场合	1	—，B，M，N	—
	2	—，C，Q，R	—
	3	—，D，Q，P	—
	⋮	⋮	⋮
所以		A 可能是	X 的原因

例如，通过对许多单位调查，发现有些单位工作搞得比较好(X)，它们的具体情况各不相同，但却有一个共同点，即科技创新能力较强(A)；反之，另一些单位工作搞得不好，它们的具体情况差异很大，但也有一个共同点，即科技创新能力较弱。这样根据求同求异并用法就可得出结论，科技创新能力的强弱可能是一个单位工作搞得好坏的原因。

求同求异并用法的特点是：既求同，又求异，它一般经过 3 个步骤：①正面场合，用求同法得出结论；②反面场合，仍用求同法得出结论；③比较正反两种场合，用求异法得出最后结论。这就是说，它两次求同、一次求异，兼有求同法和求异法的优点，其结论比较可靠，但仍只具有或然性。

(四)共变法

共变法，就是在其他条件(B，C，D……)不变的情况下，如果某一社会现象(A)发生一定程度的变化，另一社会现象(X)也随之发生一定程度的变化，那么，前一个社会现象(A)，就可能是另一社会现象(X)的原因。共变法的公式是：

场合	先行情况	被研究现象
1	A1，B，C，D	X1
2	A2，B，C，D	X2
3	A3，B，C，D	X3
⋮	⋮	⋮

所以，　　　　A 可能是　　　　X 的原因

例如，在生产条件(B)、饲料供应(C)、销售渠道(D)等条件不变的情况下，随着生猪收购价格(A)逐步提高，生猪生产(X)也逐步发展，那么，就可以确定提高生猪收购价格，可能是生猪生产发展的原因。

共变法的特点是：在变化中求因，它不仅有利于发现社会现象之间的因果联系，而且有利于研究因果联系的数量关系。但是，共变关系不一定都是因果关系。例如，闪电光越强，雷鸣声越大，但闪电不是雷鸣的原因，它们都是自然放电的结果。此外，许多共变关系有一定的限度。例如，施肥与增产是共变的，但是，施肥过多反而减产。因此，共变法的结论也只具有或然性。

(五) 剩余法

剩余法，又称残余法，就是被研究的某种复合社会现象(X，Y，Z，R)，是由某种复合原因(A，B，C，D)引起的，已知 B，C，D 是引起 Y，Z，R 的原因，则剩余的 A 与 X 之间也可能存在因果联系。剩余法的公式是：

被研究的复合现象 X，Y，Z，R 的复合原因是 A，B，C，D。

已知　　　　B 是 Y 的原因

已知　　　　C 是 Z 的原因

已知　　　　D 是 R 的原因

所以，　　　　A 可能是 X 的原因

例如，19 世纪初，天文学家观察天王星时，发现其运行轨道有 4 处发生偏斜，他们已知其中 3 处偏斜是受 3 个行星引力引起的，于是他们假设剩下 1 处偏斜是受 1 个未知行星吸引所产生的。根据这个假设，天文学家在 1846 年用望远镜发现了这个新行星——海王星。

剩余法的特点：由余果推余因，其结论也只具有或然性。

上述 5 种方法，都是探求因果联系的有效方法，但都只是初步的方法，它们的结论都只具有或然性。因此，要真正判明社会现象之间的因果联系，还必须借助于唯物辩证法。

二、唯物辩证法的因果分析法

穆勒五法是建立在“原因在前、结果在后”这一基点上的。应该肯定，因果联系在时间顺序上，总是原因在先，结果在后，而不会出现相反情况。但是，事实证明，先后相随的联系并不一定都是因果联系。例如，白天黑夜先后交替，春夏秋冬前后相随，就不是因果联系，地球自转和围绕太阳公转才是它们相继出现的真正原因。这说明，先后联系是因

果联系的必要条件，而不是充分必要条件。因此，穆勒五法的结论只具有或然性，而不具有必然性。

唯物辩证法认为，世界上一切现象都是由某种或某些现象引起的，因果联系的本质就是引起和被引起的联系。其中，引起某种或某些现象的现象叫原因，被某种或某些现象引起的现象叫结果。只有这种引起和被引起联系，才是因果联系的充分必要条件。这就是说，做因果分析时，固然先要弄清楚调查材料所反映的客观事物或现象发生的时间顺序，并在先行现象中去寻找原因，在后续现象中去寻找结果，但是，更重要的是考察它们之间是否存在引起和被引起的联系，只有这种引起与被引起的联系才是真正的因果联系。

实践证明：因果联系是客观的、普遍的、必然的，又是相对的、特指的、对称的、多样的。因此，判明社会现象之间的因果联系，揭示社会现象之间引起和被引起的联系时，应该把握以下几个要点：

(1)因果联系都是相对的、有条件的，它们都只在一定范围内才是确定的，一旦超出一定范围，原因和结果是可以互相转化的。例如，1978 年以后，中国经济快速发展，既是改革开放的结果，又是改善民生的原因。这说明，“原因和结果经常交换位置；在此时或此地是结果，在彼时或彼地就成了原因，反之亦然”。① 此外，原因和结果往往互相作用、互为因果。例如，生产力发展引起生产关系变革，生产关系变革反过来促进生产力发展；生产发展推动消费增长，消费增长促进生产发展等，都是互相作用、互为因果的。因此，探求因果联系必须牢牢把握它的相对性和条件性，否则就会在原因和结果不断转化的无限链条中迷失方向。

(2)因果联系都是特指的、对应的，即原因正是也仅仅是它造成了结果才成为原因，结果规定着它的引起者成为原因；结果是作为原因的被引起者才成为结果，原因规定着它的被引起者成为结果。离开了这种特指的、对应的关系，就无法区分什么是结果，什么是原因。例如，因犯罪而被判刑。其中，犯罪是引起判刑的原因，判刑是犯罪引起的结果。如果离开这种对应的、特指的关系，“犯罪”究竟是原因还是结果，就很难区分了。因为任何犯罪活动背后都有许多深刻的个人、社会原因，对于这些原因来说，“犯罪”又成为结果了。

(3)因果联系都是对称的、相当的，只有特定性质和规模的原因，才能引起特定性质和规模的结果；反之，特定性质和规模的结果，只能由特定性质和规模的原因所引起。例如，社会结果主要由社会原因引起，仅用自然原因不能完全说明社会结果(例如，仅用自然灾害的原因，不能完全说明 20 世纪 50 年代末 60 年代初全国大规模饥荒这一社会结果)；特殊结果主要由特殊原因引起，仅用普遍原因不能完全说明特殊结果(例如，仅用国家对农业科学研究重视这一普遍原因，不能完全说明“杂交水稻之父”袁隆平取得成功的特殊结果)；重大结果主要由重大原因引起，仅用较小原因不能完全说明重大结果(例如，仅用农村实行家庭承包责任制这一促进农业发展的原因，不能完全说明改革开放以来我国城乡经济社会文化取得巨大成就的重大结果)；持久结果主要由持久原因引起，仅用

① 马克思恩格斯选集(第 3 卷)[M]. 北京：人民出版社，2012：397.

暂时原因不能完全说明持久结果(例如，仅用世界银行的几笔贷款，不能完全说明改革开放以来中国经济高速发展这一持久结果)；现实结果主要由现实原因引起，仅用可能原因不能完全说明现实结果(例如，仅用中国将会成为创新型国家这一可能原因，不能完全说明改革开放以来外资越来越多地进入中国这一现实结果)。

(4)因果联系都是多样的、特殊的。由于事物内在本质不同，所处外部条件不同，因而因果联系的特点就各不相同。一般来说，因果联系有以下几种类型：

第一，一因多果，同因异果，即一种原因同时引起多种结果；同一原因在不同条件下引起不同结果。例如，粮食增产，既可满足消费者需求，又可增加农民收入；粮食增产，在粮食供不应求时是好事，在粮食供过于求时又是难事。

第二，一果多因，同果异因，即一种结果由多种原因引起；同一结果在不同条件下由不同原因引起。如农业增产，往往是政策好、天帮忙、人努力等多种原因引起的。农业增产，在经济体制转型期，主要靠政策、靠改革；在市场经济体制建立后，主要靠科学技术、集约化经营、产业结构调整和农民素质提高等。

第三，多因多果，复合因果，即原因和结果都不是单一的，而是复合的。例如，“文化大革命”，是由多种原因引起的，同时又都会引起多种结果。同样，改革开放，也是由多种原因引起的，同时又会引起多种结果。

社会生活极其复杂，因果联系多种多样，特别是多因多果、复合因果现象非常普遍。在现实中，一因一果、单因单果的现象是不存在的。因此，在分析因果联系时，不仅要注意社会现象之间引起和被引起的关系，而且要注意分析不同事物、不同条件下因果联系的多样性和特殊性。只有实事求是地分析、揭示出各种各样因果联系的不同特点，才能得出符合实际的科学结论。

第六节　系统分析法

所谓系统，是指处于一定环境下的、由相互关联的要素或部分构成的、具有一定结构和功能的有机整体。系统论是研究现实系统或可能系统一般性质和规律的理论。系统分析法，就是运用系统论观点分析社会现象的思维方法。

运用系统分析法研究社会现象，应该把握以下几个要点：

一、分析系统的构成要素

要素是构成系统的单元、成分或因素。它是构成系统的基础，离开了要素就无所谓系统。无论研究什么系统(含社会系统)，都应从分析构成系统的要素开始，它是正确认识系统的基础和起点。

要素有几个特点：(1)个别性和独特性。每个要素都具有自己独特的质和量的规定性，独特的内在矛盾。(2)差别性和多样性。构成系统的各个要素之间都存在着差异，就系统而言其构成要素总是多种多样的。(3)不可分割性和完整性。对于系统而言，每个要素都是不可分割的，都是作为完整的非复合体出现的。例如，劳动力、劳动资料、劳动对象、科学技术、生产管理、生产信息等生产力要素，对于生产力系统来说就具有个别性、差异性和不可分割性等特点。

由于事物联系的普遍性、多样性和复杂性，要素和系统的划分只具有相对意义。因为任何要素都是由更小的要素构成的，对于更小的要素来说，它本身就是一个系统；任何系统都包含在更大的系统之中，对于更大的系统来说，它本身只是一个要素。一种社会现象，对于它的构成要素来说是系统，对于它所构成的更大系统来说则是要素或子系统。例如，生产力对于劳动力、劳动资料、劳动对象、科学技术、生产管理、生产信息等要素来说，它是系统；而对于生产方式这个更大的系统来说，它只是要素或子系统。

运用系统分析法研究社会现象，应该注意几个问题：①要明确界定系统的内涵和外延。如果系统的内涵模糊、外延不清，就不可能进行系统分析。②要正确划分系统的构成要素。如果划分系统的构成要素不正确、不全面或有重大遗漏，就无法正确分析系统。③要分别研究各个要素的质和量的规定性。如果不深入研究各个要素的特点，就失去了研究系统的起点和基础。

例如，运用系统分析法研究某一个村，首先，要明确界定村的内涵和外延，即明确界定研究对象是自然村，还是行政村(即村委会)？是行政管理上的村，还是地域范围内的村？其次，要正确划分村的构成要素。对村的界定不同，其构成要素的划分就大不相同(如按行政管理界定的村系统与按地域范围界定的村系统，所包含的户数、人口等构成要素就不相同)。再次，要分别研究村系统内的各构成要素，揭示各个要素的质和量的规定性。如果把构成村系统各个要素调查清楚了，那么对村系统的分析就有了良好的起点和基础。

二、研究系统的内在结构

所谓结构，是指构成系统诸要素所固有的相对稳定的组织方式或联结方式。系统和结构是不可分割的，系统不可能没有结构，结构也不可能脱离系统而存在。系统之所以成为系统、系统的整体性质和功能，不仅取决于它的构成要素，而且取决于联结这些要素的结构。例如，生产力系统的整体性质和功能，不仅取决于劳动力、劳动资料、劳动对象、科学技术、生产管理、生产信息等构成要素的数量和质量，而且取决于这些要素的组织方式和联结方式。如果组织方式、联结方式科学合理，那么生产力系统的整体性质就优越，整体功能就有可能等于或大于各生产力要素个别功能之和；反之，组织方式、联结方式不科学、不合理，生产力系统整体性质就低劣，整体功能就可能小于各生产力要素个别功能之和。这说明，研究系统内在结构是正确认识系统不可缺少的环节。

系统的内在结构有几个特点：①稳定性。系统诸要素之间的联系方式是相对稳定的，它是系统存在和发展的前提。结构受损害，系统就震荡；结构发生质变，系统就会崩溃。②有序性。系统内在结构是按一定规则或方式联结起来的。有序性是稳定性的内在要求，无序性则是对稳定性的否定或破坏。③层次性。正如系统、要素有层次之分一样，系统结构也有层次之分。每一层次结构，既由下一层次结构组成，又是上一层次结构的组成部分。层次性是有序性的表现。④关联性。系统内在结构是相互联系、相互影响的。任何一部分结构发生变化，都会引起其他部分结构发生相应变化，并对系统整体性质和功能产生或大或小的影响。⑤形式性。系统结构是一种组织方式或联结方式，即是一种形式关系。由于同样形式(结构)可以容纳不同内容(要素)，同样内容(要素)可以具有不同形式(结构)。因此，应该把对系统构成要素的研究与系统内在结构的研究有机结合起来。

任何社会系统都存在着三类结构：一是人的结构(如性别、年龄、民族等自然结构，以及行业、职业、收入水平、社会阶层等社会结构等)；二是物的结构(如农村的耕地、水面、山林；工厂的厂房、设备、原材料；学校的校舍、操场、教学设施等)；三是人与物的结构(如人与物的数量是否合适、质量是否匹配等)。运用系统分析法研究社会现象，就必须研究这三类结构。认真研究这些内在结构，有利于全面、系统地认识社会系统，有利于正确把握社会系统的整体性质和功能，有利于探求通过调整系统内在结构来提高社会系统整体性质、整体功能的途径或方法。在现实生活中，许多成功的企业，在改革、改组、改造的过程中，不仅注重调整劳动者、劳动资料、劳动对象、科学技术、生产管理、生产信息等生产力要素的数量和质量，而且注重适时调整各种生产力要素之间的组织方式和联结方式，适时调整生产关系的各个环节，从而促进生产力迅速发展。实践证明，调整系统内在结构是实现从量变到质变的重要途径之一。

三、揭示系统的整体性质和整体功能

系统之所以是系统，就因为它是一个整体。整体性原则是系统分析法的实质和核心。因此，在社会调查中，不仅要研究系统的构成要素和内部结构，而且要研究系统的整体性质和整体功能，并把它作为研究系统的归宿点或落脚点。

在系统构成要素和内在结构基本相同条件下，系统的整体性质和整体功能主要取决于系统内部的自我协调和自我控制能力。这种能力是通过控制和反馈来实现的。事实上，任何系统都存在着两个互相联系、互相作用的子系统，即施控系统和受控系统。系统自我协调和自我控制的过程，就是施控系统与受控系统相互作用的过程。首先，施控系统根据系统的目标要求、内部状况和外部环境及其变化做出某种决策，并向受控系统下达执行某种决策的行为指令或信息；其次，受控系统根据施控系统的决策调整自己的行为，执行下达的指令或信息，并将执行的后果反馈给施控系统；再次，施控系统对受控系统反馈的信息进行加工处理，与系统目标做比较研究，并据此修订系统目标、做出新的决策；最后，施控系统根据新的目标和新的决策向受控系统下达新的调整行为的指令或信息。这样循环往复，不断调整，就可逐步接近目标，直至完全达到系统的最终目标。任何社会系统，如果施控系统和受控系统完善、高效，自我协调和自我控制能力强，那么，系统的整体性质就优越，就具有顽强生命力和巨大发展潜力；其整体功能就往往等于或大于各要素功能之和。反之，系统的整体性质就低劣，就必将走向衰败或没落；其整体功能就往往小于各要素功能之和。

在社会调查中，运用系统分析法研究社会现象，必须在研究系统构成要素和内在结构的基础上，进一步研究它的施控系统和受控系统的状况和系统自我协调、自我控制的实际能力。例如，要研究一个企业的整体性质和整体功能，就必须在研究该企业构成要素和内

在结构的基础上，首先研究企业决策机构、管理机构、执行机构的设置状况，看它们是否科学、完善、合理；其次研究企业决策机构、管理机构、执行机构的运行情况，看它们是否正常、高效、灵活；再次研究企业生产经营过程中自我协调、自我控制的状况，特别是施控系统和受控系统应对突发事件的决策能力、执行能力、反馈能力，并根据其实际结果来判断企业的整体性质和整体功能。如果一个企业决策机构、管理机构、执行机构的设置科学、完善、合理，运转正常、高效、灵活，有很强的自我协调、自我控制能力，能真正做到科学决策、有效管理、坚决执行、及时反馈，并能妥善应对各种突发事件，那么这个企业的整体性质就优越，它的整体功能就必然等于或大于它的各个组成部分功能之和。反之，这个企业整体性质就低劣，其整体功能就必然小于它的各个组成部分功能之和。

四、探究系统的外部环境

所谓环境，是指系统周围各种外部条件的总和。任何系统都处于一定环境之中，并与之发生一定联系。系统与环境之间的联系，是系统保持平衡、稳定、更新、发展不可缺少的条件。探究系统的外部环境，以及系统与环境之间的关系，是正确认识系统的必要条件。

系统与环境的关系有两种类型，即开放型和封闭型。开放型系统，是指在质料、能量、信息等方面与外部环境不断交换的系统。这类系统，只有通过与周围环境进行质料、能量、信息的不断交换，才能保持自身的生存和稳定，才能克服系统内的某些不平衡性或无序状态，使系统逐渐从无序走向有序，促进系统的更新、改造和发展，从低级走向高级。例如，生物有机体、个人、家庭、企业、社会组织、地区、国家等，都是这样的开放系统。封闭型系统，是指与外界环境极少发生交换的、相对独立的系统。例如，沙粒、晶体等无机物，超稳定性小农经济、闭关锁国的国家，以及程控机床、自动化生产线等装置。当然，这些系统的封闭性是有条件的、相对的。严格地说，绝对封闭的、与外部环境不发生任何联系的系统，在现实中是不存在的。因此，系统与环境的关系问题，不是有无问题，而是何种关系的问题，这正是必须探究系统所处外部环境的根本原因。

在社会调查中，运用系统分析法研究社会现象，就必须在研究系统的基础上，进一步研究系统所处的环境。对于系统所处环境的研究，应该注意两个问题：一是环境的层次。社会系统所处的环境是分层次的。一般来说，社会系统所处的外部环境可分为宏观环境、中观环境和微观环境三个层次。例如，对于一个现代企业来说，在经济全球化背景下，国际经济态势、全国经济状况，是宏观环境；省市经济态势、行业发展状况，是中观环境；企业所在地的自然、生态、区位、经济、政治、文化、社会等条件，则是微观环境。在一个具体调查项目中，探究外部环境的层次应该根据研究课题的需要和可能做出选择。一般来说，应该在说明宏观、中观环境的前提下，重点探究微观层次的环境。二是环境的内容。社会系统所处环境的内容是多种多样的。一定数量和素质的人口，一定地域范围、区位条件、自然资源和生态环境，一定生产方式、经济结构和经济状况，一定经济体制、政治制度和社会组织，一定文化传统、意识形态和心理特征，一定生活方式、行为规范和社会习俗等，都是社会系统不可能脱离的环境，都是社会调查应该探究的可能的内容。在一个具体调查项目中，究竟探究外部环境的哪些内容，应该根据研究课题的需要和调查者的可能做出适当选择。一般来说，只有那些对正确认识研究对象不可缺少的环境内容，才应列入调研范围。

第七节　结构—功能分析法

结构—功能分析法，是指运用系统论关于结构与功能相互关系原理来分析社会现象的思维方法。结构—功能分析法的主要内容是：结构分析法、功能分析法，以及黑箱方法、灰箱方法和白箱方法。

一、结构分析法和功能分析法

系统结构，是指系统内部要素之间的联系方式；系统功能，是指系统与外部环境相互联系或作用的能力。结构与功能的一般关系是：结构决定功能，功能反作用于结构，并在一定条件下引起结构变化。

结构分析法，是指通过剖析系统内在结构来认识系统特性及其本质的思维方法。例如，自然科学关于天体结构、地质结构、分子结构的探索，社会科学关于经济结构、政治结构、文化结构、社会结构、生态结构的研究，所使用的思维方法都是结构分析法。这说明，结构分析法具有广泛适用性和普遍指导意义。但是，对于特别庞大的宇观系统(如星系、黑洞等)，对于人类技术手段尚不能深入其内部的物质系统(如地心、亚夸克、人脑等)，对于复杂多变难以准确把握的特殊系统(如人的心理活动、交战双方的军事部署、商战对手的商业秘密等)，结构分析法就无能为力或力不从心了。为了弥补结构分析法的不足，随着系统论、信息论、控制论的发展，功能分析法就得到了日益广泛的重视和应用。

功能分析法，是指通过系统与环境之间“输入”和“输出”的关系及其变化来判断系统内部状况及其特性的思维方法。系统与环境之间的相互联系和相互作用，体现在它们之间的质料、能量和信息的交换之中。其中，环境对系统的作用称为“输入”，系统对“输入”的质料、能量和信息进行加工并反作用于环境称为“输出”。从这一意义上说，所谓功能，就是把特定“输入”转化为特定“输出”的能力。通过对这种转化能力的分析，就可以对系统内部结构及其特性形成一定的认识。例如，通过 x 光的照射和反映(底片)来透视一个人的生理状况，通过电磁波、超声波输入和输出的变换来探索地质的内部结构，通过人力、财力、物力投入和产出的分析来判断一个企业、一个地区、一个国家的经济社会状况等，就是运用功能分析法认识客观事物的实例。

结构分析法，通常称为“内描述方法”，它是一种静态研究方法；功能分析法，通常称为“外描述方法”，它是一种动态研究方法。这两种方法，可以分别使用，也可以结合使用。只有既对系统内在结构进行静态的“内描述”研究，又对系统与环境之间的关系进行动态的“外描述”研究，并把两者结合起来的方法，才能算是完整的结构—功能分析法。例如，对一个企业、一个村庄、一个学校、一个地区，既进行系统内部的结构分析，又进行系统与环境之间的投入、产出分析，就是完整的结构—功能分析。

二、黑箱方法、灰箱方法和白箱方法

按照对系统内部结构和状态的了解程度，可以把现实系统分为三种类型：黑色系统、灰色系统和白色系统，通常称为黑箱、灰箱和白箱。所谓黑箱，是指人们对其内部结构和状态完全不了解或不可能直接了解的系统。所谓灰箱，是指人们对其内部结构和状态的一部分有所了解或可能了解、对另一部分则尚未了解或不可能直接了解的系统。所谓白箱，是指人们对其内部结构和状态已经全部了解或可能全部了解的系统。黑箱方法、灰箱方法和白箱方法，就是对这三类不同系统进行研究的方法。

黑箱方法，是指通过环境和黑箱之间输入、输出的变换来认识黑色系统的方法，它实际上是完全的功能分析法。例如，经济学中纯粹的“投入—产出法”，就是黑箱方法的具体运用。黑箱方法，一般有三个步骤：①界定黑箱，即明确界定黑箱的内涵和外延，把黑箱从它所处的环境中分离出来；②考察黑箱，即通过实验来考察环境与黑箱之间在质料、能量、信息诸方面输入、输出的变换情况；③阐明黑箱，即根据输入和输出的变换情况，对黑箱的内部结构、特性和状况做出判断或说明。

灰箱方法，是指把对灰箱内部状况的部分了解和环境与灰箱之间输入、输出的变换结合起来认识灰色系统的方法，它实际上是不完全结构分析法和不完全功能分析法的结合。例如，战斗双方对敌军状况的判断就往往采用灰箱方法，即把过去对敌军状况的部分了解与通过战地考察、火力侦察等动态过程结合起来，然后再做出相对明确的判断或结论。在现实生活中，由于“三资企业”、私营企业和个体经济大多处于灰箱状态，因而对它们的研究也只宜于采用灰箱方法。

白箱方法，是指把对白箱内部状况的了解和环境与白箱之间输入、输出的变换结合起来认识白色系统的方法，它实际上是结构分析法和功能分析法的结合。严格地说，只有这种方法才是完全的结构—功能分析法。这种分析法的最大特点是，高度的透明性和高度的公开性。例如，对经济特区的研究，对现代企业制度建立和推广的研究，对公开招投标建设工程的研究等，大多采用这种分析方法。

黑箱方法、灰箱方法、白箱方法，都离不开对系统与环境之间输入、输出转换关系的研究，从这个意义上说，这三种方法都是功能分析的具体方法。

功能分析法具有重大认识意义。人类对现实世界的认识过程，就是从认识事物外部现象开始、逐步深入到认识事物内在本质的过程，就是使黑箱逐步转变成灰箱、白箱的过程。这个过程永远不会完结。人类打开了一批批黑箱群后，又会出现一批批新的更庞大、更复杂的黑箱群，要打开这些黑箱群就离不开越来越精细的功能分析法。从这个意义上说，功能分析法是人类认识世界的永恒思维方法。

第八节　若干科学思维方法和创新思维方法

上述思维方法，都是科学思维方法。此外，还有若干实用的科学思维方法和创新思维

方法。

一、若干科学思维方法

(一)辩证思维方法

唯物辩证法，是马克思主义哲学的核心。唯物辩证法的内容，博大精深，极其丰富。其中，最重要的观点是：世界是普遍联系的，永恒发展的；事物发展的动力，是事物的内在矛盾；事物发展的状态，是从量变到质变以及质量互变；事物发展的道路和趋势，是肯定、否定和否定之否定。

运用辩证思维方法思考问题，需要注意如下问题：第一，要用联系的观点看问题；第二，要用发展的眼光看问题；第三，要在事物内在矛盾中，去揭示事物发展的动力；第四，要用质量互变的观点，去阐明事物发展的状态；第五，要用肯定否定和否定之否定的观点，去探寻事物发展的道路和趋势。

(二)战略思维方法

战略思维，是指高瞻远瞩、统揽全局的思维方法。古人讲："不谋万世者，不足谋一时；不谋全局者，不足谋一域"。看得深远、看得全面，是战略思维方法的两大特点。

运用战略思维方法思考问题，必须注意几个要点：第一，要有全局意识，只有心中装着全局，才能全面思考问题；第二，要有长远意识，只有登高望远，才能深谋万世之局；第三，要有关键意识，只有抓住关键，才能实现战略方案；第四，要有机遇意识，只有善抓机遇，才能顺利开启战略行动。第五，要有管控意识，只有适应环境变化，及时管控新情况新问题，才能与时俱进。

(三)历史思维方法

历史思维，就是追溯事物源头，回顾历史过程，总结经验教训，定位现在、开辟未来的反思性思维。历史思维，有三大特点：它是一种长时思维，要求思接千载，贯通古今；它是一种整体思维，要求视及正反，明辨是非；它是一种发展思维，要求以史为镜，鉴往知来。

运用历史思维方法思考问题，必须掌握三个环节：第一，历史本体论思维，追溯特定历史对象，弄清楚"从哪里来"；第二，历史过程性思维，追问特定历史对象，搞明白"现在何处"和"到哪里去"；第三，历史反思性思维，总结历史上有何成功经验和失败教训。通过这三个环节，逐步递进，可帮助人们探索历史对象的过去、现在与未来，并汲取历史经验教训，明确现实定位，探明未来方向。

马克思有一句名言，"时间……是人的发展的空间"。① 人类生活，横看是社会，纵

① 马克思的原话是："时间实际上是人的积极存在，它不仅是人的生命的尺度，而且是人的发展的空间。"参见：马克思恩格斯全集(第47卷)[M]. 北京：人民出版社，2019：161.

看是历史。历史思维方法，有利于以史为镜，鉴往知来，把握历史大势，更好地为人民谋幸福，为民族谋复兴，为世界谋大同。

(四)法治思维方法

法治是指根据法律治理国家。法治是相对于人治、德治而言的，是一种治国的理念或方略。它包括两个方面：一是要有完善的法律制度，使国家事务法律化、制度化，真正做到有法必依；二是要严格依法治国理政，真正做到科学立法、严格执法、公正司法、全民守法。所谓法治思维，就是按照依法治国理念去认识、分析、处理问题的思维方式。

法律思维一般可分为四个层次：一是认知判断层次，即对社会生活中的种种情况，运用法治思维去认识和判断；二是逻辑推理层次，即对遇到的社会问题或矛盾，运用法治思维去判断或推理；三是综合决策层次，即对需要处理的事务或问题，运用法治思维去做综合决策；四是建构制度层次，即对法律或司法制度的缺陷，运用法治思维去改革或建构。

在实际工作中运用法治思维：第一，要坚持依法行政，无论是决策、还是执行，都要做到“有法可依、有法必依、执法必严、违法必究”；第二，要自觉守法护法，绝不能搞权大于法、以言代法、选择性执法，要维护法律的尊严；第三，要深化司法改革，坚决抵御和打击司法腐败，维护公平正义，提高司法公信力；第四，要带头学法普法，弘扬社会主义法治精神，自觉履行法定义务。

(五)底线思维方法

底线思维，是指预估可能出现最坏情况的思维方式。古人说，“君子安而不忘危，存而不忘亡，治而不忘乱，是以身安而国家可保也”，讲的就是这个意思。底线思维要求：第一，明确事物质变的临界点；第二，划定事物不可逾越的警戒线；第三，广泛掌握社会信息及其动态；第四，及时评估危机风险及其趋势。

运用底线思维思考问题。首先，要有原则意识。无论做什么工作，要明确基本原则、基本方向和基本目标，不能脚踩西瓜皮，滑到哪里算哪里。其次，要有短板意识。及时发现短板，认真修补短板，准备好安全阀、稳压器和保险杠，防止一着不慎、满盘皆输。再次，要有边界意识。对法纪和原则，要有敬畏之心，只有不越边界、不踩红线、不碰高压线，才能少走“弯路”、不入“歧途”。最后，要有“小节”意识。勿以恶小而为之，勿以善小而不为。不能在糖衣炮弹面前放松警惕，不能在成绩贡献面前骄傲自满，否则就有可能成为“小节”的牺牲品。

(六)精准思维方法

精准思维，是一种精细、准确认识事物、处理事务的思维方式。精准思维要求：第一，从小处着眼，从细节着手，反对大而化之、笼而统之；第二，具体问题具体对待，反对一般化，反对“眉毛胡子一把抓”；第三，求真务实解决问题，反对满足于过得去，反对马马虎虎、敷衍塞责。

运用精准思维：第一，要有问题意识，做决策，定方案，抓落实，都要抓住核心问题和关键问题做文章、出实招；第二，要有细节意识，魔鬼往往隐藏在细节之中，要重视细节，修补细节，防微杜渐；第三，要有操作意识，谋划发展，制定战略，提出建议，指导工作，都要从实际出发，具有可行性、操作性；第四，要有到位意识，工作不到位，管理不到位，操作不标准，往往会造成差之毫厘、谬以千里的严重恶果。第五，要调查研究。没有调查就没有发言权，更没有决策权。深入调查研究，摸清情况，是提高精准思维能力的前提。

二、若干创新思维方法

创新思维，是指在原有知识、经验基础上，突破一般思维定势的具有开创意义的思维活动或结果。它具有开创性、新颖性、独特性、开拓性、灵活性等特点。这里有三个要点：一是创新思维是建立在原有知识、经验基础之上的思维活动或结果，而不是“无源之水、无本之木”的胡思乱想；二是创新思维是突破一般思维定势的思维活动或结果，而不是常规的、惯性的思维活动的产物；三是创新思维是在知识、理论或方法的某些方面具有开创意义的思维活动或结果，而不是陈旧知识、理论或方法的简单重复或某些变种。

所谓思维定势，是指在长期思维过程中形成的定型化的思维路线、方式、程序或模式。思维定势是一种惯性思维方式，它有利于缩短思考时间，提高思维效率，获得社会认同，及时解决日常生活、工作中的绝大部分问题，在处理常规问题上具有一定积极意义。但是，思维定势是创新思维的桎梏。在现实生活中，思维定势有许多类型，其中常见的有：传统思维定势、唯上思维定势、权威思维定势、书本思维定势、从洋思维定势、从众思维定势、唯己思维定势、从简思维定势、经验思维定势，等等。只有突破这些思维定势，人们的思维活动才能开出灿烂的创新之花、结出丰硕的创新之果。

在思维加工过程中，常用的创新思维方法有以下几种：

(1) 求是思维。就是指根据实际情况做出结论的思维方法。实践证明，在思维加工过程中，只要坚持实事求是，真正做到不“唯上”、不“唯书”、不“唯众”、不“唯己”、不“唯法”、不“唯洋”，就有可能得出创新的思维结论。

(2) 求异思维。就是同中求异的思维方法。世界上的一切事物都是普遍与特殊、一般与个别、共性与个性的统一体。在思维过程中，坚持同中求异，在普遍中求特殊、在一般中求个别、在共性中求个性，就可能有所发现、有所创新。

(3)扩展思维。就是从不同方面、不同角度、不同层次、不同方向思考问题的思维方法。事物之间的普遍联系，事物变化的多种可能，是扩展思维的客观基础。只要坚持从不同方面、角度、层次、方向思考问题，就有可能创造出新知识。

(4) 逆向思维。就是按照相反方向去思考问题的思维方法。当看到成绩时，不妨想想存在问题；当肯定什么时，不妨想想能否定什么；当前进时，不妨想想后退。这种反思，往往会发现意想不到、出奇制胜的新启示、新结论。

(5) 类比思维。就是通过比较不同对象之间的某些属性相似，来推导其他属性也相似的思维方法。它是先“比较”、后“推导”。通过同层次事物或属性之间的比较和推导，可使思维得到升华，结出既有模仿又有创新的思维之果。

(6) 联想思维。就是由某种诱因引起的不同思维对象之间发生联系的思维方法。联想种类繁多，如时间联想、空间联想、形式联想、内容联想、功能联想、结构联想、对比联想、因果联想，等等。联想是创新思维的一种重要方法。

(7) 想象思维。就是对头脑中储存的思维材料进行加工、改造、重组而形成新形象、新观念的思维方法。想象是人类对客观世界特有的反映形式。通过想象，人们的思维就能突破时空局限，达到"思接千载""神通万里"的境界。

(8)直觉思维。就是对思维对象未经深入思考，仅凭直观感知就作出判断、猜测、设想的思维方法。"灵感"和"顿悟"是直觉思维的表现，它们都以广博的知识、丰富的经验、敏锐的观察和思考能力为基础，是创新思维的重要方法。

(9)颠覆思维。就是颠倒、倾覆原有理论、方法、常规的思维方法。例如，把高深变为浅显，把昂贵变为低廉，把收费变成免费，把稀缺变成易获，等等。颠覆思维，在推翻、摧毁原有理论、方法的过程中，往往会孕育出创新的思想火花。

第二十三章　调查成果的报告和应用

调查报告是社会调查最重要的成果。撰写调查报告，必须弄清楚它的特点、类型、结构、体例、步骤和格式等问题，并做好调查报告的评估和应用工作。

调查资料和调查过程中形成的社会关系，是社会调查的重要成果，具有长远的、多方面的价值，应该认真整理、妥善保存和充分利用。

第一节　调查报告的特点和类型

调查报告，是以文字、图表等形式反映调查对象真实情况、表达调研者观点和方法的书面报告。调查报告是调研成果最集中的体现，是交流、使用和保存调研成果的重要载体。调查报告有其自身特点，可分为许多类型。

一、调查报告的特点

(1)真实性。调查报告最基本的特点是用事实说话，反映调查对象的真实情况。调查报告中的事实必须是真实的，而不是虚假的、歪曲的；必须是具体的，而不是抽象的、笼统的；必须是准确的，而不是模糊的、含混不清的；必须是完整的，而不是支离破碎、残缺不全的。如果调查报告不能反映调查对象真实情况，事实不具体，数据不准确，内容不完整，那就失去了调查报告的意义。

(2)针对性。撰写调查报告必须目的明确，有的放矢。首先，必须明确读者对象。调查报告都是写给别人看的，或领导干部，或同行业者，或一般群众。读者对象不同，写作方法就应有所不同。其次，必须明确要解决什么问题。调查报告都是为解决某一问题而撰写的，或做学术探讨，或供决策参考，或呼吁社会关注，或进行思想教育。解决的问题不同，写作方法也应有所差异。读者对象不清楚、解决问题不明确，就不可能写出好的调查报告。

(3)新颖性。任何调查报告都应该引用一些新事实，提出一些新观点，形成一些新结论。只有这样的调查报告，才能达到丰富人们认知、提供决策参考、指导人们行动的目的。如果调查报告使用的都是一些人们早已熟悉的事实，提出的都是一些陈旧落后的观点，形成的都是一些众所周知的结论，那么，这样的调查报告就没有写作意义和存在价值。

(4)时效性。调查报告的写作或发表，必须讲究时效，为解决社会问题，发展社会科学，促进社会进步，提供及时的新信息、新建议、新服务。如果调查报告的写作或发表拖拖拉拉，不能及时解答人们迫切需要回答的问题，成为“马后炮”，那么，调查报告就会失去价值，或者降低应有的社会作用。

上述特点是相互联系的。真实性是调查报告的客观基础，针对性是调查报告的主要目的，新颖性、时效性则是调查报告社会价值的客观要求。

二、调查报告的类型

根据不同标准，调查报告可分为许多不同类型。

(一)根据内容广度，可分为综合性调查报告和专题性调查报告

综合性调查报告，内容比较广泛、全面，篇幅一般较长。例如，李景汉的《定县社会概况调查》，从地理环境、历史、政府机构、人口、教育、健康、农民生活、乡村娱乐、风俗习惯、信仰等17个方面对定县社会状况进行了全面描绘，涉及面广泛，资料丰富，被当时学界称为中国农村社会的百科全书。① 专题性调查报告，内容比较狭窄、专一，问题比较集中，篇幅一般较短。例如，毛泽东的《湖南农民运动考察报告》，就是一篇关于农民运动的专题调查报告。应当指出，综合性调查报告与专题性调查报告的区分是相对的，两者之间并没有绝对分明的界限。例如，《中国农民工调研报告》共549页，430千字。就调查对象的专一而言，可说是专题性调查报告，但从调查内容的广度和篇幅的长度看，也可说是一部关于中国农民工问题的综合性调查报告。

(二)根据内容深度，可分为描述性调查报告、因果性调查报告、预测性调查报告

描述性调查报告，是对社会实际情况进行描写和叙述的调查报告，主要回答“是什么”和“怎么样”的问题。例如《景颇族、阿昌族、白族调查日记》、②《中国老年人的养老需求及家庭和社会养老资源现状——基于2014年中国老年社会追踪调查的分析》,③ 就是以描述为主的调查报告。

因果性调查报告，是以揭示社会现象之间因果联系为主要内容的调查报告，这要回答“为什么”的问题。例如，《中国社会流动性的测度和影响机制——基于高校毕业生就业数据的实证研究》一文，就是基于对2011—2013年高校毕业生就业数据的调查，测度了大学生与其父辈之间的代际流动情况。调查结果显示，大学生同其父辈间存在较强的代际教育和职业的相关性，特别是“官二代”的代际相关性更强。④ 这就是一篇有说服力的因果性调查报告。

---

① 参见：李景汉. 定县社会概况调查[M]. 上海：上海人民出版社，2005.

② 郝时远. 民族调查回忆——田野调查实录[M]. 北京：社会科学文献出版社，1999：97-116.

③ 杜鹏，等. 中国老年人的养老需求及家庭和社会养老资源现状——基于2014年中国老年社会追踪调查的分析[J]. 人口研究，2016(6)：49-61.

④ 邵挺，等. 中国社会流动性的测度和影响机制——基于高校毕业生就业数据的实证研究[J]. 管理世界，2017(2)：24-29.

预测性调查报告，是在揭示社会现象因果联系基础上对未来做出预测的调查报告，主要回答“将怎样”的问题。例如，周新辉、李昱喆、李富有的《新冠疫情对中小服务型企业影响评估及对策研究——基于回归算法优化模型的分析预测》一文，从调查、分析新冠病毒疫情的特点及其对中小服务型企业的影响入手，通过 Python 语言和机器集成算法对样本数据进行测试，在比较不同回归预测模型的基础上，择优选用贝叶斯岭回归模型进行了不同情景下的模拟量化分析，比较客观地预测了疫情对我国中小服务型企业的影响。

必须指出，描述性调查报告尽管在内容层次上比较浅显，但却是因果性、预测性调查报告的基础。任何因果性、预测性调查报告，都必然包括一定的描述性内容，并以此为立论基础。描述性调查报告可以独立成篇，因果性、预测性调查报告则只能在描述性调查基础上进行因果分析和未来预测。

(三)根据主要用途，可分为应用性调查报告和学术性调查报告

1. 应用性调查报告

按其主要目的，大体上可分为六种类型：

第一，以认识社会为主要目的的调查报告。这类调查报告，主要目的是认识社会现象、了解社会问题。在写作上，应突出事实，在事实叙述上要力求全面、系统、具体、深入。例如，丁伟志、陆学艺等主持的《中国国情丛书——百县市经济社会调查》和何秉孟等主持的《中国国情丛书——百县市经济社会追踪调查》，比较全面、系统地反映了全国100多个和30多个县市经济社会发展情况，是认识20、21世纪之交中国国情的一套具有重要意义的调查报告丛书。①

第二，以政策研究为主要目的的调查报告。这类调查报告，主要为正确制定政策或正确执行政策服务。撰写这类调查报告，不仅要叙述必要的调查材料，而且要进行深入分析和论证，阐述利弊，权衡得失，并对今后实际工作提出政策性建议。例如，《中国农民工调研报告》《高校生态道德教育的现状与对策研究——基于对鄱阳湖生态经济区内高校的调查》、②《国家监察体制改革的史鉴与对策》③等，就属于这一类政策研究性的调查报告。

第三，以经验总结为主要目的的调查报告。这类调查报告，主要是为了总结、推广先进经验，同时也有树立典型、表彰先进的作用。撰写这类调查报告，应具体说明其产生的社会历史条件、发展的阶段和过程，特别是要详细介绍曾经遭遇过的困难、问题和解决办法，以及已经取得的成绩和推广的意义等。例如，《中国户籍制度改革地方实践的时空演

① 参见：丁伟志，等. 中国国情丛书——百县市经济社会调查[M]. 北京. 中国大百科全书出版社，1991—1997；中国国情丛书——百县市经济社会追踪调查[M]. 北京. 社会科学文献出版社，2006年起陆续出版.

② 韩建磊，饶志华. 高校生态道德教育的现状与对策研究——基于对鄱阳湖生态经济区内高校的调查[J]. 华中师范大学学报(人文社会科学版)，2012(S1)：14-17.

③ 蒋来用. 国家监察体制改革的史鉴与对策[J]. 国家行政学院学报，2017(2)：91.

进模式及其启示》、①《供给侧改革下金融业服务“三农”的路径探析》,② 就是两篇以经验总结为主要目的的调查报告。

第四，以揭露问题为主要目的的调查报告。这类调查报告，主要是揭露社会生活中的阴暗面、消极面，以达到提高认识、吸取教训、改进工作的目的。写作这类调查报告，不仅要如实揭露问题，而且要深入分析原因，判明性质，指出问题的危害性，有的还要提出解决问题的建议。例如，《校园欺凌问题的调查研究》、③《中国突发事件调查制度的问题与对策》④等，就属于这一类调查报告。

第五，以支持新事物为主要目的的调查报告。这类调查报告，主要通过反映新人、新事、新思想、新创造，以达到宣传、发展新事物的目的。撰写这类调查报告，应着重说明新事物“新”在何处，它的产生条件、发展过程，如何解决前进中的矛盾和困难，揭示出它的成长规律和意义，并指明它的发展方向以及应该采取的对策等。例如，《教育机器人的发展现状与趋势》、⑤《5G 市场调研报告》,⑥ 就是比较有说服力的支持新事物的调查报告。

第六，以思想教育为主要目的的调查报告。这类调查报告，主要目的是向干部、群众进行思想教育，以达到明辨是非、统一认识的目的。撰写这类调查报告，应当具有很强的针对性和时效性，要准确把握人们的思想脉搏，针对现实生活中普遍关注的热点、疑点问题，采取平等对话态度，有理有据地摆事实、讲道理。例如，《当前亟需正确处理“劳资”利益关系》⑦、《新发展理念的新时代政治经济学意义》⑧等，就是以思想教育为主的调查报告。

2. 学术性调查报告

按其内容和目的可分为两种类型：

第一，理论研究性调查报告。主要是通过对现实问题的调查研究，做出理论概括和说明。其特点是，对调查对象、程序、方法等都要做具体说明，调查资料要真实、系统和完整，论证过程要符合逻辑，研究结论要明确和新颖，对不同理论观点要做出评论或分析。例如，陆学艺 2002 年出版的《当代中国社会阶层研究报告》就是一部理论研究性的调研著作，它提出以职业分类为基础的社会阶层划分标准，把当今中国社会群体划分为十个阶

① 张玮. 中国户籍制度改革地方实践的时空演进模式及其启示[J]. 人口研究，2011(5)：71-80.

② 于建忠，田东林. 供给侧改革下金融业服务“三农”的路径探析[J]. 宏观经济管理，2017(3)：70-72.

③ 张诗雅，黄甫全. 校园欺凌问题的调查研究[J]. 全球教育展望，2017(3)：103-117.

④ 钟开斌. 中国突发事件调查制度的问题与对策——基于“战略—结构—运作”分析框架的研究[J]. 中国软科学，2017(7)：59-67.

⑤ 黄荣怀，等. 教育机器人的发展现状与趋势[J]. 现代教育技术，2017(1)：13-20.

⑥ 5G 市场调研报告[EB/OL]. [2021-10-05]. https://wenku.baidu.com/view/dea2180ab107e87101f69e3143323968011cf 482.html.

⑦ 陶友之. 当前亟需正确处理“劳资”利益关系[J]. 社会科学，2012(6)：45-51.

⑧ 顾海良. 新发展理念的新时代政治经济学意义[J]. 经济研究，2017(11)：15-17.

层，对每个阶层的地位、特征和数量做了界定和说明，还分别对产业工人、农业劳动者、私营企业主和中间阶层的状况和深圳、合肥、福清、汉川和镇宁等地的社会阶层结构进行了描述，具有重要理论研究意义。

第二，历史考察性调查报告。主要是通过对文献资料的调查研究，揭示某些社会现象的内在本质及其发展规律。撰写这类调查报告，要从历史事实出发，既要旁征博引，注意资料的真实、全面，又要约之行文，注意归纳、综合，以揭示社会现象的本质及其发展规律。例如，《南京大屠杀期间市民财产损失的调查与统计——基于国内现存档案资料的分析》、①《江山代有才人出——中国教育精英的来源与转变(1865—2014)》②等，就是这类调查报告。

应该指出，应用性调查报告与学术性调查报告的区分，是就其主要目的而言的。它们的区分只具有相对意义，它们的社会作用往往是互相渗透的。应用性调查报告可以做出理论性概括；学术性调查报告也可以用于指导实践、服务现实。

总之，调查报告分类是一个比较复杂的问题。对于同一篇调查报告，由于分类标准不同，研究视角不同，往往能归于不同的类型。例如，毛泽东的《湖南农民运动考察报告》，从调查内容来说，既可说是有关农民运动问题的专题调查报告，又可说是考察了农民运动方方面面的综合性调查报告；从调研深度来看，既可说是对湖南农民运动做了非常生动、具体叙述的描述性调查报告，又可说是对湖南农民运动前因后果做了深刻分析的因果性、预测性调查报告；从主要用途分析，既可说是服务于当时革命斗争需要的应用性调查报告，又可说是在农民和农民运动理论问题上作出了重要贡献的理论性调查报告。所谓“横看成岭侧成峰，远近高低各不同”，对于调查报告分类来说，是完全适用的。

第二节　调查报告的结构和体例

调查报告的结构与体例，应该根据调研课题的内容和任务、作者写作的目的和习惯、读者对象的要求和特点，做出合理的安排。但是，作为调查报告，它们的基本结构和体例却又应大体相同，这就是所谓的“定体则无，大体则有”。

一般地说，调查报告的基本结构由“标题”“前言”“主体”“结语”等部分构成。此外，有的调查报告还有“简介”“后记”“附录”等部分。

一、标题

标题，是调查报告的题目。标题要有特点、有品位，能抓住读者的眼球。一个好标题往往能起到“画龙点睛”的作用，因此有“题好一半文”之说。

---

① 姜良芹，朱继光. 南京大屠杀期间市民财产损失的调查与统计——基于国内现存档案资料的分析[J]. 历史研究，2012(2)：101-119.

② 梁晨，等. 江山代有才人出——中国教育精英的来源与转变(1865—2014)[J]. 社会学研究，2017(3)：48-70、243.

标题的写作，通常有几种方式：

(1)直叙式，即直接用调查对象或调查内容作标题。例如，《喜马拉雅山地的珞巴、门巴族调查》《关于精准扶贫的调研报告》这类标题，直接指明了调查对象或内容，概括了报告主题，比较客观、简明，但也显得呆板，缺乏吸引力。这种标题形式，多用于专题性较强的调查报告。

(2)判断式，即用作者的判断或评价作标题。例如，《星星之火，可以燎原》《"打虎"、"拍蝇"，坚定不移!》这类标题，揭示了报告主题，表明了作者态度，比较吸引人，但调查对象不易看出，多用于经验总结、政策研究、支持新生事物等类型的调查报告。

(3)提问式，即用提问方式作标题。例如，《如何兼顾"抗疫"与"复产"?》《"5G只是年轻人的游戏"?》这类标题，提出了问题，设置了悬念，是一种比较尖锐、鲜明的标题形式，有较强吸引力，但从标题中一般看不出调查结论。这种标题形式，多用于揭露、探讨问题的调查报告。

(4)抒情式，即用抒发作者感情的方式作标题。例如，《无耻、疯狂的权钱色交易!》《大山里的村支书——默默追求清隽、出世的人》这类标题，表达了作者的感情，具有较强的感染力和吸引力，但从标题很难判断报告的内容。这种标题形式，一般用于表彰新生事物或鞭挞消极社会现象的调查报告。

(5)双标题，有两种形式：一是主标题和副标题，如《"福利依赖"是否存在?——中国城市低保制度的一个实证研究》等；二是引题和主标题，如《反对官僚主义、形式主义：把基层干部从文山会海、迎来送往中解放出来!》等。主标题传递核心论点或概念，副标题说明研究范围或对象。这类标题，较复杂、冗长，但综合了多种标题的优点，是使用得较多的形式。

总之，标题的写法要灵活多样，无论采取哪种形式，都应力求概括、简明、新颖、对称。这就是说，标题要概括调查报告的主要内容，要简明表达调查报告的主题，要有新鲜感、吸引力和感染力，要与调查报告的内容相对称，既不应"大头戴小帽"，也不应"大帽盖小头"。

二、前言

前言又称导言或导语，是调查报告的开头部分，对全文起总领、引导作用，其主要任务是向读者简要介绍本次社会调查的背景、主旨、目的和方法等。应用性调查报告与学术性调查报告的前言，在写作上有很大的不同。

(一)应用性调查报告的前言

主要有以下几种写作方法：

(1)主旨陈述法，即在前言中说明调查的主要目的和宗旨。例如，《土地流转中农村女性权益状况的实证分析》的前言："与经济学研究的视角不同，本文将女性获取农村土地权益视为其获得平等发展的基础，拟对农村土地流转中的女性权益进行系统分析，并探讨女性对于自身权益状况的认知。"这种写法，有利于读者把握调查报告的主旨和内容，是一种常见的写法。

(2)结论前置法，即在前言中先简要说明调查的基本结论。例如，《试论高校组织团结状况及其影响因素——兼论物理空间的社会理论意义》的前言："本文的基本观点是：在微观层面，不断增加学生在共同场合参与社会活动的机会，有助于提升他们对群体的认同感和归属感，增强他们的团结意识或凝聚力。"这种写法，开门见山，直奔主题，有利于读者对调查报告的观点一目了然。

(3)提问设悬法，即在前言中提出问题、设置悬念，而不作正面回答。例如，《依靠行政手段，能控制住大城市人口规模吗?》的前言："大城市是不是一定会得'城市病'？人满为患是否'城市病'的主要原因？依靠行政手段，能控制住大城市人口规模吗?"这种提问、设悬写法，能增强吸引力，常用于总结经验和揭露问题的调查报告。

(二)学术性调查报告的前言

除上述写法外，一般还应包括如下内容：

(1)调查的主题、目的和意义。即说明调查的主题是什么？为什么要选择这个主题？调查这一主题有何价值或意义？

(2)有关文献的综述。一是，介绍已有有关文献的基本内容和主要贡献，并指出其存在的缺点或局限；二是，说明自己调查的主要视角和特点，凸显自己调查的意义或价值。三是，阐述本次调查的学术定位，说明它在本学术领域的位置。这一部分的写作，不能停留在原有文献的罗列和梳理上，而应把综述与评论结合起来，通过综述与评论说明自己调查研究的基点、特点和价值。如果综述和评论的文献非常重要、篇幅较长，也可在前言之外单列一个部分。

(3)调查研究的设计。一是，调查的主要方法，是普查、抽样调查，还是个案调查？是文献调查法、问卷调查法，还是实地观察法？调查方法不同，资料收集方法、工作程序和技术往往不同。二是，如果是抽样调查，必须说明调查总体的界定、抽样框的编制、抽样方法、样本大小和抽样误差等。三是，理论分析的基本框架，包括研究假设及其理论基础，假设中主要概念的界定和讨论，以及概念或变量的测量方法及其指标等。

前言的写作方法没有固定不变的模式。究竟采用哪种写法，要视调查报告的种类、目的、内容，以及篇幅等情况做适当选择。无论采用何种写法，前言的文字应力求简明、精练，具有吸引力。

三、主体

主体，是调查报告的主要部分，它应该有特定的内容和结构。

(一)主体的内容

调查报告主体的内容，一般应该包括三个方面：

(1)客观叙述调查对象的基本状况及其发展趋势，并阐明其性质和特点。主要用数据和事实叙述社会调查的内容，着重回答"是什么"的问题。

(2)在以上叙述基础上，分析各种社会现象之间的相互关系，探讨各种社会现象或行为之间的因果联系，着重回答“为什么”的问题。

(3)如果是应用性的调查报告，必须在以上叙述和分析基础上，提出相应的对策性建议或方案，着重回答“怎么办”的问题。如果是学术性的调查报告，应该在以上叙述和分析基础上，做出科学的学术结论或评价，并如实阐明本调研的主要特点、贡献和局限性。

(二)主体的结构

调查报告主体部分的结构，通常有三种形式。

(1)纵式结构，就是按事物发展的历史顺序和内在逻辑来叙述事实、阐明观点。例如，《又一支异军在突起——改革开放以来私营经济的再生与发展》就是以纵式结构为主的调查报告。这篇调查报告，首先论述了“私营经济再生的历史前提和市场基础”。其次论述了“私营经济的发展过程”，把私营经济的发展分为 3 个阶段来叙述。最后论述了私营经济的发展现状及其特点。① 这种结构的优点是，论述有头有尾，过程清清楚楚，有利于做到历史和逻辑的统一，便于读者了解事物发展的全过程。

(2)横式结构，就是把调查的事实和形成的观点，按性质或类别分成几个部分，并列排放、分别叙述，从不同方面共同说明调查报告主题。例如，《当代中国社会结构》在简要介绍中国社会结构总体特征后，便转入分别论述人口结构、家庭结构、就业结构、收入分配结构、消费结构、城乡结构、区域结构、组织结构和社会阶层结构。② 这种结构的优点是，问题展得开，每个问题的论述比较集中，而且条理清楚，有较强说服力。

(3)纵横交错式结构，就是纵式结构和横式结构相结合的方式。它一般有两种情况：

其一，以纵为主、纵中有横。《灰地：红镇“混混”研究》就是这种结构的调查报告，它依据时间顺序将红镇“混混”的发展历程与运行逻辑概括为：悸动与变迁、松动与嘈杂、冲突与对抗、扶植与消解，以及崩溃与重构，③ 总体结构是纵向为主、横向为辅。

其二，以横为主、横中有纵。例如，“中国国情丛书——百县市经济社会追踪调查·孝感卷”《“小马”改革之道》的叙述就采用了“以横为主、横中有纵”的结构。该书总调查报告分为概述、经济、社会结构、社会事业、政治、建设和环境 6 篇、33 章。显然，这是一种按类别并列排放的横式结构。但是，每一章都对 1993—2003 年的变化做了纵向叙述。④

上述两种结构，既有利于按历史脉络讲清问题的来龙去脉，又有利于按问题性质或类别分别论述，因此，许多大型调查报告的主体部分往往采用这种结构。

主体部分是调查报告的基本内容。写作时，究竟采用何种结构，应根据调查报告的内容、主题和资料来确定。总体来说，应勇于创新，依势布局，把丰富多彩的内容与完美的结构有机结合起来，以利于实现揭示主题、深化主题的目的。

---

① 张厚义，明立志. 中国私营经济发展报告(1999)[M]. 北京：社会科学文献出版社，1999：3-59.

② 参见：陆学艺. 当代中国社会结构[M]. 北京：社会科学文献出版社，2010.

③ 参见：黄海. 灰地：红镇“混混”研究[M]. 北京：生活·读书·新知三联书店，2010.

④ 参见：李友清，水延凯. “小马”改革之道[M]. 北京：社会科学文献出版社，2006.

四、结束语

结束语，是调查报告的结尾部分。从形式上看，有三种不同处置方法，即没有结束语、简短结束语和较长结束语；从内容上看，结束语有以下几种写法：

(1)概括全文，深化主题。例如，在《大学生职业生涯探索的发展过程及影响因素——基于扎根理论的研究》的结论中，作者写道："本研究的结论概括如下：职业生涯探索是个体追求自我发展与现实局限之间不断协调的过程，主要体现为以下7个方面：自我探索、环境探索、自我——环境匹配度探索、探索信念、探索意向、探索情绪和探索技能。影响大学生职业生涯探索的因素主要包括对大学功能及职业生涯所持的信念、家庭主客观环境、个体自我责任感及家庭责任感、同伴、教师和大众传媒等方面"。① 这一结束语，就起到了概括全文、深化主题的作用，从而增强了调查报告的说服力和感染力。

(2)总结经验，形成结论。例如，《农民工住房消费的影响因素分析》一文的结论说：①从城乡统筹的视角来看，农民工在流入地的收入对其住房消费影响较大，农民工在老家有住房对其在流入地的住房消费存在显著的负向影响，但是，其在老家的收入影响不显著；②代表流入地人口规模、住房价格等地域因素的城市行政级别对农民工住房消费影响较大；③食品支出、子女教育支出等非住房消费支出对农民工住房消费影响较大，养老保险、医疗保险等社会保障对农民工住房消费影响显著，但作用有限。② 这样形成结论，具有重要参考价值。

(3)指出问题，提出建议。例如，《我国建档立卡面临精英俘获的挑战吗?》一文的结尾部分提出了一些建议："本文的重要发现在于：一是我国建档立卡面临精英俘获的严峻挑战；二是村干部任期过长是建档立卡精英俘获产生的重要原因。我们应该采取让村民有效参与到贫困人口的识别程序、引入微观层次的第三方监督、限制村干部任期、完善村级治理等政策，来应对建档立卡面临精英俘获的严峻挑战，实现真正的精准扶贫。"③这样在指出问题和不足的基础上，提出改进的具体建议，可大大提高调查报告的现实意义和应用意义。

(4)说明危害，引起重视。例如，《单位社区解体与老年群体空间意义的变迁》的结语指出，由于单位社区解体，老年群体因空间变迁产生空间情感体验和空间主观认知层面的空间意义困扰。作者提出：城市社区治理模式转变过程中的社区建设，应当在注重变革性的同时充分考量延续性，即对既往传统形式的社区进行"改良式重建"而非"推倒式重建"，进一步加强传统单位社区空间与新社区空间之间的交融与互动是问题解决的关键。④ 这样的结尾，根据调查情况，说明了问题的严重性、危害性，对于引起有关方面的重视是相当

---

① 曲可佳，邹泓. 大学生职业生涯探索的发展过程及影响因素——基于扎根理论的研究[J]. 青年研究，2012(6)：13-23.

② 董昕，张翼. 农民工住房消费的影响因素分析[J]. 中国农村经济，2012(10)：37-48.

③ 胡联，汪三贵. 我国建档立卡面临精英俘获的挑战吗？[J]. 管理世界，2017(1)：89-98.

④ 江立华，王寓凡. 单位社区解体与老年群体空间意义的变迁[J]. 人文杂志，2017(12)：99-105.

有力的。

(5)展望未来，指明意义。例如，《1+1>2 —— 中海外重组并入中铁工纪实》的结束语是这样展望未来的："企业重组已经使中国铁路工程集团有限公司、中国海外工程总公司焕发出极大的发展活力。我们相信，今后随着两个企业资源的不断优化配置，重组效应必将在实践中进一步显现。中铁工将会加快建设成为具有较强国际竞争力的现代大型企业集团，中海外也会在更广范围、更高层次全面参与国际分工和国际竞争，并取得更大成绩。"①这种写法，根据调查情况，由此及彼，展望未来，指出了有关问题的重要意义。

学术性调查报告的结语，往往还应包括有关"讨论"的内容，即从调研结果中能够得出什么样的推论。在这些推论中，哪些同调研数据结合得紧密？哪些同抽象理论相关？研究结论的理论内涵和实践意义是什么？本次调研存在的缺陷、尚未解决的问题和新出现的问题，其结论的推广应具备哪些条件或限制，以及对进一步研究的建议，等等。

调查报告的结束语，应根据写作目的、内容的需要采取灵活多样的写法，要简明扼要、意尽即止，切不可画蛇添足，弄巧成拙。

五、简介

简介，也可称内容提要，是对调查报告主要内容的简要介绍，其目的是让读者了解调查报告的主要内容，引起读者的注意和兴趣。

简介的写作方法，大体上有以下几种：

(1)摘要式，即将调查报告的主要内容摘要列举出来。例如，《区域结构》②的简介是这样写的：

内容提要

区域结构反映着空间平等关系。改革开放以来，我国区域结构最大的问题是差距过大且继续扩大，即经济社会发展的区域差距格局已然形成，发展模式和速度差异明显；各区域社会成员间的生活水平和发展机会落差逐步拉大；社会子结构的区域差距明显。区域差距过大必然产生诸多不利影响，如现代产业梯度转移艰难，区域间过度竞争遏制了区域合作，经济社会矛盾日益凸显。调整区域结构已刻不容缓，关键在于实施区域协调发展战略。

摘要式简介，还有一种列举形式，例如：《购物是一种快乐的"牺牲"》③的简介，就列举了以下三点：

第一，它故意消耗一部分劳动成果；第二，它是在集体注视下进行的；第三，人

① 国务院国资委研究室. 1+1>2 —— 中海外重组并入中铁工纪实[J]. 求是，2007(4)：48-50.

② 陆学艺. 当代中国社会结构[M]. 北京：社会科学文献出版社，2010：287.

③ 王宁. 消费的欲望[M]. 广州：南方日报出版社，2005：104-107.

们在这种牺牲中得到了一种精神上的满足。

(2)说明式，即用一段文字说明调查报告的主要内容。例如，《新老两代农民工行为和需求比较研究——基于珠三角的实证调查》的简介如下：

近年来，珠三角城市外来务工人员的构成发生较大变化，在今后一段时期，政府和企业将面临以新生代农民工为主体的外来务工群体。本文以珠三角地区1726个农民工的调查为基础，对新老两代农民工的行为方式和主要需求展开比较分析，发现新生代农民工在行为和需求方面已经具备与第一代农民工差异性极大的独立社会群体特征。①

(3)导语式，即用一段与标题紧密相连的简短文字作为调查报告的简介。例如，《流失"村民"的村落：传统村落的转型及其乡村性反思——基于15个典型村落的经验研究》，前面就有一段导语式简介：

村落转型不仅包括物理形态、空间、组织、社会关系等方面的结构转型，同时也离不开"人"(村民)的转型。当前的中国乡村比以往任何时候都更为多元、复杂和开放，村民与村落的关系构成了乡村性变迁的中轴。然而，以往研究多关注有形的村落转型，或从"社会"的立场出发对"村落"进行结构主义和功能主义的整体解读，而忽视了村民行动与村落结构转型之间的内在关联。

村落研究应当尝试走出共同体取向的研究束缚，重新找回村民行动与村落结构的关系维度，并且在多元趋势中重新寻找并反思"乡村性"及其演变的内在机理。为此，本研究以"村民—村落"之间的要素关系作为核心线索，重新考察中国传统村落的转型及其乡村性的流变过程，并通过类型学分析来对村落转型进行再理论化，尝试在总体上把脉中国村落转型的多元性和复杂性。②

另外，还有一种问答式。例如，《食品安全监管的加强抑或弱化——广州番禺区监管重心下移的分析》一文的导语是：

在持续的食品危机之下，中国为什么不是集中监管权而是进一步将监管权下放到基层？基于广州番禺试行镇街食品安全办公室的研究认为，监管权下放是中国独特的监管模式。它针对中国食品行业及中小企业为主的市场特点而设立，有利于对中小企

① 陈亚辉. 新老两代农民工行为和需求比较研究——基于珠三角的实证调查[J]. 调研世界，2013(1)：38-40.

② 文军，吴越菲. 流失"村民"的村落：传统村落的转型及其乡村性反思——基于15个典型村落的经验研究[J]. 社会学研究，2017(4)：22-45.

业的监管，实现镇街的职能转变，同时可以利用地方政府间竞争来约束监管权力。然而，现代市场经济的发展必然要求政府把监管重心放在已经获得准入许可的企业上，因此，强化更高层级的政府监管已获证企业的能力，是未来监管改革的主要突破口。①

从目前情况看，简介的撰写方式已越来越多。为了引起读者的注意和兴趣，各种新颖的简介方式正在不断涌现。

六、后记

后记，是撰写在结束语之后的、对与调查报告的形成、写作、出版有关的问题所作的说明。它一般包括以下几个方面的内容：

(1)与调查课题提出和实施有关的情况和问题。

(2)与调查报告撰写有关的情况和问题。

(3)与调查课题参与者、调查报告撰写者有关的情况和问题。

(4)与调查报告发表、出版有关的情况和问题。

后记不是调查报告不可缺少的部分。如果调查报告在前言、主体或结束语中已经说明了上述问题，就不必再写后记了。

七、附录

附录，是调查报告的附加部分。它一般包括以下内容：

(1)调查问卷或量表。

(2)访谈资料。

(3)调查指标的解释或说明。

(4)计算公式和统计用表。

(5)调查的主要数据。

(6)典型案例。

(7)名词注释、人名和专业术语对照表。

附录不是调查报告不可缺少的部分，只有那些与调查报告密切相关，而调查报告正文包括不了或者没有说到而又需要说明的情况和问题才应列入附录。

第三节　调查报告的撰写步骤和格式

撰写调查报告，应该遵循一定的步骤，遵守一定的格式。

① 刘亚平，蔡宝. 食品安全监管的加强抑或弱化——广州番禺区监管重心下移的分析[J]. 中山大学学报(社会科学版)，2012(6)：177-185.

一、调查报告的撰写步骤

调查报告有四大构成要素，即主题、结构、材料和语言。其中，主题是调查报告的灵魂，结构是调查报告的骨架，材料是调查报告的血肉，语言是调查报告的肌肤，四者缺一不可。撰写调查报告的一般步骤是：提炼报告主题、拟定写作提纲、精选调查材料、推敲书面语言、反复修改完善。

(一)提炼报告主题

主题是调查报告的灵魂。它是作者分析社会现象、揭示事物本质所形成的中心思想或基本观点。正确提炼主题，是写好调查报告的关键。

正确提炼调查报告主题，必须考虑两个方面的因素，即调查研究的主题和调查所获得的真实材料。调查研究的主题和调查报告的主题是不完全相同的。调查研究的主题，是主观的东西。随着调查工作的深入，有可能出现与原定主题不完全符合或完全不符合的情况。这时，对于不完全符合实际的原定主题就应该修改、补充和完善；对于完全不符合实际的原定主题就应该毫不犹豫地抛弃，并根据调杳的实际情况另行确定。这就是说，提炼调查报告主题的过程，既是分析客观社会现象、揭示客观事物本质的过程，又是根据调查实际情况修改、完善或另行确定调查研究主题的过程，是促使主观目的与客观实际密切结合的过程。

提炼主题，要努力做到正确、集中、深刻、新颖和对称。正确，是指主题要真实反映客观情况，对社会实践起指导作用，对社会发展起促进作用。集中，是指主题要突出，要小而实，不要多中心，不要大而空。深刻，是指主题要深入揭示事物内在本质，由现象到本质，由浅层本质到深层本质，而不能只满足于对现象、对浅层本质的认识。新颖，是指主题要有新意，要在前人基础上有所发现、有所前进、有所创造，要努力在别人尚未开垦的地方耕耘。对称，是指主题与材料、与观点对称。主题过宽、过大，而材料不充分、观点不成熟，论证就没有力量；主题过窄、过小，就不能充分发挥材料和观点的价值。

(二)拟定写作提纲

结构是调查报告的骨架。调查报告写作提纲，则是结构的具体体现。因此，在提炼报告主题之后，就应精心拟定写作提纲。

拟定写作提纲的过程，实际上就是研究调查材料的过程，形成基本观点的过程，明晰报告主题的过程。一份高质量的写作提纲，从内容角度看应该符合四条基本要求：①突出报告主题，即围绕报告主题科学安排结构层次，充分突出报告主题；②阐明基本观点，即根据主题阐明观点，回答现实生活中需要解决的实际问题；③实现观点和材料的统一，即基本观点与调查材料要相吻合，保证观点得到调查材料的充分论证；④符合内在逻辑，即写作提纲要符合客观事物发展的内在逻辑，努力做到历史与逻辑的统一。

写作提纲的拟定，没有固定不变的模式，应该根据调查报告的主题、内容和作者的写作习惯而定。至于写作提纲的文字表达方式，常用的有两种：一是标题法，即按总标题、大标题、小标题、子标题的形式，将内容分层排列。这是一种常用的写作提纲形式，其特点是主题突出、层次清楚、结构严密。二是句子法，即用句子的形式，把所要论述的内容概括表达出来。这种提纲形式的特点是内容明确、表述完整。

(三)精选调查材料

材料是调查报告的血肉。在撰写报告前，一般要围绕调查报告的主题，依据拟定的写作提纲，对社会调查中收集的资料进行认真研究，精选真实、准确、全面、系统的材料，努力做到既不漏掉重要材料，又使所用材料具有最大的代表性和最强的说服力。为了充分论证主题，应该精心选择以下几类材料：

(1)典型材料，是指最能反映事物本质，最能说明主题的材料。如典型事例、典型经验、典型事迹等。典型材料必须真实、具体、生动，具有代表性。典型材料的运用，有助于说明事物的本质，加深对问题的认识，增强说服力。

(2)综合材料，是指能说明事物总体概貌的材料。写作时，要注意处理好典型材料和综合材料的关系，没有综合材料说明不了广度，缺少典型材料体现不了深度，只有把这两种材料有机地结合起来，才能充分说明事物总体的状况。

(3)对比材料，是指一组具有可比性的材料。如历史与现实对比，成功与失败对比，新与旧对比，好与坏对比，优缺点对比，先进与落后对比等。有比较才有鉴别。通过对比，可使报告主题更突出，给人以更强烈、更深刻的印象。

(4)统计材料，包括绝对数、相对数、平均数、指数、动态数列等。统计材料有概括力、表现力、具体性、准确性等特点。许多问题用文字很难表达清楚，如果选用恰当的统计材料就可一目了然。因此，恰当地使用统计材料，对论证观点、突出主题、增强调查报告的科学性、准确性和说服力具有重要作用。

(四)推敲书面语言

语言是调查报告的肌肤。一篇高质量的调查报告，不仅要正确提炼主题，合理安排结构，精选调查材料，而且要反复推敲书面语言。

调查报告的书面表达方式，最好用第三人称或非人称代词，尽量避免强加于人之感。当然，在特殊情况下，也可采用第一人称的写法。

调查报告是一种以叙事为主的说明性文体，应该有其独特的语言风格。一般来说，调查报告的语言应力求做到：

(1) 准确。陈述事实要真实可靠，引用数据要准确无误。议论要缘事而发、把握分寸，切不可任意拔高或贬低。

(2) 统一。使用的概念、名称、术语、变量等，要前后统一，而不要任意变更，不要相互混淆，不要使用一切令人费解的概念、名称和语句。

(3)简洁。要开门见山，用尽可能少的字句表达尽可能多的内容。叙述事实，不过多描绘；阐释观点，不繁琐论证。坚决删去一切可要可不要的段落和字句。

(3) 朴实。语言要接地气，通俗易懂，不要使用深奥的专业术语和华而不实的辞藻，不要运用夸张手法和奇特比喻。

(5) 生动。要形象、活泼，可适当使用一些群众语言和通俗比喻，但不要使用那些多数人看不懂的土语、方言。

调查报告语言的独特风格十分重要，语言表达得好，犹如锦上添花，能吸引更多读者；语言表达不好，就会功亏一篑，甚至会影响其社会作用的发挥。

(五)反复修改完善

调查报告的撰写，应适时启动，并具有连续性，一旦开始写作，就应排除各种干扰，保证写作时间，一气呵成。完成调查报告初稿后，最好把它放到一边，让它“冷却”一段时间。实践证明，“冷却”往往会让撰写者对调查报告的某些方面，或结构，或观点，或材料，或语言，甚至整个主题，产生一些新想法、新观点。这时再去修改、补充、定稿，就会使调查报告更全面、更完善。

调查报告定稿之前，要反复修改和完善。修改和完善的主要任务：第一，审核内容，即在通读全文的基础上，检查报告的事实是否真实、可靠，观点是否正确、新颖，结构是否科学、合理，论证是否严谨、符合逻辑，等等；第二，斟酌文字，即推敲报告的字句、语法和标点符号等，看用词是否准确、恰当，语句是否简练、流畅，标点符号是否正确、规范，等等。

二、调查报告的撰写格式

调查报告的撰写格式，包括标题格式、外来语格式、引文和注释格式。

(一)标题格式

撰写调查报告的标题，一般的格式是：

一级标题：用一、二、三……中文数字，顿号断开后接标题名；或者是用一　二　三……中文数字，空格断开后接标题名。

二级标题：用(一)(二)(三)……带括弧的中文数字后接标题名。注意：括号后不另加标点符号。

三级标题：用1.2.3……阿拉伯数字加点号隔开后接标题名；或者是1、2、3……阿拉伯数字加顿号隔开后接标题名。

四级标题：用(1)(2)(3)……带括号的阿拉伯数字，接标题名。注意：括号后不另加标点符号。

四级标题以下，如果还要平行分别论述有关内容，则可用第一、第二、第三……一是，二是，三是……首先，其次，再次……①②③……(注意：圆圈后不另加标点符号)来标注。

如果调查报告层次较少，就可删除“带括号的”二级标题和四级标题，而用1.2.3或1、2、3……阿拉伯数字，作为二级标题；用第一、第二、第三……一是，二是，三是……等中文字，作为三级标题。

排版时，一级标题居中，二级及以下标题左对齐；前三级标题独占一行，标题后不用标点符号；四级以下标题，不独占一行，而与正文连排。

(二)外语格式

外语的翻译，尽量采用通行中文译名。

首次出现的外语，要在中文译名后用括号注明外来语。例如，地域性社区(Geographical Community)、功能性社区(Functional Community)，等等。

非通用的外国人名，可直接用原文，第一次出现时写全名；以后，则写姓氏即可。例如，第一次出现写“Walder Andrew G”，以后则可写作“Walder”。

(三)注释格式

在撰写调查报告过程中，有时需要使用某些不易理解的内容或概念来论述，有时需要引用别人的论述、数据、资料等来支持或证明自己的观点，这时就应采用注释的方式，对不易理解的内容或概念，对引用别人的论述、数据、资料的来源、内容或意义，做出必要的说明或解释。

注释格式有三种：

(1)夹注。即夹在行文之中，在引用资料后面用括号对其来源、意义等做出说明或解释。例如，外文的人名、地名，人物生卒年月，较少见的专业名词等，多采用夹注方式。夹注一般不宜太长，否则就会影响文意通畅，不利于读者阅读。

(2)脚注。即在加注词右上方(或下方)加一个注释号(如①②③④等)，然后在该页下端用小一号字体对加注词的出处、内容等情况做出说明或解释。

(3)尾注。即在加注词的右上方(或下方)按顺序标明注释号(如①②③④等)，然后在本章节末尾或全文末尾冠以“注释”的标题，并按注释号顺序，用小一号字体对加注词的出处、时间、意义等情况做出说明或解释。

一般来说，调查报告大多采用尾注方式，注释连续编号；著作大多采用脚注方式，每页重新编码。

(四)引文格式

直接引文，即引用别人的原话、原文，要用双引号把原话、原文引起来，其注释一般采用脚注或尾注方式。

间接引文(也称“引意”)，即用自己的语言引用他人的观点或结论，则不必用引号把原意引起来，但仍应用脚注或尾注方式说明其出处、内容或意义。

提示性引证，即不引用原文，仅说明某书或某章节(这里已说明了出处)可用来说明文中某一观点，也不需加引号。

间接引文和提示性引证，都应在说明或解释文字前加上“参见”或“详见”等文字。

需要指出的是，不同出版社、杂志社对撰写格式有不同要求。因此，要出版调查著作和发表调查报告，必须了解有关出版社、杂志社对撰写格式的具体规定。

第四节　调查报告的评估与应用

为了充分发挥调查报告的社会作用，就应该对调查报告进行科学评估，并做好推广应用工作。

一、评估调查报告的意义

(1)它是评价调查工作成败得失的需要。调查报告是调研成果的集中体现，其可靠性、有效性、学术价值、社会价值，是评价调查工作成败得失的主要依据。因此，实事求是地评估调查报告，是科学评价社会调查成败得失的客观需要。

(2)它是应用调查报告的需要。社会调查的目的，是把调查报告应用于社会、服务于社会。然而，并不是所有调查报告都是可靠的、有效的、有价值的；即使是有价值的调查报告，其适用范围、应用条件也有一定的限度。因此，通过评估，弄清楚调查报告的可靠性、有效性、实际价值、适用范围、应用条件及其局限性，有利于实际应用调查报告，防止和克服推广应用中的盲目性。

(3)它是提高调查人员调研素质的需要。社会调查是一所没有围墙的大学校，调查实践是一个没有教室的大课堂。通过评估调查报告，不仅可以弄清楚调查报告所反映的事实是否客观、准确，得出的结论、提出的建议是否科学、适用，而且可以弄清楚调查工作取得了哪些成果，积累了哪些经验，存在哪些缺点和问题，今后应该如何改进，从而有利于提高调研人员的调查研究能力与水平。

(4)它是发展社会调查学和与调研课题有关学科的需要。调查研究是发展社会科学的基本途径之一。调查报告的评估，有助于社会调查学和与调查课题有关学科从调查实践中吸收最新的丰富营养；有助于发现新视角、新内容、新方法，推动社会调查学和相关学科的创新；有助于发现新情况、新问题，探索解决新问题的途径；有助于总结新经验、新教训，防止类似问题重复发生。

二、评估调查报告的原则

(1)真实性原则。调查报告反映的事实和数据，必须真实、准确，最好还要全面、系统。其中，真实性是评估调查报告的首要原则。如果调查报告反映的事实不符合实际情况，使用的数据不真实、不准确，那么无论它的论述多么完美，逻辑推理多么严密，研究结论多么新颖，都不能认为是一份合格的调查报告。

(2)科学性原则。调查报告使用的概念、判断、推理必须科学、符合逻辑。科学性是社会调查的内在要求。如果调查报告的概念含混不清，判断、推理不符合逻辑，调查结论与列举的事实、数据缺乏内在联系，理论假设和最终结论违背科学原理，那么无论调查报告堆砌了多少资料、引用了多少文献，都不可能是一篇有价值的调查报告。

(3)创新性原则。所谓创新性，就是新颖性、独特性和先进性。创新性是社会调查的本质特征。如果调查报告没有新视角、新观点、新方法，叙述的都是众所周知的常识或不言自明的道理，提出的都是老生常谈的建议，那么无论它的篇幅有多长，列举的事实和数据有多丰富，都不可能是一篇有意义的调查报告。

(4)实用性原则。调查报告能否服务实践、服务社会，是评估调查报告质量和社会作用的另一重要原则。如果调查报告违背了实用性原则，没有明确服务对象，不能有效服务实践、服务社会，那么无论它的结论和建议写得多么详细、具体，都不可能是一篇有实用价值的调查报告。

评估调查报告的上述四项原则，具有密切的内在联系。其中，真实性原则是根本标准，科学性原则是内在要求，创新性原则是本质特征，实用性原则是现实要求。只有符合这四项原则的调查报告，才能算是真正优秀的调查报告。

三、评估调查报告的内容

评估调查报告的内容，应该包括两个方面、四个项目：第一个方面，是内在质量评估，包括可靠性评估和有效性评估两个项目；第二个方面，是外在价值评估，包括学术价值评估和社会价值评估两个项目。

(1)可靠性评估。调查报告可靠性评估，就是信度评估，其主要内容应该包括：①调查报告的选题，是否符合现实需要；②调查报告叙述的事实，是否客观、真实；③调查报告引用的数据，是否可靠、准确；④调查报告的结论，是否符合实际；等等。

(2)有效性评估。调查报告有效性评估，就是效度评估，其主要内容应该包括：①提出的研究假设，是否科学、合理；②设计的社会指标和调查指标，是否符合目的性、理论性、科学性、代表性、系统性、可行性要求；设计的操作定义，是否便于操作、符合对称性原则；③选择的调查对象是否恰当，具有较强代表性；④使用的调研方法，是否科学、符合实际；⑤论证过程，是否符合逻辑；⑥调查结论与调查资料是否具有内在、必然的联系，等等。

(3)学术价值评估。调查报告的学术价值评估，主要是创新性评估，其主要内容应该包括：①视角创新，即采用了何种新研究视角，它有何学术意义或价值；②资料创新，即搜集、发掘、提供了哪些新资料、新数据，这些新资料、新数据有何学术意义；③内容创新，即探讨了哪些新问题，提出了哪些新概念、新观点、新理论，或者修正、完善了某些原有理论，填补了哪些空白，拓展或充实了哪些新领域；④方法创新，即创造了哪些新方法，或发展、完善了哪些传统方法，做了哪些新论证，提出了哪些新论证模式，等等。

(4)社会价值评估。调查报告的社会价值评估，主要是实用性评估，其主要内容应该包括：①发表情况，即调查报告是公开发表还是内部印发，在什么级别、层次、范围发表，有多少报刊转载，在什么级别、层次、范围内转载；②引用情况，即调查报告的内容被多少报刊、书籍、论文引用，在什么级别、层次、范围内引用；③应用情况，即调查报告的结论或建议有多少被采纳、应用于实际工作，在什么级别、层次、范围内被采纳、应用，取得了什么样的实际效果，对社会发展或社会改革起到了什么样的作用；④获奖情况，即调查报告获得了哪些奖励，是在什么级别、层次、范围内获得奖励，等等。

为了便于调查报告的评估和比较，可设计一套评估指标体系，并采用综合评分法进行评估和比较。如表 23-1 所示，就是一种可供参考的调研成果评估指标体系。

表 23-1　调查报告评估指标体系　　单位：分

指标	主要内容	权重	专家评分					
信度	选题；事实；数据；结论	3	10	9	8	7	6	≤ 5
效度	研究假设；调查指标和操作定义；调查对象；调研方法；逻辑论证；调查结论	2	10	9	8	7	6	≤ 5
创新	视角；资料；内容；方法	2	10	9	8	7	6	≤ 5
实用	发表；引用；应用；获奖	3	10	9	8	7	6	≤ 5
合计		10						

必须指出，表 23-1 中的 4 类指标、18 项内容，以及权重、等级的设计，只是举例说明，仅供参考。在评估实践中，应根据不同调查报告的不同要求、不同情况，设计出不同的指标体系、权重和等级。

四、评估调查报告的方法

(1)自我评估。即课题组的自我评估。调查报告的完成并不意味着调研工作的结束，调研人员应先自我评估，看看调查报告的内在质量如何？是否具有较高的可靠性和有效性？调查报告的外在价值如何？是否具有较高的学术价值和社会价值？为了使评估真实、准确，最好吸收一部分调查参与者来共同评估。实践证明，认真、及时的自我评估，是提高调研者调研能力的重要途径。

(2)专家鉴定。即聘请若干专家对调查报告做评估。聘请的专家，应是熟悉调查主题、在相关领域有所建树的专家，一般不应少于 5 人。专家评估应遵循：一是回避原则，即与调研人员有利害关系的专家应该回避；二是独立性原则，即评估的组织者应是调查课题的下达者或调查成果的使用者，而不是调查工作的主持者或参与者；三是匿名性原则，即评估工作应采取匿名方式进行，最好采用通信方式评估；四是综合性原则，即评估结论应综合不同专家意见，包括不同的评估意见。

(3)社会评价。主要是调查对象、调查报告的读者和使用者，以及大众传播媒介的评价。对于调查报告的评估，调查对象和调查成果的使用者最有发言权。因为，只有调查对象才最清楚调查报告是否客观、真实；只有调查成果的使用者才最知晓调查成果是否具有社会价值和推广价值。此外，还应该听取一般读者和大众传播媒介的评价。实践证明，这类评价往往来自与调查主题相关的专业人员、实际工作者、大众传媒工作者以及对调查课题有兴趣的自愿研究者，因而他们的评价往往专业性更强、适用性更广，更具有客观性和公正性。

(4)实践检验。即通过与调查报告内容有关的各种社会实践活动来检验。一般来说，一篇调查报告的质量和价值，通过上述3种方法就能做出基本正确的评估。然而，严格地说，上述3种方法的评估都是主观的、阶段性的评估，而不是客观的、最终的评估。实践是检验真理的唯一标准和最终标准。只有通过与调查报告内容有关的各种社会实践活动的检验，才能对调查报告的质量和价值做出客观的、最终的评估。因此，一切有质量、有价值的调查报告，都应该努力应用于实践、服务于实践。

五、调查报告的应用

许多人把调查报告的发表或上交，看作是社会调查程序的最后一个环节。这是不正确的。科学社会调查运动的规律是："调查—实践—再调查—再实践"。就每一次社会调查而言，它分为两个阶段：一是调研阶段；二是实践阶段。所谓实践阶段，就是调查报告的应用阶段。因为，只有应用调查报告，才能在实践中评估调查结论、检验调查结论、发展调查结论。这说明，就每一次社会调查而言，调查报告的应用才是社会调查程序的最后一个环节。

根据社会调查主要目的的不同，调查报告的应用主要可分为两大类。

第一大类，应用性调查报告的应用。大体上可分为六个小类：①以认识社会为主要目的的应用；②以政策研究为主要目的的应用；③以总结经验为主要目的的应用；④以揭露问题为主要目的的应用；⑤以支持新生事物为主要目的的应用；⑥以思想教育为主要目的的应用。上述每一种应用，都有相应的目标读者、使用者、管理者或领导者。社会调查的主持者，应千方百计地向目标对象推荐调查报告，促使他们应用调查结论，最好是争取与他们合作，在实践基础上共同评估调查结论、检验调查结论、发展调查结论。

第二大类，学术性调查报告的应用。主要有两种途径：一是通过报刊、通讯社、广播、电视等大众传媒，发表调查报告，争取与目标对象共同探讨、评估调查结论，检验调查结论，发展调查结论；二是通过参加相应的研讨会议，争取与会议参加者共同探讨、评估调查结论，检验调查结论，发展调查结论。

此外，在网络普及的条件下，通过自媒体向外发布调查报告已成为一种现实可能。通过这种方式发布调查报告，可发现、结识到一些志趣相投者，并与他们共同探讨、评估调查结论，检验调查结论，发展调查结论。但是，必须指出，自媒体是一种以现代化、电子化为手段，以私人化、平民化、普泛化、自主化为特点的传播方式，在目前相关法律尚不完善的情况下，存在着良莠不齐、可信度低、碎片化、低俗化等问题，因而应该谨慎使用。

第五节　其他调查成果的保存和利用

调查报告，是社会调查成果的集中体现，是最重要的成果。但是，它并不是唯一的成果。社会调查过程中搜集、积累的调查研究资料和形成的社会关系，也是社会调查的重要成果，应该认真保存和充分利用。

一、调查研究资料及其保存和利用

调查研究资料，是指调查研究过程中搜集、积累的资料。它可分为两类：

(一)调查资料

调查资料，就是调查过程中搜集的各种资料。它包括如下三类：

一是文献资料，包括各种原始文件、信件、日记或报告，实地观察或访谈的记录，回收的调查问卷或卡片等。

二是实物资料，包括实地勘察中搜集到的各种标本、物体，调查单位或调查对象赠送的产品、实物、纪念品等。

三是视听资料，包括调查过程中搜集到的视听资料，和调查者实地拍摄的视听资料。一般可分为三种类型：①视觉资料，也称无声录像资料，包括图片、摄影胶卷、幻灯片、投影片、无声录像带、无声影片等。②听觉资料，也称录音资料，包括唱片、录音带等。③声像资料，也称音像资料或音形资料，包括电影片、电视片、录音录像片、声像光盘等。

(二)研究资料

研究资料，就是研究过程中积累的各种资料。它包括如下两类：

一是统计分析过程中积累下来的计算、统计、分析等数据资料。

二是思维加工和撰写调查报告过程中积累下来的卡片、笔记、提纲、文稿、记录等文字资料。

实践证明，这些资料中的真实部分，往往具有久远的、多方面的研究价值，而且时间越久，价值越大。例如，20 世纪 20 年代末、30 年代初，陈翰笙主持的江苏等地农村调查，有一部分调查问卷保存至今，已成为研究当时中国农村状况最宝贵的第一手资料。又如，陕西省米脂县杨家沟地主马维新家保存下来的自清道光二十五年(1845 年)直到 1941 年近百年的买地、典地、收租、放债、雇工、经商和日常生活收支等各种账簿，对于了解该地区地主经济状况，撰写《杨家沟地主调查》起了关键作用。再如，《11 个普通家庭的账本故事：“我记的不是账”》①《【我的家风家教故事】老账本》②和《二十三本账本里的小康故事》③里的账本，都具有长久、多方面的重要研究价值。

因此，对于调查研究过程中搜集、积累的资料，绝不应该在写完调查报告后就简单抛弃，而应该认真整理和妥善保管，有的应该建立档案，分类存档，最好是输入电脑，存入硬盘或云端，以便后人研究和使用。

---

① 11 个普通家庭的账本故事：“我记的不是账”[Z]．中国经济周刊，2011-01-11.

② 【我的家风家教故事】老账本[Z]．中央纪委监察部网站，2017-06-30.

③ 二十三本账本里的小康故事[Z]．新华每日电讯，2020-07-11.

二、社会调查过程中形成的社会关系

在社会调查过程中，调查人员与调查对象个人或家庭、与调查对象所在单位或社区，往往能建立起一定的社会关系——或思想感情关系，或信息交换关系，或工作协助关系，或经济利益关系，等等。这些社会关系，对于今后的再次调查或跟踪调查具有重要意义。例如，从1935起，费孝通在60多年中先后26次到江苏省吴江县开弦弓村进行跟踪调查，给予该村许多指导和帮助，使该村于2019年12月24日入选全国乡村治理示范村。这样不仅结出了丰硕的调研成果，而且使开弦弓村成为世界认识中国农村的窗口和海内外人类学、社会学者研究中国农村的基地。这一典型事例说明，在社会调查过程中形成的社会关系，是一种极其宝贵的社会资源，具有重要的社会价值。

总之，对于社会调查成果的理解，不能仅仅局限于调查报告的范围。对于社会调查研究过程中搜集、积累的资料，应该认真整理，妥善保管，充分利用；对于社会调查研究过程形成的社会关系，应该保持联系，量力帮助，恰当利用。只有如此，才能全面发挥社会调查成果的多方面作用。

附录　社会调查——我终生的事业

水延凯

我1932年10月出生。1944年12月参加革命，再过6个月就72年了。

在这70多年中，我与社会调查结下了不解之缘，它已成为我终生钟爱并为之献身的事业。

一、在工作中践行社会调查

1944年12月—1945年10月，十二三岁的我参加了新四军第五师应城县抗日青年文化促进会和工作队，跟随大哥哥、大姐姐开始认识农村，了解农业和农民。

1949年2月—1949年4月，在湖北随县大洪山严家畈参加复查建乡、“清匪反霸”等工作，跟随南下“老干部”学习访贫问苦，扎根串联，组织贫农团，开展各项工作。

1949年4月—1956年2月，在湖北应山县参加“清匪反霸”、减租减息、土地改革、镇压反革命、抗美援朝、农业生产互助合作等运动，以及发展经济、兴修水利、夏秋征购、抗旱防汛、生产自救、社会治安、行政管理、发展文化、改革教育、加强卫生等工作。

1958年5月—1961年5月，在武汉大学哲学系学习期间，按照领导安排，先到红安县七里坪镇张明府湾当农民，参加人民公社化运动；后带领部分师生在红安县参加整风整社等运动。其中，1959年11月—1960年5月，在中国人民大学哲学系进修期间，到北京郊区四季青人民公社参加整风整社等运动。

1962年9月—1975年3月，作为武汉大学哲学系教师，先后带领部分师生到武昌、红安、枣阳、天门等地的农村做调查或参加社会主义教育运动。其中，1964年9月—1966年5月，作为中共湖北省委工作团成员到襄樊、沔阳农村参加社会主义教育和“四清运动”。

1975年5月—1978年3月，在孝感市工业局负责电子工业管理工作。其中，1976年9月—1977年7月，到孝昌县陡山参加农业学大寨和社会主义教育运动。

1978年3月—1989年7月，作为中共孝感地委党校负责人，多次领导地管干部情况调查，组织各类干部的教育、培训工作。

在上述工作中，我做了大量社会调查工作，积累了一定的社会调查经验。

二、在讲习班里学习社会调查

1981 年 5—7 月，经中共孝感地委有关领导同意，我以华中工学院(现名华中科技大学)教师名义到北京参加中国社会科学院社会学研究所和中国社会学研究会主办的全国第二期社会学讲习班。这是我第一次系统学习西方现代社会调查知识。在两个月的学习过程中，我听取了美国匹茨堡大学社会学系教授和香港学者讲授的西方现代社会调查方法，其中有关课题设计、抽样调查、问卷调查、实验调查、定量研究，以及电子计算机在社会调查中的应用等知识，给我以很大的启发。

在这次学习过程中，我不断反思、对比我们党的传统调查方法，逐渐形成了这样的认识：以毛泽东为代表的中国共产党的社会调查，既形成了科学理论，积累了丰富经验，又受到历史时代、社会条件和个人素质、知识结构等方面的局限，因而往往带有感性、直观性质，缺乏系统化和学科化。西方现代社会调查方法，有许多科学的方法和技术，特别是抽样调查、问卷调查、社会测量、统计分析等，有利于发挥电子计算机等现代科学技术的作用，有广泛的适应性，值得认真学习和借鉴，但是，这些技术和方法必须适应中国社会特点，必须逐步中国化、本土化。总之，如何把我们党的传统社会调查方法系统化、学科化，把西方现代社会调查方法中国化、本土化，是中国社会调查现代化必须解决的一个重大课题。

三、在课堂中讲授社会调查

1962 年 9 月，我第一次讲授社会调查。当时，我是武汉大学哲学系教师，即将带领部分师生到武昌的农村做调查，讲授的内容主要是毛泽东的社会调查理论和方法。

1981 年 7 月全国第二期社会学讲习班结束后，我积极搜集、研究有关社会调查的书籍和资料，并向中共孝感地委建议在党校开设社会调查课程。我的建议获得批准后，经过一段时间准备，于 1982 年 11 月以《社会调查纵横谈》为题在孝感地委党校第一期大专体制培训班开始讲授社会调查课程。此后，直到 1992 年 11 月的 10 年间，我在孝感地(市)委党校各类班次讲授社会调查课程 14 次，约 400 学时。对于我们新开设的这门课程，1985 年 11 月 23 日，《中央党校通讯》曾以“孝感地委党校把社会调查列为必修课”予以报导；1987 年 1 月 25 日，《湖北党校报》则以“孝感地委党校社会调查课独树一帜”为题做了报导和肯定。

从 1984 年 3 月开始，我先后应邀到中国人民大学哲学系(1984 年 3 月、1987 年 6 月)、四川大学哲学系(1985 年 4 月)、武汉交通政治管理干部学院(1985 年 12 月)、湖北沙市市委党校(1986 年 4 月)、中共中央党校青年干部培训班(1986 年 6 月)、中共湖北省委讲师团(1986 年 6 月)、中共荆门炼油厂党校(1986 年 12 月)、中共湖北省委党校政研干部培训班(1987 年 3 月、1988 年 10 月、1992 年 10 月)、湖北函授大学(1988 年 12 月—1989 年 7 月)、广西河池师专(1999 年 12 月)、孝感市人事局培训班(2002 年 8 月、2004 年 9 月)讲学 15 次，约 200 学时。前后合计，共讲授 29 次，约 600 学时。

四、在广阔天地里开展社会调查

除在实际工作中践行社会调查外，我主持或参与了 16 项有组织、有计划、有重要成果的社会调查，其中，国家哲学社会科学基金项目及其子项目 7 项，一般社会调查项目 9 项。

国家哲学社会科学基金资助的项目及其子项目 7 个，① 成果有：1992 年，《中国国情丛书——百县市经济社会调查·孝感卷》；1993 年，《中国国情丛书——百县市经济社会调查·宜昌县卷》；1997 年，《改革开放，加快小城镇社区建设——湖北省孝感市小城镇追踪调查》；2002 年，《中国中部地区社会结构变迁》；2006 年，《"小马"改革之道》；2009 年，《神州第一组》；2012 年，《嬗变中的古村镇——湖北省应城市巡检村调查》。

一般社会调查的 9 个项目成果是：1962 年，武昌县大桥大队《以生产队为基本核算单位调查》；1980 年，《孝感地区各县县委党校的基本情况》；1981 年，《我区地管干部的基本情况和我校培训干部的初步规划》；1982 年，大悟县大兴区《桃园调查》；1983 年，《孝感地区 110 户专业户调查》；1986 年，《孝感地区 110 户专业户跟踪调查》；1988 年，《农村基层党组织必须改革——湖北省汉川县党员队伍情况调查》；2007 年，《市县党校发展状况和改革建议》；2007 年，《党校教育必须改革》。这些调查报告，大多引起了党政领导机关的重视，对实际工作产生了一定的积极作用。

五、在实践基础上研究社会调查

在上述社会调查实践基础上，我还进一步研究社会调查，除上述调查报告外，还撰写、出版了 11 本著作。其中，有关社会调查理论、方法或经验的著作 6 本：1988 年 6 月至 2014 年 5 月《社会调查教程》第一至六版，② 2003 年 12 月《专题调查及实例评析》，2008 年 9 月《社会调查案例教程》，2009 年 12 月《怎样搞好社会调查》，2012 年 7 月《社会调查教程》(精编本)，2012 年 10 月《"社会调查教程"学习笔记与考研真题详解》。基于社会调查的著作 5 本：1992 年 12 月—1993 年 12 月《"中国国情丛书——百县市经济社会调查·孝感卷"资料汇编》第一、二、三册，1999 年 3 月《小城镇社区建设教程》，2002 年 6 月《中国城镇化发展战略》。

此外，撰写、发表了一批基于社会调查的论文，其中比较重要的有 18 篇：《我国农业社会主义改造中生产力和生产关系的一些问题》(《武汉大学人文科学学报》1959 年 10 月)，《十一届三中全会以来孝感地区小城镇的发展》(《经济调查》1985 年 12 月)，《我国

① 注：在这 7 个项目中，水延凯作为项目负责人的有 1 项，即《改革开放，加快小城镇社区建设——湖北省孝感市小城镇追踪调查》(1996 年立项，批准号 96ESH002；2003 年结项，结项证书号 2003003)；其他 6 项，都是中国社会科学院社会学研究所主持的国家哲学社会科学基金重点项目的子项目。

② 《社会调查教程》是 1987 年国家社科基金资助项目成果，批准号：社科[1987]基字 014 号。1988 年由中国人民大学出版社出版。1988—2018 年，《社会调查教程》共出版 6 个版本，印刷 41 次，发行 406400 册，年均 13502 册。2018 年出版了第 7 版。

是“八亿农民”吗?》(《理论界》1986 年 2 月),《农村集镇研究的几个问题——兼与费孝通教授商榷》(《社会报》1986 年 6 月),《略论我国农村的私人企业》(《理论界》1986 年 9 月),《党校教育改革新探》(《理论月刊》1986 年 10 月),《论我国农村土地流转制度的改革》(《经济问题》1990 年 5 月),《从“强国家、弱社会”到“小政府、大社会”》(全国社会学年会 1999 年 6 月),《应改变向大中城市倾斜的偏向》(《小城镇建设》2002 年 11 月),《中国行政区划体制的改革》(《改革与战略》2004 年 6 月),《论村民自治的小康村建设》(《河池学院学报》2005 年 2 月),《以废除“市管县”为突破口,推进中国行政区划体制改革》(《湖北职业技术学院学报》2005 年 3 月),《走市区合并、扬长补短、突出特色发展之路》(《湖北职业技术学院学报》2006 年 9 月),《论社会调查的起源、两次变革和三个时代》(社会学视野网 2014 年 5 月 4 日),《论西方近代社会调查方法之传入》和《中国古代社会调查的发展》(社会学视野网 2015 年 8 月 8 日),《中国古代社会调查的起源及其社会历史条件》和《西学东渐的三个阶段和两条途径》(《孝感学刊》2015 年)。

六、在历史文献中发掘社会调查

中国是世界四大文明古国之一，也是世界上开展人口、土地调查最早的国家，保留人口、土地调查资料最丰富、最完整的国家。中国古代政界、军界、司法界、学术界、文艺界等，都有注重社会调查的优良传统。19 世纪 60 年代以后，西方近代社会调查方法传入中国，促进了中国社会调查发展。20 世纪 30 年代前后，中国曾出现过社会调查高潮，取得了许多调研成果。中国共产党从建党开始，就非常重视社会调查。毛泽东的社会调查实践，不仅开辟了中国民主革命的独特道路，推动了中国民主革命的胜利，而且丰富了中国社会调查历史，形成了具有中国特色的社会调查理论。1949—1978 年，中国社会调查既取得了丰硕成果，又积累了惨痛教训。1978 年以后，引进了欧美现代社会调查方法，开展了空前规模的社会调查，对正确认识中国国情、推动中国社会主义现代化建设产生了巨大促进作用。总之，从古至今，中国积累了极其丰富社会调查史料。然而，它们大多处于待发掘、待整理、待研究的自在状态。因此，很有必要对中国社会调查史实史料进行一次比较全面的搜集、整理、研究和论述。我认为，开展中国社会调查史研究，有利于学习和掌握中国社会调查历史，继承和发扬中国社会调查优良传统，总结中国社会调查历史经验和教训，探求中国社会调查发展规律，推动中国社会调查事业，丰富中国优秀传统文化。同时，它还将为创建具有中国特色、中国风格、中国气派的社会调查学，奠定坚实基础。

从 2006 年 2 月开始，我的研究视野逐渐转向了中国社会调查的历史。2006 年 2—10 月和 2008 年 1—3 月，我曾多次建议把中国社会调查史列入国家社科基金课题指南，都无果而终。但我仍决心研究、编著一部《中国社会调查简史》(以下简称《简史》),获得了中国人民大学出版社和华中师范大学社会学院的支持。2011 年 2 月 13 日，我开始了《简史》的研究和撰稿工作。2012 年 7 月 24 日，获得了孝感市财政局的资助。2013 年 1 月 30 日，我以“中国社会调查史研究”为题，向国家社会科学基金申请了 2013 年度一般项目中的自选项目，并做了比较充分的课题论证。6 月 17 日，“中国社会调查史研究”被升格批准为“重点项目”，批准号：13ASH001。《简史》的撰稿工作，从 2011 年 2 月 13 日开始，到

2015 年 9 月 7 日定稿，前后历时 1668 天。就我作为主编和主要撰稿人而言，实际耗费时间 846 天，全书总篇幅约 61.3 万字。2015 年 9 月 22 日，申请结项。2016 年 3 月 3 日，经国家社科基金办公室组织的专家鉴定被评为"合格"，准许结项，结项证书号：20160280。此后，根据专家和出版社意见，编撰者对全书做了删节和修改。全书包括导言、绪论、三篇十四章、启示和期望、后记等部分，总篇幅约 53.7 万字。据概略统计，《简史》在浩如烟海的史料中筛选出了 345 项史料（其中古代 180 项、近代 101 项、现代 64 项），从社会调查视角简介或评述了 189 位人物和 177 件作品，引用了 427 种（含古文献 140 种）文献里的 848 条引文。目前，《简史》已进入中国人民大学出版社编辑、出版程序，预计近期即可正式出版。

七、在梦想中创建中国社会调查学

目前，国内关于社会调查的著作，主要是高等院校社会学者编著的教材。它们的体系和内容，基本上是从西方移植过来的。这些著作，比较系统地介绍了西方社会研究方法，其中有关研究设计、社会指标、社会测量、抽样调查、问卷调查、定量分析等方面的论述，具有重要学术价值和实用价值。但是，它们也存在一些缺陷。例如，往往从社会调查概念出发展开论述，而不讲社会调查历史，或仅从 18 世纪西欧讲起，基本上不讲古代社会调查，中国和中国共产党的社会调查讲得更少；把社会调查主要看作是搜集社会信息的方法和技术，很少讲或根本不讲社会调查的其他功能；主要强调社会学的社会调查，而不太重视其他社会学科的社会调查，对行政性、政治性、应用性社会调查讲得很少或根本不讲；主要论述社会调查研究的方法和技术，而不讲或很少讲社会调查的理论基础、指导思想和思维加工等内容；片面强调抽样调查、问卷调查和定量研究，而轻视、忽视其他调查方法和研究方法等。上述状况说明，创建以马克思主义为指导的、中国化的社会调查学，还是一个有待完成的任务。

今年，我已八十有四，但仍有一个梦想，即在有生之年，在力所能及的范围内，为创建具有中国特色、中国风格、中国气派的社会调查学，贡献自己的一份绵薄之力！

2016 年 7 月 8 日撰写于美国圣路易斯

2023 年 1 月 8 日订正、加注于孝感市社会福利院

后　记

一

1988 年 6 月，中国人民大学出版社出版的《社会调查教程》(国家社会科学基金资助项目：社科[1987]基字 014 号)的“前言”里有这样一段话：“社会调查是一种方法；研究社会调查的学问——社会调查学，则是社会科学领域里的一门方法性学科。我们认为，社会调查学是关于人们自觉认识社会的理论、方法和过程的科学，是一门具有方法性、综合性和实践性特点的科学。我们编著这本《教程》的目的是：力图以马克思列宁主义、毛泽东思想为指导，以我们党的社会调查经验为基础，并认真吸取现代西方某些科学的社会研究方法，为广大党政干部、社会科学工作者和高等院校的学生提供一本系统学习社会调查的理论和方法的教材，同时也为建立以马克思列宁主义、毛泽东思想为指导的，学科化、中国化的社会调查学作一初步的尝试。”这个前言，是 1988 年 2 月 26 日撰写的，至今已过去了三分之一个世纪。

在这三分之一个世纪里，我一直关注着社会调查学的学科化和中国化。到 21 世纪初，中国学者编著的社会调查研究方法著作越来越多，它说明社会调查学的学科化已取得了很大进展。但是，社会调查学的中国化却差强人意，真正具有中国特色的社会调查学著作，少之又少。究其原因，很可能是对中国社会调查历史，缺乏全面、系统、深入的研究。于是，从 2006 年 2 月起，我就把研究视野逐渐转向了中国社会调查历史。经过几年研究后，从 2011 年 2 月开始撰写《中国社会调查简史》。2013 年 1 月，我以“中国社会调查史研究”为题向国家社科基金申请立项；6 月，获准为重点项目(批准号：13ASH001)。又经过 3 年多努力，完成了《中国社会调查简史》撰稿工作，经专家评审通过，于 2016 年 2 月获准结项(结项证书号：20160280)。2017 年 1 月，《中国社会调查简史》作为“中国社会调查史系列”的第一部著作，在中国人民大学出版社出版。该系列的第二部著作《中国古代社会调查故事》和第三部著作《中国社会调查史料选编》，于 2017 年 9 月和 2021 年 3 月也先后在中国人民大学出版社出版。

通过 10 多年对中国社会调查史料的发掘、研究，特别是通过对《中国社会调查简史》的撰写，我对中国社会调查历史有了更为系统的了解，对社会调查学有了更为全面的认识，因而对社会调查学定义也从 1988 年的“关于人们自觉认识社会的理论、方法和过程的科学”，修订为 2017 年的“关于人们自觉认识社会的历史、理论和方法的科学”。为了推进社会调查学的中国化，2017 年 2 月我以“中国特色社会调查学创新与建设研究”为题，向国家社科基金申请立项，未能获准。但我的研究仍在继续，并逐渐认识到只有以马克思主义哲学为指导，以中国社会调查实践为基础，正确处理“马中西”“史论法”“实史虚”关系，融通古今中外各种资源，才能创建充分体现中国特色的社会调查学。2018 年 2 月，我以“中国特色社会调查学研究”为题再次向国家社科基金申请立项，6 月获准立项为“一般项目”(批准号：18BSH016)。申请书的“预期成果”是：“A”(学术专著，即《中国特色社会调查学研究》)，1000 千字；“G”(高校教材，即《社会调查学教程》)，500 千字(以下简称《研究》和《教程》)。后考虑到读者和教学的方便，篇幅分别压缩为 800 千字和 400 千字。

在《社会调查教程》出版后的三分之一世纪里，我围绕社会调查先后主持编著、出版了 20 部著作。其中社会调查理论、方法和历史著作 9 本：①《社会调查教程》第 2～7 版(已发行 40 多万册)。②《社会调查教程》配套著作 5 本，包括《专题调查及实例评析》《社会调查案例教程》《怎样搞好社会调查》《社会调查教程(精编本)》《“社会调查教程”学习笔记与考研真题详解》；③中国社会调查史 3 本，包括《中国社会调查简史》《中国古代社会调查故事》《中国社会调查史料选编》。以上著作均在中国人民大学出版社出版。调查报告著作 11 本：①县市情调查 6 本，包括《中国国情丛书——百县市经济社会调查·孝感卷》和 3 本《资料汇编》《宜昌县卷》《“小马”改革之道》；②小城镇调查 3 本，包括《湖北省孝感市小城镇追踪调查》《小城镇社区建设教程》和《中国城镇化发展战略》；③村情调查 2 本，包括《神州第一组》和《嬗变中的古村镇》。以上著作分别在中国大百科全书出版社、中共中央党校出版社、社科文献出版社出版。

此外，我发表了以社会调查为基础的学术论文 20 多篇。其中，比较重要的是：《论我国农村土地流转制度的改革》《应改变向大中城市倾斜的偏向》《中国行政区划体制的改革》《论村民自治的小康村建设》《以废除“市管县”为突破口，推进中国行政区划体制改革》《古代社会怎样搞调查》《必须创建中国特色社会调查学——兼与风笑天教授商榷》《创建中国特色社会调查学》《“貌、言、视、听、思”》《简述中国古代早期的社会调查》《立足中国 借鉴国外 创建中国特色社会调查学》等。这些著作和论文，就是撰写“研究”和“教程”的学术基础。

二

与西方社会研究方法著作(以下简称“西方著作”)和中国学者基于西方社会研究方法而撰写的著作(以下简称“类似著作”)相比较，本书即《中国特色社会调查学研究》(以下称“中国社会调查学”)的主要创新之处如下：

(1)提出了“社会调查学”概念，并做了较充分的论证。西方著作和类似著作认为，社会调查只是一种方法。“中国社会调查学”则认为，社会调查是一种方法，但研究社会调查的学问——社会调查学，则是哲学社会科学领域里一门相对独立的学科。社会调查学，是人们自觉认识社会的历史、理论和方法的科学。其中，社会调查历史是基础，社会调查理论是灵魂，社会调查方法是手段。社会调查学有其独特的研究对象、学科特点、基本概念和知识体系。

(2)根据中国社会调查史实，全面论述了社会调查的多种功能。西方著作和类似著作认为，社会调查只是一种社会学方法，或做学问的方法，或认识社会的方法。“中国社会调查学”则根据史实指出，社会调查在中国古代已是治国理政的第二条大法；在中国共产党则是为指导革命、建设、改革事业做出科学决策的根本方法。史实证明，科学社会调查具有多种社会功能，其主要功能可概括为：识世之途，善政之基，成才之道，悟人之术，正风之策。

(3)阐述了社会调查的起源及其产生的社会历史条件。西方著作和类似著作或回避这个问题，或主张“是近代产物”，或认为源于18世纪西欧对社会病态的研究。“中国社会调查学”则根据史实指出，中国社会调查起源于夏朝，是当时经济社会条件的必然产物。其中：生产力发展，剩余农产品出现，是物质基础；阶级和国家出现，社会管理需要，是直接动力；文字的发明和应用，是文化前提；职业分化，独立脑力劳动者出现，是社会力量。

(4)提出了划分社会调查历史时代的标准，论证了社会调查史上的两次重大变革和三个时代。西方著作和类似著作或回避这个问题，或以“时间顺序”“社会形态”“是否从西方引进”为标准，把社会调查划分为古代的、近代的、现代的，或传统的、现代的。“中国社会调查学”则借鉴历史学科划分时代的标准，提出了以社会调查的基础理论、基本方式或方法为划分历史时代的标准，论证了社会调查史上已发生过两次重大变革，并据此把社会调查划分为三个时代，即古代社会调查、近代社会调查和现代社会调查，并论述了各时代社会调查的特点。

(5)发掘并阐述了中国古代社会调查思想的形成。西方著作和类似著作，根本不了解中国社会调查历史，完全没有涉及这个问题。“中国社会调查学”则在浩如烟海的史料中，发掘出《尚书·洪范九畴》，特别是其中第二条的“敬用五事”，阐明了“貌、言、视、听、思”这五个字，是对社会调查所做的最古老、最全面、最简明的概括，指出它是中国古代社会调查思想形成的重要标志。

(6)阐明了西方近代社会调查方法传入中国的历史：“学院派”学者认为，西方近代社会调查方法传入中国的时间，是19世纪末或20世纪初；传入主体，是外国传教士和教授；传入方式，以系统讲授、学术调查为主。“中国社会调查学”则根据史实指出，实际传入时间，是19世纪60年代；传入主体，是英国人控制下的清廷海关；传入方式，以海关管理、实地调查为主。

(7)梳理了中国和中国共产党的社会调查历史，总结了历史经验和教训。西方著作和类似著作大多不讲社会调查历史，或只讲西方近代社会调查历史，或再加一点西方近代社会调查方法传入中国的历史。中国社会调查学则根据史实指出，中国有4000多年社会调查历史，中国共产党有百年社会调查经验，通过长期调查实践，中国和中国共产党已铸炼出了深睿的社会调查思想，完善的社会调查制度，宽广的社会调查领域，丰富的社会调查内容，多彩的社会调查方法，丰硕的社会调查成果。同时，也积累了深刻的社会调查教训。

（8）论述了科学社会调查的理论基础、指导思想、基本原则和工作作风。西方著作和类似著作，一般不讲社会调查的理论基础和指导思想，事实上则大多以西方社会学理论，特别是实证主义为理论基础和指导思想；只讲社会调查必须遵守法律和道德原则，一般不讲或仅从技术上讲社会调查的作风。“中国社会调查学”则认为，中国社会调查的理论基础和指导思想，在古代主要是民本观念、实学思想和知行学说。在近代和现代，则有两种系统化理论：一是孔德的实证主义、波普尔的证伪理论和库恩的范式理论；二是马克思主义的认识论、群众路线和唯物史观。科学的社会调查，既要遵守法律原则和道德原则，更要遵守政治原则，并且必须培养和树立以为人民服务为核心的优良社会调查作风。

（9）提出并论证了由“主体和两翼”构成的社会调查方法体系。西方著作和类似著作，大多片面强调抽样调查和问卷调查，往往引入许多推演模型和计算技术，把社会调查几乎变成了技术化、数字化的游戏。“中国社会调查学”则根据中国和中国共产党的实践经验指出，能获取真情实感的现实调查方法（实地观察法，访问调查法，问卷调查法、实验调查法）是调查方法的主体，历史调查方法（文献调查法和遗存调查法）和虚拟调查方法（网络调查法和大数据调查法）是调查方法的两翼，它们共同构成社会调查方法的体系。

（10）创新性地论述了遗存调查法、虚拟调查法和大数据调查法。西方著作和类似著作，对历史调查法大多只讲文献调查法，一般未涉及虚拟调查法和大数据调查法。“中国社会调查学”则认为，遗存调查法，就是运用观察、测量等科学手段，对遗址、遗物或遗迹等前人活动遗存下来的、物化了的社会现象进行调查的方法。它与文献调查法一样，也是一种历史调查法。虚拟调查方法，是依托于高科技术的对现实的非实体性调查方法，它是虚拟技术与现实对象的结合。大数据调查法，是调查者有目的、有计划地利用各种网络平台，采集有关调查对象及其活动的海量数据，经分析研究形成结论的调查方法。

（11）阐明了思维加工的内涵和意义，论述了若干常用的思维方法。西方著作和类似著作，一般不讲思维加工及其方法。“中国社会调查学”则认为，思维加工就是调研者运用语言等思维工具和科学思维方法，对整理、统计分析后的资料进行研究，做出结论或提出建议的思维过程。思维加工是社会调查从感性认识上升到理性认识的中心环节。社会调查常用的思维方法有：比较法和分类法，分析法和综合法，矛盾分析法，因果分析法，系统分析法、结构—功能分析法，以及若干科学思维方法和创新思维方法。

（12）说明了社会调查成果的内容及其评估和应用：西方著作和类似著作，一般把调查报告看作社会调查的最终成果，撰写调查报告是社会调查的最后环节。“中国社会调查学”则认为，调查报告是社会调查最重要的成果，调查过程中搜集的各种资料和形成的社会关系也是社会调查的重要成果，应该妥善保存、维护和利用。就一项社会调查任务而言，有两个阶段：调研阶段和实践阶段。实践阶段，就是调查报告的应用阶段，也是调查结论的检验、完善和发展阶段。这就是说，把调查结论应用于实践、服务于社会，是社会调查的最后一个环节。

上述 12 个方面，“中国社会调查学”的创新之处是否正确、符合实际？目前尚无定论，之所以把它们归纳、叙述出来，是为了抛砖引玉，以便有关学者、广大读者思考、讨论与批评，我们热切期望着坦率的评论和指教！

三

本书编撰者：前言，绪论，第一、十三、十四、十五、十六、二十二、二十三章，附录、后记，水延凯；第二章，柳祥珍、水延凯；第三章，水迎波、水延凯；第四、八章，赵雪滢、水延凯；第五、十一、二十章，江立华；第六章，水延凯、王兴文；第七章，水延凯、童贤东；第九章，江立华、汤素素；第十章，王娟；第十二章，刘海娟、徐晓军；第十七章，水延凯、宋春潮、郭松、郝志磊、水迎波；第十八章，陈雯；第十九章，陈雯、杨坤、符兵；第二十一章，范长煜、杨圣伟。江立华对全部书稿进行了审核和修改，最后由水延凯定稿。

在本书编撰过程中，中共孝感市委、市政府给予了有力领导，中共孝感市委党校给予了有效指导和管理，中共中央党校图书馆、武汉市图书馆、孝感市图书馆、中共孝感市委党校图书馆提供了大量文献和图片，特别是孝感市图书馆副馆长刘艺、采编室主任杨利、网络部主任何楚龙、工作人员张亮等为本书的编撰提供了热情的帮助和周到的服务。中共孝感市委党校办公室、科研科、财务科等为项目顺利进行做了大量管理、服务工作。孝感市社会福利院，为课题研究提供了安全、良好的居住环境，科学、舒适的生活保障，认真、细致的护理服务。此外，柳祥珍、水迎波做了大量资料整理和书稿审校等工作，谈玉婷、赵雪滢、吴浩、段云峰等为课题提供了许多服务。本书的出版，得到了武汉大学出版社的宝贵支持和热情服务，特在此表示诚挚谢意！

水延凯

于孝感市社会福利院

2021 年 6 月 20 日